초보
직장인을 위한

엑셀 파워포인트 워드 원노트 아웃룩

초보 직장인을 위한
엑셀 & 파워포인트 & 워드 & 아웃룩 & 원노트

1016, 10F. Worldmerdian Venture Center 2nd, 123, Gasan-digital 2-ro, Geumcheon-gu, Seoul, Korea, 08505.

ISBN 978-89-314-6124-4

독자님의 의견을 받습니다.
이 책을 구입한 독자님은 영진닷컴의 가장 중요한 비평가이자 조언가입니다. 저희 책의 장점과 문제점이 무엇인지, 어떤 책이 출판되기를 바라는지, 책을 더욱 알차게 꾸밀 수 있는 아이디어가 있으면 이메일, 또는 우편으로 연락주시기 바랍니다. 의견을 주실 때에는 책 제목 및 독자님의 성함과 연락처(전화번호나 이메일)를 꼭 남겨 주시기 바랍니다. 독자님의 의견에 대해 바로 답변을 드리고, 또 독자님의 의견을 다음 책에 충분히 반영하도록 늘 노력하겠습니다.

파본이나 잘못된 도서는 구입처에서 교환 및 환불해 드립니다.

이메일 : support@youngjin.com
주 소 : (우)08505 서울시 금천구 가산디지털2로 123 월드메르디앙벤처센터 2차 10층 1016호

STAFF
저자 장경호 | **책임** 김태경 | **진행** 성민 | **디자인** 지화경 | **편집** 신혜미
영업 박준용, 임용수, 김도현 | **마케팅** 이승희, 김근주, 조민영, 이은정, 김예진 | **제작** 황장협 | **인쇄** 제이엠 인쇄

직장인들을 위해 철저히 실무 위주로 구성된 오피스 실무 가이드

엑셀, 파워포인트, 워드, 아웃룩, 원노트는 프로그램마다 특징이 있지만 결국 하나의 프로그램입니다. 직장 생활에서 가장 많이 사용하는 프로그램이 엑셀이라고 하지만, 결국 파워포인트로 발표해야 하고, 문서로 보고하기 위해 워드를 사용해야 합니다. 이를 공유하거나 메일로 전달하기 위해서는 아웃룩을 사용하고, 웹서핑이나 자료를 취합하기 위해서는 원노트를 활용해야 합니다.

마이크로소프트는 오피스 프로그램을 만들 때 프로그램별로 유기적인 기능들을 함께 사용하도록 만들어 놓았으며, 연동이 잘되도록 구성해 놓았습니다. 엑셀의 표가 파워포인트에서 디자인되고, 파워포인트 유인물이 워드에서 편집되며, 워드에서 만든 초대장은 아웃룩에 저장해 놓은 사람들에게 일괄 전송됩니다. 또한, 엑셀 표의 숫자를 변경하면 파워포인트에서 그대로 업데이트되는가 하면 웹서핑하다가 발견한 자료나 이미지를 원노트에 복사하거나 캡처해서 부서원들에게 전송할 수 있으며, 이를 엑셀이나 파워포인트에서 활용하는 건 아주 간단한 일이기도 합니다.

포토샵 없이 파워포인트에서 멋진 사진을 만들고, 인디자인 없이 워드에서 책자를 만들고, 네이버, 다음 메일 없이 아웃룩에서 메일을 관리하며, 부서원들의 일정을 취합해 업무 배분도 스스럼없이 할 수 있습니다.

이 책은 프로그램별로 핵심 기능을 우선 전달하고, 기능표와 인덱스를 통해 원하는 기능을 빠르게 찾을 수 있도록 구성했습니다. 또한, 실제 업무에서 사용할 수 있는 예제를 바탕으로 자유롭게 활용할 수 있습니다. 혹시 몰라서 버전별로 테스트해서 모든 버전에서 사용이 가능하도록 했으며, 최신 기능도 빠짐없이 담았습니다. 무엇보다 아웃룩과 원노트를 배우고 싶었지만 적절한 책이 없어 망설인 분들에게 이 책이 단비가 되길 바랍니다.

엑셀과 파워포인트, 워드, 아웃룩, 원노트는 각기 다른 프로그램이지만 결국 하나의 프로그램입니다. 이 책을 통해 마이크로소프트 오피스를 누구보다 잘 활용하는 능력자가 되시기 바랍니다.

책이 나오기까지 고생하신 영진닷컴 관계자분들에게 감사 인사를 전합니다. 무엇보다 곁에서 응원해 주는 아내와 이제 어엿한 초등학생이 된 소연, 소희에게 사랑의 마음을 전합니다.

장경호

이 책의 구성

❶ 소제목

상황별 주제를 엄선하여 바로바로 업무에 써먹을 수 있는 내용을 소개합니다.

❷ 필수 기능, 기본 기능, 활용 기능

반드시 알아야 하는 '필수 기능'과, 이 정도는 알고 있어야 하는 '기본 기능', 그리고 필수/기본 기능을 어떻게 써먹으면 좋은지 알려주는 '활용 기능'으로 세분화하여 학습할 수 있습니다.

❸ 사용한 기능

해당 주제에서 오피스 프로그램의 어떤 기능을 사용하는지 알려줍니다.

❹ 중요도

필수/활용 기능의 중요도를 시각화하여 알려줍니다.

❺ 사용 가능 버전

오피스 2010, 2013, 2016, 2019 버전과 오피스 365 버전에서 사용 여부를 알려줍니다.

❻ 예제/완성 파일

학습에 필요한 예제/완성 파일의 경로를 알려줍니다.

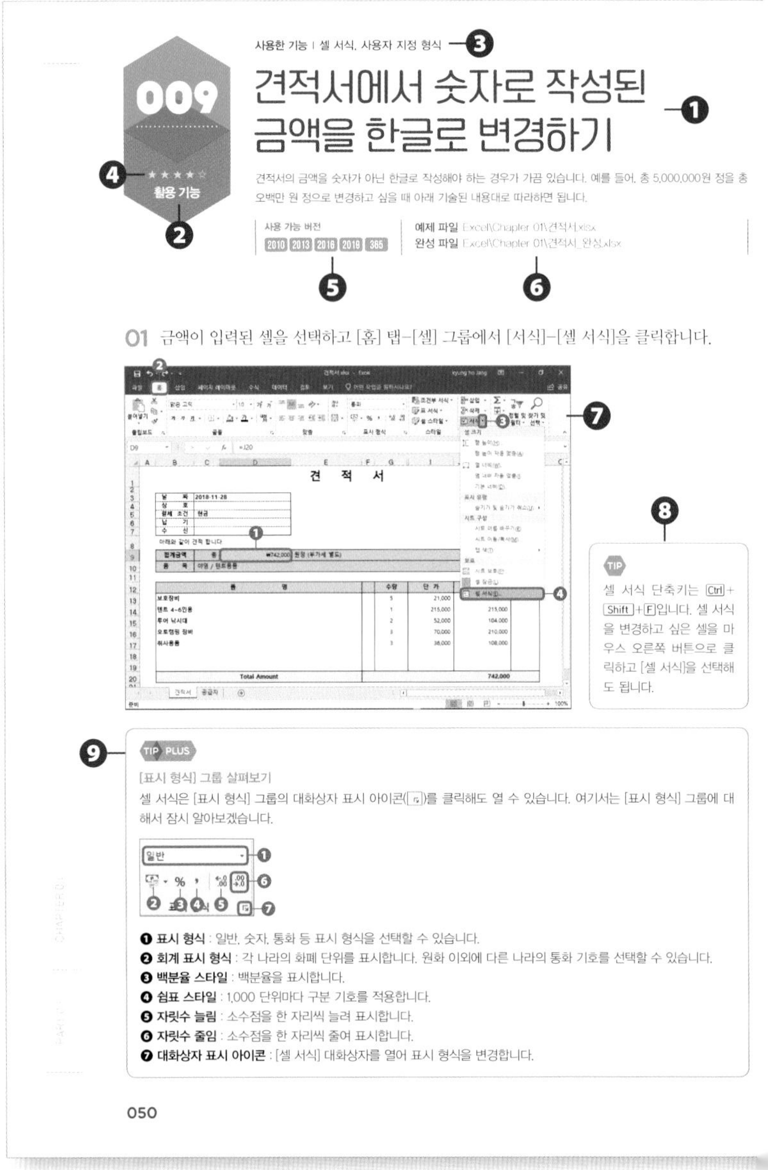

사용한 기능 | 셀 서식, 사용자 지정 형식 ❸

009 ★★★★☆ 활용 기능

견적서에서 숫자로 작성된 금액을 한글로 변경하기 ❶

견적서의 금액을 숫자가 아닌 한글로 작성해야 하는 경우가 가끔 있습니다. 예를 들어, 총 5,000,000원 정을 총 오백만 원 정으로 변경하고 싶을 때 아래 기술된 내용대로 따라하면 됩니다.

사용 가능 버전 2010 2013 2016 2019 365

예제 파일 Excel\Chapter 01\견적서.xlsx
완성 파일 Excel\Chapter 01\견적서_완성.xlsx

01 금액이 입력된 셀을 선택하고 [홈] 탭-[셀] 그룹에서 [서식]-[셀 서식]을 클릭합니다.

TIP 셀 서식 단축키는 Ctrl+Shift+F입니다. 셀 서식을 변경하고 싶은 셀을 마우스 오른쪽 버튼으로 클릭하고 [셀 서식]을 선택해도 됩니다.

TIP PLUS [표시 형식] 그룹 살펴보기

셀 서식은 [표시 형식] 그룹의 대화상자 표시 아이콘(⧉)를 클릭해도 열 수 있습니다. 여기서는 [표시 형식] 그룹에 대해서 잠시 알아보겠습니다.

❶ **표시 형식** : 일반, 숫자, 통화 등 표시 형식을 선택할 수 있습니다.
❷ **회계 표시 형식** : 각 나라의 화폐 단위를 표시합니다. 원화 이외에 다른 나라의 통화 기호를 선택할 수 있습니다.
❸ **백분율 스타일** : 백분율을 표시합니다.
❹ **쉼표 스타일** : 1,000 단위마다 구분 기호를 적용합니다.
❺ **자릿수 늘림** : 소수점을 한 자리씩 늘려 표시합니다.
❻ **자릿수 줄임** : 소수점을 한 자리씩 줄여 표시합니다.
❼ **대화상자 표시 아이콘** : [셀 서식] 대화상자를 열어 표시 형식을 변경합니다.

050

PART

엑셀, 파워포인트, 워드(한글 Tip), 아웃룩, 원노트, 공동 & 연동 기능을 각각의 PART로 구성하여 필요한 내용을 쉽게 찾아볼 수 있도록 만들었습니다.

CHAPTER

오피스 프로그램별 쓰임새를 몇 개의 Chapter로 구성하여 소개하며, 학습에 앞서 어떤 내용으로 구성된 지를 간단 리스트로 소개합니다.

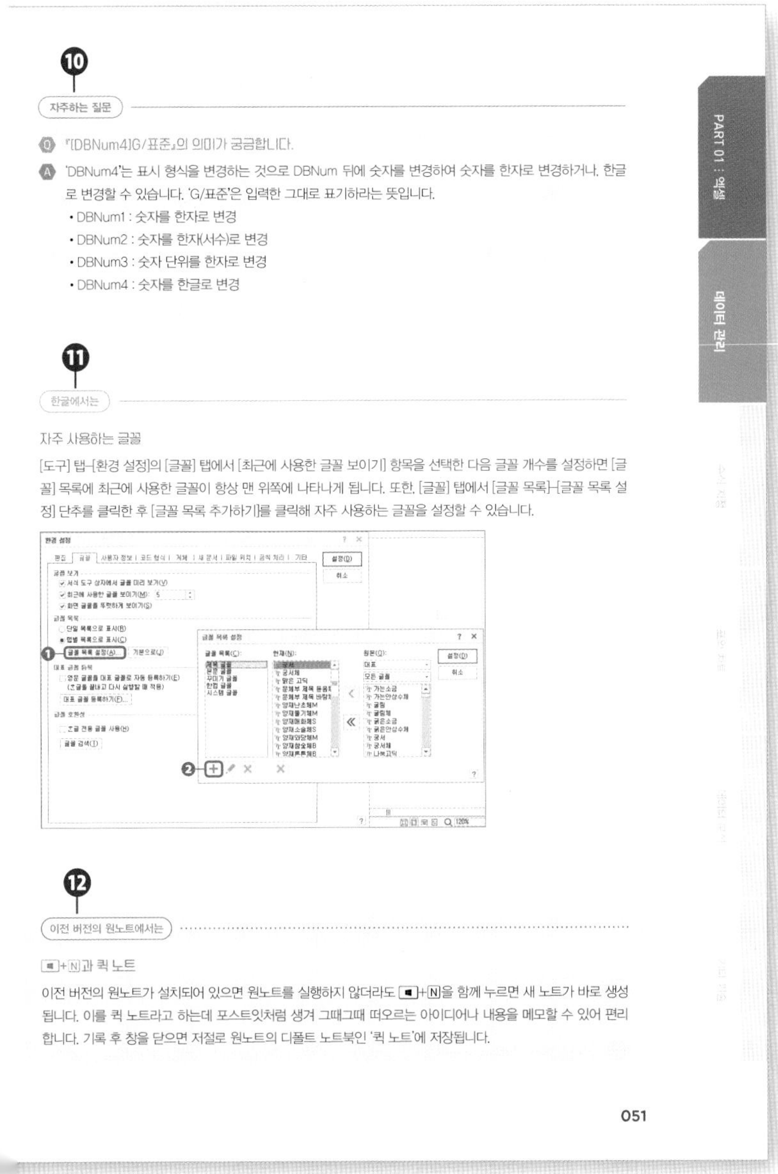

PART 01 : 엑셀
데이터 관리
⑩ 자주하는 질문
Q 『[DBNum4]G/표준』의 의미가 궁금합니다.
A 'DBNum4'는 표시 형식을 변경하는 것으로 DBNum 뒤에 숫자를 변경하여 숫자를 한자로 변경하거나, 한글로 변경할 수 있습니다. 'G/표준'은 입력한 그대로 표기하라는 뜻입니다.
• DBNum1 : 숫자를 한자로 변경
• DBNum2 : 숫자를 한자(서수)로 변경
• DBNum3 : 숫자 단위를 한자로 변경
• DBNum4 : 숫자를 한글로 변경
⑪ 한글에서는
자주 사용하는 글꼴
[도구] 탭-[환경 설정]의 [글꼴] 탭에서 [최근에 사용한 글꼴 보이기] 항목을 선택한 다음 글꼴 개수를 설정하면 [글꼴] 목록에 최근에 사용한 글꼴이 항상 맨 위쪽에 나타나게 됩니다. 또한, [글꼴] 탭에서 [글꼴 목록]-[글꼴 목록 설정] 단추를 클릭한 후 [글꼴 목록 추가하기]를 클릭해 자주 사용하는 글꼴을 설정할 수 있습니다.
⑫ 이전 버전의 원노트에서는
[⊞]+[N]과 퀵 노트
이전 버전의 원노트가 설치되어 있으면 원노트를 실행하지 않더라도 [⊞]+[N]을 함께 누르면 새 노트가 바로 생성됩니다. 이를 퀵 노트라고 하는데 포스트잇처럼 생겨 그때그때 떠오르는 아이디어나 내용을 메모할 수 있어 편리합니다. 기록 후 창을 닫으면 저절로 원노트의 디폴트 노트북인 '퀵 노트'에 저장됩니다.
051

❼ 따라하기

따라하기 형식으로 본문 내용을 소개하여 누구나 쉽게 학습할 수 있도록 구성했습니다.

❽ Tip

따라하기 학습에 유용한 내용을 소개합니다.

❾ Tip Plus

본문 내용과 관련되어 알아두면 유용한 내용을 소개합니다.

❿ 자주하는 질문

Q&A 형식으로 독자들이 궁금한 내용을 소개합니다.

⓫ 한글에서는

워드편에 수록되어 있는 내용으로, 워드 중심으로 학습한 내용을 한글에서는 어떻게 사용할 수 있는지 자세히 알려줍니다.

⓬ 이전 버전의 원노트에서는

원노트편에 수록되어 있는 내용으로, 하루가 다르게 업데이트되는 원노트 사용자들을 위해 이전 버전의 원노트에서는 본문의 학습 내용을 어떻게 사용할 수 있는지 자세히 알려줍니다.

베타테스터의 말

제가 영진닷컴 전산회계 2급 수험서로 합격한 적이 있을 정도로 영진닷컴을 신뢰하는데, 믿고 공부하는 영진닷컴에서 이리 좋은 책을 만들어주셔서 정말 고맙게 생각하고요. 앞으로도 오피스를 더 알고 싶은 분들이 이 책을 통해 오피스 마스터로 도약하길 기대합니다. 멋진 시간이었습니다. 감사합니다!

– 한민규 –

직장 생활을 하는 사람들이 첫 직장에서 업무가 주어질 때 컴퓨터를 다룰 때 능숙하지 못하고 업무를 할 때 기본적인 프로그램을 다루는 능력이 부족해서 어려워하는 것을 보았습니다. 그러나 이 책을 보면서 직장생활을 처음 시작하는 사람에게 많은 도움을 줄 수 있다고 봅니다.

– 조재형 –

직장 생활에서 오피스 업무는 기본입니다. 보편화 됐고 어렸을 때부터 익숙하게 사용했기 때문에 누구나 다 알 것으로 생각하기 때문입니다. 오피스에 관련해 상사나 동료들에게 질문하기는 어렵죠. 남몰래 오피스 고충들을 해결해 줄 책을 미리 베타테스터로 만나 봤는데요. 오피스의 개념은 쉽게 설명돼 있으며, 실무에서는 바로 적용할 수 있게끔 도와주는 책입니다. 이 책을 통해 오피스 관련 업무 시간은 줄이고 효율은 높여줄 것입니다.

– 황시연 –

오피스를 사용하여 편리하게 작업하고 싶은 사람들 누구에게나 필요한 실전 기능을 담은 책입니다.

– 박수정 –

쓰는 것만 쓰다 보니, 예전에 쓰던 것들을 다 까먹어서 이번에는 다시 기억도 하고, 공부해보고 싶어서 우연히 베타테스터 모집 메일을 보고 파워포인트를 살펴보면서 이 부분만 공부해보았는데요. 쉽게 설명되어있어서인지 따라하기도 쉬웠고, 무엇보다도 다른 책들보다는 글씨가 큼직하고 진해서 마음에 들었습니다. 그리고 자주 하는 질문이라는 게 나와 있어서 내가 궁금했던 것을 콕 짚어서 말해 주는 것 같아서 좋았습니다.

– 김주현 –

방대한 양의 도서에서 직장인들 뿐만 아니라 오피스 실무 기능을 필요로 하는 다양한 독자들에게 핵심 기능을 오피스 버전별로, 그리고 기능 번호별로 제시합니다. 업무와 생활에 바쁜 독자들이 필요한 기능을 빠르게 찾아볼 수 있도록 제공하고 있어 매력적인 도서입니다. 교육기관에 있는 '나'로서도 직장인 및 다양한 실무 오피스 기능을 필요로 하는 사람들에게 적재적소에 필요한 기능을 제공할 수 있는 도서로, 다양한 독자들에게 오피스 No.1 교재로 오래도록 사랑받는 도서가 되길 기원합니다.

– 이형조 –

이 책의 목차

PART 01 | 초보 직장인이라면 반드시 알아야 할 엑셀편

데이터 관리

Chapter 01 | 워크시트 관리 기술

001 스프레드 시트 프로그램, 엑셀(Excel) 소개 021
002 가나다순이 아닌 직급 순서에 따라 데이터 정렬하기 필수 기능 ★★★★☆ 029
003 자주 사용하는 기호를 단축키로 만들어 빠르게 사용하기 활용 기능 ★★★★☆ 033
004 회사 거래처를 드롭다운 단추로 만들어 빠르게 추가하기 필수 기능 ★★★★☆ 036
005 잘못 입력된 데이터를 한 번에 빠르게 찾아보기 활용 기능 ★★★★☆ 038
006 무궁무진한 기능이 있는 붙여넣기 옵션 알아보기 필수 기능 ★★★★☆ 040
007 원본의 열 너비와 동일하게 열 너비 복사하기 활용 기능 ★★★☆☆ 042
008 그림으로 붙여넣기를 이용한 결재란 만들기 필수 기능 ★★★☆☆ 044
009 원본이 변경되면 자동으로 변경되는 결재란 만들기 활용 기능 ★★★★☆ 046
010 빈 셀이 포함된 행 일괄 삭제하기 048
011 견적서에서 숫자로 작성된 금액을 한글로 변경하기 050
012 데이터 손실을 최소화하기 위한 자동 저장 간격 설정하기 052
013 한 화면에 여러 엑셀 문서 띄우기 053
014 여러 시트로 나눠져 있는 매출액을 하나의 시트로 집계하기 054

수식 지정

Chapter 02 | 수식과 데이터 응용 기술

015 상위 10% 데이터를 한 번에 필터링하기 필수 기능 ★★★★☆ 057
016 사원 이름을 입력하여 해당 사원 데이터만 필터링하기 활용 기능 ★★★★☆ 058
017 오류 메시지 대신 '0'과 같은 숫자 표시하기 활용 기능 ★★★☆☆ 060
018 다양한 요일 중 토요일, 일요일 데이터만 시각화하기 필수 기능 ★★★☆☆ 062
019 날짜 데이터를 한꺼번에 요일 데이터로 변경하기 활용 기능 ★★☆☆☆ 064
020 사업자번호만 입력해 자동으로 거래처 정보 표시하기 필수 기능 ★★★★☆ 065
021 장난감 판매량 중에서 레고 판매량만 구하기 필수 기능 ★★★★☆ 069
022 입사일로부터 오늘까지의 근무 개월 수 구하기 073
023 초과 근무 수당을 받기 위해 근무 시간 구하기 075
024 봉급표를 보고 근무 연수에 따른 연봉 구하기 078
025 정기적금 만기 시 받을 금액을 미리 알아보기 082

표와 차트

Chapter 03 | 표와 차트 분석 기술

026 일반 데이터베이스를 표 스타일로 지정하기 필수 기능 ★★★★★ 085
027 표 서식의 마지막 행에 요약 행 지정하기 필수 기능 ★★★★☆ 088
028 표 형식의 데이터를 일반 데이터베이스로 변경하기 091
029 표의 이름과 열 머리글만으로 쉽게 수식 작성하기 활용 기능 ★★★☆☆ 092
030 가장 빠른 방법으로 지역 매출액을 차트로 완성하기 필수 기능 ★★★☆☆ 094
031 업그레이드된 차트 기능으로 아파트 시세 변동 내역 쉽게 파악하기 활용 기능 ★★★★☆ 097
032 매출액(1천만 원)과 수량(100개)처럼 이질적인 데이터를 차트에 함께 표시하기 활용 기능 ★★★★☆ 101
033 복잡한 프로젝트 일정을 누구나 이해할 수 있는 간트 차트로 만들기 활용 기능 ★★★★☆ 102

034 지리적 위치를 활용해 지도(Map) 차트 만들기 108
035 월별 단가 변동 사항을 셀 안에 작은 차트로 보여주기 111
036 나만의 리본 메뉴 생성하고 엑셀의 추가 기능(Power View) 설치하기 112
037 Power View로 요약 보고서를 만들어 시각화 요소 추가하기 115

데이터 분석

Chapter 04 | 데이터 가공 및 분석 기술
038 공백이나 구분 기호로 합쳐져 있는 데이터를 분리하기 필수 기능 ★★★★☆ 119
039 방대한 데이터에서 간단하게 원하는 데이터 필터링하기 필수 기능 ★★★★★ 121
040 복잡한 조건도 간단하게 만드는 고급 필터 사용하기 활용 기능 ★★★★★ 123
041 슬라이서 삽입하여 조건에 맞게 데이터 분석하기 필수 기능 ★★★★☆ 125
042 부분합 기능으로 상사가 원하는 요약 보고서 작성하기 128
043 플래시 필(Flash Fill) 기능으로 셀 내의 규칙을 찾아서 항목 수정하고 합산하기 130
044 피벗 테이블을 활용하여 어린이 제품 월별 매출액 요약하기 활용 기능 ★★★★★ 132
045 시간 표시 막대로 기간 판매량 알아보기 활용 기능 ★★★★☆ 135
046 추천 피벗 테이블로 피벗 보고서 작성하기 137

기타 기술

Chapter 05 | 기타 업무 기술
047 문서의 인쇄 여백이나 방향, 크기 지정하기 필수 기능 ★★★★☆ 141
048 페이지마다 같은 행과 열 반복 인쇄하기 활용 기능 ★★★★★ 144
049 인쇄할 때 파일 경로와 파일명을 넣어서 인쇄하기 필수 기능 ★★★☆☆ 147
050 회사 로고를 워터마크로 표시하여 인쇄하기 활용 기능 ★★★★☆ 150
051 여러 시트의 데이터를 한 번에 인쇄하기 153
052 오류가 있는 셀은 출력하지 않도록 설정하기 155
053 전체 화면 인쇄 미리 보기 추가하기 156
054 CSV 파일이나 TXT 파일을 엑셀에서 활용하기 157
055 엑셀 97-2003 이전 버전으로 저장하기 162
056 변환을 통해 이전 데이터를 현재 버전으로 업데이트하기 163

PART 02 | 초보 직장인이라면 반드시 알아야 할 파워포인트편

텍스트 디자인

Chapter 01 | 텍스트 응용 기술
001 프레젠테이션 프로그램, 파워포인트(PPT) 소개 169
002 파워포인트를 120% 활용하기 위해 인터넷 폰트 가져오기 필수 기능 ★★★★☆ 177
003 인터넷 문서를 파워포인트에 최적화해서 복사/붙여넣기 179
004 메모장에 목차를 작성한 후 파워포인트에 한 번에 옮기기 183
005 텍스트를 자유자재로 조정하는 문자 간격 기능 살펴보기 활용 기능 ★★★★☆ 186
006 모두가 어려워하는 눈금자 기능 제대로 파악하기 187
007 새로운 텍스트 디자인을 연출하는 워드아트(WordArt) 필수 기능 ★★★☆☆ 190
008 두 가지 이상의 색상으로 완성하는 그라데이션 텍스트 채우기 필수 기능 ★★★☆☆ 193

009 저장 옵션이나 CD용 패키지 기능을 활용해 글꼴 깨짐 현상 방지하기 196
010 입력한 글꼴을 다른 글꼴로 한 번에 변경하기 198

슬라이드 디자인

Chapter 02 | 레이아웃 및 디자인 기술

011 점 편집을 통해 도형 모양 자유롭게 변형하기 필수 기능 ★★★☆☆ 201
012 스포이트 기능으로 원하는 색상 가져오기 필수 기능 ★★★☆☆ 206
013 같은 도형을 일정한 간격으로 반복 삽입해 조직도 완성하기 필수 기능 ★★★★☆ 207
014 텍스트 슬라이드를 도해 형식의 슬라이드로 변경하기 필수 기능 ★★★★☆ 210
015 스마트아트 그래픽으로 조직도 쉽게 만들고 빠르게 수정하기 활용 기능 ★★★★☆ 212
016 지그재그 도형을 맞춤과 배분 기능으로 한번에 정렬하기 217
017 스마트 가이드를 활용해 간단하게 위치 조정하기 218
018 삽입한 그림의 배경을 투명하게 만들기 219
019 포토샵처럼 보다 정밀하게 그림 배경 제거하기 220
020 생동감을 느낄 수 있는 화면 전환 효과 만들기 활용 기능 ★★★★★ 223
021 새로운 애니메이션 효과, 모핑 효과 살펴보기 226
022 파워포인트에서 스토리보드 양식 만들기 227

멀티미디어 디자인

Chapter 03 | 프레젠테이션 활용 기술

023 발표자 도구를 활용해 전문가 수준의 발표하기 필수 기능 ★★★★★ 231
024 원격으로 온라인 프레젠테이션(브로드캐스트) 구현하기 233
025 프레젠테이션 스크린에 레이저 기능 표시하기 236
026 오디오 파일을 슬라이드에 넣지 않고 연결만 시키기 238
027 오디오 파일에 특정 지점을 빠르게 찾는 책갈피 추가하기 필수 기능 ★★★☆☆ 239
028 동영상 파일을 삽입하고 내 마음대로 편집하기 필수 기능 ★★★★☆ 241
029 동영상에 표지를 만들어 주는 포스터 프레임 활용 기능 ★★★☆☆ 244
030 정적인 슬라이드 파일을 동적인 동영상 파일로 만들기 247
031 파워포인트에 사용하기 적합한 비디오 호환성 적용하기 248
032 인기 있는 유튜브 영상을 파워포인트에 연결하기 249
033 화면 녹화 기능으로 슬라이드 화면 녹화하기 활용 기능 ★★★★☆ 251

인쇄/기타 기술

Chapter 04 | 기타 업무 기술

034 저작권에 자유로운 이미지 출처 알아내기 255
035 구글을 이용하여 사용한 이미지 출처 알아내기 258
036 용량 큰 그림을 압축해서 파워포인트 파일 용량 줄이기 261
037 파워포인트를 워드프로세스 대용으로 활용하기 활용 기능 ★★★☆☆ 262
038 슬라이드 파일을 이미지 파일로 변환하기 활용 기능 ★★★★☆ 264
039 디자인 아이디어로 슬라이드 디자인 완성하기 266
040 3D 모델을 통해 독창적인 슬라이드 만들기 269

PART 03 | 초보 직장인이라면 반드시 알아야 할 워드편

문서 작성

Chapter 01 | 문서 편집 기술

001 문서 편집 프로그램, 워드(Word) 소개 275
002 원하는 형식의 문서 스타일 선택하기 필수 기능 ★★★★☆ 281
003 새 페이지와 페이지 나누기 필수 기능 ★★★★★ 284
004 하나의 문서에서 가로, 세로 다른 문서 만들기 활용 기능 ★★★★☆ 286
005 스타일 목록으로 글자 스타일 지정하기 필수 기능 ★★★★☆ 289
006 자동 목차 기능으로 목차 만들기 필수 기능 ★★★★☆ 292
007 수정된 목차를 자동으로 업데이트하기 활용 기능 ★★★★☆ 294
008 신문이나 잡지처럼 다단으로 문단 설정하기 296
009 다단계 편집으로 목록 설정하기 298
010 첨자, 원 문자, 강조점 입력하기 302
011 탐색 창을 통해 문서 검색하고 메모 찾기 306
012 텍스트 찾기 및 바꾸기를 통해 오류 수정하기 309
013 PDF 파일을 워드로 변환하기, PDF 파일로 저장하기 311
014 수식 기능을 이용하여 수학 공식 생성하기 314
015 업그레이드된 도움말, 더 편하게 기능 실행하기 318

문서 편집

Chapter 02 | 문서 완성 기술

016 자주 사용하는 글꼴을 기본 서식으로 설정하기 필수 기능 ★★★☆☆ 321
017 자주 사용하는 표지 양식을 갤러리에 추가하기 필수 기능 ★★★★☆ 323
018 자주 사용하는 내용을 빠른 문서 요소로 설정하기 필수 기능 ★★★★☆ 326
019 자주 사용하는 서식을 새 스타일로 설정하고 문서 업데이트하기 활용 기능 ★★★★☆ 328
020 워드에서 한글과 컴퓨터의 한글(HWP) 문서 열기 331
021 용지 한 면에 두 페이지 인쇄하기 필수 기능 ★★★★★ 332
022 홀수, 짝수 페이지별로 머리글 지정하기 필수 기능 ★★★★☆ 334
023 워터마크 삽입하여 대외비 문서 표시하기 활용 기능 ★★★☆☆ 336
024 제본용 여백 설정하기 활용 기능 ★★★☆☆ 338
025 워드를 원고지로 활용하기 340
026 웹에서 가져온 문서를 텍스트로 변환하기 342

PART 04 | 초보 직장인이라면 반드시 알아야 할 아웃룩편

이메일 작성

Chapter 01 | 이메일 작성 및 관리 기술

001 이메일, 일정, 연락처를 한 곳에! 아웃룩(Outlook) 소개 347
002 네이버 계정을 아웃룩에 연결하기 필수 기능 ★★★★★ 350
003 이메일 계정 업데이트하여 아웃룩에 가져오기 355

004 이메일 작성하고 보내기 필수 기능 ★★★★★ 356
005 이메일 전달하고 배달/읽음 확인 요청하기 358
006 구성원의 연락처나 주소 추가하기 필수 기능 ★★★☆☆ 360
007 받은 이메일에서 주소록 빠르게 추가하기 활용 기능 ★★★☆☆ 362
008 주소록을 통해 개별 이메일 전송하기 활용 기능 ★★★★★ 363
009 그룹별로 이메일 전송하기 활용 기능 ★★★★☆ 365
010 받은 편지함 이메일 분류하기 369
011 이메일 보낼 때 서명 활용하기 371
012 HTML 편지지 사용하기 375
013 아웃룩에서 도움말 활용하기 376

업무 활용

Chapter 02 | 아웃룩 활용 기술

014 데이터 파일(.pst)을 만들어 정보 저장하기 379
015 필터링을 통해 이메일 자동 분류하기 필수 기능 ★★★★☆ 380
016 광고성 이메일 등 정크 메일을 따로 분류하기 필수 기능 ★★★☆☆ 382
017 RSS 피드 추가하여 정보 구독하기 활용 기능 ★★★☆☆ 383
018 응답 단추를 이용해 간단한 설문지 작성하기 385
019 검색 폴더를 통해 이메일 관리하기 활용 기능 ★★★☆☆ 388
020 행사 및 모임 추가하기 389
021 아웃룩으로 일정 관리하기 391
022 메일함을 이용하여 일정 추가하기 활용 기능 ★★★★☆ 394
023 업무 진행 상황과 작업 확인하기 395
024 기한, 상태, 우선순위를 지정하여 작업 등록하기 397
025 다른 나라의 휴일이나 공휴일 확인하기 399

PART 05 | 초보 직장인이라면 반드시 알아야 할 원노트편

원노트 사용법

Chapter 01 | 필기장 관리 기술

001 아이디어 저장 및 노트 정리, 원노트(OneNote) 소개 403
002 페이지 생성하고 내용 입력하기 필수 기능 ★★★★★ 408
003 페이지 안에 또 다른 페이지 만들기 필수 기능 ★★★★☆ 413
004 섹션이나 페이지 이동하거나 정렬하기 필수 기능 ★★★★☆ 416
005 페이지 배경색과 노트 선 변경하기 418
006 새 전자 필기장을 클라우드에 동기화하기 활용 기능 ★★★★☆ 421
007 원노트 내용을 다른 사용자와 공유하기 활용 기능 ★★★☆☆ 422
008 엑셀 스프레드시트 삽입하기 425
009 원노트로 프레젠테이션하기 428
010 태그를 이용하여 데이터 분류하기 429

원노트 활용법

Chapter 02 | 원노트 공유 및 응용 기술

011 암호로 섹션 보안 설정하기 필수 기능 ★★★★☆ 431
012 오디오나 비디오 녹음/녹화하여 회의록 작성하기 필수 기능 ★★★★☆ 434
013 계산기보다 빠른 수식 계산하기 437
014 웹 문서 빠르게 수집하기 활용 기능 ★★★★☆ 438
015 웹 문서를 가져와 문장 번역하기 440
016 에버노트를 원노트로 가져오기 443
017 디지털 펜을 통해 손필기하기 활용 기능 ★★★★★ 446
018 자동으로 동기화 정지하기 449
019 대화 내용을 음성으로 받아쓰기 452
020 각종 모임을 원노트에 기록하기 453
021 원타스틱 앱으로 다양하게 원노트 활용하기 455
022 원노트 OCR 이용하여 이미지 텍스트 추출하기 458

PART 06 | 초보 직장인이라면 반드시 알아야 할 공동 기능과 연동편

오피스 공통

Chapter 01 | 오피스 공동 기술

001 나만의 작업 환경으로 오피스를 편리하게 사용하기 필수 기능 ★★★★☆ 465
002 빠른 실행 도구 모음으로 최적의 작업 환경 만들기 필수 기능 ★★★☆☆ 468
003 자꾸 바뀐다면 한/영 자동 고침 옵션 해제하기 활용 기능 ★★★★☆ 471
004 누구나 실수하는 법, 실행 취소 횟수 늘리기 활용 기능 ★★★★☆ 472
005 오피스 문서를 이메일로 보내기 473
006 문서를 PDF 문서나 인터넷 문서로 출판하기 474
007 Office용 앱으로 다양한 앱 설치하기 476
008 저장 위치 변경하고 Backstage 없애기 478

오피스 연동

Chapter 02 | 오피스 연동 기술

009 엑셀 차트를 워드에서 편집하기 필수 기능 ★★★★☆ 481
010 엑셀 표를 워드 문서 너비에 맞춰 디자인하기 484
011 엑셀 표를 파워포인트에서 디자인하기 485
012 파워포인트 슬라이드를 워드 유인물로 보내기 필수 기능 ★★★★☆ 488
013 파워포인트 슬라이드를 원노트로 프린트하기 490
014 워드 문서를 파워포인트 슬라이드로 전환하기 필수 기능 ★★★☆☆ 491
015 워드에서 수신자를 다르게 아웃룩으로 이메일 보내기 494
016 엑셀 연락처를 아웃룩 주소록으로 저장하기 499
017 엑셀 주소록을 아웃룩 받는 사람으로 설정하기 503

예제/완성 파일 다운로드 소개

이 책의 학습에 필요한 예제/완성 파일은 영진닷컴 홈페이지(**www.youngjin.com**)의 [고객센터]-[부록 CD 다운로드]-[IT도서/교재]에서 도서명으로 검색한 후 압축 파일을 다운로드하여 사용하면 됩니다.

▲ 영진닷컴 홈페이지에서 부록 데이터 검색 모습

▲ 압축 파일 다운로드 후 압축을 해제한 모습

초보 직장인을 위한 오피스 필수 기능표

◆ 엑셀편 필수 기능표

카테고리	기능	내용	페이지
데이터 관리	Excel 옵션, 사용자 지정 목록, 정렬	가나다순이 아닌 직급 순서에 따라 데이터 정렬하기	29
	데이터 도구, 데이터 유효성 검사	회사 거래처를 드롭다운 단추로 만들어 빠르게 추가하기	36
	붙여넣기 옵션	무궁무진한 기능이 있는 붙여넣기 옵션 알아보기	40
	붙여넣기 옵션, 그림으로 복사	그림으로 붙여넣기를 이용한 결제란 만들기	44
수식 지정	조건부 서식, 상위/하위 규칙	상위 10% 데이터 한 번에 필터링하기	57
	조건부 서식, 새 규칙, WEEKDAY 함수	다양한 요일 중 토요일, 일요일 데이터만 시각화하기	62
	이름상자, VLOOKUP 함수, 유효성 검사	사업자번호만 입력해 자동으로 거래처 정보 알아내기	65
	SUMIF 함수, SUMIFS 함수, 상태 표시줄	장난감 판매량 중에서 레고 판매량만 구하기	69
표와 차트	표 만들기, 표 스타일, 필터 단추, 내림차순 정렬	일반 데이터베이스를 표 스타일로 지정하기	85
	셀 서식, 표시 형식	표 서식의 마지막 행에 요약 행 지정하기	88
	추천 차트, 차트 종류 변경, 차트 이동, 빠른 실행 도구, 차트 요소, 차트 필터	지역 매출액을 가장 빠른 방법으로 차트로 완성하기	94
데이터 분석	데이터 도구, 텍스트 나누기	공백이나 구분 기호로 합쳐져 있는 데이터를 분리하기	119
	필터, 자동 필터, 사용자 지정 자동 필터	방대한 데이터에서 간단하게 원하는 데이터 필터링하기	121
	표 만들기, 표 스타일, 필터 단추, 내림차순 정렬	슬라이서 삽입하여 조건에 맞게 데이터 분석하기	125
기타 기술	인쇄, 여백, 방향, 크기	문서의 인쇄 여백이나 방향, 크기 지정하기	141
	인쇄, 페이지 레이아웃, 머리글, 바닥글	인쇄할 때 파일 경로와 파일명을 넣어서 인쇄하기	147

◆ 파워포인트편 필수 기능표

카테고리	기능	내용	페이지
텍스트 디자인	네이버 폰트, 나눔글꼴, 글꼴	파워포인트를 120% 활용하기 위해 인터넷 폰트 가져오기	177
	WordArt 스타일, 빠른 스타일, 텍스트 효과	새로운 텍스트 디자인을 연출하는 워드아트(WordArt)	190
	WordArt 스타일, 도형 서식, 텍스트 채우기 및 윤곽선, 그라데이션 채우기	두 가지 이상의 색상으로 완성하는 그라데이션 텍스트 채우기	193
슬라이드 디자인	도형, 점 편집, 점 추가, 부드러운 점	점 편집을 통해 도형 모양 자유롭게 변형하기	201
	그림 삽입, 도형 채우기, 스포이트	스포이트 기능으로 원하는 색상 가져오기	206
	그리기, 도형 복제, Ctrl+D	같은 도형을 일정한 간격으로 반복 삽입해 조직도 완성하기	207
	SmartArt 그래픽, SmartArt 스타일	텍스트 슬라이드를 도해 형식의 슬라이드로 변경하기	210
멀티미디어 기능	발표자 도구	발표자 도구를 활용해 전문가 수준의 발표하기	251
	오디오 도구, 소리 아이콘, 책갈피, 오디오 재생바	오디오 파일에 특정 지점을 빠르게 찾는 책갈피 추가하기	239
	동영상 삽입, 재생, 비디오 트리밍, 미디어 저장	동영상 파일을 삽입하고 내 마음대로 편집하기	241

◆ 워드편 필수 기능표

카테고리	기능	내용	페이지
문서 작성	문서 서식, 스타일	원하는 형식의 문서 스타일 선택하기	281
	새 페이지, 페이지 나누기	새 페이지와 페이지 나누기	284
	스타일, 스타일 목록	스타일 목록으로 글자 스타일 지정하기	289
	목차, 자동 목차, 페이지 나누기	자동 목차 기능으로 목차 만들기	292
문서 편집	기본 서식, 기본값으로 설정	자주 사용하는 글꼴을 기본 서식으로 설정하기	321
	표지, 표지 갤러리	자주 사용하는 표지 양식을 갤러리에 추가하기	323
	빠른 문서 요소, 빠른 문서 요소 갤러리	자주 사용하는 내용을 빠른 문서 요소로 설정하기	326
	인쇄, 용지 크기	용지 한 면에 두 페이지 인쇄하기	332
	머리글, 바닥글, 짝수 페이지, 홀수 페이지	홀수, 짝수 페이지별로 머리글 지정하기	334

◆ 아웃룩편 필수 기능표

카테고리	기능	내용	페이지
이메일 작성	외부 메일 가져오기, POP/SMTP, 계정 추가	네이버 계정을 아웃룩에 연결하기	350
	새 이메일 보내기	이메일 작성하고 보내기	356
	새 항목, 연락처 추가	구성원의 연락처나 주소 추가하기	360
업무 활용	규칙 만들기, 고급 옵션, 메일 자동 분류	필터링을 통해 이메일 자동 분류하기	380
	정크 메일, 메일 자동 분류	광고성 이메일 등 정크 메일을 따로 분류하기	382

◆ 원노트편 필수 기능표

카테고리	기능	내용	페이지
원노트 사용법	전자 필기장 목록 표시, 전자 필기장 만들기, 섹션 이름 바꾸기, 페이지 이름 바꾸기	원노트 페이지 생성하고 내용 입력하기	408
	아래에 새 페이지 만들기, 하위 페이지 만들기	페이지 안에 또 다른 페이지 만들기	413
	이동/복사, 하위 페이지 축소, 하위 페이지 수준 올리기	섹션이나 페이지 이동하거나 정렬하기	416
원노트 활용법	암호 보호, 암호 추가	암호로 섹션 보안 설정하기	431
	오디오, 재생	오디오나 비디오 녹음/녹화하여 회의록 작성하기	434

◆ 공동 기능과 연동편

카테고리	기능	내용	페이지
공동 기술	옵션, 리본 사용자 지정, 빠른 실행 도구 모음	나만의 작업 환경으로 오피스를 편리하게 사용하기	465
	빠른 실행 도구 모음, 기타 명령	빠른 실행 도구 모음으로 최적의 작업 환경 만들기	468
연동 기술	붙여넣기, 선택하여 붙여넣기, Microsoft Excel 차트 개체	엑셀 차트를 워드에서 편집하기	481
	프린트, OneNote에서 위치 선택	파워포인트 슬라이드를 워드 유인물로 보내기	488
	개요보기, Tab, Shift+Tab	워드 문서를 파워포인트 슬라이드로 전환하기	491

오피스 파트별 학습 기능 Index

PART 01
엑셀편

DATEDIF 함수 … 73
Excel 옵션 … 29
FV 함수 … 81
IFERROR 함수 … 60
INDEX 함수 … 78
SUMIF 함수 … 69
SUMIFS 함수 … 69
VLOOKUP 함수 … 65
WEEKDAY 함수 … 62
간트 차트 … 102
고급 필터 … 123
구조적 참조 … 92
그림으로 복사 … 44
데이터 가져오기 … 157
데이터 변환 … 163
데이터 유효성 검사 … 36
머리글/바닥글 … 147
범위로 변환 … 91
부분합 … 128
붙여넣기 옵션 … 40
빠른 분석 도구 … 97
빠른 채우기 … 130
사용자 지정 목록 … 29
사용자 지정 서식 … 64
선택하여 붙여넣기 … 42
셀 서식 … 50
수식 복사 … 55
스파크라인 … 111
슬라이서 … 125
엑셀 소개 … 21
연결된 그림 붙여넣기 … 46
요약 행 … 89
이동 옵션 … 48
이중 차트 … 101
인쇄 … 141
인쇄 미리 보기 … 156
자동 고침 옵션 … 33
자동 필터 … 121
조건부 서식 … 15
지도 차트 … 108
창 정렬 … 53
추천 차트 … 94
추천 피벗 테이블 … 137
텍스트 나누기 … 119
파워 뷰 … 115
파일 형식 변경 … 162
페이지 레이아웃 … 141
페이지 설정 … 141
표 만들기 … 85
피벗 테이블 … 132
피벗 테이블 도구 … 135

PART 02
파워포인트편

3D 모델 … 269
SmartArt … 210
개요 보기 … 183
그라데이션 … 193
그림 압축 … 261
글꼴 변경 … 198
눈금자 … 187
디자인 아이디어 … 266
맞춤과 배분 … 217
모핑 효과 … 226
문자 간격 … 186
발표자 도구 … 231
배경 제거 … 220
복사/붙여넣기 … 179
복제하기 … 207
브로드캐스트 … 233
비디오 만들기 … 247
비디오 호환성 … 248
스마트 가이드 … 218
스토리보드 … 227
스포이트 … 206
슬라이드 크기 … 262
애니메이션 … 226
오디오 연결 … 238
오디오 파일 … 238
워드아트 … 190
유튜브 연결 … 249
이미지 출처 … 255
인터넷 폰트 … 177
저장하기 … 196
점 편집 … 201
투명한 색 설정 … 219
파워포인트 소개 … 169
파일 형식 변경 … 264
포스터 프레임 … 244
포인트 옵션 … 236
화면 녹화 … 251
화면 전환 … 223

PART 03
워드편

PDF 파일 … 311
구역 나누기 … 286
글꼴 서식 … 302
글머리 기호 … 298
기본 서식 … 321
다단 …296
도움말 … 318
머리글/바닥글 … 334
목차 업데이트 … 294
문서 스타일 … 283
문서 호환 … 331
빠른 문서 요소 … 326
새 스타일 … 328
수식 기능 … 314
워드 소개 … 275
워터마크 … 336
원고지 … 340
인쇄하기 … 332
자동 목차 … 292
제본용 여백 … 338
찾기 및 바꾸기 … 309
탐색 창 … 309
텍스트 스타일 … 289
텍스트로 변환 … 342
페이지 추가 … 284
표지 양식 … 323

PART 04
아웃룩편

RSS 피드 … 383
검색 폴더 … 388
계정 업데이트 … 355
그룹별 메일 전송 … 365
네이버 계정 … 350
도움말 … 376
메일 분류 … 369
메일 자동 분류 … 380
메일 작성 … 356
메일 전송 … 363
배달/읽음 … 358
서명 … 371
아웃룩 소개 … 347
업무 확인 … 395
연락처/주소 … 360
응답 단추 … 385
일정 관리 … 391
일정 추가 … 394
작업 등록 … 397
정보 저장 … 379
정크 메일 … 382
주소록 추가 … 362
편지지 … 375
행사/모임 추가 … 389
휴일/공휴일 확인 … 397

PART 05
원노트편

가져오기 … 425
계산기 … 437
공유 … 422
내용 입력 … 408
동기화 … 421
동기화 정지 … 449
디지털 펜 … 446
받아쓰기 … 452
배경색 변경 … 418
번역 … 440
암호 … 431
에버노트 … 443
오디오 녹음 … 434
원노트 OCR … 458
원노트 소개 … 403
원타스틱 앱 … 455
웹 문서 … 438
이동/정렬 … 416
일정표 … 453
태그 … 429
페이지 생성 … 408
프레젠테이션 … 428

PART 06
공동 기능과 연동편

Backstage … 478
메일 보내기 … 494
문서 출판 … 474
빠른 실행 도구 모음 … 468
실행 취소 횟수 … 472
한/영 자동 고침 … 471

초보 직장인이라면
반드시
알아야 할

엑셀편

PART 1

CHAPTER 01 워크시트 관리 기술
CHAPTER 02 수식과 데이터 응용 기술
CHAPTER 03 표와 차트 분석 기술
CHAPTER 04 데이터 가공 및 분석 기술
CHAPTER 05 기타 업무 기술

CHAPTER

1

워크시트 관리 기술

엑셀은 많은 양의 데이터를 분석할 수 있는 매우 강력한 도구입니다. 데이터양이 많지 않더라도 간단한 데이터 계산을 비롯해 원하는 결과를 가장 빠르게 도출할 수 있도록 도와주는 매우 유용한 도구이기도 합니다. 엑셀을 통해 일반적인 계산 작업 이외에도 데이터베이스를 관리하거나, 문서 작성, 그래프 작성 등 다양한 업무를 진행할 수 있습니다. 여기서는 엑셀의 다양한 기능 중 워크시트를 관리하는 기술에 대해서 살펴보겠습니다.

배워 볼 내용

[엑셀 소개]	001	스프레드시트 프로그램, 엑셀(Excel) 소개
[사용자 지정 목록]	002	가나다순이 아닌 직급 순서에 따라 데이터 정렬하기 필수 기능 ★★★★☆
[자동 고침 옵션]	003	자주 사용하는 기호를 단축키로 만들어 빠르게 사용하기 활용 기능 ★★★★☆
[데이터 유효성 검사]	004	회사 거래처를 드롭다운 단추로 만들어 빠르게 추가하기 필수 기능 ★★★★☆
[데이터 유효성 검사]	005	잘못 입력된 데이터를 한 번에 빠르게 찾아보기 활용 기능 ★★★★☆
[붙여넣기 옵션]	006	무궁무진한 기능이 있는 붙여넣기 옵션 알아보기 필수 기능 ★★★★☆
[선택하여 붙여넣기]	007	원본의 열 너비와 동일하게 열 너비 복사하기 활용 기능 ★★★☆☆
[그림으로 복사]	008	그림으로 붙여넣기를 이용한 결재란 만들기 필수 기능 ★★★☆☆
[연결된 그림 붙여넣기]	009	원본이 변경되면 자동으로 변경되는 결재란 만들기 활용 기능 ★★★★☆
[이동 옵션]	010	빈 셀이 포함된 행 일괄 삭제하기
[셀 서식]	011	견적서에서 숫자로 작성된 금액을 한글로 변경하기
[Excel 옵션]	012	데이터 손실을 최소화하기 위한 자동 저장 간격 설정하기
[창 정렬]	013	한 화면에 여러 엑셀 문서 띄우기
[수식 복사]	014	여러 시트로 나눠져 있는 매출액을 하나의 시트로 집계하기

001 스프레드시트 프로그램, 엑셀(Excel) 소개

엑셀(Excel)이란, 마이크로소프트(Microsoft)에서 개발한 스프레드시트(Spread Sheet) 프로그램입니다. 스프레드시트라는 말을 쉽게 표현하자면 '표 분석을 위한 도구'라고 할 수 있습니다. 즉, 엑셀은 표 안의 내용을 계산하고 분석하는 데 최적화된 프로그램이라고 할 수 있습니다.

■ 엑셀 변천사

윈도우 XP의 등장과 함께 출시된 엑셀 2003은 앞선 엑셀 2000이나 이전 엑셀 버전보다 상당히 많은 기능이 추가되고 인터페이스도 많이 달라졌습니다. 엑셀 2003은 아이콘이나 툴바의 모습도 윈도우 XP와 비슷한 형식으로 출시되었으며, 가장 오랜 기간 사랑받은 프로그램이기도 했습니다.

엑셀 2003 버전까지만 하더라도 메뉴와 도구 모음 방식이 드롭다운 메뉴 형식으로 구성되어 있었습니다. 하지만, 엑셀 2007 버전이 등장하면서 리본 메뉴라는 특이한 아이콘을 지닌 메뉴가 등장하게 됩니다. 또한, 상황별 탭이라는 새로운 형식의 메뉴판이 등장해 보다 직관적이고 기존과는 완전히 다른 프로그램으로 변화하였습니다. 특히, 이때 등장한 [Office 단추](단추 아이콘)는 오피스 2007을 표현하는 가장 큰 변화였습니다.

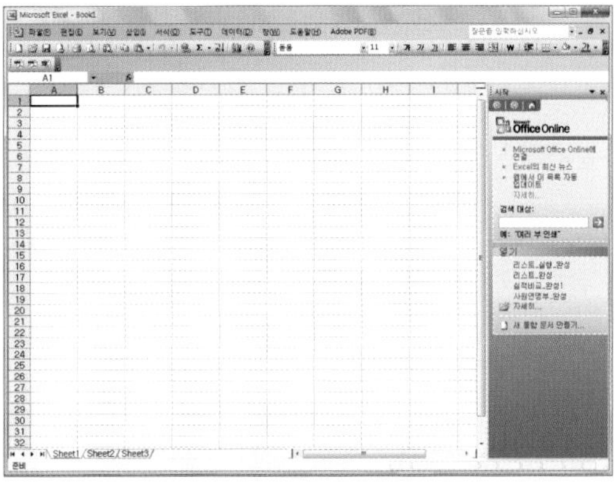

▲ 엑셀 2003

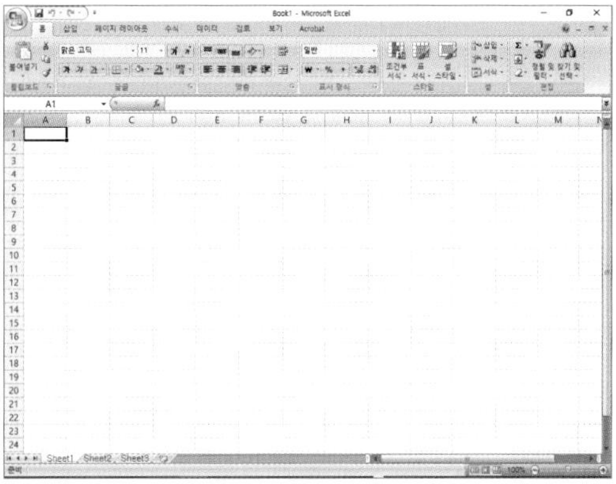

▲ 엑셀 2007

엑셀 2010 버전이 등장하면서 비로소 지금의 마이크로소프트 오피스의 인터페이스가 완성되었습니다. 이때부터 큰 틀의 변화 없이 2013, 2016, 2019, 365 버전까지 이어오고 있습니다. 엑셀 2010을 비롯해 2013, 2016, 2019 모두 색상의 차이만 있을 뿐 비슷한 인터페이스로 버전이 업그레이드되어서 기능이나 사용법을 익히는 데 큰 어려움이 없을 것으로 보입니다.

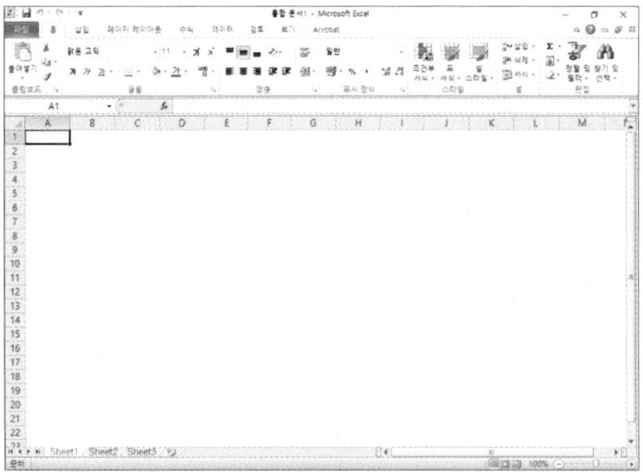

▲ 엑셀 2010

▲ 엑셀 2013

■ 사용하는 버전 확인하기

이 책은 엑셀 2010부터 2013, 2016, 2019, 365까지 설명하고 있습니다. 각 기능 설명도 버전별로 모두 소개하고 있습니다. 그렇다면 내가 사용하는 오피스 버전을 확인하는 방법을 잠시 알아볼까요?

본인이 사용하는 엑셀을 실행하고 [파일] 탭에서 [계정] 또는, [도움말]을 클릭합니다. 여기서 [Excel 정보]를 클릭하면 오피스 제품의 이름과 경우에 따라서 정식 버전 번호까지 표시됩니다.

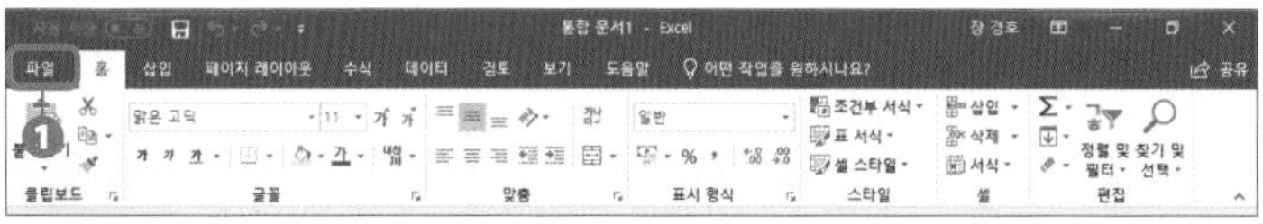

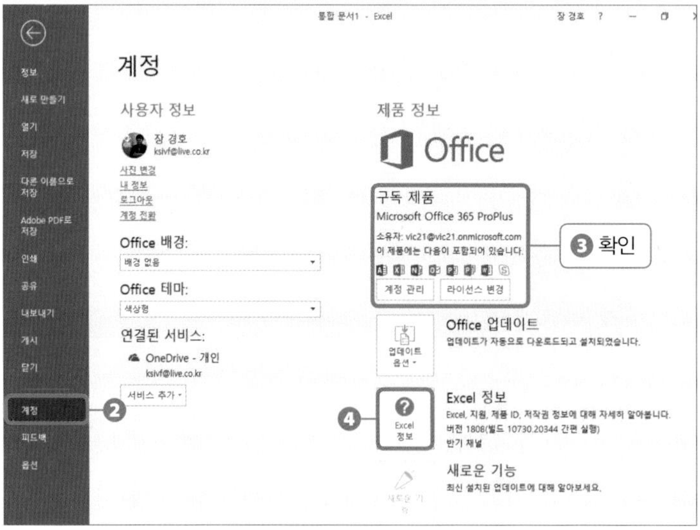

TIP

[Excel 정보]를 클릭하면 비트 버전과 같은 자세한 내용을 확인할 수 있습니다. 대화상자가 나타나고 풀 버전 번호와 함께 비트 버전(32 비트 또는 64 비트)이 표시됩니다.

■ 엑셀 화면 구성

여기서는 엑셀의 화면 구성에 대해서 잠시 살펴보겠습니다. 엑셀 365를 기준으로 설명하지만 엑셀 2010을 사용하는 사용자나 2013, 2016, 2019를 사용하는 사용자도 거의 비슷한 위치와 구성을 확인할 수 있습니다.

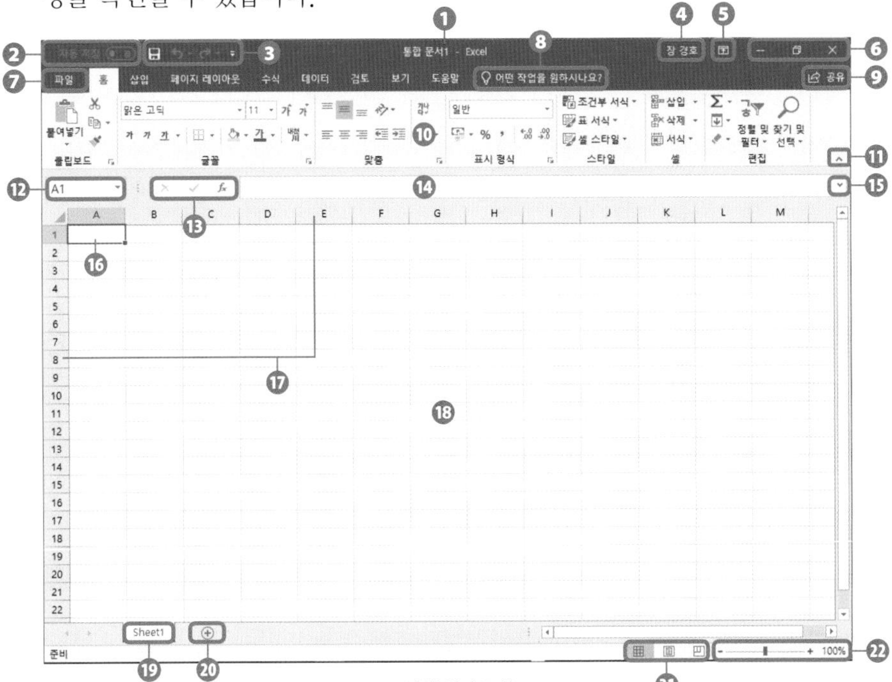

▲ 엑셀 화면 구성

❶ **제목 표시줄** : 현재 작업 중인 통합 문서의 파일명이 표시됩니다.

❷ **자동 저장** : 오피스 365에 특화된 기능으로, 원드라이브와 같은 클라우드 서비스에 파일을 자동 저장할 수 있습니다.

❸ **빠른 실행 도구 모음** : 자주 사용하는 명령을 모아 놓은 도구 모음으로, 원하는 명령을 추가하거나 삭제할 수 있습니다.

❹ **로그인 정보** : 사용자의 로그인 정보를 확인할 수 있습니다.

❺ **리본 메뉴 표시 옵션** : 리본 메뉴를 숨기거나 탭, 명령 표시 옵션을 설정할 수 있습니다.

❻ **창 조절 단추** : 현재 문서의 창을 최소화, 최대화, 복원할 수 있으며, 엑셀 창을 닫을 수 있습니다.

> **TIP PLUS**
>
> **오피스 365의 자동 저장**
>
> 최신 버전의 오피스를 사용한다면 프로그램 왼쪽 상단에 자동 저장 아이콘을 만날 수 있습니다. 엑셀이나 오피스 파일을 원드라이브에 저장을 하게 되면 자동 저장 기능이 실행됩니다. 내 컴퓨터에 파일을 저장하지 않고 원드라이브라는 인터넷 클라우드에 저장해 언제 어디서나 문서를 열고 저장하는 등 파일을 관리할 수 있어 편리합니다.

▲ 자동 저장 끔

▲ 자동 저장 켬

❼ **[파일] 탭** : 엑셀 2003 버전의 [파일] 메뉴, 엑셀 2007 버전의 [Office 단추]를 대체하는 기능입니다. [새로 만들기], [열기], [저장], [인쇄] 등의 메뉴와 옵션을 지정할 수 있는 [Excel 옵션]을 제공합니다.

❽ **어떤 작업을 원하시나요?** : 원하는 키워드를 입력하여 기능 바로가기를 비롯해 도움말 정보를 얻을 수 있습니다.

❾ **공유** : 원드라이브라는 인터넷 클라우드에 문서를 공유할 수 있습니다.

❿ **리본 메뉴** : 엑셀 2007부터 등장한 리본 메뉴는 [탭]과 [그룹]으로 구성되어 있으며, 각각의 그룹마다 비슷한 성격의 명령들로 묶여있습니다. 엑셀의 다양한 기능을 실행할 수 있습니다.

⓫ **리본 메뉴 축소 단추** : 화면을 넓게 사용하고 싶을 때 리본 메뉴를 나타나지 않도록 설정할 수 있습니다.

⓬ **이름 상자** : 셀이나 범위의 이름이 나타나며, 이름을 지정하지 않으면 선택한 셀 주소가 나타납니다.

⓭ **함수 삽입** : [함수 마법사] 대화상자를 불러와 원하는 함수를 빠르고 편리하게 선택할 수 있습니다.

⓮ **수식 입력줄** : 입력된 데이터나 수식이 표시되며, 직접 수식을 입력할 수 있습니다.

⓯ **수식 입력줄 확장/축소 단추** : 수식 입력줄의 크기를 확장 및 축소할 수 있습니다.

⓰ **셀** : 행과 열이 교차되는 곳으로 수식과 데이터를 입력할 수 있습니다.

⓱ **행/열 머리글** : 워크시트의 행과 열을 표시하는 이름표로써 열 머리글은 A, B, C 등으로, 행 머리글은 1, 2, 3 등으로 표시됩니다.

⓲ **워크시트** : 데이터 작업이 이루어지는 공간입니다.

⓳ **시트 탭** : 통합 문서의 시트 명이 나타나며, 시트를 선택할 수 있습니다.

⓴ **새 시트** : [새 시트] 단추를 클릭하여 시트를 추가할 수 있습니다.

㉑ **여러 가지 보기 단추** : 문서의 화면 보기 형태를 다양하게 선택할 수 있습니다.

㉒ **화면 확대/축소 단추** : 화면을 원하는 배율로 조절할 수 있습니다.

■ 설치형 엑셀 vs 클라우드형 엑셀

우리가 평소 알고 있는 오피스 2010, 2013, 2016, 2019 등은 라이선스를 구입하면 평생 사용할 수 프로그램으로 내 컴퓨터에 설치하는 **〈설치형 엑셀〉**입니다. 일회성 라이선스만 있다면 평생 사용할 수 있다는 장점이 있죠. 여기에 새롭게 등장한 것이 바로 오피스 365입니다. 오피스 365는 매달, 혹은 매년 구독료를 지불하는 대신 항상 최신의 오피스 프로그램과 기능 업그레이드를 통해 프로그램을 사용할 수 있는 **〈클라우드형 엑셀〉**입니다.

〈설치형 엑셀〉인 오피스 2019 등은 일회성 라이선스 비용만 지불하면 평생 사용할 수 있는 장점이 있습니다. 하지만 1대의 컴퓨터에서만 설치가 가능하며, 계속 새로운 기능이 업그레이드되는 오피스 프로그램 특성상 최신 버전을 사용하려면 새로운 오피스 프로그램을 다시 구입해야 한다는 단점이 있습니다.

〈클라우드형 엑셀〉인 오피스 365는 새로운 기능과 향상된 기능을 비용 추가 없이 지속해서 제공 받을 수 있는 장점이 있습니다. 또한, 1TB 인터넷 클라우드 서비스도 받을 수 있고, 여러 대의 컴퓨터에 설치할 수 있습니다. 하지만 매달, 혹은 매년 구독료를 지급해야 한다는 단점이 있습니다.

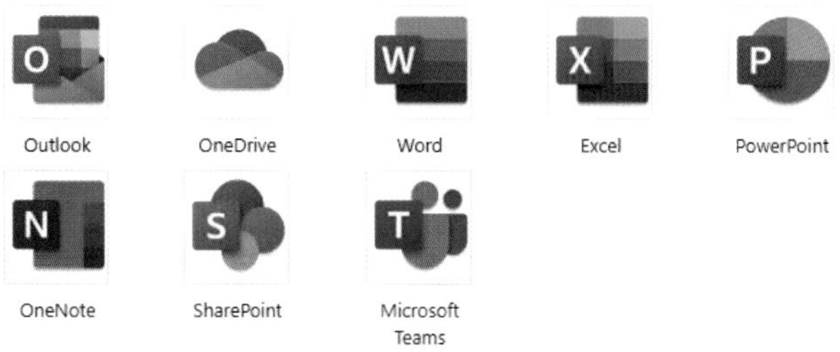

■ **새로운 기능**

엑셀의 버전이 지속해서 업그레이드되면서 새로운 기능도 많아졌습니다. TEXTJOIN, CONCAT, IFS 등 새로운 함수가 등장했으며, 접근성 높은 통합 문서를 만들기 위한 국제 표준 및 간편한 권장 사항에 대한 지원 업데이트로 접근성 검사가 더욱 향상되었습니다. 특히, 2D 지도나 깔때기형 차트 등 시각적인 효과가 좋아졌습니다. 하나하나 한번 살펴볼까요?

1. 새로운 함수

• CONCAT

이 함수는 CONCATENATE와 유사하지만, 더 짧고 입력하기가 더 쉬워진 함수입니다. 셀 참조 외에 범위 참조도 지원합니다.

• IFS

복잡하고 중첩된 IF 함수를 대신해서 등장한 함수로써 이 함수를 사용할 경우 조건이 사용자가 지정하는 순서로 결과값이 표시됩니다.

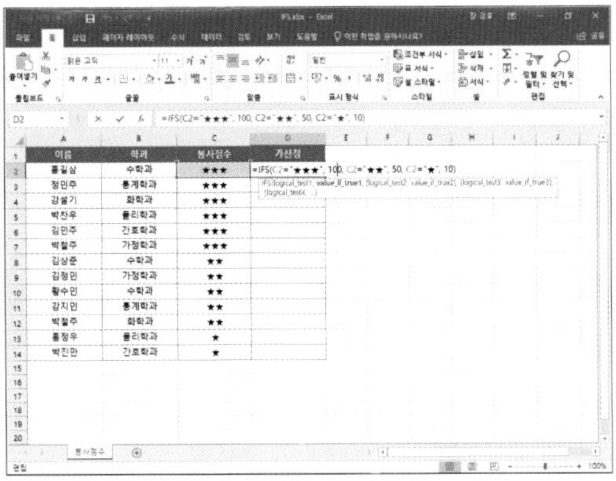

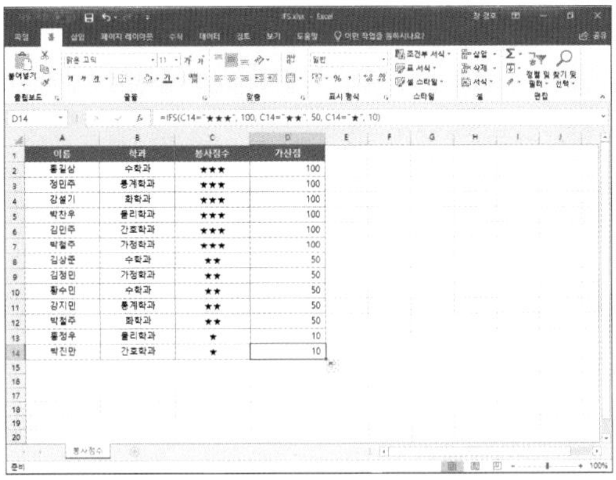

```
=IFS(C2="★★★", 100, C2="★★", 50, C2="★", 10)
```

[C2] 셀이 별 3개이면 '100', [C2] 셀이 별 2개이면 '50', [C2] 셀이 별 1개이면 '10'을 반환합니다.

• MAXIFS와 MINIFS

이 함수는 단일 또는, 여러 조건을 충족하는 범위에서 가장 큰 값이나 작은 값을 반환하는 함수로 새롭게 등장했습니다.

• SWITCH

이 함수는 순서대로 값 목록에 대해 식을 평가하고 일치하는 첫 번째 결과를 반환하는 함수입니다.

2. 새로운 차트

• 지도 차트

지도 차트를 만들어 값을 비교하고 여러 지역의 범주를 표시할 수 있습니다. 데이터에 국가/지역, 시/도, 군 또는 우편 번호와 같은 지리적 지역이 있는 경우 지도 차트를 사용할 수 있습니다.

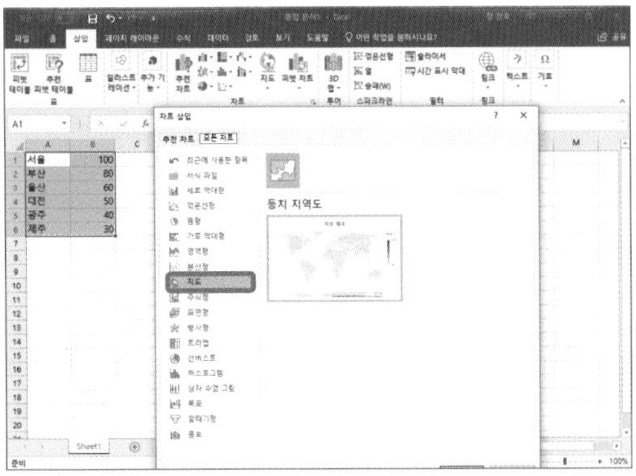

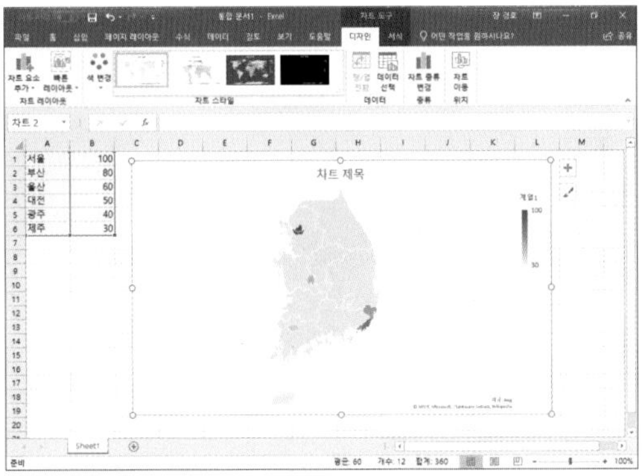

- **깔때기형 차트**

깔때기형 차트에는 프로세스 내 여러 단계의 값이 표시됩니다. 깔때기형 차트를 사용하여 영업 파이프라인 각 단계의 예상 판매 수량을 표시할 수 있습니다.

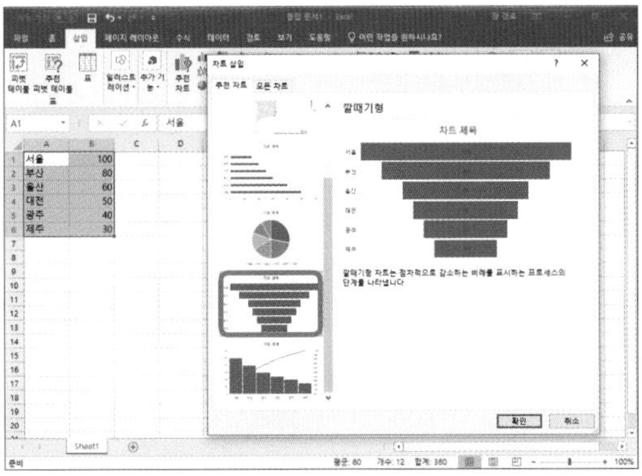

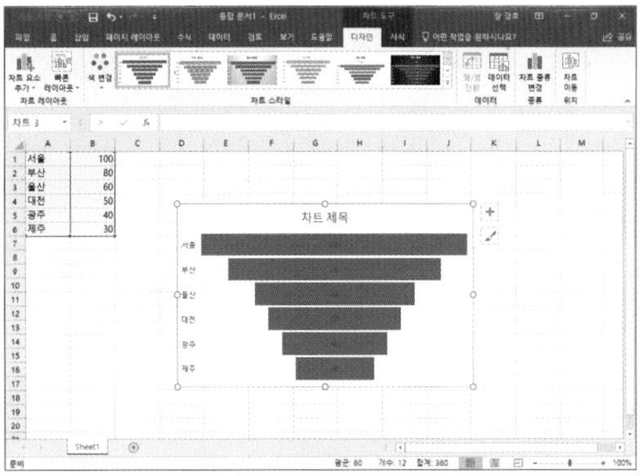

3. 접근성 기능

- **접근성 문제를 클릭 한 번으로 해결**

접근성 높은 통합 문서를 만들기 위한 국제 표준 및 간편한 권장 사항에 대한 지원 업데이트로 접근성 검사가 더욱 향상되었습니다.

- **접근성을 높이는 유용한 소리**

소리 효과에서 소리 신호를 제공하여 기능을 선택하거나 마우스로 클릭할 때 유용한 소리가 재생되어 생산성을 향상시킬 수 있습니다.

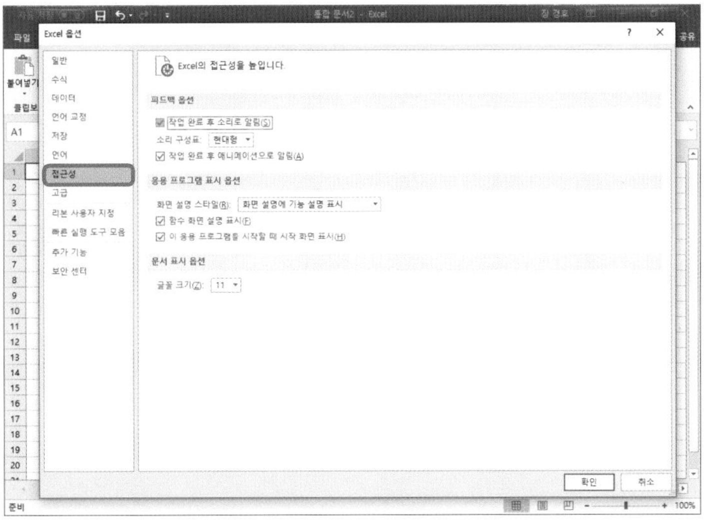

4. 쉬워진 공유

• 최신 링크 삽입

최근 사용한 클라우드 기반의 파일이나 웹 사이트에 하이퍼링크를 간편하게 첨부할 수 있습니다.

• 공유 문서의 변경 내용 확인 및 복원

공유된 통합 문서의 내용을 누가 변경했는지 확인하거나 이전 버전으로 쉽게 복원할 수 있습니다.

5. 기타

• 개선된 자동 완성

예를 들어, NETWORKDAYS 함수를 사용해야 하는데 단어가 잘 기억나지 않는다면『=DAYS』라고만 입력해도 자동 완성 메뉴가 표시되면서 'DAYS'를 포함하는 모든 함수가 나타납니다.

• 자동 시간 그룹화

피벗 테이블에서 시간과 관련된 필드(연도, 분기, 월)가 있다면 자동으로 그룹화하여, 피벗 테이블로 한 번에 끌어올 수 있습니다. 이로 인해 시간 필드를 통해 다양한 분석을 할 수 있습니다.

이 외에도 다양한 기능이 새롭게 등장했는데 엑셀의 새로운 기능 도움말을 통해 보다 자세히 살펴볼 수 있습니다. 엑셀의 새로운 기능이 궁금하다면 저자의 블로그에서 확인하세요.

새로운 기능 : http://blog21.kr/221575877037

002

★★★★☆ 필수 기능

사용한 기능 | Excel 옵션, 사용자 지정 목록, 정렬

가나다순이 아닌 직급 순서에 따라 데이터 정렬하기

엑셀 데이터를 정렬할 때 보통 오름차순이나 내림차순을 하지만 직급처럼 자주 사용하는 목록 데이터가 존재한다면 어떻게 해야 할까요? 오름차순, 내림차순 상관없이 원하는 순서대로 데이터를 정렬하고 싶을 때는 [사용자 지정 목록 편집]을 통해 간단히 해결할 수 있습니다.

사용 가능 버전 2010 2013 2016 2019 365

예제 파일 Excel\Chapter 01\직급별실적.xlsx
완성 파일 Excel\Chapter 01\직급별실적_완성.xlsx

01 엑셀을 실행하고 [H4] 셀에서 [H10] 셀을 드래그로 선택한 후 Ctrl+C를 눌러 복사합니다.

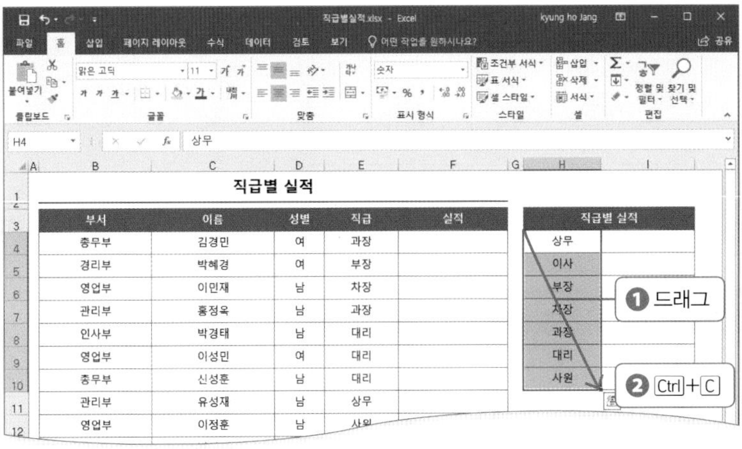

02 [파일] 탭-[옵션]을 클릭합니다. [Excel 옵션] 대화상자가 나타나면 [고급]에서 [일반]-[사용자 지정 목록 편집]을 클릭합니다.

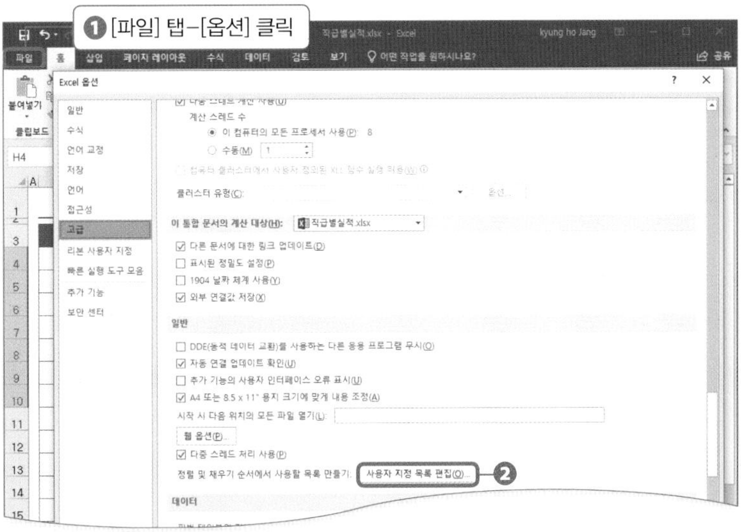

03 [사용자 지정 목록] 대화상자가 나타납니다. 왼쪽 항목에는 엑셀이 이미 만들어 놓은 목록들이 나타나며, [목록 가져올 범위]에 복사한 셀 범위가 표시됩니다. [가져오기]를 클릭합니다.

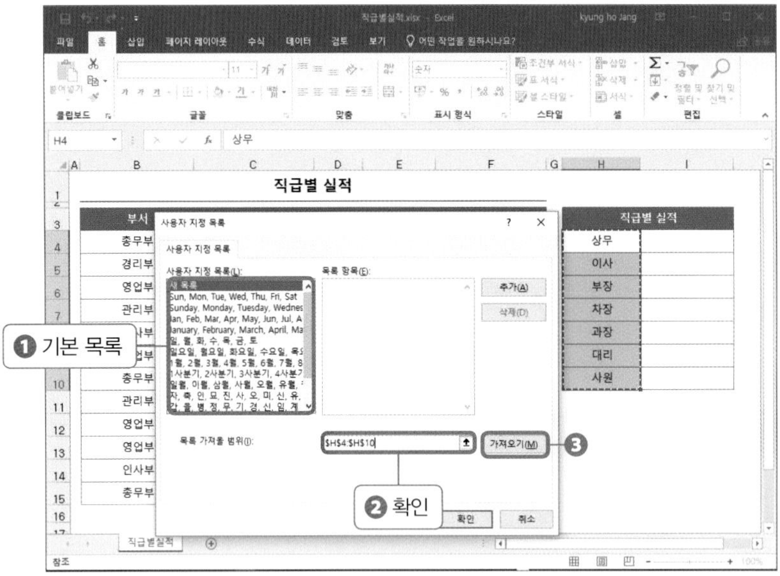

04 [목록 항목]에 사용자 지정 목록이 표시되면 [확인]을 클릭합니다.

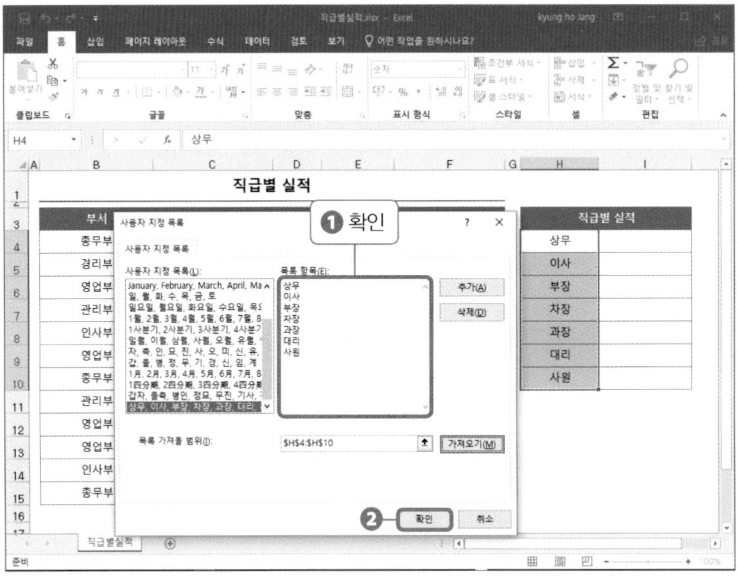

TIP

사용자 지정 목록을 작성할 때 지금처럼 시트에 입력된 항목을 가져올 수 있지만 [목록 항목]에 직접 항목을 입력한 후 Enter를 눌러 정렬해도 되며, 『상무, 이사, 부장, 차장』 순으로 입력 후 콤마(,)로 정렬하여 입력할 수도 있습니다.

05 이제 입력한 순서대로 데이터를 정렬해 보겠습니다. 임의의 셀을 선택하고 [데이터] 탭-[정렬 및 필터] 그룹에서 [정렬]을 클릭합니다. [정렬] 대화상자가 나타나면 [정렬 기준] 화살표를 클릭해 '직급'을 선택합니다. [정렬] 화살표를 클릭해 '사용자 지정 목록'을 선택합니다.

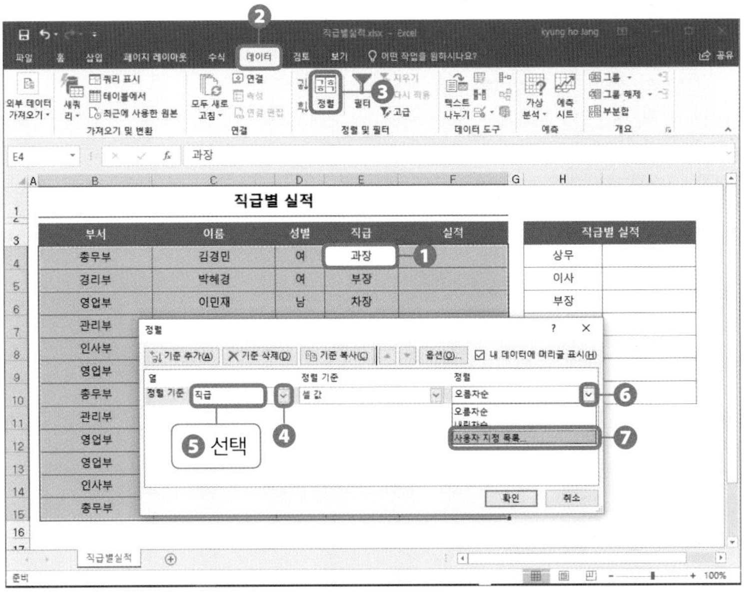

06 [사용자 지정 목록] 대화상자가 나타납니다. 이미 입력했던 항목을 선택하고 [확인]을 클릭합니다.

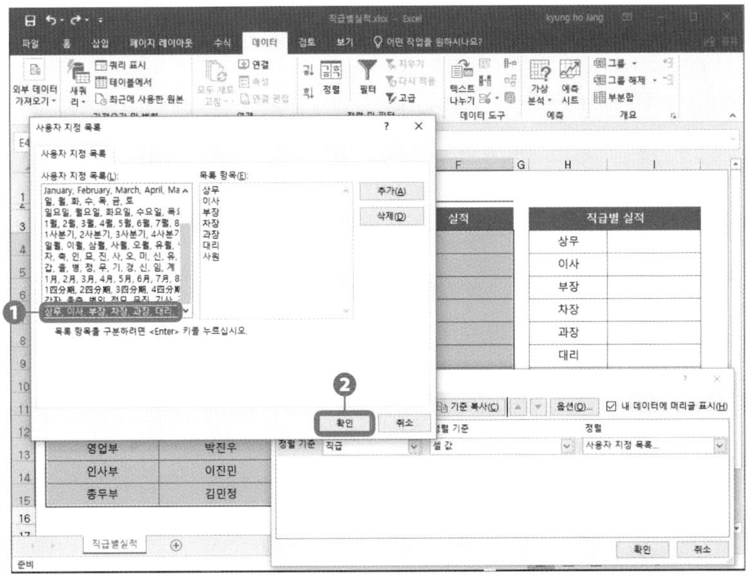

07 [정렬] 대화상자가 다시 나타납니다. [정렬]에 사용자 지정 목록이 입력된 것을 확인한 후 [확인]을 클릭합니다.

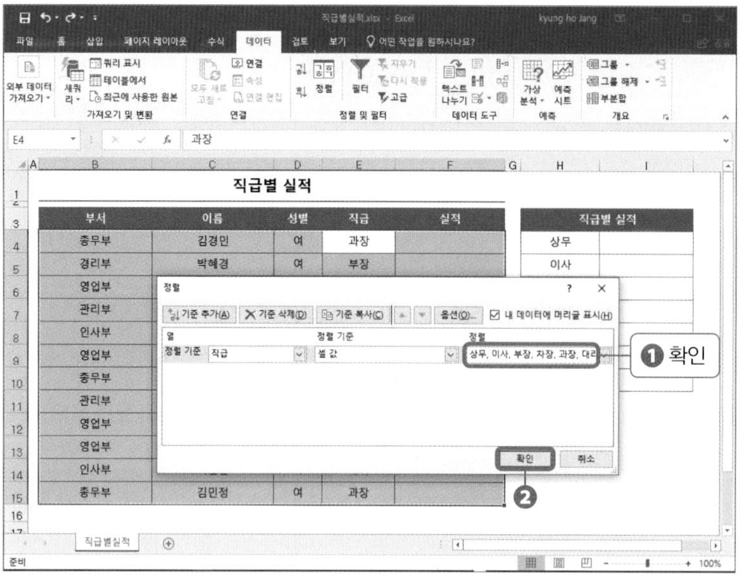

08 가나다순이 아닌 직급순으로 목록이 정렬되는지 확인합니다.

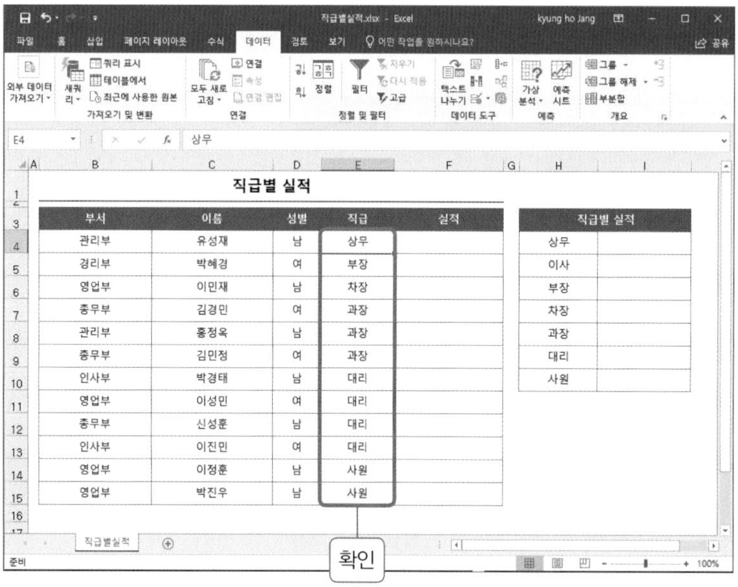

사용한 기능 | Excel 옵션, 자동 고침 옵션

003

★★★★☆
활용 기능

자주 사용하는 기호를 단축키로 만들어 빠르게 사용하기

엑셀은 『(tel)』을 입력한 후 [Space Bar] 혹은, [Enter]를 누르면 자동으로 '☎'와 같은 기호로 바뀌어 입력됩니다. 자주 사용하는 기호를 단축키로 지정해 놓으면 매번 기호를 불러오는 번거로운 작업을 거치지 않아도 간단하게 단축키로 기호를 입력할 수 있습니다.

사용 가능 버전 2010 2013 2016 2019 365

예제 파일 없음
완성 파일 없음

01 엑셀은 자주 사용하는 기호가 단축키로 미리 완성되어 있습니다. 아무 셀이나 선택한 후 『(tel)』을 입력하고 [Space Bar] 혹은, [Enter]를 누릅니다.

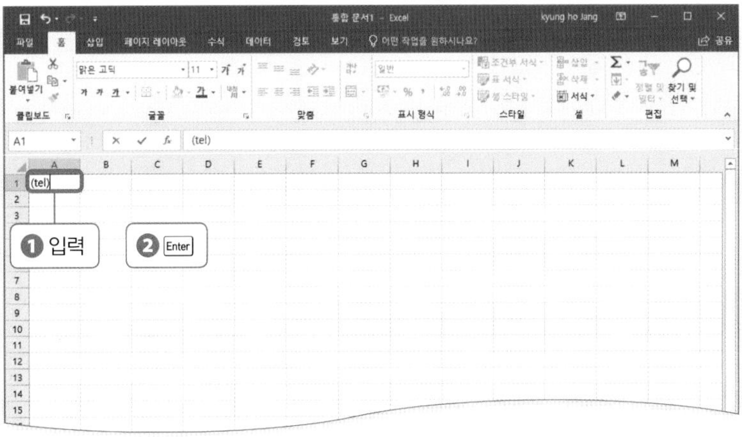

02 자동으로 전화기 모양의 기호가 입력되는 것을 확인할 수 있습니다. 이제 [자동 고침 옵션]을 통해 사용자가 직접 원하는 기호를 단축키로 지정해 보겠습니다. [파일] 탭-[옵션]을 클릭합니다. [Excel 옵션] 대화상자가 나타나면 [언어 교정]에서 [자동 고침 옵션]을 클릭합니다.

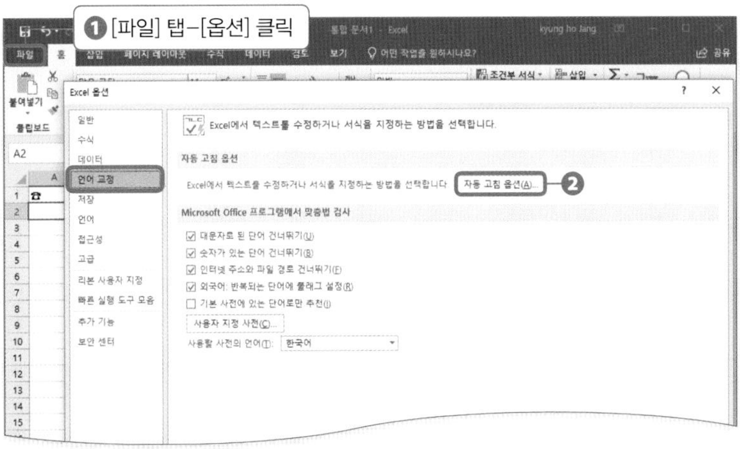

03 [자동 고침] 대화상자가 나타나면 [자동 고침] 탭의 [입력]에 『(별)』을 입력합니다. [결과]에 『ㅁ』을 입력하고 [한자]를 누른 다음 기호가 나타나면 '★'을 선택한 후 [추가]를 클릭합니다.

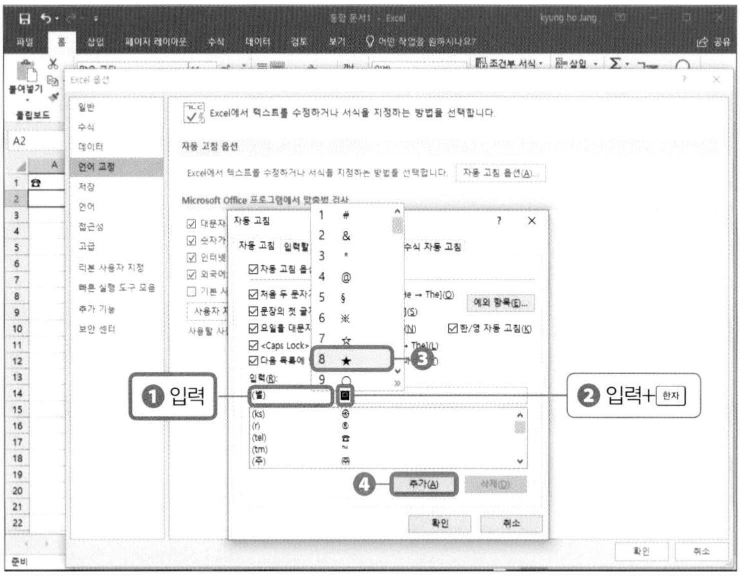

04 [자동 고침] 대화상자에서 [확인]을 클릭하고 [Excel 옵션] 대화상자에서 다시 [확인]을 클릭합니다.

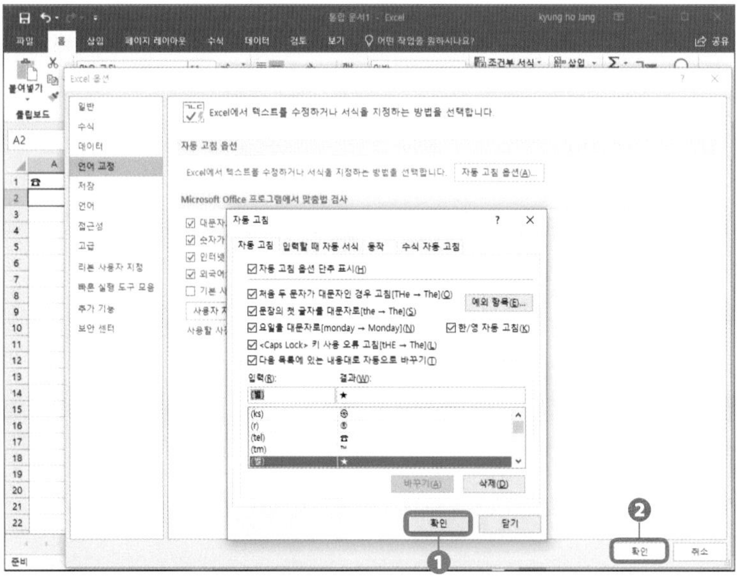

05 아무 셀이나 선택한 후 『(별)』을 입력하고 Space Bar 혹은, Enter를 누릅니다.

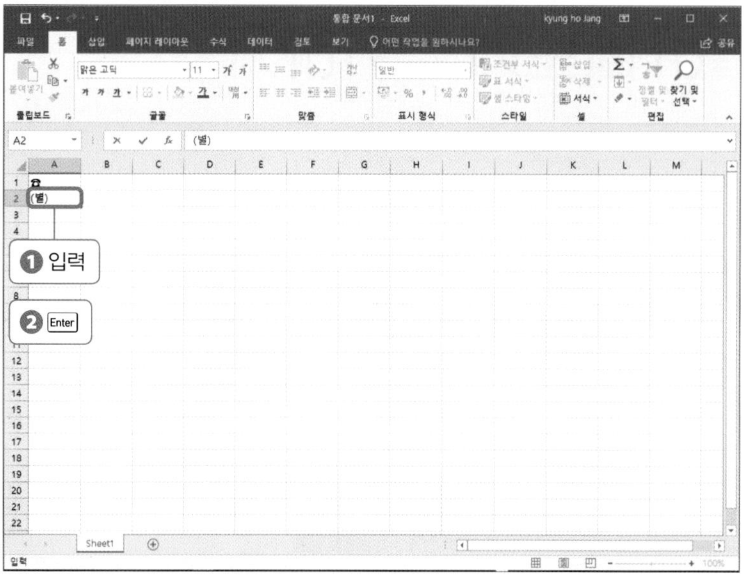

06 자동으로 '★'이 입력되는 것을 확인할 수 있습니다.

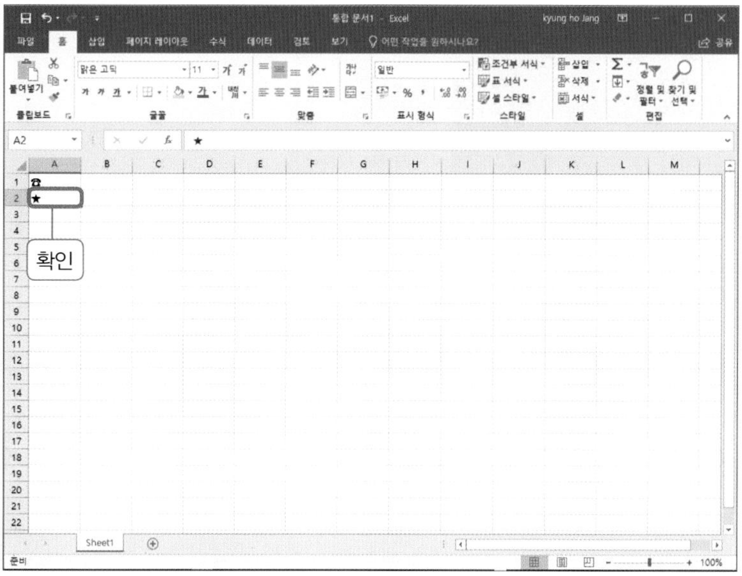

TIP

[자동 고침 옵션]을 이용하여 기호를 지정할 때에는 '(별)', '중요', '@@'와 같이 잘 사용하지 않는 문자나 단어로 단축키를 지정하는 것이 좋습니다.

사용한 기능 | 데이터 도구, 데이터 유효성 검사

004 회사 거래처를 드롭다운 단추로 만들어 빠르게 추가하기

★★★★☆ 필수 기능

데이터 유효성 검사를 통해 사용자가 직접 셀에 입력하는 데이터나 값의 유형을 설정할 수 있습니다. 예를 들어, 특정 셀에는 숫자만 입력하고, 특정 셀에는 텍스트 길이를 제한할 수 있습니다. 또는, 이번 예제처럼 회사 거래처와 같은 데이터를 드롭다운 단추로 만들어 빠르게 추가할 수도 있습니다.

사용 가능 버전 2010 2013 2016 2019 365

예제 파일 Excel\Chapter 01\거래처.xlsx
완성 파일 Excel\Chapter 01\거래처_완성.xlsx

01 [F3:F17] 영역을 드래그하여 선택하고 [데이터] 탭-[데이터 도구] 그룹에서 [데이터 유효성 검사]를 클릭합니다.

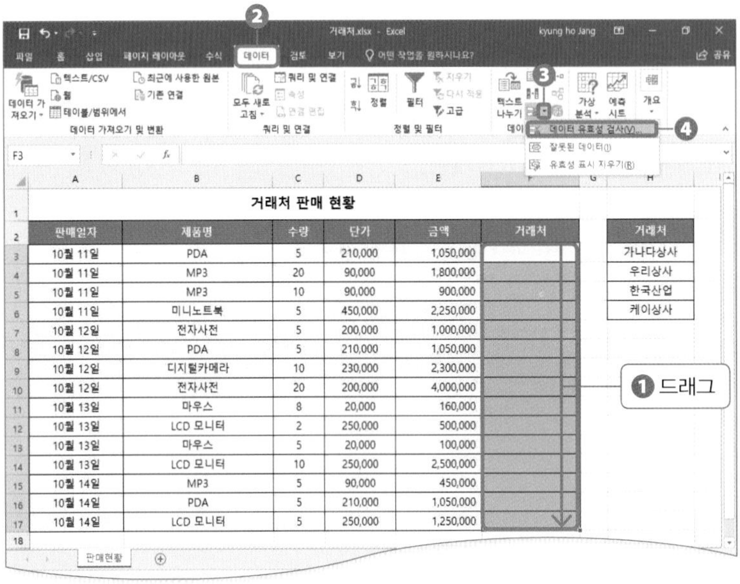

02 [데이터 유효성] 대화상자가 나타나면 [설정] 탭에서 [제한 대상]의 드롭다운 단추를 클릭한 후 '목록'을 선택합니다.

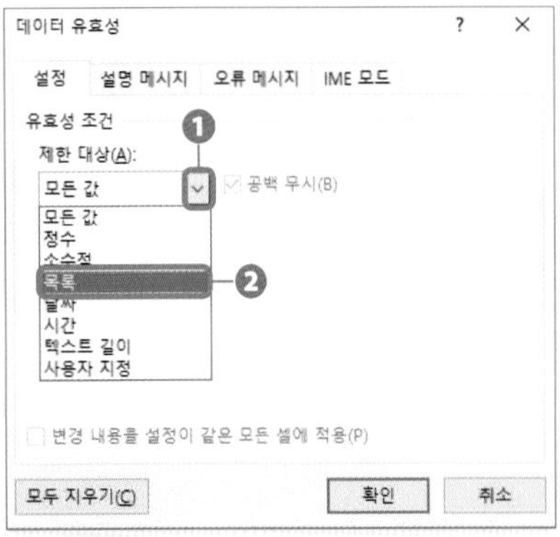

TIP

유효성 검사에는 '정수, 소수점, 목록, 날짜, 시간, 텍스트 길이, 사용자 지정'을 제한 대상으로 지정할 수 있습니다.

자주하는 질문

Q '목록'을 선택하는 이유가 있나요?

A '목록'은 데이터를 정해진 목록 내에서만 선택할 수 있도록 하여 다른 데이터의 입력을 제한합니다.

03 [원본] 입력란을 클릭하고 [H3:H6] 영역을 드래그하여 셀 범위를 지정한 다음 [확인]을 클릭합니다.

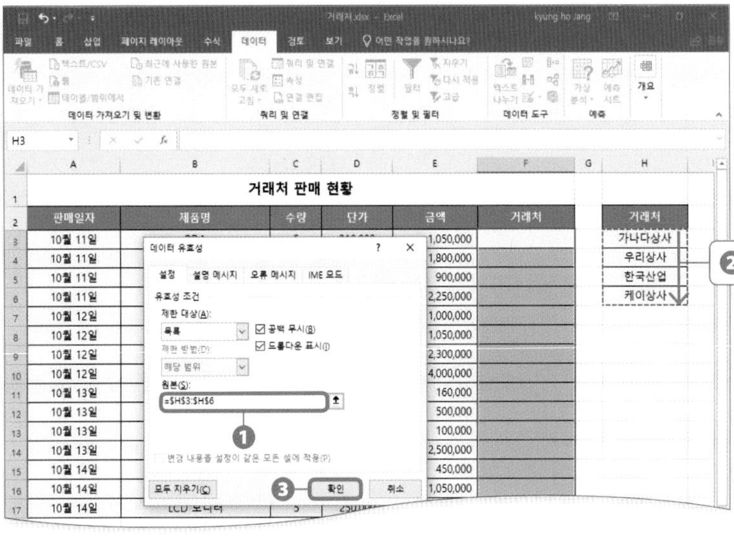

04 [거래처] 필드에 화살표가 표시됩니다. 화살표를 클릭하면 '거래처' 목록이 나타납니다. 원하는 거래처를 선택합니다.

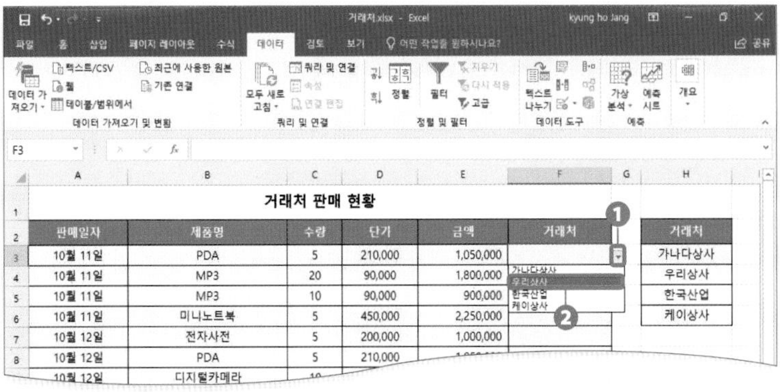

TIP PLUS

[데이터 유효성] 대화상자의 탭에는 [설정] 이외에도 [설명 메시지], [오류 메시지] 탭이 있습니다. 그렇다면, 이들의 역할은 무엇일까요?

1) 설명 메시지를 통해 입력하는 셀의 오른쪽에 작은 메모를 메시지로 표시할 수 있습니다.
2) 오류 메시지를 통해 지정된 범위에서 벗어난 값이 입력될 경우 오류 메시지를 표시할 수 있습니다.

사용한 기능 | 데이터 도구, 데이터 유효성 검사

005

★★★★☆
활용 기능

잘못 입력된 데이터를 한 번에 빠르게 찾아보기

이미 입력된 데이터 중에서 잘못 입력한 데이터를 찾기 위해 유효성 검사를 활용할 수 있습니다. 예를 들어, '가나다상사'라고 입력해야 하는 셀에 '가나다 상사'를 입력하거나 항목에 없는 이름을 입력했을 경우 유효성 검사를 통해 간단히 찾을 수 있습니다.

사용 가능 버전	예제 파일 Excel\Chapter 01\거래처_오류.xlsx
2010 2013 2016 2019 365	완성 파일 Excel\Chapter 01\거래처_오류_완성.xlsx

01 예제 파일을 열면 [F7] 셀부터 [F10] 셀까지 거래처명이 잘못 입력되어 있습니다. 이를 유효성 검사로 찾아보겠습니다.

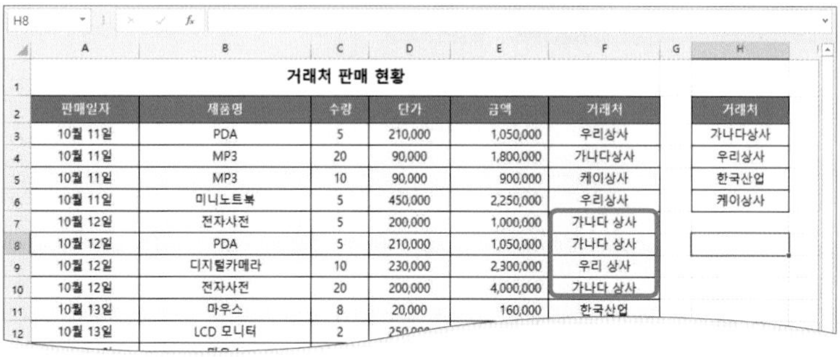

02 [F3:F17] 영역을 드래그하여 선택하고 [데이터] 탭–[데이터 도구] 그룹에서 [데이터 유효성 검사]를 클릭합니다. [데이터 유효성] 대화상자의 [설정] 탭에서 [제한 대상]은 '목록'을 선택합니다. [원본] 입력란을 선택한 후 [H3:H6] 영역을 드래그하여 선택하고 [확인]을 클릭합니다.

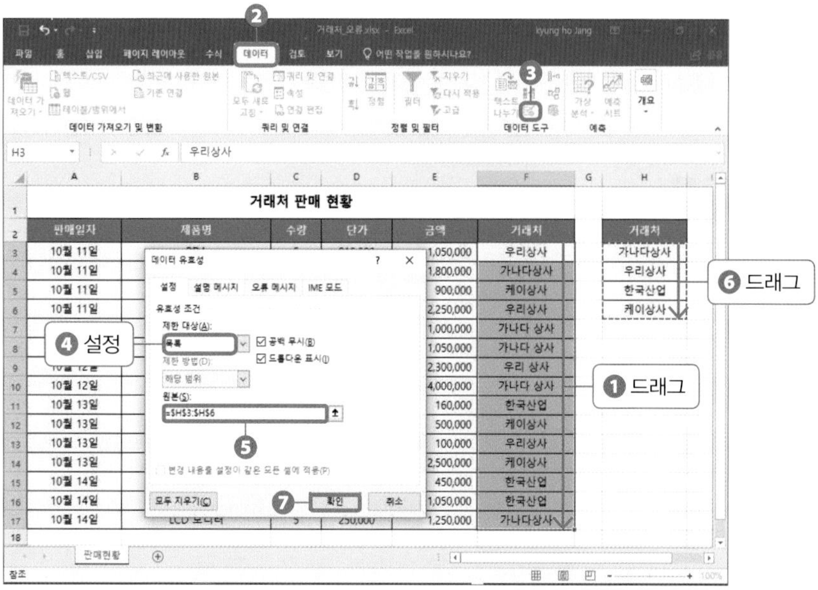

03 [F3:F17] 영역에 화살표가 생성되며 데이터 유효성 검사가 적용됩니다. 잘못된 데이터를 찾기 위해 [데이터] 탭–[데이터 도구] 그룹에서 [데이터 유효성 검사]–[잘못된 데이터]를 클릭합니다.

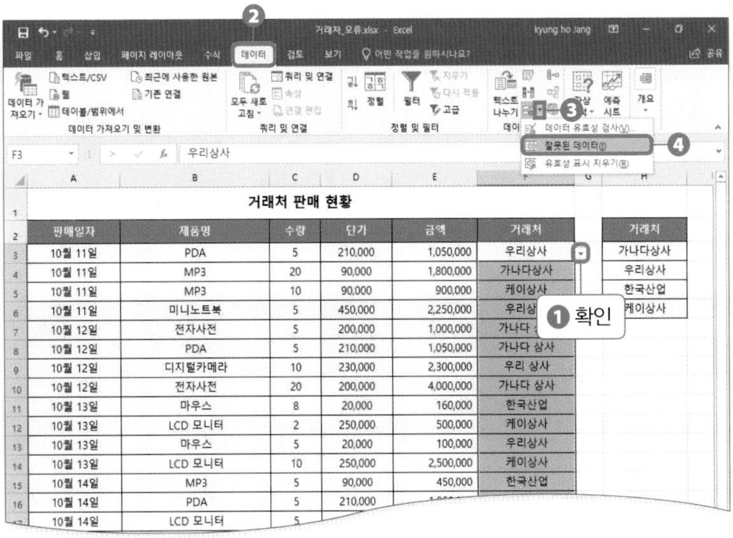

04 잘못된 데이터를 찾으면 빨간색으로 동그라미가 표시됩니다. 잘못된 데이터를 수정하면 빨간 동그라미는 사라집니다.

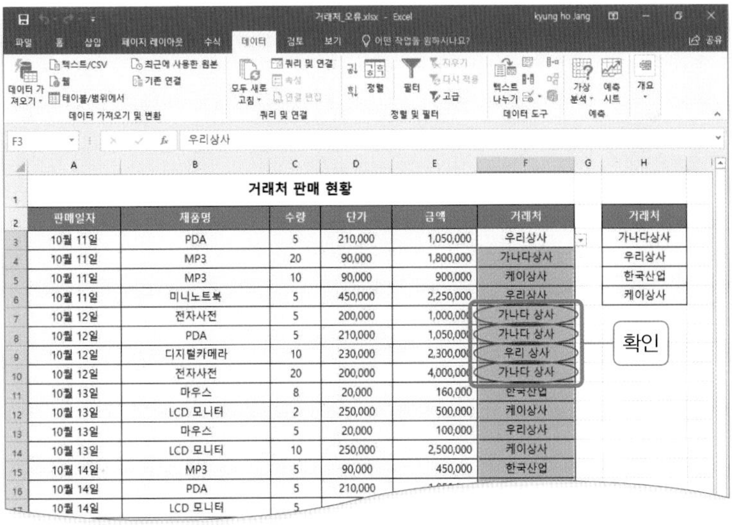

자주하는 질문

Q 숫자 필터가 나타나지 않아요.

A 필터링할 데이터의 표시 형식이 텍스트로 되어 있는지 확인해 보세요. 숫자 필터는 데이터가 숫자일 때에만 활성화됩니다.

사용한 기능 | 붙여넣기 옵션

006

★★★★☆
필수 기능

무궁무진한 기능이 있는 붙여넣기 옵션 알아보기

엑셀의 붙여넣기 옵션에는 다양한 옵션이 존재합니다. 수식만 붙여넣기하거나 수식 및 숫자 서식만 붙여넣는 등 다양한 옵션을 선택할 수 있습니다.

사용 가능 버전	예제 파일 없음
2010 2013 2016 2019 365	완성 파일 없음

붙여넣기의 다양한 기능 알아보기

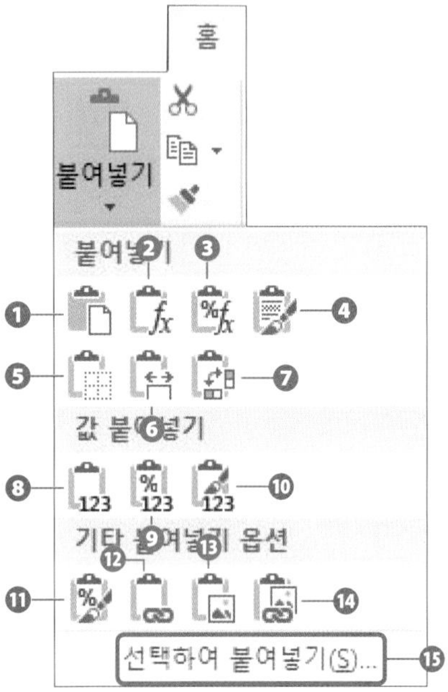

붙여넣기

❶ **붙여넣기** : 데이터 값 및 숫자, 셀 서식 등 모든 내용을 붙여넣기 합니다.

❷ **수식** : 복사한 데이터의 수식만 붙여넣기 합니다.

❸ **수식 및 숫자 서식** : 복사한 데이터의 수식과 숫자 서식만 붙여넣기 합니다.

❹ **원본 서식 유지** : 원본의 서식을 유지한 채 붙여넣기 합니다.

❺ **테두리 없음** : 테두리를 제외하고 붙여넣기 합니다.

❻ **원본 열 너비 유지** : 열 너비를 그대로 유지한 채 붙여넣기 합니다.

❼ **바꾸기** : 행과 열을 서로 바꾸어 붙여넣기 합니다.

값 붙여넣기

❽ **값** : 복사한 데이터의 값만 붙여넣기 합니다.

❾ **값 및 숫자 서식** : 복사한 데이터의 값과 숫자 서식만 붙여넣기 합니다.

❿ **값 및 원본 서식** : 복사한 데이터의 값과 셀 서식만 붙여넣기 합니다.

기타 붙여넣기 옵션

⓫ **서식** : 복사한 데이터에 포함된 서식을 모두 붙여넣기 합니다.

⓬ **연결하여 붙여넣기** : 원본 데이터가 수정되면 붙여넣기 한 데이터도 수정되도록 연결하여 붙여넣기 합니다.

⓭ **그림** : 복사한 데이터를 그림으로 붙여넣기 합니다.

⓮ **연결된 그림** : 복사한 데이터를 그림으로 붙여넣기 하되 데이터도 수정되도록 연결하여 붙여넣기 합니다.

선택하여 붙여넣기

⓯ **선택하여 붙여넣기** : [선택하여 붙여넣기] 대화상자를 이용하여 다양한 옵션을 설정할 수 있습니다.

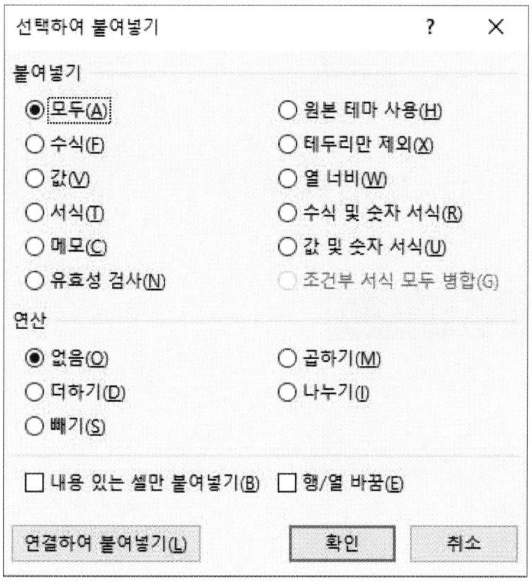

007

★★★☆☆
활용 기능

사용한 기능 | 붙여넣기 옵션, 원본 열 너비 유지, 선택하여 붙여넣기

원본의 열 너비와 동일한 열 너비 만들기

앞에서 붙여넣기 옵션의 다양한 기능에 대해서 살펴보았습니다. 이를 실무에 적용해 보겠습니다. 여기서는 붙여넣기 옵션을 통해 셀 영역을 원본의 열 너비와 동일하게 복사하는 기능에 대해서 알아보겠습니다.

사용 가능 버전 2010 2013 2016 2019 365

예제 파일 Excel\Chapter 01\시세변동.xlsx
완성 파일 Excel\Chapter 01\시세변동_완성.xlsx

01 [A2:D8] 영역을 선택하고 Ctrl+C를 눌러 복사합니다. [F2] 셀을 선택한 후 Ctrl+V를 눌러 붙여넣습니다.

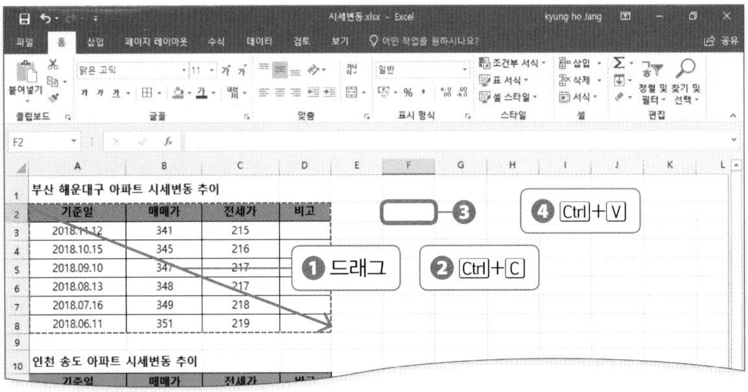

02 데이터 영역 오른쪽 하단에 있는 [붙여넣기 옵션] 단추를 클릭한 후 [붙여넣기]-[원본 열 너비 유지]를 선택합니다.

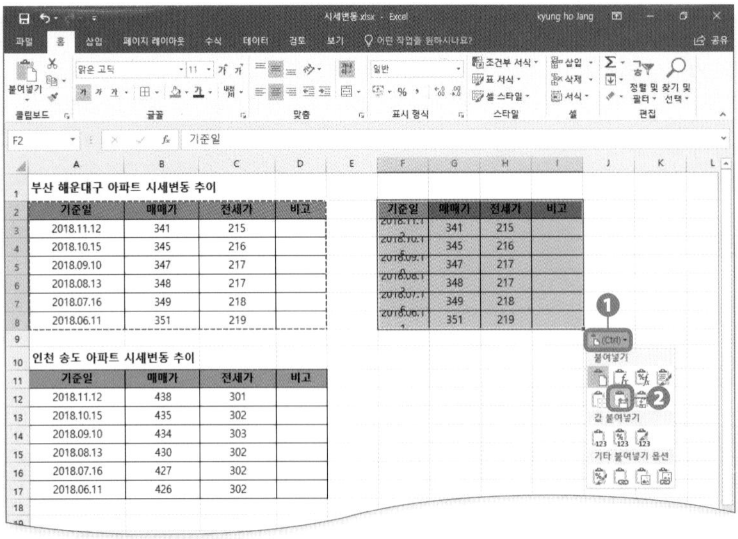

03 원본 데이터와 열 너비가 동일하게 복사됩니다. 이번에는 '전세가' 너비와 동일하게 '비고' 너비를 조정해 보겠습니다. [C2:C8] 영역을 선택하고 Ctrl+C를 눌러 복사합니다. [I2] 셀을 선택한 후 마우스 오른쪽 버튼을 클릭하여 [선택하여 붙여넣기]를 선택합니다.

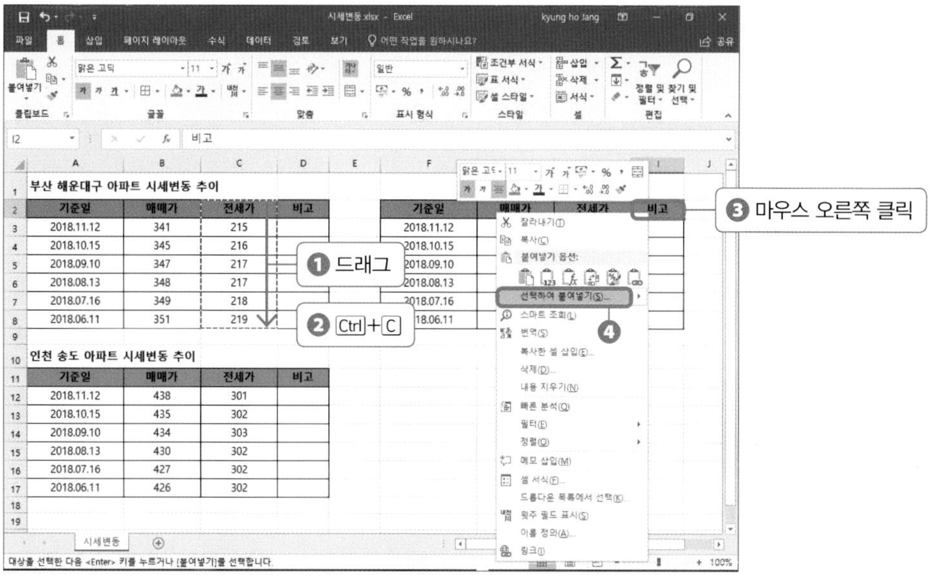

04 [선택하여 붙여넣기] 대화상자 나타나면 [붙여넣기]–[열 너비]를 선택한 후 [확인]을 클릭합니다. '비고'의 열 너비가 '전세가' 열 너비와 동일하게 변경됩니다.

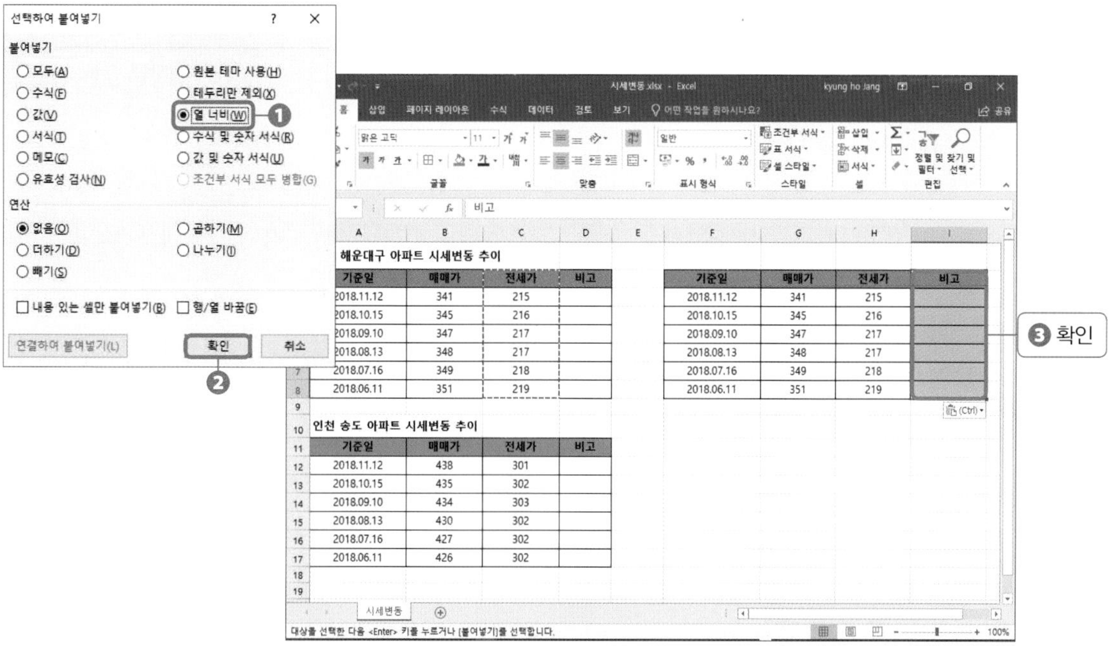

사용한 기능 | 붙여넣기 옵션, 그림으로 복사

008

★★★☆☆
필수 기능

그림으로 붙여넣기를 이용한 결재란 만들기

그림으로 복사는 셀의 내용을 복사하되 내용을 수정할 수 없는 그림으로 붙여넣는 기능입니다. 그림으로 붙여넣기하면 원하는 위치로 쉽게 드래그할 수 있어 편리합니다.

사용 가능 버전 2010 2013 2016 2019 365

예제 파일 Excel\Chapter 01\출입현황.xlsx
완성 파일 Excel\Chapter 01\출입현황_완성.xlsx

01 [확인란] 시트 탭을 클릭한 후 [B2:D4] 영역을 드래그하여 선택합니다. [홈] 탭-[클립보드] 그룹에서 [복사]의 화살표를 클릭한 후 [그림으로 복사]를 클릭합니다. [그림 복사] 대화상자가 나타나면 [화면에 표시된 대로]가 선택된 것을 확인한 후 [확인]을 클릭합니다.

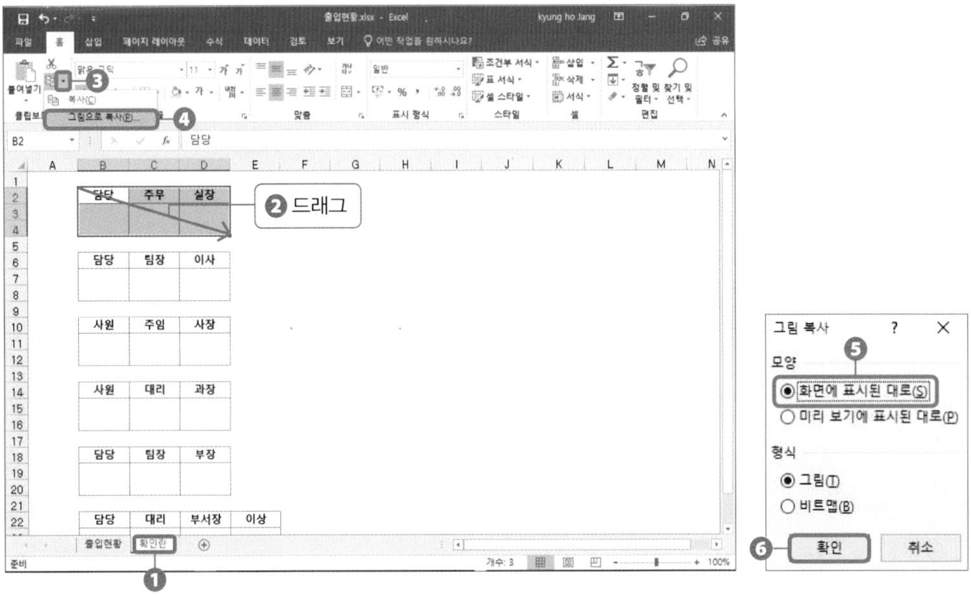

TIP [그림 복사] 대화상자의 옵션

- 화면에 표시된 대로 : 화면에 표시된 모양대로 그림으로 복사됩니다.
- 미리 보기에 표시된 대로 : 미리 보기 화면에 표시된 모양대로 그림으로 복사됩니다.
- 그림 : 벡터 방식으로 그림이 저장되어 확대나 축소를 해도 해상도가 떨어지지 않습니다.
- 비트맵 : 벡터가 아닌 비트맵 형식으로 그림이 저장되어 확대하면 해상도가 떨어집니다.

02 [출입현황] 시트 탭을 클릭한 후 [A1] 셀을 선택합니다. [홈] 탭–[클립보드] 그룹에서 [붙여넣기]를 클릭합니다. 그림으로 붙여넣기되면 원하는 위치로 드래그하여 완성합니다.

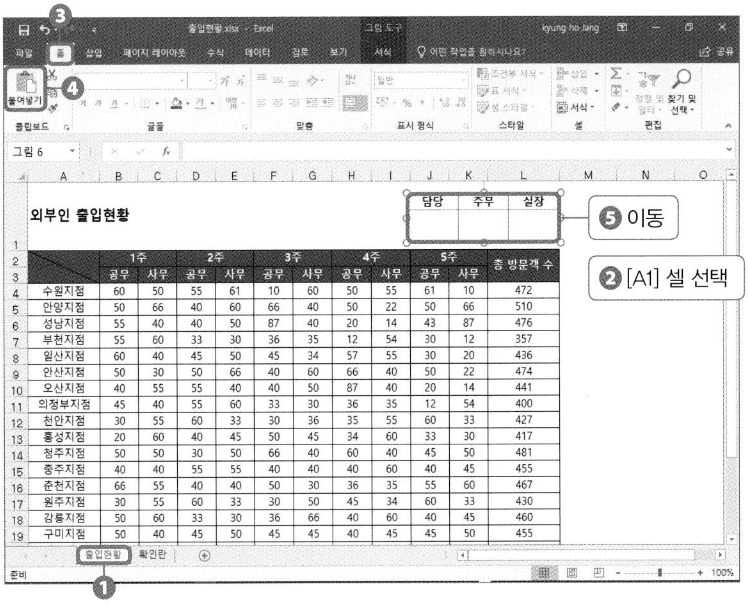

TIP PLUS

대체 텍스트 입력하기

시각장애가 있는 사람은 텍스트의 경우 화면 판독기를 통해 문서를 보는데, 도형이나 그림, 차트 등은 시각장애가 있는 사람에게 보여줄 수가 없습니다. 이럴 경우 대체 텍스트를 만들 수 있습니다. 도형이나 그림 등을 선택하고 [그림 도구]–[서식] 탭–[접근성] 그룹의 [대체 텍스트]를 클릭해 화면 판독기를 통해 읽게 될 텍스트를 입력합니다. 이 기능은 오피스 2019과 365 버전에서 사용할 수 있습니다.

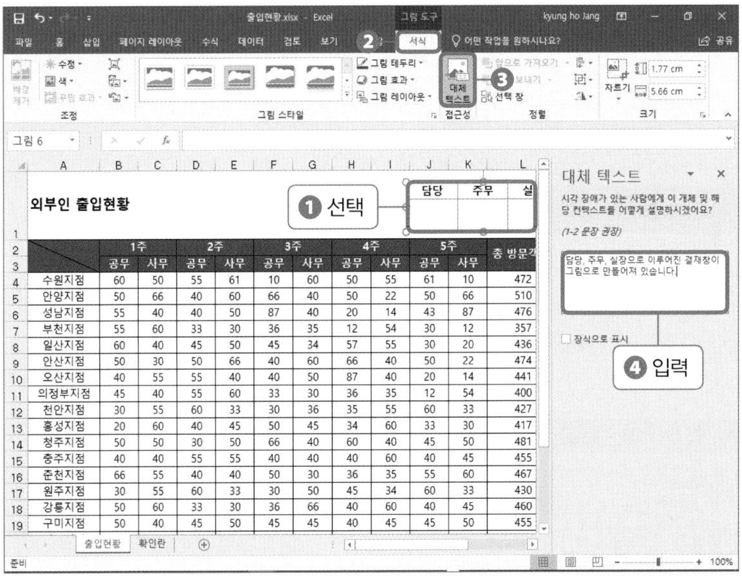

사용한 기능 | 붙여넣기 옵션, 연결된 그림

009

★★★★☆
활용 기능

원본이 변경되면 자동으로 변경되는 결재란 만들기

이번에는 연결된 그림 붙여넣기를 해보겠습니다. 연결된 그림 붙여넣기의 경우 원본 데이터의 내용이 변경되면 붙여넣은 그림의 데이터도 함께 연동되어 변경됩니다.

사용 가능 버전 2010 2013 2016 2019 365

예제 파일 Excel\Chapter 01\출입현황2.xlsx
완성 파일 Excel\Chapter 01\출입현황2_완성.xlsx

01 [확인란] 시트 탭에서 [B2:D4] 영역을 드래그하여 선택하고, [홈] 탭–[클립보드] 그룹에서 [복사]–[복사]를 클릭하거나 Ctrl+C를 눌러 복사합니다.

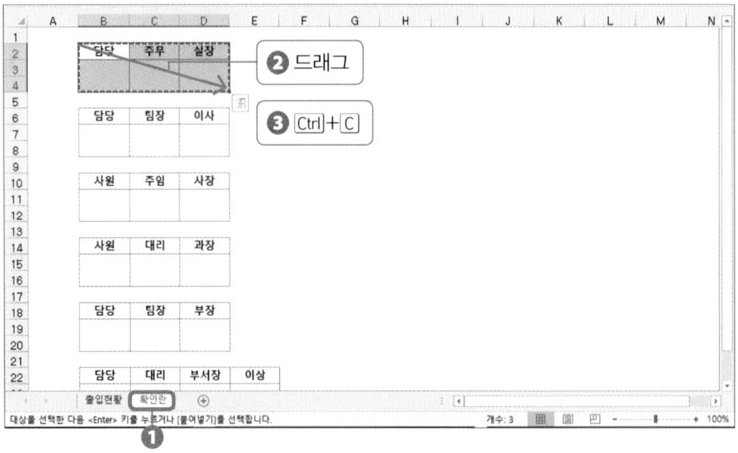

02 [출입현황] 시트 탭을 선택하고 [홈] 탭–[클립보드] 그룹에서 [붙여넣기] 화살표를 클릭한 후 [기타 붙여넣기 옵션]–[연결된 그림]을 클릭합니다.

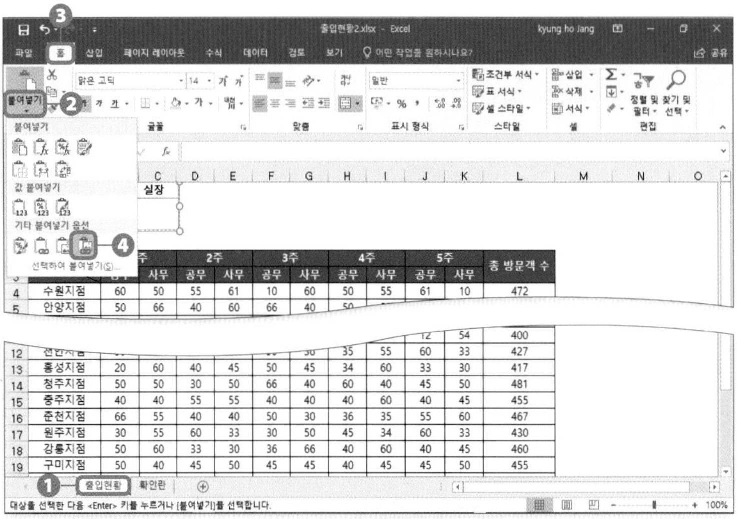

03 연결된 그림의 위치를 드래그하여 조정합니다. 원본 데이터의 값을 변경해 보겠습니다. [확인란] 시트 탭에서 결재란을 드래그하여 선택하고, [홈] 탭–[글꼴] 그룹에서 [채우기 색]을 클릭하여 색상을 지정합니다.

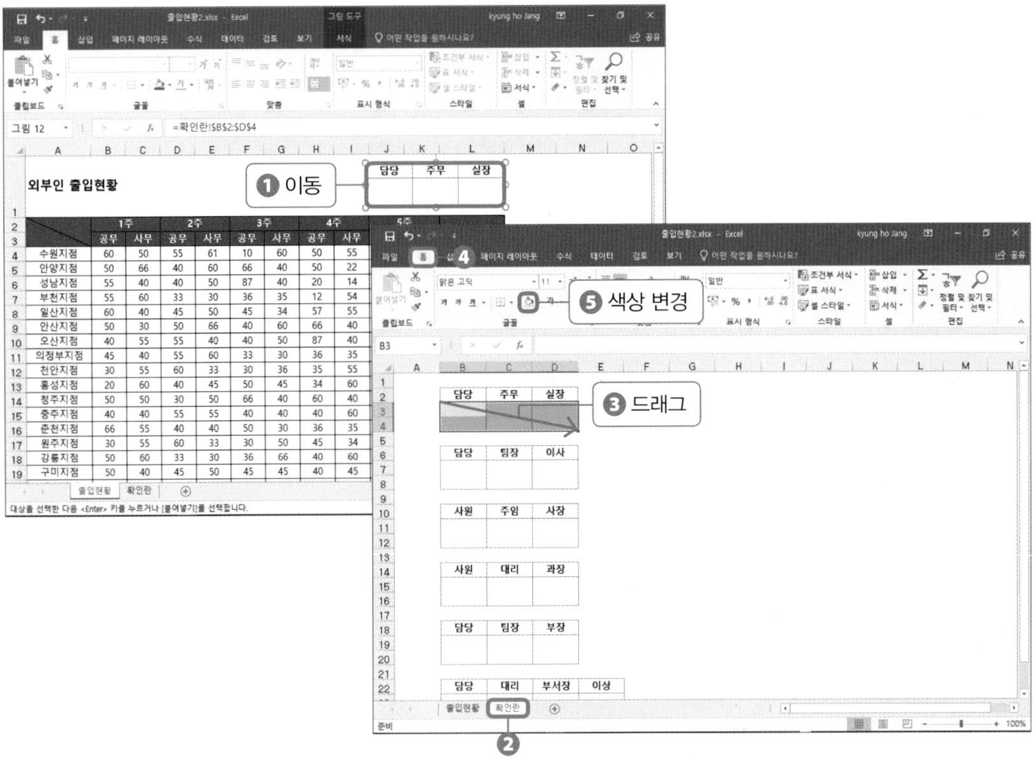

04 [출입현황] 시트 탭을 보면 연결된 그림으로 붙여넣은 결재란의 색상도 변경된 것을 확인할 수 있습니다.

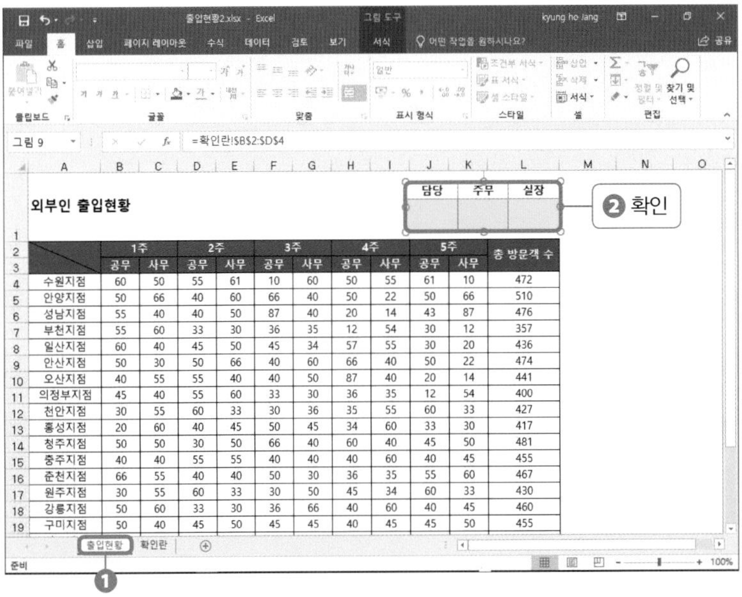

사용한 기능 | 이동 옵션, 삭제

010 빈 셀이 포함된 행 일괄 삭제하기

기본 기능

입력되어야 할 항목이 비어 있는 경우 해당하는 행을 삭제해야 하는 경우가 발생할 수 있습니다. 한두 개의 셀이면 한 번에 찾아 해결할 수 있지만 비어 있는 행이 많을 경우에는 일일이 찾아서 삭제하는 것은 번거롭습니다. 이럴 때는 [이동 옵션]과 [삭제]를 통해 쉽게 해결할 수 있습니다.

사용 가능 버전 2010 2013 2016 2019 365

예제 파일 Excel\Chapter 01\전송량.xlsx
완성 파일 Excel\Chapter 01\전송량_완성.xlsx

01 범위를 모두 선택하고 [홈] 탭-[편집] 그룹에서 [찾기 및 선택]-[이동 옵션]을 클릭합니다.

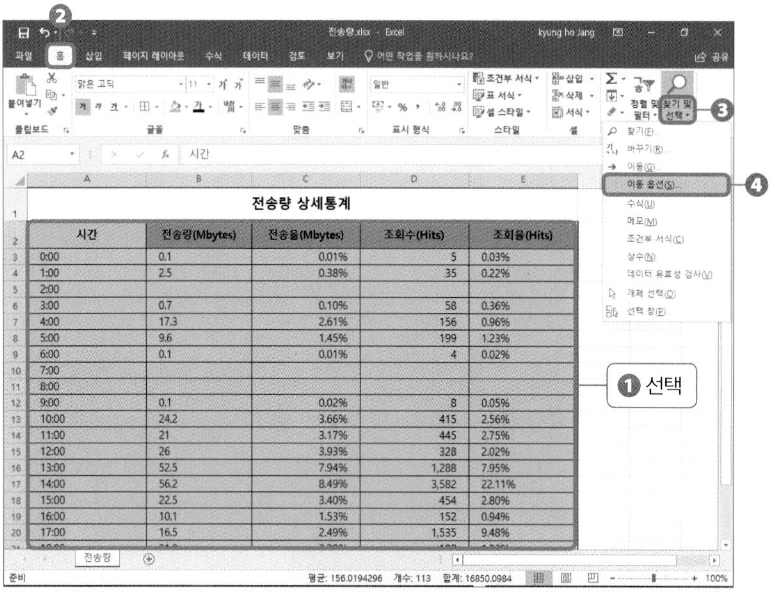

02 [이동 옵션] 대화상자에서 [빈 셀]을 선택한 후 [확인]을 클릭합니다.

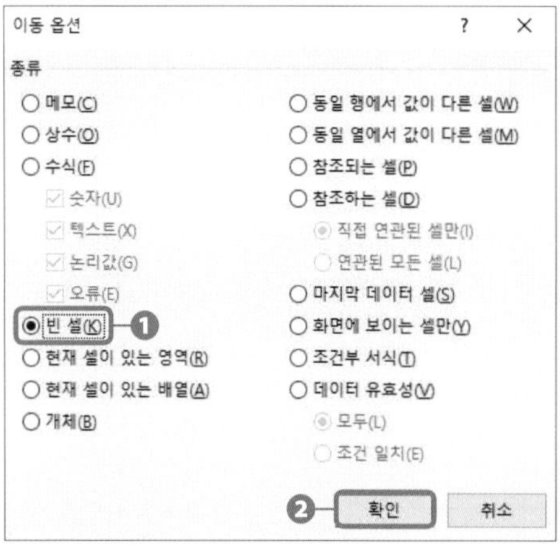

03 선택한 범위 내에 위치하는 빈 셀이 모두 선택됩니다. 선택된 셀이 포함된 행을 삭제하기 위해 [홈] 탭–[셀] 그룹에서 [삭제]–[시트 행 삭제]를 클릭합니다.

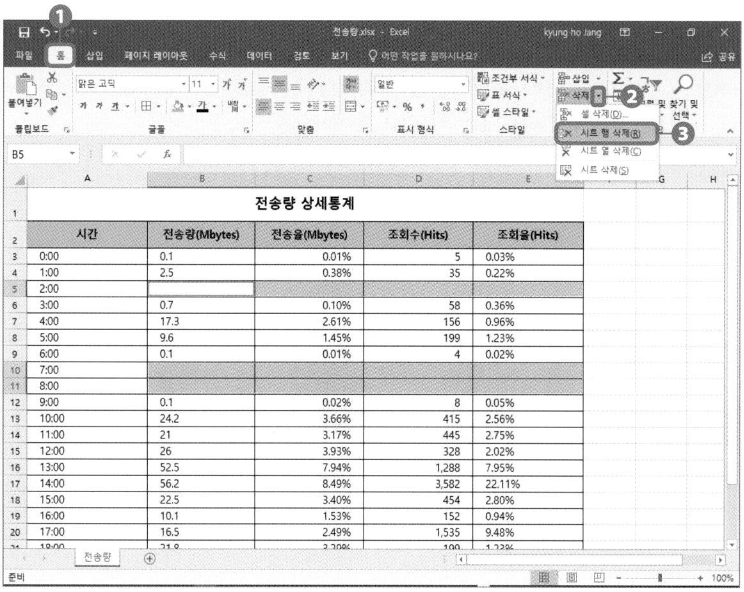

> **TIP**
>
> [시트 행 삭제]를 클릭하면 빈 셀을 포함한 5행, 10행, 11행이 삭제됩니다. 만일, 시트 열 삭제를 하면 어떤 현상이 발생할까요? 빈 셀을 포함하고 있는 B열, C열, D열, E열이 삭제됩니다.

04 빈 셀을 포함한 5행, 10행, 11행이 삭제되면서 아래 위치했던 행이 정렬됩니다.

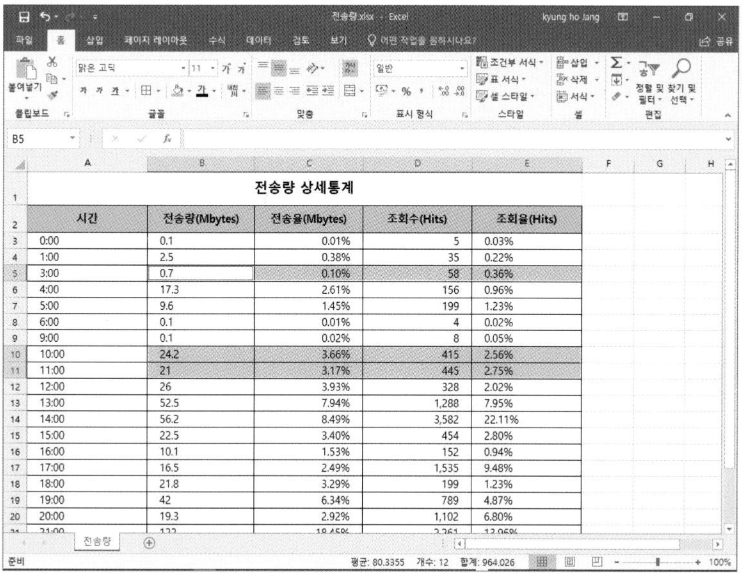

사용한 기능 | 셀 서식, 사용자 지정 형식

011

기본 기능

견적서에서 숫자로 작성된 금액을 한글로 변경하기

견적서의 금액을 숫자가 아닌 한글로 작성해야 하는 경우가 가끔 있습니다. 예를 들어, 총 5,000,000원 정을 총 오백만 원 정으로 변경하고 싶을 때 아래 기술된 내용대로 따라하면 됩니다.

사용 가능 버전	예제 파일 Excel\Chapter 01\견적서.xlsx
2010 2013 2016 2019 365	완성 파일 Excel\Chapter 01\견적서_완성.xlsx

01 금액이 입력된 셀을 선택하고 [홈] 탭–[셀] 그룹에서 [서식]–[셀 서식]을 클릭합니다.

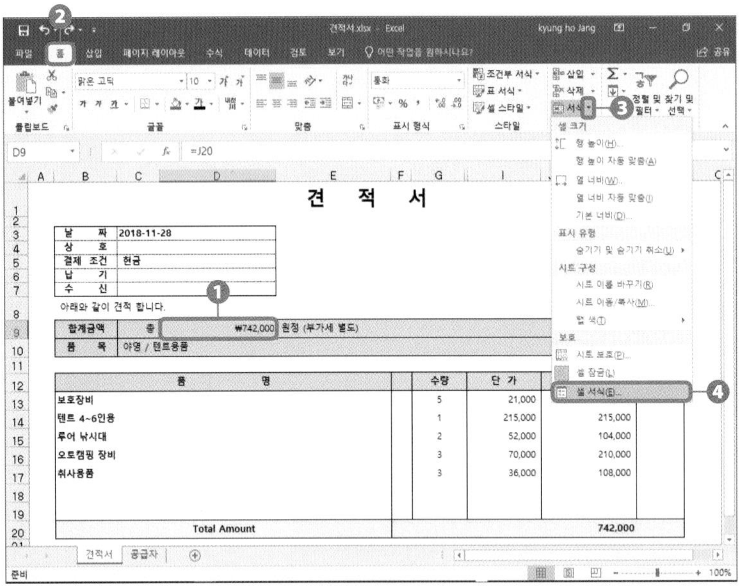

TIP

셀 서식 단축키는 Ctrl+Shift+F입니다. 셀 서식을 변경하고 싶은 셀을 마우스 오른쪽 버튼으로 클릭하고 [셀 서식]을 선택해도 됩니다.

TIP PLUS

[표시 형식] 그룹 살펴보기

셀 서식은 [표시 형식] 그룹의 대화상자 표시 아이콘(⧉)를 클릭해도 열 수 있습니다. 여기서는 [표시 형식] 그룹에 대해서 잠시 알아보겠습니다.

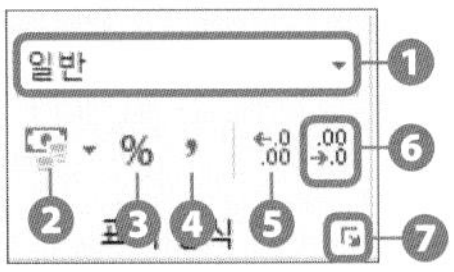

❶ **표시 형식** : 일반, 숫자, 통화 등 표시 형식을 선택할 수 있습니다.
❷ **회계 표시 형식** : 각 나라의 화폐 단위를 표시합니다. 원화 이외에 다른 나라의 통화 기호를 선택할 수 있습니다.
❸ **백분율 스타일** : 백분율을 표시합니다.
❹ **쉼표 스타일** : 1,000 단위마다 구분 기호를 적용합니다.
❺ **자릿수 늘림** : 소수점을 한 자리씩 늘려 표시합니다.
❻ **자릿수 줄임** : 소수점을 한 자리씩 줄여 표시합니다.
❼ **대화상자 표시 아이콘** : [셀 서식] 대화상자를 열어 표시 형식을 변경합니다.

02 [셀 서식] 대화상자가 나타나면 [표시 형식]의 [범주]에서 [사용자 지정]을 선택합니다. 이제 [형식] 입력란에 해당하는 서식을 작성하고 [확인]을 클릭합니다. 숫자를 한글로 변환해주는 셀 서식을 아래와 같이 입력합니다.

```
[DBNum4]G/표준
```

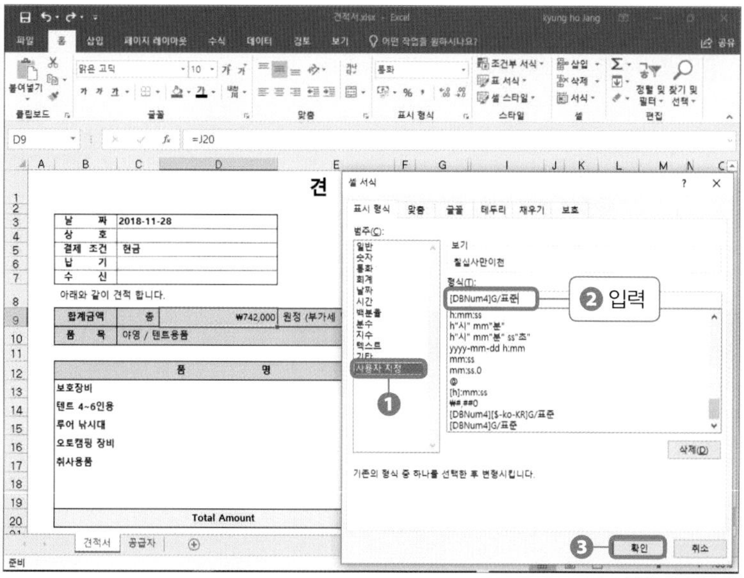

> **TIP**
> 『[DBNum4]G/표준』을 입력하면 숫자를 한글과 같은 문자로 변경할 수 있습니다.

> **TIP**
> [셀 서식] 대화상자의 [범주]에서 [기타]를 선택한 후 [형식]에서 [숫자(한글)]을 선택해도 숫자를 한글로 간단하게 변경할 수 있습니다.

자주하는 질문

Q 『[DBNum4]G/표준』의 의미가 궁금합니다.

A 'DBNum4'는 표시 형식을 변경하는 것으로 DBNum 뒤에 숫자를 변경하여 숫자를 한자로 변경하거나, 한글로 변경할 수 있습니다. 'G/표준'은 입력한 그대로 표기하라는 뜻입니다.

- DBNum1 : 숫자를 한자로 변경
- DBNum2 : 숫자를 한자(서수)로 변경
- DBNum3 : 숫자 단위를 한자로 변경
- DBNum4 : 숫자를 한글로 변경

012

기본 기능

사용한 기능 | Excel 옵션, 자동 복구 정보 저장 간격, 자동 복구 파일 위치

데이터 손실을 최소화하기 위한 자동 저장 간격 설정하기

컴퓨터 시스템 오류나 다양한 문제로 인해 엑셀이 강제로 종료되었을 경우 자동 저장 간격을 설정하거나 자동 복구 기능으로 작업한 내용을 살릴 수 있습니다.

사용 가능 버전 2010 2013 2016 2019 365

예제 파일 없음
완성 파일 없음

01 [파일] 탭–[옵션]을 클릭하여 [Excel 옵션] 대화상자가 나타나면 [저장]을 클릭합니다. [통합 문서 저장]에서 [자동 복구 정보 저장 간격]의 입력란에 원하는 시간을 입력합니다.

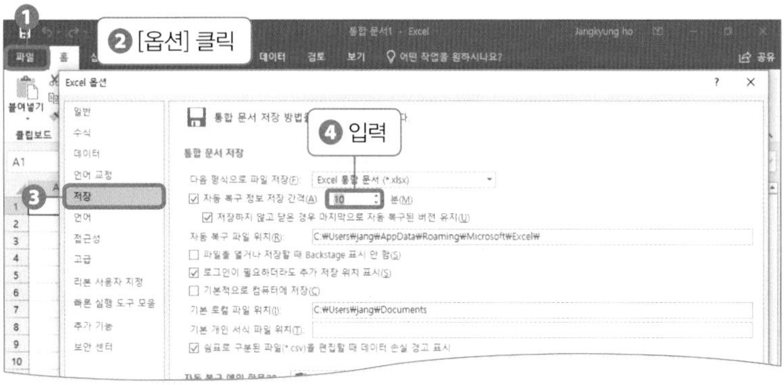

02 [Excel 옵션] 대화상자의 [저장]–[자동 복구 파일 위치]에서 자동 복구된 파일의 저장 위치를 확인하거나 변경할 수 있습니다. 설정이 완료되면 [확인]을 클릭하여 변경 사항을 적용합니다.

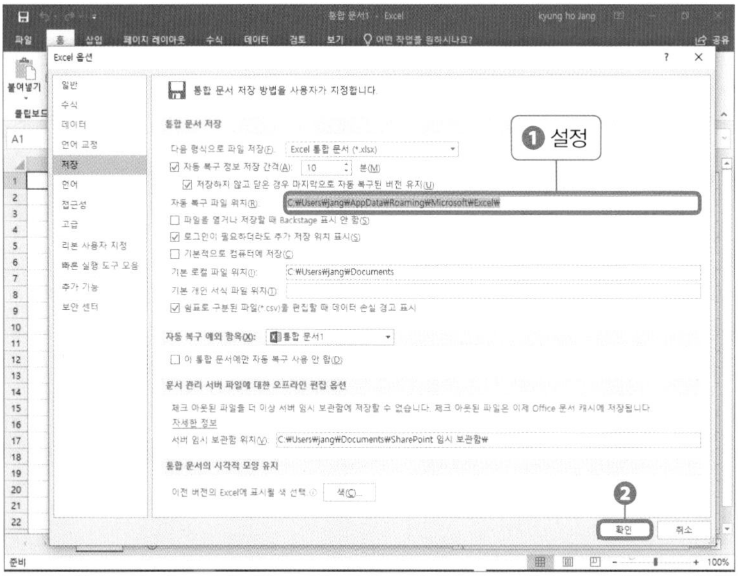

TIP 자동 복구 파일의 기본 위치는 'C:\Users\사용자 이름\AppData\Roaming\Microsoft\Excel\'입니다. 위치를 변경할 때에는 해당 경로에 폴더가 미리 생성되어 있어야 합니다.

사용한 기능 | 모두 정렬, 창 정렬

013 기본 기능

한 화면에 여러 엑셀 문서 띄우기

유사한 내용의 통합 문서를 비교해야 할 경우, 창 정렬 기능을 이용하여 여러 문서를 한 화면에 모두 띄워놓으면 보다 편리하게 작업할 수 있습니다.

사용 가능 버전 2010 2013 2016 2019 365

예제 파일 Excel\Chapter 01\통합문서1.xlsx, 통합문서2.xlsx, 통합문서3.xlsx
완성 파일 없음

01 '통합문서1.xlsx', '통합문서2.xlsx', '통합문서3.xlsx' 파일을 연 상태에서 한 화면에 파일을 모두 나타내기 위해 [보기] 탭-[창] 그룹에서 [모두 정렬]을 클릭합니다. [창 정렬] 대화상자가 나타나면 정렬 형태를 선택하는데, 여기서는 [바둑판식]을 선택하고 [확인]을 클릭합니다.

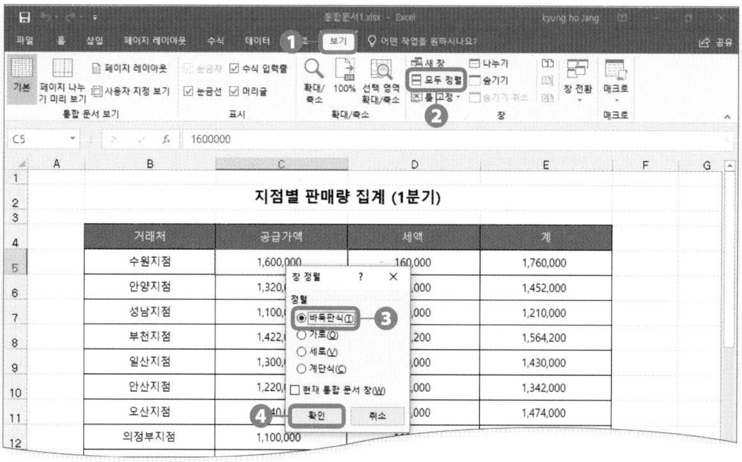

02 '통합문서1~3.xlsx' 파일이 바둑판식으로 정렬되어 나타납니다.

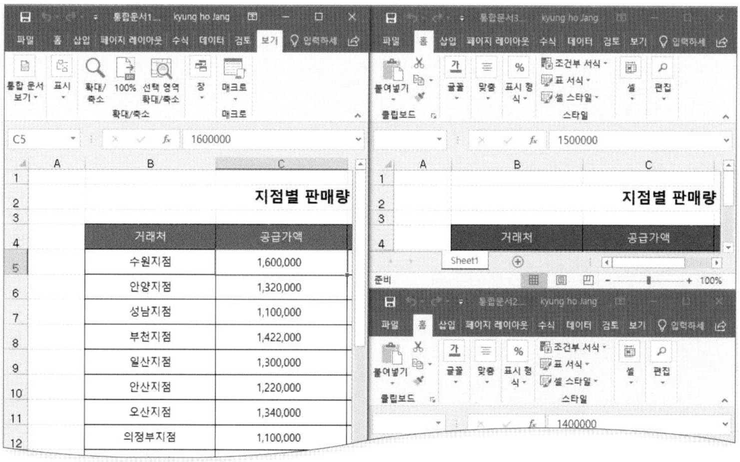

> **TIP**
> [보기] 탭-[창] 그룹에서 [창 전환]을 클릭하면 현재 띄워져 있는 엑셀 파일명이 모두 나타납니다. 원하는 파일명을 선택하여 문서 간에 빠르게 이동할 수 있습니다.

014

기본 기능

사용한 기능 | SUM 함수, 채우기 핸들

여러 시트로 나뉘어 있는 매출액을 하나의 시트에 집계하기

문서 형식만 같다면 여러 시트로 나뉘어 있는 내용을 하나로 통합할 수 있습니다. 이번 예제처럼 A 지점과 B 지점의 매출액을 하나의 시트에 통합해서 전체 매출액을 집계할 수 있습니다.

사용 가능 버전 2010 2013 2016 2019 365

예제 파일 Excel\Chapter 01\매출액집계.xlsx
완성 파일 Excel\Chapter 01\매출액집계_완성.xlsx

01 [A 지점+B 지점] 시트 탭에서 [C3] 셀을 선택합니다. [홈] 탭–[편집] 그룹에서 [합계]를 클릭합니다.

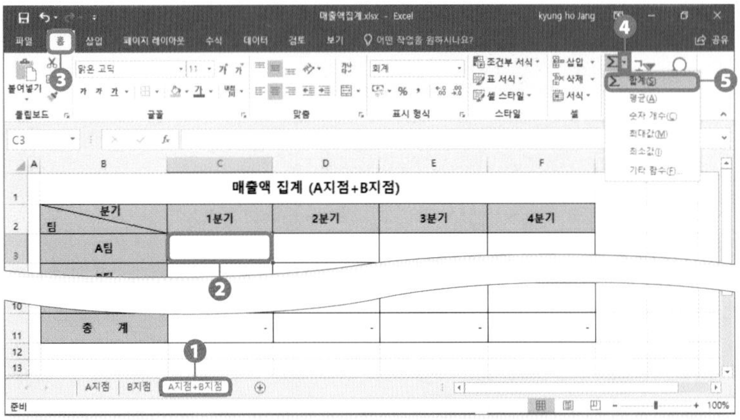

02 [A 지점] 시트 탭을 선택하고 Shift를 누른 채 [B 지점] 시트 탭을 클릭합니다. [C3] 셀을 선택한 다음 Enter를 누릅니다.

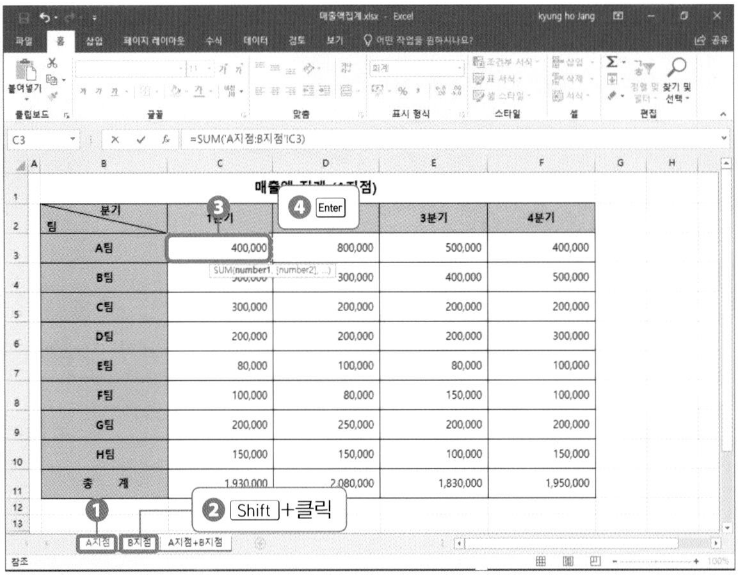

03 [A 지점] 시트 탭과 [B 지점] 시트 탭의 데이터가 취합되어 [A 지점+B 지점] 시트 탭의 [C3] 셀에 표시됩니다. [A 지점+B 지점] 시트 탭에서 [C3] 셀의 채우기 핸들을 [F3] 셀까지 드래그하여 수식을 복사합니다.

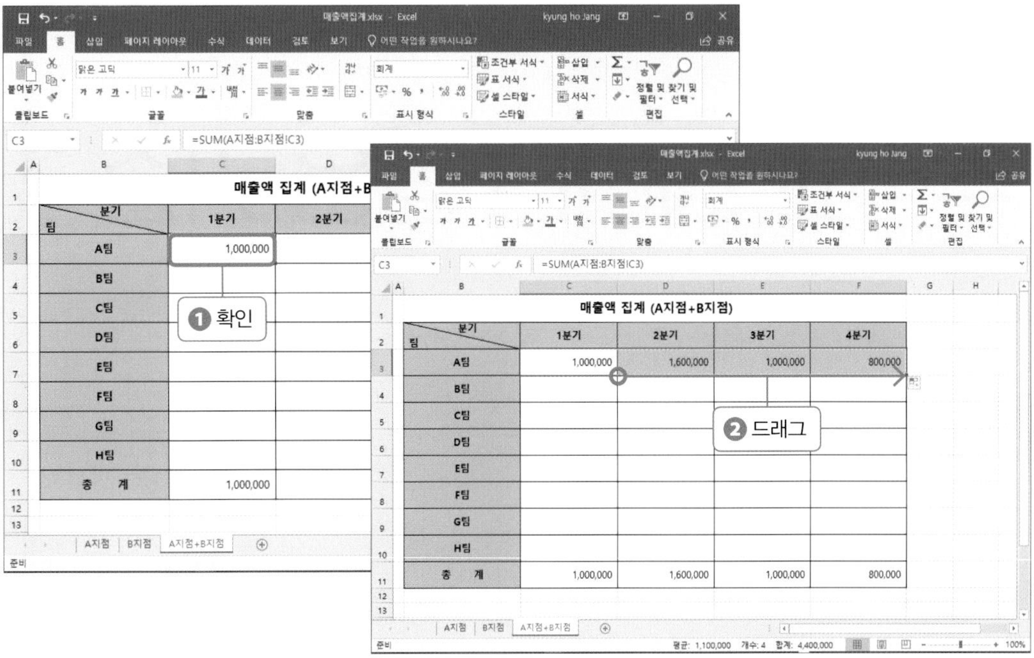

04 [C3:F3] 영역이 블록으로 설정된 상태에서 [F3] 셀의 채우기 핸들을 [F10] 셀까지 드래그하여 수식을 복사합니다. [A 지점] 시트 탭과 [B 지점] 시트 탭의 데이터가 [A 지점+B 지점] 시트 탭에 취합됩니다.

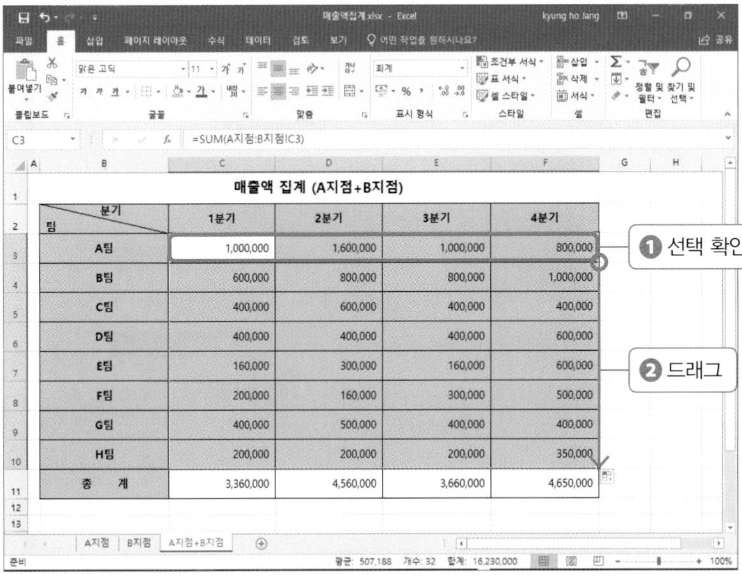

CHAPTER

2

수식과 데이터 응용 기술

엑셀의 수식은 등호와 피연산자, 그리고 연산자의 조합으로 구성됩니다. 이번 Chapter에서는 엑셀의 다양한 수식을 다루는 방법에 대해서 알아볼 것입니다. 또한, 함수도 다루게 될 텐데 함수를 한마디로 정의하자면 반복적이고 복잡한 계산 과정을 사용자가 사용하기 편하도록 정의해 놓은 수식이라고 할 수 있습니다. 몇 가지 주요한 함수를 활용해 데이터를 적절히 활용하는 방법에 대해서 살펴보는 데 이번 Chapter만 제대로 다룰 수 있어도 엑셀의 80%는 활용할 수 있을 것입니다.

배워 볼 내용

[조건부 서식]	015	상위 10% 데이터를 한 번에 필터링하기 필수 기능 ★★★★☆
[조건부 서식]	016	사원 이름을 입력하여 해당 사원 데이터만 필터링하기 활용 기능 ★★★★☆
[IFERROR 함수]	017	오류 메시지 대신 '0'과 같은 숫자 표시하기 활용 기능 ★★★☆☆
[WEEKDAY 함수]	018	다양한 요일 중 토요일, 일요일 데이터만 시각화하기 필수 기능 ★★★☆☆
[사용자 지정 서식]	019	날짜 데이터를 한꺼번에 요일 데이터로 변경하기 활용 기능 ★★☆☆☆
[VLOOKUP 함수]	020	사업자번호만 입력해 자동으로 거래처 정보 표시하기 필수 기능 ★★★★☆
[SUMIF 함수], [SUMIFS 함수]	021	장난감 판매량 중에서 레고 판매량만 구하기 필수 기능 ★★★★☆
[DATEDIF 함수]	022	입사일로부터 오늘까지의 근무 개월 수 구하기
[HOUR 함수], [MINUTE 함수]	023	초과 근무 수당을 받기 위해 근무 시간 구하기
[INDEX 함수]	024	봉급표를 보고 근무 연수에 따른 연봉 구하기
[FV 함수]	025	정기적금 만기 시 받을 금액을 미리 알아보기

사용한 기능 | 조건부 서식, 상위/하위 규칙

015 상위 10% 데이터 한 번에 필터링하기

★★★★☆
필수 기능

숫자 데이터가 입력된 데이터를 필터링할 때 상위 몇 개 혹은, 상위 몇 %와 같은 조건으로 데이터를 한 번에 추출할 수 있습니다.

사용 가능 버전 2010 2013 2016 2019 365

예제 파일 Excel\Chapter 02\아파트.xlsx
완성 파일 Excel\Chapter 02\아파트_완성.xlsx

01 아파트 거래 금액 중 상위 10%에 해당하는 금액을 추출하기 위해 [E3] 셀을 선택하고, Ctrl+Shift+↓를 누릅니다. 영역이 지정되면 [홈] 탭-[스타일] 그룹에서 [조건부 서식]-[상위/하위 규칙]-[상위 10%]를 클릭합니다.

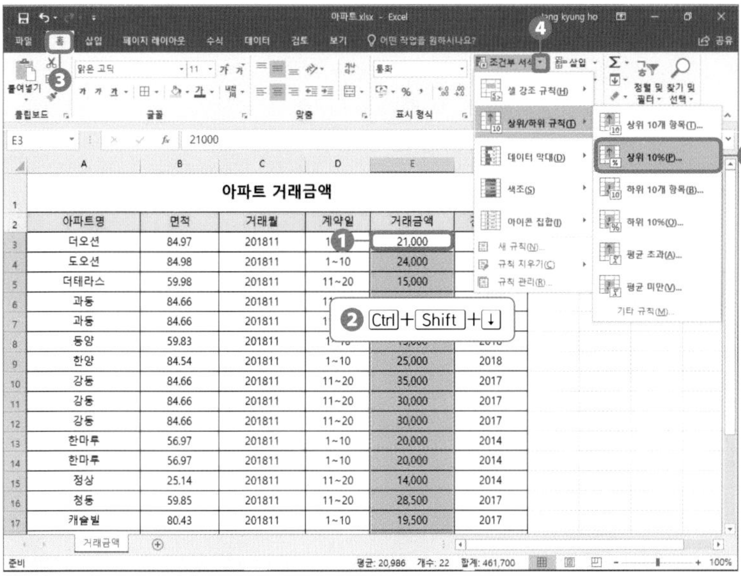

02 [상위 10%] 대화상자가 나타납니다. 상위 10% 항목만 추출하기 위해 『10』을 입력하고 [적용할 서식]의 화살표를 클릭한 후 원하는 서식을 선택합니다. [확인]을 클릭하면 상위 10%에 속하는 데이터가 표시됩니다.

016

★★★★☆
활용 기능

사용한 기능 | 새 서식 규칙, 조건부 서식, 셀 서식

사원 이름을 입력하여 해당 사원 데이터만 필터링하기

이번에는 조건부 서식을 활용해 사원 이름을 입력하고 해당하는 데이터를 추출해 보겠습니다. 추출된 데이터에는 조건부 서식을 통해 원하는 서식을 지정할 수 있습니다.

사용 가능 버전 2010 2013 2016 2019 365

예제 파일 Excel\Chapter 02\직원조회.xlsx
완성 파일 Excel\Chapter 02\직원조회_완성.xlsx

01 [A4:E28] 영역을 드래그하여 선택합니다. [홈] 탭-[스타일] 그룹에서 [조건부 서식]-[새 규칙]을 클릭합니다.

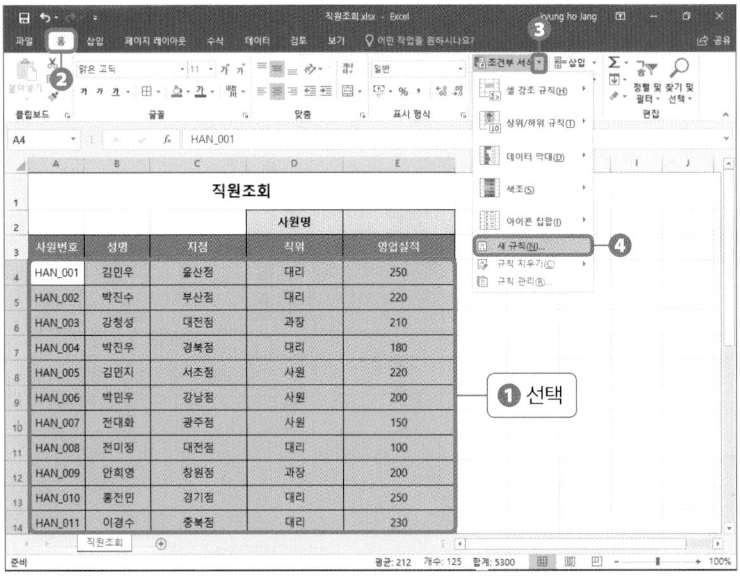

> **TIP**
> [A4] 셀을 선택한 후 Ctrl+Shift+End를 누르면 [A4:E28] 영역을 한 번에 선택할 수 있습니다.

02 [새 서식 규칙] 대화상자에서 [규칙 유형 선택]-[수식을 사용하여 서식을 지정할 셀 결정]을 선택합니다. [다음 수식이 참인 값의 서식 지정] 입력란에 『=$B4=$E$2』를 입력한 후 [서식]을 클릭합니다.

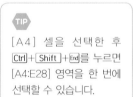

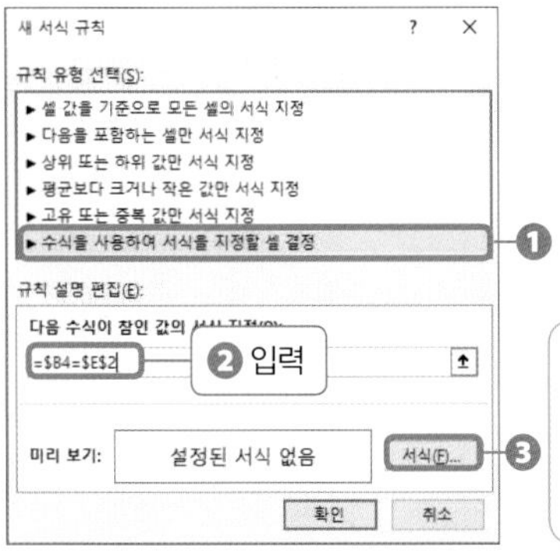

> **TIP**
> 『=$B4=$E$2』를 입력하면 [B4] 셀에 입력된 이름과 [E2] 셀에 입력하는 이름이 동일하면 서식을 설정하게 됩니다.

03 [셀 서식] 대화상자가 나타나면 [채우기] 탭을 클릭하고 [배경색]에서 원하는 색상을 선택한 후 [확인]을 클릭합니다. [새 서식 규칙] 대화상자에서 [확인]을 클릭합니다.

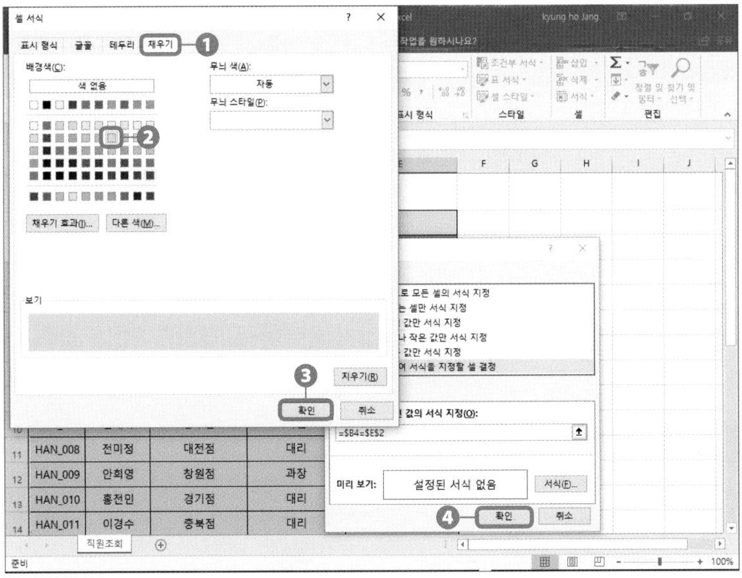

04 [E2] 셀에 사원 이름을 입력하는데, 여기서는 『박민우』를 입력하고 Enter를 누릅니다. 사원에 해당하는 데이터에 서식이 지정됩니다. [E2] 셀에 다른 사원 이름도 입력해 보세요.

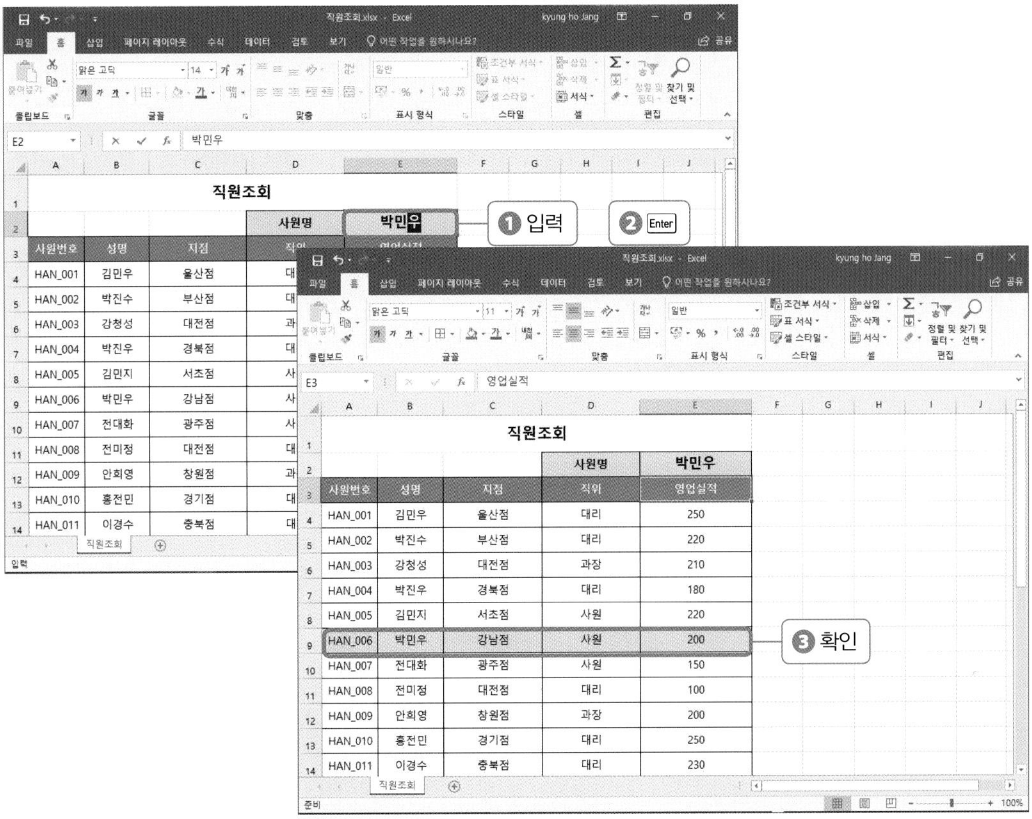

017

★★★☆☆

활용 기능

사용한 기능 | #DIV/0!, IFERROR 함수

오류 메시지 대신 '0'과 같은 숫자 표시하기

결과값이 오류값일 경우 '#DIV/0!', '#VALUE!'와 같은 오류 메시지가 표시됩니다. 오류 메시지 대신 '0'과 같은 숫자를 표시하는 방법에 대해서 살펴보겠습니다.

사용 가능 버전	
2010 2013 2016 2019 365	**예제 파일** Excel\Chapter 02\시험체점표.xlsx **완성 파일** Excel\Chapter 02\시험체점표_완성.xlsx

01 [I3] 셀을 선택하고 [수식] 탭-[함수 라이브러리] 그룹에서 [논리]-[IFERROR]를 클릭합니다.

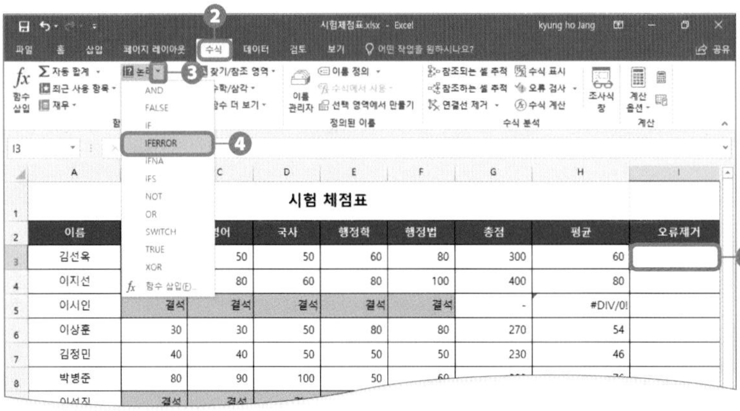

02 [함수 인수] 대화상자가 나타나면 [Value] 입력란에서 [H3] 셀을 선택합니다. [Value_if_error] 입력란에 『0』을 입력한 후 [확인]을 클릭합니다.

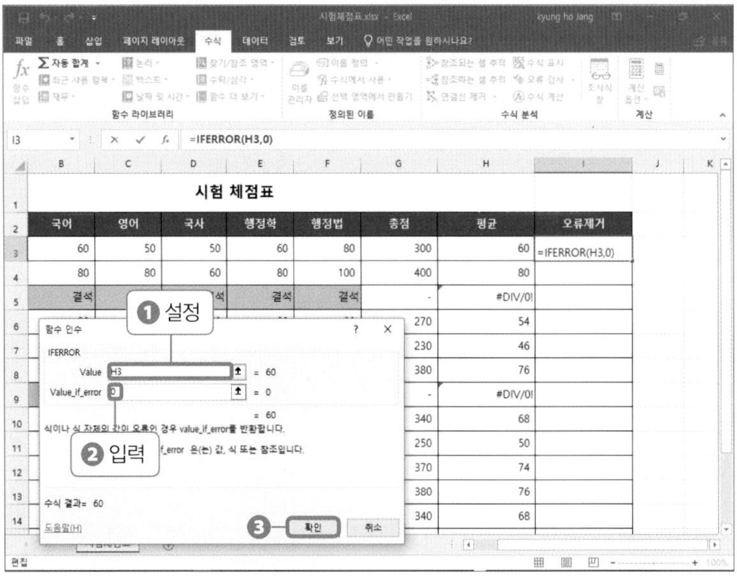

03 결과값이 표시됩니다. [I3] 셀의 채우기 핸들을 [I15] 셀까지 드래그합니다. 오류값이 '#DIV/0!'가 아닌 '0'으로 표시됩니다.

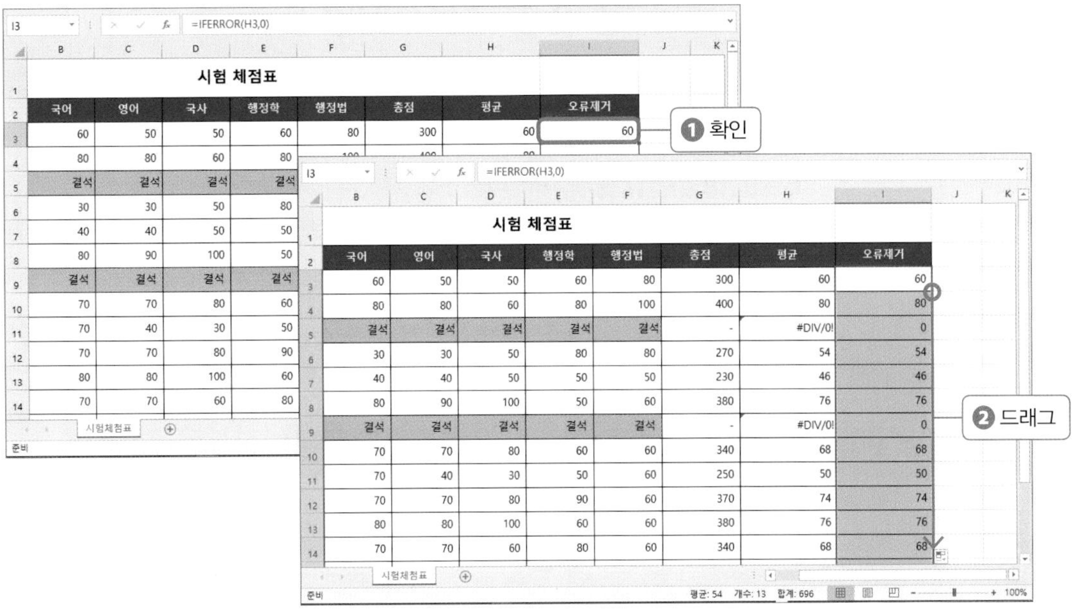

자주하는 질문

Q '#DIV/0!, #N/A, #NAME?, #NULL!, #NUM!, #REF!, #VALUE!'와 같은 오류 메시지의 뜻을 조금 자세히 알고 싶어요.

A 엑셀에서 수식을 입력하거나 함수를 작성하다 보면 가끔 위와 같은 오류를 만나게 됩니다. 이번 기회에 확실히 알고 갑시다.

#####	열 너비가 좁아 셀의 문자를 표시할 수 없거나, 셀에 음수로 된 날짜 또는, 시간 값이 포함된 경우에 이 오류가 표시됩니다. ##### 표시는 오류라기보다는 셀 영역을 확장하면 정상적으로 표시됩니다.
#DIV/0!	나눗셈할 때 나누는 값이 0일 때 나타나는 오류입니다. 값이 포함되지 않은 셀이나 어떤 값을 '0'으로 나눌 때 이런 오류가 표시됩니다.
#N/A	수식에서 찾는 값이 없을 경우나 사용할 수 없는 함수, 수식에 값을 참조했을 때 이 오류가 표시됩니다.
#NAME?	범위 이름이나 함수 이름을 잘못 입력한 경우에 나타나며, 수식의 텍스트를 인식할 수 없으면 이 오류가 표시됩니다.
#NULL!	존재하지 않는 값을 사용했을 때 이 오류가 표시됩니다.
#NUM!	함수의 인수나 수식이 바르지 않거나, 수식이나 함수에 잘못된 값이 포함되어 있으면 이 오류가 표시됩니다.
#REF!	참조하는 셀이 삭제되었을 경우와 같이 셀 참조가 유효하지 않을 경우 이 오류가 표시됩니다.
#VALUE!	값이 잘못되어 있는 경우에 이 오류가 표시됩니다.

018

★★★☆☆
필수 기능

사용한 기능 | 조건부 서식, 새 규칙, WEEKDAY 함수

다양한 요일 중 토요일, 일요일 데이터만 시각화하기

크거나 작은 데이터를 시각화하거나 값을 비교, 혹은 특정 요일에 해당하는 데이터를 찾아 시각화하고 싶으면 조건부 서식을 사용합니다.

사용 가능 버전 2010 2013 2016 2019 365

예제 파일 Excel\Chapter 02\달력.xlsx
완성 파일 Excel\Chapter 02\달력_완성.xlsx

01 [A3] 셀을 선택하고 Ctrl+Shift+↓을 눌러 날짜를 모두 선택합니다. [홈] 탭-[스타일] 그룹에서 [조건부 서식]-[새 규칙]을 클릭합니다.

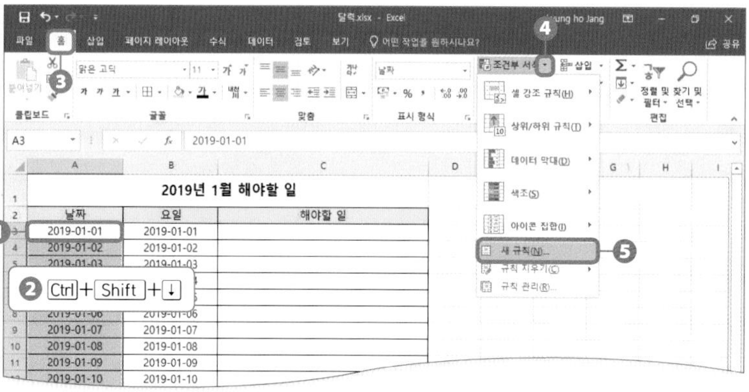

TIP 월간 계획표나 근무표와 같은 서식에 날짜가 주말인 경우 글자색을 빨간색이나 파란색으로 표시할 수 있습니다. 여기에 조건부 서식이 사용되며, Weekday() 함수도 사용됩니다.

02 [새 서식 규칙] 대화상자가 나타나면 [규칙 유형 선택]에서 [수식을 사용하여 서식을 지정할 셀 결정]을 선택하고 수식 입력란을 클릭한 후 『=WEEKDAY(A3)=1』을 입력합니다. [서식]을 클릭한 후 [색] 화살표를 눌러 빨간색을 선택합니다. [확인]을 클릭합니다.

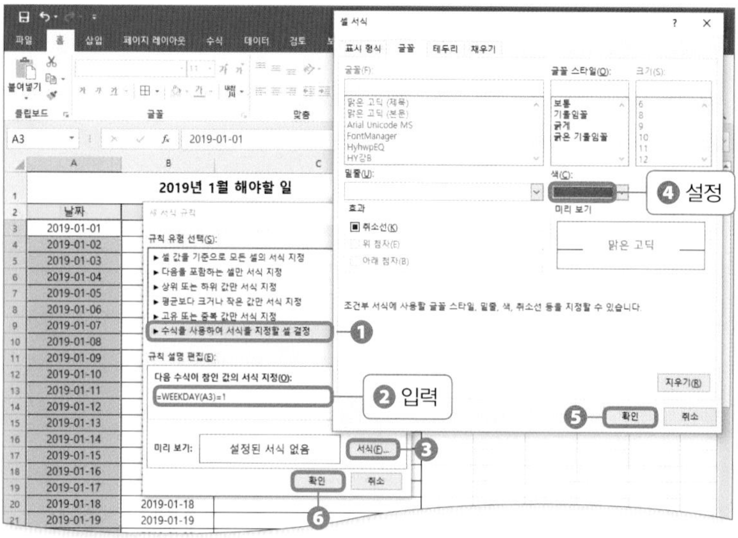

TIP Weekday() 함수는 일요일은 1, 월요일은 2, 화요일은 3, 토요일은 7로 해당 날짜를 입력받아 숫자를 반환하는 함수입니다.

03 이번에는 토요일을 파란색으로 지정해 보겠습니다. [홈] 탭–[스타일] 그룹에서 [조건부 서식]–[새 규칙]을 클릭합니다. [새 서식 규칙] 대화상자가 나타나면 [규칙 유형 선택]에서 [수식을 사용하여 서식을 지정할 셀 결정]을 선택한 후 수식 입력란을 클릭하고 『=WEEKDAY(A3)=7』을 입력합니다. [서식]을 클릭한 후 [색] 화살표를 눌러 파란색을 선택합니다. [확인]을 클릭합니다.

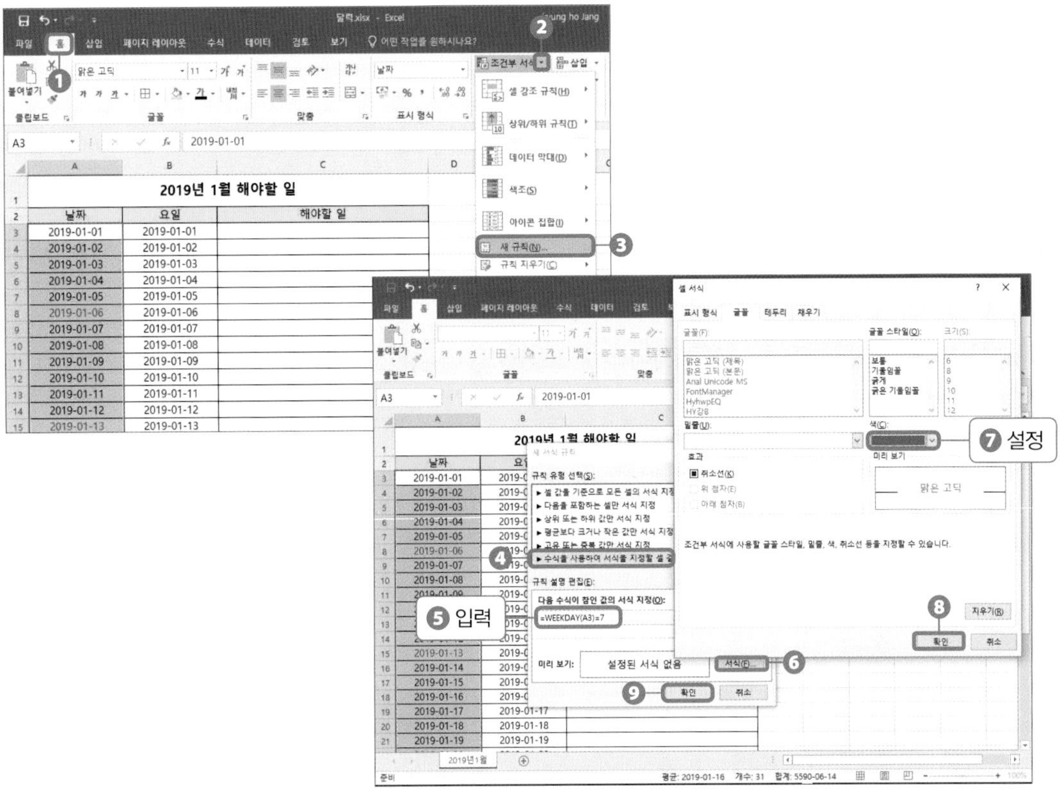

04 토요일과 일요일에 해당하는 날짜의 색상이 변경됩니다.

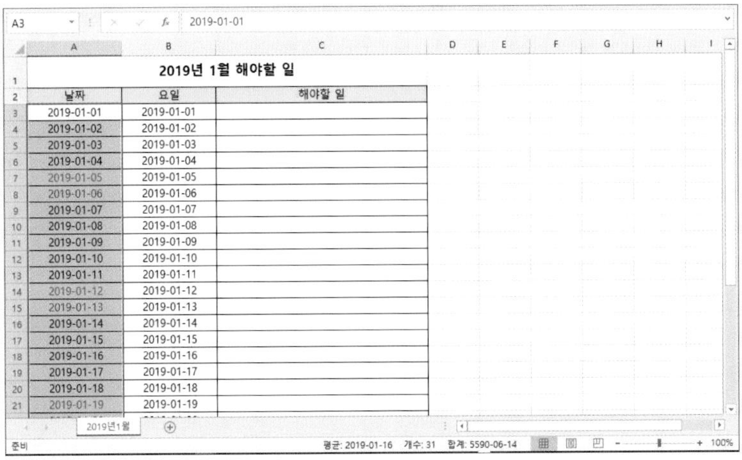

019

★★☆☆☆ 활용 기능

사용한 기능 | 셀 서식, 표시 형식

날짜 데이터를 요일 데이터로 한꺼번에 변경하기

앞선 예제에서는 조건부 서식을 활용하여 다양한 날짜 데이터 중에서 토요일, 일요일에 해당하는 데이터의 색상을 변경해 보았습니다. 여기서는 셀 서식을 활용해 날짜 데이터를 요일 데이터로 변경하는 방법을 살펴보겠습니다.

사용 가능 버전 2010 2013 2016 2019 365

예제 파일 Excel\Chapter 02\달력2.xlsx
완성 파일 Excel\Chapter 02\달력2_완성.xlsx

01 [B3] 셀을 선택하고 Ctrl+Shift+↓을 눌러 셀을 모두 선택합니다. [홈] 탭-[셀] 그룹에서 [서식]-[셀 서식]을 클릭합니다.

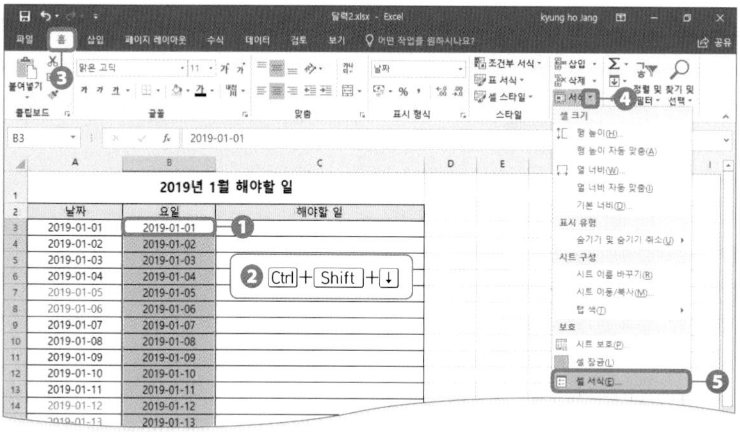

TIP 선택한 셀을 마우스 오른쪽 버튼으로 클릭하고 [셀 서식]을 선택해도 됩니다.

02 [셀 서식] 대화상자가 나타나면 [표시 형식] 탭에서 [범주]-[사용자 지정]을 선택합니다. [형식] 입력란에 『aaaa』를 입력한 후 [확인]을 클릭합니다.

TIP [형식] 입력란에 『aaaa』를 입력하면 '월요일', '화요일'과 같은 요일을 표시하며, [형식] 입력란에 『aaa』를 입력하면 '월', '화'와 같은 요일을 표시할 수 있습니다.

사용한 기능 | 이름 상자, VLOOKUP 함수, 유효성 검사

020

★★★★☆
필수 기능

사업자번호만 입력해 자동으로 거래처 정보 알아내기

찾기/참조 함수 중에서 VLOOKUP 함수를 활용해 거래처의 사업자번호를 입력하면 상호명이나 주소, 전화번호 등의 정보가 자동으로 입력되는 예제를 만들어 보겠습니다.

사용 가능 버전 2010 2013 2016 2019 365

예제 파일 Excel\Chapter 02\세금계산서.xlsx
완성 파일 Excel\Chapter 02\세금계산서_완성.xlsx

■ VLOOKUP 함수와 HLOOKUP 함수

참조하는 표의 머리글이 열 순서대로 나열되어 있으면 VLOOKUP 함수를 사용하고, 행 순서대로 나열되어 있으면 HLOOKUP 함수를 사용합니다. 즉, VLOOKUP 함수는 가로로 입력된 데이터를 추출할 때, HLOOKUP 함수는 세로로 입력된 데이터를 추출할 때 사용한다고 생각하면 됩니다.

■ VLOOKUP 함수 : VLOOKUP(lookup_value, table_array, col_index_num, [range_lookup])

설명	표의 첫 열에서 값을 찾아서 같은 행의 데이터를 반환합니다.
인수	• lookup_value : 테이블의 첫 열에서 찾을 값입니다. • table_array : 데이터를 찾을 표입니다. • col_index_num : 같은 행에서 반환할 열 번호입니다. • range_lookup : VLOOKUP이 정확하게 일치하는 값을 찾을 것인지 근사값을 찾을 것인지를 지정하는 논리값으로써 FALSE를 입력하면 정확한 값을, TRUE이거나 생략하면 비슷한 범위 값을 산출합니다.

■ HLOOKUP 함수 : HLOOKUP(lookup_value, table_array, row_index_num, [range_lookup])

설명	표의 첫 행에서 값을 찾아서 같은 열의 데이터를 반환합니다.
인수	• lookup_value : 테이블의 첫 행에서 찾을 값입니다. • table_array : 데이터를 찾을 표입니다. • col_index_num : 같은 열에서 반환할 행 번호입니다. • range_lookup : VLOOKUP이 정확하게 일치하는 값을 찾을 것인지 근사값을 찾을 것인지를 지정하는 논리값으로써 FALSE를 입력하면 정확한 값을, TRUE이거나 생략하면 비슷한 범위 값을 산출합니다.

01 참조 테이블의 범위를 이름으로 지정하기 위해 [거래처명] 시트 탭을 클릭한 다음 [A2:F6] 영역을 선택하고 [이름 상자]에 『거래처』를 입력합니다.

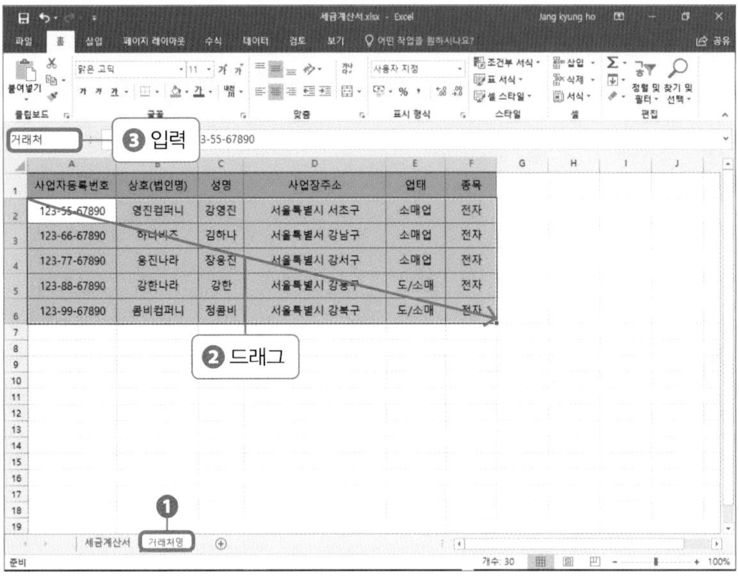

02 [세금계산서] 시트 탭을 클릭한 후 상호명을 찾기 위해 [V6] 셀을 선택합니다. [수식] 탭–[함수 라이브러리] 그룹에서 [찾기/참조 영역]–[VLOOKUP]을 클릭합니다.

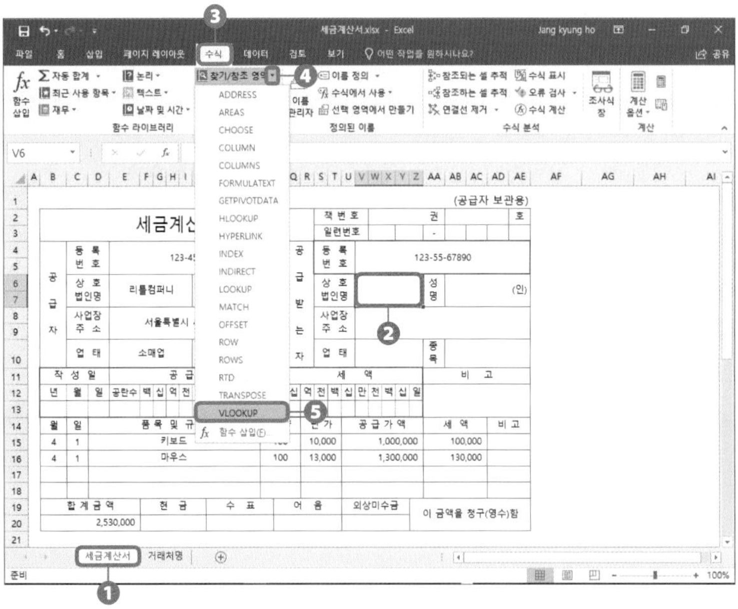

TIP

배열의 첫 열에서 값을 검색하여, 지정한 열의 같은 행에서 데이터를 산출하는 함수가 바로 VLOOKUP 함수입니다. 참조하는 표의 머리글이 열 순서대로 나열되어 있으면 VLOOKUP 함수를 사용하고, 행 순서대로 나열되어 있으면 HLOOKUP 함수를 사용합니다.

03 [함수 인수] 대화상자가 나타나면 [Lookup_value] 입력란을 클릭한 다음 『V4』를 입력하고, [Table_array] 입력란을 클릭한 다음 『거래처』를 입력합니다. [Col_index_num] 입력란을 클릭한 다음 『2』를 입력하고, [Range_lookup] 입력란을 클릭한 다음 『0』을 입력하고 [확인]을 클릭합니다.

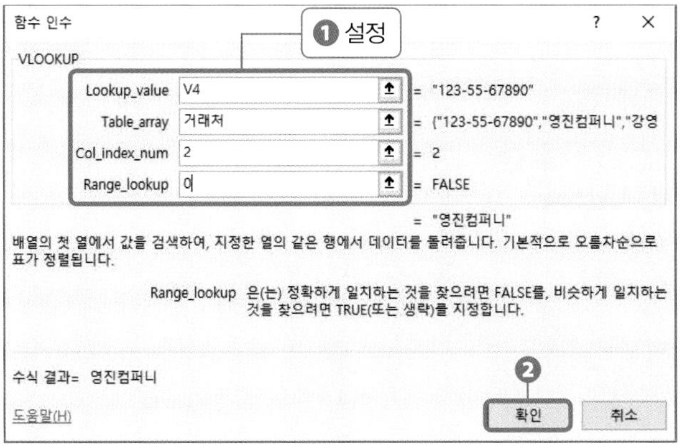

> **TIP**
> [Range_lookup]에는 '0'이나 '1' 혹은 'FALSE' 나 'TRUE'를 입력할 수 있습니다. 정확하게 일치하는 값을 검색하려면 '0'이나 'FALSE'를 입력하고, 근사값을 검색하려면 '1'이나 'TRUE' 혹은, 값을 생략합니다.

04 같은 방법으로 성명을 구할 [AB6] 셀과 사업장 주소를 구할 [V8] 셀, 업태를 구할 [V10] 셀, 종목을 구할 [AB10] 셀도 VLOOKUP 함수를 이용해 수식을 작성합니다.

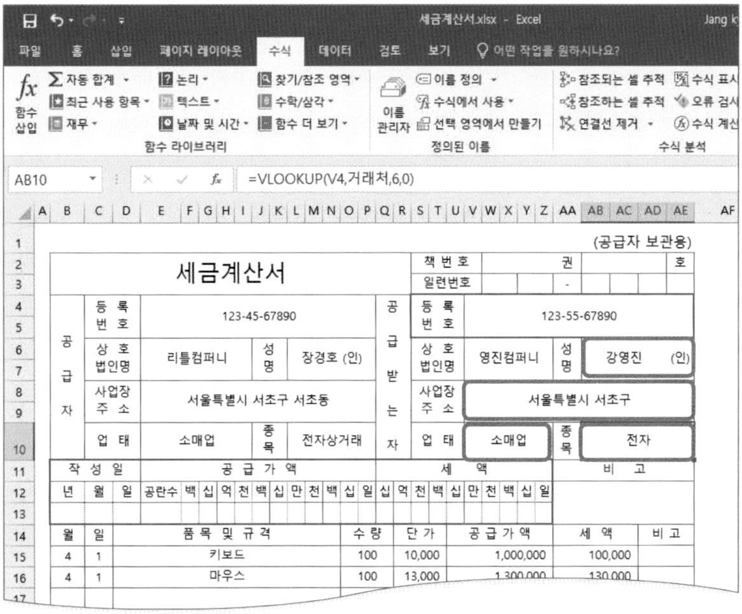

> **TIP**
> - [AB6] 셀에 들어가는 완성 수식 : =VLOOKUP(V4,거래처,3,0)
> - [V8] 셀에 들어가는 완성 수식 : =VLOOKUP(V4,거래처,4,0)
> - [V10] 셀에 들어가는 완성 수식 : =VLOOKUP(V4,거래처,5,0)
> - [AB10] 셀에 들어가는 완성 수식 : =VLOOKUP(V4,거래처,6,0)

05 [V4] 셀의 드롭다운 단추를 클릭하여 사업자등록번호 중 하나를 선택하면 해당하는 사업자 정보가 표시됩니다.

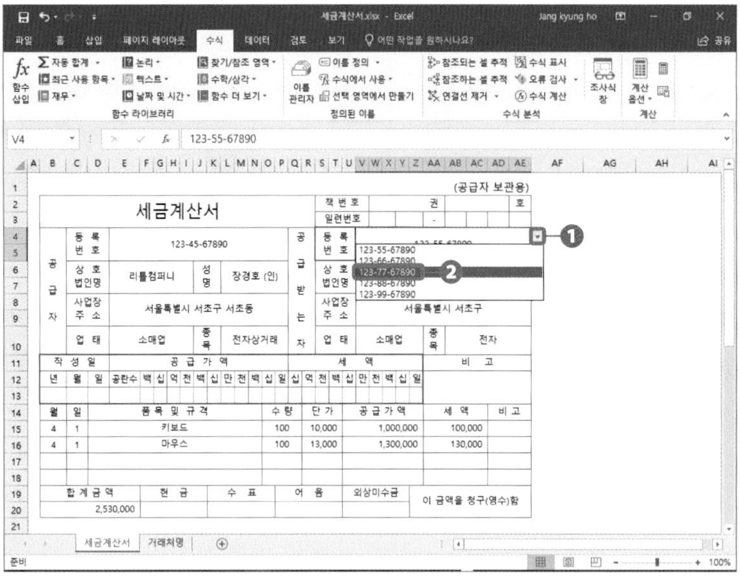

TIP

드롭다운 단추가 생성되어 원하는 항목을 선택할 수 있도록 만들기 위해서는 유효성 검사를 설정하여 지정할 수 있습니다. 특히, 정수, 목록, 날짜, 텍스트, 목록 등으로 입력값을 제한하여 특정한 셀이나 범위에 유효한 데이터 형식을 지정할 수 있습니다. 유효성 검사는 36페이지에서 확인할 수 있습니다.

사용한 기능 | SUMIF 함수, SUMIFS 함수, 상태 표시줄

021

★★★★☆
필수 기능

장난감 판매량 중에서 레고 판매량만 구하기

SUMIF 함수와 SUMIFS 함수를 이용하면 한 가지 조건, 혹은 여러 가지 조건일 경우 데이터 집계를 산출할 수 있습니다.

사용 가능 버전 2010 2013 2016 2019 365

예제 파일 Excel\Chapter 02\레고판매량.xlsx
완성 파일 Excel\Chapter 02\레고판매량_완성.xlsx

■ SUMIF 함수와 SUMIFS 함수

SUMIF 함수와 SUMIFS 함수는 인수 순서가 서로 다릅니다. 특히, sum_range 인수는 SUMIFS 함수의 첫 번째 인수이지만 SUMIF 함수에서는 세 번째 인수입니다.

■ SUMIF 함수 : =SUMIF(range, criteria, [sum_range])

설명	지정한 조건에 맞는 범위의 합계를 더합니다.
인수	• range : 조건을 적용시킬 셀 범위를 지정합니다. • criteria : 숫자, 수식 또는 텍스트 형태로 된 찾을 조건을 지정합니다. • sum_range : 합을 구하려는 실제 셀이나 셀 범위입니다.

■ SUMIFS 함수 : =SUMIFS(sum_range, criteria_range1, criteria1, [criteria_range2, criteria2], ...)

설명	여러 조건을 충족하는 범위의 셀을 더합니다.
인수	• sum_range : 합을 구하려는 실제 셀이나 셀 범위입니다. 빈 값이나 텍스트 값은 무시됩니다. • criteria_range1, criteria_range2 : 지정할 범위 및 관련 조건으로서 최대 127개까지 지정할 수 있습니다. • criteria1, criteria2, ... : 숫자, 식, 셀 참조 또는, 텍스트 형식의 조건입니다.

01 [D2] 셀에서 『=SUMIF(』를 입력한 후 Ctrl+A를 누릅니다.

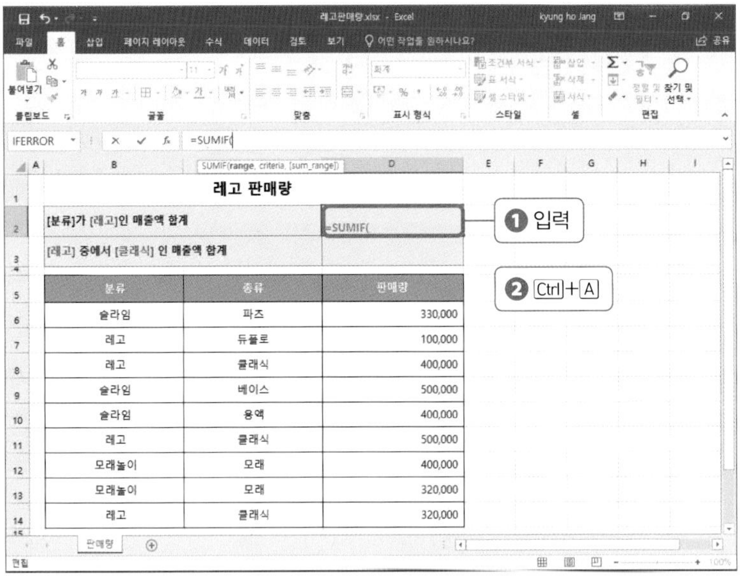

02 [함수 인수] 대화상자가 나타나면 [Range]에 『B6:B14』, [Criteria]에 『B7』, [Sum_range]에 『D6:D14』를 입력한 후 [확인]을 클릭합니다.

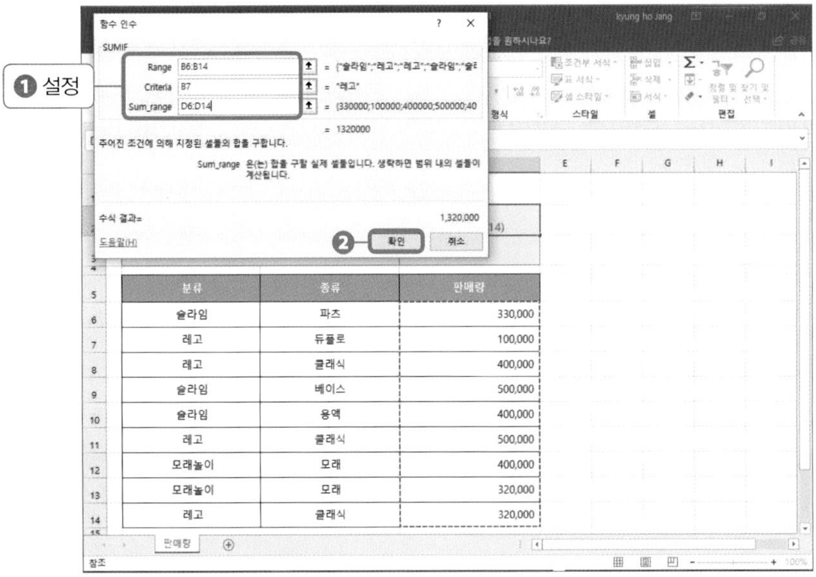

TIP
SUMIF 함수는 특정 조건에 해당하는 숫자를 더하고자할 때 사용하는 함수이며, SUMIFS 함수는 여러 조건을 만족하는 경우에 사용할 수 있는 함수입니다.

03 [D2] 셀에 분류가 레고인 매출액 합계가 구해집니다. 이번에는 분류가 레고이면서 종류가 클래식인 매출액 합계를 구해보겠습니다. [D3] 셀에서 『=SUMIFS(』를 입력하고 Ctrl+A를 누릅니다.

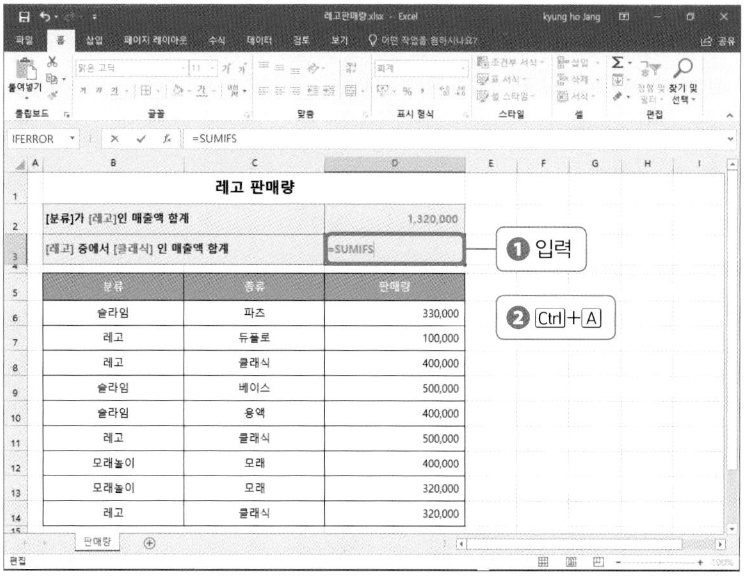

04 [함수 인수] 대화상자가 나타나면 [Sum_range]에 『D6:D14』, [Criteria_range1]에 『B6:B14』, [Criteria1]에 『B7』, [Criteria_range2]에 『C6:C14』, [Criteria2]에 『C8』을 입력한 후 [확인]을 클릭합니다.

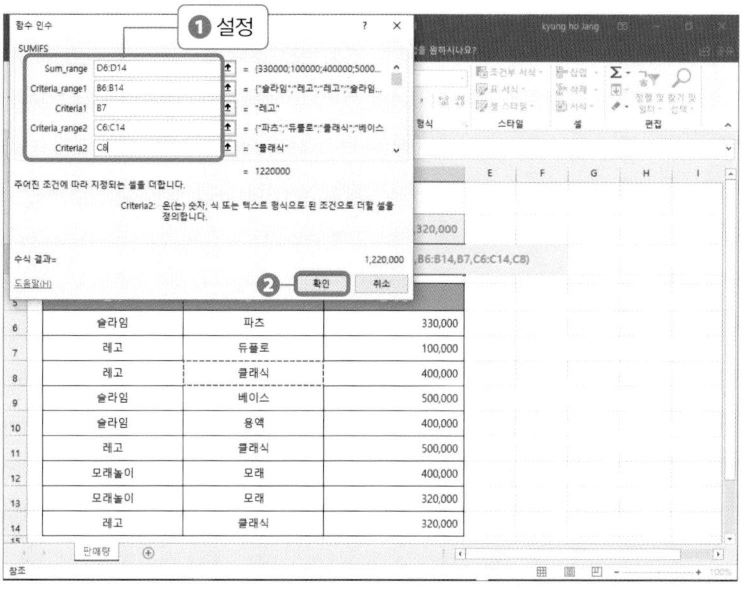

05 원하는 조건에 맞는 합계가 구해집니다. 원하는 결과값이 구해졌는지 확인하기 위해 분류가 레고이면서 종류가 클래식인 판매량 셀을 Ctrl을 누른 상태에서 모두 선택합니다. [상태 표시줄]에서 '합계' 값과 [D3] 셀 값이 일치하는지 확인합니다.

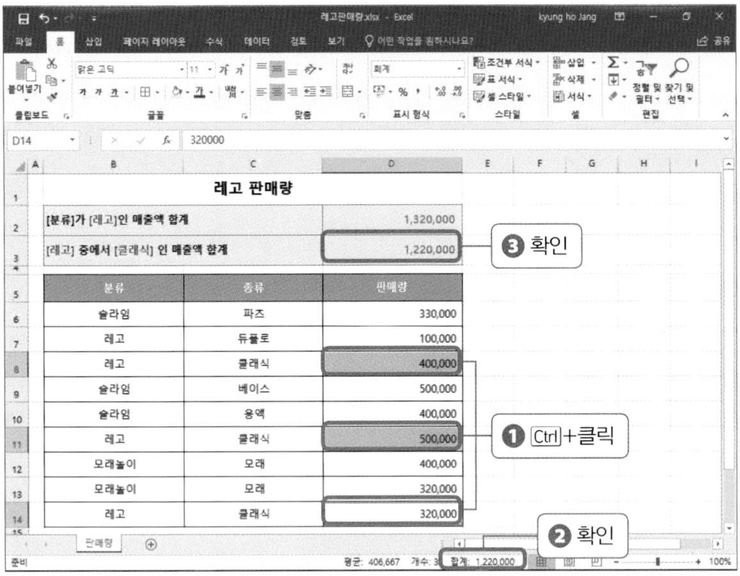

TIP

상태 표시줄에서도 자동 합계를 구할 수 있습니다. 또한, 상태 표시줄을 마우스 오른쪽 버튼으로 클릭하여 합계, 평균, 개수, 최댓값, 최솟값 중 원하는 항목을 체크하여 원하는 결과값을 산출할 수도 있습니다.

022

기본 기능

사용한 기능 | DATEDIF 함수, 채우기 핸들

입사일로부터 오늘까지의 근무 개월 수 구하기

DATEDIF 함수를 활용하면 두 날짜 사이의 연수, 개월 수, 일수를 구하거나 입사한 날로부터 퇴사한 날까지의 근무 개월 수 등을 구할 수 있습니다.

사용 가능 버전 2010 2013 2016 2019 365

예제 파일 Excel\Chapter 02\근무개월수.xlsx
완성 파일 Excel\Chapter 02\근무개월수_완성.xlsx

■ DATEDIF 함수

DATEDIF 함수를 이용하면 두 날짜 사이의 연수, 개월 수, 일수를 구하거나 입사한 날로부터 퇴사한 날까지의 근무 개월 수 등을 구할 수 있습니다. 특히 월마다 일수가 다르기 때문에 시작일과 종료일을 입력하여 기간을 구해주는 DATEDIF 함수를 이용해 구하는 것이 오차를 줄일 수 있는 방법입니다.

■ DATEDIF 함수 : DATEDIF(start_date, end_date, interval)

설명	시작일과 종료일을 입력할 때 형식을 지정해 원하는 날짜를 구할 수 있습니다.
인수	• start_date : 시작일을 입력하거나 셀을 지정합니다. • end_date : 종료일을 입력하거나 셀을 지정합니다. • interval : 기간을 구할 형식을 지정합니다.

01 근무 개월 수를 구할 [F3] 셀을 선택하고 수식 입력줄에 『=DATEDIF(E3,TODAY()+1,"M")』을 입력한 후 Enter를 누릅니다.

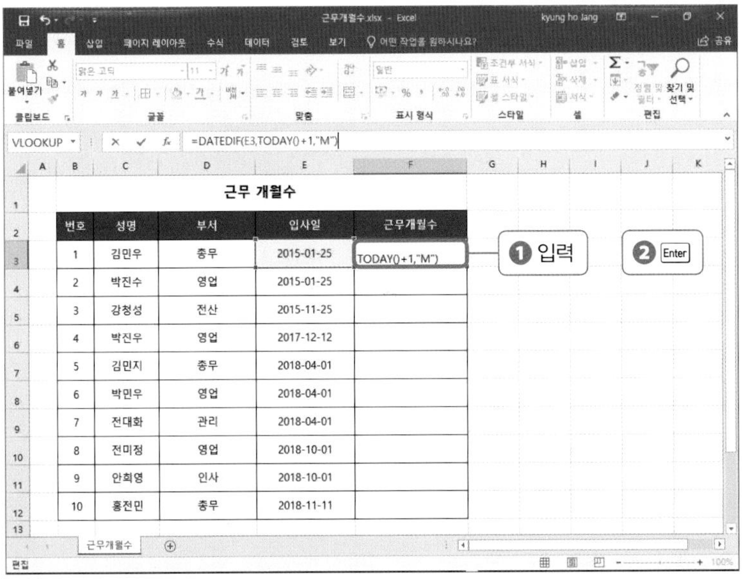

TIP

=DATEDIF(E3,TODAY()+1,"M")에서 세 번째에 들어가는 "M"은 아래와 같은 형식을 지정해 원하는 날짜를 구할 수 있습니다.

- "Y" : 기간의 연수를 표시합니다.
- "M" : 기간의 개월 수를 표시합니다.
- "D" : 기간의 일수를 표시합니다.
- "YM" : 기간 중 연수를 제외한 개월 수를 표시합니다.
- "YD" : 기간 중 연수를 제외한 일수를 표시합니다.
- "MD" : 기간 중 개월 수를 제외한 일수를 표시합니다.

02 근무 개월 수가 구해집니다. [F3] 셀의 채우기 핸들을 [F12] 셀까지 드래그하여 수식을 완성합니다.

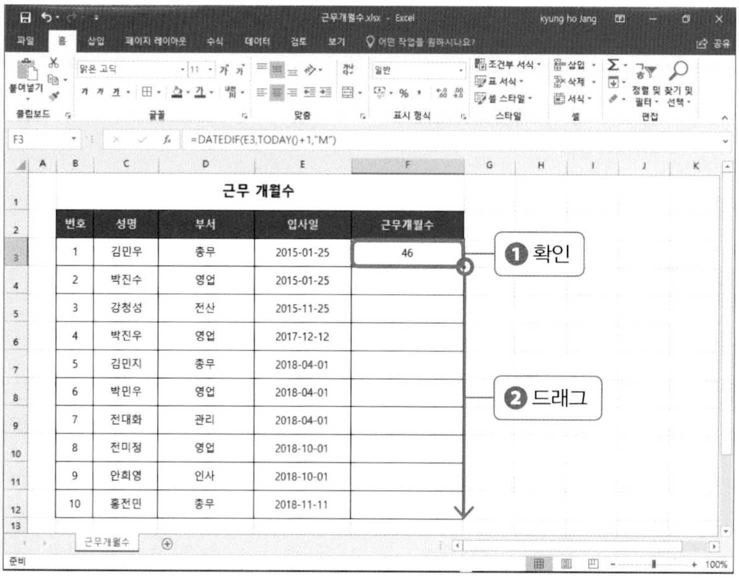

023

기본 기능

사용한 기능 | HOUR 함수, MINUTE 함수, 서식 없이 채우기

초과 근무 수당을 받기 위해 근무 시간 구하기

HOUR, MINUTE 함수를 이용하면 시작 시간과 종료 시간을 계산하여 초과 근무 시간과 같은 총 시간을 구할 수 있습니다.

사용 가능 버전
2010 2013 2016 2019 365

예제 파일 Excel\Chapter 02\초과근무시간.xlsx
완성 파일 Excel\Chapter 02\초과근무시간_완성.xlsx

01 [F3:F12] 영역을 드래그하여 선택한 후 [홈] 탭–[표시 형식] 그룹에서 [표시 형식]의 드롭다운 단추를 클릭하고 나타나는 표시 형식 중에서 [숫자]를 선택합니다.

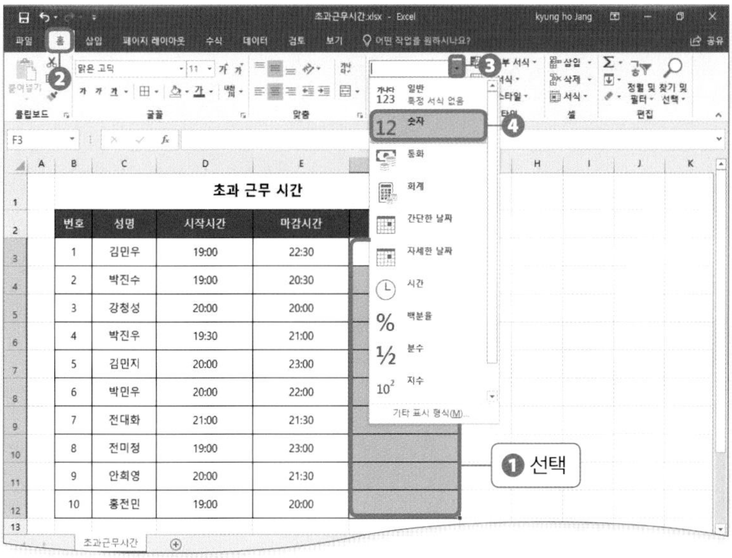

02 [F3] 셀을 선택하고 [수식] 탭–[함수 라이브러리] 그룹에서 [날짜 및 시간]을 클릭한 다음 [HOUR]를 선택합니다.

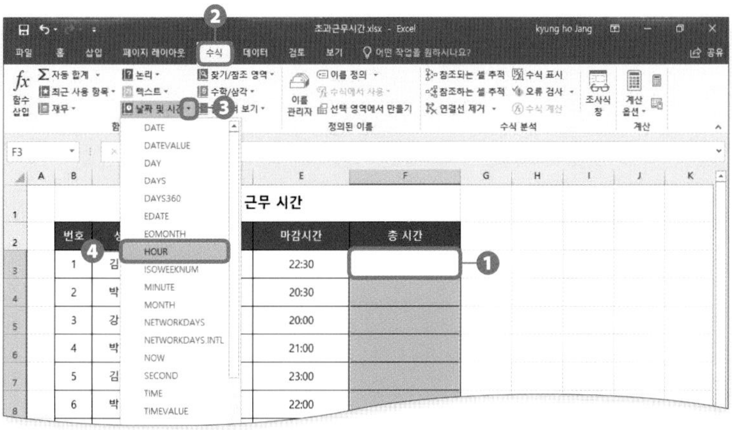

03 [함수 인수] 대화상자의 [Serial_number] 입력란에 『E3-D3』을 입력하고 [확인]을 클릭합니다.

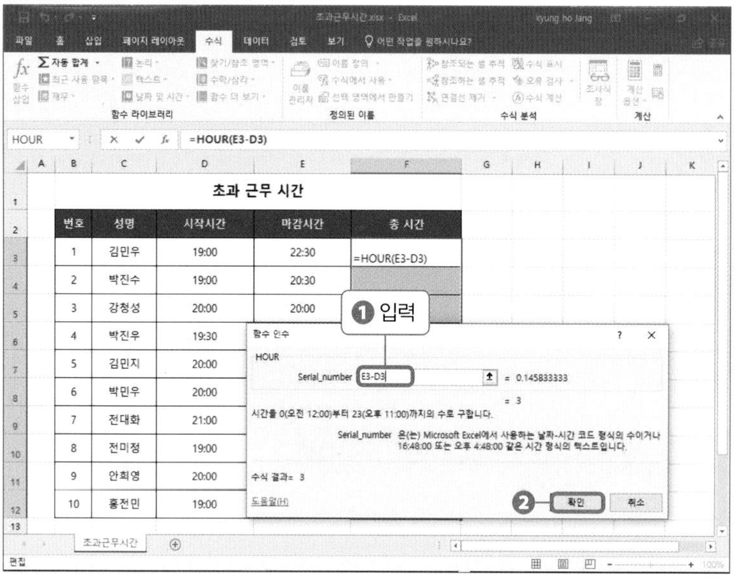

> **TIP**
> HOUR 함수는 시간 값에서 시(HOUR)를 추출하는 함수입니다.
> 0에서 23까지의 정수로 표시합니다(예. 오전 12시(0) ~ 오후 11시(23)).

04 수식 입력줄을 클릭하여 미리 입력된 수식 뒤에 『& "시간" & MINUTE(E3-D3) & "분"』을 입력한 다음 Enter를 누릅니다.

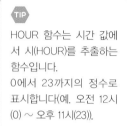

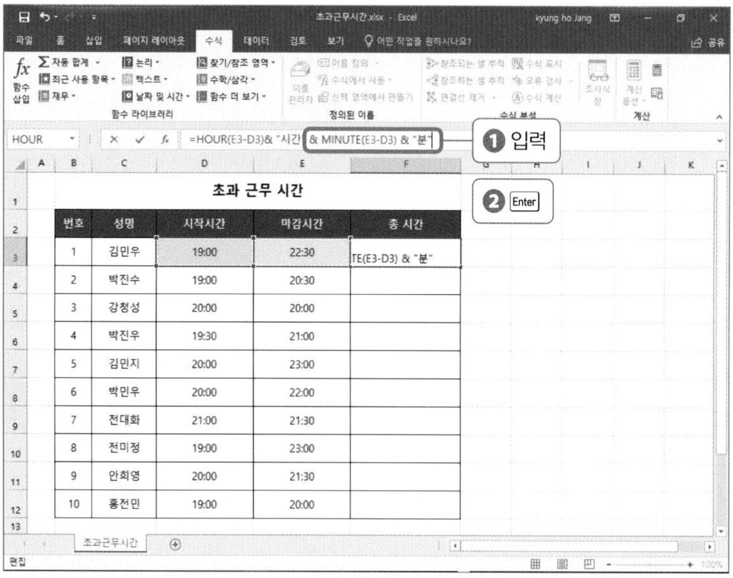

05 [F3] 셀의 채우기 핸들을 [F12] 셀까지 드래그하여 수식을 완성합니다. [자동 채우기 옵션](▣)을 클릭한 후 [서식 없이 채우기]를 선택합니다.

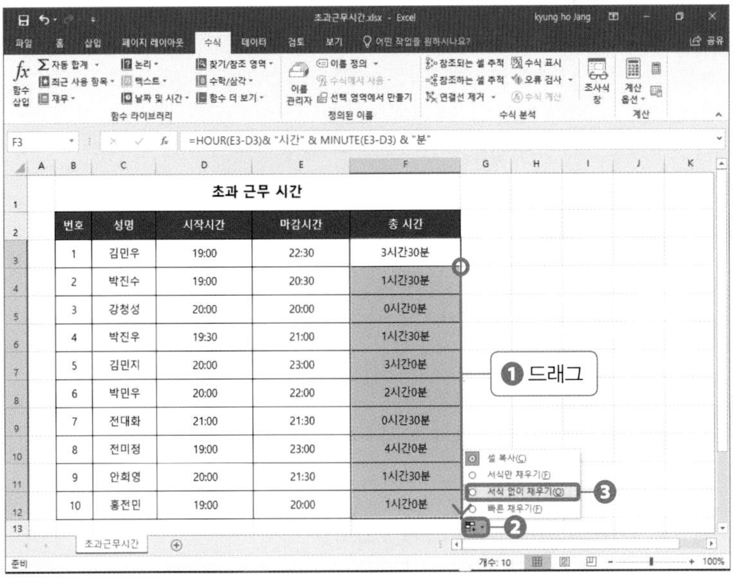

TIP

자동 채우기로 복사하면 수식뿐 아니라 서식도 함께 복사됩니다. 서식까지 복사하지 않으려면 [자동 채우기 옵션](▣)을 클릭한 후 [서식 없이 채우기]를 선택합니다.

TIP PLUS

마우스 포인터 모양에 따른 기능 살펴보기

셀을 선택하면 나타나는 마우스 포인터 모양에 따라 원하는 기능을 실행할 수 있습니다.

기본 마우스 포인터 : 셀을 선택할 때 사용합니다.	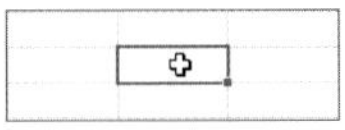
이동 마우스 포인터 : 셀 테두리에 포인터를 위치시켜 드래그하면 셀이 이동됩니다.	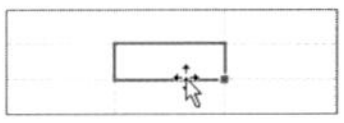
자동 채우기 핸들 : 셀에 입력된 데이터를 자동 채우기할 때 사용합니다.	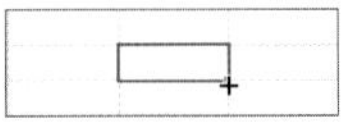

024
기본 기능

사용한 기능 I INDEX 함수, 절대 참조

봉급표를 보고 근무 연수에 따른 연봉 구하기

INDEX 함수를 활용하면 근무 연수에 따른 연봉을 구할 수 있습니다. INDEX 함수는 지정한 행 번호와 열 번호가 만나는 지점의 값을 찾아주는 함수로써 원하는 값을 쉽게 찾을 수 있습니다.

사용 가능 버전 2010 2013 2016 2019 365

예제 파일 Excel\Chapter 02\연봉표.xlsx
완성 파일 Excel\Chapter 02\연봉표_완성.xlsx

■ INDEX 함수

INDEX 함수는 선택한 범위 내에서 지정한 행 번호와 열 번호가 만나는 지점의 값을 찾아주는 함수입니다.

■ INDEX 함수 : INDEX(array, row_num, [column_num])

설명	표나 범위 내에서 입력된 값을 찾아서 표시합니다. 배열형은 항상 값이나 값 배열을 구하고, 참조형은 항상 참조를 반환합니다.
인수	• array : 셀 범위나 배열 상수입니다. • row_num : 값을 반환할 배열의 행을 선택합니다. • column_num : 값을 반환할 배열의 열을 선택합니다.

01 연봉을 구하기 위해 [I3] 셀을 선택합니다. [수식] 탭–[함수 라이브러리] 그룹에서 [찾기/참조 영역]–[INDEX]를 클릭합니다.

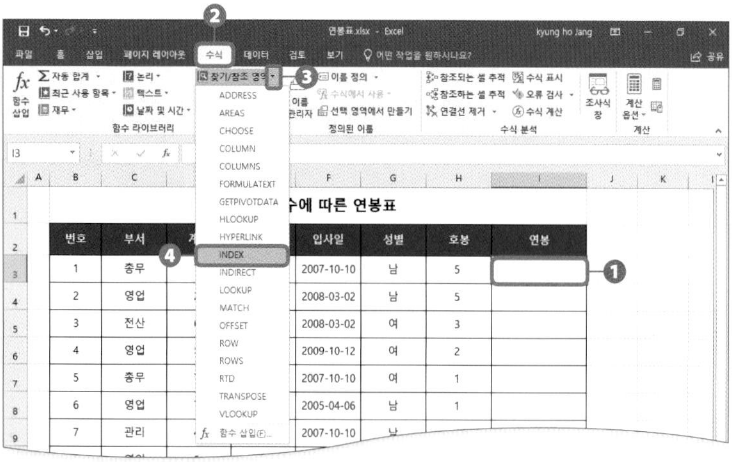

TIP 찾기/참조 함수에는 INDEX, HLOOKUP, VLOOKUP, MATCH 함수 등이 있습니다. 찾기/참조 함수는 특정한 값을 찾아서 보여주거나 위치를 구하는 등 찾기 기능에 적합한 함수입니다.

02 [인수 선택] 대화상자가 나타나면 [인수]에서 'array,row_num,column_num'을 선택한 다음 [확인]을 클릭합니다.

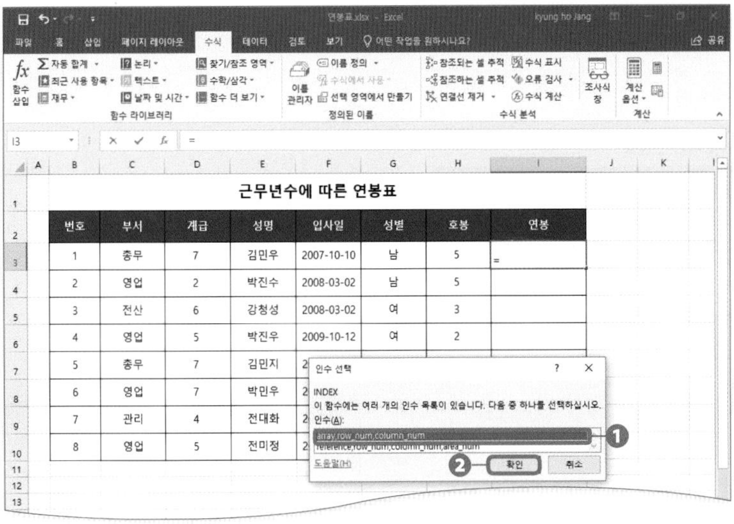

> **TIP**
> INDEX 함수에는 배열형과 참조형이라는 두 가지 형식이 있습니다. 배열형은 지정된 셀이나 셀 배열의 값을 반환하며, 참조형은 지정된 셀에 대한 참조를 반환합니다.

03 [함수 인수] 대화상자가 나타나면 [Array] 입력란을 선택하고 [봉급표] 시트 탭의 [C3:I7] 영역을 마우스로 드래그하여 선택한 후 F4를 눌러 절대 참조로 변경합니다.

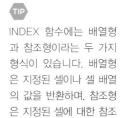

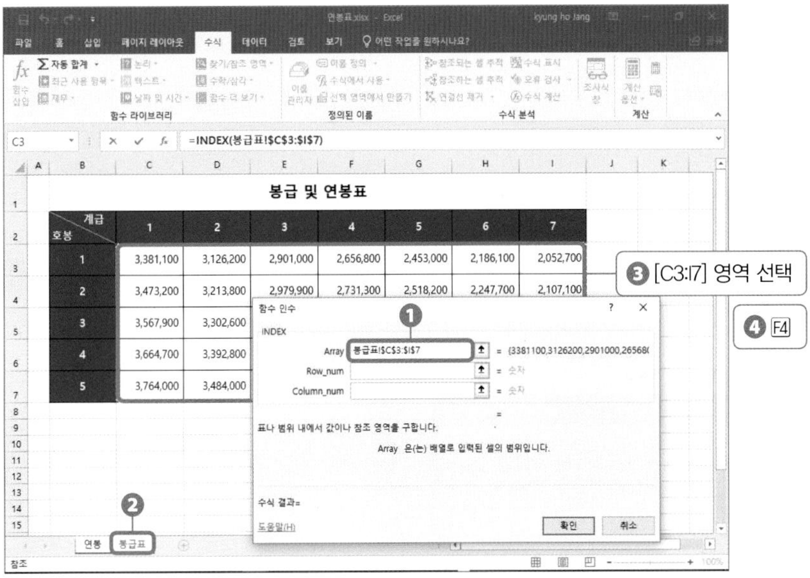

04 [Row_num] 입력란에 『H3』, [Column] 입력란에 『D3』를 입력한 후 [확인]을 클릭합니다.

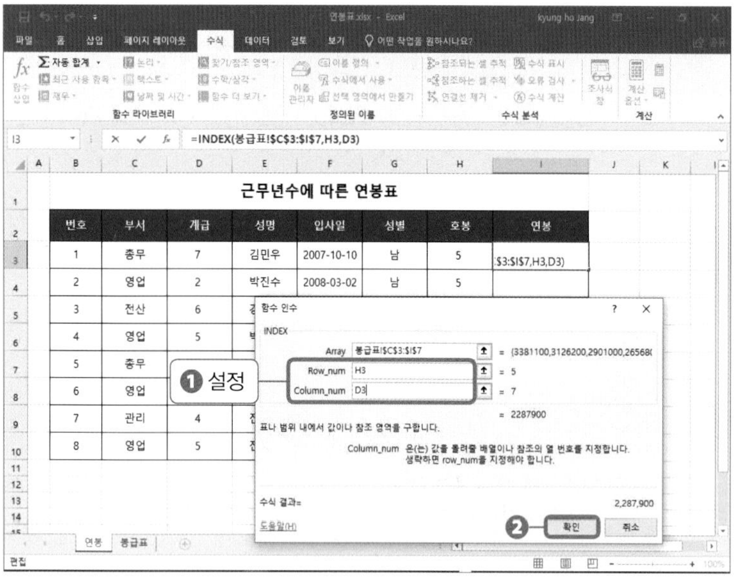

> **TIP**
>
> 예를 들어, '=INDEX(A1:B4,1,1)'이라고 지정하면 [A1:B4] 범위 중에서 첫 번째 행과 첫 번째 열이 교차하는 위치의 값이 반환됩니다.

05 [I3] 셀에 근무 연수에 따른 연봉이 구해집니다. [I3] 셀의 채우기 핸들을 [I10] 셀까지 드래그하여 수식을 완성합니다.

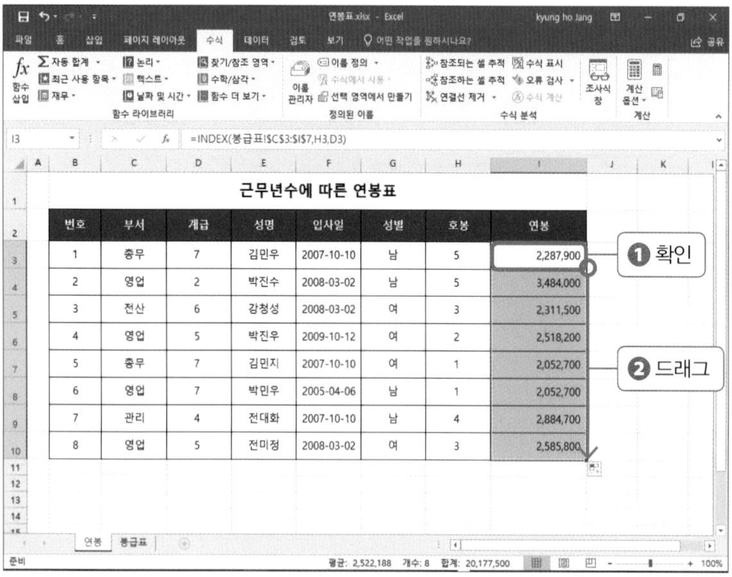

TIP PLUS

상대 참조, 절대 참조, 혼합 참조

엑셀에서 수식을 입력할 때 셀을 참조할 수 있는데 셀 주소를 이용하여 셀의 데이터를 연결하는 것을 셀 참조라고 합니다. 여기서 좀 더 자세히 알고 가도록 합시다.

형식	기능
상대 참조	수식 입력 시 기본적으로 셀을 참조할 때 사용하는 형식으로 셀 주소의 열과 행에 $표시가 없는 주소를 말합니다. 예를 들어, [E1] 셀에 '=D1*0.1' 이 입력된 상태에서 채우기 핸들을 [E4] 셀까지 드래그하면 [E4] 셀에는 '=D4*0.1'로 셀 주소가 변경됩니다. E1의 값 : =D1*0.1 E2의 값 : =D2*0.1 E3의 값 : =D3*0.1 E4의 값 : =D4*0.1
절대 참조	셀 주소의 열과 행에 모두 $표시를 하는 것으로 상대 참조와는 달리 특정한 셀 하나만을 고정적으로 사용하는 방법입니다. F4를 누르면 $표시가 생성되어 절대 참조가 만들어집니다. 예를 들어, [E1] 셀에 '=$D$1*0.1'의 절대 참조로 입력되어 있는 상태에서 채우기 핸들을 [E4] 셀로 드래그하면 [E4] 셀에는 '=$D$1*0.1'로 셀 주소가 변경되지 않습니다. E1의 값 : =$D$1*0.1 E2의 값 : =$D$1*0.1 E3의 값 : =$D$1*0.1 E4의 값 : =$D$1*0.1
혼합 참조	셀 주소의 열과 행 중 어느 한 쪽에만 $표시를 하는 것으로 $표시가 된 열 혹은, 행을 고정적으로 사용할 때 적용할 수 있습니다. 수식을 복사하거나 이동 시 '$' 기호가 붙은 축만 고정되며 '$' 기호가 붙지 않은 축은 이동되는 위치에 따라 값이 계속 변화하게 됩니다. 수식을 복사할 경우 절대 참조를 사용하면 되지만 양 방향으로 수식을 복사할 경우 혼합 참조를 사용하면 편리합니다. **행이 고정된 혼합 참조** E1의 값 : =D1*F$1 E2의 값 : =D2*F$1 E3의 값 : =D3*F$1 E4의 값 : =D4*F$1 **열이 고정된 혼합 참조** E1의 값 : =D1*$F1 E2의 값 : =D2*$F2 E3의 값 : =D3*$F3 E4의 값 : =D4*$F4

025
기본 기능

사용한 기능 | FV 함수, 절대 참조

정기적금 만기 시 받을 금액을 미리 알아보기

FV 함수를 이용하면 정기적금 만기 시 받을 금액을 산출할 수 있습니다. 일정 금액을 정기적으로 불입하고 일정한 이율을 적용하는 투자의 미래 가치를 계산할 수 있습니다.

사용 가능 버전 2010 2013 2016 2019 365

예제 파일 Excel\Chapter 02\정기적금.xlsx
완성 파일 Excel\Chapter 02\정기적금_완성.xlsx

■ FV 함수

재무 함수에는 FV, PMT, PV, NPER, RATE 함수 등이 있습니다. 재무 함수로 감가상각액이라든지 미래가치, 상환액 등을 구할 수 있습니다.

■ FV 함수 : FV(rate, nper, pmt, [pv], [type])

설명	일정 금액을 정기적으로 불입하고 일정한 이율을 적용하는 투자의 미래 가치를 계산할 수 있는 함수입니다.
인수	• rate : 기간당 이율입니다. 이율은 적립기간동안 일정해야 합니다. • nper : 연간 총 납입 횟수입니다. • pmt : 정기적으로 적립하는 금액입니다. '–'를 붙여야 합니다. • pv : 현재 가치 또는, 앞으로 지불할 납입금의 현재 가치를 나타내는 총액을 표시합니다. pv를 생략하면 0으로 간주합니다. • type : 0 또는, 1로 납입 시점을 나타냅니다. type을 생략하면 0으로 간주합니다.

01 만기지급액을 구하기 위해 [G3] 셀을 선택하고 [수식] 탭–[함수 라이브러리] 그룹에서 [재무]–[FV]를 클릭합니다. [함수 인수] 대화상자가 나타나면 그림과 같이 입력한 후 [확인]을 클릭합니다. [Pv] 입력란은 비워둡니다.

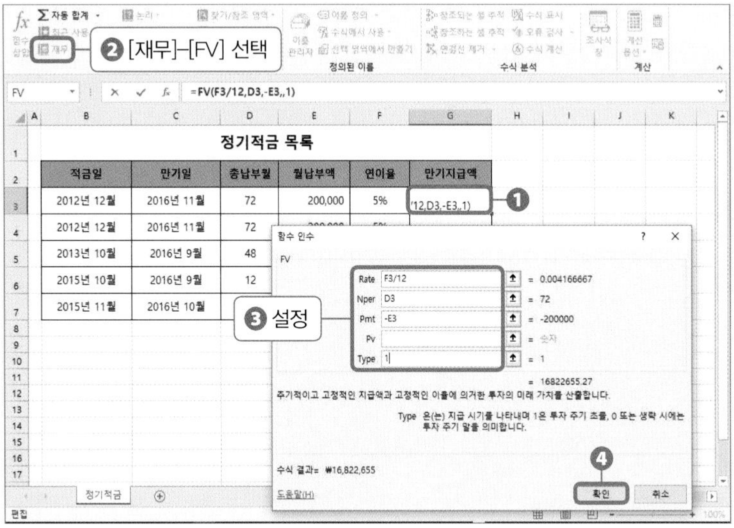

02 결과값을 확인합니다. 참고로 수식 입력줄에 들어가는 수식은 '=FV(F3/12,D3,−E3,,1)'입니다. [G3] 셀의 채우기 핸들을 [G7] 셀까지 드래그하여 수식을 완성합니다.

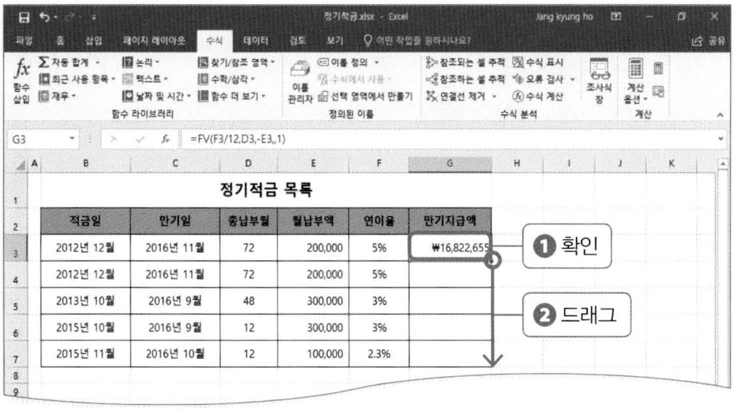

TIP PLUS

자주 사용하는 함수

엑셀에서 자주 사용하는 실무 함수를 소개합니다. 엑셀의 도움말을 통해 함수 사용법을 확인해 보세요.

함수	소개
AVERAGE 함수	인수의 평균을 구합니다.
AVERAGEIF 함수	주어진 조건에 맞는 셀의 평균을 구합니다.
CHOOSE 함수	인덱스 번호를 기준으로 254개까지의 값 중에서 하나를 선택합니다.
COUNTIF 함수	주어진 조건에 맞는 셀의 수를 구합니다.
COUNTIFS 함수	여러 조건에 맞는 셀의 수를 구합니다.
DATE 함수	특정 날짜의 일련번호를 반환합니다.
DATEDIF 함수	두 날짜 사이의 년도, 월, 일을 반환합니다.
DAVERAGE 함수	선택한 데이터베이스 항목의 평균을 구합니다.
DAYS 함수	두 날짜 사이의 일 수를 반환합니다.
DCOUNT 함수	데이터베이스에서 숫자가 있는 셀의 개수를 구합니다.
DCOUNTA 함수	데이터베이스에서 데이터가 들어 있는 셀의 개수를 구합니다.
FV 함수	미래 가치를 구합니다.
IF 함수	조건이 True일 때 값을 반환하고, 조건이 False일 때 다른 값을 반환합니다.
IFERROR 함수	수식이 오류이면 사용자가 지정한 값을 반환합니다.
INDEX 함수	값 또는, 값에 대한 참조를 반환합니다
ISBLANK 함수	값이 비어 있으면 TRUE를 반환합니다.
ISERR 함수	#N/A를 제외한 오류값일 경우 TRUE를 반환합니다.
ISERROR 함수	값이 오류값이면 TRUE를 반환합니다.
LOOKUP 함수	하나의 행이나 열을 찾아 두 번째 행이나 열에서 같은 위치에 있는 값을 찾습니다.
MATCH 함수	셀 범위에서 항목을 검색하고 해당 항목의 상대 위치를 찾습니다.
RANK 함수	지정한 수의 크기 순위를 구합니다.
STDEV 함수	표본 집단의 표준 편차를 구합니다.
SUM 함수	셀의 값을 더하는 함수입니다.
VLOOKUP 함수	행을 기준으로 항목을 찾아야 할 경우 이 함수를 사용합니다.

CHAPTER

3

표와 차트 분석 기술

엑셀의 표나 차트는 워크시트에 입력하는 순간부터 빠르게 분석하고 원하는 데이터로 변환할 수 있습니다. 표를 통해 데이터를 구분하고 데이터 사이의 관계를 쉽게 판단할 수 있으며, 차트를 통해 수치 데이터를 그래프로 변환하여 원하는 형식의 시각적인 도구로 만들 수 있습니다. 이를 통해 데이터의 추이나 특징을 한눈에 알 수 있습니다. 이번 Chapter에서는 엑셀의 표와 차트의 기능 중에서 꼭 알아야 하는 기능 위주로 살펴보겠습니다.

배워 볼 내용

[표 만들기] 026 일반 데이터베이스를 표 스타일로 지정하기 필수 기능 ★★★★★

[요약 행] 027 표 서식의 마지막 행에 요약 행 지정하기 필수 기능 ★★★★☆

[범위로 변환] 028 표 형식의 데이터를 일반 데이터베이스로 변경하기

[구조적 참조] 029 표의 이름과 열 머리글만으로 수식을 쉽게 작성하기 활용 기능 ★★★☆☆

[추천 차트] 030 가장 빠른 방법으로 지역 매출액을 차트로 완성하기 필수 기능 ★★★☆☆

[빠른 분석 도구] 031 업그레이드된 차트 기능으로 아파트 시세 변동 내역 쉽게 파악하기 활용 기능 ★★★★☆

[이중 차트] 032 매출액(1천만 원)과 수량(100개)처럼 이질적인 데이터를 차트에 함께 표시하기 활용 기능 ★★★★☆

[간트 차트] 033 복잡한 프로젝트 일정을 누구나 이해할 수 있는 간트 차트로 만들기 활용 기능 ★★★★☆

[지도 차트] 034 지리적 위치를 활용해 지도(Map) 차트 만들기

[스파크라인] 035 월별 단가 변동 사항을 셀 안에 작은 차트로 보여주기

[파워 뷰] 036 나만의 리본 메뉴 생성하고 엑셀의 추가 기능(Power View) 설치하기

[파워 뷰] 037 Power View로 요약 보고서를 만들어 시각화 요소 추가하기

사용한 기능 | 표 만들기, 표 스타일, 필터 단추, 내림차순 정렬

026

★★★★★ 필수 기능

일반 데이터베이스를 표 스타일로 지정하기

일반 데이터베이스에 표 스타일을 지정하면 더욱 깔끔하고 편하게 데이터베이스를 관리할 수 있습니다.

사용 가능 버전 2010 2013 2016 2019 365

예제 파일 Excel\Chapter 03\표스타일.xlsx
완성 파일 Excel\Chapter 03\표스타일_완성.xlsx

01 데이터가 입력된 셀 하나를 선택한 후 [삽입] 탭–[표] 그룹에서 [표]를 클릭합니다. [표 만들기] 대화상자가 나타나면 셀 범위 [A2:C8] 영역을 다시 드래그하여 선택한 후 [확인]을 클릭합니다.

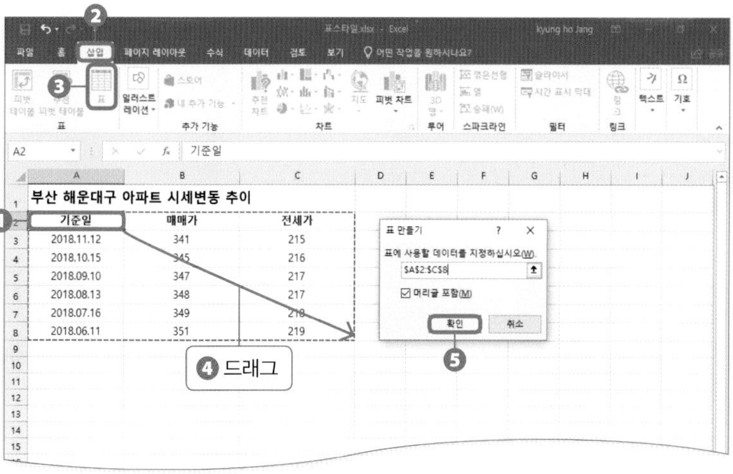

> **TIP**
> [삽입] 탭–[표] 그룹에서 [표]를 클릭하면 일반적으로 선택한 셀이 있는 데이터 영역이 자동으로 선택됩니다. 표에 사용할 데이터는 지금처럼 마우스 드래그를 통해 손쉽게 조정할 수 있습니다.

> **TIP**
> [표 만들기] 대화상자에서 [머리글 포함]을 체크 해제하면 머리글도 데이터로 인식하여 스타일이 지정됩니다.

02 데이터가 표로 전환되면 표의 마지막 열에 데이터를 입력할 경우 표 스타일이 자동으로 적용됩니다. [A9] 셀을 선택하고 『2018.12.30』을 입력한 후 Enter를 눌러봅니다.

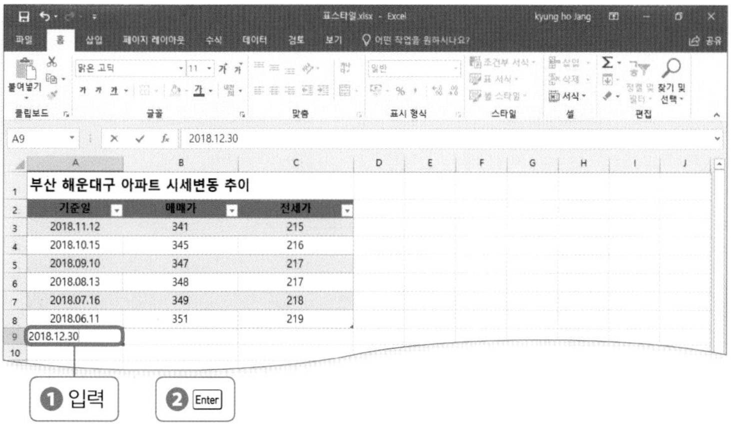

03 자동으로 입력한 데이터가 표 영역에 포함되며, 셀 서식이 적용되는 것을 확인할 수 있습니다. [자동 고침 옵션]( )을 클릭하면 입력할 때 자동 서식 지정 유무를 선택할 수 있습니다. [표 자동 확장 취소]나 [표 자동 확장 중지]를 클릭하면 데이터를 추가할 때 자동으로 셀 서식이 적용되지 않습니다.

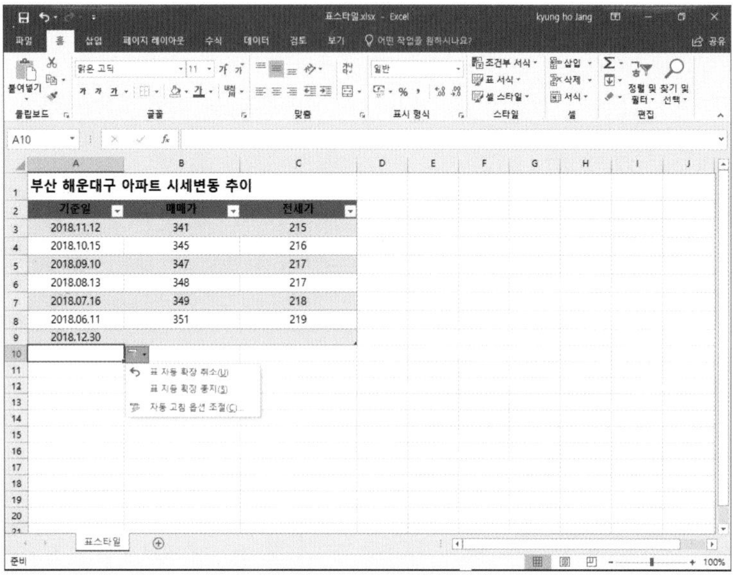

04 표 스타일이 적용되면 필터 단추가 생성됩니다. 필터 단추를 클릭하면 텍스트를 오름차순 혹은 내림차순으로 정렬할 수 있습니다. [A2] 셀의 필터 단추를 클릭한 후 [텍스트 내림차순 정렬]을 선택합니다.

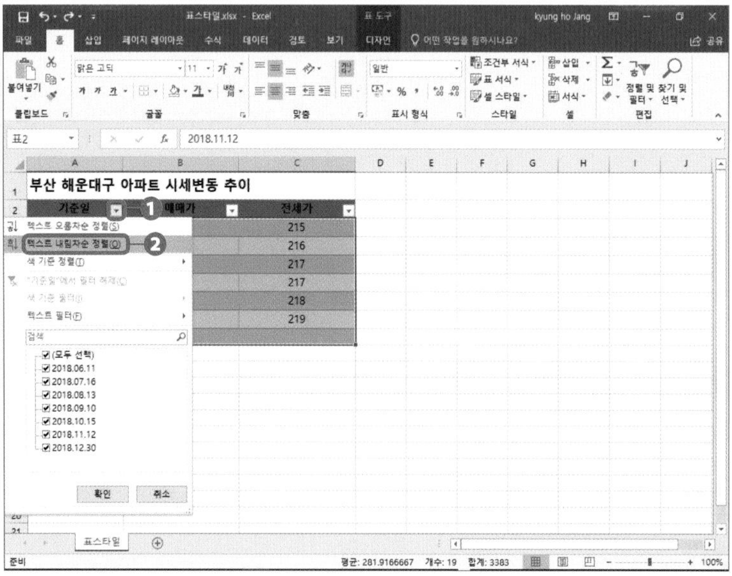

05 기준일을 기준으로 내림차순으로 정렬됩니다. 표 안에 셀을 하나 선택한 후 [표 도구]-[디자인] 탭-[표 스타일] 그룹에서 [자세히](▾)를 클릭하고 원하는 스타일을 선택하면 별다른 서식 적용 없이도 빠르게 표 스타일이 변경됩니다.

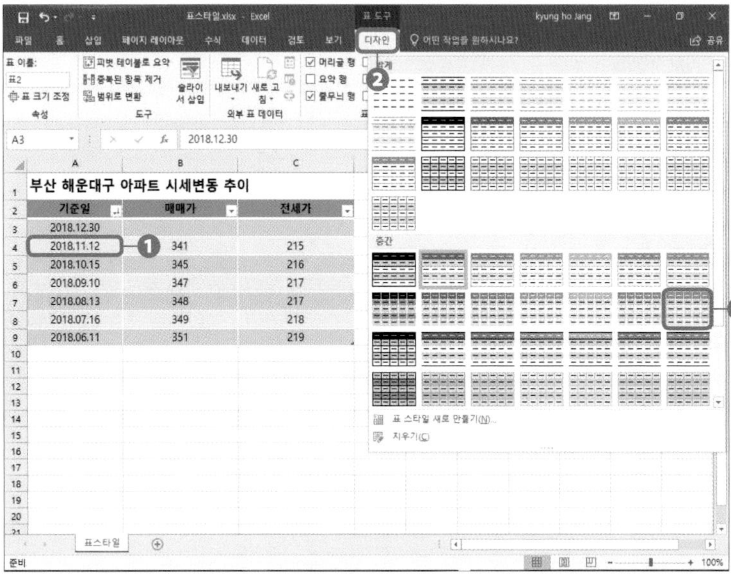

TIP

표 스타일은 [홈] 탭-[스타일] 그룹에서 [표 서식]을 클릭해도 지정할 수 있습니다.

TIP PLUS

테마 스타일에 따른 표 색상 변경하기

엑셀에서 제공하는 테마를 이용해서 통합 문서에 다양한 표 서식을 지정할 수 있습니다. 테마는 표 서식뿐 아니라 글꼴, 색상 등도 함께 선택한 테마 스타일에 따라 변경됩니다. [페이지 레이아웃] 탭-[테마] 그룹에서 [테마]를 클릭한 후 원하는 테마 스타일을 선택해 보세요.

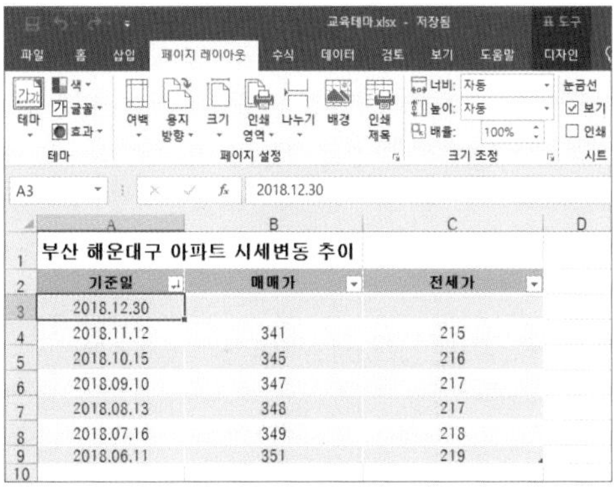

▲ 교육 테마

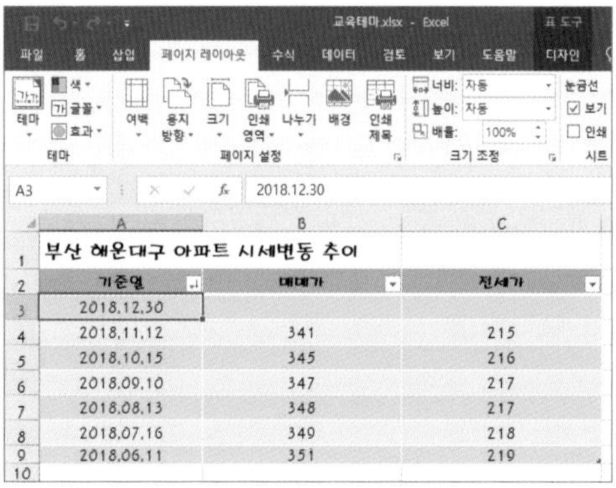

▲ 깊이 테마

027
★★★★☆
필수 기능

사용한 기능 | 요약 행, 표시 형식

표 서식의 마지막 행에 요약 행 지정하기

요약 행을 추가하면 별도로 합계나 평균 등의 수식을 지정하지 않아도 평균, 최댓값, 최솟값, 합계 등 표의 요약한 결괏값을 표시할 수 있습니다.

사용 가능 버전 2010 2013 2016 2019 365

예제 파일 Excel\Chapter 03\성과표.xlsx
완성 파일 Excel\Chapter 03\성과표_완성.xlsx

01 이번 예제는 표 서식이 이미 적용되어 있습니다. [B17] 셀을 선택하고 '장소미'를 입력한 다음 Tab을 누릅니다.

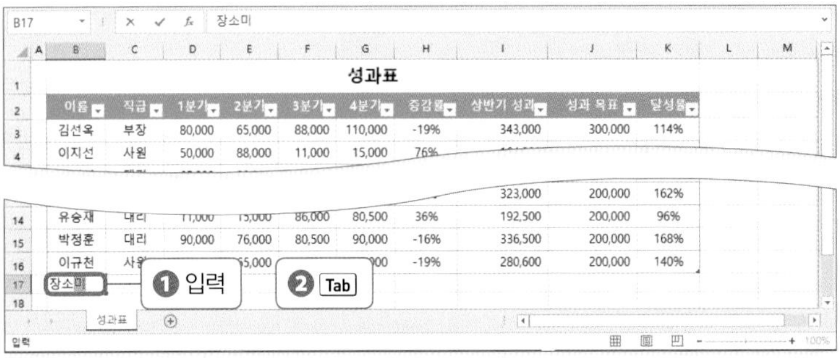

02 자동으로 표가 확장되면서 행이 추가됩니다. [직급], [1분기], [2분기], [3분기], [4분기], [상반기 성과], [성과 목표] 셀에 데이터를 입력합니다. [증감률]에는 백분율로 표시되어야 하지만 백분율이 아닌 숫자 '0'으로 표시됩니다. 이는 셀 서식의 표시 형식이 잘못되어 그런 것인데 [H17] 셀을 선택하고 [홈] 탭–[표시 형식] 그룹에서 [범주]–[백분율]을 클릭합니다.

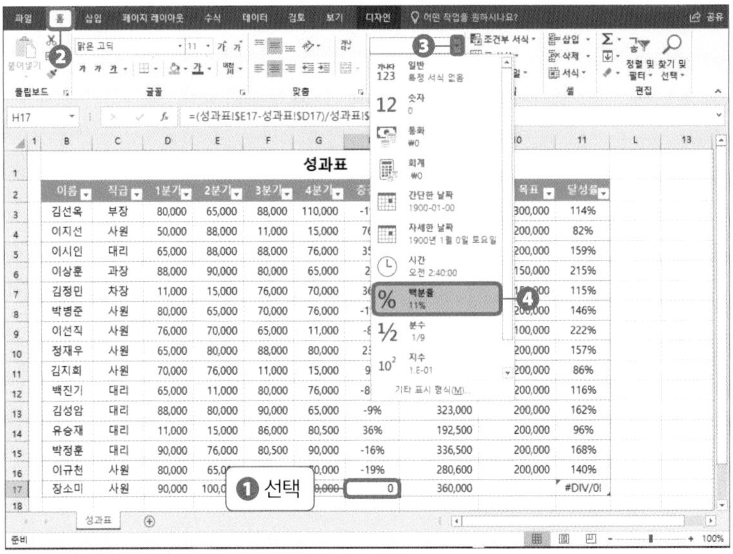

03 [H17] 셀의 증감률이 제대로 표시됩니다. 이번에는 요약 행을 설정하기 위해 [표 도구]–[디자인] 탭–[표 스타일 옵션] 그룹에서 [요약 행]에 체크 표시합니다. [요약] 행이 표의 맨 밑에 삽입됩니다.

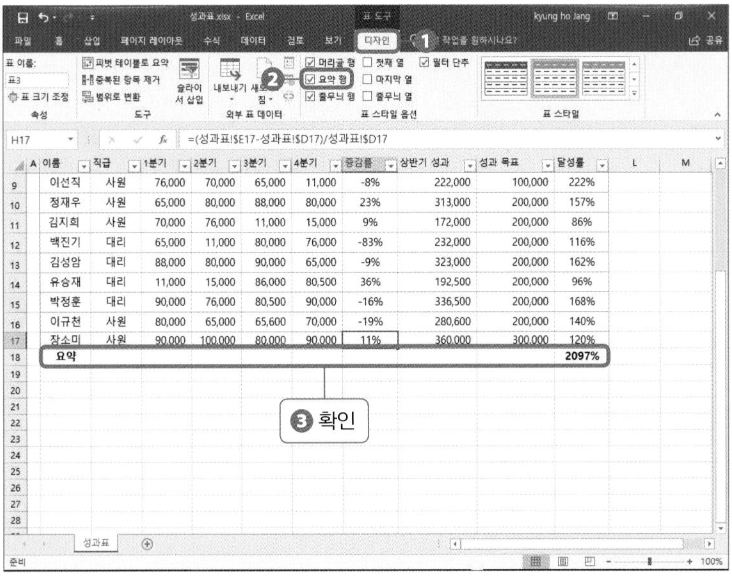

> **TIP**
> [필터 단추]를 체크하면 머리글에 [필터 단추]가 표시되어 서식이 지정된 표의 각 항목에 필터를 지정할 수 있습니다.

04 요약 행이 삽입되면 원하는 요약 함수를 지정해 봅니다. [D18] 셀을 선택하면 요약 함수를 지정할 수 있도록 화살표 단추가 표시됩니다. 화살표 단추를 클릭하여 원하는 요약 함수를 지정합니다. 여기서는 [평균]을 선택해 보겠습니다.

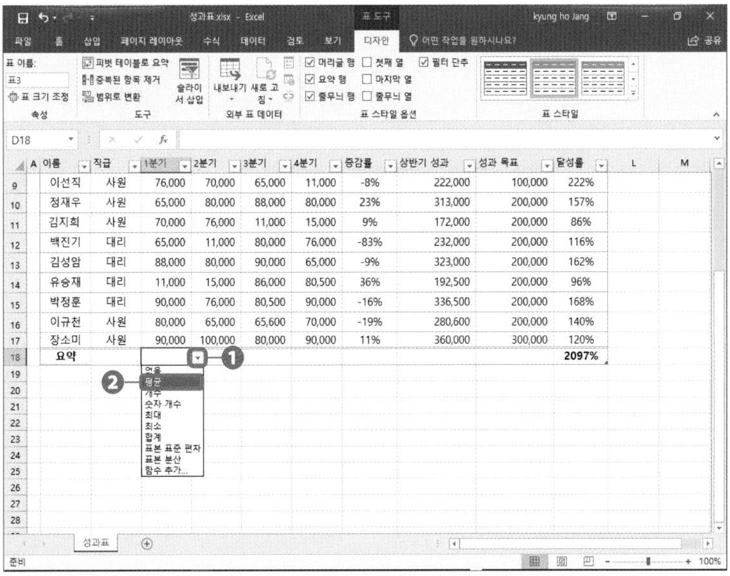

05 동일한 방법으로 나머지 항목에도 요약 행을 표시한 후 완성합니다.

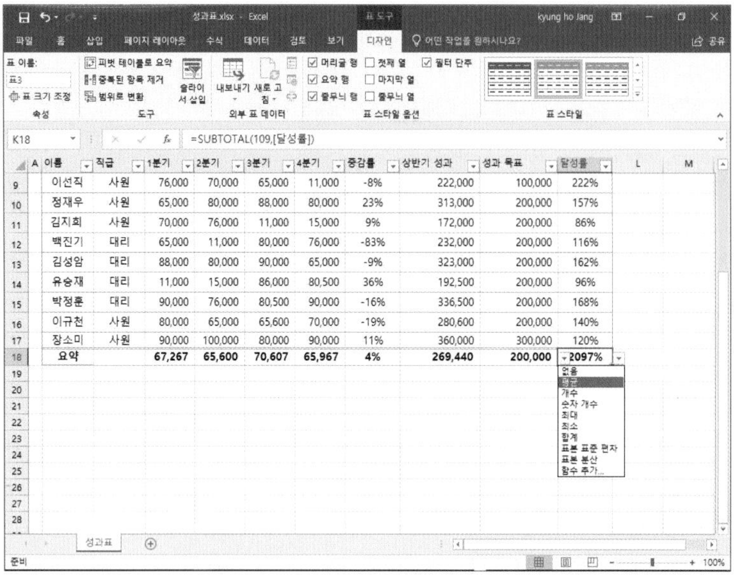

> **TIP**
>
> 요약 행을 선택하면 나타나는 화살표 단추를 클릭한 후 원하는 함수가 없다면 [함수 추가]를 선택합니다. [함수 추가]를 선택하면 보다 다양한 함수를 요약 행에 적용할 수 있습니다.

> **TIP PLUS**
>
> **구조화된 표로 계산하기**
>
> 일반 데이터베이스를 표 스타일로 지정하면 머리글 행을 비롯해 요약 행, 줄무늬 열, 첫째 열, 마지막 열, 줄무늬 열과 같은 표 안에 데이터를 가둘 수 있습니다. 이를 엑셀에서는 구조화되었다고 표현합니다. 이렇게 구조화된 표는 열을 필터링하거나 표 및 열 이름을 사용한 구조적 참조에 활용할 수 있습니다. 구조적 참조는 〈029. **표의 이름과 열 머리만으로 수식을 쉽게 작성하기(92페이지)**〉를 참조하세요.

> ❶ **[표 도구]–[디자인] 탭** : 표 스타일을 지정하면 나타나는 상황별 탭입니다.
> ❷ **표 이름** : 수식에서 참조하는 데 사용하는 이름을 부여할 수 있습니다.
> ❸ **피벗 테이블 요약** : 피벗 테이블을 활용하여 구조화된 표의 데이터를 요약합니다.
> ❹ **중복된 항목 제거** : 시트에서 중복된 행을 제거합니다.
> ❺ **범위로 변환** : 구조화된 표에서 일반 데이터베이스로 다시 변환할 수 있습니다.
> ❻ **슬라이서 삽입** : 데이터를 한 눈에 확인할 수 있도록 필터링합니다.
> ❼ **내보내기** : 이 표의 데이터를 다른 관리 프로그램으로 내보낼 수 있습니다.
> ❽ **표 스타일 옵션** : 표의 행과 열에 서식을 지정하거나 표 스타일에 관한 옵션을 지정할 수 있습니다.

028

기본 기능

사용한 기능 | 표 도구, 범위로 변환

표 형식의 데이터를 일반 데이터베이스로 변경하기

표 서식을 일반 서식으로 변경하면 앞선 예제에서 다루었던 필터 기능이나 표 자동 확장 등의 기능은 사용할 수 없습니다. 하지만 기존에 적용했던 서식과 데이터 등은 그대로 유지됩니다.

사용 가능 버전 2010 2013 2016 2019 365

예제 파일 Excel\Chapter 03\성과표2.xlsx
완성 파일 Excel\Chapter 03\성과표2_완성.xlsx

01 표 서식이 지정된 임의의 셀을 선택한 다음 [표 도구]–[디자인] 탭–[도구] 그룹에서 [범위로 변환]을 클릭합니다. [표를 정상 범위로 변환하시겠습니까?]라는 경고 창이 나타나면 [예]를 클릭합니다.

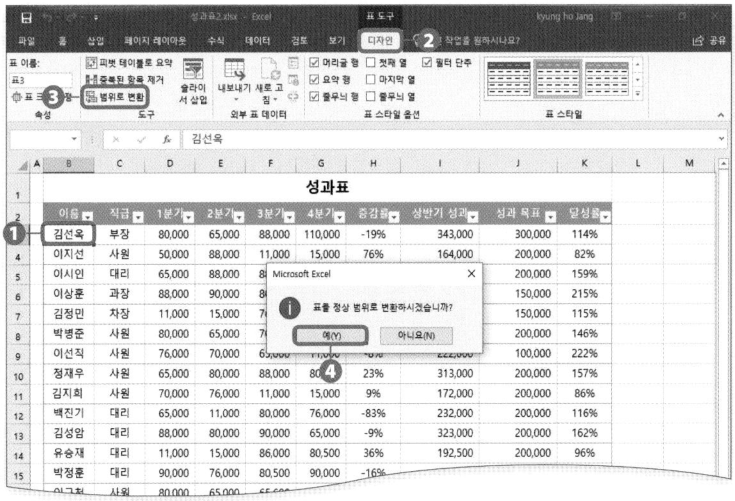

02 필터를 비롯해 자동 확장 기능이 삭제된 범위로 표가 변환됩니다.

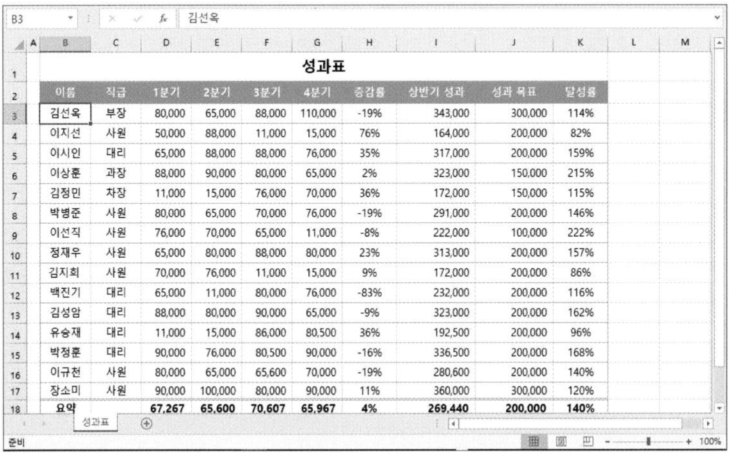

성과표

이름	직급	1분기	2분기	3분기	4분기	증감률	상반기 성과	성과 목표	달성률
김선옥	부장	80,000	65,000	88,000	110,000	-19%	343,000	300,000	114%
이지선	사원	50,000	88,000	11,000	15,000	76%	164,000	200,000	82%
이시인	대리	65,000	88,000	88,000	76,000	35%	317,000	200,000	159%
이상훈	과장	88,000	90,000	80,000	65,000	2%	323,000	150,000	215%
김정민	차장	11,000	15,000	76,000	70,000	36%	172,000	150,000	115%
박병준	사원	80,000	65,000	70,000	76,000	-19%	291,000	200,000	146%
이선직	사원	76,000	70,000	65,000	11,000	-8%	222,000	100,000	222%
정재우	사원	65,000	80,000	88,000	80,000	23%	313,000	200,000	157%
김지희	사원	70,000	76,000	11,000	15,000	9%	172,000	200,000	86%
백진기	대리	65,000	11,000	80,000	76,000	-83%	232,000	200,000	116%
김성암	대리	88,000	80,000	90,000	65,000	-9%	323,000	200,000	162%
유승재	대리	11,000	15,000	86,000	80,500	36%	192,500	200,000	96%
박정훈	대리	90,000	76,000	80,500	90,000	-16%	336,500	200,000	168%
이규천	사원	80,000	65,000	65,600	70,000	-19%	280,600	200,000	140%
장소미	사원	90,000	100,000	80,000	90,000	11%	360,000	300,000	120%
요약		67,267	65,600	70,607	65,967	4%	269,440	200,000	140%

TIP

표 서식의 경우 [표 도구]–[디자인] 상황별 탭이 표시되어 다양한 표 관련 서식을 지정할 수 있지만 일반 서식은 [표 도구]–[디자인] 상황별 탭이 표시되지 않습니다.

사용한 기능 | 구조적 참조, 열 머리글 목록

029

★★★☆☆
활용 기능

표의 이름과 열 머리글만으로 쉽게 수식 작성하기

구조적 참조란 표의 이름과 표의 열 머리글 등을 활용하여 수식을 작성하는 것으로, 이를 활용하면 행이나 열 등을 추가할 경우 구조적 참조도 함께 확장되어 쉽게 수식을 작성할 수 있습니다.

사용 가능 버전	예제 파일 / 완성 파일
2010 2013 2016 2019 365	**예제 파일** Excel\Chapter 03\매출증감표.xlsx **완성 파일** Excel\Chapter 03\매출증감표_완성.xlsx

01 [E3] 셀을 선택하고 『=([@하반기]-[@상반기])/[@상반기]』를 입력한 후 Enter를 눌러 증감률을 구합니다.

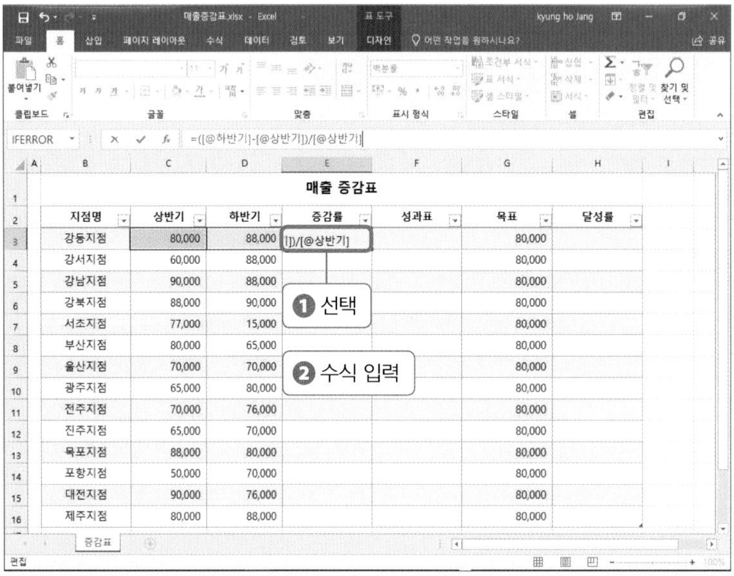

> **TIP**
> 표의 일부 또는, 전체를 참조하는 수식을 사용할 때 구조적 참조를 사용하면 간편하게 작업할 수 있습니다. 특히 표의 데이터 범위가 자주 변경되고 표에서 행과 열을 추가 및 삭제할 때, 외부 데이터를 새로 고칠 때 수식을 다시 작성할 필요가 없어 편리합니다. 엑셀 2007과 엑셀 2010 모두 표를 참조하는 표현식은 동일하나 현재 행에 대한 표현이 [#이 행]에서 @로 보다 간편하게 변경되었습니다.

02 [H3] 셀을 선택하고 『=[』를 입력하면 자동으로 열 머리글 목록이 나타납니다. '하반기'를 더블클릭하거나 선택한 다음 Tab을 누릅니다.

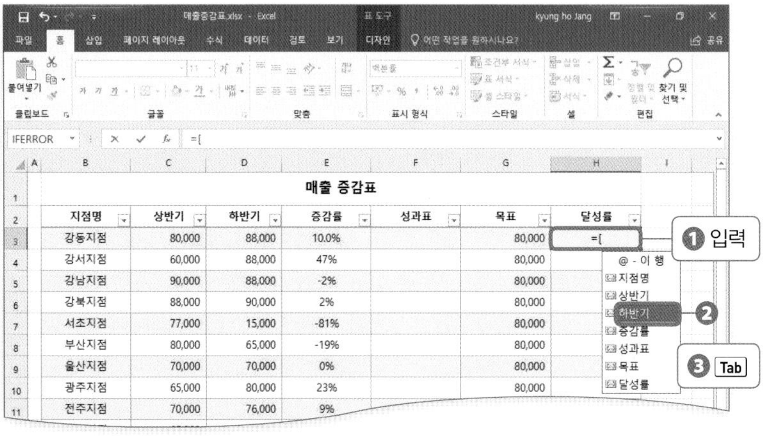

03 이어서 『]/[』를 입력합니다. 나타나는 열 머리글 목록에서 '목표'를 선택한 다음 Tab을 누릅니다.

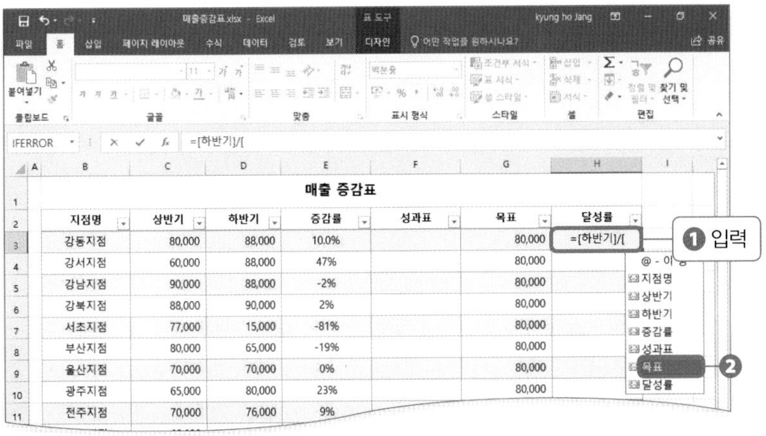

04 『]』를 입력한 다음 Enter를 눌러 작성을 완료합니다. 구조적 참조를 활용해 증감률과 달성률이 자동으로 계산됩니다.

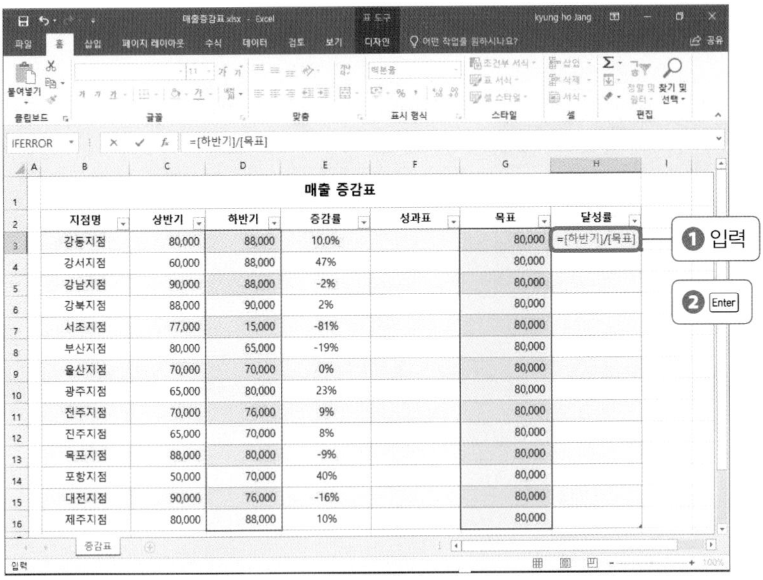

TIP PLUS

구조적 참조 살펴보기

표 이름과 표 머리글을 사용한 조합을 구조적 참조라고 합니다. 구조적 참조를 활용하면 표의 데이터를 추가하거나 삭제하여 표 범위가 변하는 경우에도 새로 수식을 작성할 필요 없이 자동으로 조정됩니다. 엑셀 표 외부에 표 데이터를 참조하는 수식을 만들 때도 구조적 참조가 표시되는데, 구조적 참조를 사용하면 다양한 통합 문서를 참조하여도 표를 쉽게 찾을 수 있습니다.

셀 참조	구조적 참조
=SUM(A1:C10)	=SUM(부서판매액[판매현황])

030

★★★☆☆
필수 기능

사용한 기능 | 추천 차트, 차트 종류 변경, 차트 이동, 빠른 실행 도구, 차트 요소, 차트 필터

가장 빠른 방법으로도 지역 매출액을 차트로 완성하기

각종 수치나 데이터를 차트를 통해 표현하면 시각적으로 우수한 자료를 만들 수 있습니다. 데이터에 적합한 차트를 찾기 어려우면 추천 차트를 통해 완성해 보세요. 또한, 빠른 실행 도구를 통해 원하는 차트를 빠르게 완성할 수 있습니다.

사용 가능 버전 2010 2013 2016 2019 365

예제 파일 Excel\Chapter 03\매출액.xlsx
완성 파일 Excel\Chapter 03\매출액_완성.xlsx

01 추천 차트로 만들 영역을 드래그하여 선택합니다. [A2:A7] 영역을 드래그하여 선택한 후 Ctrl을 누른 상태에서 [C2:F7] 영역을 드래그하여 선택합니다. [삽입] 탭-[차트] 그룹에서 [추천 차트]를 클릭합니다.

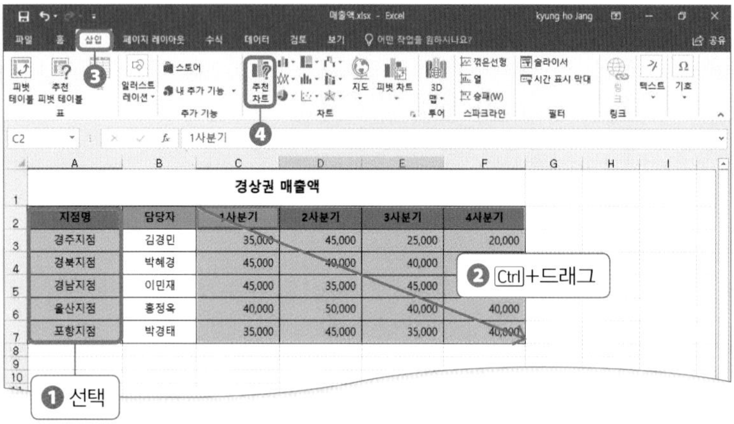

02 [차트 삽입] 대화상자가 나타나면 [추천 차트] 탭에서 표에 적합한 추천 차트를 표시해 줍니다. 여기서는 [묶은 세로 막대형]을 선택한 후 [확인]을 클릭합니다.

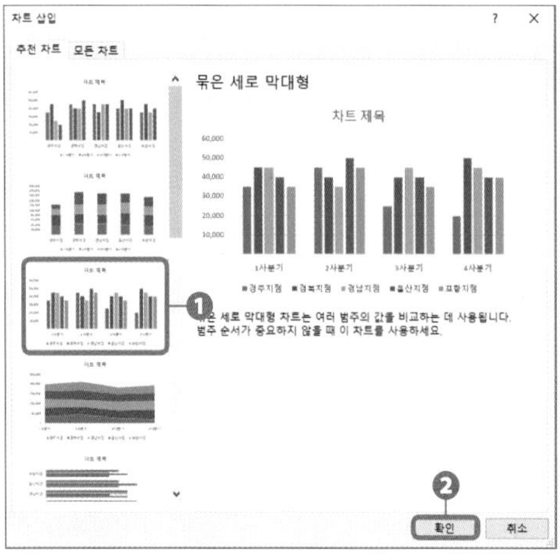

03 추천 차트를 통해 손쉽게 차트를 완성할 수 있습니다. 차트는 삽입되었지만, 차트의 위치가 마음에 들지 않습니다. 차트를 새로운 시트에 옮겨보겠습니다. 차트가 선택된 상태에서 [차트 도구]–[디자인] 탭–[위치] 그룹에서 [차트 이동]을 클릭합니다. [차트 이동] 대화상자가 나타나면 [새 시트]에 『매출액_차트』를 입력한 후 [확인]을 클릭합니다.

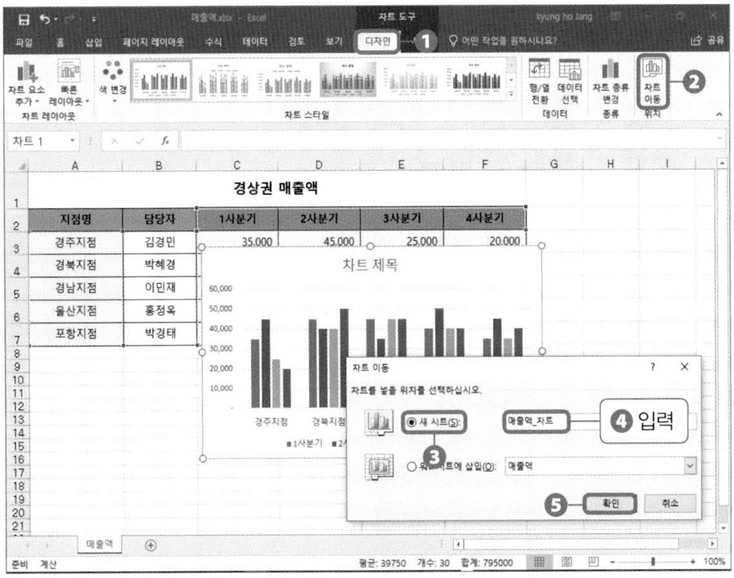

04 새로운 시트가 생성되면서 차트만으로 구성된 시트가 완성됩니다. '차트 제목'을 클릭한 후 『경상권 매출액』을 입력합니다. 차트가 생성되면 차트 우측 상단에 빠른 실행 도구가 나타납니다. 이를 통해 차트 요소를 추가하거나 삭제하고, 차트의 스타일과 색을 변경하거나, 차트의 데이터 요소를 편집할 수 있습니다. [차트 필터] 단추를 통해 필요한 부분만 남겨두고 나머지 부분은 숨겨보겠습니다. [차트 필터] 단추를 클릭한 후 [값] 탭의 [계열]에서 [1사분기]와 [3사분기]에 체크 표시를 해제하고 [적용]을 클릭합니다.

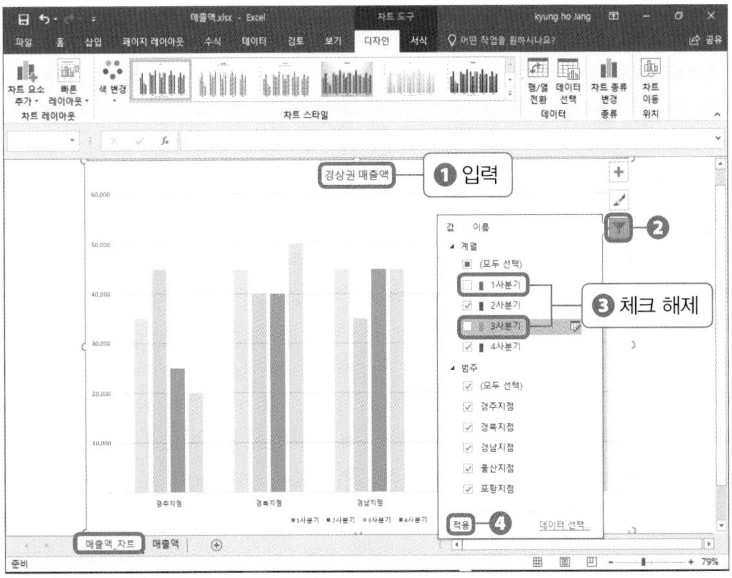

TIP

엑셀 2013 버전 이상부터는 차트 오른쪽 상단에 빠른 실행 도구라는 새로운 기능을 통해 원하는 차트 요소나 스타일, 색 등을 더욱 빠르게 수정할 수 있습니다.

05 차트에는 데이터 레이블이나 데이터 테이블, 오차 막대, 추세선 등 다양한 차트 요소를 쉽게 추가할 수 있습니다. [차트 요소]를 클릭한 후 [오차 막대]에 체크하고 화살표를 클릭한 후 원하는 오차 막대를 선택합니다.

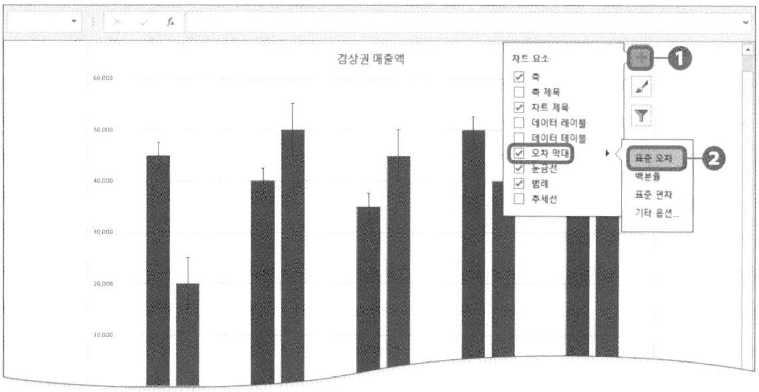

TIP PLUS

차트 구성요소 살펴보기

차트는 데이터를 한눈에 비교할 수 있도록 시각적인 효과를 주어 데이터의 크기를 비교하거나 변화의 흐름을 쉽게 파악할 수 있습니다. 동일한 자료를 바탕으로 다양한 차트를 만들 수 있고, 목적에 맞는 차트를 스스로 구성할 수도 있습니다.

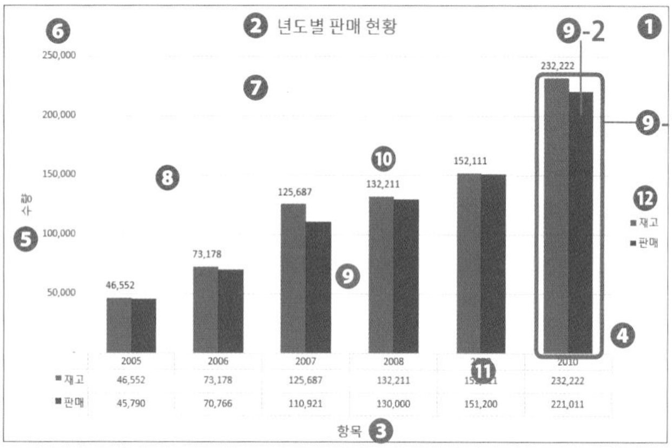

❶ **차트 영역** : 차트 전체 영역 및 모든 차트 요소, 즉 차트의 전체 부분을 말합니다.
❷ **차트 제목** : 차트의 제목을 말합니다. 기본적으로 차트 위쪽에 표시되지만 원하는 위치에 위치시킬 수 있습니다.
❸ **가로(항목) 축 제목** : X축의 제목이 표시되는 부분입니다.
❹ **가로(항목) 축** : X축의 데이터 계열의 값을 표시합니다.
❺ **세로(값) 축 제목** : Y축의 제목이 표시되는 부분입니다.
❻ **세로(값) 축** : Y축의 데이터 계열의 값을 표시합니다.
❼ **그림 영역** : 차트가 그려진 그래프 그림을 말하는 것으로, X축, Y축으로 둘러싸인 영역을 의미합니다.
❽ **눈금선** : X축과 Y축을 가로지르는 선을 의미하며, 각 데이터의 측정 단위를 말합니다.
❾ **데이터 영역** : 데이터가 표현되는 모든 데이터 영역을 말합니다.
  ❾-1 데이터 계열 : 데이터 영역 중 한 가지 종류를 데이터 계열이라고 합니다.
  ❾-2 데이터 요소 : 데이터 계열 중 하나를 데이터 요소라고 합니다.
❿ **데이터 레이블** : 데이터 계열 또는, 요소의 값이나 이름을 표시합니다.
⓫ **데이터 표** : 차트의 수치 데이터를 표시합니다.
⓬ **범례** : 각 차트를 구별해주는 참조 영역을 말하는 것으로, 항목이 많아 데이터 계열에 표시하기 어려울 경우 사용하는 것이 좋습니다.

031

★★★★☆
활용 기능

사용한 기능 | 차트, 빠른 분석, 빠른 레이아웃, 차트 종류 변경, 데이터 원본 선택

업그레이드된 차트 기능으로 아파트 시세 변동 내역 쉽게 파악하기

셀 영역을 드래그하여 선택하면 우측 하단에 빠른 분석 도구가 표시됩니다. 빠른 분석 도구는 서식이나 차트, 표, 스파크라인을 빠르고 쉽게 만들 수 있는 기능으로 여기서는 차트를 만들어보겠습니다. 또한, 간단하게 차트 항목을 추가하거나 위치를 변경하는 방법도 함께 알아보겠습니다.

사용 가능 버전 2010 2013 2016 2019 365

예제 파일 Excel\Chapter 03\시세변동.xlsx
완성 파일 Excel\Chapter 03\시세변동_완성.xlsx

01 빠른 분석 도구로 차트를 만들 [A4:C10] 영역을 드래그하여 선택합니다. 셀 우측 하단에 [빠른 분석 도구]가 나타나면 이를 클릭한 후 [차트] 탭의 [묶은 가로 막대형]을 선택합니다.

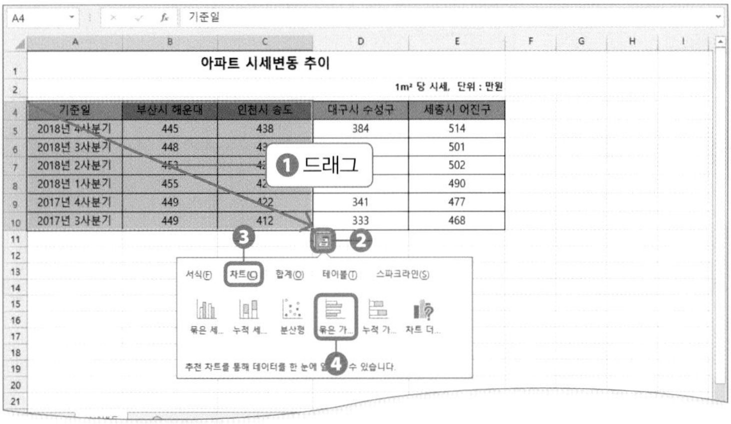

> **TIP**
> 빠른 분석 도구는 엑셀 2013 버전 이상부터 사용 가능합니다. 데이터 범위를 선택하면 자동으로 빠른 분석 도구가 표시됩니다. 빠른 분석 도구를 이용하면 한두 단계만으로 데이터를 차트나 표, 스파크라인으로 변환할 수 있습니다.

02 묶은 가로 막대형 차트가 만들어집니다. 차트를 선택하여 크기 및 위치를 조정합니다. [차트 도구]–[디자인] 탭–[차트 레이아웃] 그룹에서 [빠른 레이아웃]을 클릭한 후 원하는 레이아웃을 선택합니다.

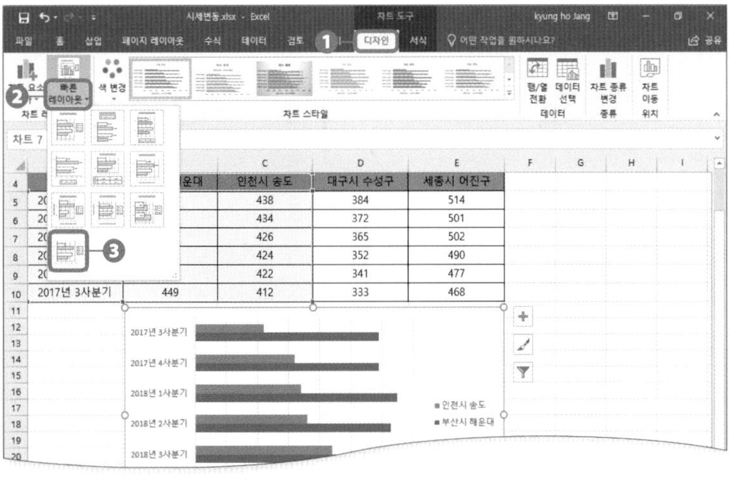

> **TIP**
> 빠른 레이아웃은 차트의 구성 요소를 반영한 갤러리를 통해 축, 차트 제목, 데이터 레이블 등을 각기 다르게 추가한 레이아웃을 제공하는 기능입니다.

03 추가로 데이터를 차트에 추가해야 할 경우에는 복사하기, 붙여넣기만으로도 쉽게 추가할 수 있습니다. [D4:E10] 영역을 드래그하여 선택한 후 Ctrl+C를 누릅니다. 차트를 선택하고 Ctrl+V를 누릅니다.

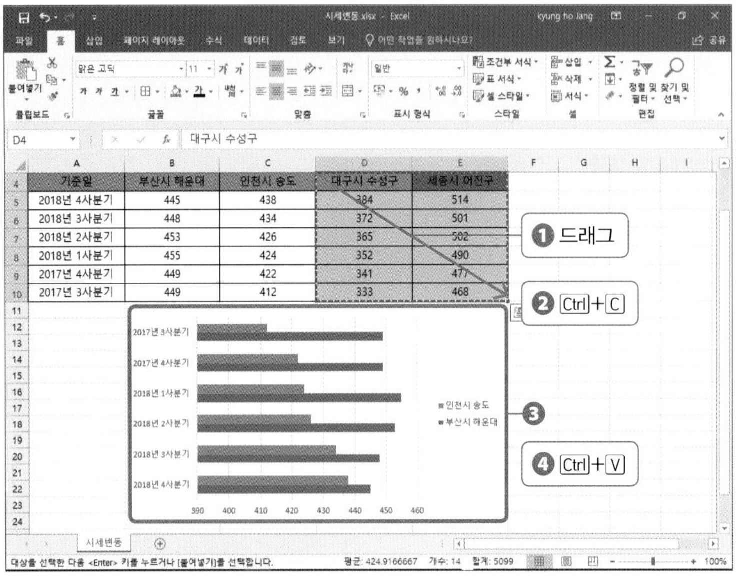

04 복사한 셀까지 포함하여 차트가 업데이트됩니다. 이번에는 차트의 종류를 변경하기 위해 [차트 도구]–[디자인] 탭–[종류] 그룹에서 [차트 종류 변경]을 클릭합니다. [차트 종류 변경] 대화상자가 나타나면 [꺾은선형]–[표식이 있는 꺾은선형]을 선택하고 [확인]을 클릭합니다.

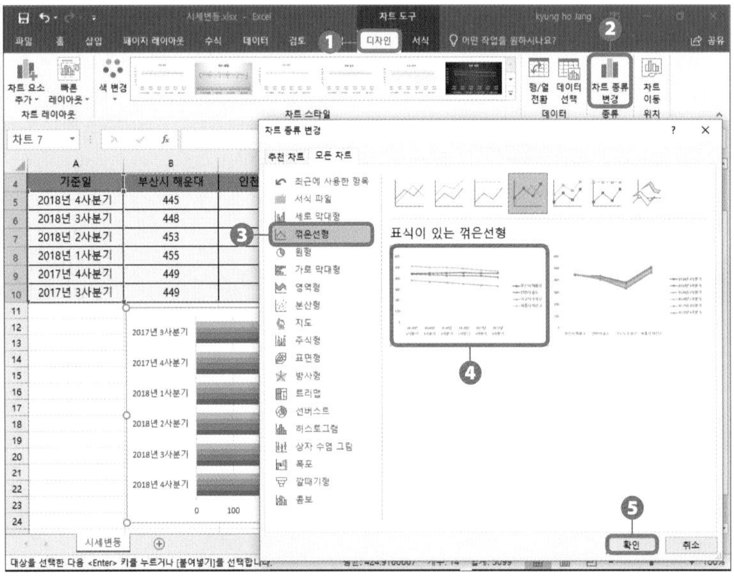

05 범례 항목의 위치를 변경해 보겠습니다. 차트가 선택된 상태에서 [차트 도구]–[디자인] 탭–[데이터] 그룹에서 [데이터 선택]을 클릭합니다. [데이터 원본 선택] 대화상자가 나타나면 [범례 항목(계열)]에서 [세종시 어진구]를 클릭한 후 [위로] 화살표를 클릭해 위치를 조정합니다. [확인]을 클릭합니다.

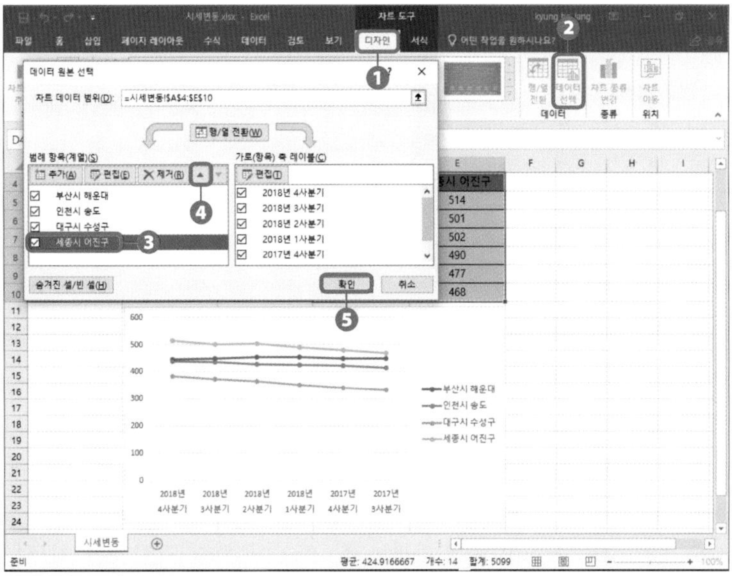

06 범례의 위치가 변경됩니다. 현재 차트의 경우 '2018년 4사분기'가 제일 먼저 나오고 '2017년 3사분기'가 제일 마지막에 나오기에 서로 위치를 변경해야 합니다. 이럴 경우에는 차트를 만들었던 표에서 임의의 셀을 선택한 후 [홈] 탭–[편집] 그룹에서 [정렬 및 필터]–[텍스트 오름차순 정렬]을 클릭합니다. 차트의 기준일이 변경되면 축 값도 변경해 봅시다. 차트는 완성했지만 축 값이 0부터 시작하여 공백이 많아서 보기에 좋지 않습니다. 축 옵션을 조정해서 차트의 모양을 변경할 수 있습니다. 차트의 축을 두 번 클릭합니다.

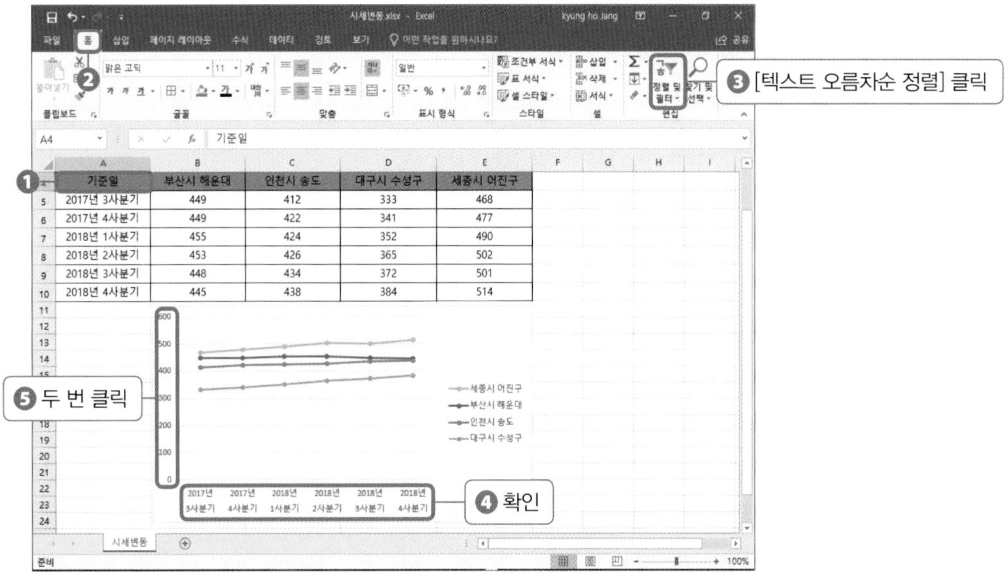

07 [축 서식] 옵션 창이 나타나면 [축 옵션]–[최소값] 입력란에 『300』을 입력한 후 [닫기]를 클릭합니다.

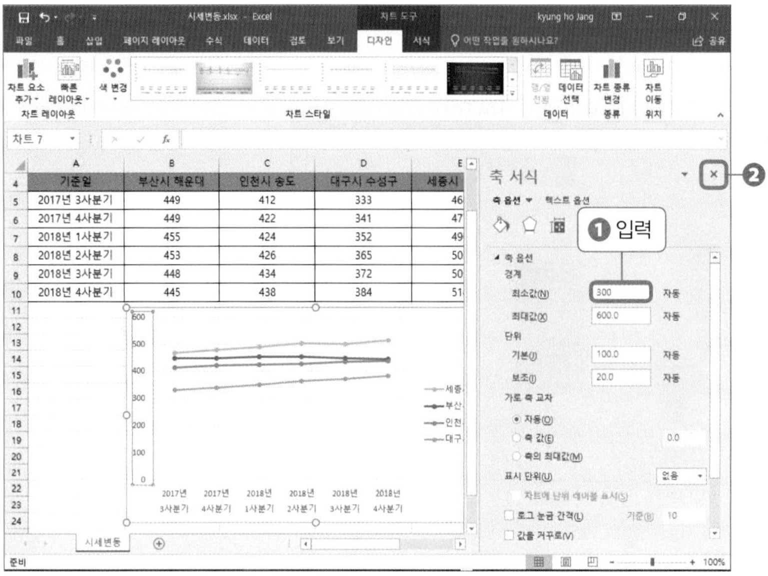

08 이제 원하는 형식의 차트가 완성되었습니다. 표에서는 잘 확인이 되지 않았지만 차트를 통해 확인하니 세종시 어진구와 대구시 수성구 시세가 지속적으로 상승하고 있고, 부산시 해운대의 시세가 하락 추세인 것을 확인할 수 있습니다.

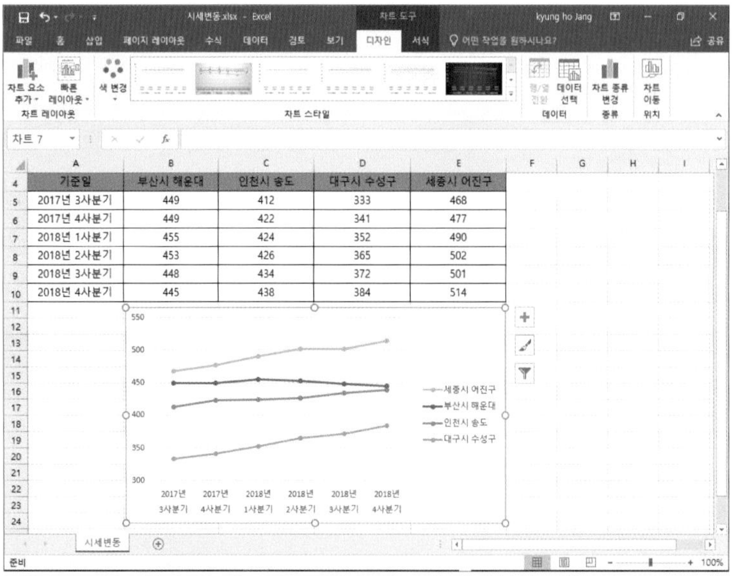

사용한 기능 | 차트, 사용자 지정 콤보

032

★★★★☆
활용 기능

매출액(1천만 원)과 수량(100개) 처럼 이질적인 데이터를 차트에 함께 표시하기

복잡한 자료도 혼합 차트로 표현하면 쉽게 이해하게 만들 수 있습니다. 이중 축, 이중 차트라고 불리는 차트는 막대형 차트와 꺾은선형과 같은 이질적인 차트를 혼합한 차트입니다. 데이터 계열의 단위 차이가 현격히 나거나 선택한 차트 이외의 다른 차트로 데이터 계열을 부각하기 위해 주로 사용합니다.

사용 가능 버전 2010 2013 2016 2019 365

예제 파일 Excel\Chapter 03\상하반기.xlsx
완성 파일 Excel\Chapter 03\상하반기_완성.xlsx

01 이번에는 이중 차트를 완성해 보겠습니다. 이중 차트로 변환할 데이터를 모두 선택합니다. [삽입] 탭–[차트] 그룹에서 [콤보]–[사용자 지정 콤보 차트 만들기]를 클릭합니다.

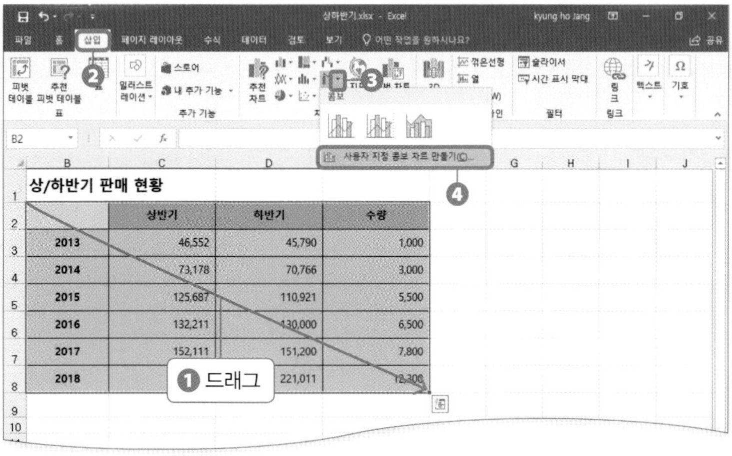

TIP
사용자 지정 콤보 차트 만들기는 엑셀 2013 버전부터 지원됩니다.

02 [차트 삽입] 대화상자가 나타나면 [수량]의 [보조 축]에 체크 표시를 합니다. [차트 종류]에서 원하는 차트 종류를 선택합니다. 여기서는 '꺾은선형'을 선택한 후 [확인]을 클릭합니다.

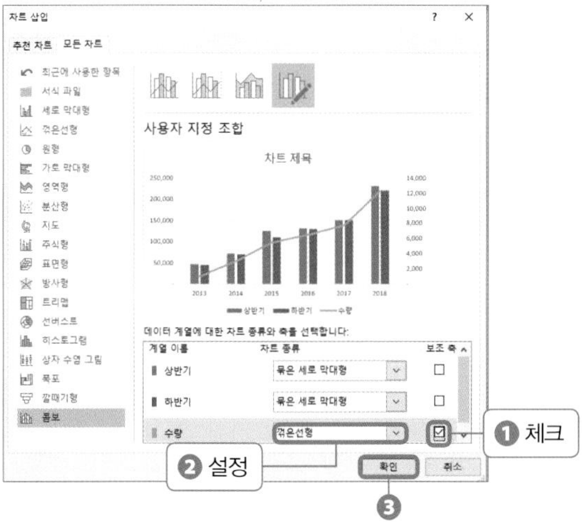

PART 01 : 엑셀
데이터 관리
수식 지정
표와 차트
데이터 분석
기타 기술

033

★★★★☆
활용 기능

사용한 기능 | 차트, 누적 가로 막대형, 데이터 선택, 축 옵션, 간트 차트

복잡한 프로젝트 일정을 누구나 이해할 수 있는 간트 차트로 만들기

매달 개최되는 다양한 행사 일정이나 업무 일지를 복잡한 표가 아닌 차트로 표현하면 누구나 쉽고 간편하게 이해할 수 있을 것입니다. 이런 일정은 시간의 흐름을 표현하는 간트 차트로 표현할 수 있습니다.

사용 가능 버전 2010 2013 2016 2019 365

예제 파일 Excel\Chapter 03\키즈카페행사.xlsx
완성 파일 Excel\Chapter 03\키즈카페행사_완성.xlsx

01 간트 차트는 프로젝트의 시작 시간과 프로젝트 기간만 알면 쉽게 만들 수 있습니다. [A2:C8] 영역을 마우스로 드래그하여 선택한 후 [삽입] 탭–[차트] 그룹에서 [세로 또는 가로 막대형 차트 삽입]–[3차원 누적 가로 막대형]을 클릭합니다.

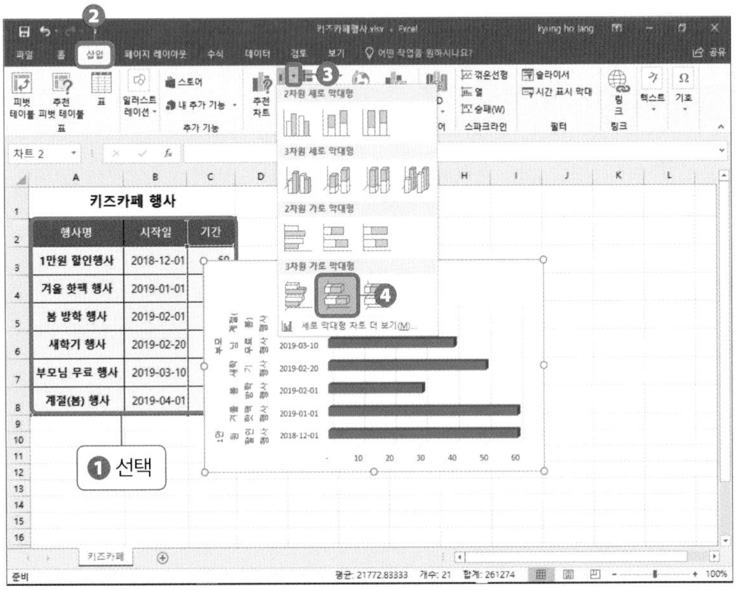

TIP
이전 버전에서는 [삽입] 탭–[차트] 그룹에서 [가로 막대형 차트 삽입]–[3차원 누적 가로 막대형]을 클릭합니다.

02 차트가 생성되면 차트의 크기와 위치를 적절히 조정합니다. 차트를 선택한 상태에서 [차트 도구]-[디자인] 탭-[데이터] 그룹에서 [데이터 선택]을 클릭합니다. [데이터 원본 선택] 대화상자가 표시됩니다. [가로(항목) 축 레이블]에 레이블 표시를 다시 정리하기 위해 [편집]을 클릭합니다.

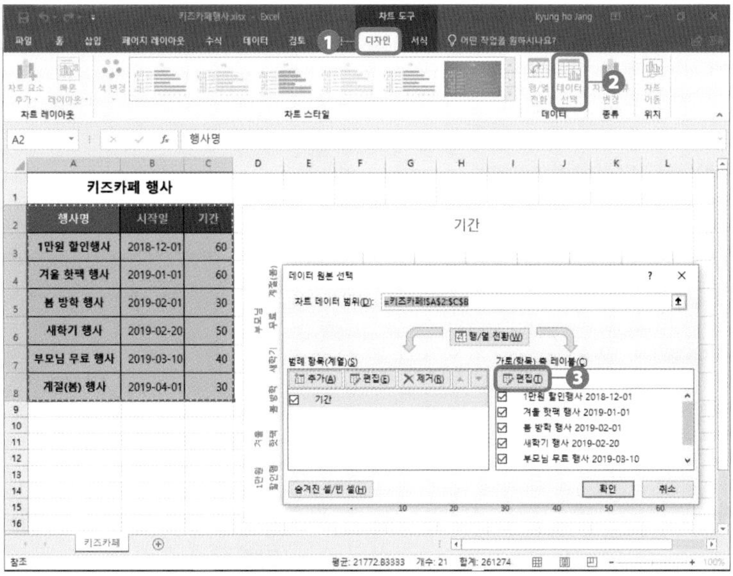

03 [축 레이블] 대화상자가 나타나면 [축 레이블 범위]에 입력된 내용을 삭제한 후 [A3:A8] 영역을 드래그하여 선택하고 [확인]을 클릭합니다.

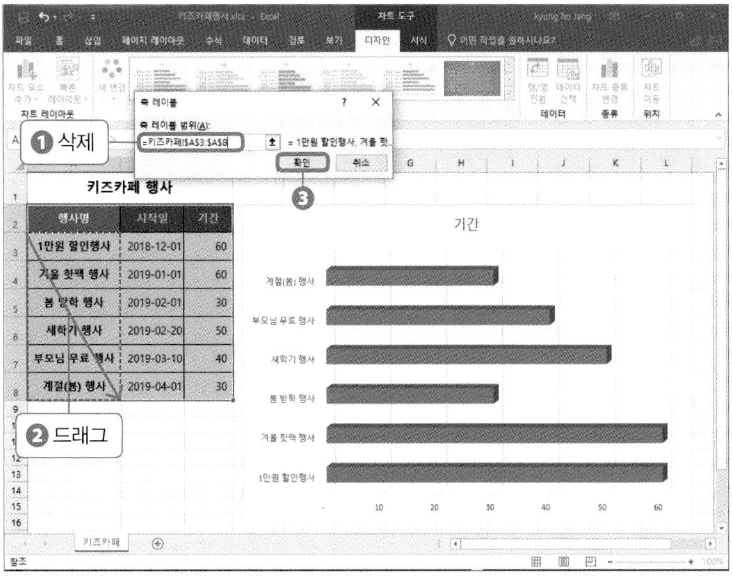

04 간트 차트의 시작 시간을 지정하기 위해 [범례 항목(계열)]에서 [추가]를 클릭합니다.

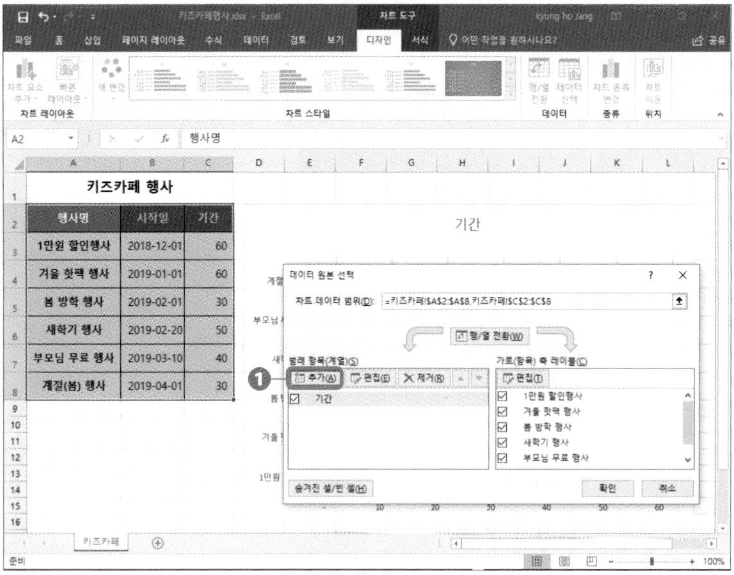

05 [계열 편집] 대화상자가 나타나면 기존 값을 삭제한 후 [계열 이름]에서 [B2] 셀을 선택합니다. [계열 값]에는 [B3:B8] 영역을 드래그하여 선택하고 [확인]을 클릭합니다.

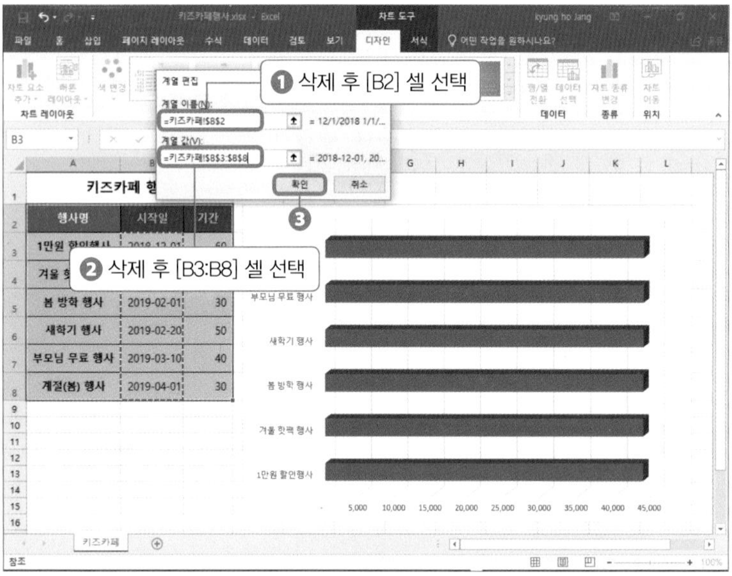

06 시작일이 기간보다 먼저 와야 하기에 시작일 항목을 선택하고 [위로] 화살표를 클릭하여 위치를 조정합니다. [확인]을 클릭합니다.

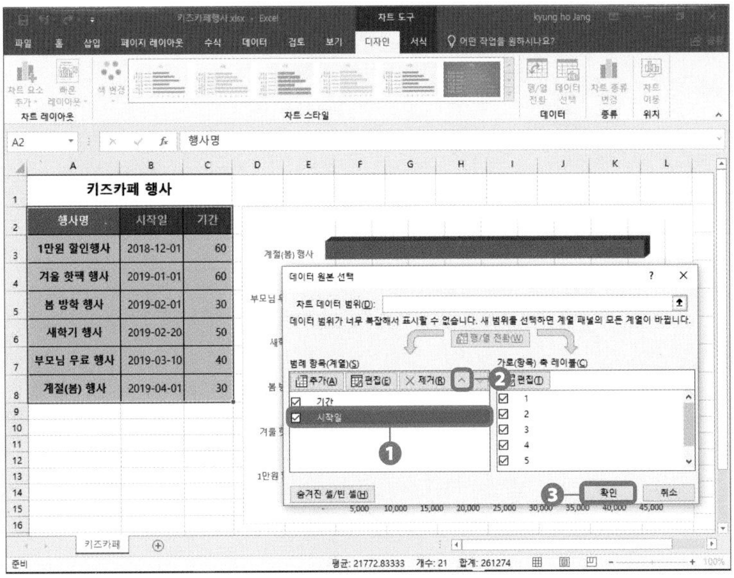

07 시작일을 기준으로 정렬해 보겠습니다. 세로 축을 두 번 클릭하여 [축 서식] 옵션 창을 불러옵니다. [축 옵션]에서 [가로 축 교차]의 [최대 항목]을 선택하고, [축 위치]의 [항목을 거꾸로]에 체크 표시를 합니다.

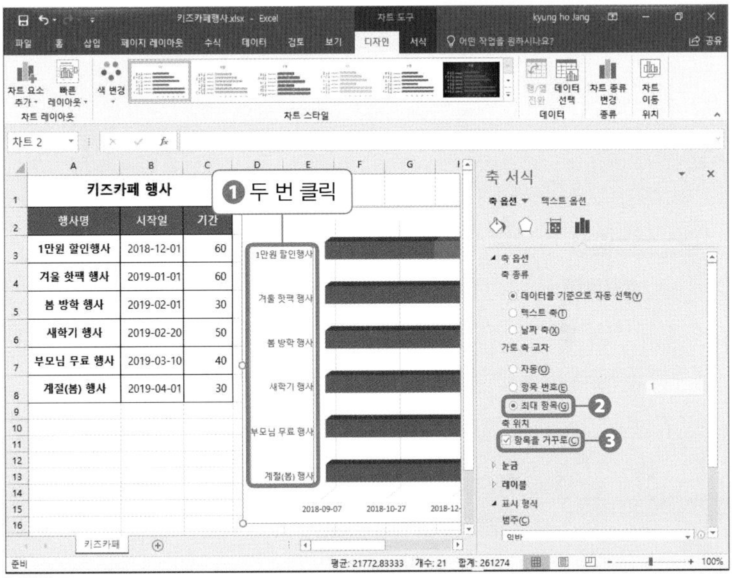

08 간트 차트는 시작일로부터 얼마만큼의 기간을 막대로 표시하기 때문에 누적 가로막대 중에서 필요 없는 막대를 삭제해 보겠습니다. 차트에서 시작일 계열을 클릭하여 [데이터 계열 서식] 옵션 창을 불러옵니다. [채우기 및 선]에서 [채우기]–[채우기 없음]에 체크 표시를 합니다.

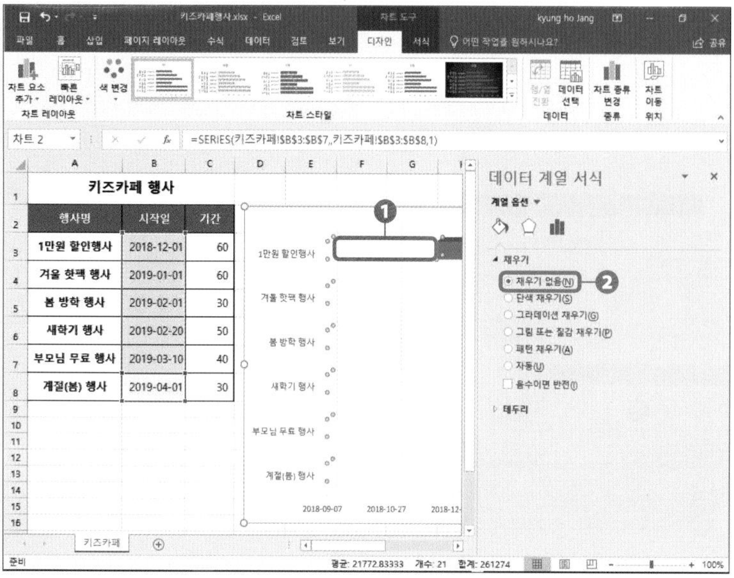

09 이제 날짜가 표시되어 있는 가로 축을 선택합니다. [축 서식] 옵션 창에서 [경계]–[최소값]에 『2018-12-01』을 입력합니다. 같은 방법으로 [최대값]에는 『2019-05-01』을 입력합니다.

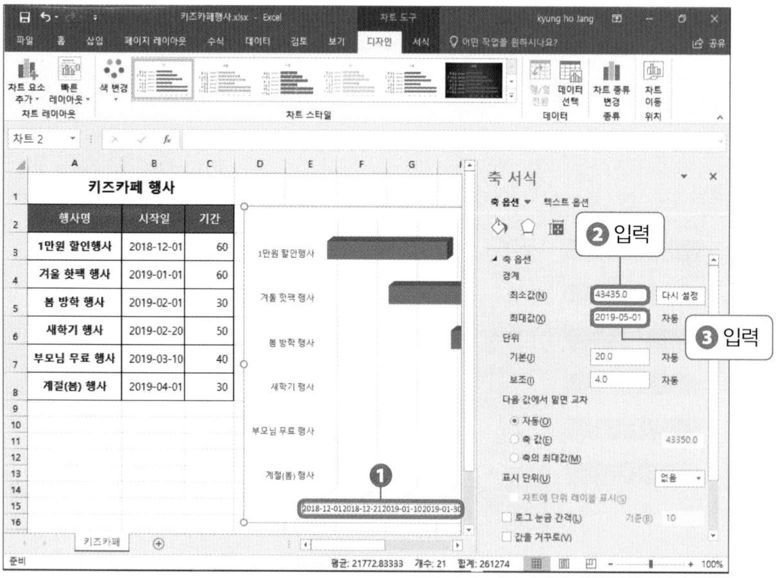

10 마지막으로 날짜 형식을 변경하기 위해 [표시 형식]의 [형식] 화살표를 클릭하여 '12/3/14'를 선택합니다. [축 서식] 옵션 창의 [닫기]를 클릭합니다.

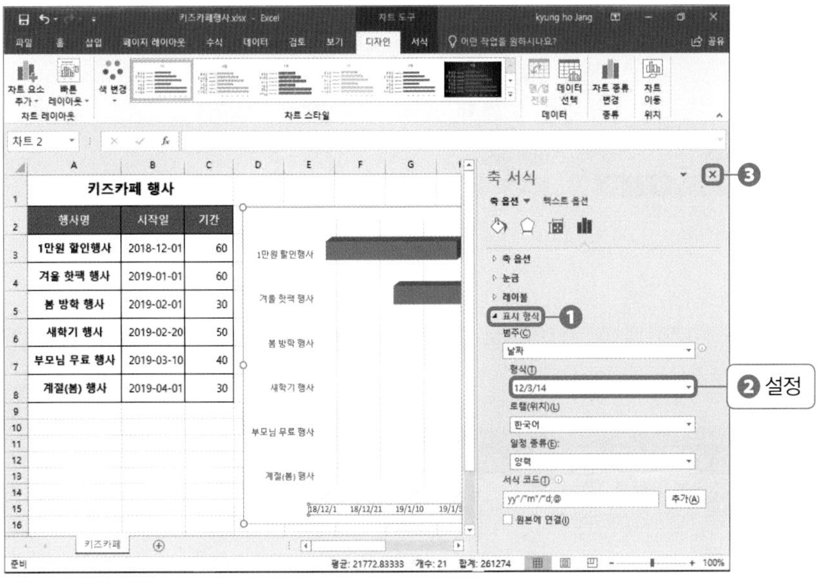

11 다음과 같이 간트 차트가 완성됩니다. 2018년 12월 1일부터 진행되는 행사 일정이 막대형 차트로 쉽게 표현되는 것을 확인할 수 있습니다.

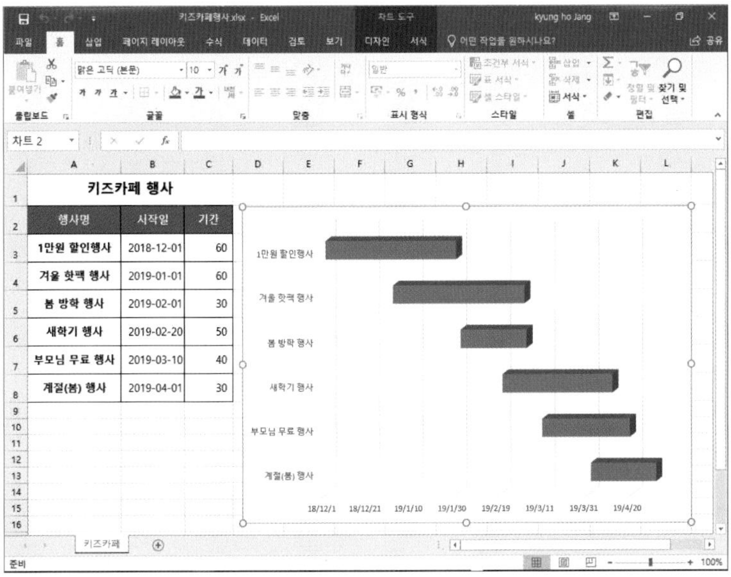

034

기본 기능

사용한 기능 | 지도 차트, 등치 지역도

지리적 위치를 활용해 지도(Map) 차트 만들기

지도 차트를 통해 여러 지역에 있는 값을 비교해 차트로 만들 수 있습니다. 오피스 2019 혹은, 오피스 365 사용자만 사용할 수 있는 기능으로, 지리적 위치를 활용해 지도 차트를 만들어 보겠습니다.

사용 가능 버전	예제 파일 Excel\Chapter 03\지도.xlsx
2010 2013 2016 2019 365	완성 파일 Excel\Chapter 03\지도_완성.xlsx

01 차트로 만들 셀을 하나 선택합니다. [삽입] 탭–[차트] 그룹에서 [지도]–[등치 지역도]를 클릭합니다.

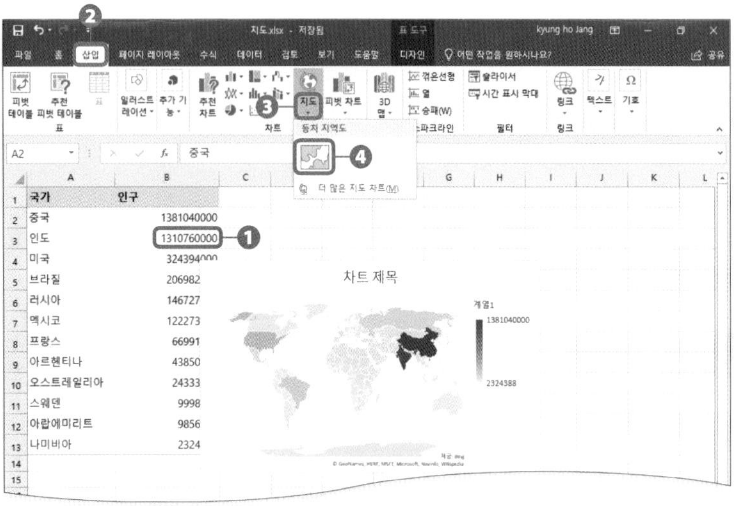

TIP 차트 미리 보기가 나타나면서 만들어질 차트를 확인할 수 있습니다.

02 지도 차트가 삽입되면 데이터 계열을 마우스 오른쪽 버튼으로 클릭한 후 [데이터 계열 서식]을 선택합니다.

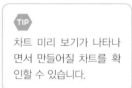

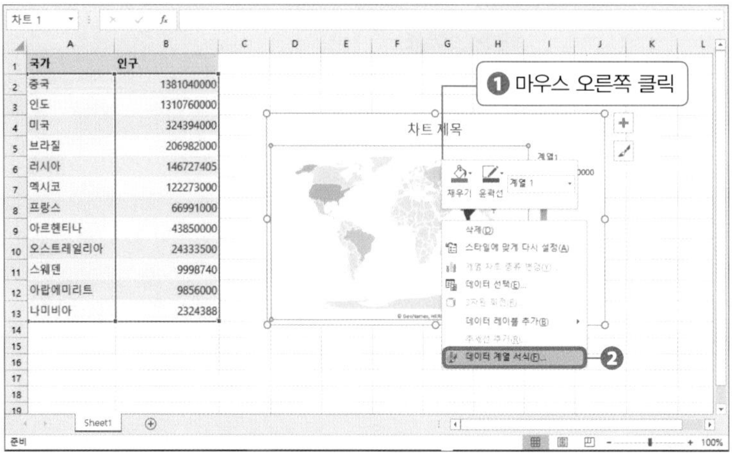

03 [데이터 계열 서식] 옵션 창이 나타나면 [계열 옵션]에서 지도의 모양이나 영역, 레이블을 변경할 수 있습니다. 여기서는 [지도 투영] 화살표를 클릭한 후 '메르카토르'를 선택합니다.

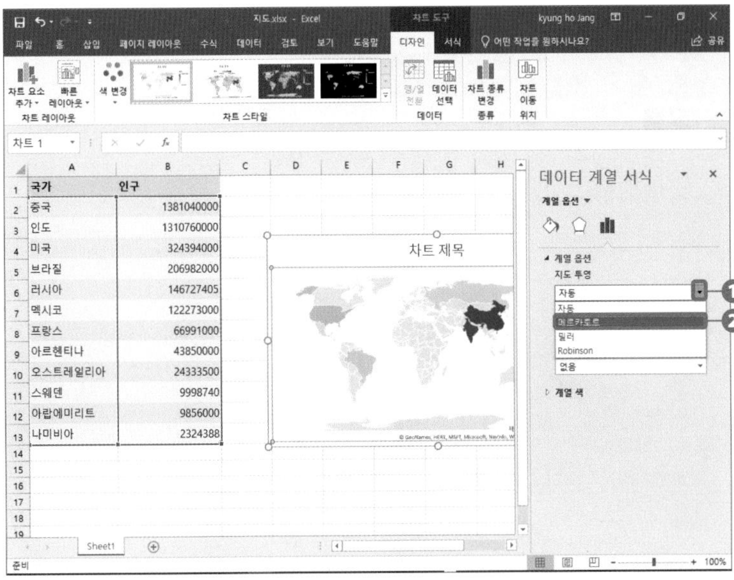

TIP PLUS

지도 투영, 지도 영역, 지도 레이블

[계열 옵션]에서 지도의 모양이나 영역, 레이블을 변경할 수 있습니다.

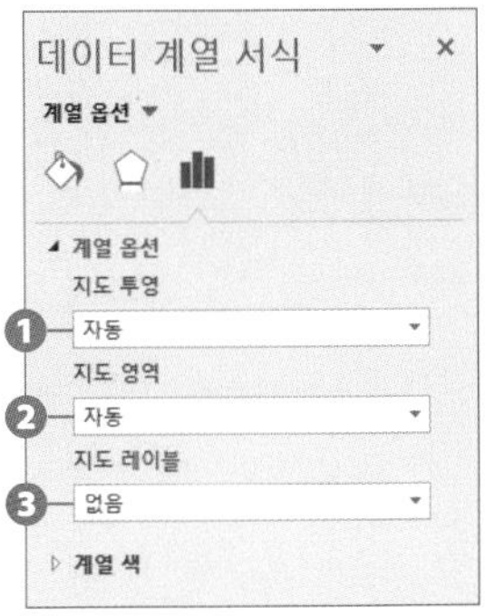

❶ **지도 투영** : 지도의 프로젝션을 변경합니다.
❷ **지도 영역** : 데이터가 있는 지도만 표시하거나 지도의 확대/축소 수준을 변경합니다.
❸ **지도 레이블** : 국가/지역의 지리적 이름을 표시합니다.

04 이번에는 계열 색을 변경해 보겠습니다. [계열 색]을 클릭한 후 [최소값]의 색상을 클릭하고 원하는 색상을 선택합니다. 마찬가지로 [최대값]의 색상을 클릭한 후 원하는 색상을 선택합니다.

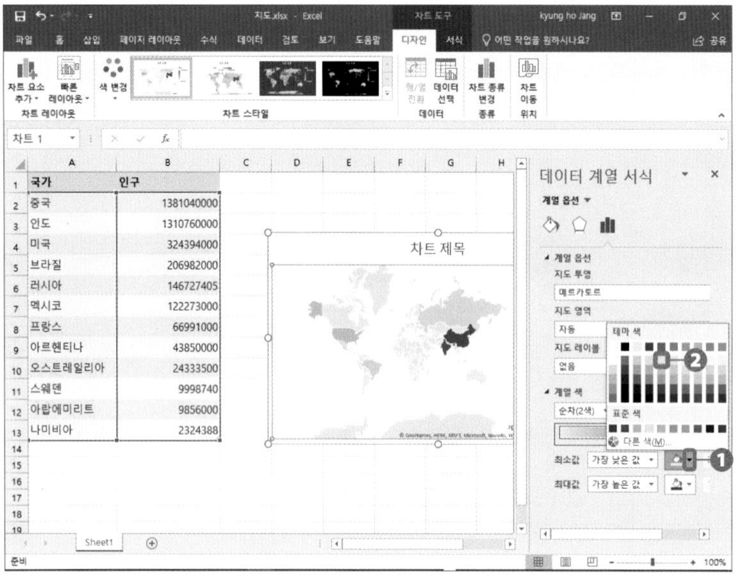

05 지도 차트가 완성됩니다. 국가나 지역 등 특정 지리적 위치를 사용할 때 빈 지도와 오류가 표시되거나 다른 지역이 표시될 수 있습니다.

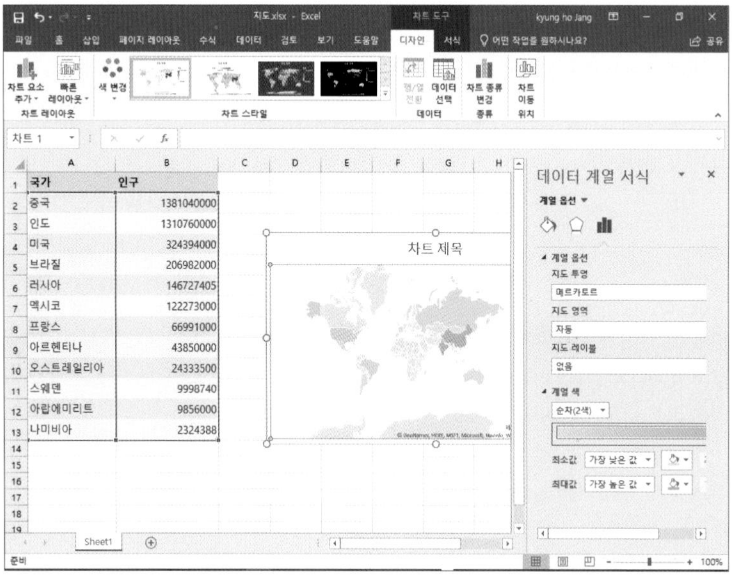

035
기본 기능

사용한 기능 | 차트, 스파크라인, 꺾은선형

월별 단가 변동 사항을 셀 안에 작은 차트로 보여주기

스파크라인은 데이터를 시각적으로 표시하여 셀 안에 삽입하는 작은 차트입니다. 스파크라인을 이용하여 셀 안에 차트를 만들어 활용할 수 있습니다.

사용 가능 버전 2010 2013 2016 2019 365

예제 파일 Excel\Chapter 03\컴퓨터부품.xlsx
완성 파일 Excel\Chapter 03\컴퓨터부품_완성.xlsx

01 [B3:G7] 영역을 드래그하여 선택합니다. [삽입] 탭–[스파크라인] 그룹에서 [꺾은선형]을 클릭합니다. [스파크라인 만들기] 대화상자가 나타나면 [위치 범위] 입력란을 선택한 상태에서 [H3:H7] 영역을 드래그하고 [확인]을 클릭합니다.

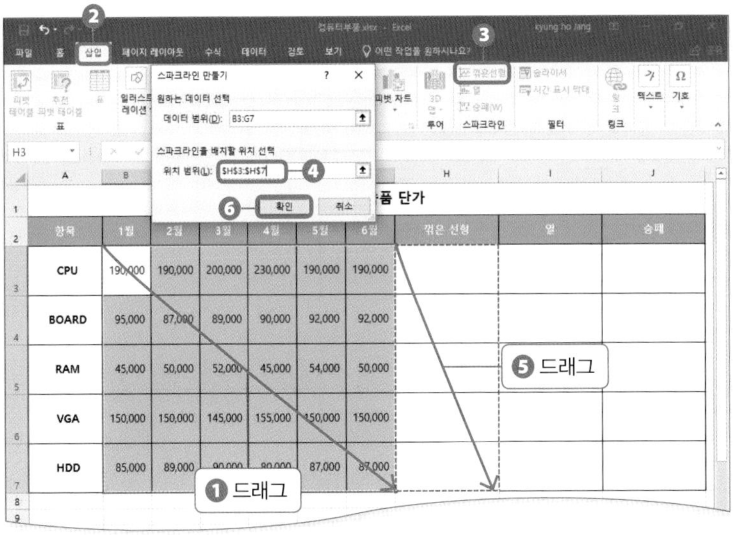

02 스파크라인이 셀에 삽입됩니다. 삽입된 스파크라인은 표식을 변경하거나 색상을 변경하는 등 다양한 서식을 지정할 수 있습니다. 높은 점과 낮은 점에 표식을 표시하고 낮은 점의 색상을 변경해 보겠습니다. [스파크라인 도구]–[디자인] 탭–[표시] 그룹에서 [높은 점]과 [낮은 점]에 체크 표시합니다. [표식 색]–[낮은 점]을 클릭한 후 원하는 색상을 선택합니다. 열과 승패 역시 동일한 방법으로 스파크라인을 완성해 보세요.

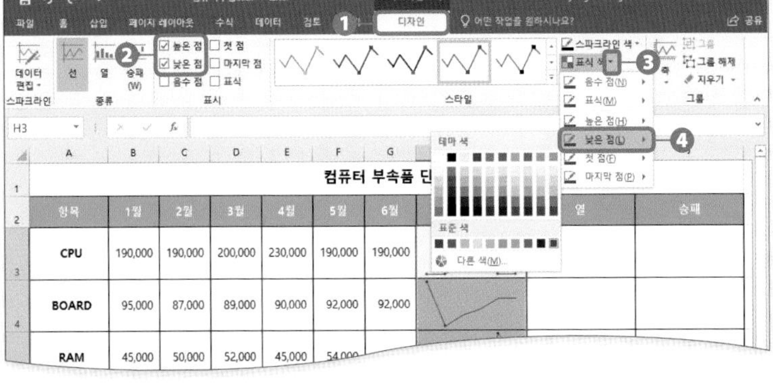

036

기본 기능

사용한 기능 | Excel 옵션, 추가 기능, Power View, 리본 사용자 지정

나만의 리본 메뉴 생성하고 엑셀의 추가 기능(Power View) 설치하기

[홈] 탭, [삽입] 탭 등으로 구분되는 리본 메뉴는 내가 원하는 방식으로 추가하거나 삭제, 변경할 수 있습니다. 여기서는 나만의 리본 메뉴를 만들어보고 요약 보고서 작성을 위한 엑셀의 추가 기능을 설치해 보겠습니다.

사용 가능 버전 2010 2013 2016 2019 365

예제 파일 없음
완성 파일 없음

01 [파일] 탭–[옵션]–[Excel 옵션] 대화상자에서 [추가 기능]을 선택합니다. [추가 기능]에서 [Microsoft Power View for Excel]을 선택한 후 [확인]을 클릭합니다.

TIP

Power View는 시각적인 보고서를 작성하기 위해 엑셀 2013에 새롭게 등장한 기능으로 Professional Plus 버전에서 사용할 수 있는 기능입니다. 만일, Professional Plus 버전임에도 [Power View] 기능이 보이지 않는다면 [Excel 옵션] 대화상자의 [관리]에서 [COM 추가 기능]을 선택하고 [이동]을 클릭합니다. [COM 추가 기능] 대화상자에서 [Microsoft Power View for Excel]에 체크 표시를 하고 [확인]을 클릭합니다. 또는, 이번 예제처럼 [추가 기능]에서 [Microsoft Power View for Excel]을 선택한 후 [확인]을 클릭합니다.

02 이제, 새로운 리본 메뉴를 만들어보겠습니다. Power View 메뉴를 리본 메뉴에 추가하기 위해 [파일] 탭–[옵션]을 클릭합니다. [Excel 옵션] 대화상자에서 [리본 사용자 지정]을 선택합니다. [리본 사용자 지정]에서 [새 탭]을 클릭합니다.

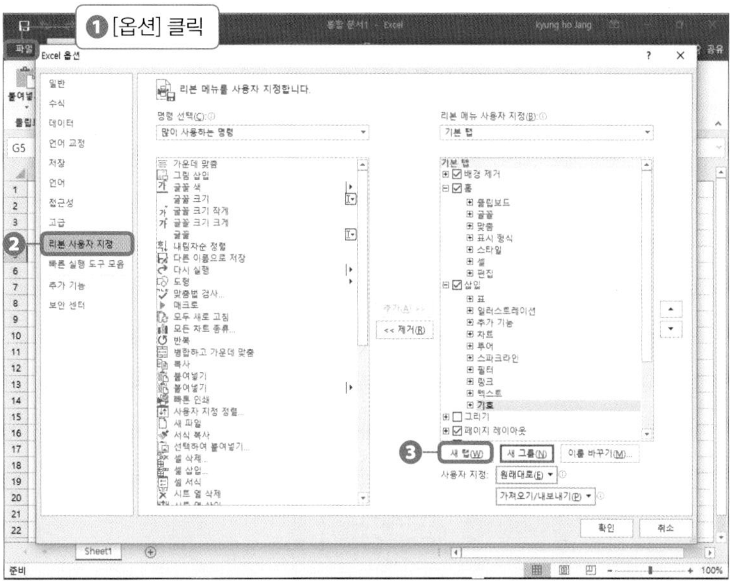

03 새 탭과 새 그룹이 생성됩니다. [새 탭(사용자 지정)]을 선택한 후 [이름 바꾸기]를 클릭하고 [이름 바꾸기] 대화상자의 [표시 이름]에 『새 기능』을 입력합니다. 같은 방법으로 [새 그룹(사용자 지정)]을 선택한 후 [이름 바꾸기]를 클릭합니다. [이름 바꾸기] 대화상자의 [표시 이름]에 『Power View』를 입력한 후 [확인]을 클릭합니다.

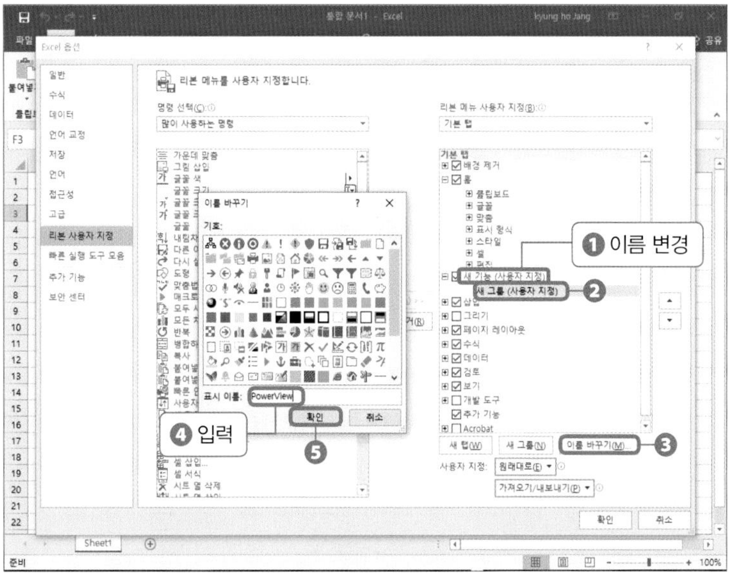

> **TIP**
> [리본 메뉴 사용자 지정]의 위, 아래 화살표를 클릭하여 사용자가 지정한 탭의 위치를 조정할 수 있습니다.

04 [새 기능 (사용자 지정)] 탭의 [Power View (사용자 지정)] 그룹을 선택합니다. [명령 선택] 목록에서 [리본 메뉴에 없는 명령]을 선택합니다. [명령 선택]에서 [Power View 보고서 삽입]을 선택합니다. [추가]를 클릭한 후 [확인]을 선택합니다.

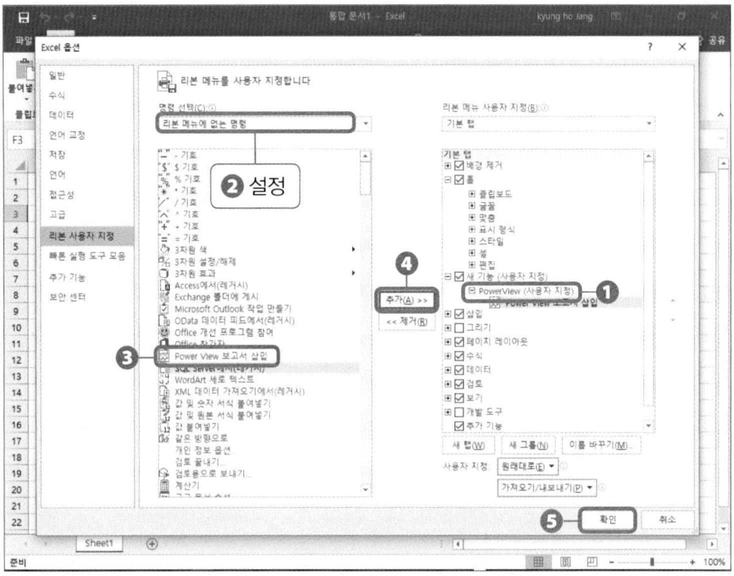

05 [새 기능] 탭을 클릭하면 [Power View] 그룹에 [Power View 보고서 삽입]이 추가된 것을 확인할 수 있습니다.

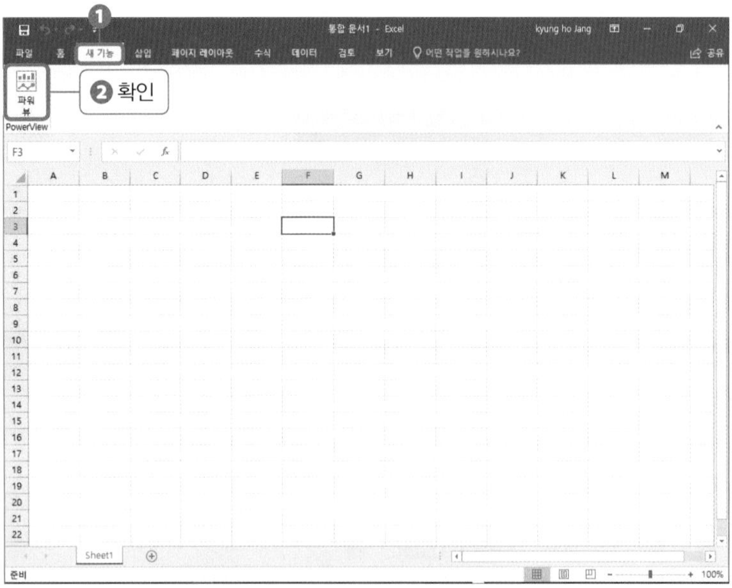

037

기본 기능

사용한 기능 | Power View, 요약 보고서, 필터 추가

Power View로 요약 보고서를 만들어 시각화 요소 추가하기

엑셀에 Power View를 설치하셨나요? 그럼, Power View를 통해 다양한 시각적인 보고서를 만들어 보겠습니다. 요약 보고서 작성이 어려웠던 사용자라면 Power View 기능을 통해 더욱 쉽게 요약 보고서를 만들 수 있습니다.

사용 가능 버전 2010 2013 2016 2019 365

예제 파일 Excel\Chapter 03\발주현황.xlsx
완성 파일 Excel\Chapter 03\발주현황_완성.xlsx

01 [새 기능] 탭–[Power View] 그룹에서 [파워 뷰]를 클릭합니다.

자주하는 질문

Q 제 컴퓨터에서는 Power View가 실행되지 않아요.

A Power View는 Silverlight라는 프로그램이 설치되어 있어야 합니다. Power View를 실행할 때 Silverlight가 설치되어 있지 않다면 설치하라는 메시지가 표시됩니다. 만일, 메시지가 표시되지 않는다면 Silverlight를 따로 설치합니다.

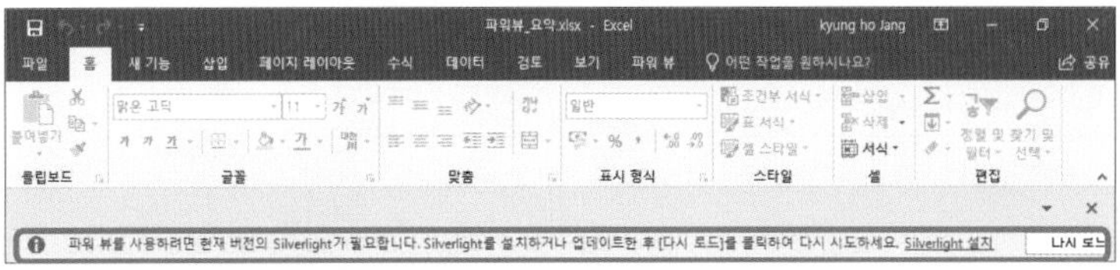

02 [Power View1] 시트가 생성되면서 요약 보고서가 만들어집니다. 새로운 요약 보고서를 추가해 보겠습니다. 빈 영역을 클릭한 후 [Power View Fields] 옵션 창에서 [범위]의 화살표를 클릭합니다. 필드가 표시되면 요약 보고서에 추가할 필드를 선택합니다. 여기서는 [발주처], [제품명], [주문가]에 체크 표시를 합니다.

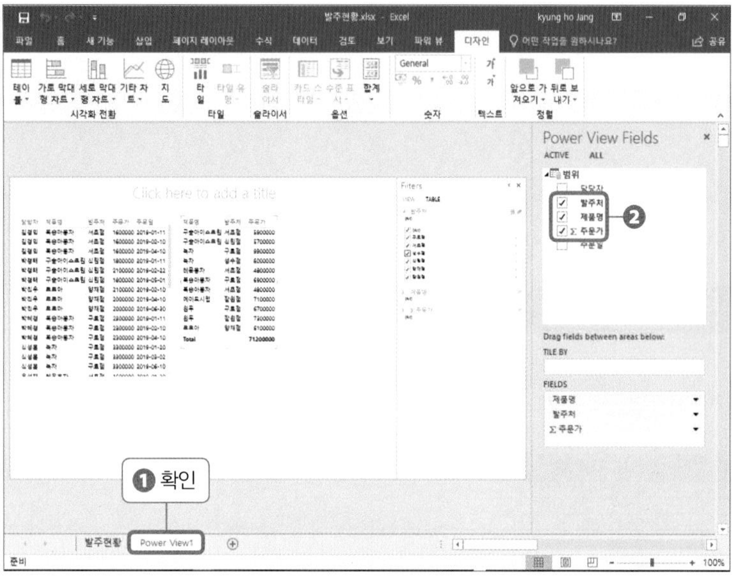

03 이번에는 차트를 만들어 보겠습니다. [디자인] 탭–[시각화 전환] 그룹에서 [세로 막대형 차트]–[묶은 세로 막대형]을 클릭합니다.

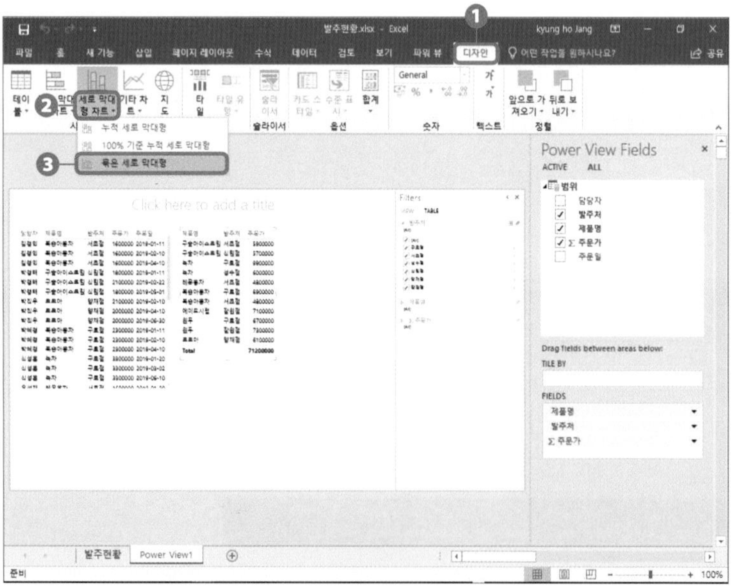

04 세로 막대형 차트가 요약 보고서에 표시됩니다. 차트 영역을 선택한 후 원하는 크기로 조정합니다. 참고로 필터(Filters) 영역에서 원하는 항목을 클릭해 원하는 데이터만으로 요약 보고서를 작성할 수 있습니다.

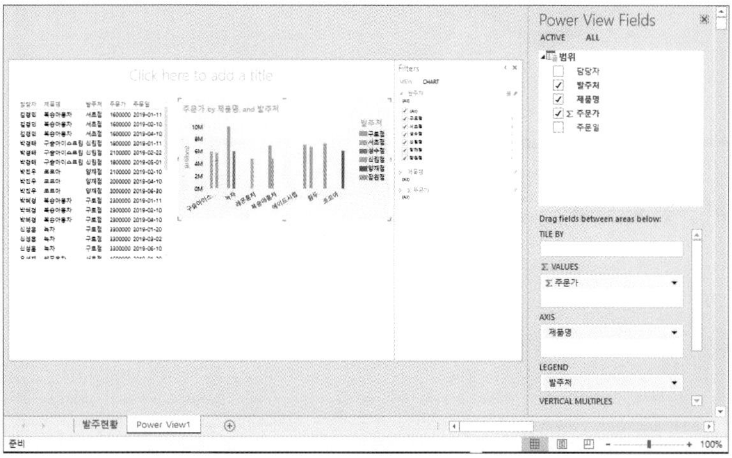

05 Power View에서는 테이블 및 행렬에서 원형, 가로 막대형 및 거품형 차트 등 다양한 작업을 빠르게 완성할 수 있습니다. 처음 생성한 테이블을 선택한 후 [디자인] 탭–[타일] 그룹에서 [타일]을 선택해 보세요. 또 다른 형식의 시각적인 요약 보고서를 만들 수 있습니다.

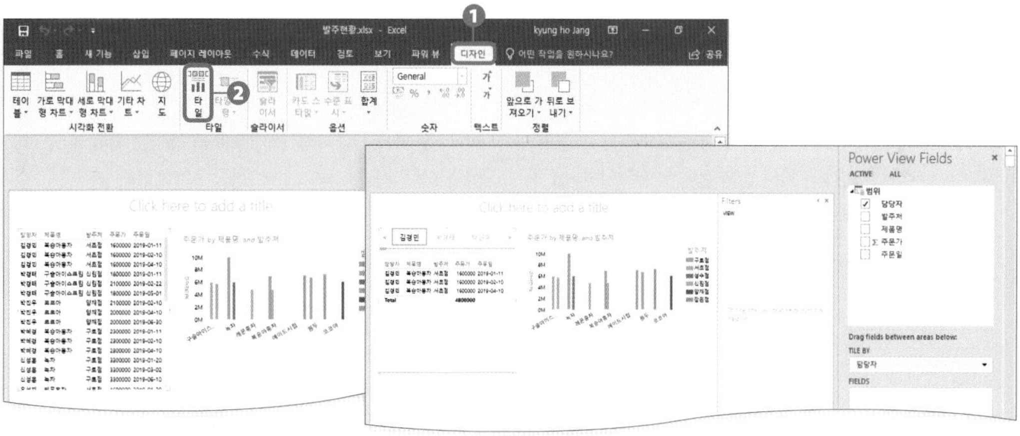

TIP PLUS

파워 뷰(Power View) 살펴보기

엑셀의 시각화 도구로 사용되는 파워 뷰(Power View)는 엑셀 2013 Professional Plus 버전부터 사용할 수 있는데 엑셀 2016 에서는 메뉴에 등장하지 않습니다. **〈036. 나만의 리본 메뉴 생성하고 엑셀의 추가 기능(Power View) 설치하기(112페이지)〉**를 통해 리본 메뉴에 먼저 생성한 후 사용하기 바랍니다.

Power View는 데이터를 생동감 있게 표현하는 대화형 차트나 그래프, 지도와 같은 시각적 요소를 만들 수 있는 데이터 시각화 기술입니다. 파워 뷰는 엑셀이나 쉐어포인트, SQL Server, Power BI에서 사용할 수 있으며, 사용자의 컴퓨터 환경에 따라 마이크로소프트에서 제공하는 Silverlight를 먼저 설치해야 하는 경우도 있으니 참조하세요.

CHAPTER

4

데이터 가공 및 분석 기술

방대한 데이터를 사용하는 엑셀의 경우 데이터를 가공하거나 데이터 분석이나 데이터 관리를 통해 원하는 결과값을 쉽게 추출하거나 조건에 맞는 값을 쉽게 필터링할 수 있어야 합니다. 특히, 모든 데이터에는 데이터마다 특징이 있기에 어떤 기능을 활용해야 최적의 분석을 할 수 있는지는 엑셀의 실력을 판가름할 수 있는 가늠자가 됩니다. 이번 Chapter에서는 데이터를 쉽게 관리하고 분석하는 다양한 방법에 대해서 살펴보겠습니다.

배워 볼 내용

[텍스트 나누기] 038 공백이나 구분 기호로 합쳐져 있는 데이터를 분리하기 필수 기능 ★★★★☆

[자동 필터] 039 방대한 데이터에서 간단하게 원하는 데이터 필터링하기 필수 기능 ★★★★★

[고급 필터] 040 복잡한 조건도 간단하게 만드는 고급 필터 사용하기 활용 기능 ★★★★★

[슬라이서] 041 슬라이서 삽입하여 조건에 맞게 데이터 분석하기 필수 기능 ★★★★☆

[부분합] 042 부분합 기능으로 상사가 원하는 요약 보고서 작성하기

[빠른 채우기] 043 플래시 필(Flash Fill) 기능으로 셀 내의 규칙을 찾아서 항목 수정하고 합산하기

[피벗 테이블] 044 피벗 테이블을 활용하여 어린이 제품 월별로 판매량 요약하기 활용 기능 ★★★★★

[피벗 테이블 도구] 045 시간 표시 막대로 기간 판매량 알아보기 활용 기능 ★★★★☆

[추천 피벗 테이블] 046 추천 피벗 테이블로 피벗 보고서 작성하기

038

★★★★☆
필수 기능

사용한 기능 | 데이터 도구, 텍스트 나누기

공백이나 구분 기호로 합쳐져 있는 데이터를 분리하기

텍스트 나누기는 한 셀에 여러 데이터가 쉼표, 세미콜론, 혹은 공백 등의 기호로 구분되어 있을 때 구분 기호에 맞게 여러 셀로 분리할 수 있는 기능입니다.

사용 가능 버전 2010 2013 2016 2019 365

예제 파일 Excel\Chapter 04\주소나누기.xlsx
완성 파일 Excel\Chapter 04\주소나누기_완성.xlsx

01 텍스트 나누기를 적용할 [A2:A15] 영역을 드래그하여 선택한 후 [데이터] 탭-[데이터 도구] 그룹에서 [텍스트 나누기]를 클릭합니다.

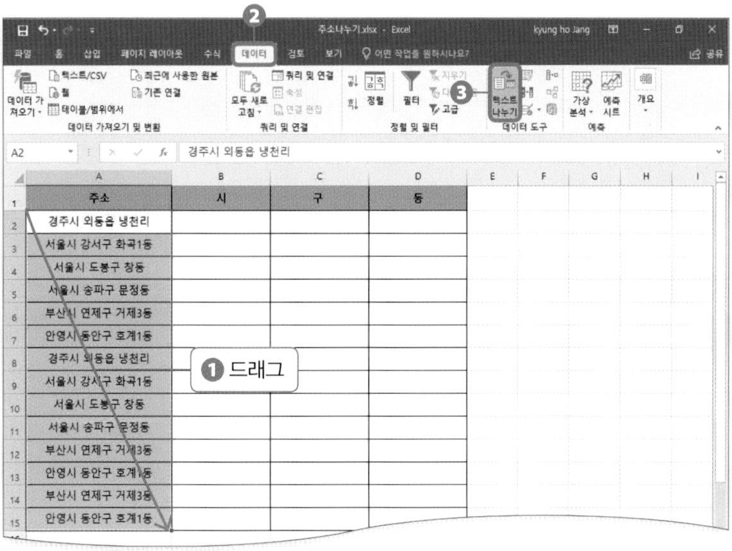

02 [텍스트 마법사 - 3단계 중 1단계] 대화상자가 나타나면 [구분 기호로 분리됨]을 선택한 후 [다음]을 클릭합니다.

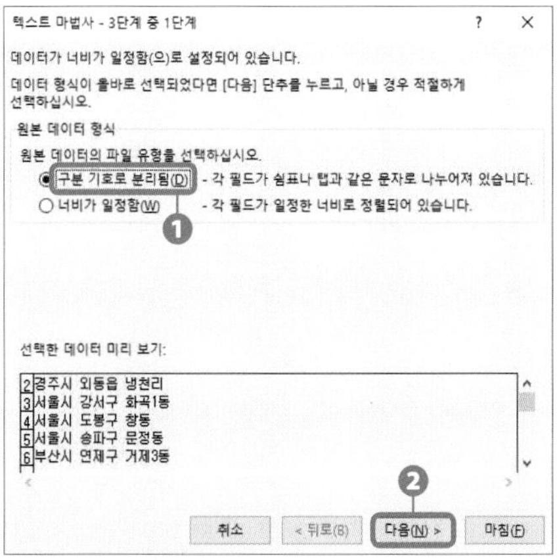

03 [텍스트 마법사 – 3단계 중 2단계] 대화상자가 나타나면 [구분 기호] 목록 중에서 [공백]에만 체크한 후 [다음]을 클릭합니다. [텍스트 마법사 – 3단계 중 3단계] 대화상자가 나타나면 [대상] 입력란을 선택하고 [B2] 셀을 선택한 후 [마침]을 클릭합니다.

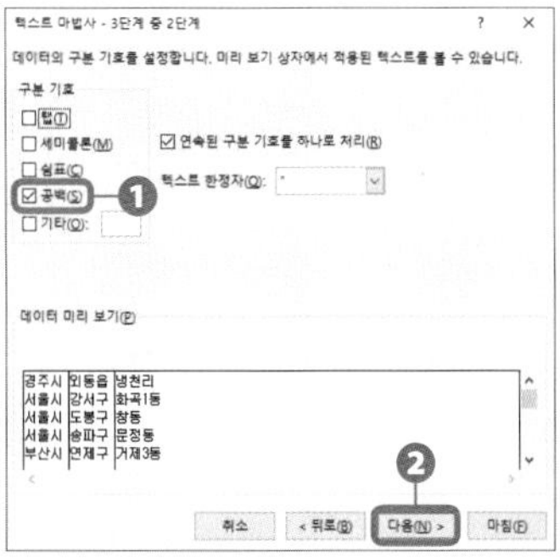

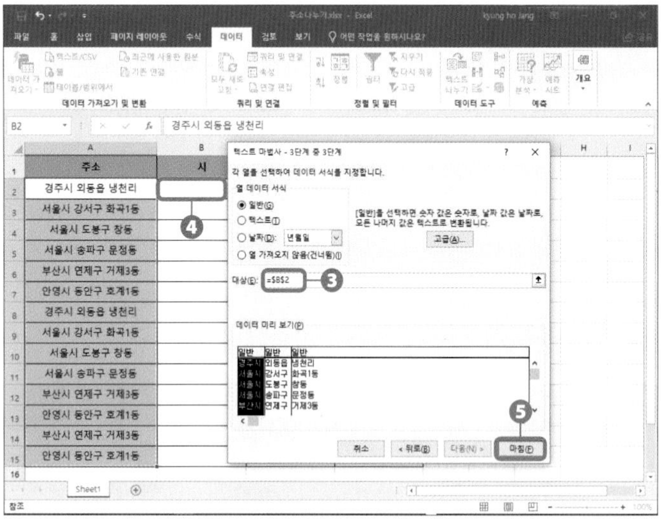

04 '해당 영역에 이미 데이터가 있습니다. 기존 데이터를 바꾸시겠습니까?'라는 메시지 창이 나타나면 [확인]을 클릭합니다.

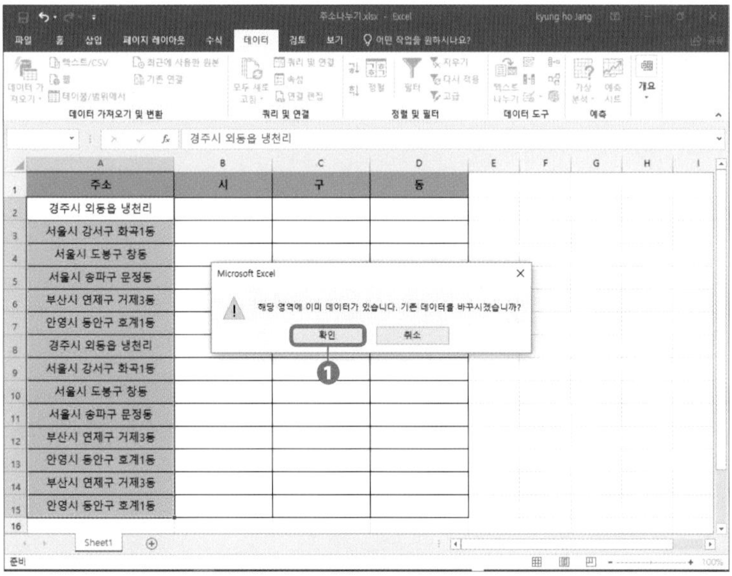

039

★★★★★
필수 기능

사용한 기능 | 필터, 자동 필터, 사용자 지정 자동 필터

방대한 데이터에서 간단하게 원하는 데이터 필터링하기

데이터를 필터링하면 방대한 양의 데이터에서 내가 원하는 데이터만 화면에 표시할 수 있습니다. 또한, 원하는 항목에 오름차순, 내림차순하거나 색, 숫자 등을 이용하여 필터링도 가능합니다.

사용 가능 버전 2010 2013 2016 2019 365

예제 파일 Excel\Chapter 04\실적현황.xlsx
완성 파일 Excel\Chapter 04\실적현황_완성.xlsx

01 필터를 적용하기 위해 셀을 하나 선택하고 [데이터] 탭-[정렬 및 필터] 그룹에서 [필터]를 클릭합니다.

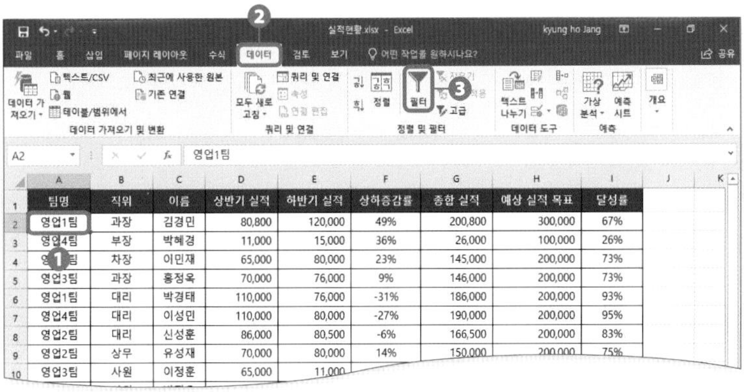

02 [팀명]이 '영업1팀'인 레코드만 추출하기 위해 [팀명] 필드의 필터 단추를 클릭합니다. '[모두 선택]'을 체크 해제한 후 [영업1팀]만 체크하고 [확인]을 클릭합니다.

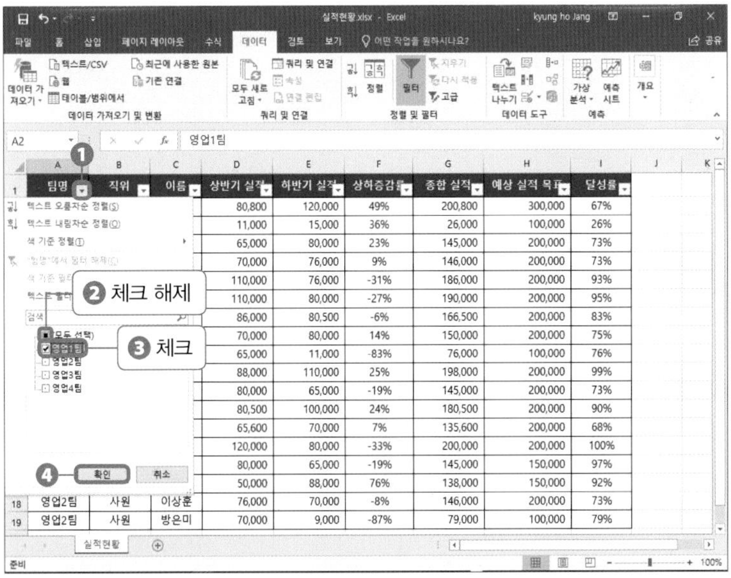

TIP
[텍스트 필터] 입력란에 검색어를 입력해도 데이터를 필터할 수 있습니다. 『영업1』을 입력해 보세요.

03 '영업1팀'의 레코드만 추출됩니다. 이번에는 달성률이 '90%' 이상인 레코드만 추출하기 위해 [달성률] 필드의 필터 단추를 클릭한 다음 [숫자 필터]의 [크거나 같음]을 선택합니다.

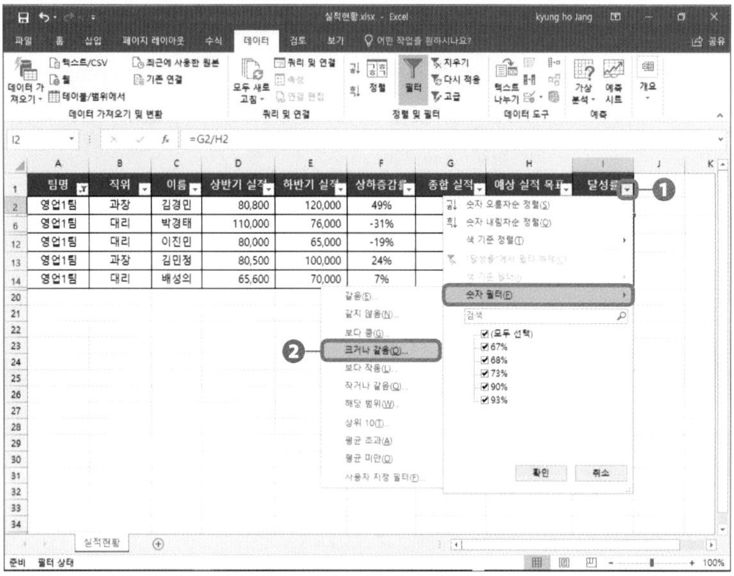

04 [사용자 지정 자동 필터] 대화상자가 나타나면 [찾을 조건] 입력란에 『90%』를 입력한 후 [확인]을 클릭합니다. '영업1팀' 레코드 중에서 달성률이 '90%' 이상인 레코드 값만 추출되어 나타납니다.

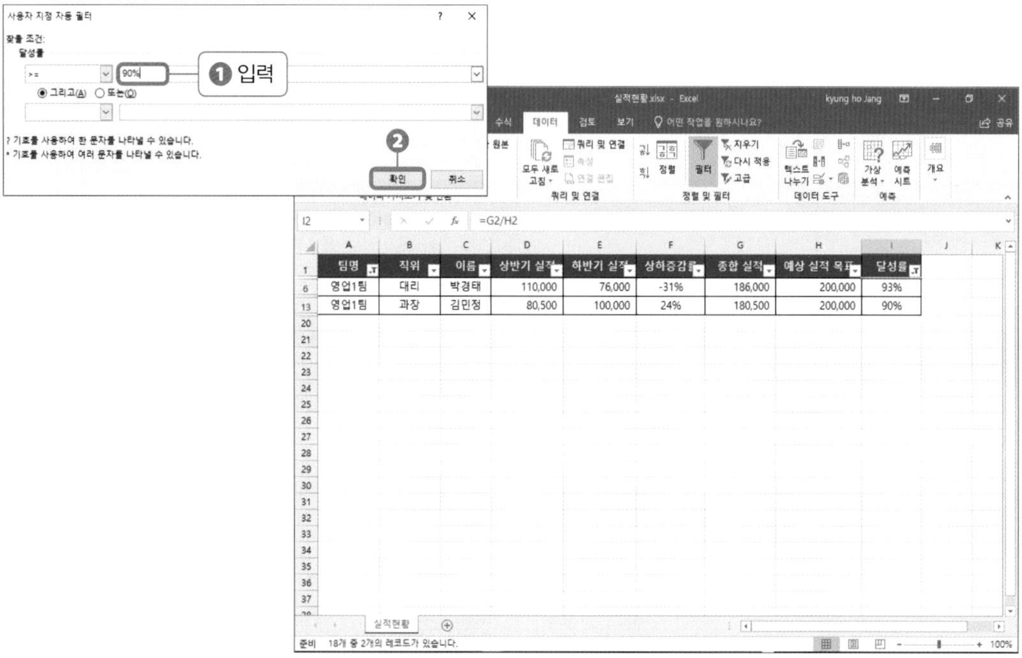

사용한 기능 | 필터, 고급 필터, AND 조건, OR 조건, 혼합 조건

040 복잡한 조건도 간단하게 만드는 고급 필터 사용하기

★★★★★ 활용 기능

고급 필터는 자동 필터보다 복잡한 조건도 간단하게 필터링할 수 있습니다. 자동 필터는 여러 단계를 거쳐야 정확히 데이터를 추출할 수 있지만, 고급 필터를 사용하면 한 번에 데이터를 추출할 수 있습니다.

사용 가능 버전 2010 2013 2016 2019 365

예제 파일 Excel\Chapter 04\졸업생명부.xlsx
완성 파일 Excel\Chapter 04\졸업생명부_완성.xlsx

01 학과가 '경영학과'이면서, 성별이 '여'인 경우를 고급 필터로 추출해 보겠습니다. 표 영역 중에서 셀 하나를 선택하고 [데이터] 탭–[정렬 및 필터] 그룹에서 [고급]을 클릭합니다. [고급 필터] 대화상자가 나타나면 [결과]에서 [현재 위치에 필터]를 선택합니다. [조건 범위] 입력란을 클릭하고 AND 조건이 포함된 [F1:G2] 영역을 드래그하여 선택한 다음 [확인]을 클릭합니다.

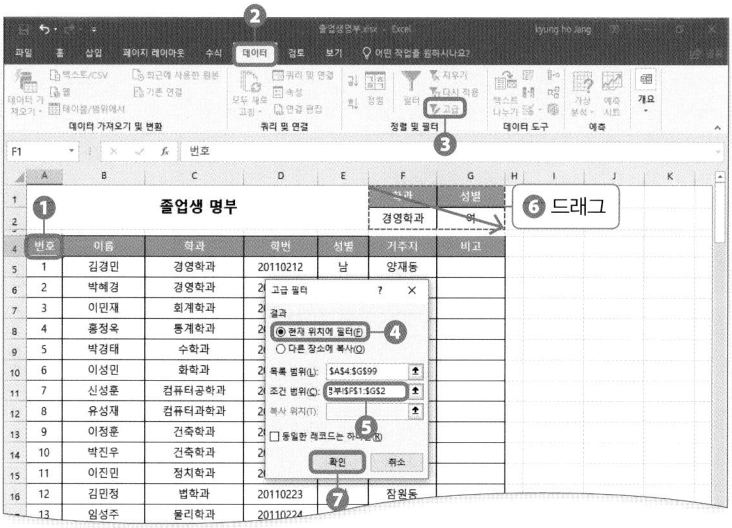

02 '학과'가 '경영학과'이면서 '성별'이 '여'인 조건에 만족하는 데이터가 추출됩니다.

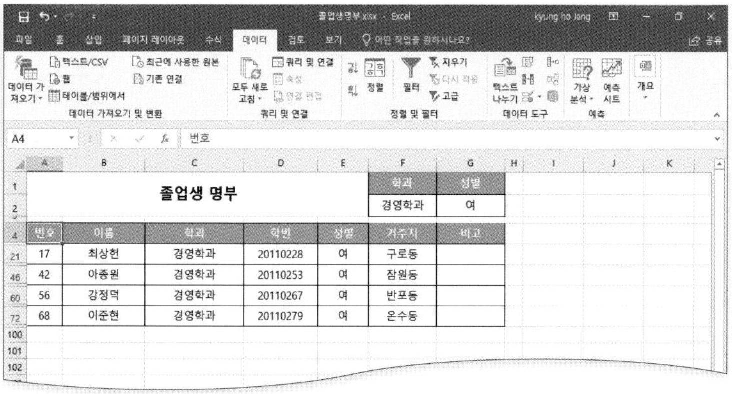

자주하는 질문

Q '학과'가 '경영학과'이면서 '성별'이 '여'인 경우 이외에 다양한 조건을 입력하는 방법을 알고 싶어요.

A 앞의 경우가 바로 AND 조건인데요. AND 조건 이외에도 OR 조건이나 혼합 조건을 지정할 수 있답니다. 조금 자세히 살펴볼까요? 모든 조건을 만족하는 값을 얻으려면 AND 조건을 사용합니다. 모든 조건에는 첫 행에 데이터베이스의 필드명, 그 아래에는 조건 값을 입력하는데요. 고급 필터에 지정할 수 있는 조건에 대해서 조금 자세히 살펴보겠습니다.

1. AND 조건

조건을 입력할 때 동일한 행 방향으로 입력된 조건들은 AND 조건으로 추출됩니다. 같은 행에 조건을 나란히 입력해야 하며, 다음의 조건을 모두 만족해야 합니다.

지역	부서	직급
서울	총무부	대리

→ 지역이 '서울'이고, 부서가 '총무부', 직급이 '대리'가 되는 조건이 추출됩니다.

2. OR 조건

조건을 입력할 때 열 방향 혹은, 다른 열 방향으로 입력된 조건들은 OR 조건으로 추출됩니다. 필드명을 제외하고 다른 행에 조건을 입력해야 하며, 하나만 만족해도 됩니다.

지역	부서	직급
서울		
	총무부	
		대리

→ 지역이 '서울'이거나 부서가 '총무부'이거나 직급이 '대리'가 되는 조건이 추출됩니다.

3. AND와 OR 혼합

행과 열 방향에 모두 조건을 입력하면 AND와 OR 조건이 혼합된 조건으로 추출할 수 있습니다. 조건이 서로 같은 행과 다른 열 방향으로 붙어 있으면 AND와 OR 혼합 조건입니다.

지역	부서
서울	총무부
부산	총무부

→ 지역이 '서울'이고(AND) 부서가 '총무부'이거나(OR), 지역이 '부산'이고(AND), 부서가 '총무부'가 되는 조건(OR)이 추출됩니다.

041

★★★★☆
필수 기능

사용한 기능 | 슬라이서, 표 스타일, 필터 단추, 내림차순 정렬

슬라이서 삽입하여 조건에 맞게 데이터 분석하기

엑셀 2010부터 새로운 기능으로 삽입된 슬라이서는 자동 필터처럼 편하게 데이터를 추출하고 몇 번의 클릭만으로 데이터를 필터링할 수 있는 기능입니다.

사용 가능 버전 2010 2013 2016 2019 365

예제 파일 Excel\Chapter 04\제품현황.xlsx
완성 파일 Excel\Chapter 04\제품현황_완성.xlsx

01 슬라이서는 데이터베이스를 표로 변환해야 사용이 가능합니다. 예제 파일을 불러온 후 임의의 셀을 선택합니다. [홈] 탭–[스타일] 그룹에서 [표 서식]을 클릭한 후 원하는 표 서식을 선택합니다.

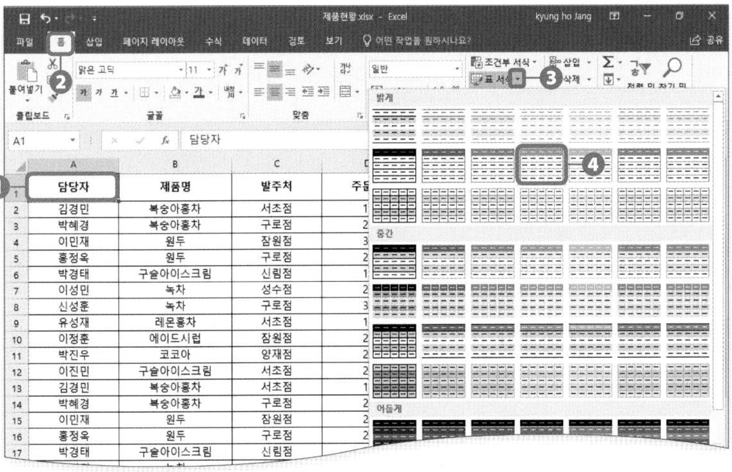

02 [표 서식] 대화상자가 나타나면 [확인]을 클릭합니다.

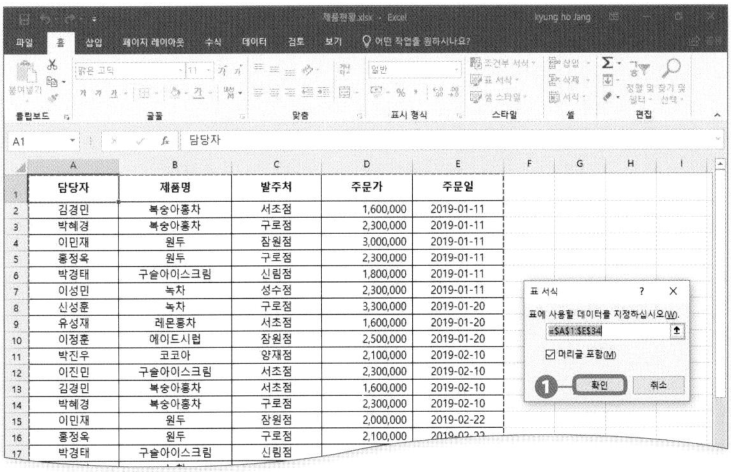

03 슬라이서로 필터를 적용하기 위해 [삽입] 탭–[필터] 그룹에서 [슬라이서]를 클릭합니다. [슬라이서 삽입] 대화상자가 나타나면 슬라이서로 지정하고 싶은 필드명을 선택합니다. 여기서는 [제품명], [발주처], [주문일]에 체크 표시한 다음 [확인]을 클릭합니다.

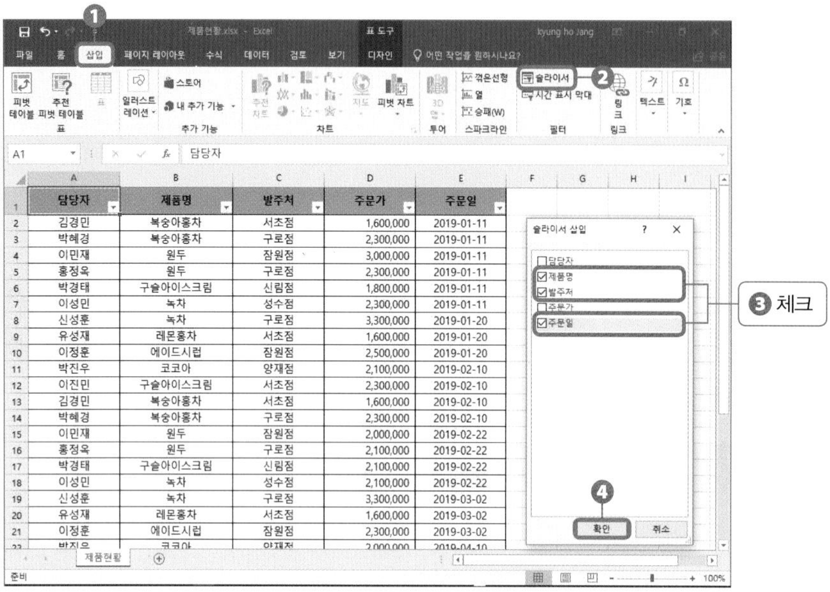

04 슬라이서가 생성되면 원하는 위치에 슬라이서를 정렬한 후 원하는 항목을 선택합니다. 여러 개를 선택하고 싶다면 Ctrl을 누른 채 선택합니다.

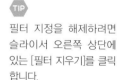

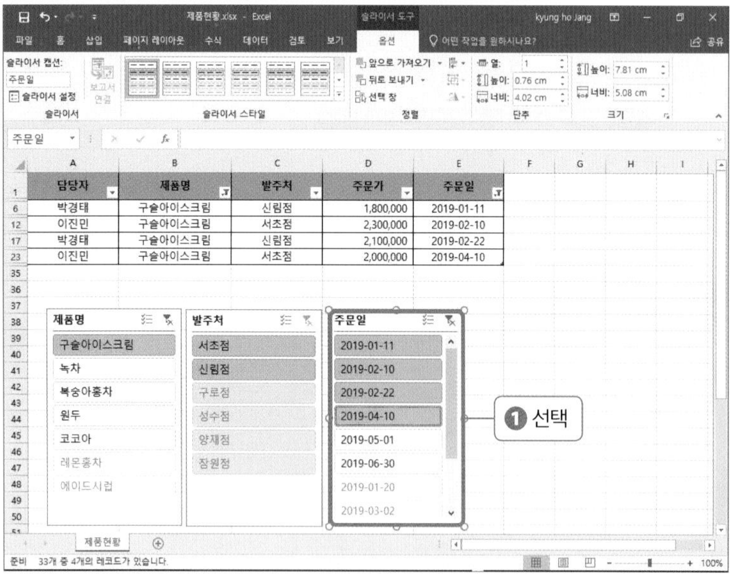

TIP

필터 지정을 해제하려면 슬라이서 오른쪽 상단에 있는 [필터 지우기]를 클릭합니다.

05 일부 슬라이서는 삭제할 수 있습니다. [주문일] 슬라이서를 삭제하고 싶다면 [주문일] 슬라이서 창을 마우스 오른쪽 버튼으로 클릭한 후 ["주문일" 제거]를 선택합니다.

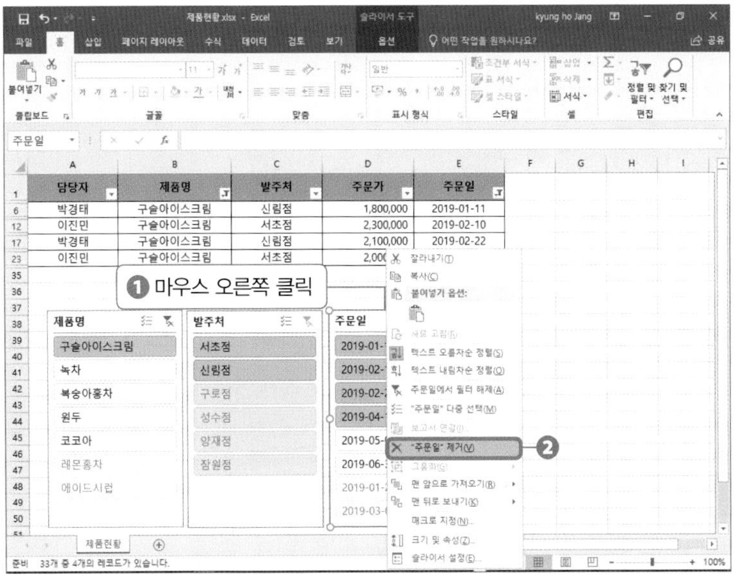

06 슬라이서의 이름과 정렬 순서를 변경할 수 있습니다. [지점명] 슬라이서를 선택한 후 [슬라이서 도구]–[옵션] 탭–[슬라이서] 그룹에서 [슬라이서 설정]을 클릭합니다. [슬라이서 설정] 대화상자가 나타나면 [머리글]–[캡션]에 『제품 리스트』라고 입력하고 [항목 정렬 및 필터링]의 [내림차순(사전 역순)]을 선택한 후 [확인]을 클릭합니다.

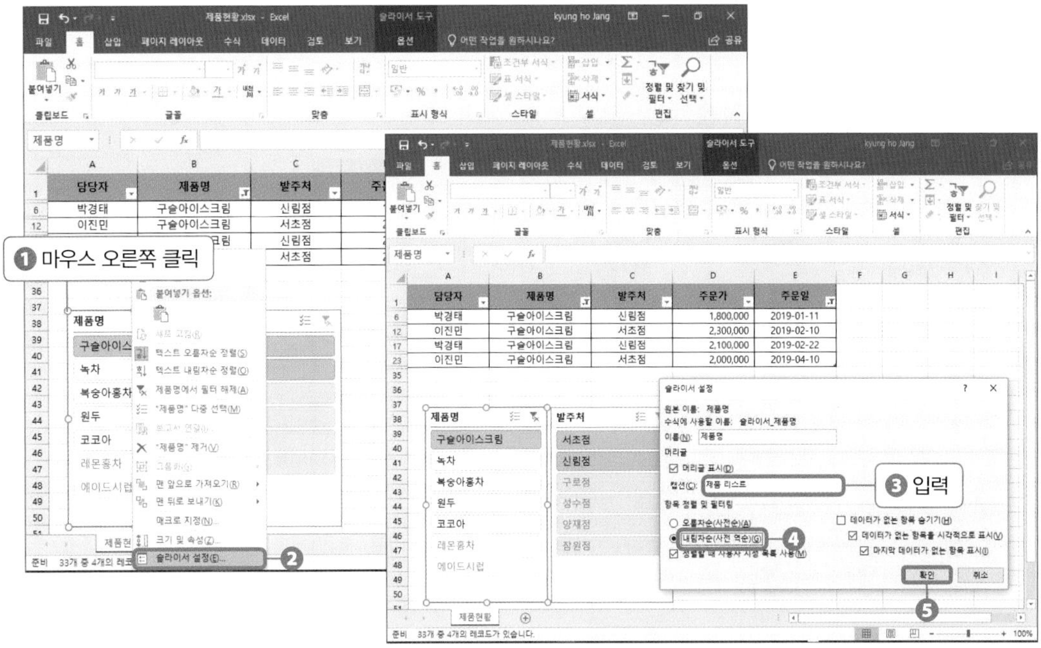

사용한 기능 | 요약 보고서, 텍스트 오름차순, 부분합

042

기본 기능

부분합 기능으로 상사가 원하는 요약 보고서 작성하기

부분합은 데이터 범위 중에서 열 방향의 특정 필드로 분류하고 부문별로 합계, 평균, 개수, 최댓값, 최솟값, 표준편차, 분산 등을 자동 계산한 후 요약해 주는 기능입니다.

사용 가능 버전 2010 2013 2016 2019 365

예제 파일 Excel\Chapter 04\제품현황.xlsx
완성 파일 Excel\Chapter 04\제품현황2_완성.xlsx

01 부분합 정렬을 위해 필드를 정렬해야 합니다. 제품명을 기준으로 요약 보고서를 작성할 것이기 때문에 [B2] 셀을 선택하고 [데이터] 탭–[정렬 및 필터] 그룹에서 [텍스트 오름차순 정렬]을 클릭합니다.

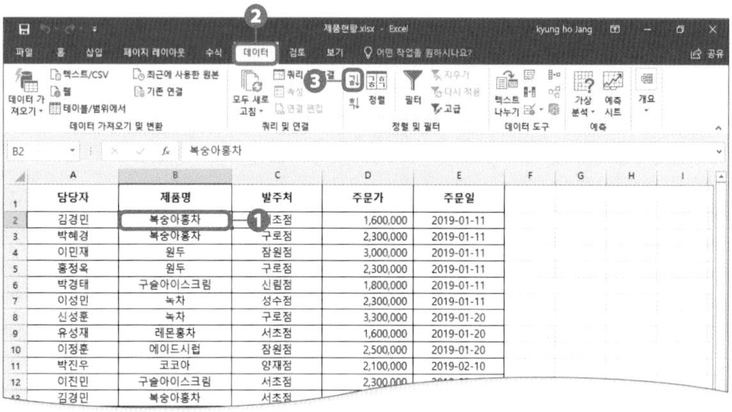

담당자	제품명	발주처	주문가	주문일
김경민	복숭아홍차	조점	1,600,000	2019-01-11
박혜경	복숭아홍차	구로점	2,300,000	2019-01-11
이민재	원두	잠원점	3,000,000	2019-01-11
홍정욱	원두	구로점	2,300,000	2019-01-11
박경태	구슬아이스크림	신림점	1,800,000	2019-01-11
이성민	녹차	성수점	2,300,000	2019-01-11
신성훈	녹차	구로점	3,300,000	2019-01-20
유성재	레몬홍차	서초점	1,600,000	2019-01-20
이정훈	에이드시럽	잠원점	2,500,000	2019-01-20
박진우	코코아	양재점	2,100,000	2019-02-10
이진민	구슬아이스크림	서초점	2,300,000	
김경민	복숭아홍차	서초점		

> **TIP**
> 부분합은 특정 필드를 기준으로 합계나 평균 등의 소계를 자동으로 계산하여 워크시트에 표시해 줍니다.

02 [데이터] 탭–[개요] 그룹에서 [부분합]을 클릭합니다.

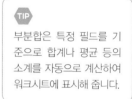

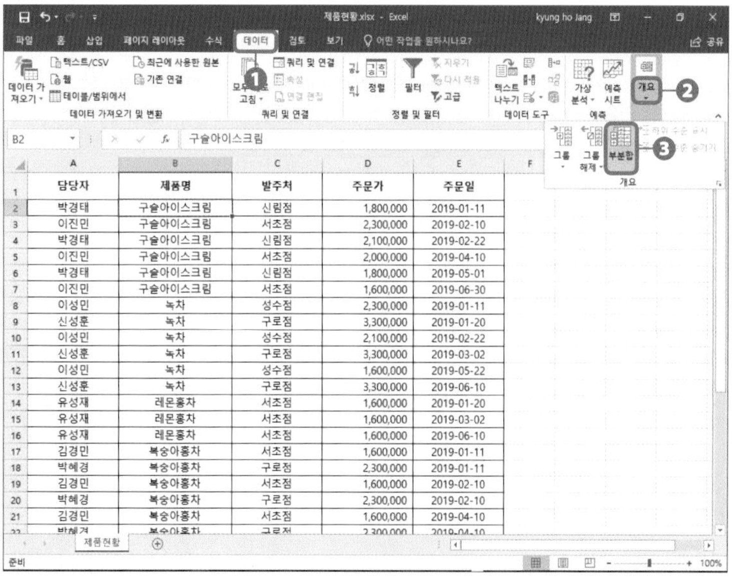

담당자	제품명	발주처	주문가	주문일
박경태	구슬아이스크림	신림점	1,800,000	2019-01-11
이진민	구슬아이스크림	서초점	2,300,000	2019-02-10
박경태	구슬아이스크림	신림점	2,100,000	2019-02-22
이진민	구슬아이스크림	서초점	2,000,000	2019-04-10
박경태	구슬아이스크림	신림점	1,800,000	2019-05-01
이진민	구슬아이스크림	서초점	1,600,000	2019-06-30
이성민	녹차	성수점	2,300,000	2019-01-11
신성훈	녹차	구로점	3,300,000	2019-01-20
이성민	녹차	성수점	2,100,000	2019-02-22
신성훈	녹차	구로점	3,300,000	2019-03-02
이성민	녹차	성수점	1,600,000	2019-05-22
신성훈	녹차	구로점	3,300,000	2019-06-10
유성재	레몬홍차	서초점	1,600,000	2019-01-20
유성재	레몬홍차	서초점	1,600,000	2019-03-02
유성재	레몬홍차	서초점	1,600,000	2019-06-10
김경민	복숭아홍차	서초점	1,600,000	2019-01-11
박혜경	복숭아홍차	구로점	2,300,000	2019-01-11
김경민	복숭아홍차	서초점	1,600,000	2019-02-10
박혜경	복숭아홍차	구로점	2,300,000	2019-02-10
김경민	복숭아홍차	서초점	1,600,000	2019-04-10

03 [부분합] 대화상자가 나타나면 [그룹화할 항목]에서 '제품명'을 선택하고, [사용할 함수]는 '합계', [부분합 계산 항목]에는 [주문가]에 체크 표시를 한 다음 [확인]을 클릭합니다.

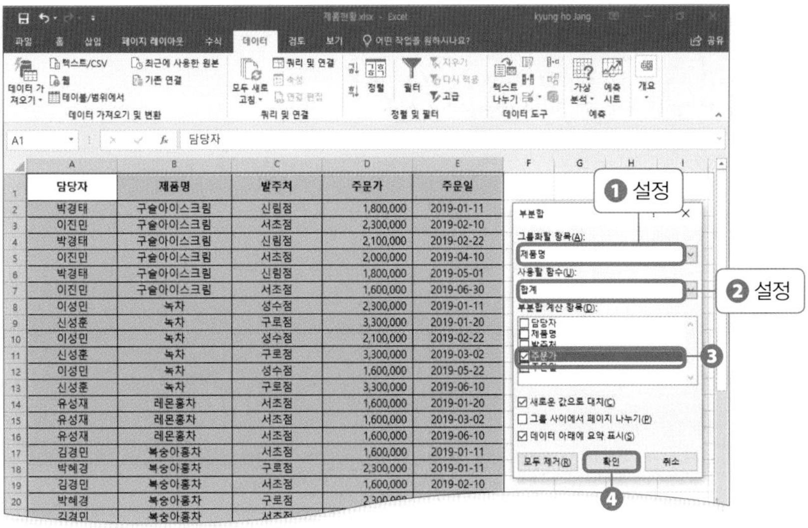

TIP

부분합을 통해 하나의 데이터 영역 안에서 원하는 항목끼리 합계나 평균을 구할 수 있습니다.
부분합을 제거하려면 [부분합] 대화상자에서 [모두 제거]를 클릭합니다.

TIP PLUS

부분합 윤곽 기호 사용하기

부분합이 실행되면 화면 왼쪽 상단에 윤곽 기호가 표시됩니다. **1**은 총합계를 표시하고, **2**는 그룹화한 항목의 합계와 총합계를 표시합니다. **3**은 전체 데이터와 그룹화한 항목의 합계를 표시합니다. [숨기기]를 클릭하면 해당 그룹이 숨겨지며, [보이기]를 클릭하면 해당 그룹이 표시됩니다.

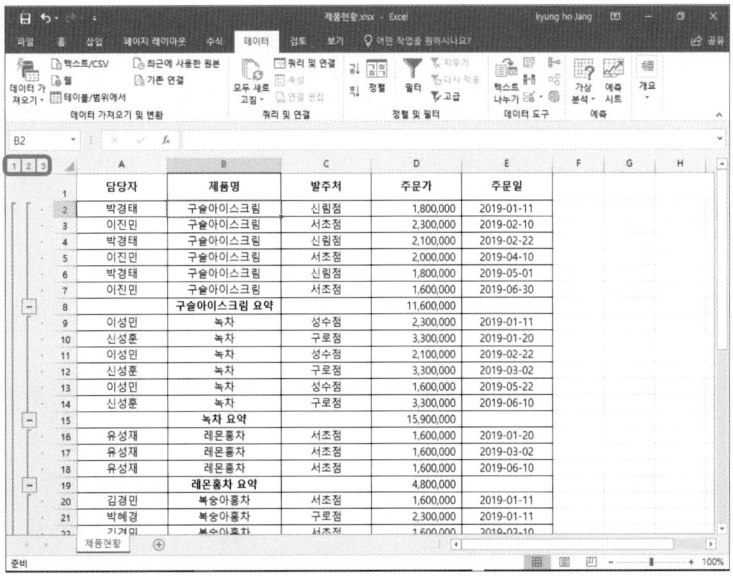

사용한 기능 | 빠른 채우기, 플래시 필, Ctrl+E

043

기본 기능

플래시 필(Flash Fill) 기능으로 셀 내의 규칙을 찾아서 항목 수정하고 합산하기

플래시 필은 셀 내의 규칙을 확인하여 자동으로 데이터를 추출해 주는 기능입니다. 입력한 데이터의 패턴을 분석하여 나머지 빈칸을 자동으로 채워주는 기능에서 나아가 새로운 패턴을 만들 수도 있습니다.

사용 가능 버전 2010 2013 2016 2019 365

예제 파일 Excel\Chapter 04\고객아이디.xlsx
완성 파일 Excel\Chapter 04\고객아이디_완성.xlsx

01 [D3] 셀을 선택하고 [C3] 셀에 입력되어 있는 이메일 아이디를 입력합니다. 즉, 『kkk』를 입력한 후 Enter를 누릅니다. 다시 [C3] 셀은 선택하고 [홈] 탭-[편집] 그룹에서 [빠른 채우기]를 클릭합니다.

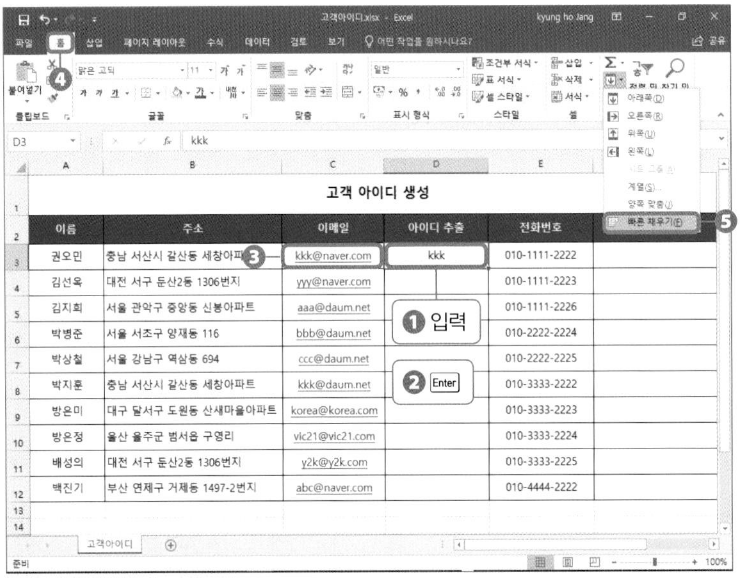

02 '@naver.com'이나 '@daum.net'과 같이 이메일 주소를 제외한 이메일 아이디만 추출됩니다. 이번에는 이메일 아이디와 전화번호 뒷자리를 조합하여 고객 아이디를 새롭게 생성해 보겠습니다. [F3] 셀을 선택하고 『kkk2222』를 입력합니다. 이번에는 단축키로 빠른 채우기를 해 보겠습니다. [F3] 셀이 선택된 상태에서 Ctrl+E를 누릅니다.

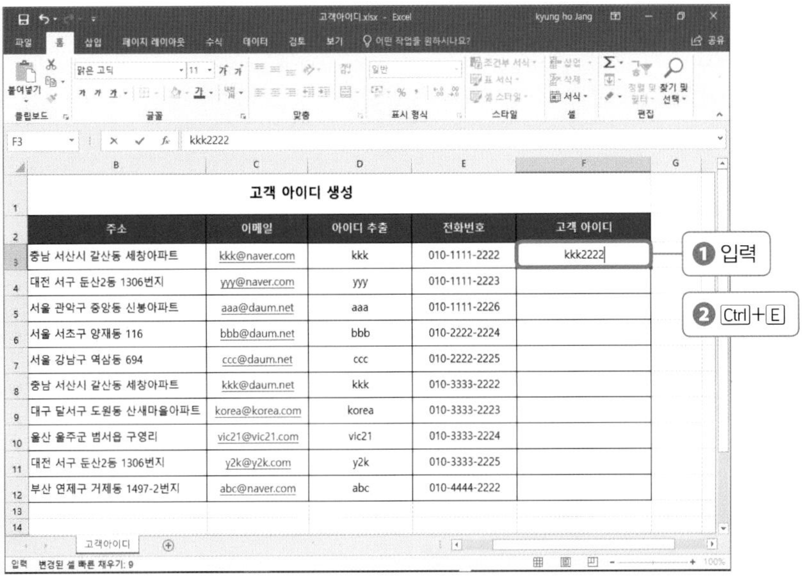

주소	이메일	아이디 추출	전화번호	고객 아이디
충남 서산시 갈산동 세창아파트	kkk@naver.com	kkk	010-1111-2222	kkk2222
대전 서구 둔산2동 1306번지	yyy@naver.com	yyy	010-1111-2223	
서울 관악구 중앙동 신봉아파트	aaa@daum.net	aaa	010-1111-2226	
서울 서초구 양재동 116	bbb@daum.net	bbb	010-2222-2224	
서울 강남구 역삼동 694	ccc@daum.net	ccc	010-2222-2225	
충남 서산시 갈산동 세창아파트	kkk@daum.net	kkk	010-3333-2222	
대구 달서구 도원동 산새마을아파트	korea@korea.com	korea	010-3333-2223	
울산 울주군 범서읍 구영리	vic21@vic21.com	vic21	010-3333-2224	
대전 서구 둔산2동 1306번지	y2k@y2k.com	y2k	010-3333-2225	
부산 연제구 거제동 1497-2번지	abc@naver.com	abc	010-4444-2222	

03 이메일 아이디와 전화번호를 조합한 고객 아이디가 생성됩니다.

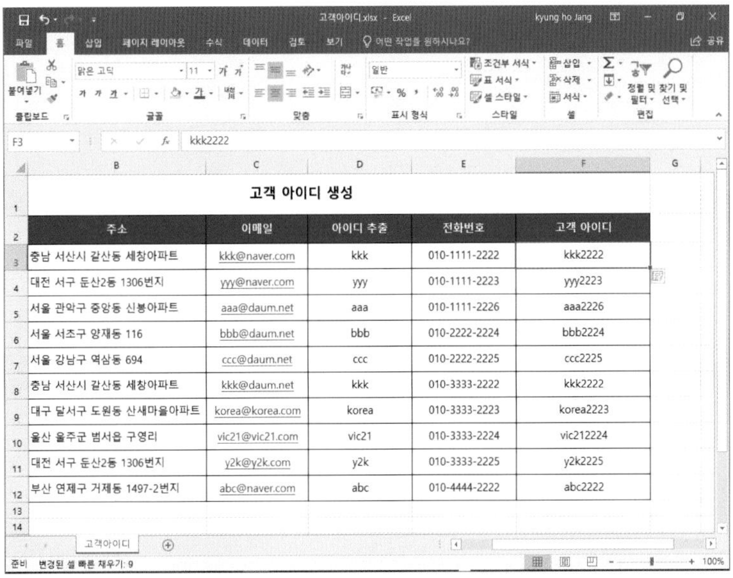

주소	이메일	아이디 추출	전화번호	고객 아이디
충남 서산시 갈산동 세창아파트	kkk@naver.com	kkk	010-1111-2222	kkk2222
대전 서구 둔산2동 1306번지	yyy@naver.com	yyy	010-1111-2223	yyy2223
서울 관악구 중앙동 신봉아파트	aaa@daum.net	aaa	010-1111-2226	aaa2226
서울 서초구 양재동 116	bbb@daum.net	bbb	010-2222-2224	bbb2224
서울 강남구 역삼동 694	ccc@daum.net	ccc	010-2222-2225	ccc2225
충남 서산시 갈산동 세창아파트	kkk@daum.net	kkk	010-3333-2222	kkk2222
대구 달서구 도원동 산새마을아파트	korea@korea.com	korea	010-3333-2223	korea2223
울산 울주군 범서읍 구영리	vic21@vic21.com	vic21	010-3333-2224	vic212224
대전 서구 둔산2동 1306번지	y2k@y2k.com	y2k	010-3333-2225	y2k2225
부산 연제구 거제동 1497-2번지	abc@naver.com	abc	010-4444-2222	abc2222

044

★★★★★
활용 기능

사용한 기능 | 피벗 테이블, [그룹화] 대화상자

피벗 테이블을 활용하여 어린이 제품 월별 판매량 요약하기

피벗 테이블(Pivot Table)은 행과 열 방향으로 그룹화된 항목을 정렬하거나 요약하여 데이터를 빠르게 분석할 수 있는 기능입니다. 방대한 데이터를 효과적으로 분석할 수 있는 최적의 도구입니다.

사용 가능 버전 2010 2013 2016 2019 365

예제 파일 Excel\Chapter 04\어린이제품.xlsx
완성 파일 Excel\Chapter 04\어린이제품_완성.xlsx

01 피벗 테이블을 활용해 제품의 월별 판매량을 추출해 보겠습니다. 표에서 셀 하나를 선택하고 [삽입] 탭–[표] 그룹에서 [피벗 테이블]을 클릭합니다.

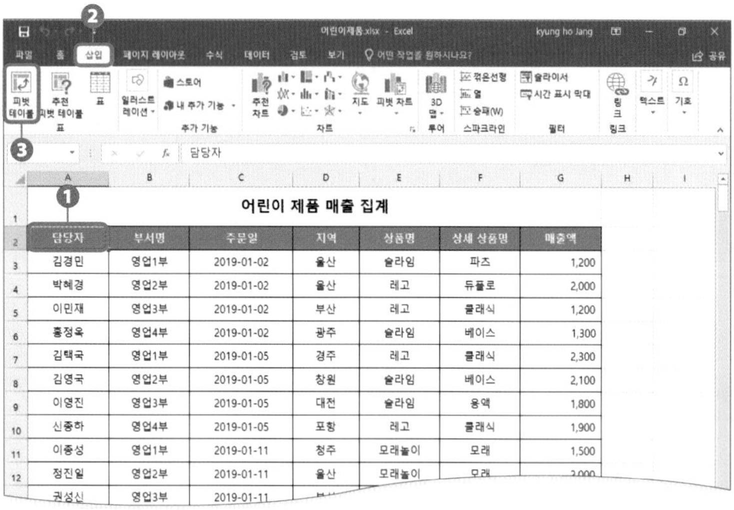

02 [피벗 테이블 만들기] 대화상자가 나타나면 [표 또는 범위 선택]을 선택하고 [표/범위]에 셀 범위가 제대로 지정되었는지 확인합니다. [새 워크시트]를 선택한 후 [확인]을 클릭합니다.

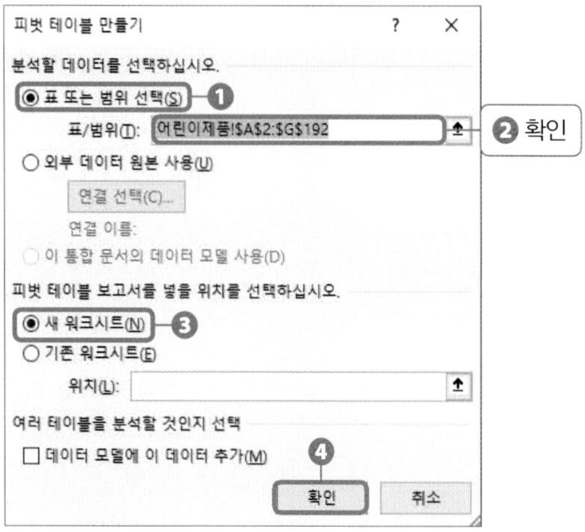

03 'Sheet1' 워크시트가 새로 추가되면서 우측에 [피벗 테이블 필드] 옵션 창이 나타납니다. [피벗 테이블 필드] 옵션 창의 [보고서에 추가할 필드 선택]에서 [주문일] 필드와 [월] 필드를 [행]으로 드래그합니다. [상품명] 필드를 [열]로, [매출액] 필드를 [값]으로 드래그합니다.

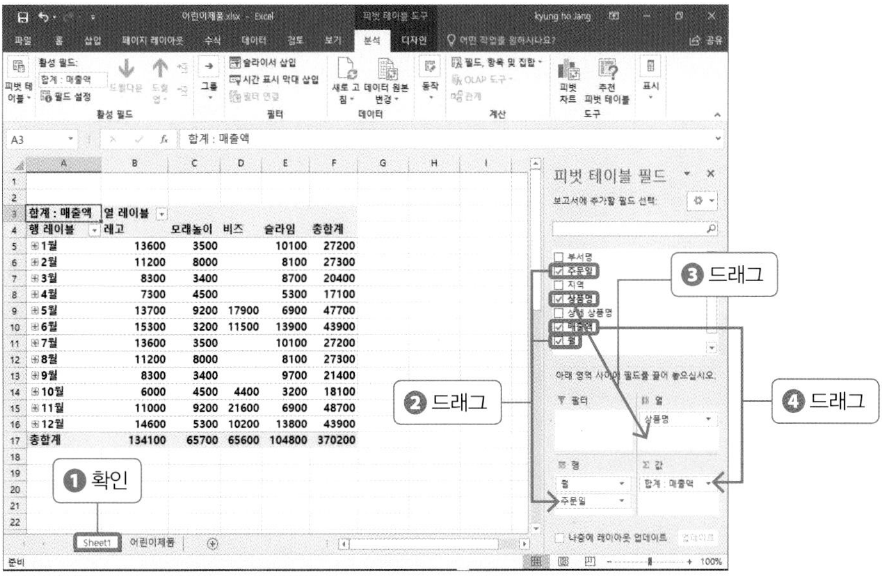

04 피벗 테이블이 월별 날짜를 기준으로 완성됩니다. 주문일과 같은 날짜의 경우 연, 분기, 월이나 일 단위로 세분화하여 설정할 수 있습니다. 여기서는 분기별로 변경해 보겠습니다. 날짜를 마우스 오른쪽 버튼으로 클릭한 후 [그룹]을 선택합니다.

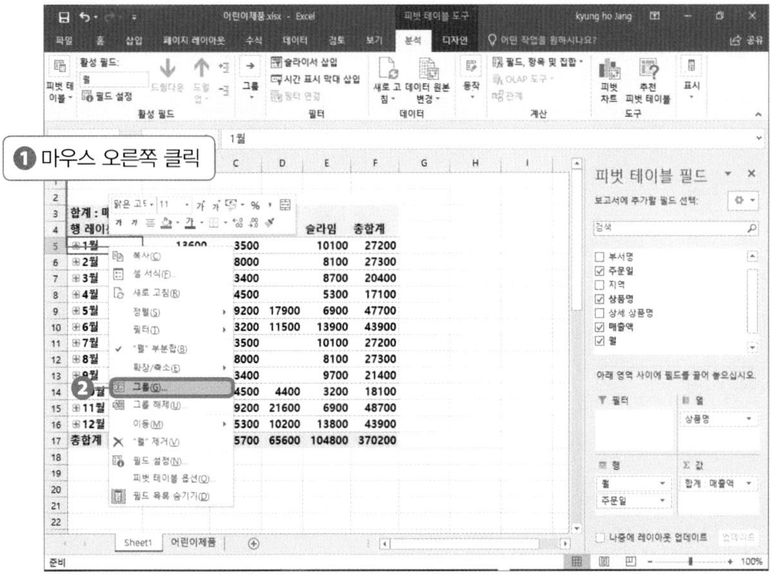

05 [그룹화] 대화상자가 나타내면 [단위]에서 [분기]만 선택하고 [확인]을 클릭합니다.

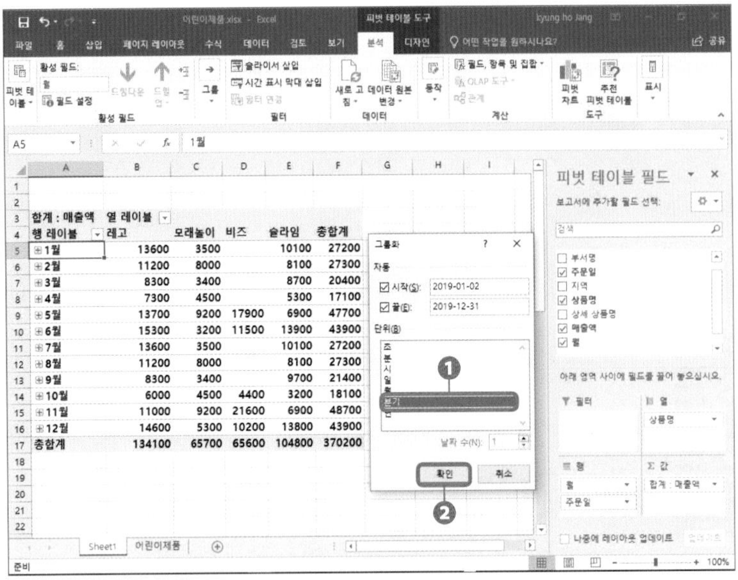

TIP PLUS

향상된 피벗 테이블

다중 스레드를 통한 피벗 테이블의 데이터 검색, 정렬 및 필터링 속도가 빨라졌으며, 슬라이서를 이용하면 피벗 테이블의 데이터를 클릭만으로도 필터링이 되는 등 작업 속도를 향상시킬 수 있게 되었습니다. 피벗 테이블은 보고서 필터, 열 레이블, 행 레이블, 그리고 Σ 값으로 구성됩니다.

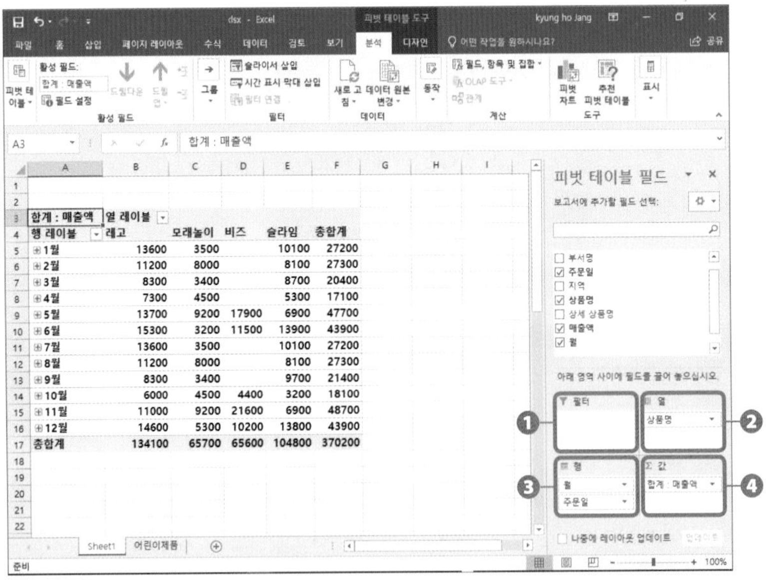

❶ **보고서 필터** : 피벗 테이블 전체에 기준이 되는 필드를 필터링 할 수 있습니다.
❷ **열 레이블** : 열 방향으로 나열할 필드를 적용합니다.
❸ **행 레이블** : 행 방향으로 나열할 필드를 적용합니다.
❹ **Σ 값** : 피벗 테이블에 표시할 데이터를 적용합니다.

사용한 기능 | 피벗 테이블, 시간 표시 막대

045 시간 표시 막대로 기간 판매량 알아보기

★★★★☆
활용 기능

피벗 테이블을 활용하면 원하는 날짜별로 판매량을 집계하거나 제품별, 부서별로 판매량을 집계하는 등 다양한 보고서를 작성할 수 있습니다. 여기서는 시간 막대를 표시하여 원하는 기간의 판매량을 집계해 보겠습니다.

사용 가능 버전 2010 2013 2016 2019 365

예제 파일 Excel\Chapter 04\어린이제품2.xlsx
완성 파일 Excel\Chapter 04\어린이제품2_완성.xlsx

01 피벗 테이블에서 날짜 항목을 모두 표시하기 위해 날짜 항목에서 마우스 오른쪽 버튼을 클릭한 후 [그룹 해제]를 선택합니다.

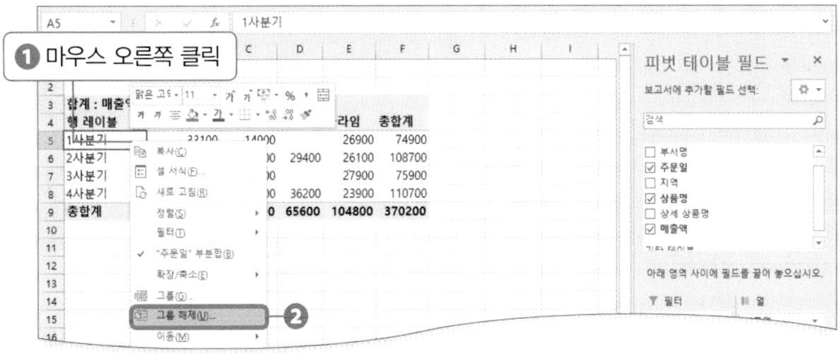

02 분기별로 표시되어 있던 날짜 항목이 그룹 해제되어 전체 날짜가 표시됩니다. 원하는 일정 기간 동안의 판매량을 확인하기 위해 [피벗 테이블 도구]–[분석] 탭–[필터] 그룹에서 [시간 표시 막대 삽입]을 클릭합니다. [시간 표시 막대 삽입] 대화상자가 나타나면 [주문일]에 체크 표시를 한 후 [확인]을 클릭합니다.

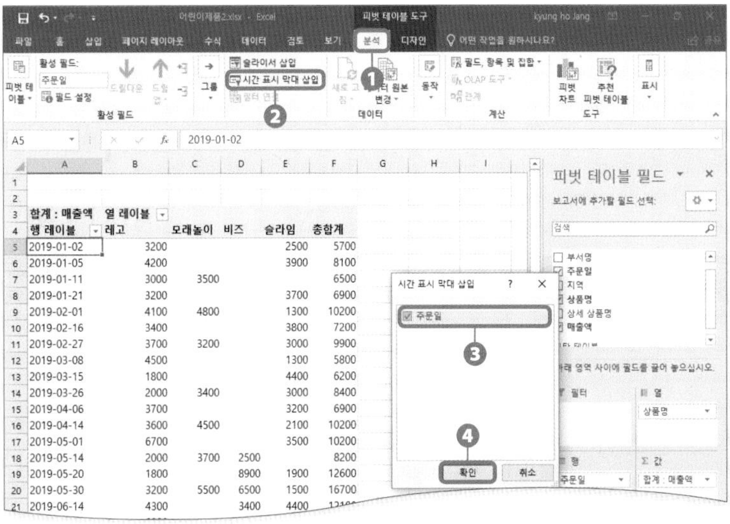

03 워크시트에 '주문일'에 해당하는 시간 표시 막대가 나타납니다. 원하는 날짜를 클릭합니다. 여기서는 '5월'을 선택합니다. 피벗 테이블에 '5월'에 해당하는 항목이 추출됩니다.

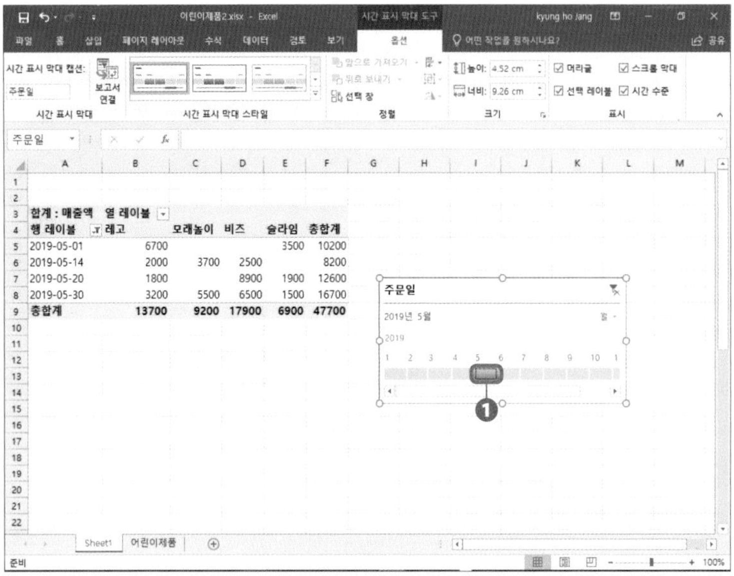

> **TIP**
> 시간 막대는 엑셀 2013에 새로 추가된 기능으로 날짜나 시간 데이터를 이용하여 데이터를 쉽게 추출할 수 있습니다.

04 표시 핸들을 드래그하여 원하는 기간을 모두 선택할 수도 있습니다. 월별로 매출액 집계를 새로운 워크시트에서 확인하고 싶다면 금액을 클릭합니다. 금액에 해당하는 월별로 데이터가 추출됩니다. 다양한 방법으로 원하는 데이터를 피벗 테이블로 작성하고 결과값을 추출해 보세요.

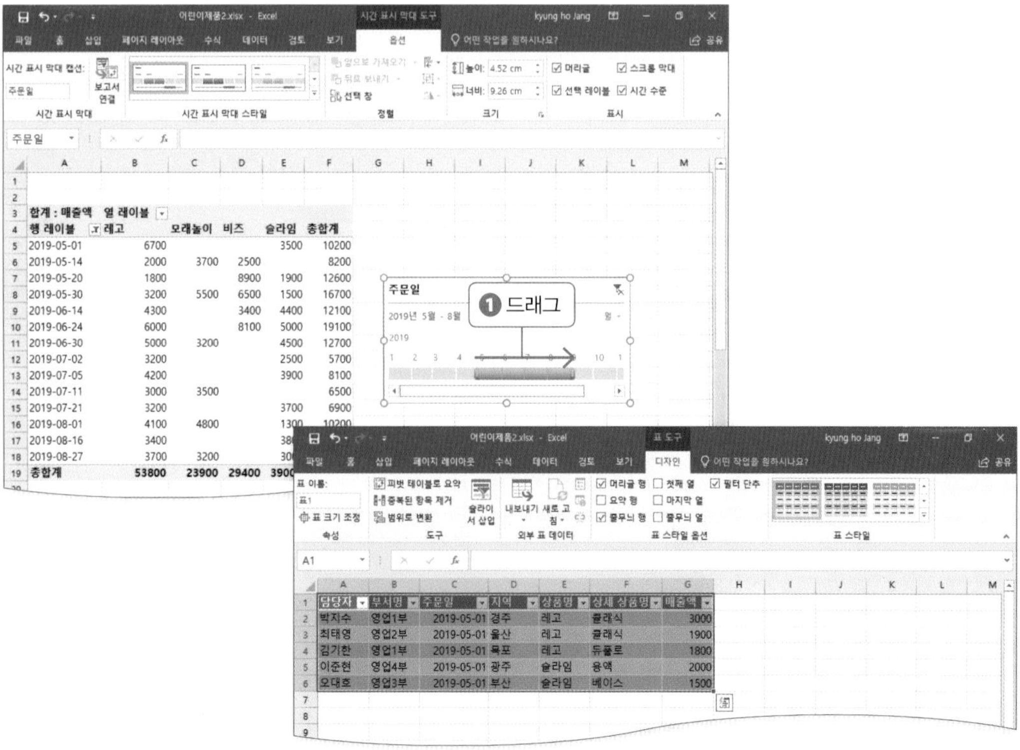

046

기본 기능

사용한 기능 | 추천 피벗 테이블

추천 피벗 테이블로 피벗 보고서 작성하기

엑셀 2013에서 새롭게 추가된 추천 피벗 테이블은 지정한 데이터를 바탕으로 피벗 테이블 보고서 유형을 미리 보여주고 원하는 형식을 직접 선택할 수 있는 기능입니다. 기존 피벗 테이블 작성이 힘들었다면 추천 피벗 테이블을 이용해 피벗 보고서를 작성해 보기 바랍니다.

사용 가능 버전 2010 2013 2016 2019 365

예제 파일 Excel\Chapter 04\영업실적.xlsx
완성 파일 Excel\Chapter 04\영업실적_완성.xlsx

01 표에서 셀 하나를 선택하고 [삽입] 탭–[표] 그룹에서 [추천 피벗 테이블]을 클릭합니다. [권장 피벗 테이블] 대화상자가 나타나면 원하는 피벗 테이블을 선택한 후 [확인]을 클릭합니다.

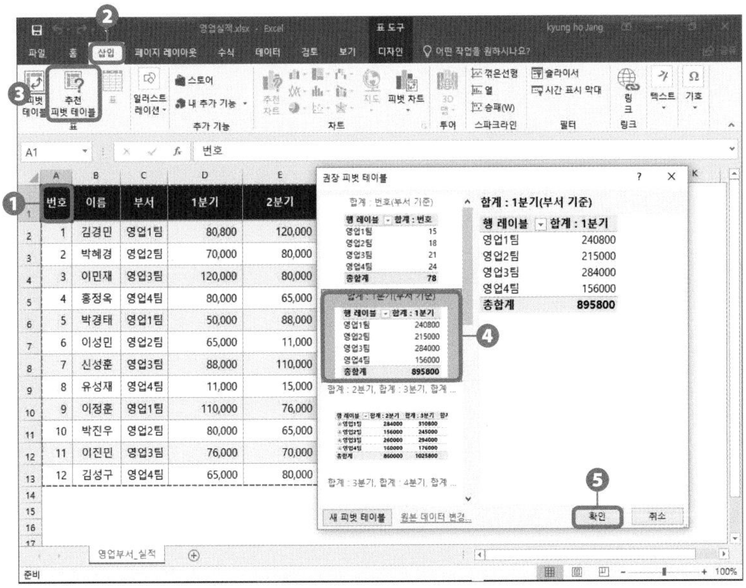

TIP

피벗 테이블 보고서에서 데이터를 요약하기 위해 올바른 필드를 선택하는 작업은 절대 쉽지만은 않습니다. 추천 피벗 테이블은 피벗 테이블을 만들 때 데이터를 요약할 수 있는 몇 가지 방법을 추천하고 필드 레이아웃의 간략한 미리 보기를 통해 원하는 내용의 필드를 쉽게 선택할 수 있습니다.

02 [권장 피벗 테이블] 대화상자에서 선택한 피벗 테이블 보고서가 완성되어 표시됩니다. 이처럼 간단히 피벗 테이블을 완성할 수 있습니다. 추천 피벗 테이블도 [피벗 테이블 필드] 옵션 창에서 원하는 항목을 클릭하여 추가할 수 있습니다. 필자가 선택한 추천 피벗 테이블은 1분기만 나오는 피벗 테이블이었지만 [피벗 테이블 필드] 옵션 창에서 [2분기], [3분기], [4분기]를 체크 표시하여 모두 표시해 보았습니다.

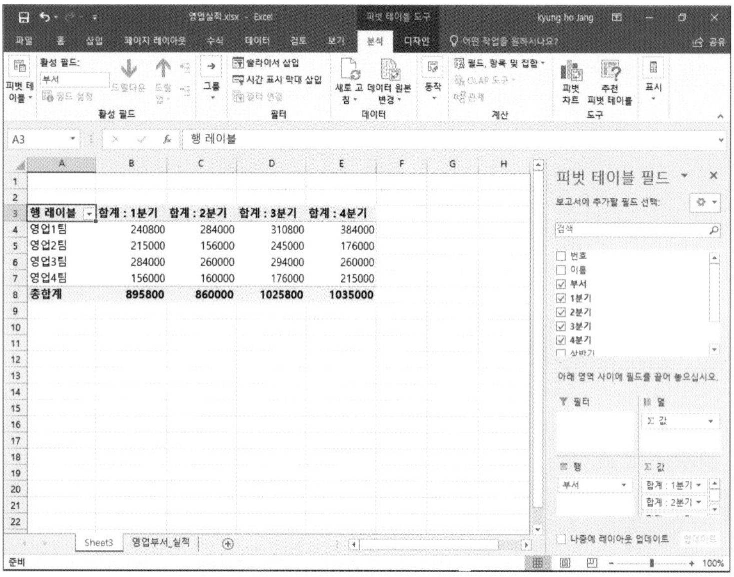

TIP PLUS

[피벗 테이블 도구]–[분석] 상황별 탭 살펴보기

피벗 테이블을 삽입하면 [피벗 테이블 도구]라는 상황별 탭이 생성됩니다. [분석] 탭을 통해 레이아웃 및 서식, 요약 및 필터, 표시, 인쇄, 데이터, 대체 텍스트 탭 등 옵션을 설정할 수 있습니다.

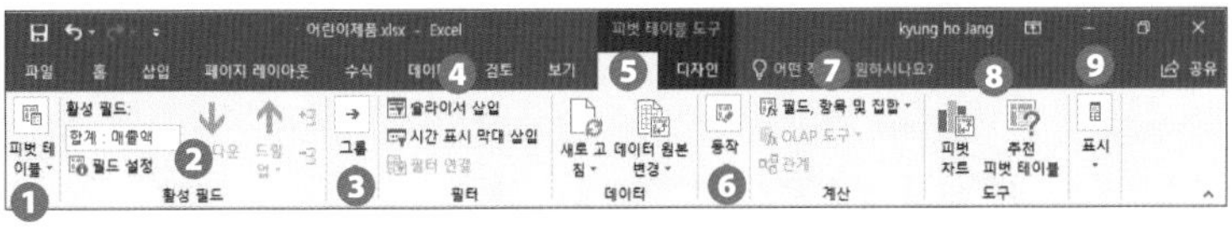

❶ **[피벗 테이블] 그룹** : 피벗 테이블 이름을 비롯해 옵션을 지정할 수 있습니다.

❷ **[활성 필드] 그룹** : 필드를 확장하거나 축소하는 등 필드에 대한 설정을 지정할 수 있습니다.
- 피벗 필드 이름 : 활성 필드의 이름을 수정합니다.
- 드릴다운/드릴업 : 항목의 하위 항목이나 상위 수준을 표시합니다.
- 필드 확장/축소 : 활성 필드의 모든 항목을 확장하거나 축소합니다.
- 필드 설정 : 부분합 및 필터를 설정하거나 레이아웃 및 인쇄 등의 설정합니다.

❸ **[그룹] 그룹** : 그룹을 선택하거나 해제 혹은 그룹 단위로 시작과 끝의 값을 따로 지정할 수 있습니다.

❹ **[필터] 그룹** : 정렬이나 슬라이서 삽입을 진행할 수 있습니다.
- 슬라이서 삽입 : 보고서 필터 대신 슬라이서를 삽입할 수 있습니다.
- 시간 표시 막대 삽입 : 날짜를 대화식으로 필터링하는 시간 표시 막대 컨트롤을 삽입합니다.
- 필터 연결 : 피벗 테이블이 연결되는 필터를 관리합니다.

❺ **[데이터] 그룹** : 원본 데이터가 변경되었을 때 새로 고침하거나 데이터 원본을 변경할 수 있습니다.
- 새로 고침 : 원본 데이터가 변경되었을 때 새로 고침을 하거나 취소, 연결 속성을 따로 설정할 수 있습니다.
- 데이터 원본 변경 : 피벗 테이블의 원본 데이터를 변경하거나 새로 설정할 수 있습니다.

❻ **[동작] 그룹** : 설정된 필터를 삭제하거나 선택 혹은, 피벗 테이블을 다른 워크시트로 이동할 수 있습니다.

❼ **[계산] 그룹** : 값 요약 기준을 다시 설정하거나 값 표시 형식을 변경할 수 있습니다.
- 필드, 항목 및 집합 : 계산 필드, 계산 항목, 계산 순서 등을 다시 설정할 수 있습니다.
- OLAP 도구 : OLAP 데이터 원본과 연결된 피벗 테이블로 작업합니다.
- 관계 : 테이블 간의 관계를 만들거나 편집하여 동일한 보고서의 서로 다른 테이블에 있는 관련된 데이터를 표시합니다.

❽ **[도구] 그룹** : 피벗 차트를 비롯해 추천 피벗 테이블을 선택할 수 있습니다.
- 피벗 차트 : 피벗 테이블의 데이터를 이용하여 새로운 피벗 차트를 생성합니다.
- 추천 피벗 테이블 : 사용자의 데이터에 가장 적합한 피벗 테이블을 추천해서 표시합니다.

❾ **[표시] 그룹** : 필드 목록을 비롯해 +/– 단추, 필드 머리글을 표시할 수 있습니다.

CHAPTER

5

기타 업무 기술

지금까지 데이터 관리 기술부터 수식 기능, 표와 차트를 활용하거나 데이터를 분석하는 기술에 대해서 살펴보았습니다. 이처럼 엑셀은 데이터를 관리하거나 분석하는 기능이 대부분을 차지합니다. 여기에 시각적인 효과까지 포함된다면 최고의 업무 활용 도구가 될 것입니다. 이번 마지막 Chapter에서는 엑셀의 인쇄 환경에 대해서 살펴보고 문서를 인쇄하는 다양한 기능과 미처 다 소개하지 못한 핵심 기능에 대해서 살펴보겠습니다.

배워 볼 내용

[페이지 레이아웃] 047 문서의 인쇄 여백이나 방향, 크기 지정하기 필수 기능 ★★★★☆

[페이지 설정] 048 페이지마다 같은 행과 열 반복 인쇄하기 활용 기능 ★★★★★

[머리글/바닥글] 049 인쇄할 때 파일 경로와 파일명을 넣어서 인쇄하기 필수 기능 ★★★☆☆

[워터마크] 050 회사 로고를 워터마크로 표시하여 인쇄하기 활용 기능 ★★★★☆

[인쇄] 051 여러 시트의 데이터를 한 번에 인쇄하기

[인쇄] 052 오류가 있는 셀은 출력하지 않도록 설정하기

[인쇄 미리 보기] 053 전체 화면 인쇄 미리 보기 추가하기

[데이터 가져오기] 054 CSV 파일이나 TXT 파일을 엑셀에서 활용하기

[파일 형식 변경] 055 엑셀 97-2003 이전 버전으로 저장하기

[데이터 변환] 056 변환을 통해 이전 데이터를 현재 버전으로 업데이트하기

사용한 기능 | 페이지 레이아웃, 여백

047

★★★★☆
필수 기능

문서의 인쇄 여백이나 방향, 크기 지정하기

[파일] 탭의 [인쇄] 혹은, [페이지 레이아웃] 탭의 [페이지 설정] 그룹에서 엑셀의 다양한 인쇄 기능을 실행할 수 있습니다.

사용 가능 버전 2010 2013 2016 2019 365

예제 파일 Excel\Chapter 05\인쇄미리보기.xlsx
완성 파일 없음

01 먼저 인쇄 시 여백을 조정하는 방법부터 살펴보겠습니다. [페이지 레이아웃] 탭–[페이지 설정] 그룹에서 [여백]을 클릭합니다. 기본, 넓게, 좁게 등 미리 설정된 여백을 지정할 수 있으며, 사용자가 직접 여백을 지정할 수 있습니다. [사용자 지정 여백]을 선택합니다.

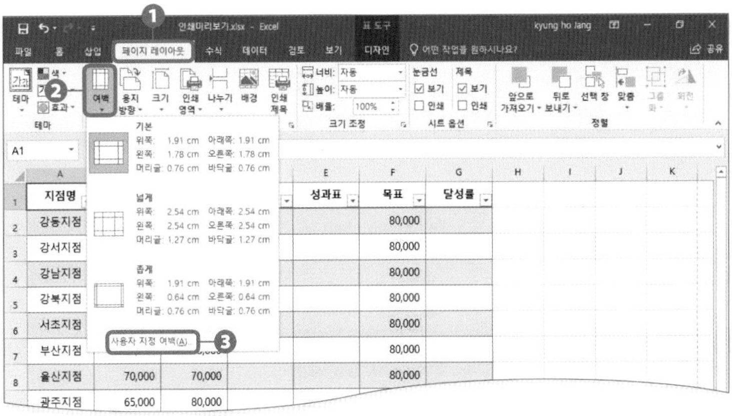

02 [페이지 설정] 대화상자가 나타납니다. 위쪽, 아래쪽, 왼쪽, 오른쪽 여백뿐 아니라 머리글과 바닥글의 여백도 설정할 수 있습니다. 용지의 경우 가로로 인쇄할 것인지 세로로 인쇄할 것인지도 [페이지 가운데 맞춤]의 [가로], [세로]를 통해 조정할 수 있으며, 설정 후 [인쇄 미리 보기]를 클릭해 인쇄될 모양을 미리 확인할 수 있습니다.

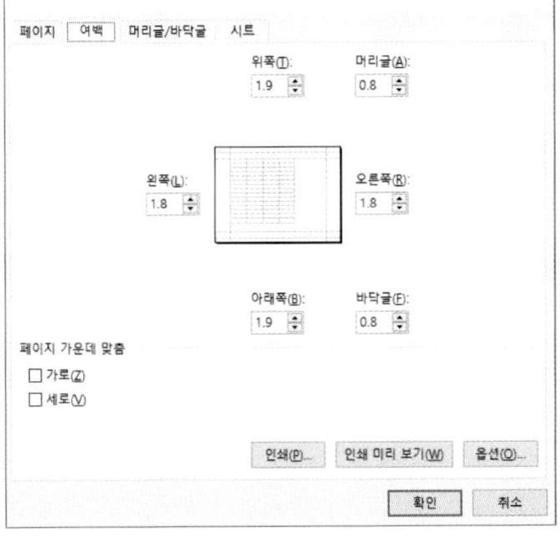

> **TIP**
> 용지의 방향은 [페이지 레이아웃] 탭–[페이지 설정] 그룹에서 [용지 방향]을 클릭하여 [가로] 또는, [세로]를 선택해 설정할 수도 있습니다.

03 용지의 크기도 A4, B5 등 원하는 용지로 변경할 수 있습니다. [페이지 레이아웃] 탭–[페이지 설정] 그룹에서 [크기]를 클릭하고 원하는 용지 크기를 선택합니다.

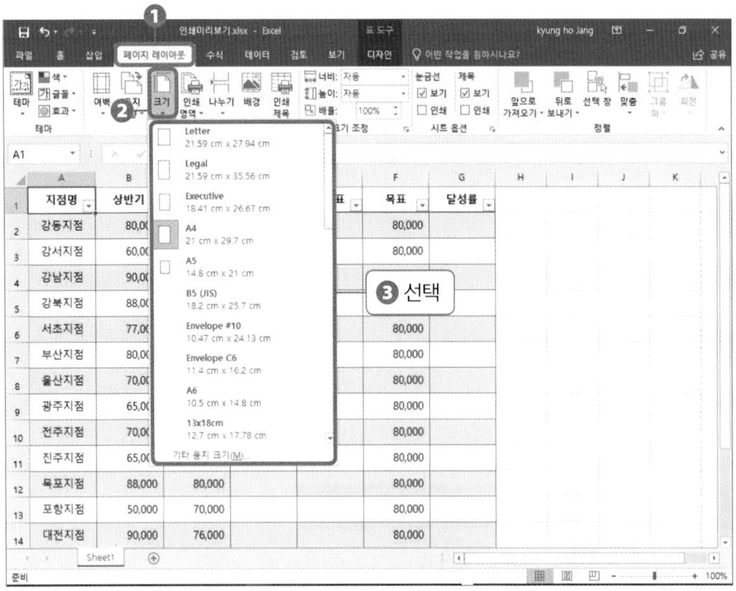

04 한 페이지에 워크시트의 모든 내용을 인쇄할 수도 있습니다. [페이지 레이아웃] 탭–[크기 조정] 그룹에서 [너비]–[1페이지]를 선택합니다. [페이지 레이아웃] 탭–[크기 조정] 그룹에서 [높이]–[1페이지]를 선택합니다.

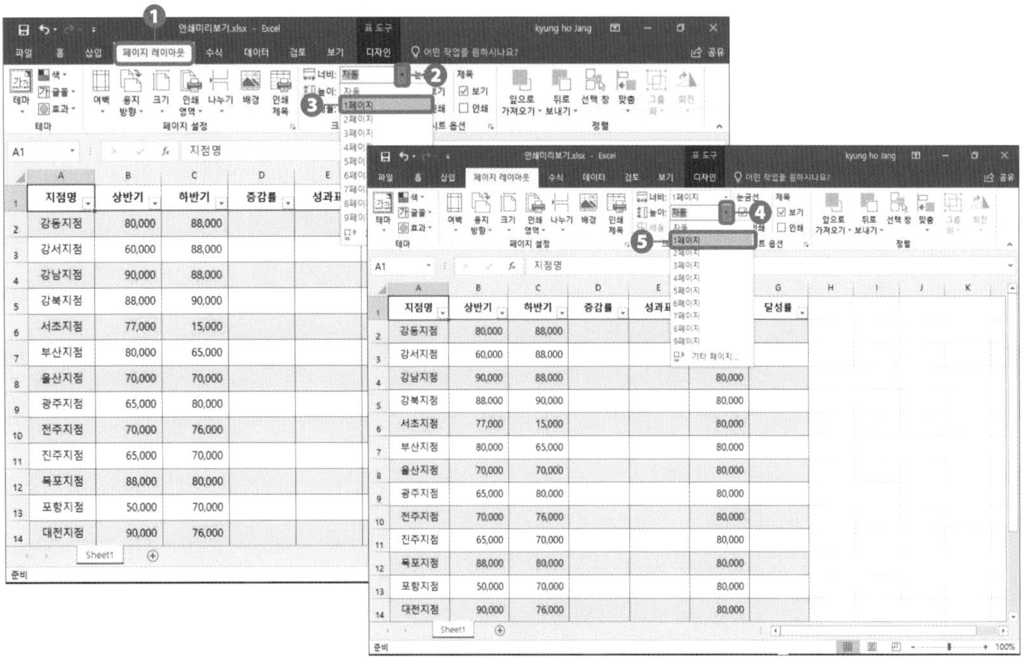

05 뿐만 아니라 [파일] 탭–[인쇄]–[설정]을 클릭하여 [현재 설정된 용지]–[한 페이지에 시트 맞추기]를 클릭해도 한 페이지에 워크시트의 모든 내용을 인쇄할 수 있습니다.

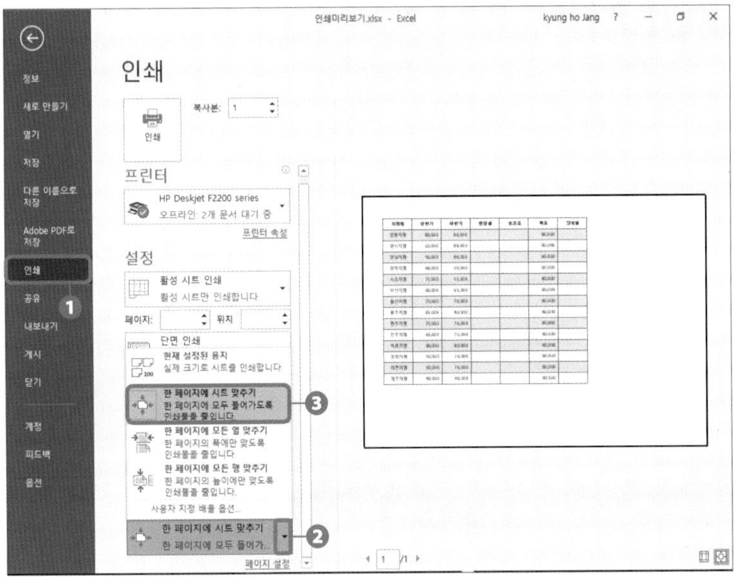

TIP PLUS

엑셀의 인쇄 설정

인쇄시 옵션을 지정해 인쇄물의 범위를 설정할 수 있습니다.

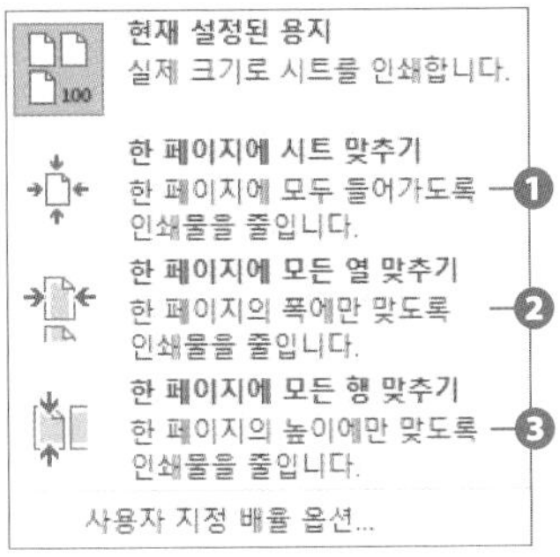

❶ **한 페이지에 시트 맞추기** : 한 페이지에 워크시트의 모든 내용이 들어가도록 내용을 축소하여 인쇄합니다.

❷ **한 페이지에 모든 열 맞추기** : 한 페이지의 폭에만 맞도록 내용을 축소하여 인쇄합니다. 행이 긴 워크시트라면 두세 페이지에 이어서 인쇄될 수 있습니다.

❸ **한 페이지에 모든 행 맞추기** : 한 페이지의 높이에만 맞도록 내용을 축소하여 인쇄합니다. 열이 긴 워크시트라면 두세 페이지에 이어서 인쇄될 수 있습니다.

048

★★★★★
활용 기능

사용한 기능 | 인쇄

페이지마다 같은 행과 열 반복 인쇄하기

제목이나 필드 영역은 첫 번째 페이지에만 표시되고 두 번째, 세 번째 페이지에는 표시되지 않는데 두 번째, 세 번째 페이지에도 제목이나 필드 영역을 반복하여 인쇄할 수 있습니다.

사용 가능 버전 2010 2013 2016 2019 365

예제 파일 Excel\Chapter 05\페이지.xlsx
완성 파일 Excel\Chapter 05\페이지_완성.xlsx

01 [페이지 레이아웃] 탭–[페이지 설정] 그룹에서 [인쇄 제목]을 클릭합니다. [페이지 설정] 대화상자의 [시트] 탭이 나타나면 [반복할 행]의 오른쪽 끝에 있는 대화상자 축소 단추를 클릭합니다.

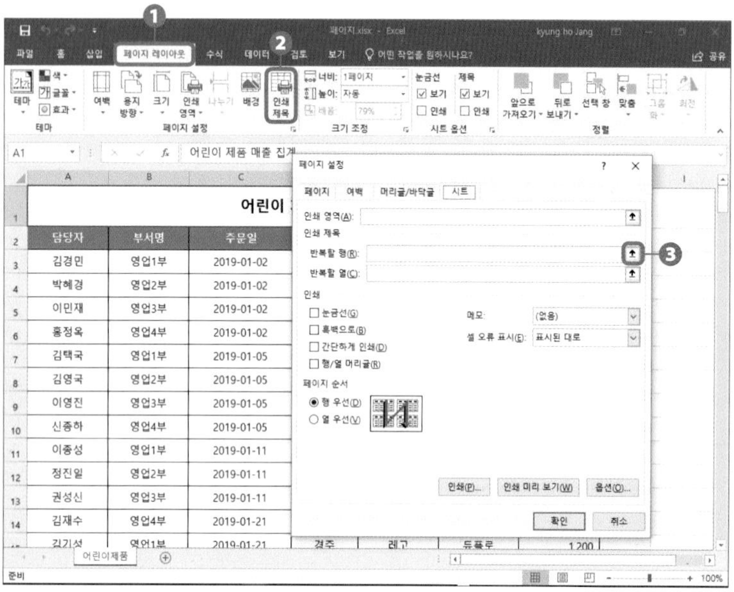

02 반복 인쇄할 영역을 드래그하여 선택합니다. 여기서는 1~2행만 반복할 것이므로 1행에서 2행까지 드래그합니다. 다시 대화상자 축소 단추를 클릭하여 [페이지 설정] 대화상자로 되돌아갑니다.

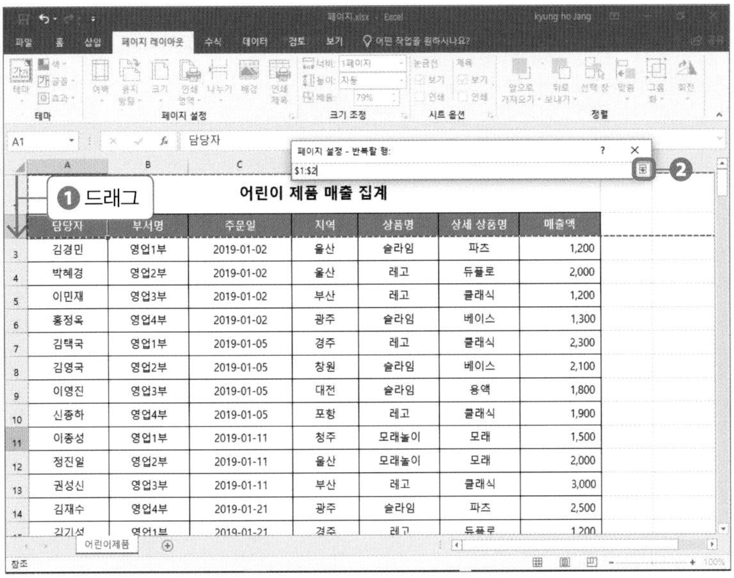

03 [인쇄 제목]–[반복할 행]에 '$1:$2'가 입력되어 있는 것을 확인한 후 [인쇄 미리 보기]를 클릭합니다.

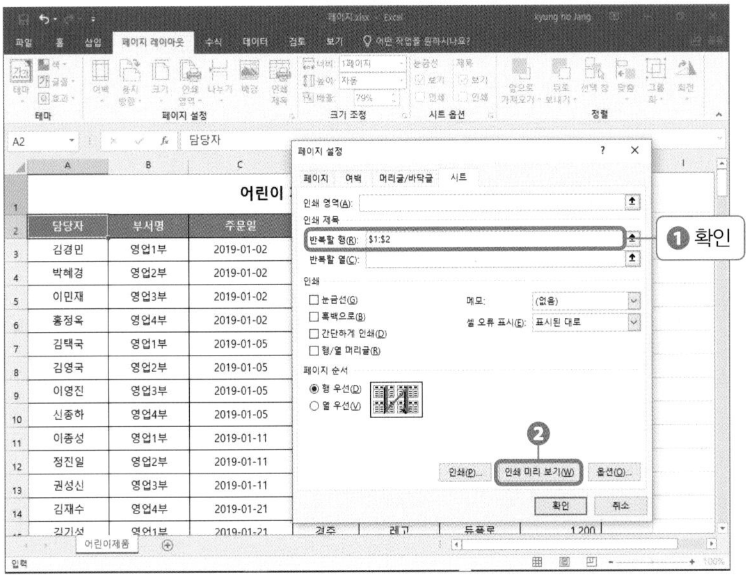

04 [다음 페이지]를 클릭합니다.

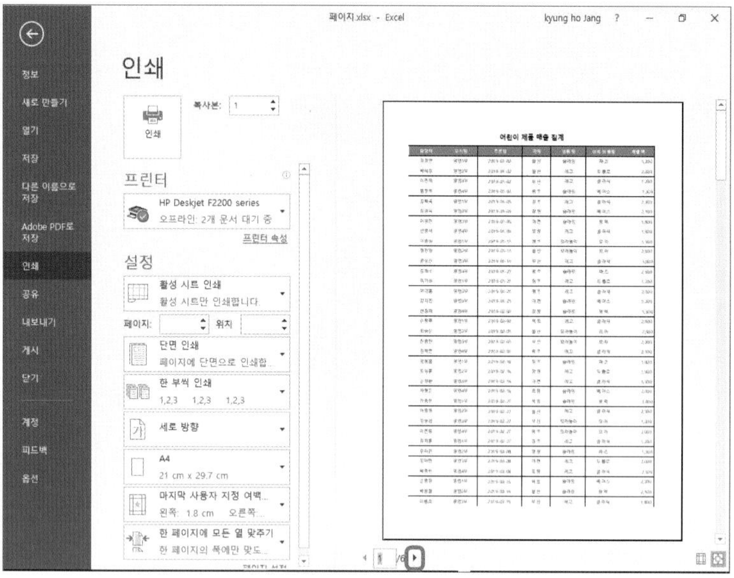

05 설정한 영역이 다음 페이지에도 반복되어 표시되는 것을 확인할 수 있습니다.

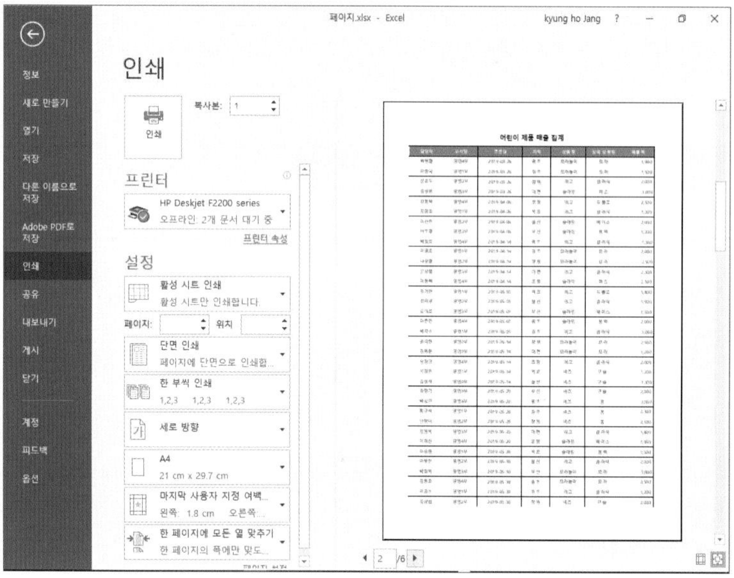

049

★★★☆☆
필수 기능

사용한 기능 | 인쇄, 페이지 레이아웃, 머리글, 바닥글

인쇄할 때 파일 경로와 파일명을 넣어서 인쇄하기

문서를 인쇄할 때 문서의 위쪽 여백과 아래쪽 여백에 머리글이나 바닥글을 삽입할 수 있습니다. 머리글과 바닥글에는 문서의 제목을 비롯하여 파일 경로, 파일명 등을 넣을 수 있습니다.

사용 가능 버전 2010 2013 2016 2019 365

예제 파일 Excel\Chapter 05\머리글.xlsx
완성 파일 Excel\Chapter 05\머리글_완성.xlsx

01 머리글이나 바닥글을 삽입하기 위해서는 [삽입] 탭–[텍스트] 그룹에서 [머리글/바닥글]을 클릭하거나 상태 표시줄의 [페이지 레이아웃] 단추를 클릭합니다.

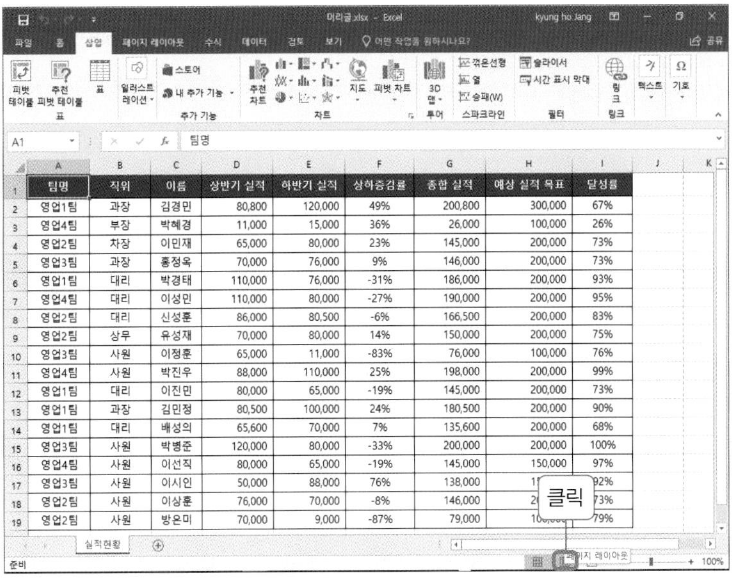

02 페이지 레이아웃 보기 모드로 전환되면서 머리글이나 바닥글을 삽입할 수 있는 공간이 나타납니다. 머리글이나 바닥글을 작성할 공간을 클릭하여 내용을 입력합니다. 여기서는 머리글의 중간 영역을 선택한 후 『상반기/하반기 실적』이라고 입력합니다.

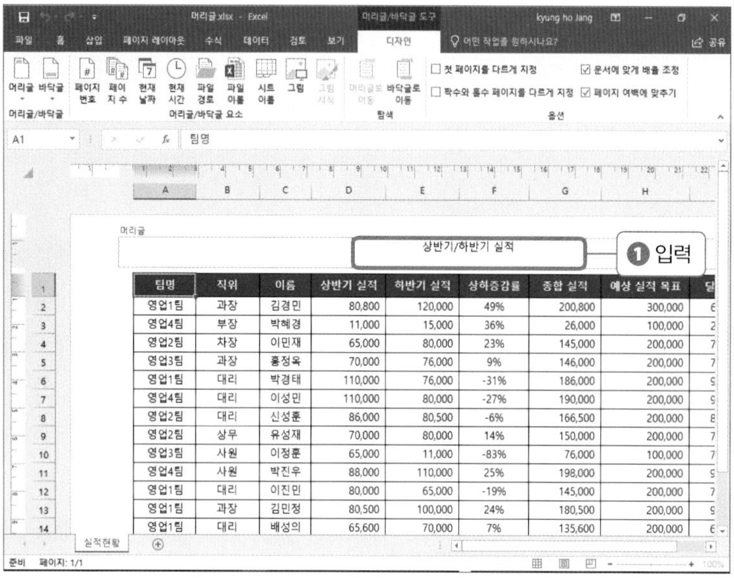

03 머리글의 왼쪽 영역을 선택하고 [머리글/바닥글 도구]–[디자인] 탭에서 [현재 날짜]를 클릭합니다. 이번에는 머리글의 오른쪽 영역을 선택한 후 [현재 시간]을 클릭합니다.

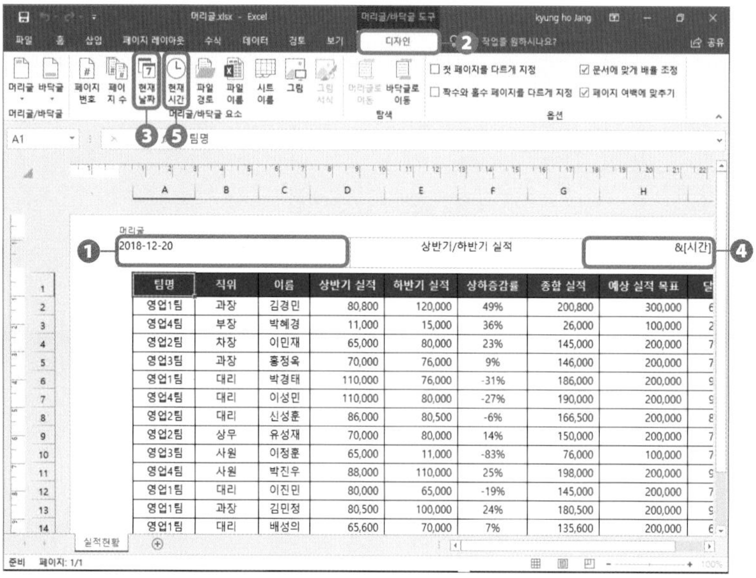

04 워크시트 하단으로 이동하여 바닥글의 중간 영역을 클릭합니다. [머리글/바닥글 도구]–[디자인] 탭–[머리글/바닥글 요소] 그룹에서 [페이지 번호]를 클릭하고 『/』를 입력한 후 [페이지 수]를 클릭합니다. 다른 공간을 클릭하여 바닥글 작성을 완성합니다.

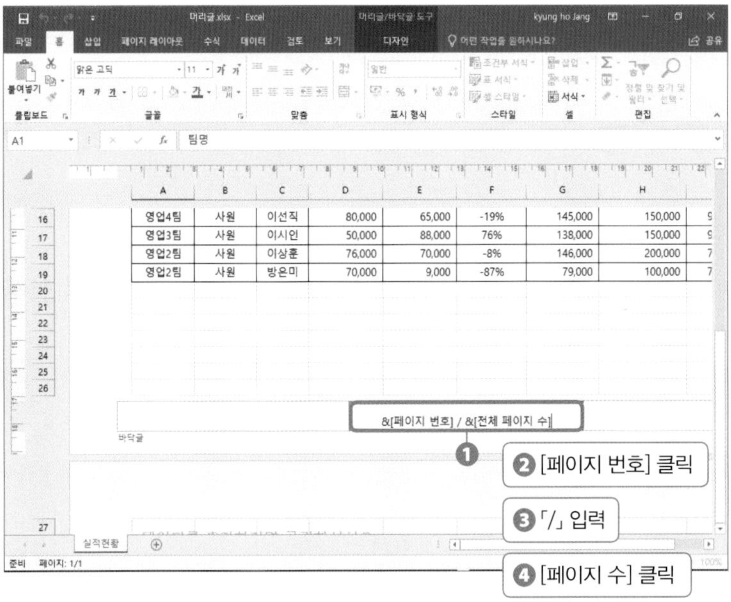

05 [파일] 탭에서 [인쇄]를 클릭합니다. [인쇄 미리 보기 화면]에서 머리글과 바닥글이 제대로 설정되었는지 확인합니다.

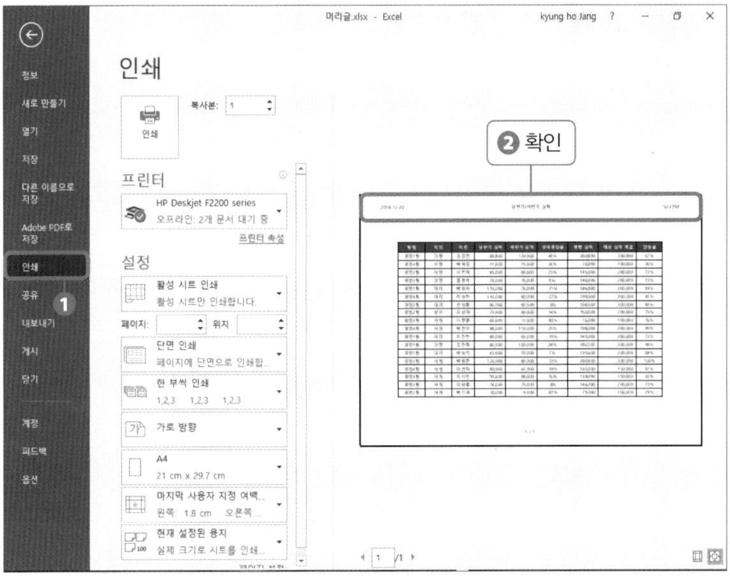

050

★★★★☆
활용 기능

사용한 기능 | 인쇄, 워터마크, 머리글, 바닥글

회사 로고를 워터마크로 표시하여 인쇄하기

엑셀 문서를 인쇄할 때 회사 로고 등을 워터마크 형식으로 만들어 배경에 넣을 수 있습니다. 물론, 도형을 이용하여 매 페이지마다 넣을 수 있겠지만 이보다는 머리글, 바닥글을 이용하면 편리합니다.

사용 가능 버전 2010 2013 2016 2019 365

예제 파일 Excel\Chapter 04\통합견적서.xlsx, 로고.png
완성 파일 Excel\Chapter 04\통합견적서_완성.xlsx

01 [파일] 탭-[인쇄]-[페이지 설정]을 클릭합니다. [페이지 설정] 대화상자가 나타나면 [머리글/바닥글] 탭에서 [바닥글 편집]을 클릭합니다.

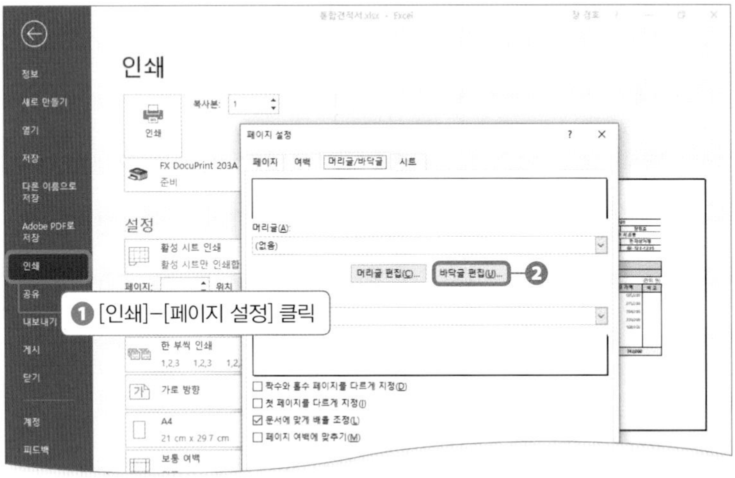

02 [바닥글] 탭이 표시되면 [가운데 구역]을 클릭한 후 [그림]을 클릭합니다. [그림 삽입] 대화상자이 나타나면 [파일에서]-[찾아보기]를 클릭합니다.

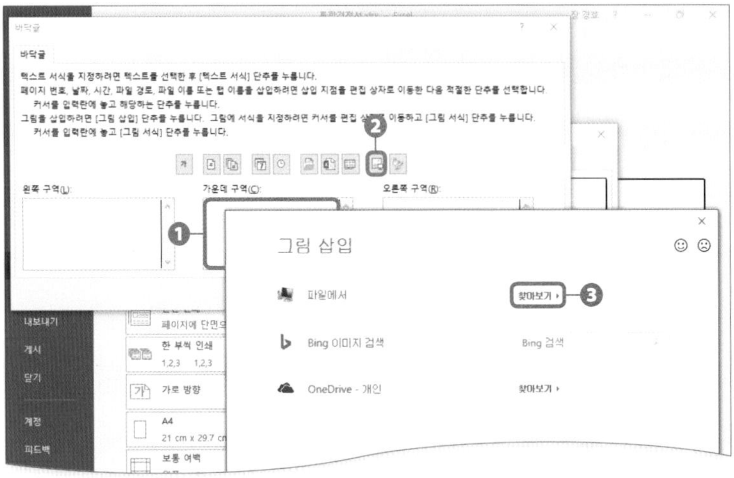

03 원하는 그림(로고.png)을 선택하고 [삽입]을 클릭합니다.

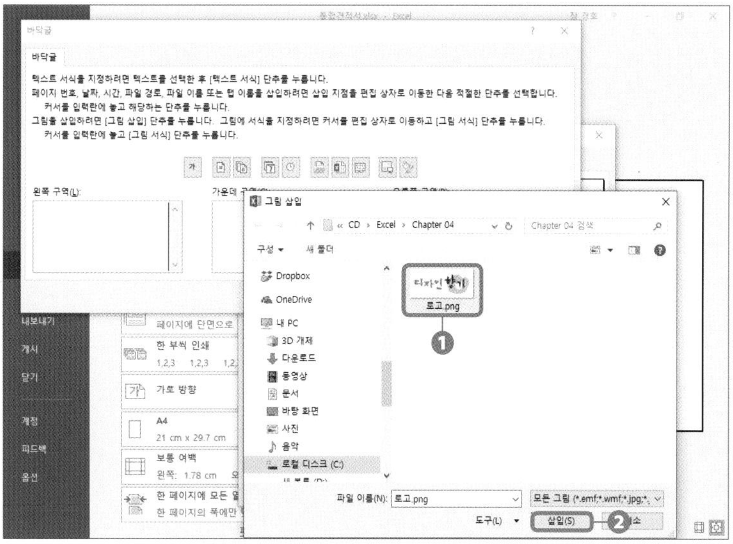

04 그림이 등록되면 아래와 같이 '&[그림]'이라는 문구가 나타납니다. [확인]을 클릭합니다.

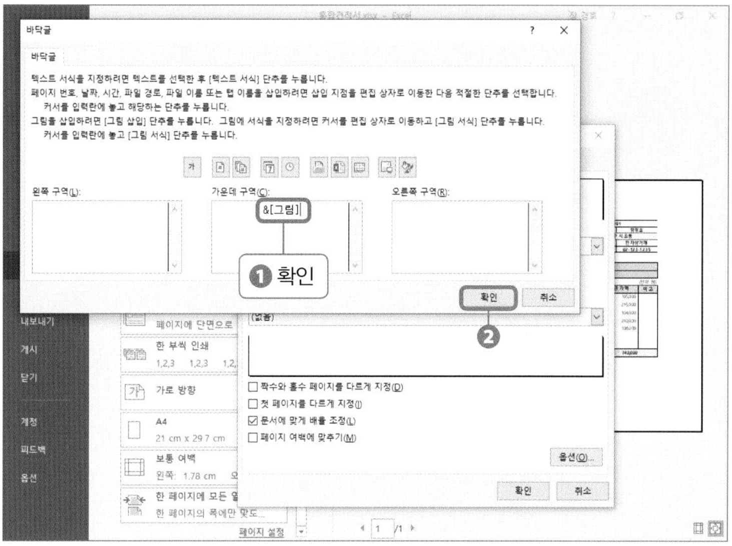

05 [페이지 설정] 대화상자가 다시 표시되면 바닥글에 삽입된 이미지를 확인한 후 [인쇄 미리 보기]를 클릭합니다.

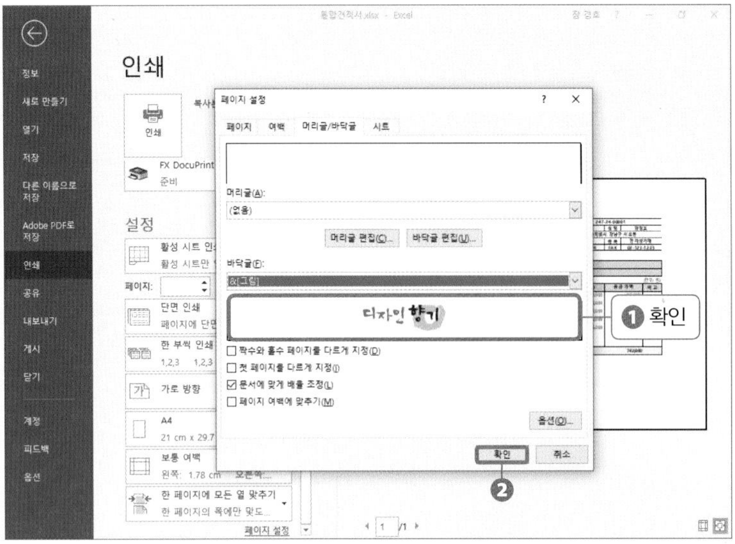

06 인쇄 미리 보기 창이 나타나면 로고가 바닥글에 정상적으로 삽입되었는지 확인합니다.

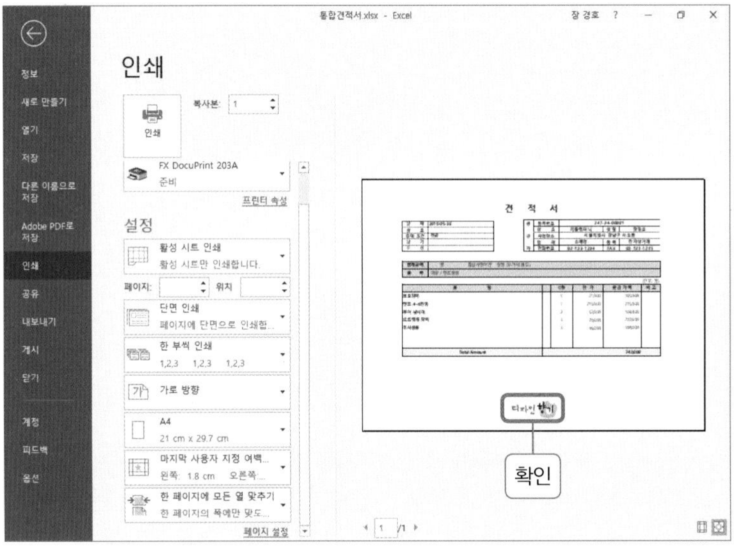

사용한 기능 | 인쇄, 인쇄 영역 설정

051

기본 기능

여러 시트의 데이터를 한 번에 인쇄하기

여러 시트를 모두 인쇄해야 할 경우 첫 번째 시트의 인쇄가 끝나기 기다렸다가 두 번째 시트를 인쇄하는 것이 아니라, 인쇄하고 싶은 시트를 한 번에 인쇄할 수 있습니다.

사용 가능 버전 2010 2013 2016 2019 365

예제 파일 Excel\Chapter 05\통합견적서.xlsx
완성 파일 없음

01 인쇄할 셀 범위를 선택한 후 [페이지 레이아웃] 탭–[페이지 설정] 그룹에서 [인쇄 영역]–[인쇄 영역 설정]을 선택합니다.

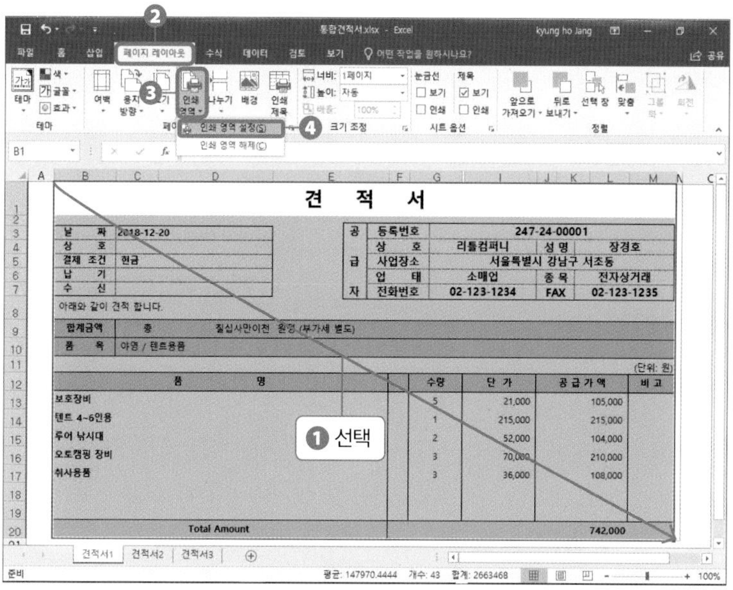

TIP 각각의 시트에 작성된 내용이 다르면 한 번에 여러 시트의 인쇄 범위를 지정할 수 없습니다.

02 Ctrl을 누른 상태에서 인쇄하고 싶은 시트를 모두 선택합니다.

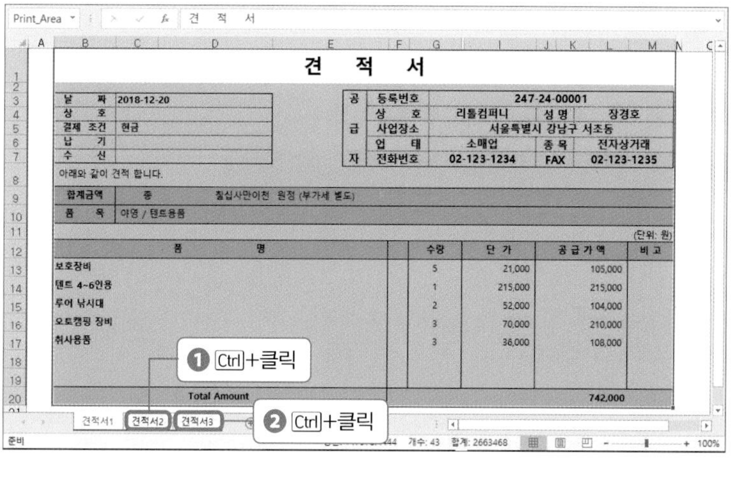

03 [파일] 탭-[인쇄]를 클릭하여 미리 보기 창을 통해 인쇄 영역이 제대로 설정되었는지 확인 후 [인쇄]를 선택합니다.

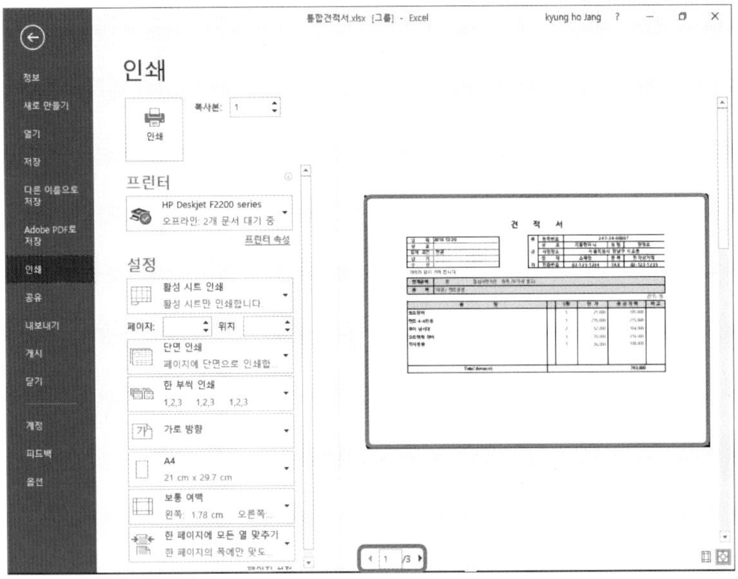

자주하는 질문

Q 워크시트에 있는 눈금선도 함께 인쇄하고 싶어요.

A 엑셀의 워크시트나 통합 문서의 눈금선은 기본적으로 인쇄되지 않습니다.
하지만 눈금선을 인쇄하고 싶다면 [페이지 레이아웃] 탭-[시트 옵션] 그룹에서 [눈금선]-[인쇄]에 체크 표시를 합니다. 그런 다음 인쇄를 해 보세요.

참고로, [제목]-[인쇄]에 체크 표시를 하면 행 및 열 머리글도 함께 인쇄됩니다.

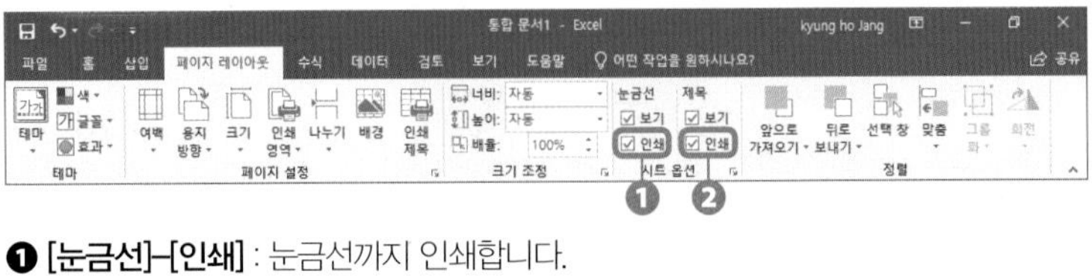

❶ **[눈금선]-[인쇄]** : 눈금선까지 인쇄합니다.
❷ **[제목]-[인쇄]** : 행 및 열 머리글까지 인쇄합니다.

052

기본 기능

사용한 기능 | 인쇄, 셀 오류 표시

오류가 있는 셀은 출력하지 않도록 설정하기

엑셀에서 발생하는 오류는 보통 함수를 사용하여 수식의 결과값에 오류가 발생하여 이루어지는 경우가 대부분인데요. 인쇄할 때 굳이 이런 오류를 표시할 필요는 없겠죠? 여기서는 오류값을 빈칸으로 만들어 인쇄하는 방법에 대해서 살펴보겠습니다.

사용 가능 버전 2010 2013 2016 2019 365

예제 파일 Excel\Chapter 05\오류.xlsx
완성 파일 없음

01 [페이지 레이아웃] 탭-[페이지 설정] 그룹에서 대화상자 표시 아이콘을 클릭합니다. [페이지 설정] 대화상자가 나타나면 [셀 오류 표시] 화살표를 클릭한 후 '〈공백〉'을 선택합니다. [인쇄 미리 보기]를 클릭합니다.

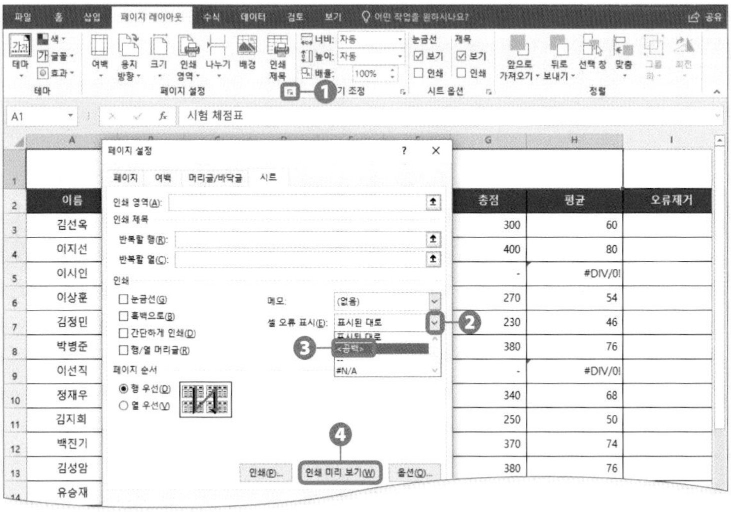

02 인쇄 미리 보기 창이 표시됩니다. 미리 보기 창의 [확대] 아이콘을 클릭하면 인쇄 미리 보기 화면을 확대할 수 있습니다. [확대] 아이콘을 클릭해 오류 표시가 공백 처리되었는지 확인합니다.

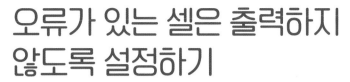

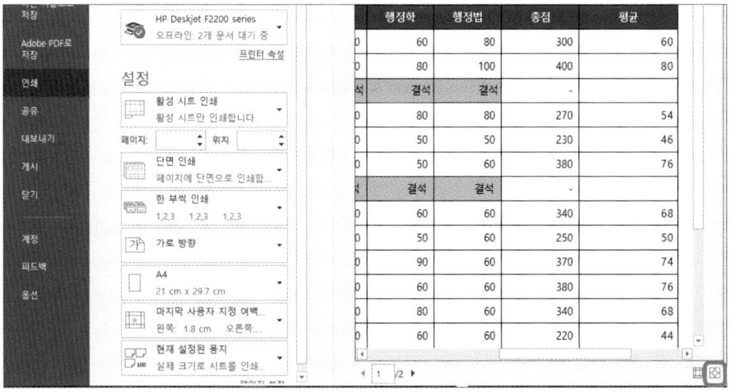

사용한 기능 | 전체 화면 인쇄 미리 보기

053

기본 기능

전체 화면 인쇄 미리 보기 추가하기

엑셀에서 인쇄 미리 보기는 지금까지 다룬 것처럼 [파일] 탭-[인쇄]에서 작은 창으로 미리 보기를 할 수 있었습니다. 하지만, 엑셀 2007 이하에서 제공하던 [인쇄 미리 보기] 화면은 워크시트 화면에서 미리 보기를 할 수 있어서 꽤 편리했던 것이 사실입니다. 이전 버전에서 제공하던 [엑셀 미리 보기] 화면이 익숙한 분이라면 [전체 화면 인쇄 미리 보기] 단추를 빠른 실행 도구 모음에 추가해서 활용할 수 있습니다.

사용 가능 버전 2010 2013 2016 2019 365

예제 파일 Excel\Chapter 05\인쇄미리보기.xlsx
완성 파일 없음

01 [파일] 탭-[옵션]을 클릭하여 [Excel 옵션] 대화상자를 불러온 후 [빠른 실행 도구 모음]을 선택합니다. [명령 선택]에서 [모든 명령]을 선택하고 목록에서 [전체 화면 인쇄 미리 보기]를 선택합니다. [추가], [확인]을 차례대로 클릭합니다.

02 빠른 실행 도구 모음에 [전체 화면 인쇄 미리 보기] 단추가 추가됩니다. [전체 화면 인쇄 미리 보기]를 클릭하면 인쇄 미리 보기 화면이 나타납니다.

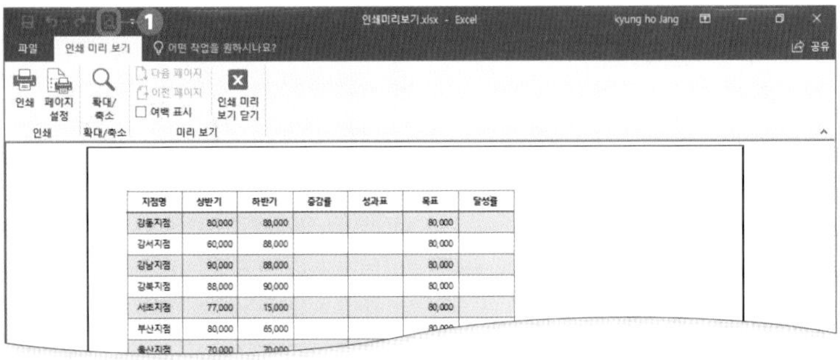

사용한 기능 | 데이터 가져오기 및 변환, 텍스트, CSV, 텍스트 마법사, 쿼리 및 연결

054

기본 기능

CSV 파일이나 TXT 파일을 엑셀에서 활용하기

웹상에 저장한 주소록이나 가계부, 본인의 은행 송금 자료 등은 CSV 파일로 다운로드가 가능합니다. CSV 파일이나 TXT 파일은 간단한 변환 작업만으로도 엑셀에서 활용할 수 있습니다. 이런 종류의 데이터베이스를 가져오는 방법에 대해서 살펴보겠습니다.

사용 가능 버전 2010 2013 2016 2019 365

예제 파일 Excel\Chapter 05\물품대금결제.csv, 물품대금결제.txt
완성 파일 Excel\Chapter 05\물품대금결제_완성.xlsx

01 외부 데이터를 가져오기 위해 [데이터] 탭–[데이터 가져오기 및 변환] 그룹에서 [텍스트] 혹은, [텍스트/CSV]를 클릭합니다. [데이터 가져오기] 대화상자가 나타나면 '물품대금결제.csv' 파일 혹은, '물품대금결제.txt' 파일을 선택한 후 [가져오기]를 클릭합니다.

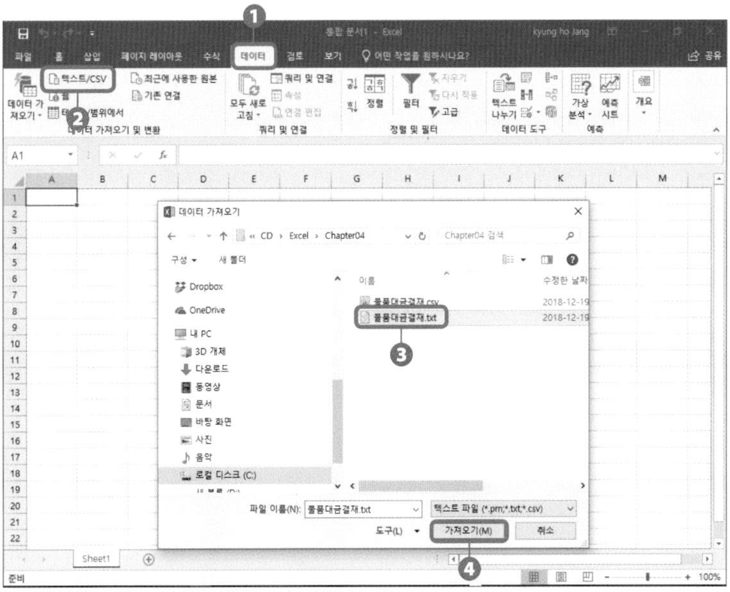

TIP
엑셀 통합 문서에서 가져올 수 있는 텍스트 파일은 TXT, PRN, CSV 등이 있습니다. 다른 프로그램에서 만든 텍스트 파일을 엑셀에서 열 수 있으며, 이런 파일을 엑셀에서 열어도 해당 파일의 형식은 바뀌지 않습니다.

02 텍스트 마법사가 열립니다. [구분 기호]에 [쉼표]가 선택되어 있는지를 확인한 후 [로드]를 클릭합니다.

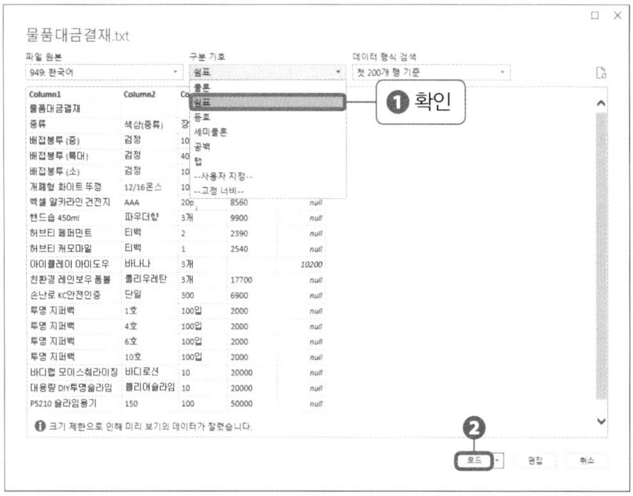

> **TIP**
> 이전 버전에서는 [텍스트 마법사] 대화상자가 단계별로 표시됩니다. [텍스트 마법사-3단계 중 1단계] 대화상자가 표시되면 구분자가 어떤 형태로 삽입되었는지를 확인한 후 구분자를 선택해 주면 됩니다. 참고로 본 예제에서 사용한 구분자는 쉼표(,)입니다. 예제 파일에서 쉼표(,)를 사용했으므로 '구분 기호로 분리됨'을 선택한 다음 [다음]을 누릅니다. 다음 단계로 넘어가면 가져온 데이터를 확인한 후 [다음]을 눌러 엑셀로 불러오면 됩니다.

03 잠시 후 엑셀로 데이터가 변환되어 표시됩니다. 외부 데이터를 가져오면 기존 파일과 동일한 내용을 엑셀에서 쉽게 볼 수 있고 원하는 형식으로 데이터를 활용할 수 있습니다. 참고로 [E12] 셀과 같이 입력에 오류가 발생하는 경우가 있습니다. 이는 간단히 해결할 수 있습니다. 일단, 외부 데이터를 한 번 더 동일하게 삽입해 보겠습니다.

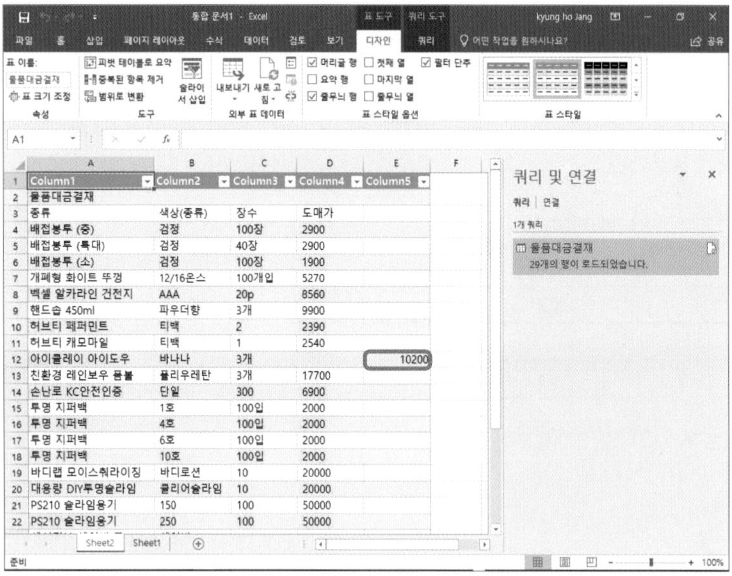

> **TIP**
> 오류가 발생하는 이유는 다양하지만, 보통은 가져온 파일에 쉼표(,) 연속으로 포함되어 있거나, 가격과 같은 숫자에 천자리 쉼표(,)가 포함되어 있으면 이런 현상이 종종 발생합니다.

04 기존 연결을 이용하면 기존에 연결한 데이터를 한 번 더 가져올 수 있습니다. [데이터] 탭–[데이터 가져오기 및 변환] 그룹에서 [기존 연결]을 클릭합니다. [기존 연결] 대화상자가 나타나면 [쿼리 – 물품대금결제]를 선택한 후 [열기]를 클릭합니다.

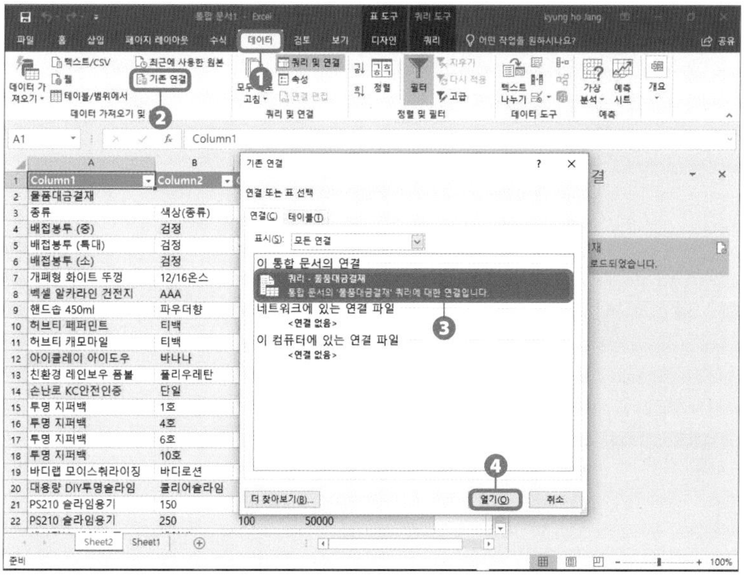

05 [데이터 가져오기] 대화상자가 나타나면 [기존 워크시트] 입력란을 클릭한 후 [A32] 셀을 선택합니다. [확인]을 클릭합니다.

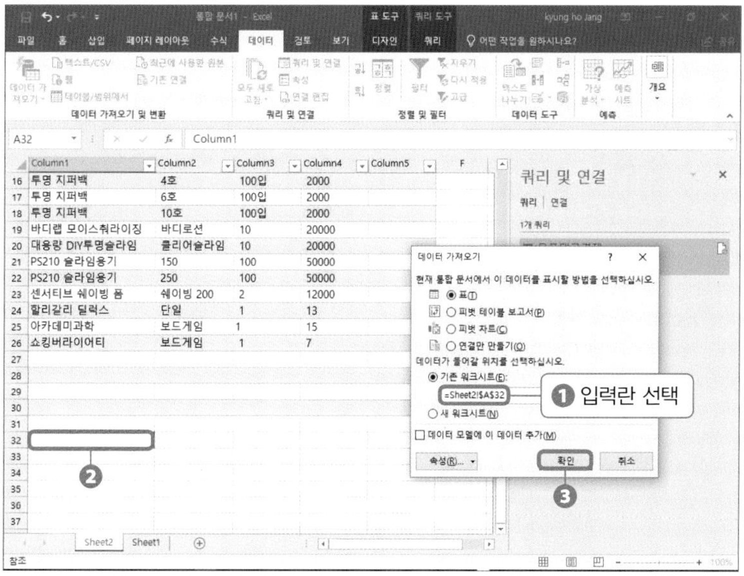

06 [A32] 셀에 외부 연결 문서가 동일하게 삽입됩니다. 하지만 앞선 따라하기에서 언급했듯이 불러온 원본 파일에 약간의 오류가 있는 걸 확인할 수 있습니다. 원본 파일을 수정하면 연결 문서에도 동일하게 수정됩니다. 이를 확인해 보겠습니다.

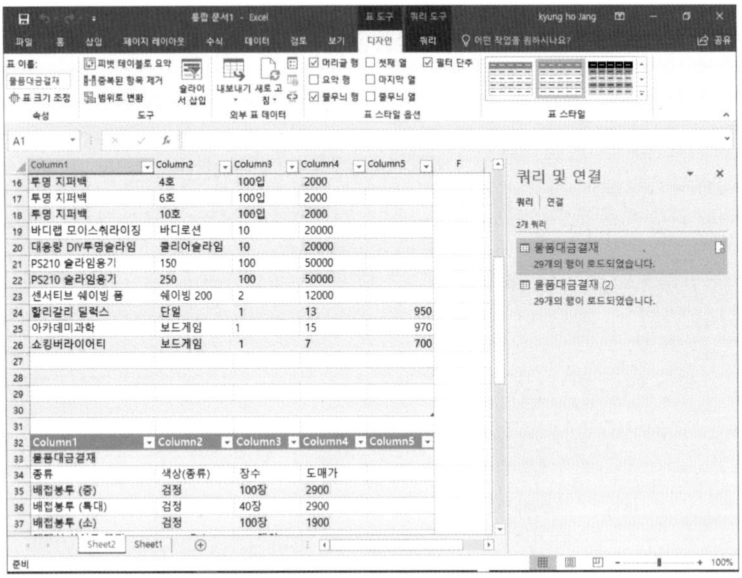

07 외부 연결 문서인 '물품대금결제.csv' 파일이나 '물품대금결제.txt' 파일을 메모장에서 엽니다. 잘못된 부분을 찾아 수정한 후 파일을 저장합니다.

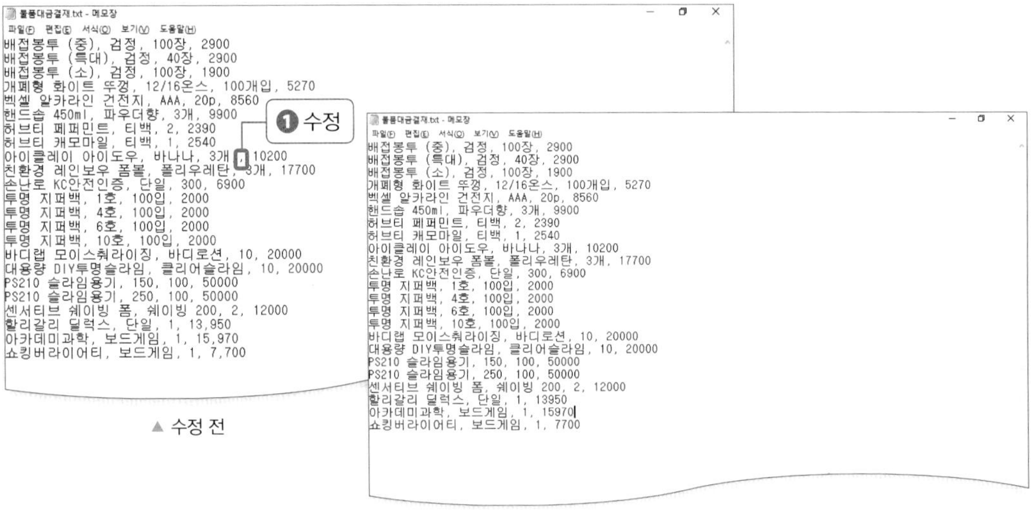

▲ 수정 전

▲ 수정 후

08 외부 연결 문서의 내용을 새로 고침하겠습니다. 2개의 표 중에서 하단 부분에 있는 표를 선택하고 [데이터] 탭–[연결] 그룹에서 [새로 고침]–[새로 고침]을 클릭하거나, [표 도구]–[디자인] 탭–[외부 표 데이터] 그룹에서 [새로 고침]–[새로 고침]을 클릭합니다.

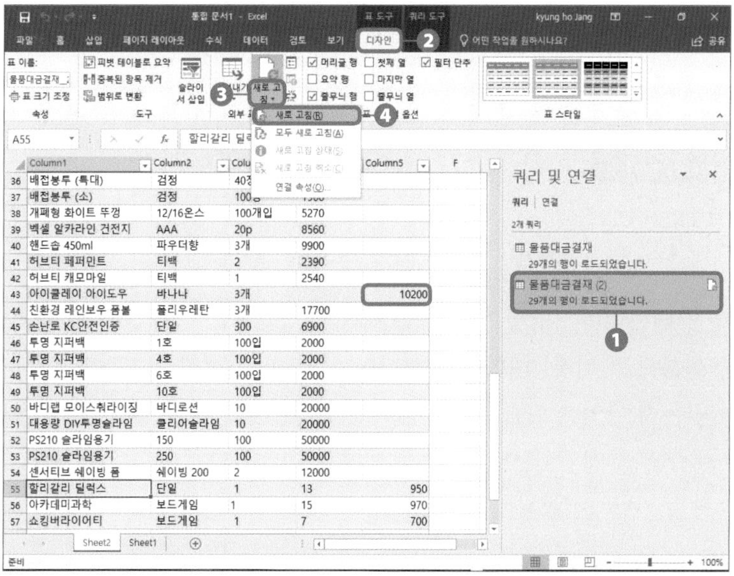

> **TIP**
>
> 외부 연결 문서가 여러 개 있더라도 파일 업데이트는 개별적으로 할 수 있습니다. [모두 새로 고침]을 선택하면 연결 문서 모두에 새로 고침이 적용됩니다. 지금처럼 현재 선택 중인 외부 연결 문서의 내용만 업데이트하려면 [새로 고침]을 클릭하면 됩니다.

09 메모장에서 수정한 부분이 반영되어 표시되는 것을 확인할 수 있습니다. 이처럼 외부 연결 문서를 통해 엑셀에서 데이터를 쉽게 관리할 수 있습니다.

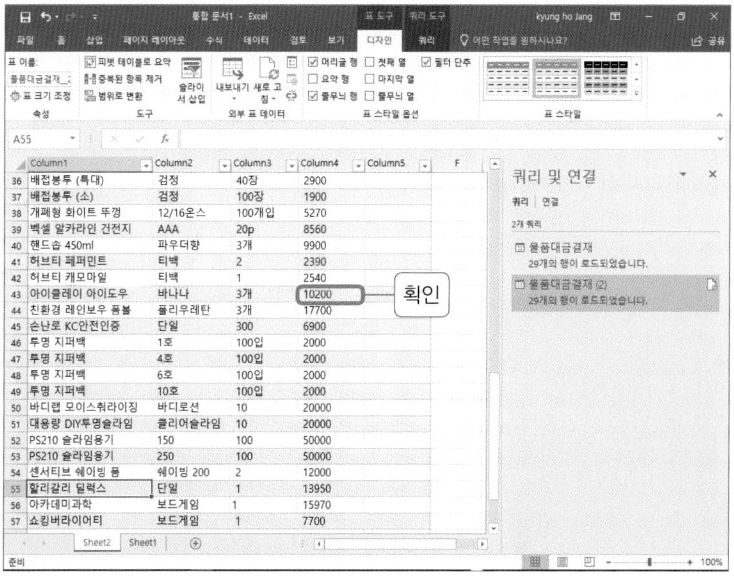

사용한 기능 | 파일 형식 변경, 호환성 검사

055
기본 기능

엑셀 97-2003 이전 버전으로 저장하기

엑셀 2003처럼 이전 버전을 사용하는 사용자에게 엑셀 2016이나 2019 문서를 공유하면 통합 문서를 읽을 수 없는 경우가 발생합니다. 이전 버전을 사용하는 사용자에게 문서를 공유해야 한다면 이전 버전 형식으로 변환하여 파일을 공유하는 것이 좋습니다.

사용 가능 버전	
2010 2013 2016 2019 365	**예제 파일** Excel\Chapter 05\시세변동.xlsx **완성 파일** Excel\Chapter 05\시세변동_완성.xlsx

01 [파일] 탭-[내보내기]를 선택합니다. [파일 형식 변경]에서 [Excel 97 – 2003 통합 문서]를 두 번 클릭합니다. [다른 이름으로 저장] 대화상자가 나타나면 [파일 형식]이 'Excel 97 – 2003 통합 문서'로 변경되어 있는지 확인한 다음 [파일 이름]에 원하는 이름을 입력한 후 [저장]을 클릭합니다.

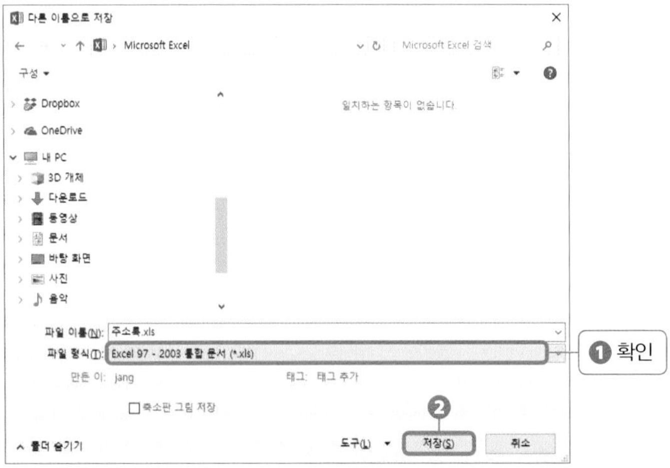

02 이전 버전에서 지원하지 않는 기능이 포함된 경우에는 [호환성 검사] 대화상자가 나타납니다. [계속]을 클릭하면 이전 버전에서 호환이 가능하도록 기능이 변경되어 저장되며, [이 통합 문서를 열 때 모든 수식이 다시 계산되도록 하시겠습니까?] 경고 창이 나타나면 [예]를 클릭합니다.

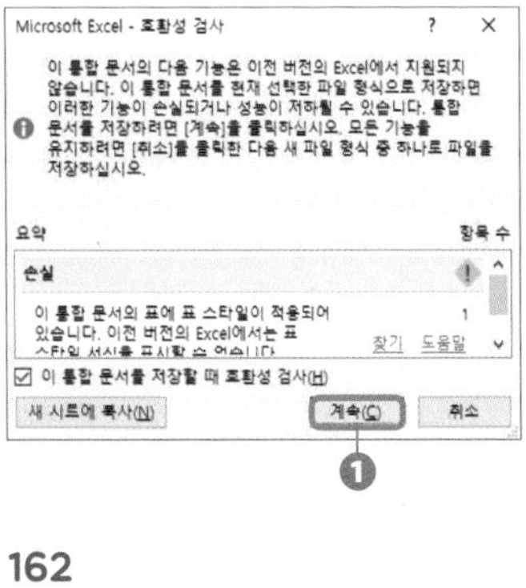

056

기본 기능

사용한 기능 | 호환 모드, 변환

변환을 통해 이전 데이터를 현재 버전으로 업데이트하기

문서 상단의 제목 표시줄에 [호환 모드]라는 메시지가 표시되는 것을 본 적이 있을 겁니다. 이것은 엑셀 2003과 같은 이전 버전의 문서를 열었을 때 표시되는 문구로서 현재 사용하는 버전과 맞지 않을 경우에 표시됩니다. 이를 데이터 손실 없이 현재 버전으로 업데이트해 보겠습니다.

사용 가능 버전 2010 2013 2016 2019 365

예제 파일 Excel\Chapter 05\제품목록.xls
완성 파일 Excel\Chapter 05\제품목록.xlsx

01 예제 파일을 열면 제목 표시줄에 '[호환 모드]'라는 메시지가 표시됩니다. [파일] 탭–[정보]를 클릭한 후 [변환]을 클릭합니다.

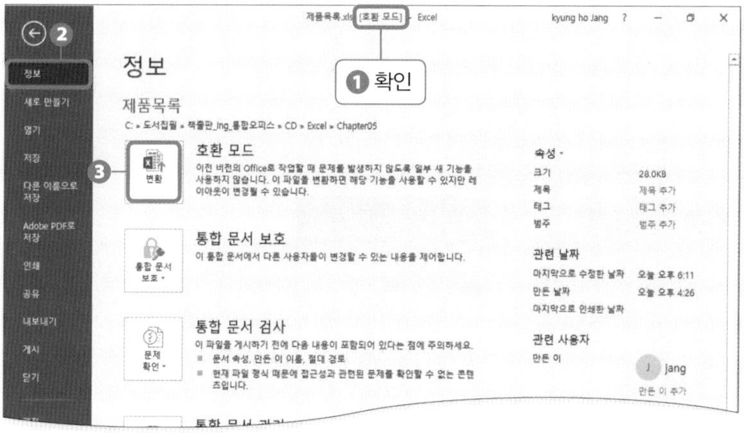

02 [다른 이름으로 저장] 대화상자가 나타나면 저장을 원하는 폴더를 지정한 후 [저장]을 클릭합니다.

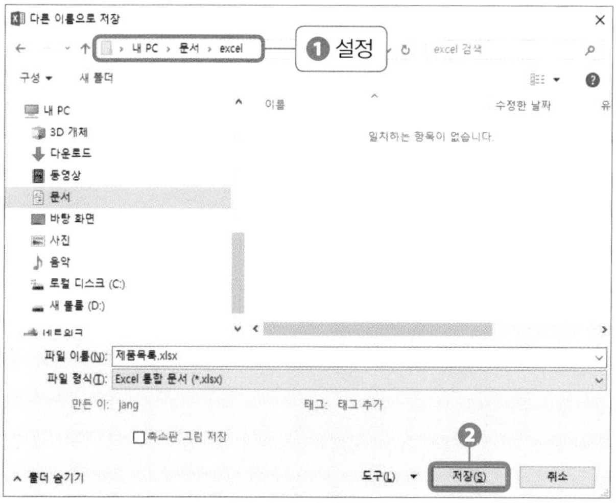

03 현재 파일 형식으로 통합 문서를 변환한다는 메시지 창이 나타납니다. [예]를 클릭합니다.

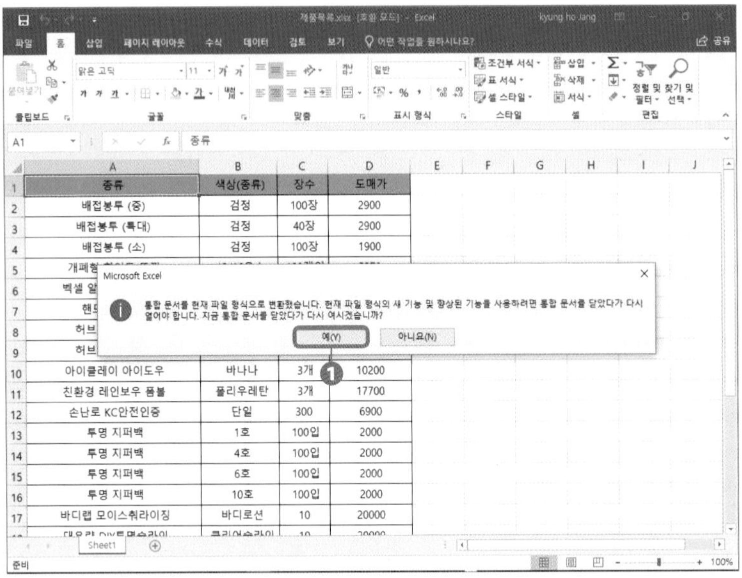
제품목록.xlsx [호환 모드] - Excel
Microsoft Excel
통합 문서를 현재 파일 형식으로 변환했습니다. 현재 파일 형식의 새 기능 및 향상된 기능을 사용하려면 통합 문서를 닫았다가 다시 열어야 합니다. 지금 통합 문서를 닫았다가 다시 여시겠습니까?
예(Y)
아니요(N)
1

04 [호환 모드] 표시가 제목 표시줄에서 사라집니다.

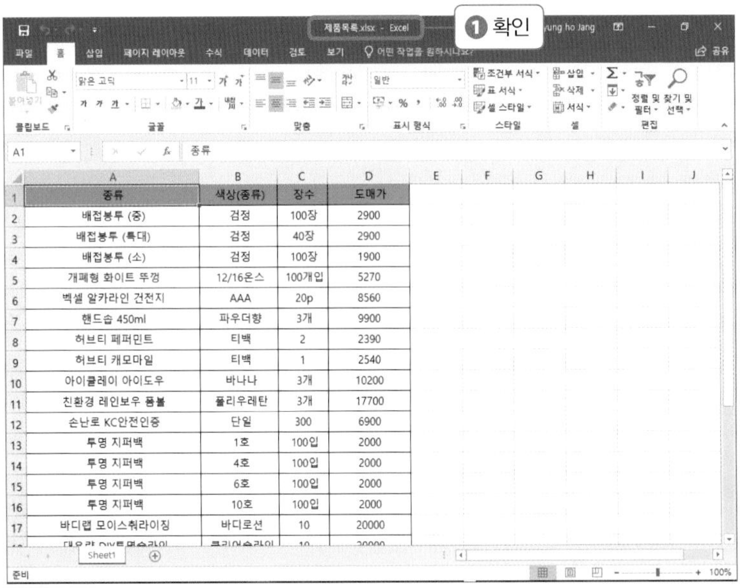
제품목록.xlsx - Excel
1 확인

CHAPTER 05 : 기타 업무 기술

PART 01 : 엑셀편

MEMO

초보 직장인이라면
반드시
알아야 할

파워포인트편

PART 2

CHAPTER 01 텍스트 응용 기술
CHAPTER 02 레이아웃 및 디자인 기술
CHAPTER 03 프레젠테이션 활용 기술
CHAPTER 04 기타 업무 기술

CHAPTER

1

텍스트 응용 기술

파워포인트는 텍스트가 80%를 차지합니다. 물론 여기서 말하는 텍스트는 단순한 텍스트가 아니라 다양한 디자인 기술이 들어간 텍스트를 말합니다. 파워포인트에서 제공하는 텍스트만 제대로 파악하고 제대로 익혀도 멋진 슬라이드 디자인이 가능합니다. 무슨 일이든지 기본만큼 중요한 것은 없듯이 여기서는 파워포인트의 텍스트 기능을 제대로 파악하고 가겠습니다.

배워 볼 내용

[파워포인트 소개] **001** 프레젠테이션 프로그램, 파워포인트(PPT) 소개

[인터넷 폰트] **002** 파워포인트를 120% 활용하기 위해 인터넷 폰트 가져오기 필수 기능 ★★★★☆

[복사/붙여넣기] **003** 인터넷 문서를 파워포인트에 최적화해서 복사/붙여넣기

[개요 보기] **004** 메모장에 목차를 작성한 후 파워포인트로 한 번에 옮기기

[문자 간격] **005** 텍스트를 자유자재로 조정하는 문자 간격 기능 살펴보기 활용 기능 ★★★★☆

[눈금자] **006** 모두가 어려워하는 눈금자 기능 제대로 파악하기

[워드아트] **007** 새로운 텍스트 디자인을 연출하는 워드아트(WordArt) 필수 기능 ★★★☆☆

[그라데이션] **008** 두 가지 이상의 색상으로 완성하는 그라데이션 텍스트 채우기 필수 기능 ★★★☆☆

[저장하기] **009** 저장 옵션이나 CD용 패키지 기능을 활용해 글꼴 깨짐 현상 방지하기

[글꼴 변경] **010** 입력한 글꼴을 다른 글꼴로 한 번에 변경하기

001 프레젠테이션 프로그램, 파워포인트(PPT) 소개

프레젠테이션이란, 자신이 전달하고자 하는 바를 청중들에게 제대로 전달함으로써 원하는 목적을 달성하는 커뮤니케이션 방법을 말합니다. 그렇다면 프레젠테이션을 잘하려면 도구가 필요하겠죠? 이때 필요한 도구가 바로 파워포인트(PowerPoint)입니다.

■ 파워포인트 화면 구성

파워포인트만큼 직관적인 프로그램도 찾기 드뭅니다. 한두 번만 익혀도 손쉽게 따라 할 수 있는 프로그램이 바로 파워포인트인데 이를 제대로 활용하기 위해서는 리본 메뉴나 상황별 탭, 각종 작업 창 등 다양한 기능에 대해서 알고 있어야 합니다.

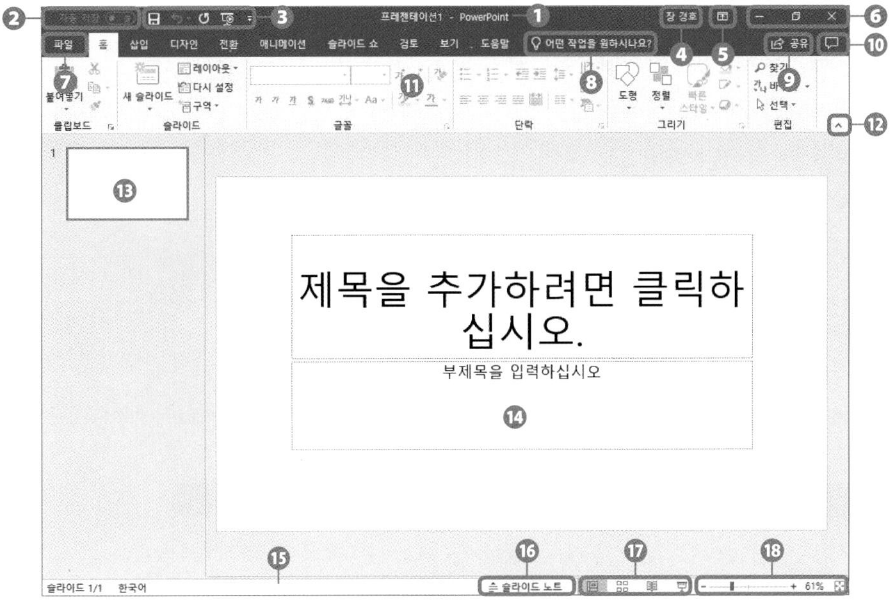

▲ 파워포인트 화면 구성

❶ **제목 표시줄** : 현재 작업 중인 슬라이드의 파일명이 표시됩니다.

❷ **자동 저장** : 오피스 365에 특화된 기능으로, 원드라이브와 같은 클라우드 서비스에 파일을 자동 저장할 수 있습니다.

❸ **빠른 실행 도구 모음** : 자주 사용하는 명령을 모아 놓은 도구 모음으로, 원하는 명령을 추가하거나 삭제할 수 있습니다.

❹ **로그인 정보** : 사용자의 로그인 정보를 확인할 수 있습니다.

❺ **리본 메뉴 표시 옵션** : 리본 메뉴를 숨기거나 탭, 명령 표시 옵션을 설정할 수 있습니다.

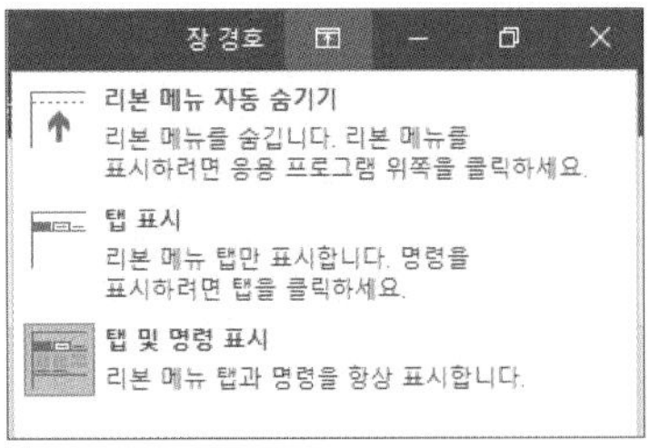

❻ **창 조절 단추** : 현재 문서의 창을 최소화, 최대화, 복원할 수 있으며, 파워포인트 창을 닫을 수 있습니다.

❼ **[파일] 탭** : [새로 만들기], [열기], [저장], [인쇄] 등의 기본적인 메뉴와 파워포인트의 다양한 옵션을 지정할 수 있는 [PowerPoint 옵션]을 제공합니다.

❽ **어떤 작업을 원하시나요?** : 원하는 키워드를 입력하여 기능 바로가기를 비롯해 도움말 정보를 얻을 수 있습니다.

❾ **공유** : 원드라이브라는 인터넷 클라우드에 문서를 공유할 수 있습니다.

❿ **메모** : 이 문서에 대한 메모를 확인하거나 새로 입력할 수 있습니다.

⓫ **리본 메뉴** : 파워포인트의 기능을 실행할 수 있습니다. [탭]과 [그룹]으로 구성되어 있으며, 각각의 그룹마다 비슷한 성격의 명령들로 묶여있습니다.

⓬ **리본 메뉴 축소 단추** : 슬라이드의 화면 확대 및 축소하거나 슬라이드를 현재 창 크기로 맞출 수 있습니다.

TIP PLUS

리본 메뉴와 탭, 그룹

엑셀이나 파워포인트, 워드 등 MS 오피스는 리본 메뉴라는 독특한 화면을 제공합니다. 각각의 탭 안에 비슷한 기능을 그룹으로 묶어놓았기에 편하게 기능을 찾아 실행할 수 있습니다.

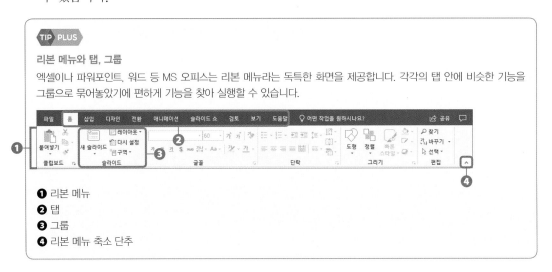

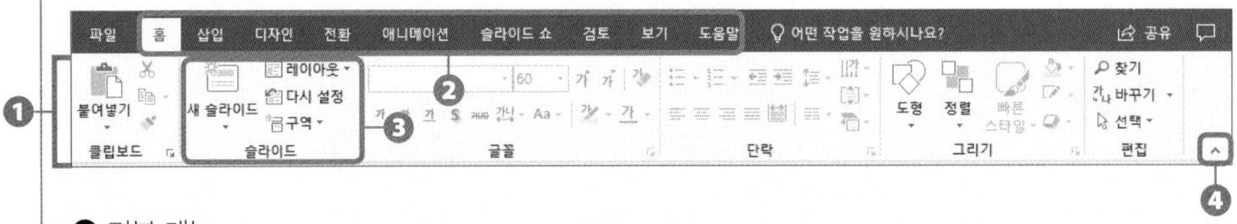

❶ 리본 메뉴
❷ 탭
❸ 그룹
❹ 리본 메뉴 축소 단추

⑬ **미리 보기 창** : 미리 보기 창을 통해 슬라이드 화면을 섬네일로 표시합니다.

⑭ **슬라이드 작업 창** : 제목 개체틀, 내용 개체틀을 비롯해 슬라이드 작업을 하는 공간입니다.

⑮ **상태 표시줄** : 슬라이드의 번호, 디자인 테마, 언어를 표시합니다.

⑯ **슬라이드 노트** : 슬라이드에 대한 시나리오나 간단한 설명 등을 텍스트로 입력할 수 있는 슬라이드 노트를 표시합니다.

⑰ **보기 단추** : 기본, 여러 슬라이드, 읽기용 보기, 슬라이드 쇼로 슬라이드를 보는 방법을 선택합니다.

⑱ **화면 확대/축소 단추** : 화면을 원하는 배율로 조절할 수 있습니다.

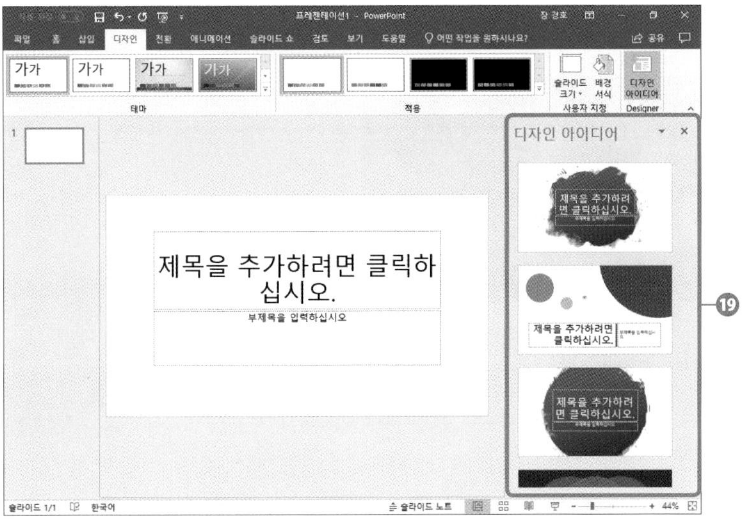

⑲ **옵션 창** : 선택하는 기능에 따라 다양한 옵션 창이 슬라이드 편집 화면 오른쪽에 나타납니다.

■ 4가지 작업 영역

파워포인트는 엑셀이나 워드와 다르게 여러 가지 화면으로 작업 영역이 나뉘게 됩니다. 파워포인트가 제공하는 4가지 작업 영역에 대해서 잠시 살펴보겠습니다.

1. [개요] 창

[개요] 창은 텍스트를 개요 형식으로 보여 줍니다. [개요] 창을 통해 내용을 빠르게 요약, 정리할 수 있습니다.

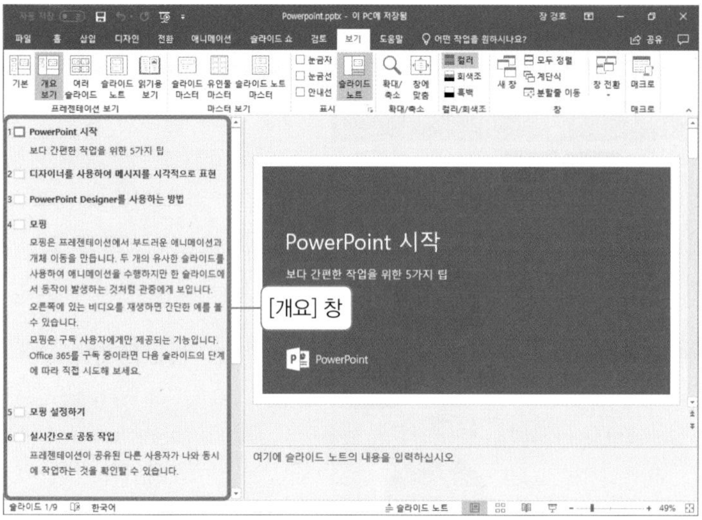

> **TIP**
> [개요] 창은 상태 표시줄의 [슬라이드 노트] 단추 오른쪽에 있는 [기본] 단추를 클릭해서 열 수 있습니다. 또한, [보기] 탭–[프레젠테이션 보기] 그룹–[개요 보기]를 클릭해서 열 수 있습니다.

2. [슬라이드] 미리 보기 창

슬라이드를 축소판 그림으로 표시합니다. 축소판 그림을 사용하면 쉽게 슬라이드의 구성을 확인할 수 있으며, 슬라이드를 정렬할 수 있습니다.

3. [슬라이드] 편집 창

실제 슬라이드 작업이 이루어지는 공간으로 텍스트를 추가하고, 다양한 멀티미디어 기능 및 개체를 삽입할 수 있습니다.

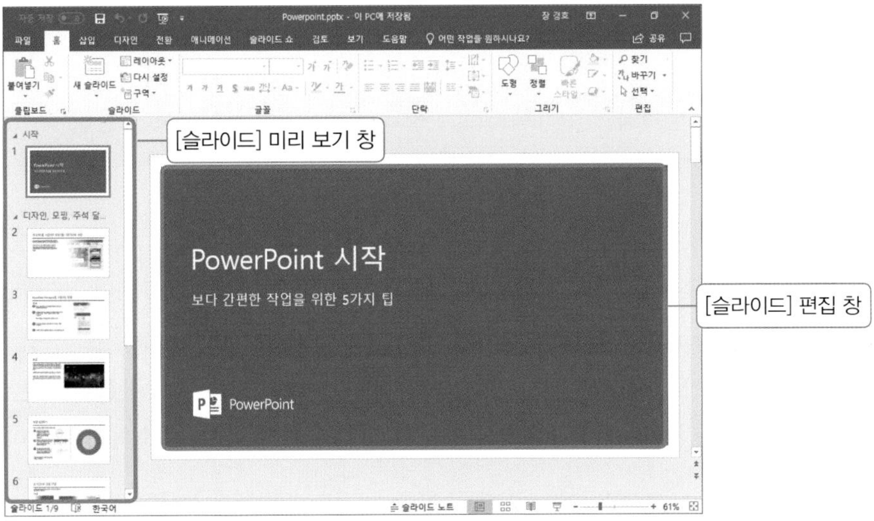
[슬라이드] 미리 보기 창
[슬라이드] 편집 창
PowerPoint 시작
보다 간편한 작업을 위한 5가지 팁
PowerPoint

4. [슬라이드] 노트 창

[슬라이드] 편집 창 아래에는 현재 슬라이드와 관련된 내용을 입력할 수 있는 [슬라이드] 노트 창이 있습니다. [노트] 창에는 현재 슬라이드에 해당하는 내용을 입력할 수 있으며, [슬라이드] 노트 창에 입력하는 내용은 슬라이드 쇼를 진행할 때에는 나타나지 않습니다.

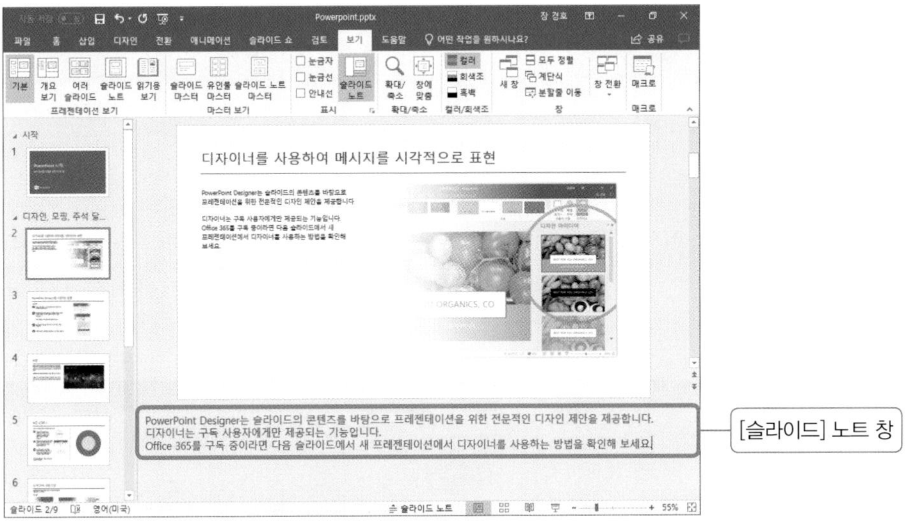
디자이너를 사용하여 메시지를 시각적으로 표현
PowerPoint Designer는 슬라이드의 콘텐츠를 바탕으로 프레젠테이션을 위한 전문적인 디자인 제안을 제공합니다.
디자이너는 구독 사용자에게만 제공되는 기능입니다.
Office 365를 구독 중이라면 다음 슬라이드에서 새 프레젠테이션에서 디자이너를 사용하는 방법을 확인해 보세요.
[슬라이드] 노트 창

TIP

[슬라이드] 노트 창을 불러오기 위해서는 상태 표시줄에서 [슬라이드 노트] 단추를 클릭합니다.

■ 새로운 기능

파워포인트 최신 버전에서는 슬라이드에서 부드러운 애니메이션을 만드는 데 도움이 되는 모핑 전환이 제공됩니다. 또한, 워드의 기능이었던 텍스트 형광펜을 파워포인트에서도 사용할 수 있습니다. 이 외에 파워포인트의 새로운 기능에 대해서 잠시 살펴보겠습니다.

1. 시각 효과

• 모핑 효과

오피스 365를 사용하거나 파워포인트 2019가 설치되어 있다면 모핑 기능을 사용할 수 있습니다. 모핑 전환 기능은 공통된 개체가 하나 이상 포함된 두 개의 슬라이드가 있어야 합니다. 모핑 효과가 적용되면 두 개의 슬라이드에서 공통되는 부분의 개체를 확대 혹은, 축소하여 부드러운 애니메이션을 만들 수 있습니다.

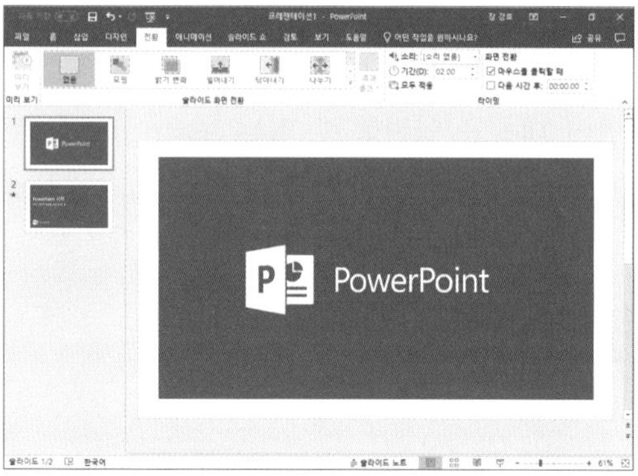

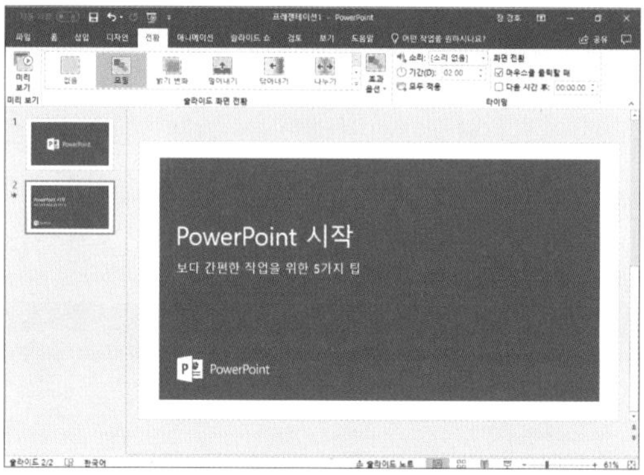

• 줌인/줌아웃 효과

혹시 프레지(Prezi)라고 들어보셨나요? 줌인, 줌아웃 기능으로 역동적인 애니메이션 효과를 줄 수 있는 도구로써 한동안 많은 인기를 끌었었습니다. 이제 그 기능을 파워포인트에서도 사용할 수 있습니다.

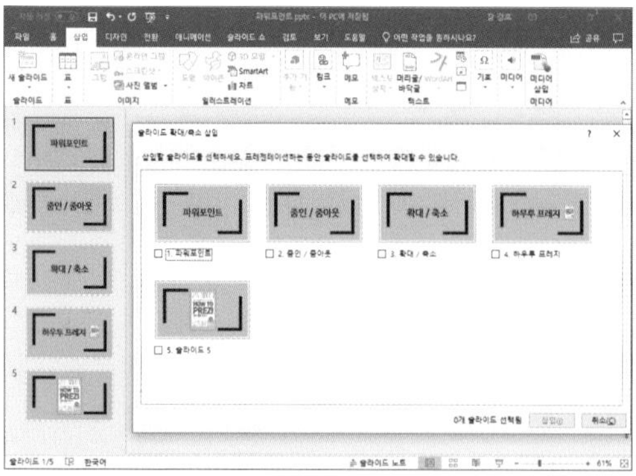

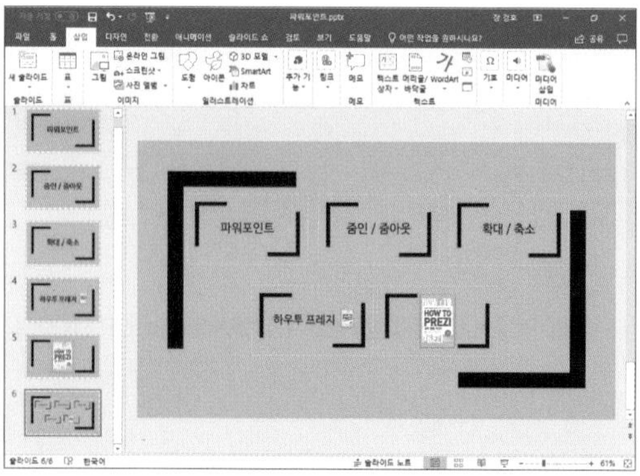

> **TIP**
> 프레지(Prezi)가 궁금한 독자는 저자가 집필한 영진닷컴의 '하우투 프레지(How to Prezi)' 도서를 참조하세요.

• 텍스트 형광펜

워드의 기능이었던 텍스트 형광펜을 파워포인트 2019에서 사용할 수 있습니다. 다양한 형광펜 색을 선택하여 슬라이드 상에서 특정 영역을 강조할 수 있습니다.

2. 그림 효과

• 벡터 그래픽

SVG(Scalable Vector Graphic) 이미지를 삽입하고 편집하여 선명한 개체를 슬라이드 상에서 만들 수 있습니다. SVG 이미지는 색을 변경하거나 확대/축소해도 해상도가 떨어지지 않습니다.

• 모델

3D 모델을 사용하여 시각적이고 창의적인 효과를 줄 수 있습니다. 360도 회전을 주거나 기울임을 통해 영화 같은 애니메이션을 만들 수 있습니다.

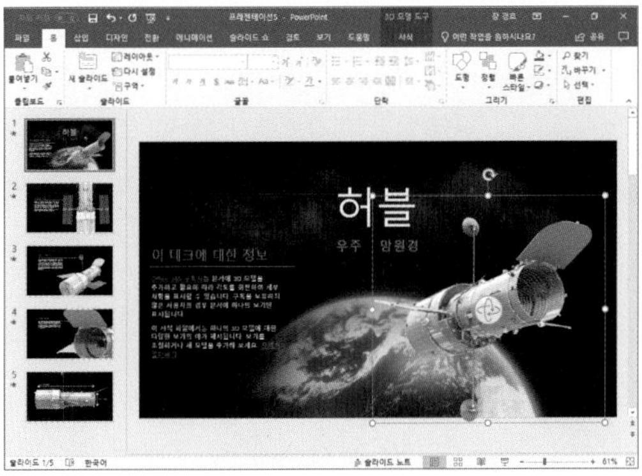

• 더 쉽게 배경 제거

사진 배경을 더 쉽게 제거할 수 있습니다. 기존에는 사진 배경을 제거할 때 직선을 그려 제거할 수 있었는데 이제는 자유 곡선으로도 그릴 수 있습니다.

• 4K로 내보내기

프레젠테이션을 동영상으로 내보낼 때 4K 해상도를 선택할 수 있습니다.

3. 기타

• 디지털 잉크

잉크 도구를 통해 개인 펜, 형광펜, 연필 집합 등 아이디어를 멋지게 표현할 수 있습니다.

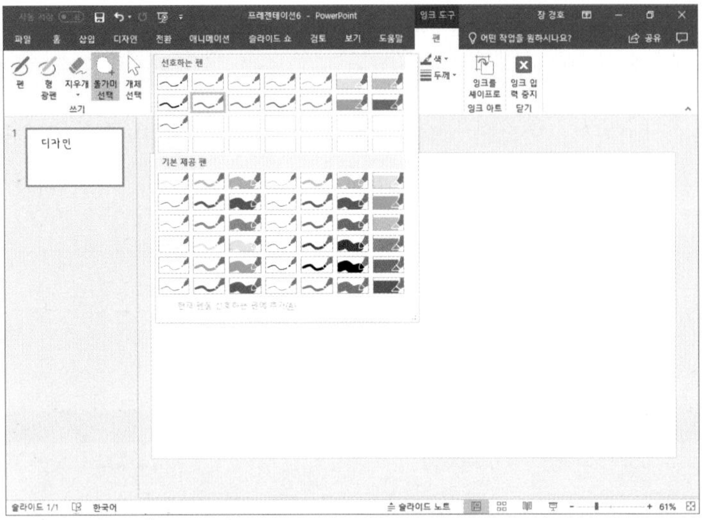

• 디지털 펜으로 슬라이드 쇼 진행

Surface 펜 또는, Bluetooth 단추가 있는 디지털 펜을 사용하여 슬라이드를 진행할 수 있습니다.

이 외에도 다양한 기능이 새롭게 등장했는데 파워포인트의 새로운 기능 도움말을 통해 더욱 자세히 살펴볼 수 있습니다. 파워포인트의 새로운 기능이 궁금하다면 저자의 블로그에서 확인하세요.

새로운 기능 : http://blog21.kr/221575982384

002
★★★★☆
필수 기능

사용한 기능 | 네이버 폰트, 나눔글꼴, 글꼴

파워포인트를 120% 활용하기 위해 인터넷 폰트 가져오기

저자가 생각하는 파워포인트의 핵심은 서체! 즉 컴퓨터에서 말하는 폰트(Font)입니다. 예전에는 굴림체, 돋움체, 궁서체와 같은 디자인이 다소 떨어지는 폰트로만 텍스트 입력을 했지만, 지금은 유명 포털이나 기업체에서 제공하는 인터넷 폰트를 활용해 예전보다 훨씬 완성도 높은 텍스트 디자인을 구성할 수 있게 되었습니다.

사용 가능 버전
2010 2013 2016 2019 365

예제 파일 없음
완성 파일 없음

01 인터넷 폰트를 활용해 파워포인트 디자인을 하려면 일단, 저작권에서 자유로운 폰트를 가져오는 것이 좋겠죠? 가장 대표적인 폰트가 바로 네이버에서 제공하는 나눔체입니다. 웹 브라우저를 열어 'http://hangeul.naver.com'에 접속합니다. 메뉴판에서 [나눔글꼴]을 선택한 후 [나눔글꼴 모음 설치하기]–[윈도우용]를 클릭합니다. [실행]을 클릭하여 서체를 설치합니다. [나눔글꼴 설치] 설치 창이 나타나면 나눔글꼴을 설치합니다.

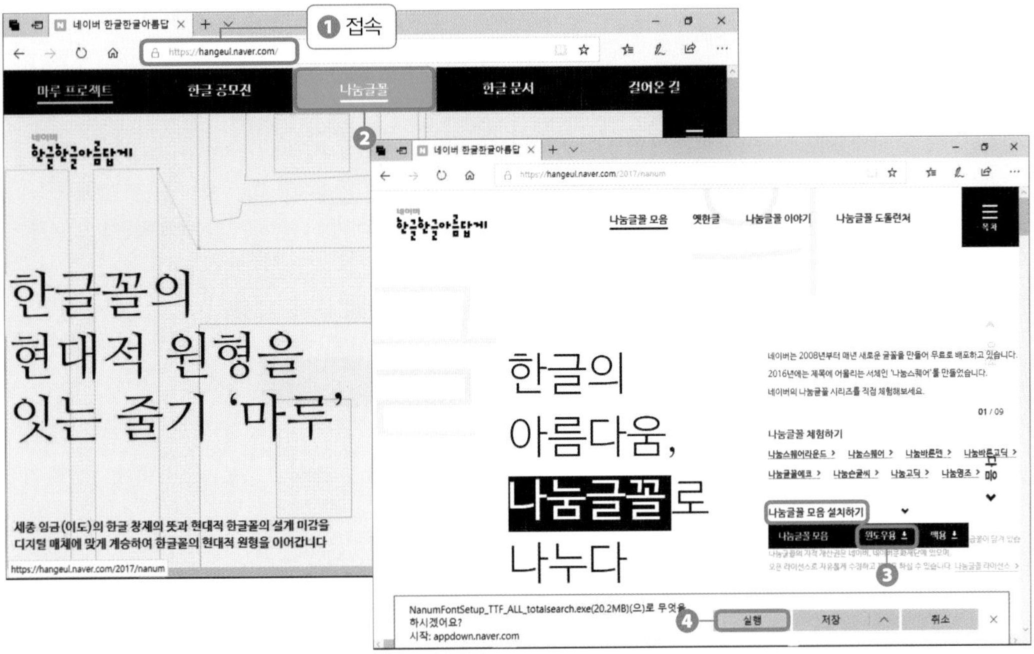

TIP

[나눔글꼴 모음 설치하기]–[맥용]은 매킨토시에서 사용할 수 있는 글꼴입니다.

02 파워포인트가 열려 있다면 종료한 후 다시 실행합니다. [홈] 탭–[글꼴] 그룹에서 [글꼴] 드롭다운 단추를 클릭해 나눔체가 제대로 설치되었는지 확인합니다.

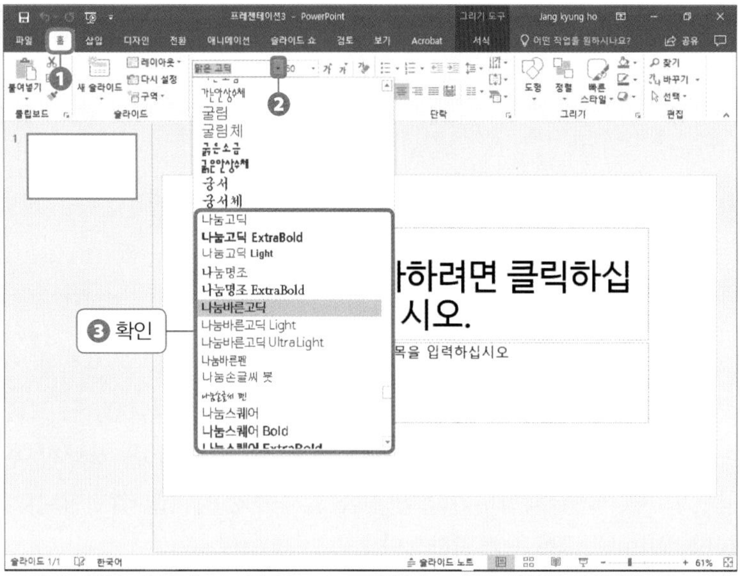

> **TIP**
> 무료 서체인 경우에도 상업적인 용도로 사용하려면 서체마다 약간의 제약 조건이 있을 수 있습니다. 대부분 자유롭게 사용할 수 있지만, BI, CI에는 쓸 수 없는 경우도 있습니다. 자세한 사항은 다운로드하는 인터넷 서체의 약관을 반드시 확인하기 바랍니다.

자주하는 질문

Q 네이버 서체 말고 무료로 이용할 수 있는 서체를 알 수 있을까요?

A 네이버 나눔체 이외에 인터넷에서 무료로 제공되는 서체는 생각보다 많습니다. 이런 서체를 인터넷에서 직접 찾아다니지 않더라도 네이버 소프트웨어 사이트의 [무료폰트] 페이지를 이용하면 한 번에 확인하고 설치할 수 있습니다.

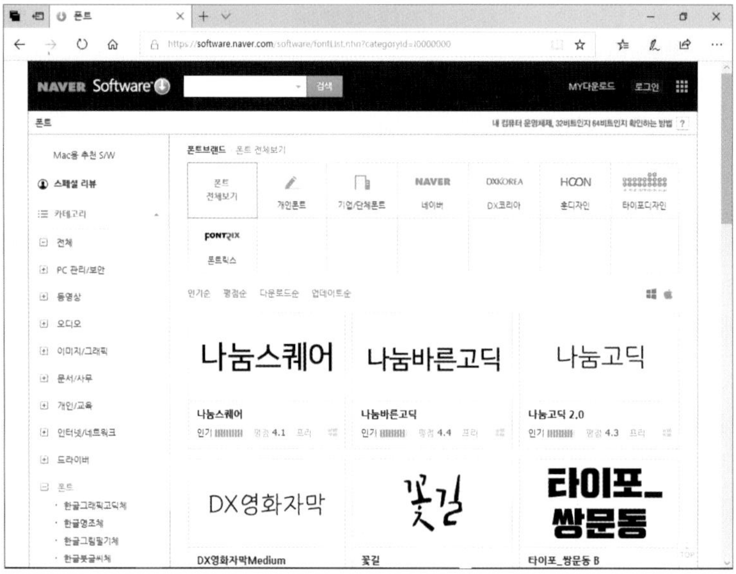

▲ 'http://software.naver.com'에서 [카테고리]–[폰트] 클릭

사용한 기능 | 클립보드, 복사하기, 붙여넣기, 원본 서식 유지, 텍스트만 유지

003 인터넷 문서를 파워포인트에 최적화해서 복사/붙여넣기

기본 기능

인터넷 문서를 파워포인트로 복사하여 가져오는 경우가 많이 있습니다. 이를 그대로 복사하여 붙여넣기를 하게 되면 불필요한 부분까지 함께 복사되어 그냥 타이핑할 때보다 편집 시간이 더 많이 소요되는 경우도 있습니다. 인터넷 문서를 파워포인트에 가져올 때는 나름의 절차가 있답니다. 이를 잘 따라해 보세요.

사용 가능 버전 2010 2013 2016 2019 365

예제 파일 Powerpoint\Chapter 01\영진닷컴.pptx
완성 파일 Powerpoint\Chapter 01\영진닷컴_완성.pptx

01 인터넷 문서를 복사할 때는 이미지와 텍스트를 따로 복사해 오는 것이 좋습니다. 익스플로러나 크롬 등을 통해 인터넷 창에서 『https://book.naver.com/bookdb/book_detail.nhn?bid=12547552』를 엽니다. 물론, 다른 인터넷 페이지를 열어도 상관없습니다. 먼저, 이미지를 파워포인트로 가져오기 위해 이미지만 드래그하여 선택한 후 Ctrl+C를 눌러 복사합니다.

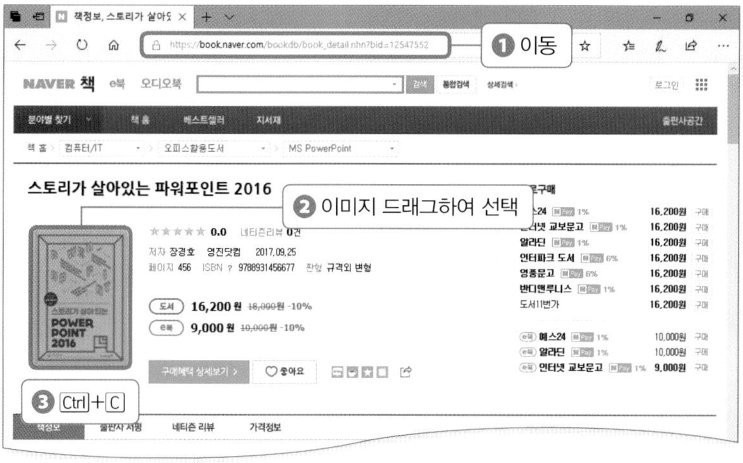

> **TIP**
> 링크를 그대로 입력하지 않더라도 네이버 책 사이트(http://book.naver.com)에서 『스토리가 살아있는 파워포인트 2016』을 검색해도 됩니다.

02 파워포인트의 [홈] 탭-[클립보드] 그룹에서 [붙여넣기]-[원본 서식 유지]를 클릭합니다. 슬라이드 편집 창에 이미지가 붙여넣기 됩니다.

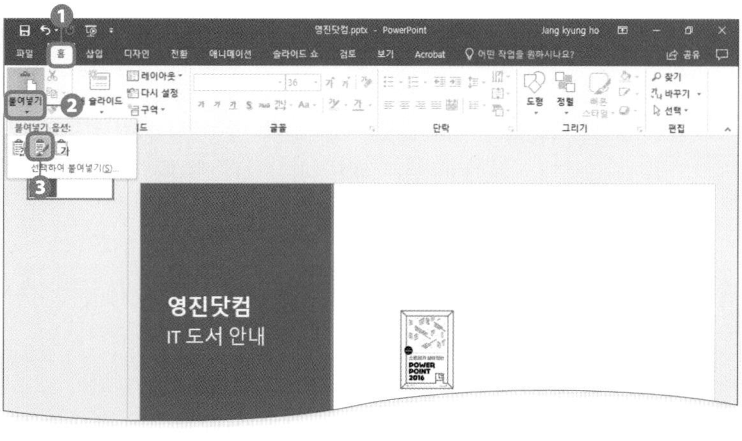

03 이미지를 마우스로 드래그하여 적당한 위치로 이동시키고, [그림 도구]-[서식] 탭-[크기] 그룹에서 [세로] 입력란에 『10』을 입력한 후 Enter를 누릅니다. [세로] 입력란에 크기를 입력하면 [가로] 입력란은 자동으로 크기가 입력되면서 이미지 크기가 변경됩니다.

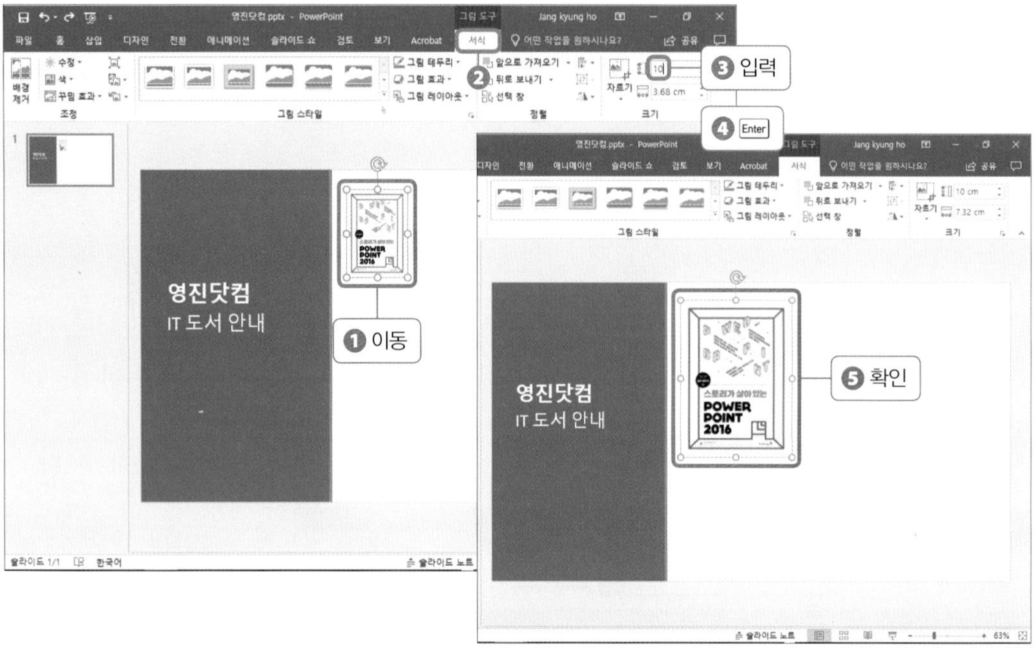

04 다시 인터넷 창을 열어 이번에는 텍스트를 복사해 오겠습니다. 텍스트를 포함한 영역을 드래그하여 선택한 후 Ctrl+C를 눌러 복사합니다.

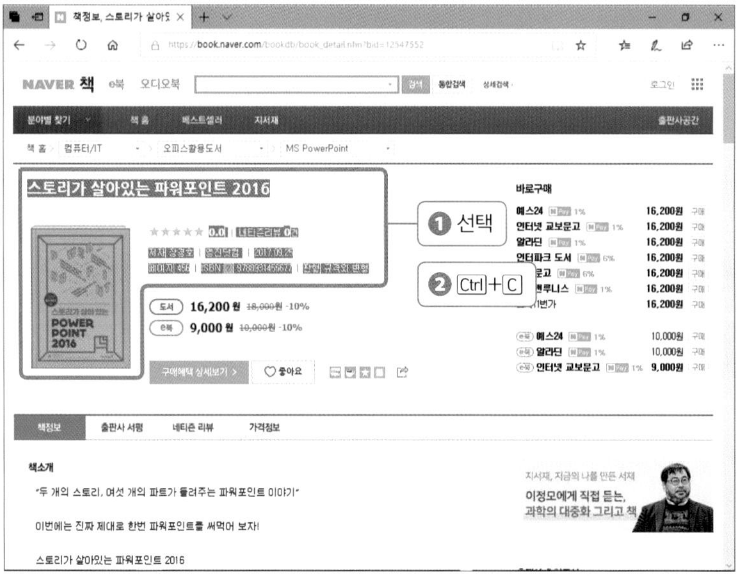

TIP

여기서는 텍스트만 필요하지만 이미지를 함께 복사해도 상관없습니다. 파워포인트에서 이미지를 제외한 텍스트만 불러올 수 있는 기능이 존재하기 때문이죠.

05 [홈] 탭-[클립보드] 그룹에서 [붙여넣기]-[텍스트만 유지]를 클릭합니다. 슬라이드 편집 창에 텍스트만 표시됩니다.

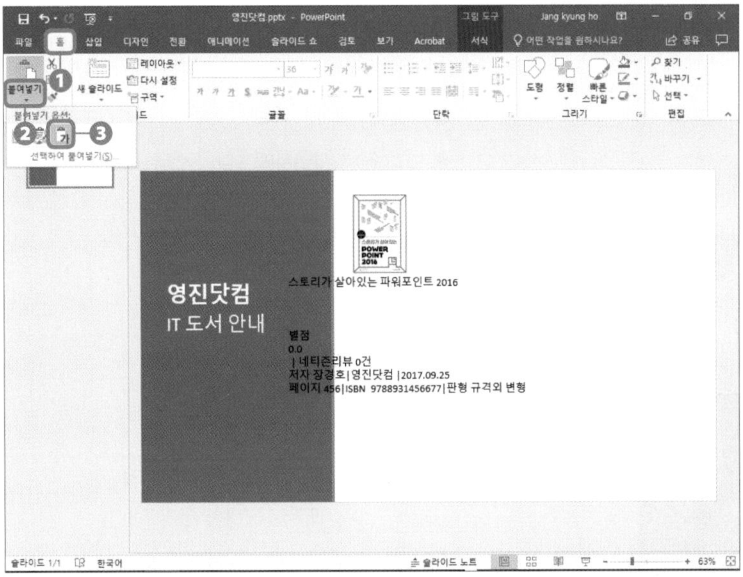

06 이처럼 [텍스트만 유지]를 클릭하면 이미지를 비롯한 텍스트 속성이 모두 제거됩니다. [홈] 탭-[글꼴] 그룹을 이용하여 텍스트 크기를 비롯해 원하는 서식을 지정한 후 슬라이드 문서를 완성합니다.

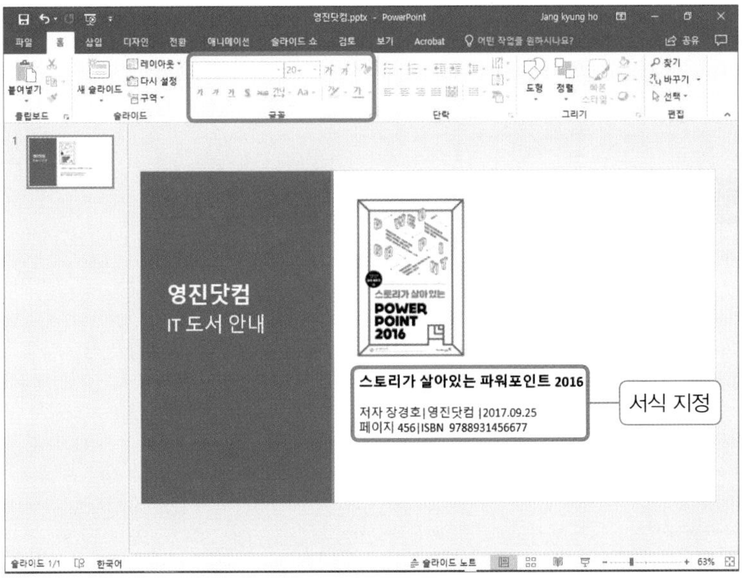

자주하는 질문

Q 인터넷 문서를 파워포인트로 가져올 때 [원본 서식 유지]와 [텍스트만 유지]를 선택하는 이유가 무엇인가요?

A 인터넷 문서에는 인터넷 문서만의 프레임과 태그가 포함되어 있습니다. [원본 서식 유지]를 선택하면 원본 서식 그대로 붙여넣기가 되기에 인터넷 속성 그대로 이미지를 비롯해 텍스트를 불러오게 됩니다. 이대로 사용하게 되면 편집하는 시간만 훨씬 많이 소요되게 됩니다. 이번 예제처럼 이미지만 복사하여 [원본 서식 유지]를 한 번 선택하고, 텍스트까지 복사하여 [텍스트만 유지]를 다시 한번 선택하게 되면 가장 빠르고 깨끗하게 인터넷 문서를 파워포인트로 불러올 수 있습니다.

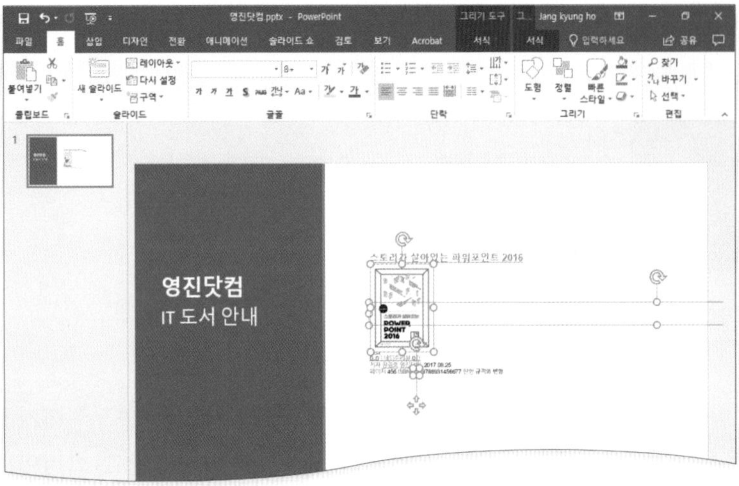

▲ 인터넷 문서를 그대로 파워포인트에 복사할 경우

Q 이미지 크기를 조정할 때 가로와 세로 크기를 따로 조정하고 싶어요.

A [그림 도구]-[서식] 탭-[크기] 그룹에서 [가로]와 [세로] 입력란 중 하나에 크기를 입력하면 다른 하나는 자동으로 크기가 입력됩니다. 만일, 가로와 세로 크기를 각각 입력하고 싶다면 [크기] 그룹에서 [옵션] 아이콘을 클릭한 후 [가로 세로 비율 고정]의 체크 표시를 해제합니다.

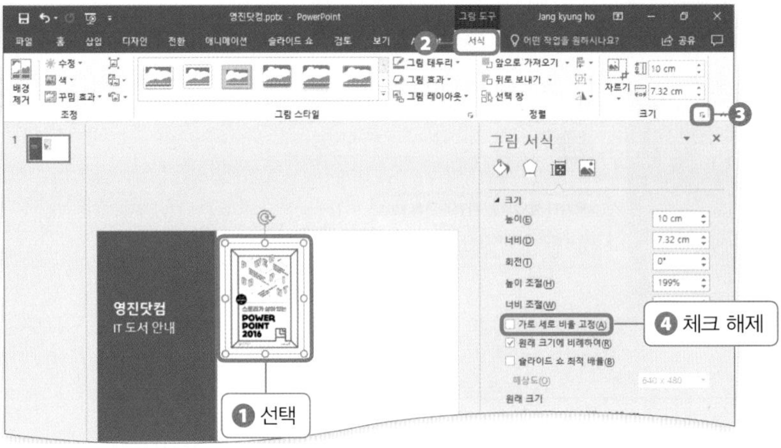

사용한 기능 | 인코딩, 유니코드, 개요 보기

004

기본 기능

메모장에 목차를 작성한 후 파워포인트로 한 번에 옮기기

파워포인트보다 훨씬 간편한 프로그램인 메모장을 통해 슬라이드 목차를 작성하는 경우가 많습니다. 이를 다시 파워포인트로 옮기려면 적지 않은 시간이 소요됩니다. 이럴 때 1초 만에 파워포인트로 옮길 수 있는 기능이 존재합니다. 여기에서 배워보겠습니다.

사용 가능 버전 2010 2013 2016 2019 365

예제 파일 Powerpoint\Chapter 01\사업계획서.txt, 사업계획서_완성.txt
완성 파일 Powerpoint\Chapter 01\사업계획서_완성.pptx

01 메모장을 열어 목차를 작성합니다. 머릿속에 생각해 놓은 목차가 없다면 '사업계획서.txt' 파일을 열어서 따라 해도 됩니다. 메모장 내용을 파워포인트에 1초 만에 옮기려면 나름의 형식은 맞춰야 합니다. 아래 그림처럼 대분류는 Enter로 나누고, 소분류는 Tab을 눌러 다음과 같이 제목(대분류)과 소분류를 구분합니다.

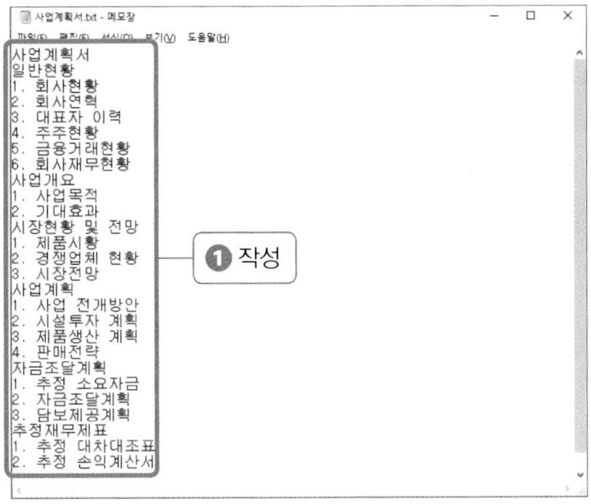

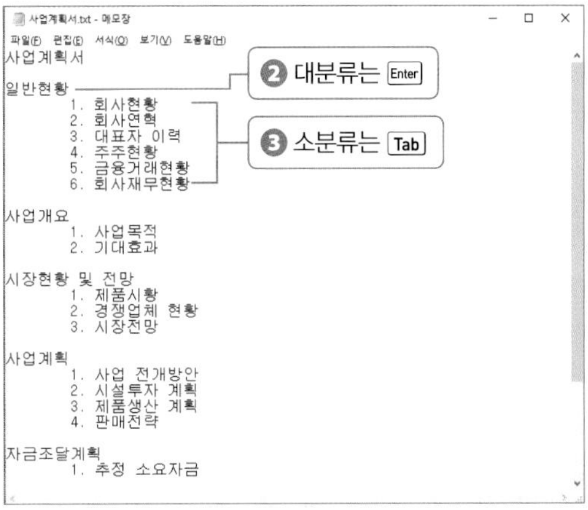

TIP
파워포인트를 열고 기획안을 제작하거나 내용부터 순차적으로 작성하려면 논리적인 전개나 체계적인 구성을 기대하기 어렵습니다. 이럴 때는 메모장에서 대략적인 목차를 구성해 보는 것이 좋습니다.

02 [파일]-[다른 이름으로 저장]을 클릭합니다. [다른 이름으로 저장] 대화상자가 나타나면 [인코딩]-[유니코드]를 선택하고 [파일 이름]을 입력한 후 [저장]을 클릭합니다.

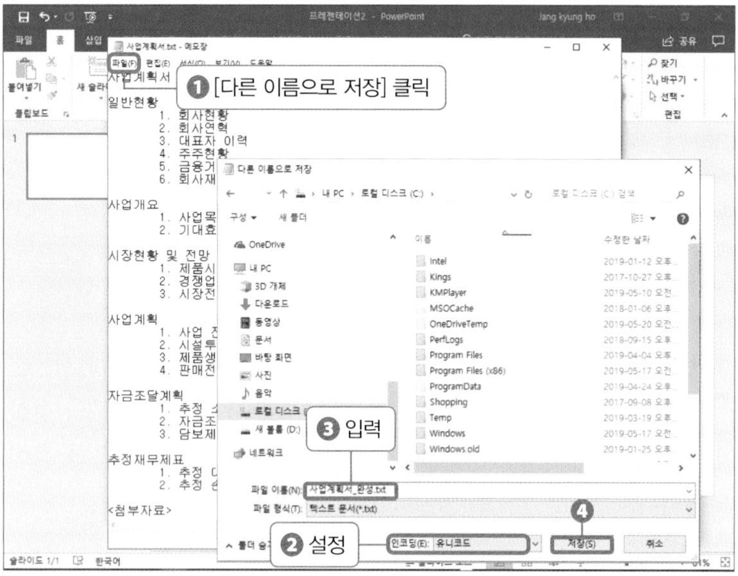

03 파워포인트를 실행하고 [파일] 탭-[열기]를 클릭합니다. [찾아보기]를 클릭한 후 [열기] 대화상자가 나타나면 [파일 형식] 화살표를 클릭해 '모든 개요 (*.txt,*.rtf,...)'를 선택합니다. 위의 따라하기에서 저장한 텍스트 파일을 선택합니다.

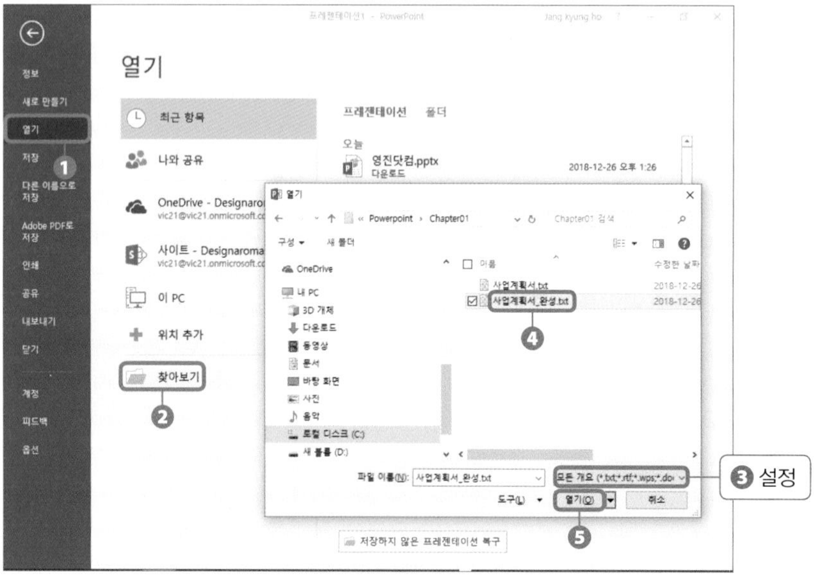

> **TIP**
>
> 여기서는 내 컴퓨터에 저장했던 텍스트 파일을 선택하고 [열기]를 클릭했습니다.

04 메모장에 입력했던 대분류와 소분류가 파워포인트의 각각의 슬라이드로 나누어져 그대로 표시됩니다.

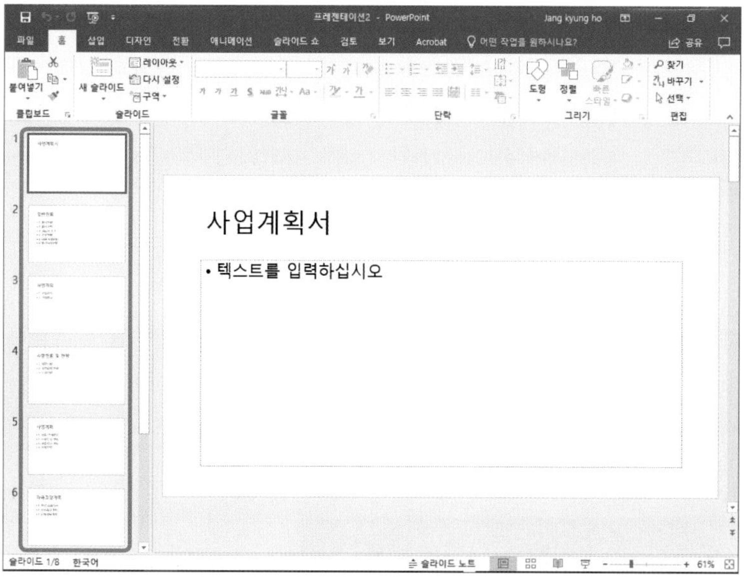

05 [보기] 탭–[프레젠테이션 보기] 그룹에 있는 [개요 보기]를 클릭하면 [개요] 창이 열리면서 상세한 내용을 확인할 수 있습니다.

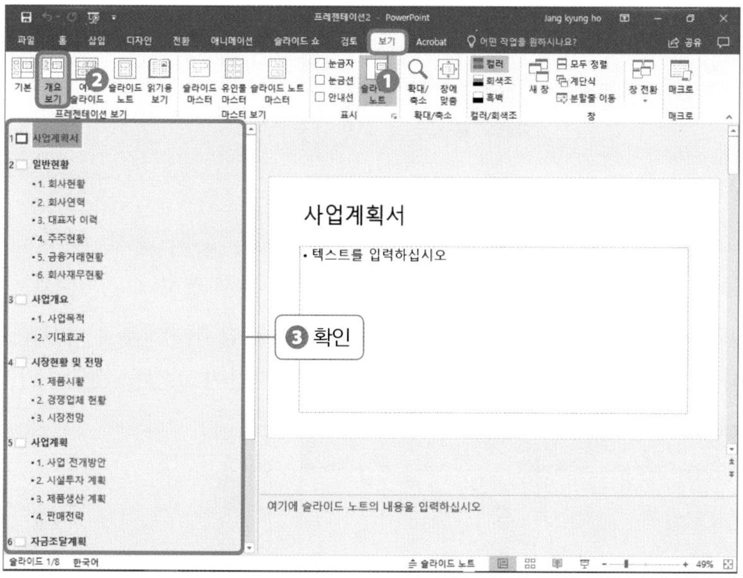

사용한 기능 | 문자 간격, 기타 간격

005 텍스트를 자유자재로 조정하는 문자 간격 기능 살펴보기

★★★★☆ 활용 기능

파워포인트에서 가장 많이 활용하는 개체가 바로 텍스트입니다. 텍스트는 단순히 자간만 조정하여도 보기에 좋은 슬라이드 문서를 완성할 수 있습니다.

사용 가능 버전	예제 파일 Powerpoint\Chapter 01\프로그램안내.pptx
2010 2013 2016 2019 365	완성 파일 Powerpoint\Chapter 01\프로그램안내_완성.pptx

01 예제 파일을 열면 텍스트의 양이 많아서 도형 밖으로 넘치게 작성되어 있습니다. 이럴 경우 보통은 텍스트의 크기를 조정하거나 도형의 크기를 강제로 조정하게 됩니다. 하지만, 파워포인트의 문자 간격 기능을 이용하면 간단하게 문자 간격을 조정할 수 있습니다. 텍스트를 선택한 후 [홈] 탭–[글꼴] 그룹에서 [문자 간격]–[좁게]를 클릭합니다.

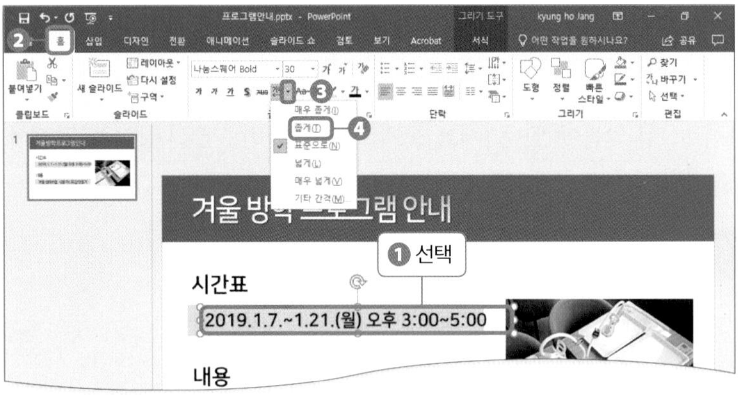

02 문자 간격이 다음과 같이 조정됩니다. 문자 간격은 '매우 좁게, 좁게, 표준, 넓게, 매우 넓게'로 조절할 수 있습니다. [기타 간격]을 선택하면 보다 정밀하게 자간을 조절할 수 있습니다. [기타 간격]을 선택하면 나타나는 [글꼴] 대화상자에서 [문자 간격] 탭–[간격]은 '좁게', [값]은 '0.5'로 지정해 보세요. 1번 따라하기에서 적용한 [좁게]보다 조금 넓게 자간이 조정될 것입니다.

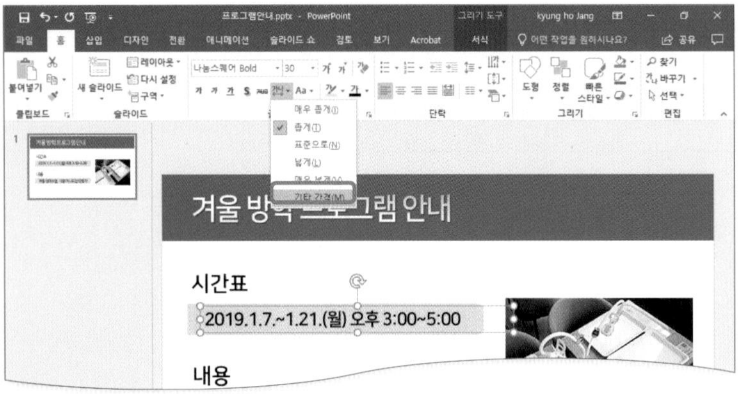

> **TIP**
> [값]에는 '0.8', '1.5'와 같은 소수점도 입력할 수 있으며 단위는 포인트(pt)입니다. [간격]에 '좁게'를 선택하면 수치가 높아질수록 문자 간격이 좁아지며, '넓게'를 선택하면 수치가 높아질수록 간격이 넓어집니다.

006

기본 기능

사용한 기능 | 눈금자, 표식

모두가 어려워하는 눈금자 기능 제대로 파악하기

텍스트에 글머리 기호나 번호 매기기 목록이 두 수준 이상 포함되어 있으면 각 수준에 대한 들여쓰기 표식이 눈금자에 표시됩니다. 눈금자 표식은 인터넷 카페나 블로그 등에도 자주 언급되지만, 필자들도 다양한 방식으로 해당 기능을 설명하고 있습니다. 모두가 어려워하는 기능이지만 제대로 알고 사용하면 무척 좋은 기능이랍니다.

사용 가능 버전
2010 2013 2016 2019 365

예제 파일 Powerpoint\Chapter 01\숲체험.pptx
완성 파일 Powerpoint\Chapter 01\숲체험_완성.pptx

01 [보기] 탭–[표시] 그룹에서 [눈금자]에 체크 표시를 합니다. [눈금자]가 슬라이드 창에 나타나면 '체계적이고' 앞에 마우스 커서를 위치시킨 후 첫 번째 표식(▽)을 오른쪽으로 드래그해 봅니다.

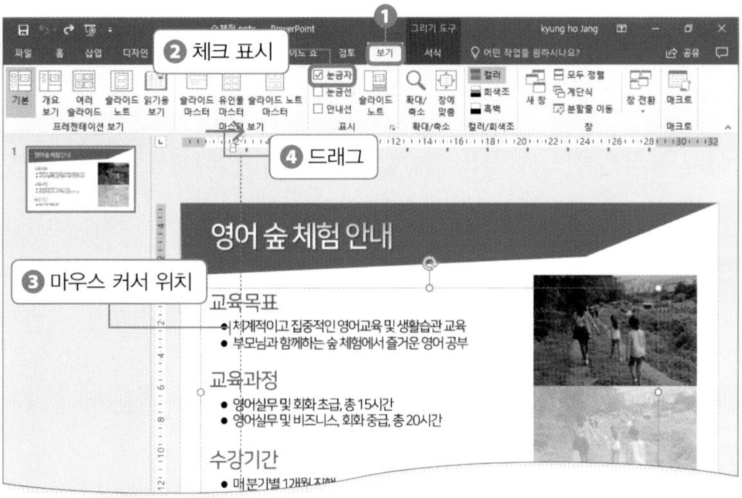
1
2 체크 표시
4 드래그
3 마우스 커서 위치
영어 숲 체험 안내
교육목표
체계적이고 집중적인 영어교육 및 생활습관 교육
부모님과 함께하는 숲 체험에서 즐거운 영어 공부
교육과정
영어실무 및 회화 초급, 총 15시간
영어실무 및 비즈니스, 회화 중급, 총 20시간
수강기간

02 첫 번째 표식을 드래그하니 글머리 기호가 이동하는 것을 확인할 수 있습니다. 이번에는 '부모님과' 앞에 마우스 커서를 위치시킨 후 두 번째 표식(△)을 오른쪽으로 조금 드래그합니다.

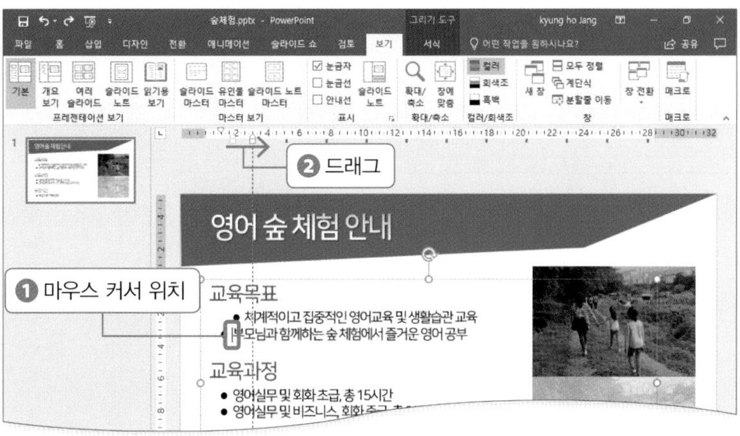
2 드래그
1 마우스 커서 위치
영어 숲 체험 안내
교육목표
체계적이고 집중적인 영어교육 및 생활습관 교육
부모님과 함께하는 숲 체험에서 즐거운 영어 공부
교육과정
영어실무 및 회화 초급, 총 15시간

03 글머리 기호는 그대로 있고 내용만 들여쓰기가 되는 것을 확인할 수 있습니다. 이번에는 '영어실무'부터 '총 20시간'까지를 드래그한 후 세 번째 표식을 오른쪽으로 이동해 보겠습니다.

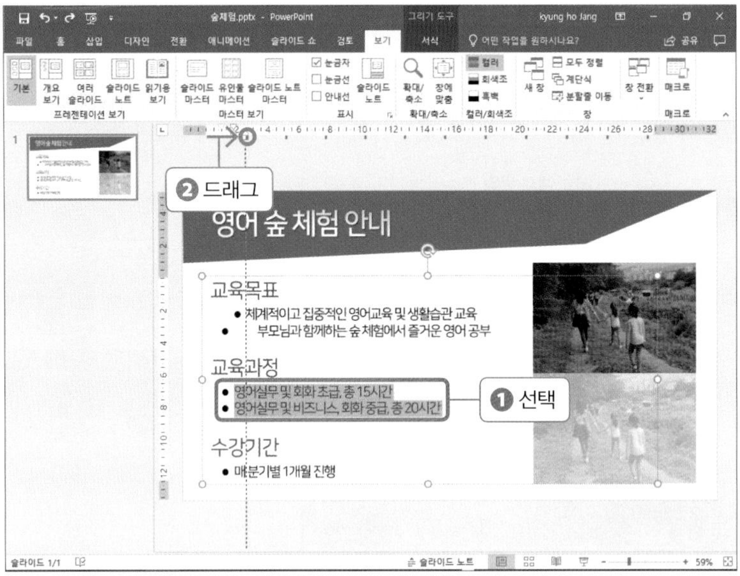
숲체험.pptx - PowerPoint
② 드래그
영어 숲 체험 안내
교육목표
체계적이고 집중적인 영어교육 및 생활습관 교육
부모님과 함께하는 숲 체험에서 즐거운 영어 공부
교육과정
영어실무 및 회화 초급, 총 15시간
영어실무 및 비즈니스, 회화 중급, 총 20시간
① 선택
수강기간
매 분기별 1개월 진행

04 글머리 기호와 내용이 함께 들여쓰기 되는 것을 확인할 수 있습니다. 예제를 통해 확인했으니 다음의 팁 플러스를 통해 각 기능을 구분해서 보면 이해가 될 겁니다.

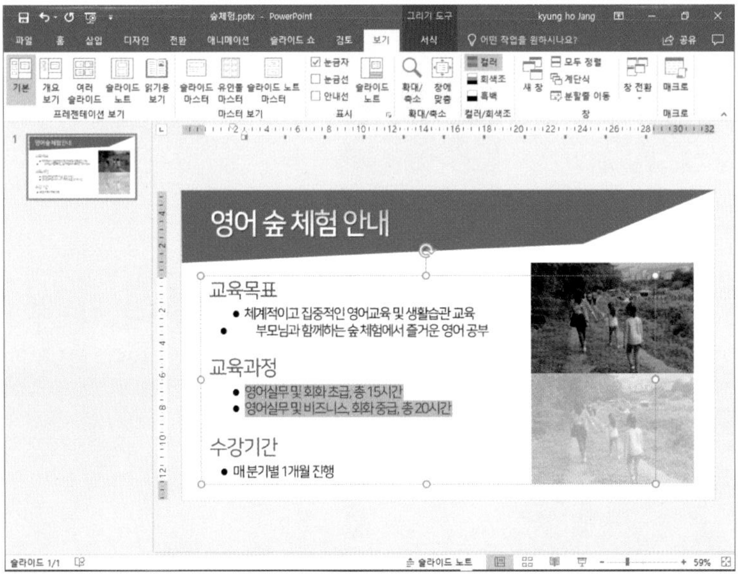
숲체험.pptx - PowerPoint
영어 숲 체험 안내
교육목표
체계적이고 집중적인 영어교육 및 생활습관 교육
부모님과 함께하는 숲 체험에서 즐거운 영어 공부
교육과정
영어실무 및 회화 초급, 총 15시간
영어실무 및 비즈니스, 회화 중급, 총 20시간
수강기간
매 분기별 1개월 진행

TIP PLUS

눈금자에 존재하는 3가지 아이콘의 기능

눈금자에는 3가지의 표식(아이콘)이 있습니다. 3가지 표식은 글머리 기호(번호 매기기)와 글머리 기호(번호 매기기)와 함께 입력된 내용을 들여쓰기하는 데 사용됩니다. 3가지 표식 모두 각기 다른 역할을 하게 되는데 첫 번째 표식은 글머리 기호를, 두 번째 표식은 단락 내용을, 세 번째 표식은 글머리 기호와 단락 내용을 함께 들여쓰기하는 데 사용됩니다.

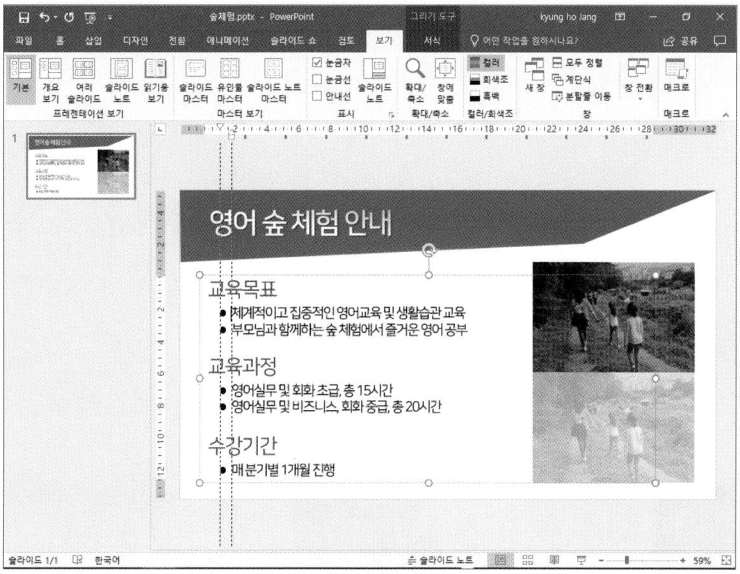
숲체험.pptx - PowerPoint
파일
홈
삽입
디자인
전환
애니메이션
슬라이드 쇼
검토
보기
서식
영어 숲 체험 안내
교육목표
체계적이고 집중적인 영어교육 및 생활습관 교육
부모님과 함께하는 숲 체험에서 즐거운 영어 공부
교육과정
영어실무 및 회화 초급, 총 15시간
영어실무 및 비즈니스, 회화 중급, 총 20시간
수강기간
매 분기별 1개월 진행
슬라이드 1/1
한국어
59%

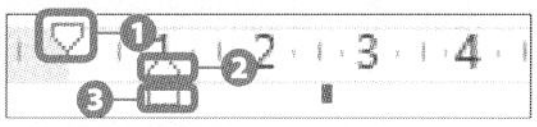

❶ **첫 번째 표식** : 글머리 기호나 번호 매기기 항목을 들여쓰기합니다.
❷ **두 번째 표식** : 글머리 기호나 번호 매기기와 함께 입력된 텍스트를 들여쓰기합니다.
❸ **세 번째 표식** : 글머리 기호나 번호 매기기, 단락 내용 사이의 간격을 그대로 유지하면서 들여쓰기합니다.

참고로, 텍스트에 글머리 기호나 번호 매기기와 같은 항목이 두 수준 이상 포함되어 있으면 들여쓰기 표식이 눈금자에 표시됩니다. 미세하게 표식을 조정하고 싶다면 Ctrl을 누른 채 조정해 보세요.

007
★★★☆☆
필수 기능

사용한 기능 | WordArt 스타일, 빠른 스타일, 텍스트 효과

새로운 텍스트 디자인을 연출하는 워드아트(WordArt)

파워포인트의 빠른 스타일을 통해 WordArt 스타일을 적용할 수 있으며, 그림자, 반사, 네온, 입체 효과, 3차원 회전, 변환을 통해 원하는 텍스트 디자인을 완성할 수 있습니다.

사용 가능 버전 2010 2013 2016 2019 365

예제 파일 Powerpoint\Chapter 01\타이틀.pptx
완성 파일 Powerpoint\Chapter 01\타이틀_완성.pptx

01 미리 입력되어 있는 텍스트를 선택합니다. [그리기 도구]–[서식] 탭–[WordArt 스타일] 그룹에서 [빠른 스타일]을 클릭한 후 원하는 서식을 선택합니다.

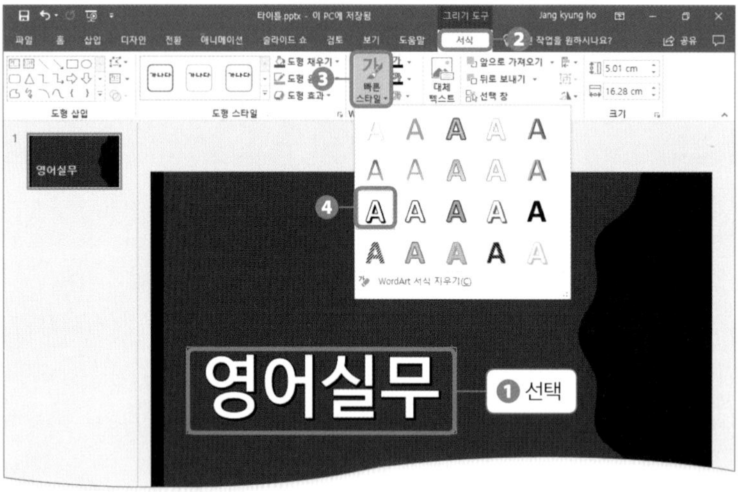

02 [그리기 도구]–[서식] 탭–[WordArt 스타일] 그룹에서 [옵션] 아이콘을 클릭합니다. [도형 서식] 옵션 창이 나타나면 [텍스트 옵션]–[텍스트 효과]를 클릭하고 [그림자]에 다음과 같이 옵션을 설정합니다.

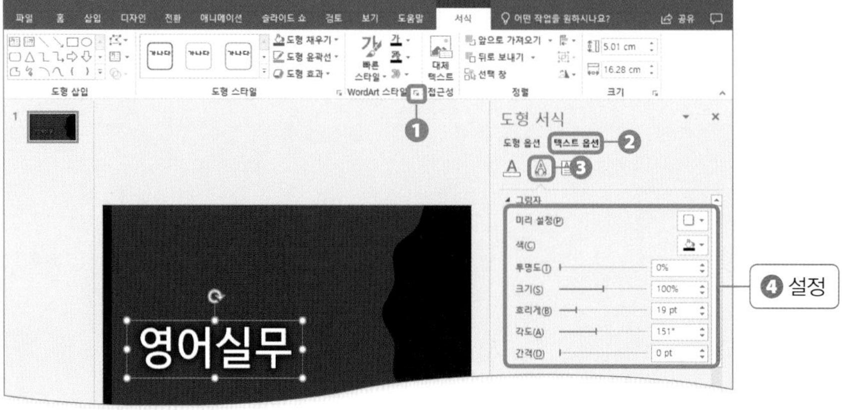

03 이번에는 3차원 서식을 적용해 보겠습니다. [3차원 서식]을 클릭해 입체 모양으로 텍스트 서식을 변경할 수 있습니다. [위쪽 입체]에서 [둥글게 볼록]을 선택한 후 [너비]와 [높이] 입력란에 『10』을 입력합니다. 깊이와 외형선도 다음과 같이 크기를 조정합니다. [도형 서식] 옵션 창의 [닫기]를 클릭합니다.

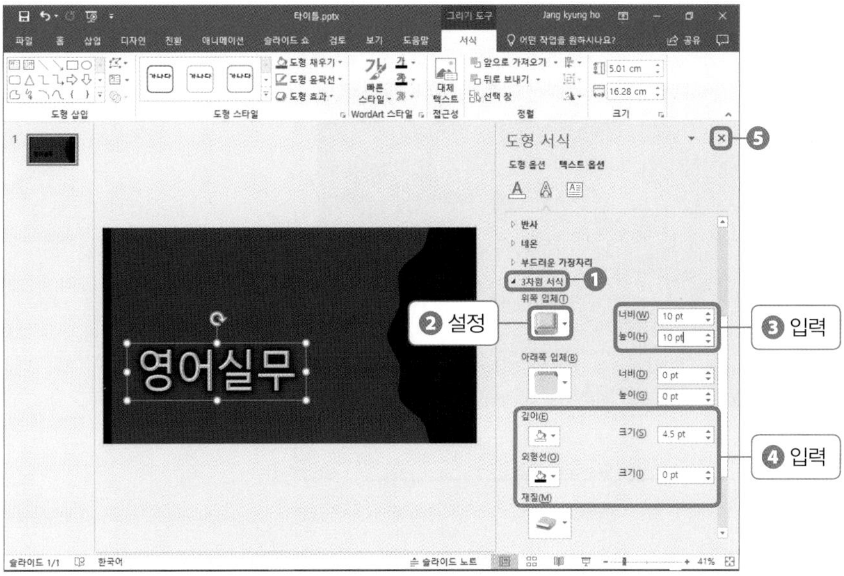

04 이번에는 빠른 스타일에서만 적용할 수 있는 텍스트 변환 효과를 적용해 보겠습니다. [WordArt 스타일] 그룹의 [입체 효과]–[변환]에서 다음과 같은 효과를 클릭합니다.

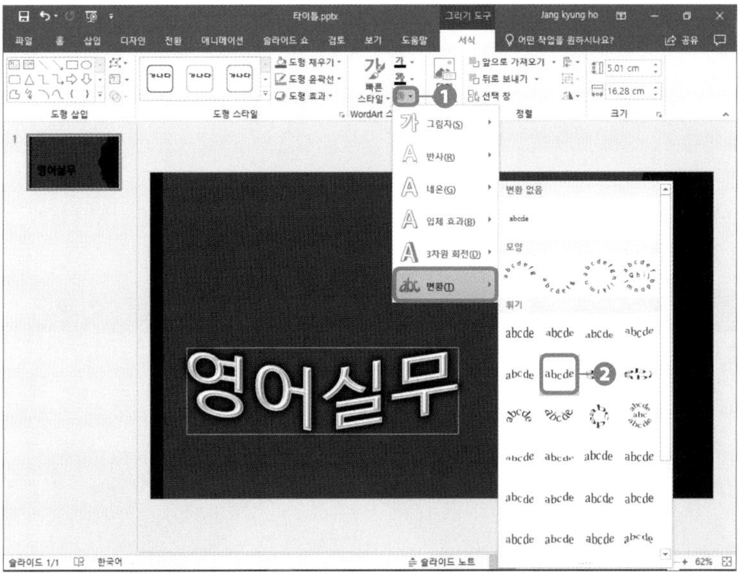

05 모양 조정 핸들을 드래그하여 원하는 형태의 입체 효과를 지정하여 워드아트를 완성합니다.

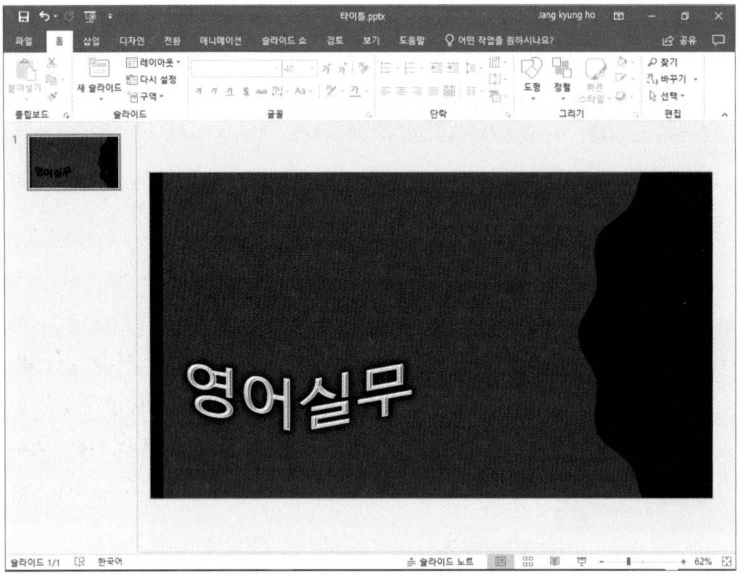

자주하는 질문

Q [WordArt 서식 지우기]를 통해 워드아트 서식을 지워도 지워지지 않습니다.

A 워드아트에 적용된 모든 효과를 처음으로 되돌리고 싶을 경우에는 서식을 지울 텍스트를 선택한 후 [WordArt 스타일] 그룹에서 [빠른 스타일]-[WordArt 서식 지우기]를 클릭합니다. 그래도 지워지지 않는 효과가 있다면 워드아트가 아닌 텍스트 서식이 지정된 것인데 텍스트 서식도 모두 지우고 싶다면 [홈] 탭-[글꼴] 그룹에서 [모든 서식 지우기]를 클릭합니다.

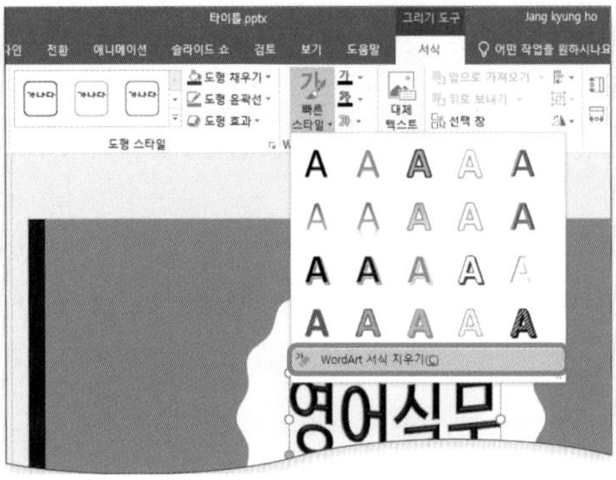

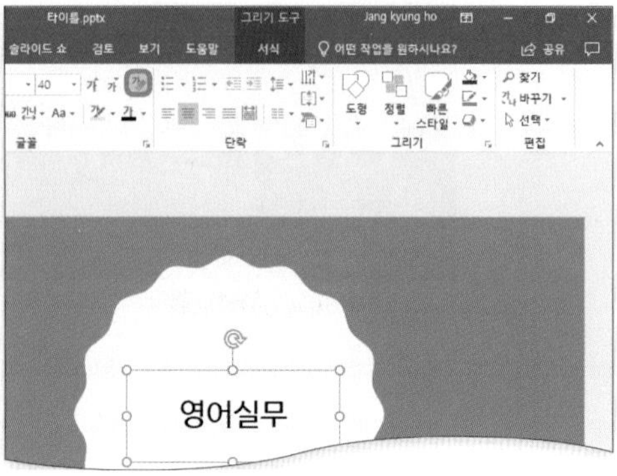

사용한 기능 | WordArt 스타일, 도형 서식, 텍스트 채우기 및 윤곽선, 그라데이션 채우기

008

★★★☆☆

필수 기능

두 가지 이상의 색상으로 완성하는 그라데이션 텍스트 채우기

기본적으로 텍스트 색상은 한 가지 색상으로만 구성됩니다. 하지만, 그라데이션 기능을 통해 두 가지 이상의 색상이 포함된 혼합 색상을 만들 수 있습니다.

사용 가능 버전 2010 2013 2016 2019 365

예제 파일 Powerpoint\Chapter 01\타이틀2.pptx

완성 파일 Powerpoint\Chapter 01\타이틀2_완성.pptx

01 텍스트에 두 가지 이상의 색상이 적용된 그라데이션 효과를 지정해 보겠습니다. 텍스트를 선택한 후 [그리기 도구]-[서식] 탭-[WordArt 스타일] 그룹에서 [옵션] 단추를 클릭합니다. [도형 서식] 옵션 창이 나타나면 [텍스트 옵션]-[텍스트 채우기 및 윤곽선]-[텍스트 채우기]를 클릭합니다.

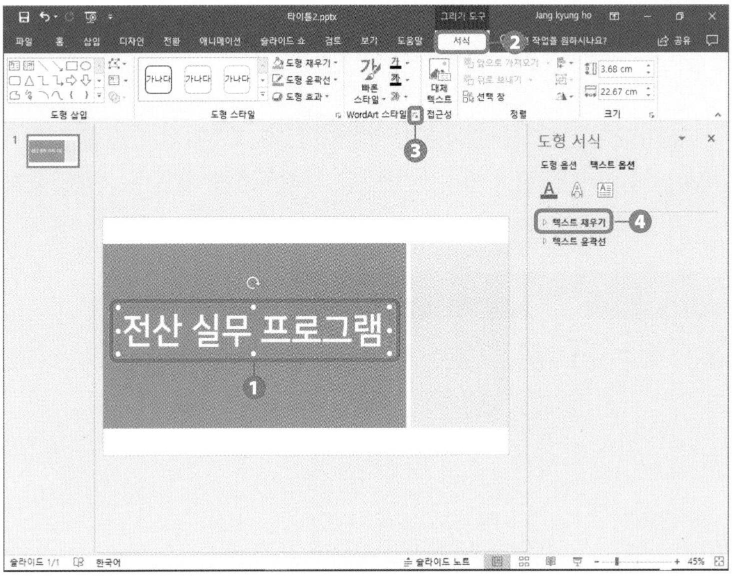

02 [그라데이션 채우기]를 클릭합니다. [그라데이션 미리 설정]–[밝은 그라데이션 – 강조 2]를 클릭합니다.

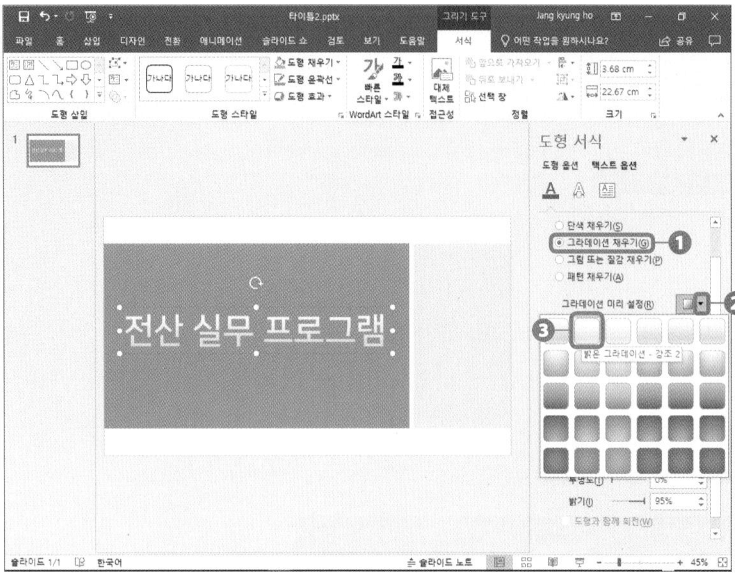

03 [종류]–'선형', [방향]–'선형 아래쪽', [각도]–'90'을 선택합니다. 그라데이션 중지점은 총 4개가 나타나는데 이번 예제에서는 4개 모두 필요 없기에 1개를 삭제하겠습니다. 두 번째 중지점을 선택한 후 [그라데이션 중지점 제거]를 클릭합니다.

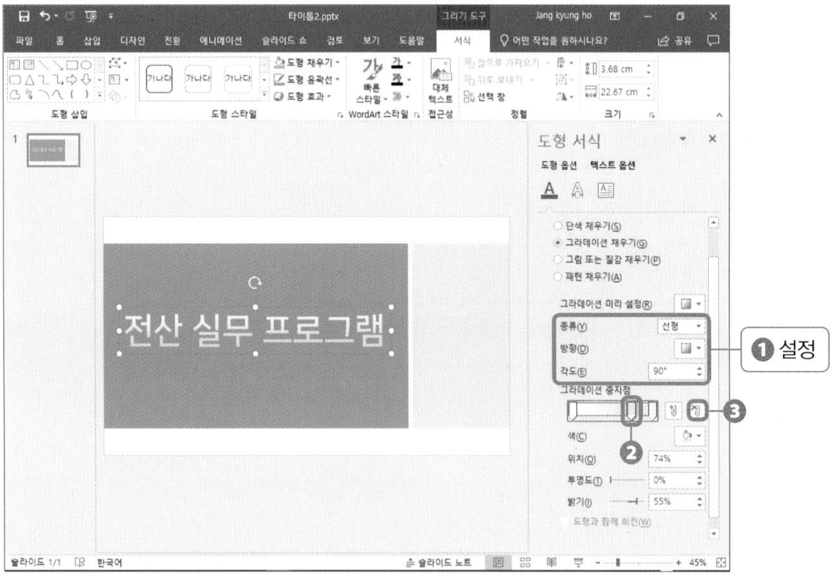

TIP

그라데이션에서 가장 중요한 요소가 바로 중지점입니다. 중지점은 2개 이상 지정할 수 있는데 지금처럼 3개의 중지점을 지정했다면 상단, 중앙, 하단에 각기 다른 색상을 조합할 수 있습니다. 중지점이 몇 개인지, 중지점의 위치가 어디인지에 따라서 그라데이션 모양이 많이 달라집니다.

04 두 번째 중지점을 선택한 상태에서 [색]을 클릭해 원하는 색상을 선택합니다. [위치] 및 [밝기] 입력란에 원하는 수치를 직접 입력합니다.

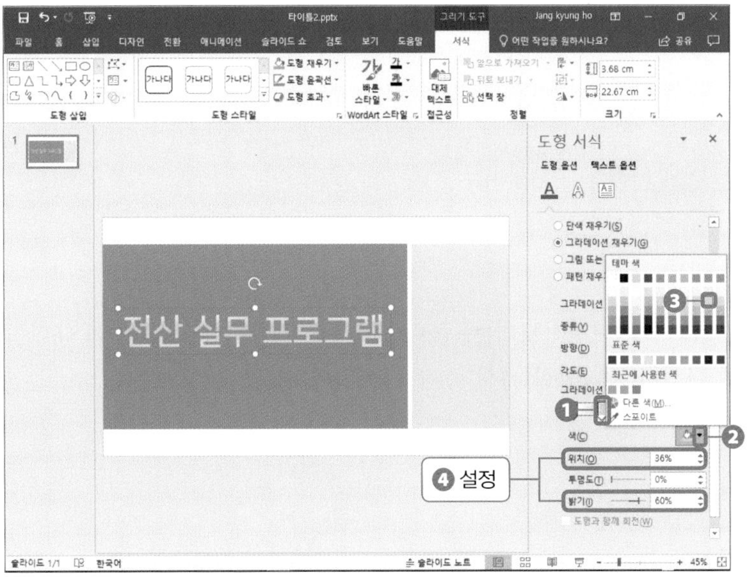

> **TIP**
> 그라데이션 중지점은 중지점 아이콘(▯)을 선택한 상태에서 드래그하여 이동하거나 [위치] 입력란에 직접 수치를 입력해 이동할 수 있습니다.

05 이번에는 [텍스트 윤곽선]을 클릭한 후 [실선]을 선택합니다. [색]을 비롯해 [투명도], [너비], [겹선 종류], [대시 종류] 등을 활용해 원하는 효과를 완성합니다.

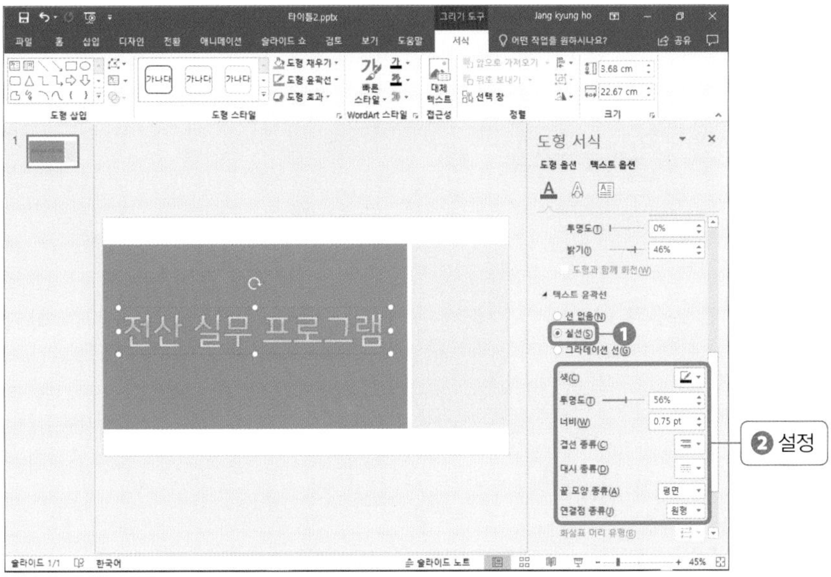

009

기본 기능

사용한 기능 | 저장 옵션, CD용 패키지, 파일의 글꼴 포함

저장 옵션이나 CD용 패키지 기능을 활용해 글꼴 깨짐 현상 방지하기

슬라이드에 포함되는 글꼴은 프레젠테이션을 진행하거나 편집하는 컴퓨터에 해당 글꼴이 없다면 글꼴 깨짐 현상이 발생합니다. 이럴 때는 처음부터 글꼴을 포함해서 저장하면 글꼴 깨짐 현상을 방지할 수 있습니다.

사용 가능 버전 2010 2013 2016 2019 365

예제 파일 없음
완성 파일 없음

01 [파일] 탭–[다른 이름으로 저장]–[찾아보기]를 클릭합니다. [다른 이름으로 저장] 대화상자의 [도구] 단추를 클릭하면 나타나는 다양한 옵션 중에서 [저장 옵션]을 클릭합니다.

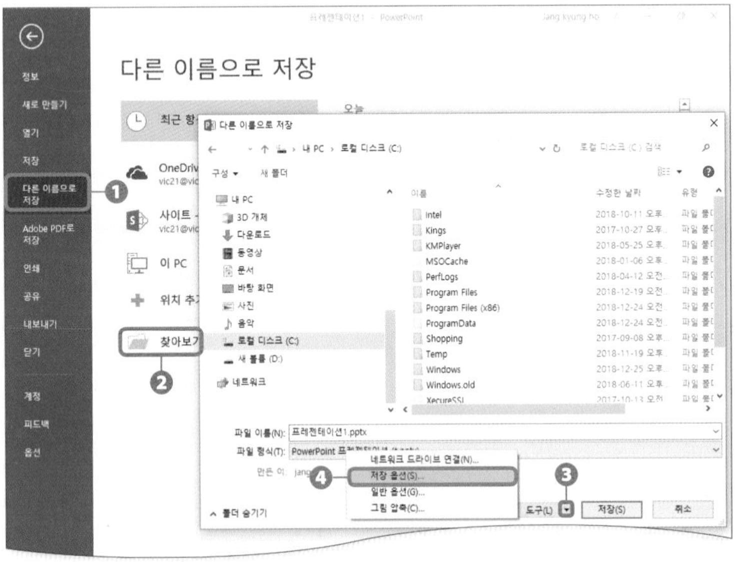

02 [PowerPoint 옵션] 대화상자가 나타나면 [저장]–[파일의 글꼴 포함]에 체크 표시를 하여 슬라이드에 글꼴을 포함합니다.

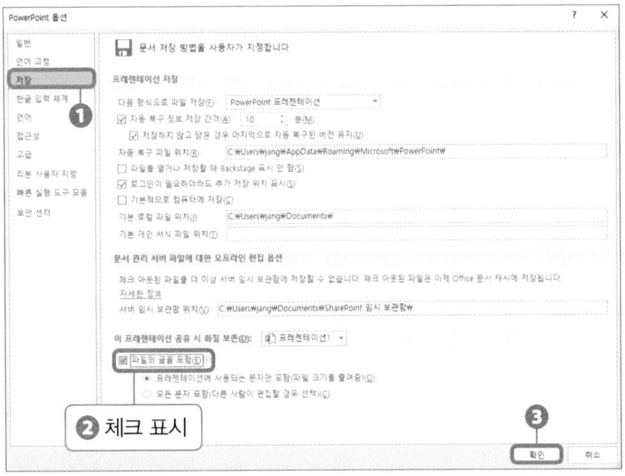

03 'CD용 패키지' 기능을 이용할 수도 있습니다. [파일] 탭-[내보내기]를 클릭한 후 [CD용 패키지 프레젠테이션]을 클릭합니다. [CD용 패키지]를 클릭합니다.

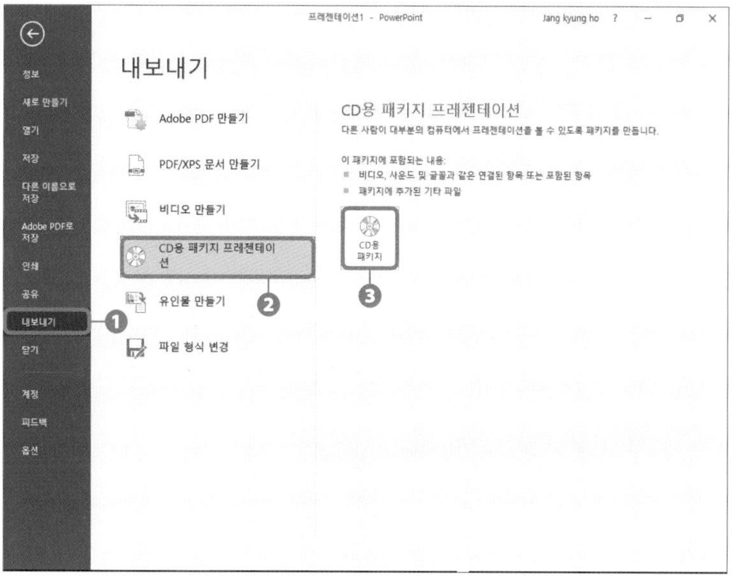

04 [CD용 패키지] 대화상자가 나타나면 [옵션]을 클릭합니다. [옵션] 대화상자에서 [포함된 트루타입 글꼴] 옵션에 체크 표시를 한 후 [확인]을 클릭합니다. [CD용 패키지] 대화상자에서 [폴더로 복사] 혹은 [CD로 복사]를 클릭하여 폴더나 CD로 파워포인트 파일을 저장합니다.

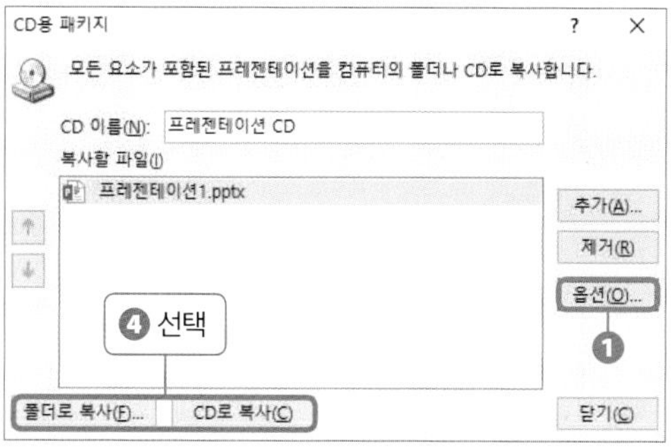

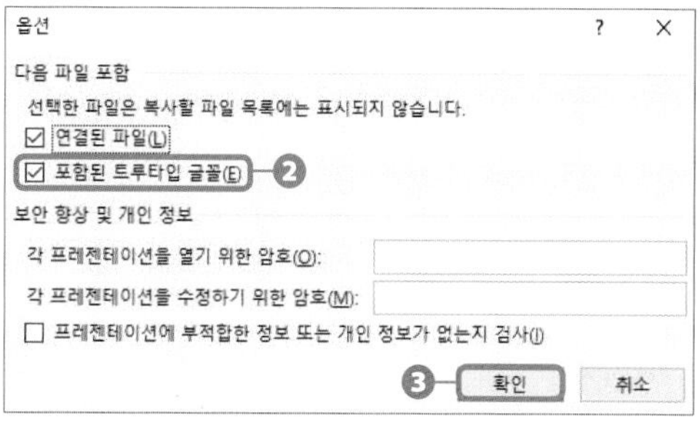

자주하는 질문

Q 글꼴 저장 시 오류가 나타나요.

A 글꼴 저장 시 오류가 뜬다면 프레젠테이션에 저장할 수 없는 글꼴이 포함되어 있기 때문입니다. 다른 글꼴로 변경한 후 저장해 보세요.

사용한 기능 | 글꼴 바꾸기

010 입력한 글꼴을 다른 글꼴로 한 번에 변경하기

기본 기능

슬라이드를 완성했는데 글꼴이 마음에 들지 않을 때가 있습니다. 이럴 때는 하나하나 선택해서 수정할 필요가 없습니다. 다른 글꼴로 한 번에 변경할 수 있습니다.

사용 가능 버전 2010 2013 2016 2019 365

예제 파일 Powerpoint\Chapter 01\강좌.pptx
완성 파일 Powerpoint\Chapter 01\강좌_완성.pptx

01 현재 3장의 슬라이드에는 '맑은 고딕'으로 작업이 되어 있습니다. 이를 다른 글꼴로 한 번에 변경해 보겠습니다. [홈] 탭–[편집] 그룹에서 [바꾸기]–[글꼴 바꾸기]를 클릭합니다.

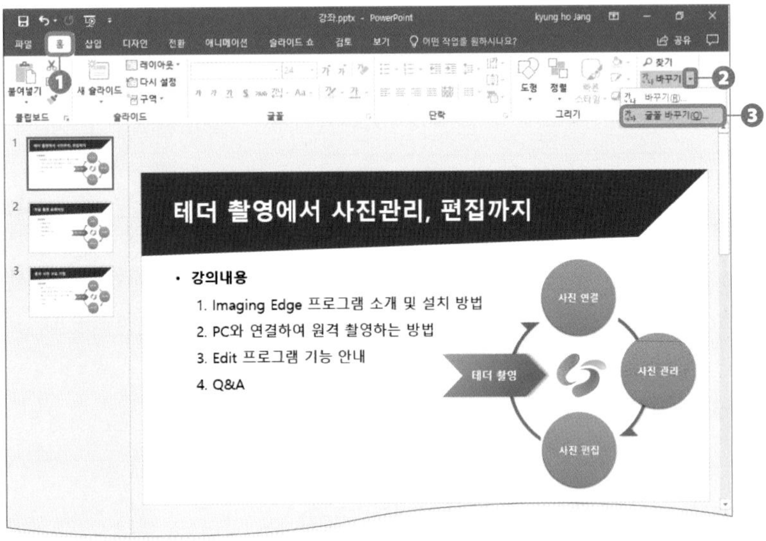

02 [글꼴 바꾸기] 대화상자가 나타나면 [현재 글꼴]에는 현재 적용된 글꼴 이름을 선택합니다. 여기서는 '맑은 고딕'을 선택합니다. [새 글꼴]에는 새롭게 적용할 글꼴을 선택한 후 [바꾸기]를 클릭합니다. 여기서는 '나눔스퀘어 Bold'를 선택하고 [바꾸기]를 클릭합니다.

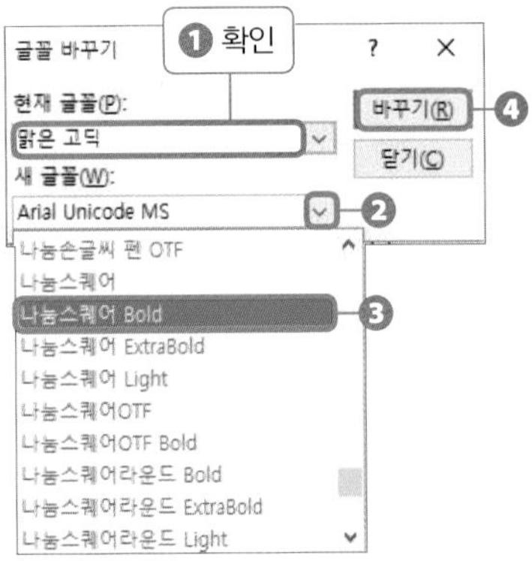

> **TIP**
> '나눔스퀘어 Bold'는 네이버에서 무료로 배포하는 서체입니다. '나눔스퀘어 Bold'가 없다면 다른 서체를 선택해도 됩니다. '나눔스퀘어 Bold'를 설치하고 싶다면 177페이지를 참조하세요.

MEMO

CHAPTER

2

레이아웃 및 디자인 기술

파워포인트를 어렵게 생각하는 사람의 대부분은 기술적인 부분보다는 디자인적인 부분을 어렵게 생각합니다. 같은 기능을 활용해 파워포인트 슬라이드를 완성했는데 완성도 면에서 전문가와 큰 차이가 난다고 생각하기 때문이죠. 청중들의 눈높이가 점점 올라가고 있는 요즘, 포토샵이나 일러스트레이터 등의 프로그램을 활용하여 슬라이드 디자인에 더욱 신경을 쓰기도 하지만 파워포인트로도 전문가 못지않게 다양한 디자인을 구사할 수 있습니다.

배워 볼 내용

[점 편집]	011	점 편집을 통해 도형 모양 자유롭게 변형하기 필수 기능 ★★★☆☆
[스포이트]	012	스포이트 기능으로 원하는 색상 가져오기 필수 기능 ★★★☆☆
[복제하기]	013	같은 도형을 일정한 간격으로 반복 삽입해 조직도 완성하기 필수 기능 ★★★★☆
[SmartArt]	014	텍스트 슬라이드를 도해 형식의 슬라이드로 변경하기 필수 기능 ★★★★☆
[SmartArt]	015	스마트아트 그래픽으로 조직도 쉽게 만들고 빠르게 수정하기 활용 기능 ★★★★☆
[맞춤과 배분]	016	지그재그 도형을 맞춤과 배분 기능으로 한 번에 정렬하기
[스마트 가이드]	017	스마트 가이드를 활용해 간단하게 위치 조정하기
[투명한 색 설정]	018	삽입한 그림의 배경을 투명하게 만들기
[배경 제거]	019	포토샵처럼 정밀하게 그림 배경 제거하기
[화면 전환]	020	생동감을 느낄 수 있는 화면 전환 효과 만들기 활용 기능 ★★★★★
[애니메이션]	021	새로운 애니메이션 효과, 모핑 효과 살펴보기
[스토리보드]	022	파워포인트에서 스토리보드 양식 만들기

011

★★★☆☆
필수 기능

사용한 기능 | 도형, 점 편집, 점 추가, 부드러운 점

점 편집을 통해 도형 모양 자유롭게 변형하기

도형을 삽입한 후 원하는 모습으로 자유롭게 편집하는 방법에 대해서 살펴보겠습니다. 점 편집을 활용하면 원하는 형식의 도형을 자유자재로 만들 수 있습니다.

사용 가능 버전	예제 파일 Powerpoint\Chapter 02\점편집.pptx
2010 2013 2016 2019 365	완성 파일 Powerpoint\Chapter 02\점편집_완성.pptx

01 도형을 편집하려면 먼저 도형을 삽입해야겠죠? [홈] 탭–[그리기] 그룹에서 [도형]–[직사각형]을 클릭합니다.

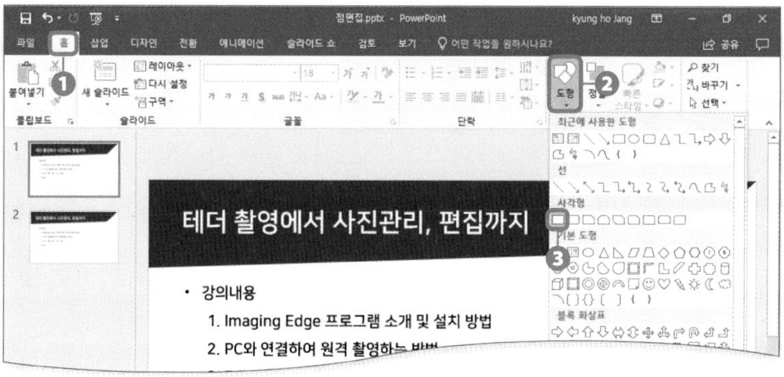
점편집.pptx - PowerPoint
테더 촬영에서 사진관리, 편집까지
강의내용
1. Imaging Edge 프로그램 소개 및 설치 방법
2. PC와 연결하여 원격 촬영하는 방법

02 슬라이드 편집 창에서 드래그하여 직사각형을 삽입합니다. 직사각형 도형을 다른 모양의 도형으로 변경하기 위해 [그리기 도구]–[서식] 탭–[도형 삽입] 그룹에서 [도형 편집]–[점 편집]을 클릭합니다.

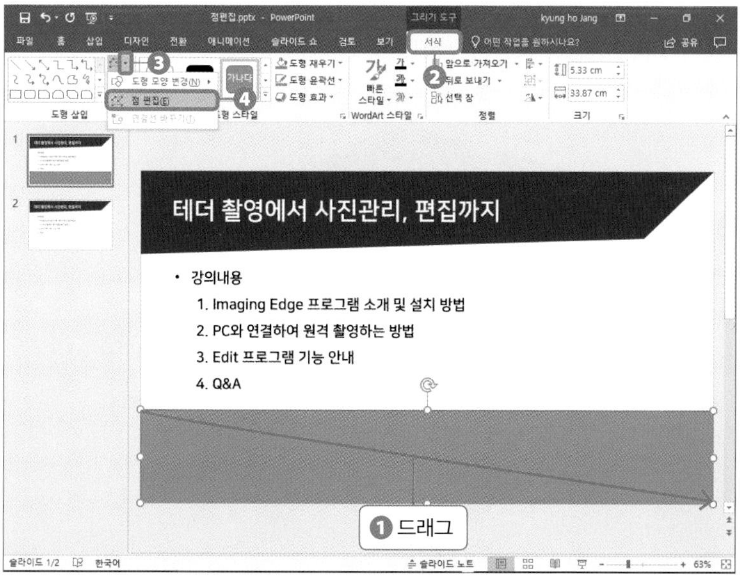
점편집.pptx - PowerPoint
그리기 도구
서식
점 편집(E)
테더 촬영에서 사진관리, 편집까지
강의내용
1. Imaging Edge 프로그램 소개 및 설치 방법
2. PC와 연결하여 원격 촬영하는 방법
3. Edit 프로그램 기능 안내
4. Q&A
드래그

03 점 편집 모드가 되면 도형에 검은색 점(■)이 나타납니다. 점을 드래그하면 직사각형 도형의 모양을 변형할 수 있습니다. 상단 왼쪽에 있는 검은색 점(■)을 오른쪽 위쪽으로 드래그합니다.

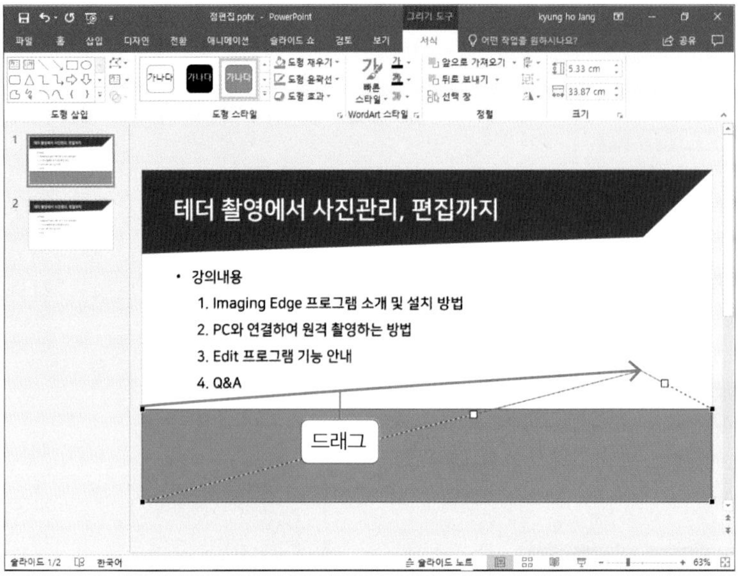
점편집.pptx - PowerPoint
테더 촬영에서 사진관리, 편집까지
• 강의내용
1. Imaging Edge 프로그램 소개 및 설치 방법
2. PC와 연결하여 원격 촬영하는 방법
3. Edit 프로그램 기능 안내
4. Q&A
드래그

04 본인이 원하는 도형의 모양이 완성되었다면 슬라이드 편집 창의 아무 곳이나 클릭합니다.

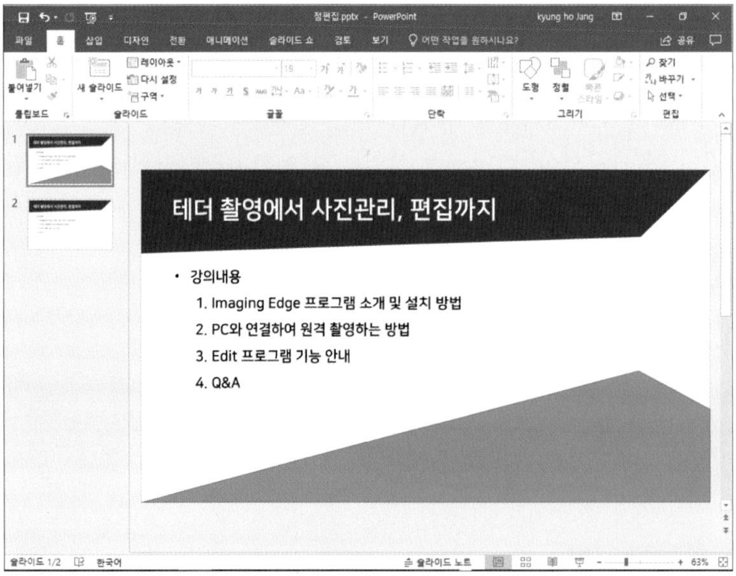
점편집.pptx - PowerPoint
테더 촬영에서 사진관리, 편집까지
• 강의내용
1. Imaging Edge 프로그램 소개 및 설치 방법
2. PC와 연결하여 원격 촬영하는 방법
3. Edit 프로그램 기능 안내
4. Q&A

TIP

원하는 도형이 완성되지 않는다면 실행했던 바로 전 단계로 가기 위해 빠른 실행 도구 모음에서 [실행 취소]를 클릭하거나 Ctrl+Z를 누릅니다.

05 이번에는 조금 다른 형식의 도형을 만들어보겠습니다. 슬라이드 미리 보기 창에서 두 번째 슬라이드를 클릭합니다. 01번 따라하기와 같은 방법으로 직사각형을 슬라이드에 삽입한 후 마우스 오른쪽 버튼을 클릭하여 [점 편집]을 선택합니다.

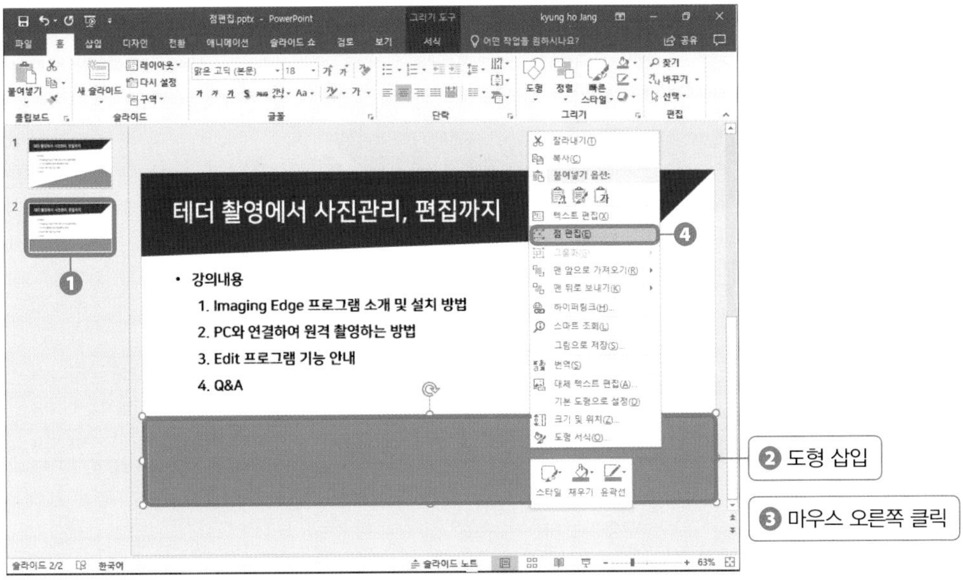
테더 촬영에서 사진관리, 편집까지
강의내용
1. Imaging Edge 프로그램 소개 및 설치 방법
2. PC와 연결하여 원격 촬영하는 방법
3. Edit 프로그램 기능 안내
4. Q&A
점 편집(E)
①
② 도형 삽입
③ 마우스 오른쪽 클릭
④

06 점 편집 모드가 되면서 도형에 검은색 점(■)이 나타납니다. 이번에는 상단 중앙에 점을 추가해서 조금 다른 모양을 만들어보겠습니다. 상단 중앙쯤에서 마우스 오른쪽 버튼을 클릭하여 [점 추가]를 선택합니다.

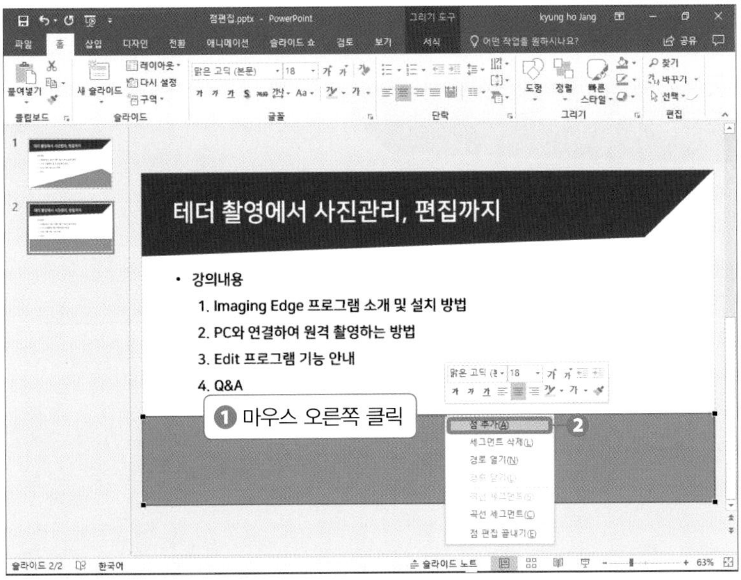
테더 촬영에서 사진관리, 편집까지
강의내용
1. Imaging Edge 프로그램 소개 및 설치 방법
2. PC와 연결하여 원격 촬영하는 방법
3. Edit 프로그램 기능 안내
4. Q&A
① 마우스 오른쪽 클릭
점 추가(A)
②

07 점이 추가되면 추가된 점을 위로 드래그하여 도형의 모양을 변경한 후 다시 마우스 오른쪽 버튼을 클릭하여 [부드러운 점]을 선택합니다.

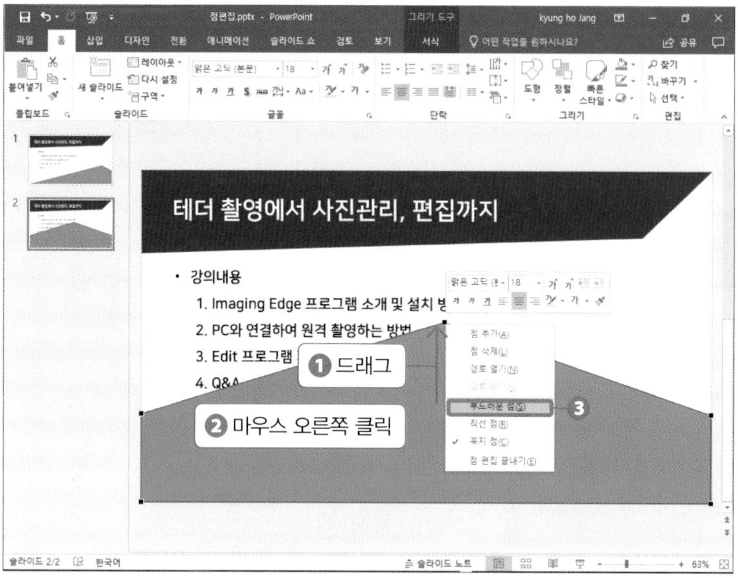

테더 촬영에서 사진관리, 편집까지
강의내용
1. Imaging Edge 프로그램 소개 및 설치 방
2. PC와 연결하여 원격 촬영하는 방법
3. Edit 프로그램
4. Q&A
① 드래그
② 마우스 오른쪽 클릭
점 추가(A)
점 삭제(L)
경로 열기(N)
부드러운 점(S)
직선 점(R)
꼭지 점(C)
점 편집 끝내기(E)
③

> **TIP**
> 도형의 모서리에 나타나는 검은색 점(■)을 드래그하거나 모양을 부드러운 점, 직선 점으로 변형할 수 있습니다.

08 꼭짓점이 부드러운 점으로 변경됩니다. 이번에는 흰색 점(□)을 드래그하여 부드러운 모서리의 모양을 자유롭게 변형합니다.

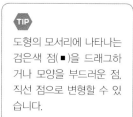

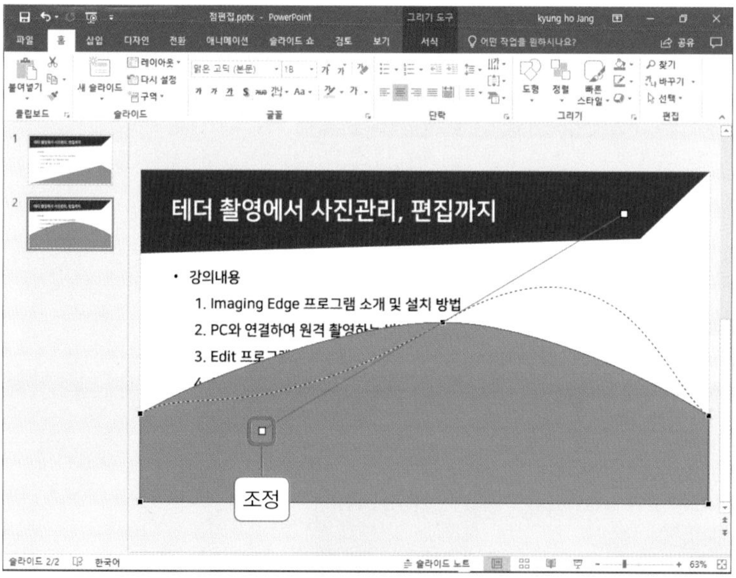

테더 촬영에서 사진관리, 편집까지
강의내용
1. Imaging Edge 프로그램 소개 및 설치 방법
2. PC와 연결하여 원격 촬영하는
3. Edit 프로그
조정

09 검은색 점(■)으로 표시되는 정점은 곡선이 끝나는 점이거나 자유형 도형에서 두 개의 선 세그먼트가 만나는 점입니다. 검은색 점(■)으로 전체적인 모형을 만든 후 흰색 점(ㅁ)으로 도형의 모양을 완성할 수 있습니다. 원하는 모양이 되면 슬라이드 편집 창의 아무 곳이나 클릭하여 도형 편집을 마무리합니다.

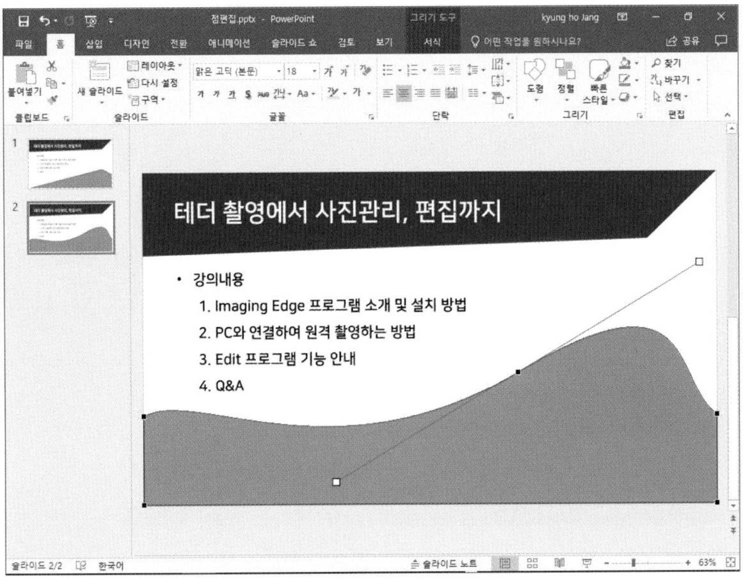

TIP PLUS

점 편집

대부분의 도형은 점 편집을 통해 새로운 도형을 만들 수 있습니다. 여기서는 점 편집에 대해서 자세히 살펴보겠습니다.

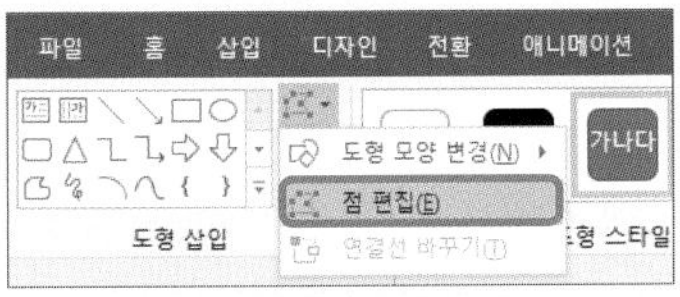

▲ [도형 편집]–[점 편집]

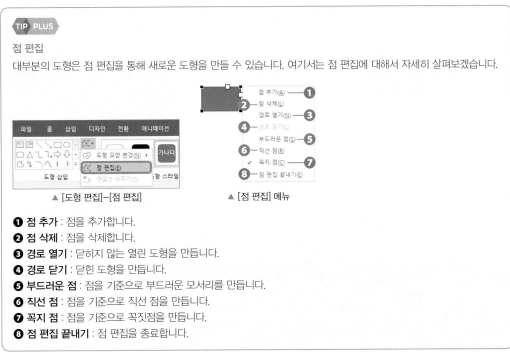

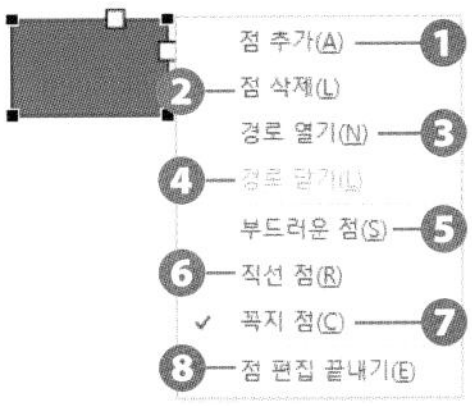

▲ [점 편집] 메뉴

❶ **점 추가** : 점을 추가합니다.
❷ **점 삭제** : 점을 삭제합니다.
❸ **경로 열기** : 닫히지 않는 열린 도형을 만듭니다.
❹ **경로 닫기** : 닫힌 도형을 만듭니다.
❺ **부드러운 점** : 점을 기준으로 부드러운 모서리를 만듭니다.
❻ **직선 점** : 점을 기준으로 직선 점을 만듭니다.
❼ **꼭지 점** : 점을 기준으로 꼭짓점을 만듭니다.
❽ **점 편집 끝내기** : 점 편집을 종료합니다.

사용한 기능 | 그림 삽입, 도형 채우기, 스포이트

012

★★★☆☆
필수 기능

스포이트 기능으로 원하는 색상 가져오기

파워포인트 디자인이 어려운 점 중 하나가 바로 색상 선택입니다. 파워포인트 상에서 색상을 선택하기 어렵다면 스포이트 기능으로 마음에 드는 색상을 직접 고를 수 있습니다.

사용 가능 버전 2010 2013 2016 2019 365

예제 파일 Powerpoint\Chapter 02\스포이트.pptx, img.jpg
완성 파일 Powerpoint\Chapter 02\스포이트_완성.pptx

01 사진 한 장을 파워포인트로 불러오겠습니다. 저자가 파워포인트로 가져오고 싶은 색상이 이 사진에 있기 때문이죠. [삽입] 탭–[이미지] 그룹에서 [그림]을 클릭합니다. [그림 삽입] 대화상자가 나타나면 'img.jpg' 파일을 선택하고 [삽입]을 클릭합니다.

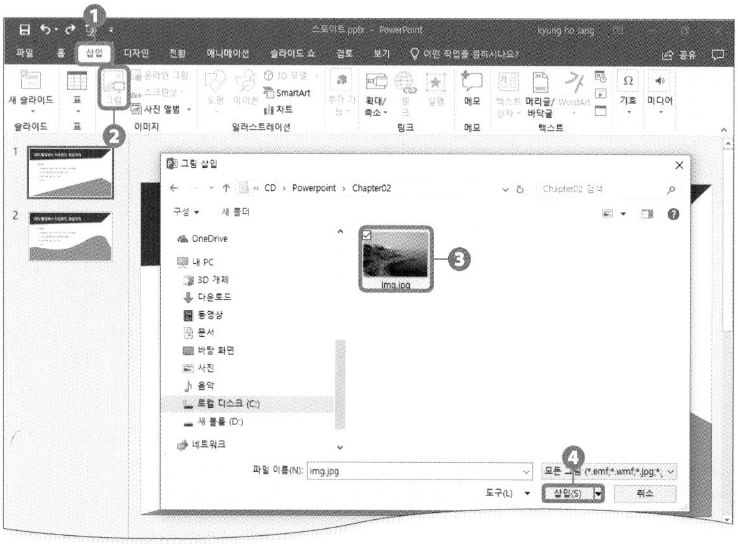

02 색상을 적용하고 싶은 도형을 선택합니다. [그리기 도구]–[서식] 탭–[도형 스타일] 그룹에서 [도형 채우기]–[스포이트]를 클릭합니다. [스포이트] 아이콘이 나타나면 사진에서 원하는 색상을 클릭합니다. 색상을 선택하기 전에 어떤 색상인지가 미리 보기로 표시됩니다.

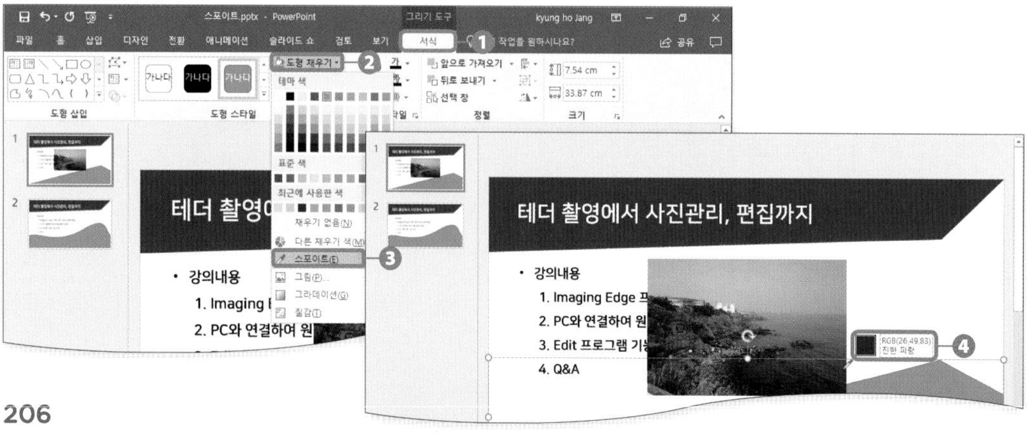

사용한 기능 | 그리기, 도형 복제, Ctrl+D

013

★★★★☆
필수 기능

같은 도형을 일정한 간격으로 반복 삽입해 조직도 완성하기

도형을 선택한 상태에서 Ctrl+D를 누르면 도형을 복제할 수 있습니다. 복제된 도형을 일정한 간격으로 띄어놓고 다시 Ctrl+D를 누르면 도형을 일정한 간격으로 계속 복사할 수 있습니다.

사용 가능 버전
2010 2013 2016 2019 365

예제 파일 Powerpoint\Chapter 02\조직도.pptx
완성 파일 Powerpoint\Chapter 02\조직도_완성.pptx

01 슬라이드 편집 창의 [홈] 탭–[그리기] 그룹에서 [도형]을 클릭해 직사각형 도형을 하나 삽입합니다. 도형을 복제하기 위해 직사각형 도형을 선택하고 Ctrl+D를 누릅니다.

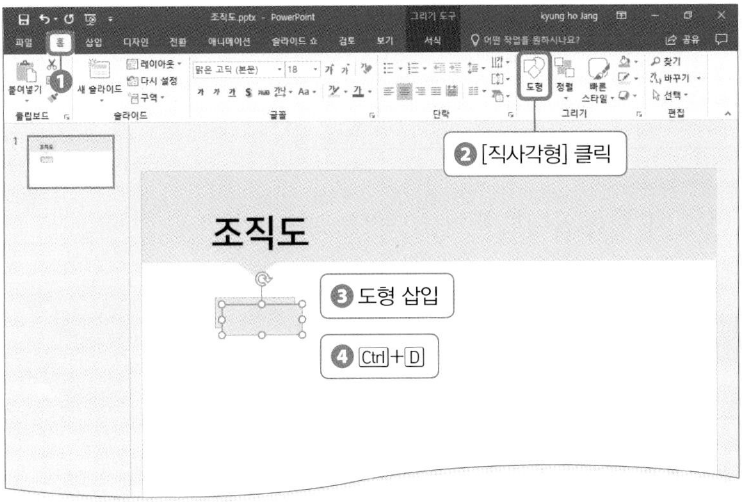

02 복제한 도형을 기존 도형에서 오른쪽으로 일정한 간격만큼 띄어놓습니다.

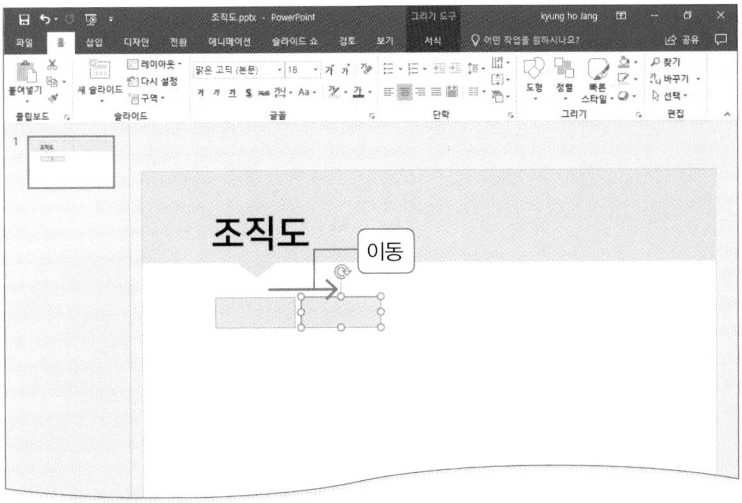

03 다시 Ctrl+D를 누르면 일정한 간격만큼 띄어져서 복제됩니다. 다시 Ctrl+D를 반복해서 누릅니다.

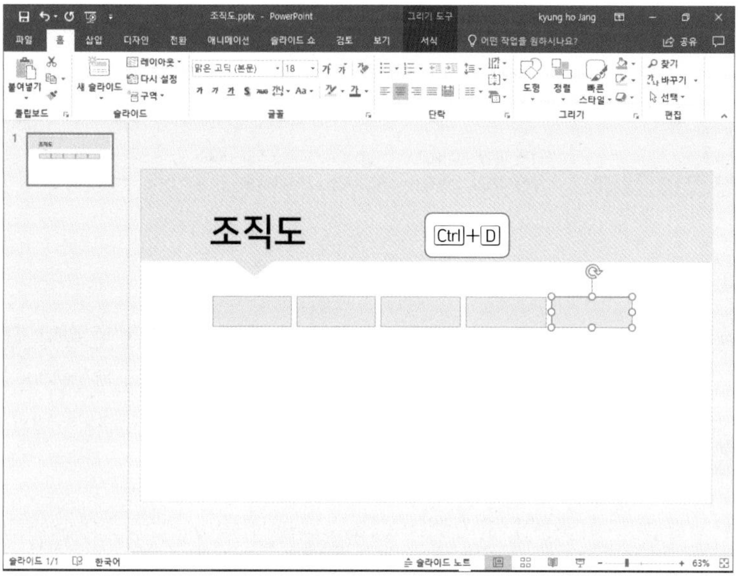

04 이번에는 두 번째, 세 번째, 네 번째 줄에도 동일한 도형을 복제하기 위해 도형을 모두 선택한 후 Ctrl+D를 누릅니다.

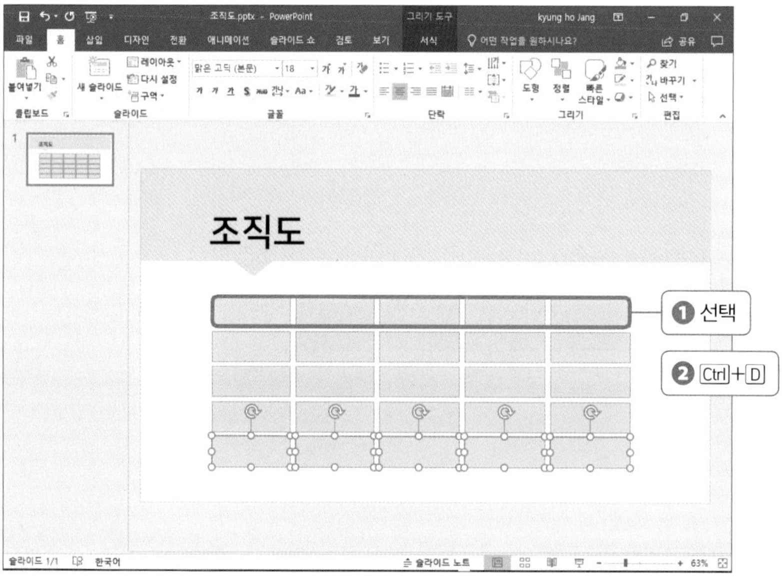

> **TIP**
>
> 도형을 선택한 후 일정한 간격을 이동하고 Ctrl+D를 연속해서 누르면 일정한 간격만큼 계속해서 띄어지면서 복사가 됩니다.

05 복제한 도형을 기존 도형에서 아래로 일정한 간격만큼 띄어놓았습니다. 다시 Ctrl+D를 누르면 간격만큼 띄어져서 복제됩니다. 도형 복제가 되면 삭제할 도형은 삭제하고 텍스트를 입력해 조직도를 완성합니다.

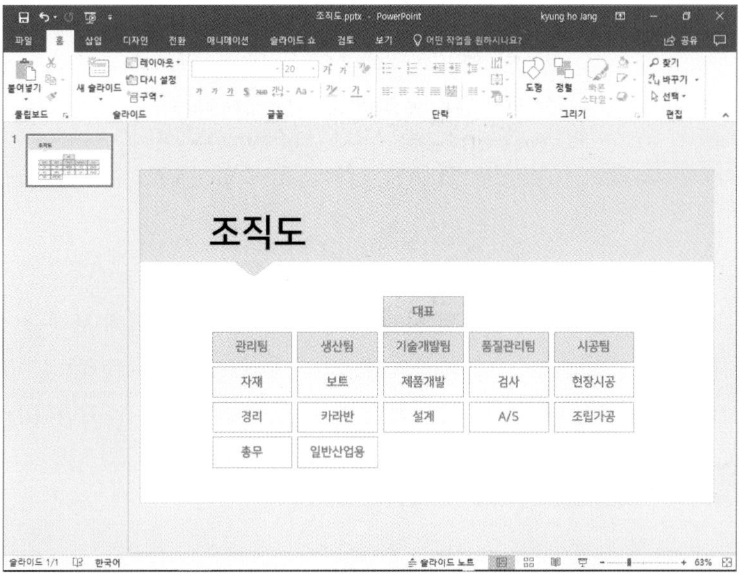

TIP PLUS

일정 간격으로 빠르게 개체 복제하기

Ctrl+D를 눌러 복제된 도형을 일정한 간격으로 띄어놓고 다시 Ctrl+D를 누르면 도형을 복제할 수 있는데 기능 실행 전에 미세한 조정만으로도 도형이 복제되지 않을 수 있으니 잘 안된다면 처음부터 다시 진행해 보세요.

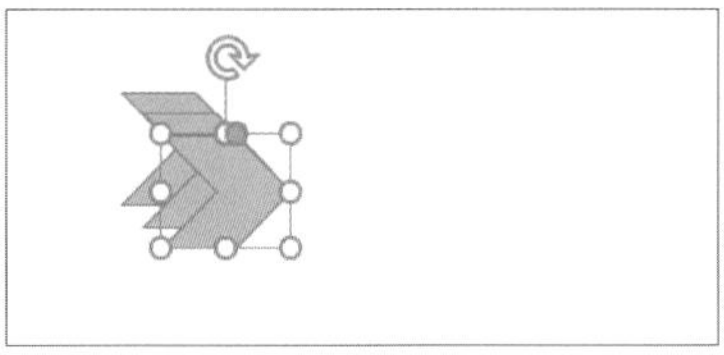
▲ 간격 조절 없이 Ctrl+D를 누른 사례

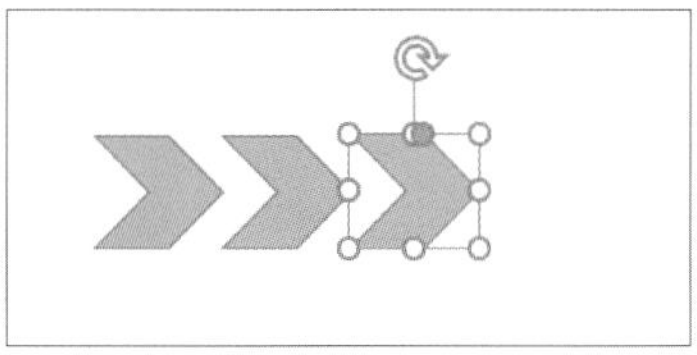
▲ 간격 조절한 후 Ctrl+D를 누른 사례

자주하는 질문

Q Ctrl+C와 Ctrl+D의 차이가 궁금합니다.

A Ctrl+C로 복사하고 Ctrl+V로 붙여 넣는 방법과 달리 Ctrl+D를 눌러 복사하는 방법은 단순히 도형을 복사한다는 개념보다는 도형에 적용된 여러 서식까지도 함께 복사할 수 있다는 점에서 큰 차이가 있습니다. 또한, 이번 예제를 통해서도 살펴보았지만 Ctrl+D를 통해 기존 도형의 모든 속성과 개체 사이의 간격까지도 빠르게 복사할 수 있습니다.

사용한 기능 | SmartArt 그래픽, SmartArt 스타일

014

★★★★☆
필수 기능

텍스트 슬라이드를 도해 형식의 슬라이드로 변경하기

슬라이드 디자인에 자신이 없다면 파워포인트의 다양한 기능의 힘을 빌릴 수 있습니다. 예를 들어, 직원교육 슬라이드를 완성했는데 온통 텍스트뿐이라면 이를 선택해 파워포인트가 추천해주는 도해 형식의 슬라이드로 변경할 수 있습니다.

사용 가능 버전 2010 2013 2016 2019 365

예제 파일 Powerpoint\Chapter 02\직원교육.pptx
완성 파일 Powerpoint\Chapter 02\직원교육_완성.pptx

01 먼저 텍스트 상자에 작성되어 있는 개체를 선택해 SmartArt 그래픽으로 변경해 보겠습니다. 텍스트 개체 틀을 선택하고 [홈] 탭–[단락] 그룹에서 [SmartArt로 변환]을 클릭합니다. 나타나는 스마트아트 중에서 원하는 스마트아트가 없다면 [기타 SmartArt 그래픽]을 클릭합니다.

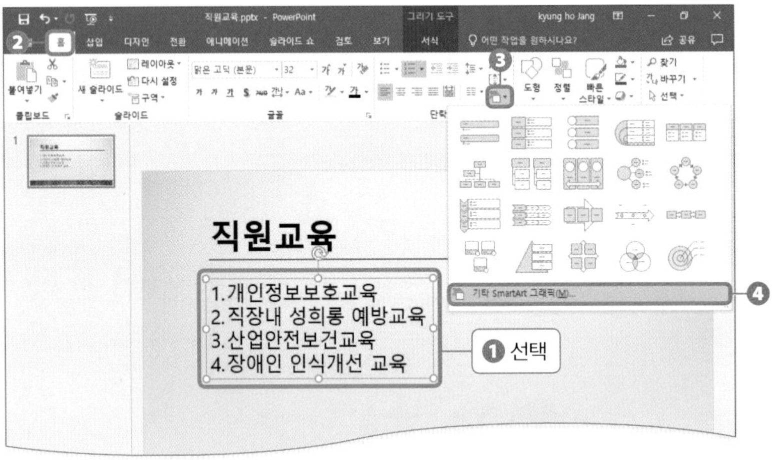

02 [SmartArt 그래픽 선택] 대화상자가 나타나면 원하는 스마트아트를 선택합니다. 여기서는 [목록형]에서 [세로 상자 목록형]을 선택한 후 [확인]을 클릭합니다.

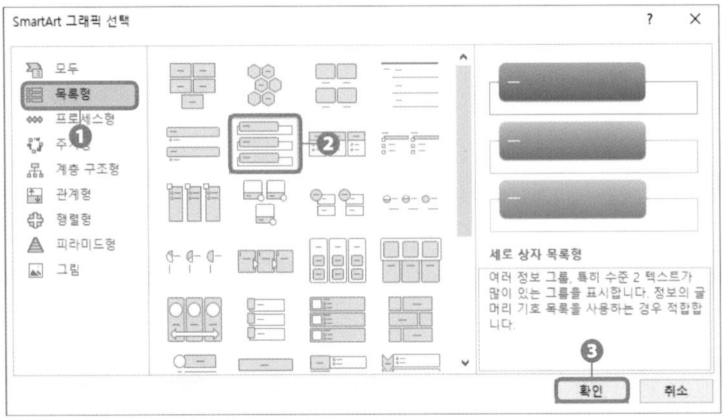

03 스마트아트 그래픽으로 변경되면 크기 및 위치를 적절히 조정합니다. [SmartArt 도구]-[디자인] 탭-[SmartArt 스타일] 그룹에서 [색 변경]을 클릭하여 색상을 변경합니다.

04 [자세히]를 클릭하고 적당한 스타일로 변경하여 슬라이드를 완성합니다.

TIP

SmartArt 그래픽을 선택한 상태에서 [SmartArt 도구]-[디자인] 탭-[원래대로] 그룹의 [변환]-[텍스트로 변환]을 클릭하면 텍스트로 다시 바꿀 수 있으며, 도형으로도 바꿀 수 있습니다.

015

★★★★☆ 활용 기능

사용한 기능 | SmartArt 그래픽, 텍스트 창

스마트아트 그래픽으로 조직도 쉽게 만들고 빠르게 수정하기

스마트아트 그래픽에는 목록형, 프로세스형, 주기형, 계층 구조형, 관계형, 행렬형, 피라미드형, 그림의 총 8개의 유형으로 구분되어 있는데 각각의 유형은 나름의 특성이 있습니다.

사용 가능 버전 2010 2013 2016 2019 365

예제 파일 Powerpoint\Chapter 02\스마트아트.pptx
완성 파일 Powerpoint\Chapter 02\스마트아트_완성.pptx

01 [삽입] 탭–[일러스트레이션] 그룹에서 [SmartArt]를 클릭합니다. [SmartArt 그래픽 선택] 대화상자가 나타나면 [계층 구조형]–[조직도형]을 선택한 후 [확인]을 클릭합니다.

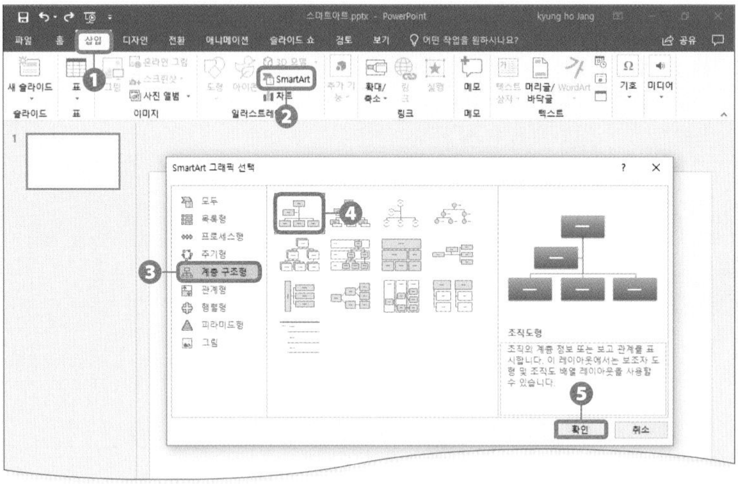

TIP 어떤 스마트아트를 선택해야 할지 망설여진다면 [SmartArt 그래픽 선택] 대화상자의 오른쪽에 나타나는 설명을 참고해 선택해 보세요.

02 SmartArt 그래픽이 슬라이드 편집 창에 삽입되면서 SmartArt 텍스트 창이 나타납니다. 이 상태에서 텍스트 창에 내용을 입력해 스마트아트를 완성해도 되지만 내가 원하는 형식대로 만들기 위해 텍스트를 Shift 를 누른 상태에서 모두 선택한 후 삭제합니다.

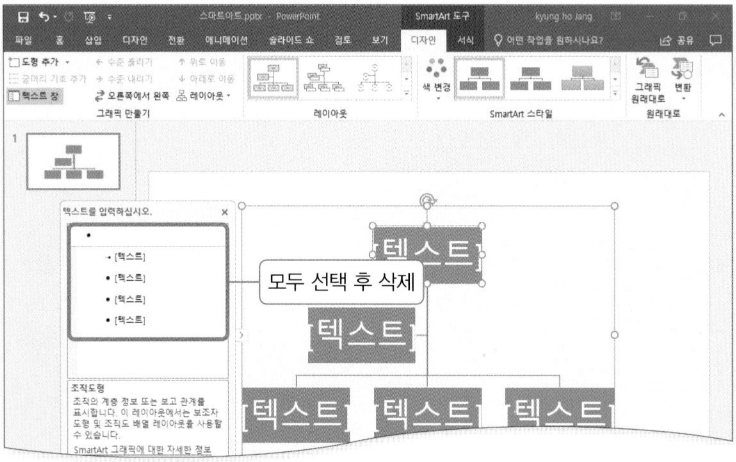

TIP 텍스트 창 보이지 않는다면 [그래픽 만들기] 그룹에서 [텍스트 창]을 클릭합니다.

03 텍스트 창에 다음과 같이 조직도에 들어갈 각 항목을 '대표'부터 '조립가공'까지 순서대로 입력합니다. 텍스트 창을 이용해서 도형에 텍스트를 입력할 때 커서를 위치시키고 텍스트를 입력하거나 [↓]를 눌러 아래 단락으로 이동해 텍스트를 입력해도 됩니다.

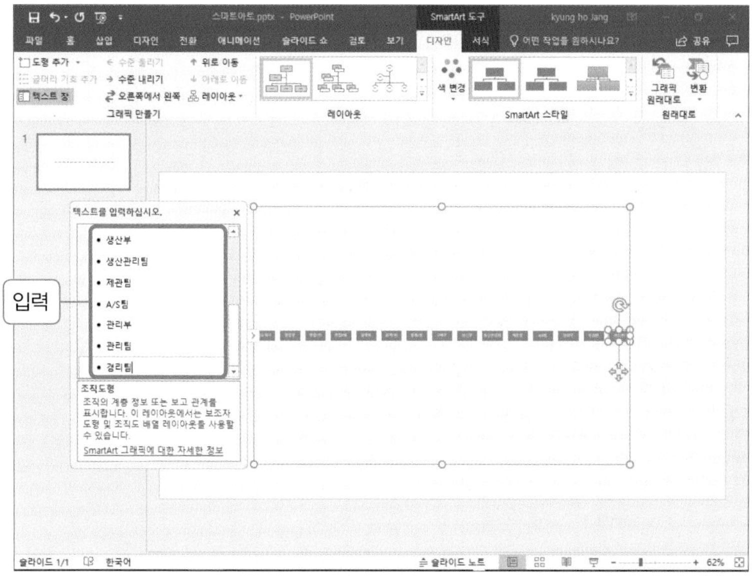

대표
관리팀
자재
경리
총무
생산팀
보트
카라반
일반산업용
기술개발팀
제품개발
설계
품질관리팀
검사
A/S
시공팀
현장시공
조립가공

04 '관리팀'을 선택하고 [SmartArt 도구]–[디자인] 탭–[그래픽 만들기] 그룹에서 [수준 내리기]를 한 번 클릭합니다.

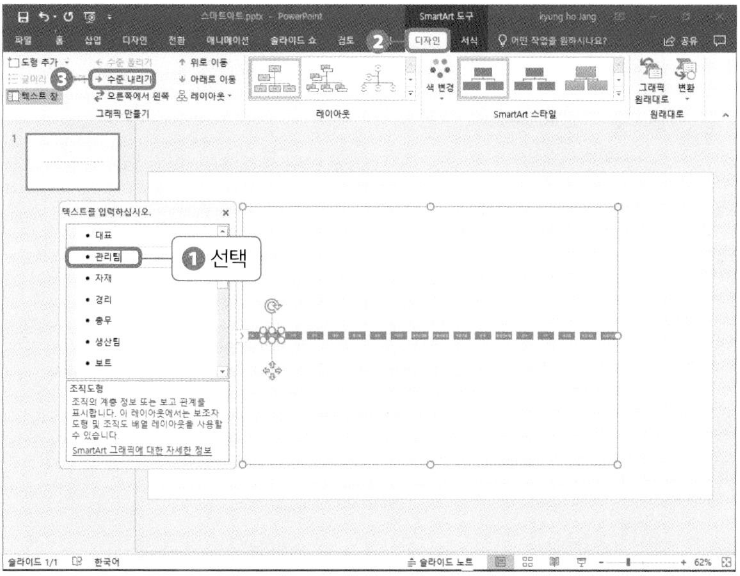

05 이번에는 '자재', '경리', '총무'를 Shift 를 누른 채 모두 선택하고 [SmartArt 도구]–[디자인] 탭–[그래픽 만들기] 그룹에서 [수준 내리기]를 두 번 클릭합니다.

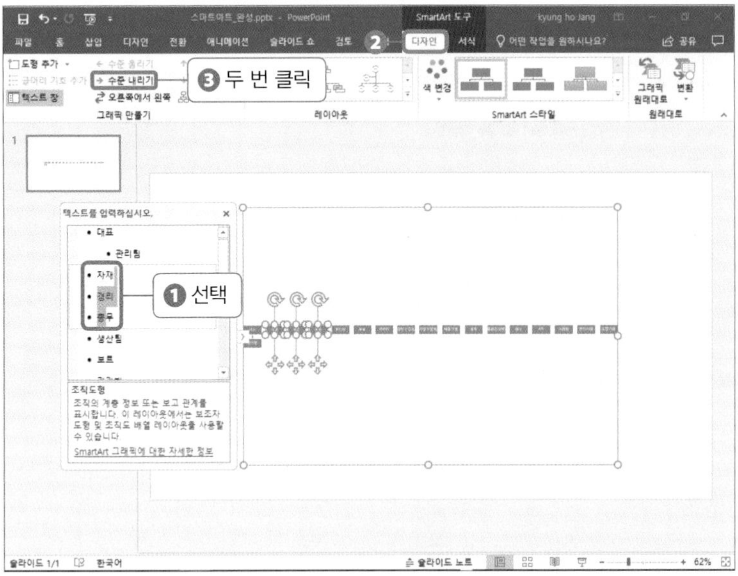

06 첫 번째 조직도가 완성됩니다. 같은 방법으로 나머지 도형도 [수준 내리기]를 활용해 조직도를 완성합니다.

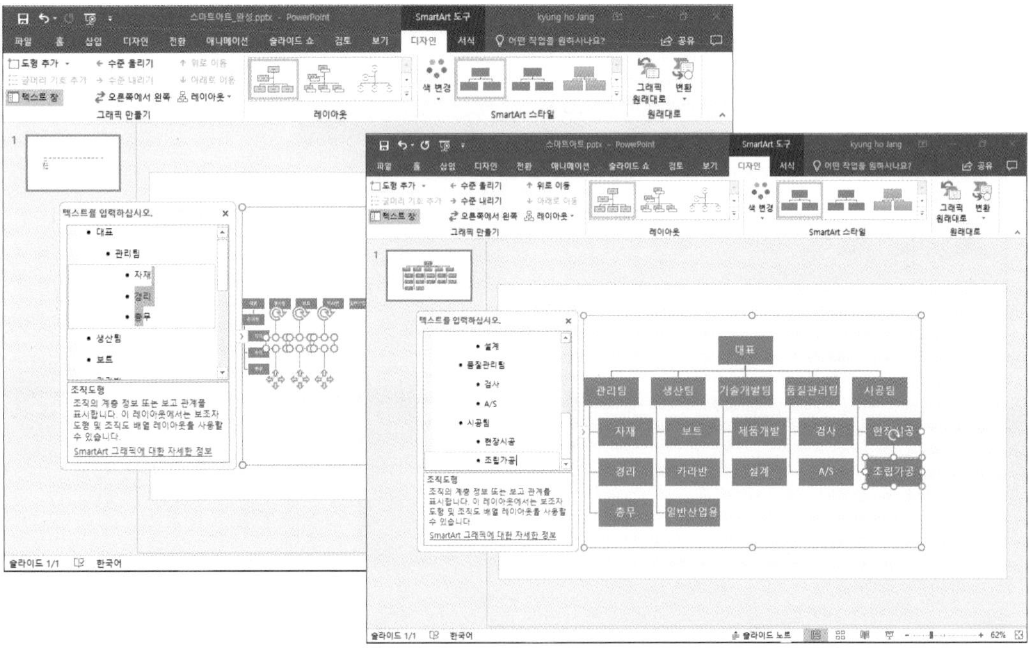

07 SmartArt 그래픽에 포함된 각 개체의 모양과 크기를 변경하기 위해 크기 조정 핸들로 크기를 조정합니다. 텍스트 크기와 서체를 변경한 후 [SmartArt 도구]–[디자인] 탭–[SmartArt 스타일] 그룹에서 [색 변경]과 [SmartArt 스타일]을 이용해 색상과 스타일을 변경합니다.

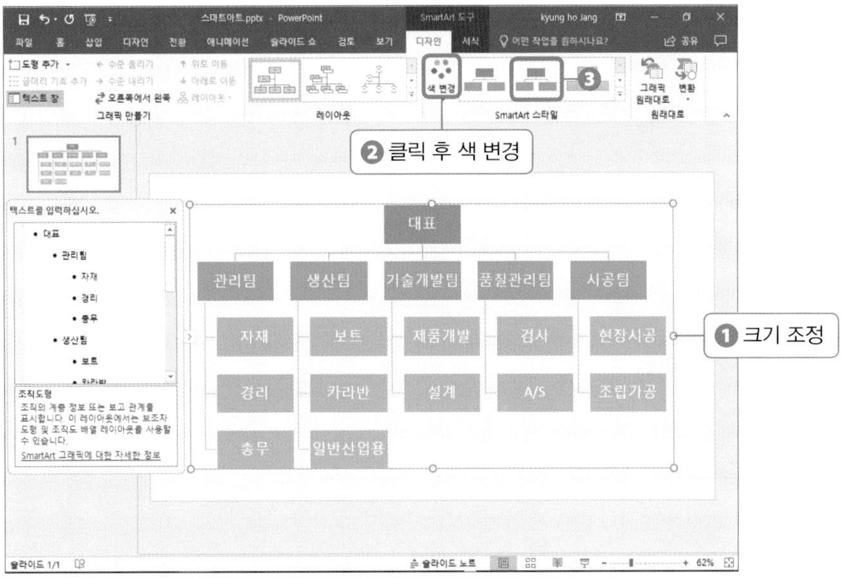

08 이번에는 모양을 변경해 보겠습니다. SmartArt 그래픽도 일종의 도형이기에 원하는 형식대로 변경할 수 있습니다. SmartArt 그래픽 모두를 선택하고 [SmartArt 도구]–[서식] 탭–[도형] 그룹에서 [도형 모양 변경]을 클릭한 후 원하는 도형을 선택합니다.

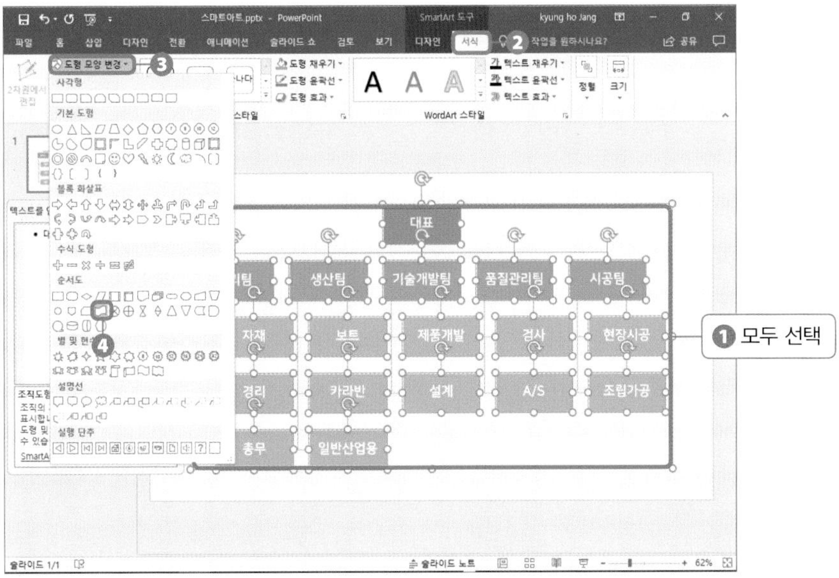

09 모양이 변경되면 크기 및 위치를 적절히 조정한 후 SmartArt 그래픽을 완성합니다.

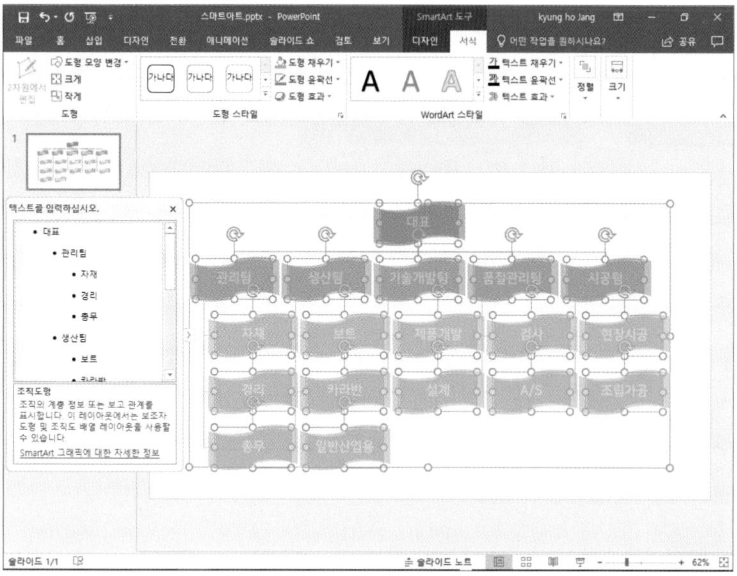

TIP PLUS

SmartArt 그래픽 단축키

SmartArt 그래픽은 다양한 단축키로 개체를 컨트롤할 수 있습니다. 여기서는 SmartArt 그래픽 단축키에 대해서 잠시 살펴보겠습니다.

작업	키
SmartArt 그래픽에서 다음 개체 선택	Tab
SmartArt 그래픽에서 이전 개체 선택	Shift+Tab
모든 도형 선택	Ctrl+A
선택한 도형 위치를 위로 이동	↑
선택한 도형 위치를 아래로 이동	↓
선택한 도형 위치를 왼쪽으로 이동	←
선택한 도형 위치를 오른쪽으로 이동	→
선택한 도형 텍스트 편집	Enter 또는, F2
선택한 도형 삭제	Delete 또는, Back Space
선택한 도형 가로 확대	Shift+→
선택한 도형 가로 축소	Shift+←
선택한 도형 세로 확대	Shift+↑
선택한 도형 세로 축소	Shift+↓
선택한 도형 오른쪽으로 회전	Alt+→
선택한 도형 왼쪽 회전	Alt+←

사용한 기능 | 정렬, 맞춤, 위쪽 맞춤, 가로 간격을 동일하게

016

기본 기능

지그재그 도형을 맞춤과 배분 기능으로 한 번에 정렬하기

도형을 비롯해 텍스트 상자, 워드아트 등에 적용할 수 있는 맞춤과 배분 기능은 각각의 개체 간격과 위치를 일정하게 조정할 수 있는 기능입니다.

사용 가능 버전 2010 2013 2016 2019 365

예제 파일 Powerpoint\Chapter 02\심블.pptx
완성 파일 Powerpoint\Chapter 02\심블_완성.pptx

01 지그재그로 정렬된 도형을 동일한 간격으로 조정해 보겠습니다. 첫 번째 줄은 위, 아래 간격과, 가로 간격이 일정하게 적용되어 있습니다. 마찬가지로 아랫줄도 동일하게 적용해 보겠습니다. 두 번째 줄을 모두 선택하고 [그림 도구]–[서식] 탭–[정렬] 그룹에서 [맞춤]–[위쪽 맞춤]을 클릭합니다.

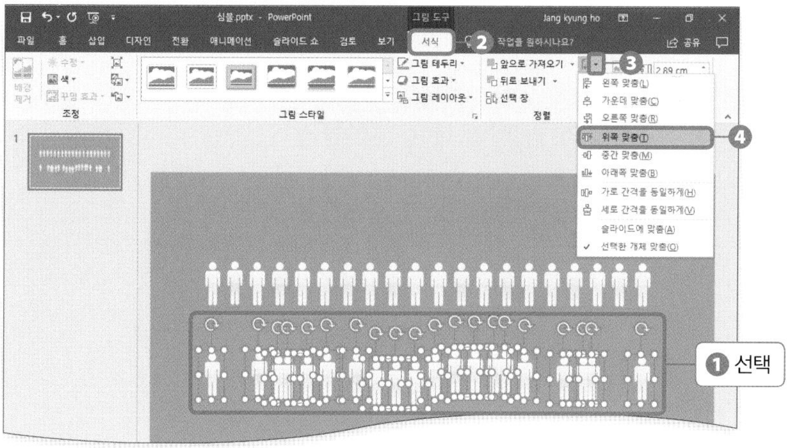

02 삐뚤삐뚤했던 위, 아래 간격이 일정하게 조정됩니다. 이번에는 가로 간격을 일정하게 조정하기 위해 [그림 도구]–[서식] 탭–[정렬] 그룹에서 [맞춤]–[가로 간격을 동일하게]를 클릭합니다.

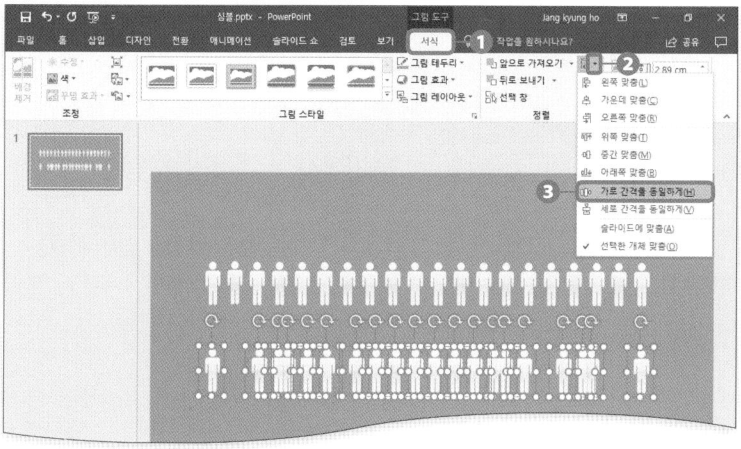

TIP
[정렬] 그룹에서 [맞춤]에서 슬라이드에 맞춤과 선택한 개체 맞춤이라는 항목이 있습니다. 슬라이드에 맞춤을 선택하면 슬라이드 가로, 세로 크기에 맞추어 개체의 위치가 정렬됩니다.

사용한 기능 | 스마트 가이드

017 기본 기능

스마트 가이드를 활용해 간단하게 위치 조정하기

파워포인트 2010 버전부터 새로 추가된 기능인 '스마트 가이드'는 슬라이드에 삽입되는 개체의 중심과 위, 아래 등 모서리를 기준으로 다른 개체와의 간격이나 배치를 안내선으로 표시하여 개체의 크기나 위치를 눈으로 확인하며 맞출 수 있는 기능입니다.

사용 가능 버전 2010 2013 2016 2019 365

예제 파일 Powerpoint\Chapter 02\심블2.pptx
완성 파일 Powerpoint\Chapter 02\심블2_완성.pptx

01 앞선 예제에서는 맞춤과 배분 기능으로 슬라이드에 삽입한 개체의 간격을 일정하게 조정해 보았습니다. 이번에는 스마트 가이드를 통해 간단하게 개체의 간격을 조정하는 방법에 대해서 살펴보겠습니다. 제일 마지막 도형을 선택하고 마우스로 약간 드래그해 봅니다. 자동으로 스마트 가이드가 나타나며 상하 간격을 알려줍니다.

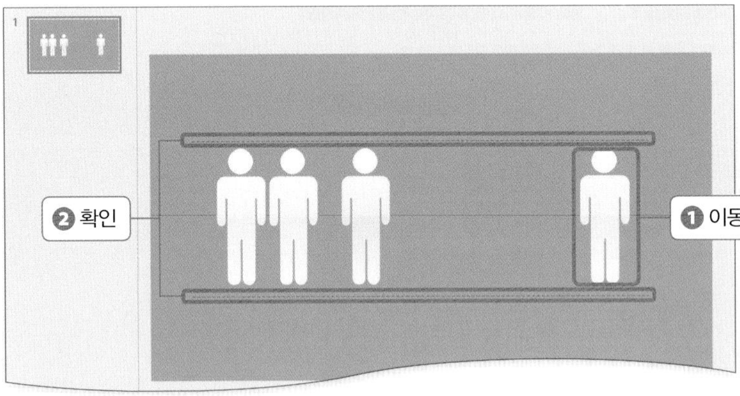

02 이번에는 두 번째, 세 번째 도형도 동일한 방법으로 정렬해 보세요. 균등한 간격으로 배치되면 자동으로 스마트 가이드가 나타나며 좌우 간격과 위아래 간격을 알려줍니다.

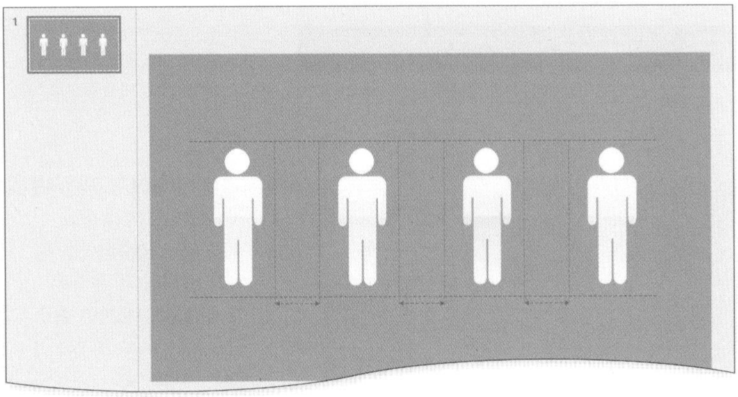

TIP
스마트 가이드가 표시되지 않는다면 [보기] 탭-[표시] 그룹에서 [옵션] 단추를 클릭한 후 [도형 맞춤 시 스마트 가이드 표시]에 체크 표시를 하여 스마트 가이드를 표시합니다.

사용한 기능 | 투명한 색 설정

018 삽입한 그림의 배경을 투명하게 만들기

기본 기능

파워포인트에는 '투명한 색 설정'이라는 기능이 있습니다. 이를 활용해 투명하게 만들고 싶은 색상을 클릭하면 동일한 색상에 해당하는 부분이 모두 투명해집니다.

사용 가능 버전	
2010 2013 2016 2019 365	**예제 파일** Powerpoint\Chapter 02\빌딩.pptx **완성 파일** Powerpoint\Chapter 02\빌딩_완성.pptx

01 여기서는 건물 이미지를 불러왔습니다. 건물 이미지의 배경이 되는 하늘을 투명하게 만들어 보겠습니다. 그림을 선택하고 [그림 도구]–[서식] 탭–[조정] 그룹에서 [색]–[투명한 색 설정]을 클릭합니다.

02 마우스 커서 모양이 변경됩니다. 투명하게 만들고 싶은 부분을 클릭합니다. 배경이 투명하게 변경됩니다.

사용한 기능 | 배경 제거, 보관할 영역 표시, 제거할 영역 표시

019 포토샵처럼 정밀하게 그림의 배경 제거하기

기본 기능

앞에서 살펴본 '투명한 색 설정' 기능은 투명한 색을 설정하려는 색상이 모두 동일해야 한다는 단점이 있습니다. 투명하게 만들고 싶은 색상의 픽셀이 조금이라도 다르면 배경을 투명하게 만들 수가 없습니다. 여기서는 더 정밀하게 배경을 제거하는 방법에 대해서 살펴보겠습니다.

사용 가능 버전 2010 2013 2016 2019 365

예제 파일 Powerpoint\Chapter 02\풍경.pptx
완성 파일 Powerpoint\Chapter 02\풍경_완성.pptx

01 배경을 제거하고 싶은 그림을 선택한 후 [그림 도구]–[서식] 탭–[조정] 그룹에서 [배경 제거]를 클릭합니다.

02 [배경 제거] 탭이 나타나면서 그림의 영역을 보관하거나 제거할 수 있습니다. 파워포인트가 자동으로 보관할 부분과 제거할 부분을 설정해 줍니다. 보라색 계열의 색상으로 표시된 부분이 제거될 부분입니다. 먼저 보관할 영역을 설정해 보겠습니다. [배경 제거] 탭–[고급 검색] 그룹에서 [보관할 영역 표시]를 클릭한 후 보관할 영역을 마우스로 드래그하여 선택합니다.

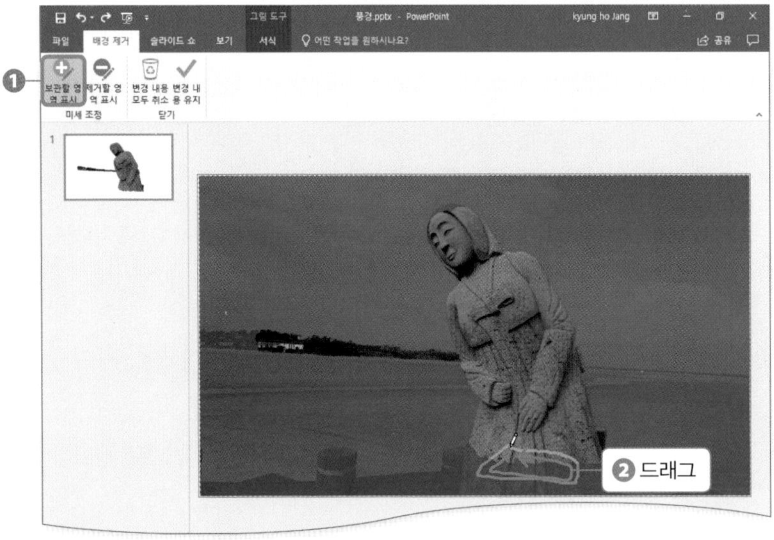

03 이번에는 제거할 부분을 지정해 보겠습니다. [배경 제거] 탭–[고급 검색] 그룹에서 [제거할 영역 표시]를 클릭한 다음 제거할 배경이 포함된 부분을 드래그하여 지정합니다. 먼저 왼쪽 편에서 제거해야 할 부분을 드래그하여 선택합니다.

TIP

그림을 투명하게 만들거나 그림 스타일 등을 지정하였으나 마음에 안 들어 다시 조정하고 싶을 경우 [실행 취소]( )를 클릭하거나, [서식] 탭–[조정] 그룹에서 [그림 원래대로]를 클릭해 원래 이미지로 되돌아갈 수 있습니다.

04 한 번에 지정이 되지 않을 경우 여러 번 드래그하여 지정해야 합니다. 이번에는 오른쪽 부분에서 제거할 부분을 드래그하여 선택합니다. 같은 기능을 여러 번 반복하여 원하는 결과물이 나오면 [닫기] 그룹에서 [변경 내용 유지]를 클릭합니다.

05 배경이 삭제된 그림이 완성됩니다. 보관할 영역이나 제거할 영역 모두 드래그 한 번에 지정되지 않을 수 있습니다. 이럴 경우 여러 번 드래그하여 원하는 결과물을 만들 수 있습니다.

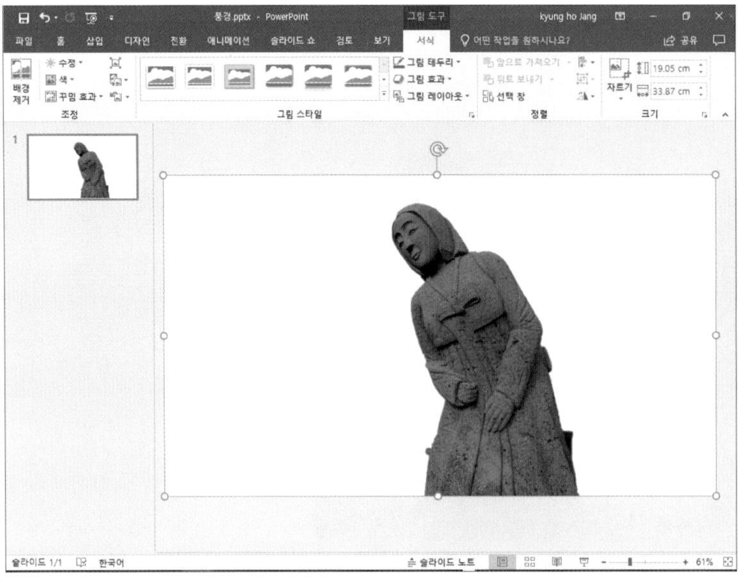

TIP PLUS

삽입한 그림의 배경을 제거하는 방법

삽입한 그림의 배경을 제거하는 방법에는 '그림에 투명한 색 설정하기'와 '그림 배경 제거하기'라는 2가지 방법이 있습니다. '그림에 투명한 색 설정하기'는 그림에서 쉽게 배경 등의 부분을 없앨 수 있다는 장점이 있지만 보다 정밀하게 투명한 색으로 설정하지 못한다는 단점이 있습니다. 이번 예제에서 따라해본 '그림 배경 제거하기'는 그림에 투명한 색 설정하기보다 완벽히 배경을 제거한다는 장점은 있지만, 사용 방법이 다소 까다롭다는 단점이 있습니다.

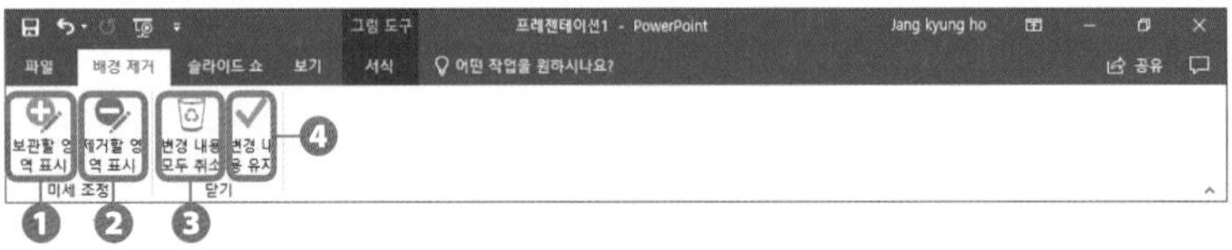

❶ **보관할 영역 표시** : [보관할 영역 표시]를 클릭하면 마우스 포인터가 연필 모양으로 변경됩니다. 보라색 영역 중에서 살릴 부분을 클릭합니다. 살릴 부분을 클릭하면 (+)가 표시됩니다.

❷ **제거할 영역 표시** : [제거할 영역 표시]를 클릭한 후 제거할 부분을 클릭하면 (–)가 표시됩니다.

❸ **변경 내용 모두 취소** : 지정한 변경 내용을 모두 취소합니다.

❹ **변경 내용 유지** : 지정한 변경 내용을 유지합니다.

020

★★★★★
활용 기능

사용한 기능 | 화면 전환 효과, 슬라이드 쇼

생동감을 느낄 수 있는 화면 전환 효과 만들기

화면 전환 효과는 각각의 슬라이드에 애니메이션 효과를 주어 세련된 애니메이션 효과를 낼 수 있는 기능으로써 쉽고 간편하게 애니메이션 효과를 줄 수 있다는 것이 장점입니다.

사용 가능 버전 2010 2013 2016 2019 365

예제 파일 Powerpoint\Chapter 02\화면전환.pptx
완성 파일 Powerpoint\Chapter 02\화면전환_완성.pptx

01 화면 전환 효과는 원하는 슬라이드에만 지정할 수 있습니다. 화면 전환 효과를 지정하고 싶은 슬라이드를 먼저 선택합니다. 슬라이드 미리 보기 창에서 두 번째, 세 번째 슬라이드를 Ctrl을 누른 채 선택하고 [전환] 탭–[슬라이드 화면 전환] 그룹에서 [자세히]를 클릭합니다. 화면 전환 관련 갤러리가 나타나면 [동작 콘텐츠]–[이동]을 선택합니다.

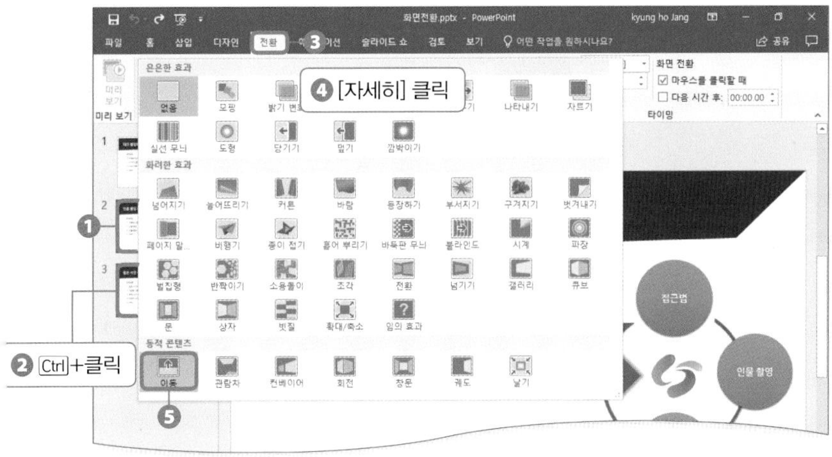

02 슬라이드 미리 보기 창에 애니메이션 효과 아이콘이 표시됩니다. 화면 전환 효과는 마우스를 클릭하지 않더라도 자동으로 슬라이드를 넘길 수 있습니다. [타이밍] 탭–[마우스를 클릭할 때]에 체크 표시를 해제합니다. [다음 시간 후]에 체크 표시를 한 후 『00:03.00』을 입력합니다. 3초 후 슬라이드가 다음 슬라이드로 넘어갑니다.

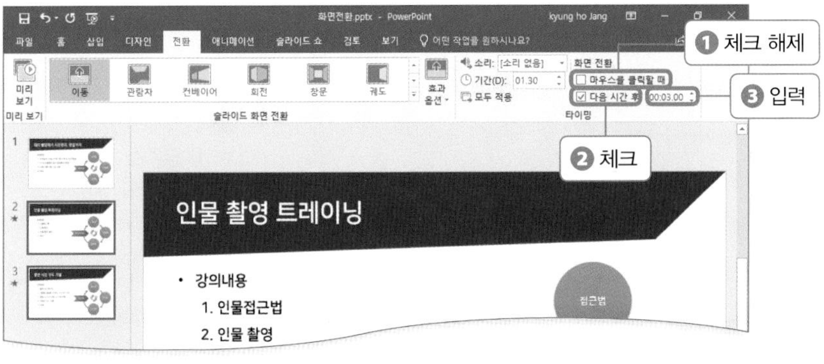

03 마우스를 클릭하지 않아도 넘어가는 화면 전환 효과가 적용은 되었지만, 첫 번째 슬라이드에는 적용되지 않았습니다. 이렇게 설정할 경우 첫 번째 슬라이드는 마우스를 클릭해 다음 페이지로 넘겨주어야 합니다. 그렇기에 첫 번째 슬라이드에도 동일하게 화면 전환 효과를 지정하는 것이 좋습니다. 첫 번째 슬라이드를 선택하고 [타이밍] 탭-[마우스를 클릭할 때]에 체크 표시를 해제하고, [다음 시간 후]에 체크 표시를 한 후『00:03.00』을 입력합니다.

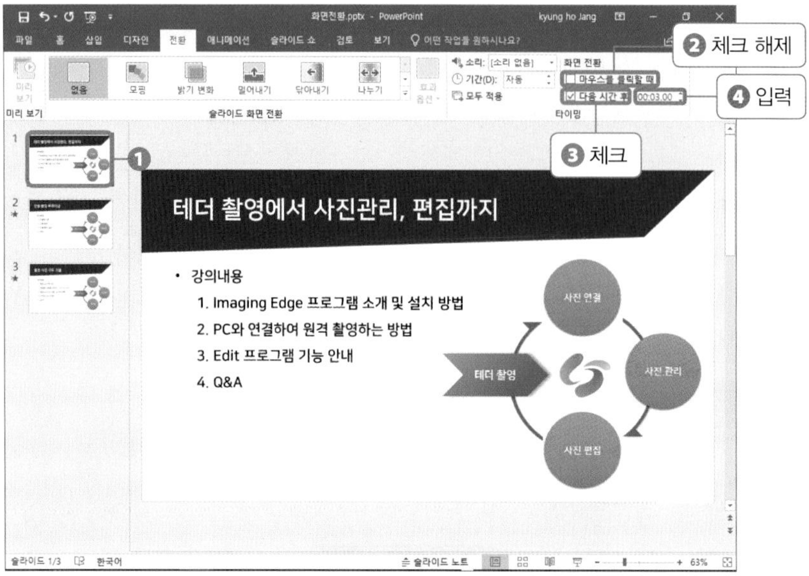

04 화면 전환 효과가 제대로 적용되었는지 확인해 보겠습니다. [보기] 단추에서 [여러 슬라이드]를 클릭합니다. [여러 슬라이드]를 선택하면 애니메이션 효과가 적용되어 있는 슬라이드를 비롯해 화면 전환 효과가 지정되어 있는 슬라이드에 아이콘과 함께 재생 시간까지 표시가 됩니다.

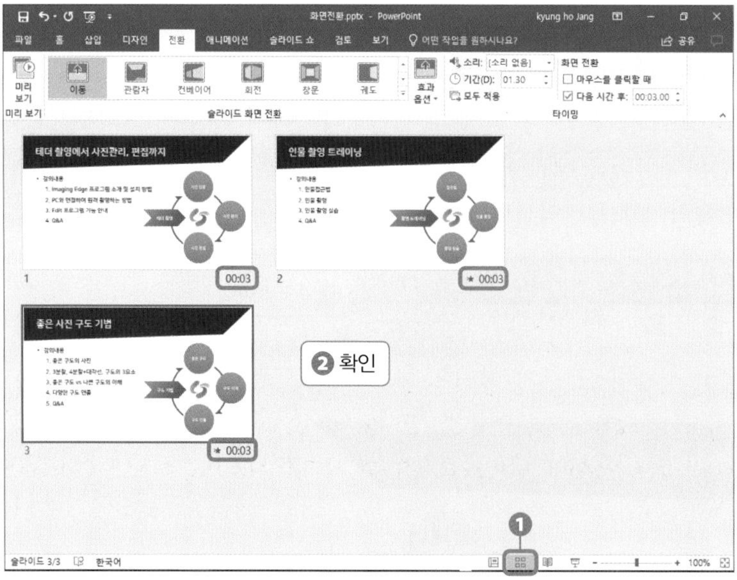

TIP
[보기] 단추를 통해 기본, 여러 슬라이드, 읽기용 보기, 슬라이드 쇼로 슬라이드 보는 방법을 선택할 수 있습니다.

05 F5를 눌러 슬라이드 쇼를 진행하거나 [슬라이드 쇼] 탭–[슬라이드 쇼 시작] 그룹에서 [처음부터]를 클릭해 슬라이드 쇼를 진행합니다. '00:03' 초마다 슬라이드가 자동 전환되는 것을 확인할 수 있습니다.

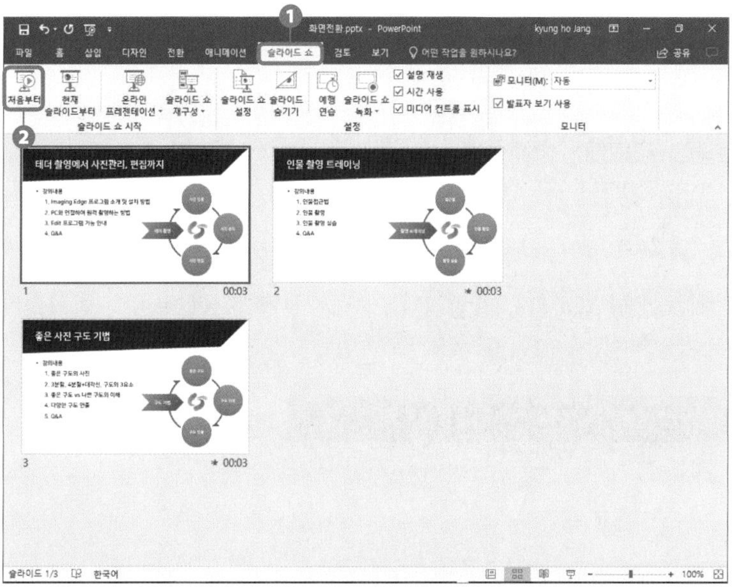

슬라이드 자동 전환

화면 전환을 자동 전환으로 설정하기 위해서는 [전환] 탭–[타이밍] 그룹의 [다음 시간 후]에서 시간을 설정해 주면 됩니다. 자동으로 슬라이드 쇼를 진행하거나 전시용 프레젠테이션을 제작할 때 적용할 수 있습니다.

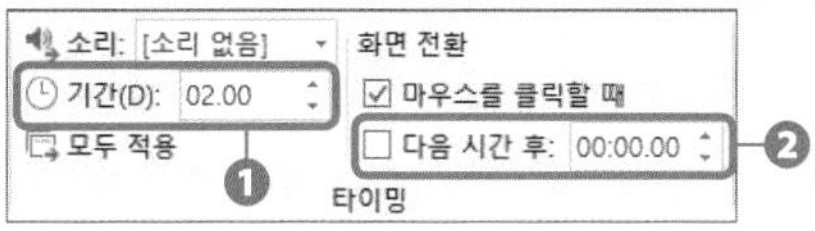

❶ **기간** : 화면 전환 효과가 진행되는 시간을 말합니다. 3초를 지정하면 3초 동안 화면 전환 효과가 진행됩니다.
❷ **다음 시간 후** : A 슬라이드에서 B 슬라이드로 넘어갈 때 A 슬라이드에 머무르는 시간을 말합니다.

자주하는 질문

Q [타이밍] 그룹에서 [기간]과 [다음 시간 후]가 하는 역할이 궁금합니다.

A [기간]은 화면 전환 효과가 진행되는 시간을 말합니다. 3초를 지정하면 화면 전환 효과가 3초 동안 진행됩니다. [다음 시간 후]는 A 슬라이드에서 B 슬라이드로 넘어갈 때 A 슬라이드에 머무르는 시간을 말합니다. 3초를 지정하면 A 슬라이드가 3초 동안 보인 다음 B 슬라이드로 넘어갑니다.

사용한 기능 | 모핑 효과

021

기본 기능

새로운 애니메이션 효과, 모핑 효과 살펴보기

모핑 효과를 사용하면 슬라이드 간의 원활한 이동에 고급스러운 애니메이션 효과를 줄 수 있습니다. 슬라이드에 모핑 효과를 통해 텍스트나 도형, 그림 등에 다양한 이동 효과를 만들어 보세요.

사용 가능 버전 2010 2013 2016 2019 365

예제 파일 Powerpoint\Chapter 02\모핑효과.pptx
완성 파일 Powerpoint\Chapter 02\모핑효과_완성.pptx

01 슬라이드 미리 보기 창에서 모핑 효과를 적용할 슬라이드를 선택합니다. [전환] 탭–[슬라이드 화면 전환] 그룹의 [자세히]–[모핑]을 클릭합니다.

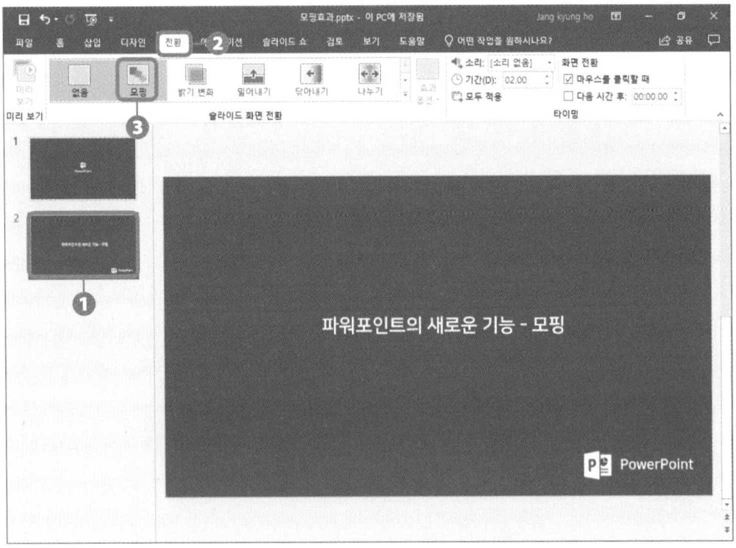

TIP 오피스 365를 사용하거나 파워포인트 2019가 설치되어 있다면 모핑 기능을 사용할 수 있습니다.

02 모핑 효과가 적용되면 [전환] 탭–[슬라이드 화면 전환] 그룹의 [효과 옵션]을 클릭해 다른 효과를 지정할 수 있습니다.

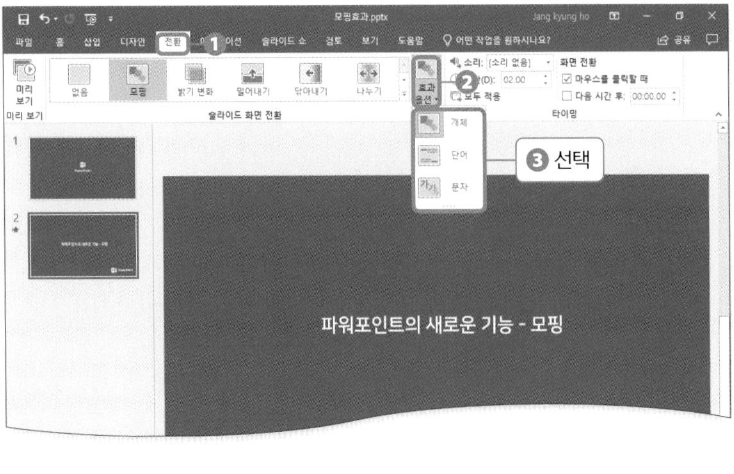

TIP 모핑 전환 기능은 공통된 개체가 하나 이상 포함된 두 개의 슬라이드가 있어야 합니다. 모핑 효과가 적용되면 두 개의 슬라이드에서 공통되는 부분의 개체를 확대 혹은, 축소하여 부드러운 애니메이션을 만들 수 있습니다.

022

기본 기능

사용한 기능 | 인쇄, 유인물, 3슬라이드

파워포인트에서 스토리보드 양식 만들기

스토리보드(StoryBoard)란, 어떤 주제를 슬라이드로 표현하기에 앞서 구체적으로 내용을 설명한 기획서라고 볼 수 있습니다. 즉, 청중이 알기 쉽도록 슬라이드를 스케치하는 작업입니다. 시중에 스토리보드 양식은 많지만, 여기서는 파워포인트에서 간편하게 만들어 활용하는 방법을 알아봅니다.

사용 가능 버전 2010 2013 2016 2019 365

예제 파일 없음
완성 파일 없음

01 파워포인트를 실행하고 다음 슬라이드 미리 보기 창에서 첫 번째 슬라이드를 선택합니다.

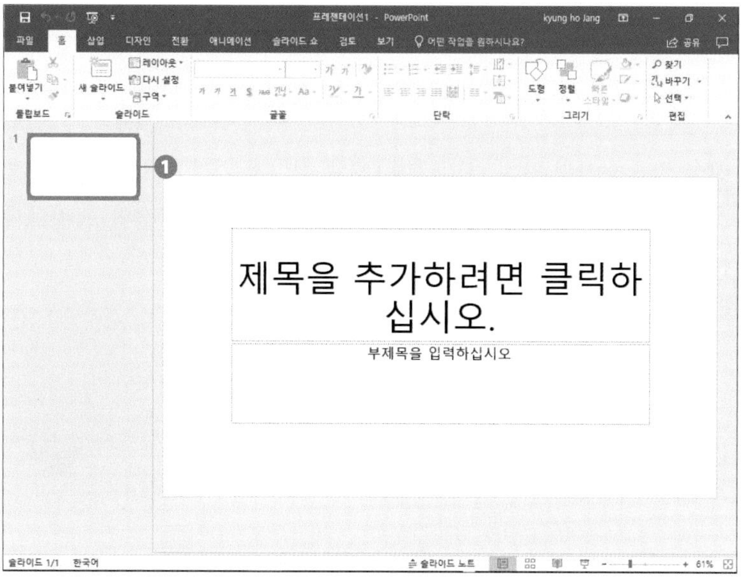

02 Ctrl+D를 여러 번 눌러 빈 슬라이드를 여러 장 생성합니다.

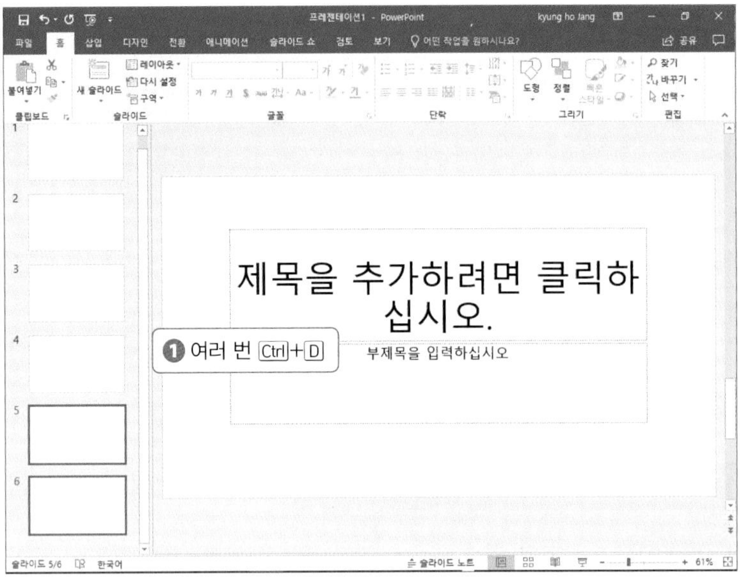

03 [파일] 탭–[인쇄]를 클릭합니다. [인쇄] 창이 나타나면 [전체 페이지 슬라이드]의 화살표를 클릭한 후 [유인물]–[3슬라이드]를 선택합니다. [프린트] 화살표를 클릭하고 연결된 프린트를 선택한 후 [인쇄]를 선택합니다.

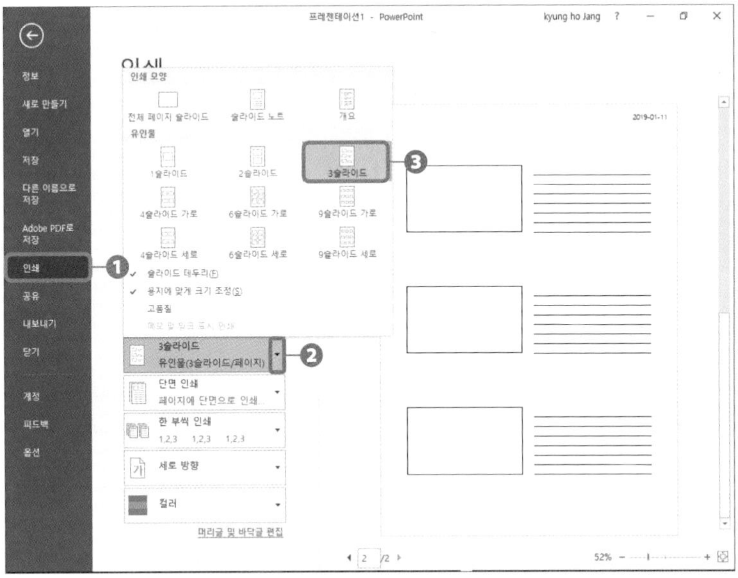

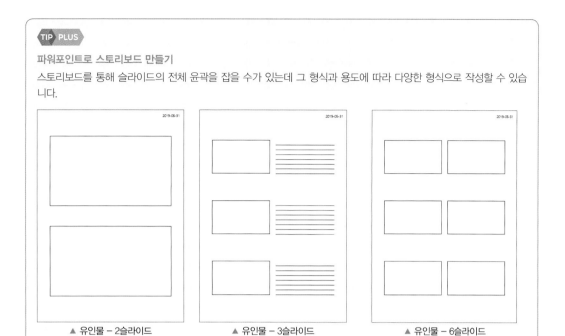

TIP PLUS

파워포인트로 스토리보드 만들기

스토리보드를 통해 슬라이드의 전체 윤곽을 잡을 수가 있는데 그 형식과 용도에 따라 다양한 형식으로 작성할 수 있습니다.

▲ 유인물 – 2슬라이드

▲ 유인물 – 3슬라이드

▲ 유인물 – 6슬라이드

CHAPTER

3

프레젠테이션 활용 기술

사실, 파워포인트는 텍스트 프로그램이 아니라 멀티미디어 프로그램입니다. 그렇기에 텍스트 기능보다 멀티미디어 기능이 훨씬 많으며, 다양한 기능을 활용해서 다이내믹한 슬라이드를 완성할 수 있습니다. 텍스트만 잔뜩 있는 슬라이드보다 사진이나 그림, 혹은 음원이나 영상이 있는 슬라이드가 청중의 시선을 끌 수 있겠죠? 여기서는 파워포인트의 화려한 멀티미디어 기능에 대해서 살펴보겠습니다.

배워 볼 내용

[발표자 도구]	023	발표자 도구를 활용해 전문가 수준의 발표하기 필수 기능 ★★★★★
[브로드캐스트]	024	원격으로 온라인 프레젠테이션(브로드캐스트) 구현하기
[포인트 옵션]	025	프레젠테이션 스크린에 레이저 기능 표시하기
[오디오 연결]	026	오디오 파일을 슬라이드에 넣지 않고 연결만 시키기
[오디오 파일]	027	오디오 파일에 특정 지점을 빠르게 찾는 책갈피 추가하기 필수 기능 ★★★☆☆
[비디오 파일]	028	동영상 파일을 삽입하고 내 마음대로 편집하기 필수 기능 ★★★★☆
[포스터 프레임]	029	동영상에 표지를 만들어 주는 포스터 프레임 활용 기능 ★★★☆☆
[비디오 만들기]	030	정적인 슬라이드 파일을 동적인 동영상 파일로 만들기
[비디오 호환성]	031	파워포인트에 사용하기 적합한 비디오 호환성 적용하기
[유튜브 연결]	032	인기 있는 유튜브 영상을 파워포인트에 연결하기
[화면 녹화]	033	화면 녹화 기능으로 슬라이드 화면 녹화하기 활용 기능 ★★★★☆

사용한 기능 | 발표자 도구, 발표자 보기

023

★★★★★ 필수 기능

발표자 도구를 활용해 전문가 수준의 발표하기

컴퓨터를 빔프로젝터에 연결하거나 멀티 모니터에 연결했을 경우 발표자 도구를 실행할 수 있습니다. 발표자 도구를 사용하면 발표자의 모니터에는 슬라이드 노트를 표시하고, 빔프로젝트나 다른 모니터에는 슬라이드 쇼를 표시할 수 있습니다.

사용 가능 버전 2010 2013 2016 2019 365

예제 파일 Powerpoint\Chapter 03\발표자도구.xlsx
완성 파일 없음

01 [슬라이드 쇼] 탭–[모니터] 그룹에서 [발표자 도구 사용]에 체크 표시가 되어 있는지 확인합니다. 체크되어 있지 않다면 체크 표시를 합니다. F5를 눌러 슬라이드 쇼를 진행합니다.

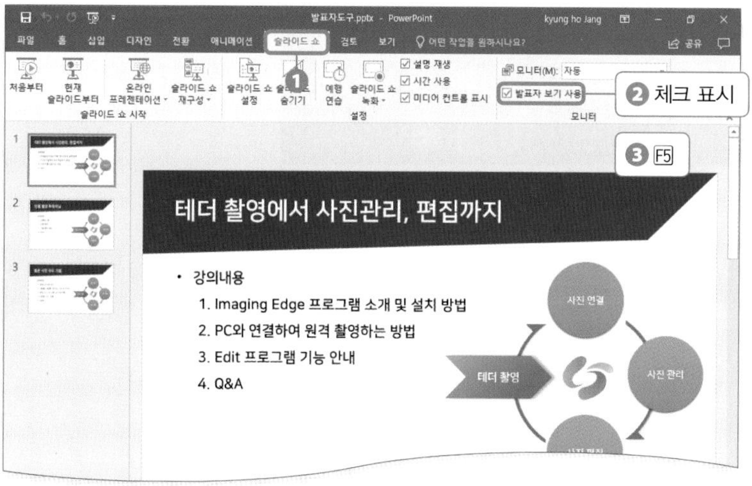
발표자도구.pptx - PowerPoint
슬라이드 쇼
발표자 보기 사용
② 체크 표시
③ F5
테더 촬영에서 사진관리, 편집까지
강의내용
1. Imaging Edge 프로그램 소개 및 설치 방법
2. PC와 연결하여 원격 촬영하는 방법
3. Edit 프로그램 기능 안내
4. Q&A
사진 연결
사진 관리
테더 촬영

02 만일, 슬라이드 쇼 진행 시 발표자 도구가 표시되지 않는다면 마우스 오른쪽 버튼을 클릭한 후 [발표자 도구 표시]를 선택합니다.

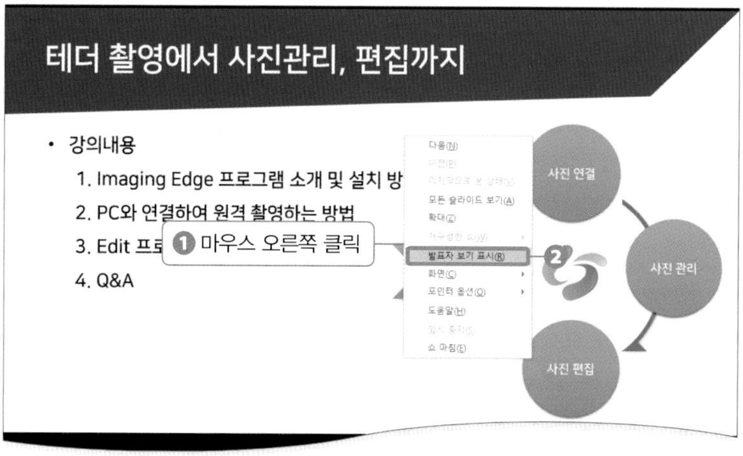
테더 촬영에서 사진관리, 편집까지
강의내용
1. Imaging Edge 프로그램 소개 및 설치 방
2. PC와 연결하여 원격 촬영하는 방법
① 마우스 오른쪽 클릭
4. Q&A
발표자 보기 표시(R)
사진 연결
사진 관리
사진 편집

> **TIP**
> 파워포인트 2013 이후 버전을 사용 중이라면 모니터와 파워포인트를 연결하기만 하면 자동으로 발표자 보기가 설정됩니다. 발표자 보기를 사용하면 발표자는 발표자 노트를 보게 되고, 청중은 슬라이드 화면을 보게 됩니다.

TIP PLUS

[발표자 보기] 창 살펴보기

[발표자 보기] 창을 통해 현재 진행되는 슬라이드를 비롯해 전체 슬라이드를 컨트롤할 수 있습니다.

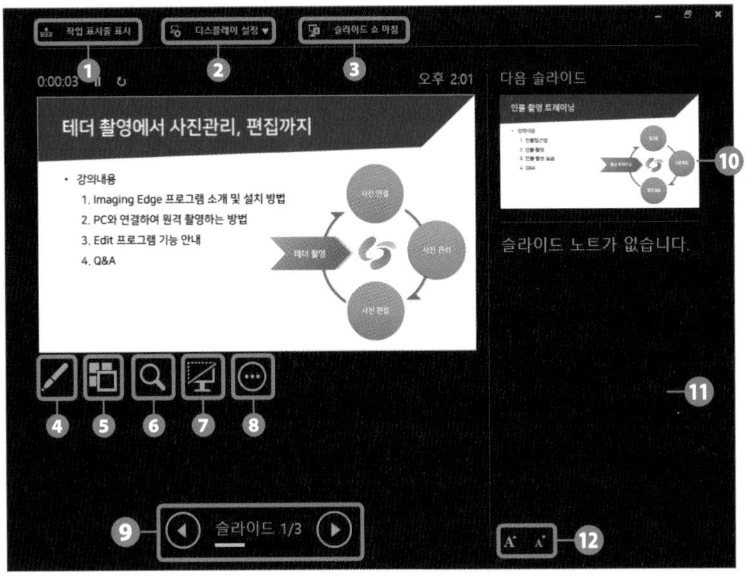

❶ **작업 표시줄 표시** : 하단에 윈도우 작업 표시줄을 표시합니다. 인터넷을 실행하거나 다른 프로그램을 여는 등 윈도우에서 작업 표시줄을 사용하는 것과 동일하게 사용할 수 있습니다. 물론, 청중들은 볼 수 없습니다.

❷ **디스플레이 설정(표시 설정)** : 발표자 도구와 슬라이드 쇼 모니터를 서로 변경하거나 슬라이드 쇼를 복제하여 같은 화면을 표시합니다.

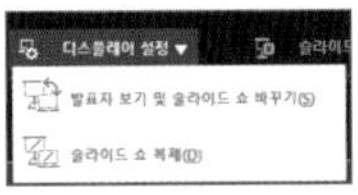

- 발표자 보기 및 슬라이드 쇼 바꾸기 : 발표자 보기에 노트를 표시할 화면과 슬라이드만 표시할 화면을 직접 변경할 수 있습니다.
- 슬라이드 쇼 복제 : 발표자 보기 도구 이외 슬라이드 쇼 화면을 모니터에 표시합니다.

❸ **슬라이드 쇼 마침** : 슬라이드 쇼를 종료합니다.

❹ **펜 및 레이저 포인터 도구** : 펜과 레이저 포인트를 설정합니다. 펜, 레이저 포인터 또는, 형광펜을 해제하려면 Esc를 누릅니다.

❺ **모든 슬라이드 보기** : 프레젠테이션의 모든 슬라이드의 축소판 그림이 표시되어, 슬라이드 쇼 중에 특정 슬라이드로 쉽게 건너뛸 수 있습니다.

❻ **슬라이드 확대** : 슬라이드의 내용을 자세히 표시하려면 슬라이드 확대를 선택한 후 보려는 부분을 가리킵니다.

❼ **슬라이드 쇼를 검정으로 설정/취소** : 현재 슬라이드를 숨기거나 숨김 해제하려면 [슬라이드 쇼를 검정으로 설정/취소]를 선택합니다.

❽ **슬라이드 쇼 옵션 더 보기** : 슬라이드 쇼와 관련된 옵션을 표시합니다.

❾ **이전 또는 다음** : 슬라이드로 넘어가려면 이전 또는 다음을 선택합니다.

❿ **다음 슬라이드** : 다음에 표시될 슬라이드 화면을 미리 보여줍니다.

⓫ **슬라이드 노트** : 슬라이드 노트에 입력한 텍스트가 표시됩니다.

⓬ **텍스트 크기 변경** : 두 개의 단추를 사용하여 노트 창의 텍스트 크기를 변경할 수 있습니다.

024
기본 기능

사용한 기능 | 온라인 프레젠테이션, 브로드캐스트

원격으로 온라인 프레젠테이션 (브로드캐스트) 구현하기

멀리 있는 청중들에게도 원격으로 온라인 프레젠테이션을 진행할 수 있습니다. 이 기능을 브로드캐스트라고 하는데 말 그대로 파워포인트로 방송을 하는 것으로 이해하면 됩니다. 방송할 슬라이드 쇼 주소만 알고 있다면 실시간으로 동일한 프레젠테이션을 볼 수 있습니다. 아무리 먼 거리에 있는 상대방도 이 기능으로 함께 프레젠테이션할 수 있습니다.

사용 가능 버전 2010 2013 2016 2019 365

예제 파일 Powerpoint\Chapter 03\발표자도구.pptx
완성 파일 없음

01 [슬라이드 쇼] 탭–[슬라이드 쇼 시작] 그룹에서 [온라인 프레젠테이션]–[Office Presentation Service]를 클릭합니다.

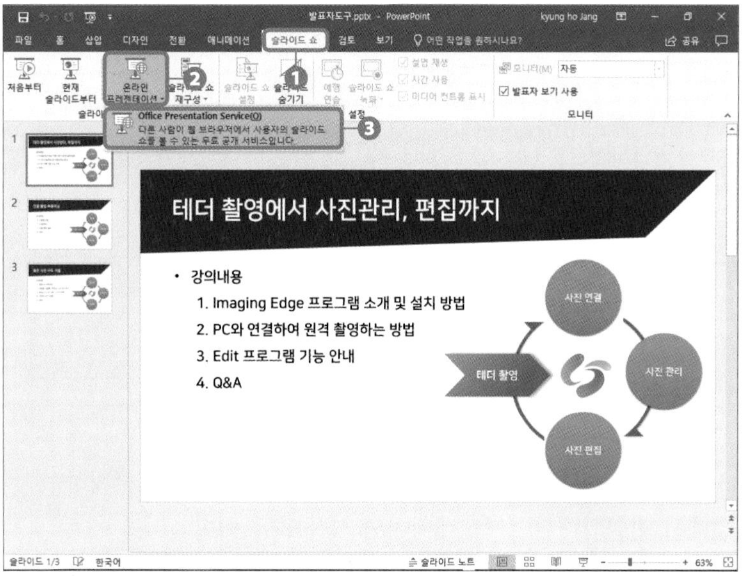
발표자도구.pptx - PowerPoint
Office Presentation Service(O)
다른 사람이 웹 브라우저에서 사용자의 슬라이드 쇼를 볼 수 있는 무료 공개 서비스입니다.
테더 촬영에서 사진관리, 편집까지
강의내용
1. Imaging Edge 프로그램 소개 및 설치 방법
2. PC와 연결하여 원격 촬영하는 방법
3. Edit 프로그램 기능 안내
4. Q&A
사진 연결
테더 촬영
사진 관리
사진 편집

TIP
파워포인트 2010의 경우 [슬라이드 쇼] 탭–[슬라이드 쇼 시작] 그룹에서 [슬라이드 쇼 브로드캐스트]를 클릭합니다. [슬라이드 쇼 브로드캐스트] 대화상자가 나타나면 [브로드캐스트 시작]을 클릭합니다.

02 [온라인 프레젠테이션] 대화상자가 나타나면 [연결]을 클릭합니다. 참고로 [원격으로 보는 사용자에게 프레젠테이션 다운로드 허용]에 체크 표시를 하면 원격 사용자가 해당 슬라이드를 다운로드할 수 있습니다.

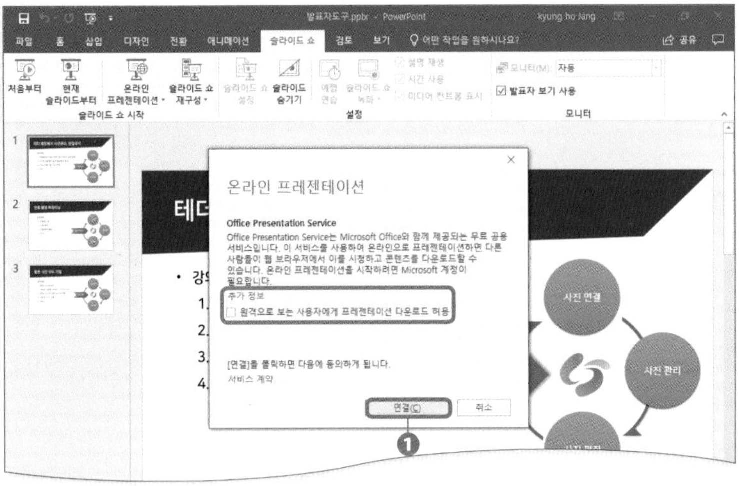

> **TIP**
> 파워포인트 2010의 경우 [슬라이드 쇼 브로드캐스트] 창이 나타납니다. [브로드캐스트 시작]을 선택합니다.

> **TIP**
> 피워포인트 2010의 경우 Windows Live 관련 대화상자가 나타날 수 있습니다. [전자 메일 주소]와 [암호]를 입력한 다음 [확인]을 클릭합니다.

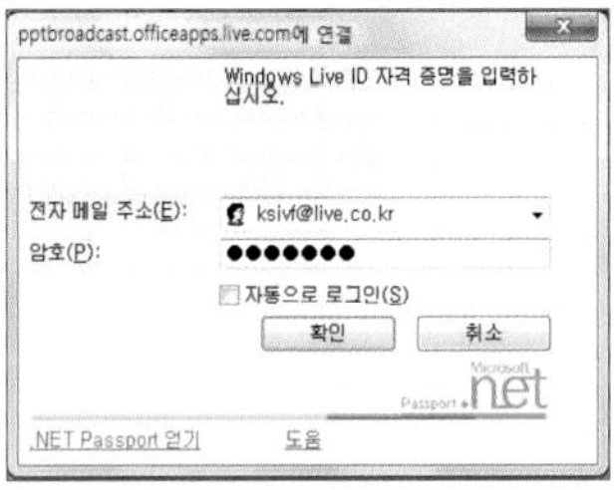

03 잠시 후 원격으로 브로드캐스트할 링크 주소가 만들어집니다. [링크 복사]를 클릭하여 링크를 복사한 후 공유할 상대방에서 전달합니다. [프레젠테이션 시작]을 클릭합니다.

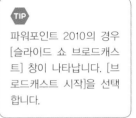

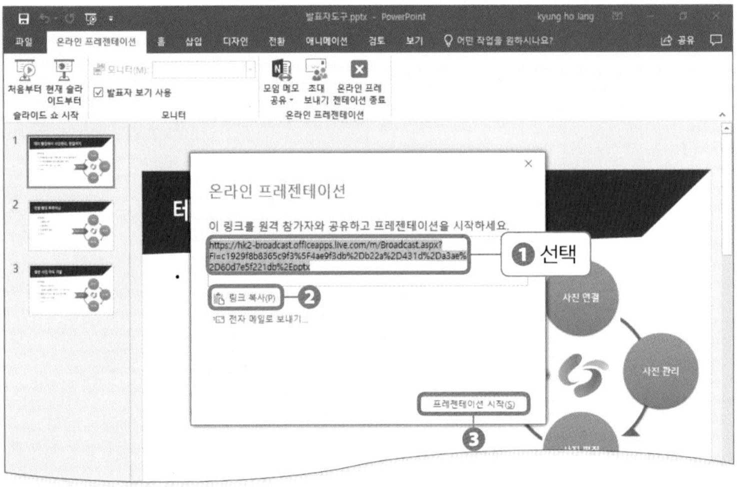

> **TIP**
> 파워포인트 2010의 경우 [슬라이드 쇼 브로드캐스트] 대화상자가 나타납니다. 주소가 생성되면 브로드캐스트를 함께 진행할 상대방에게 이메일이나 메신저 등을 통해 해당 주소를 전달한 후 [프레젠테이션 시작]을 클릭합니다.

04 웹 브라우저가 실행되며 실시간으로 프레젠테이션이 진행됩니다. 접속 중인 상대방의 모니터에도 실시간으로 프레젠테이션이 진행됩니다.

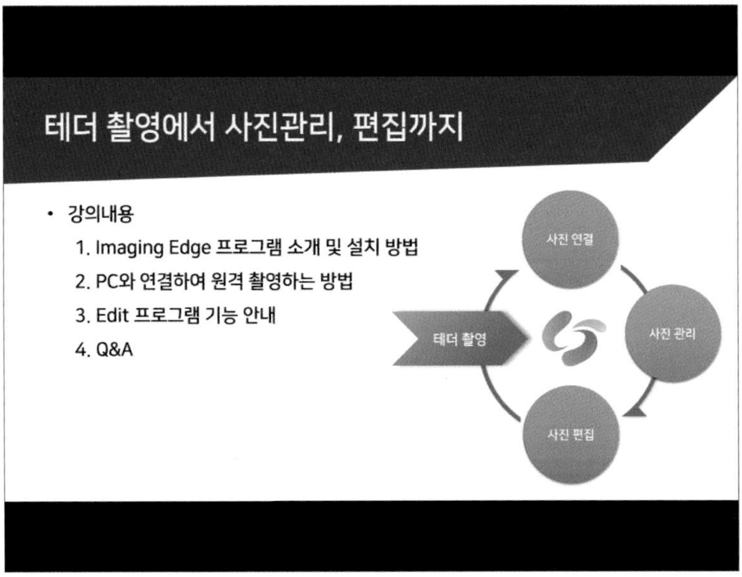

TIP PLUS

온라인 프레젠테이션

온라인 프레젠테이션(브로드캐스트)이란 인터넷을 통해 다른 곳으로 실시간 보여주는 기능입니다. 내 컴퓨터에서 슬라이드 쇼 브로드캐스트를 시작하고 프레젠테이션을 실행하면 다른 사람들은 원격으로 접속하여 프레젠테이션을 볼 수 있습니다. 이메일을 이용해 상대방을 초대하거나 원노트를 통해 모임을 공유할 수도 있습니다.

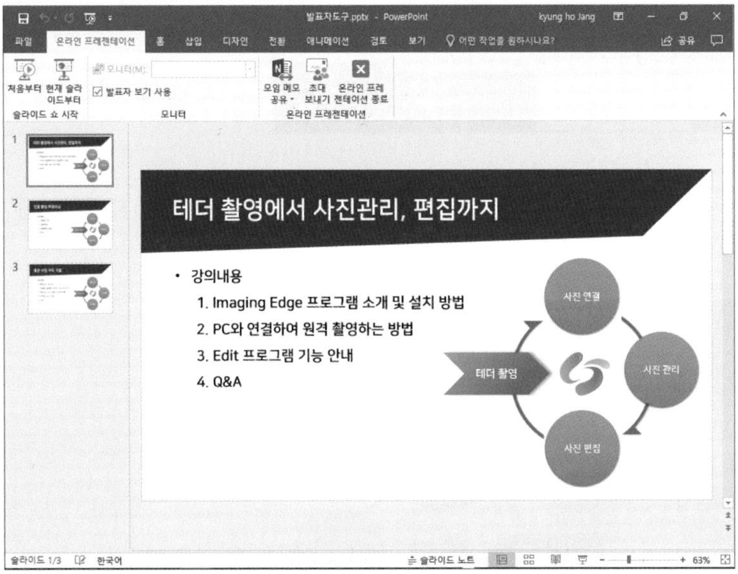

025

기본 기능

사용한 기능 | 포인트 옵션, 레이저 포인터, 잉크 색

프레젠테이션 스크린에 레이저 기능 표시하기

슬라이드 쇼를 진행하다 레이저 빔을 사용해 원하는 부분을 표시해야 하는 경우가 있습니다. 레이저 빔을 미처 준비하지 못했다면 파워포인트의 레이저 기능을 사용하면 됩니다. 또한, 슬라이드 화면에 볼펜으로 낙서하는 거처럼 글자나 그림을 그려 넣을 수 있습니다.

사용 가능 버전 2010 2013 2016 2019 365

예제 파일 Powerpoint\Chapter 03\발표자도구.pptx
완성 파일 Powerpoint\Chapter 03\발표자도구_완성.pptx

01 F5를 눌러 슬라이드 쇼를 진행한 다음 마우스 오른쪽 버튼을 클릭하고 [포인트 옵션]–[잉크 색]에서 원하는 색상을 선택합니다.

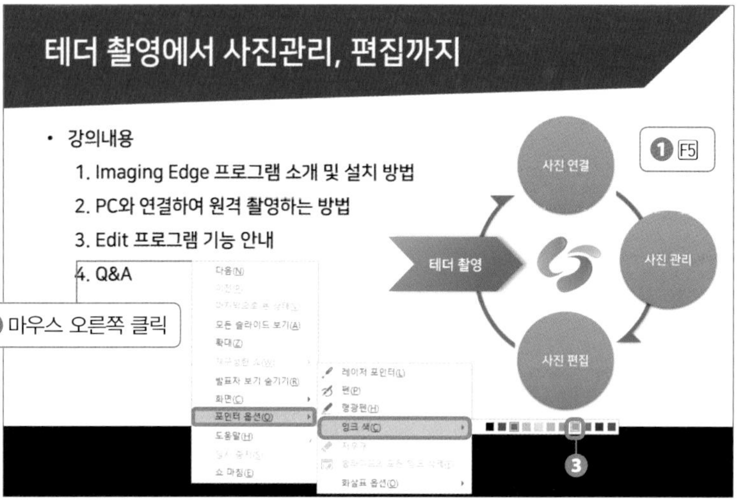

TIP Ctrl+P를 누른 후 마우스를 드래그하여도 동일하게 펜 기능을 실행할 수 있으며, 내용을 삭제하고 싶다면 E를 누른 후 삭제할 수 있습니다.

02 마우스 포인터 모양이 변경됩니다. 다음과 같이 마우스로 드래그하여 그려봅니다. 펜 효과가 슬라이드 쇼에 적용됩니다.

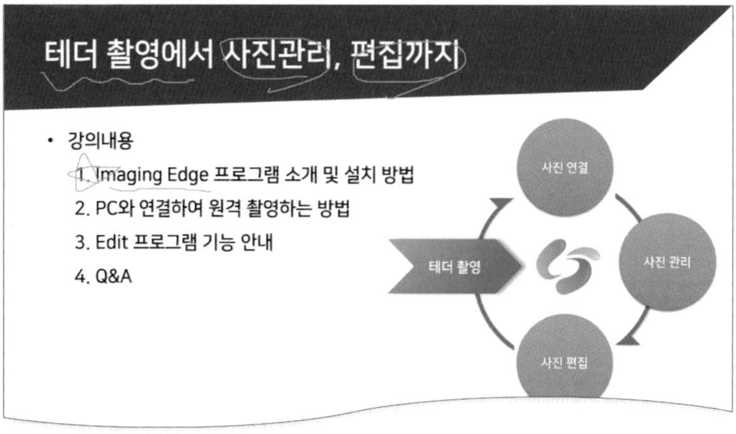

TIP

슬라이드 쇼에서 왼쪽 하단의 아이콘 중 세 번째 아이콘을 클릭해도 레이저 포인터나 펜, 형광펜 등을 선택해 그려 넣을 수 있습니다.

03 Esc를 눌러 슬라이드 쇼를 마칩니다. 잉크 주석을 유지하겠냐고 묻는 메시지 창이 나타나면 [예]를 클릭합니다.

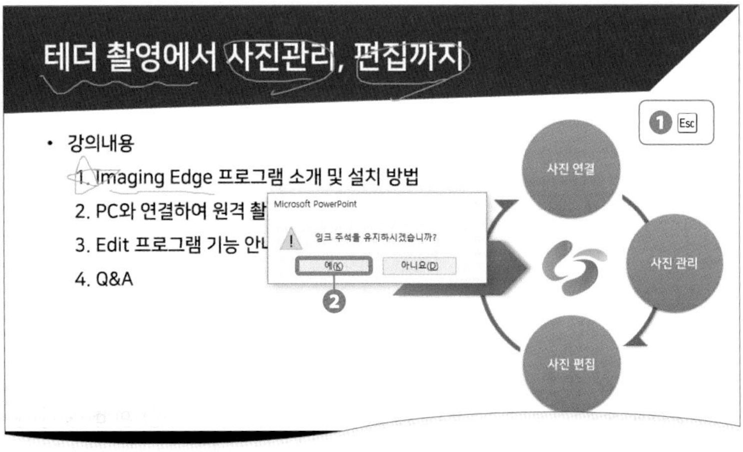

04 슬라이드 편집 창에 잉크 주석이 유지된 채 저장됩니다. 잉크 주석은 하나의 개체로 인식되기 때문에 삭제를 원할 경우 선택하여 삭제할 수 있습니다.

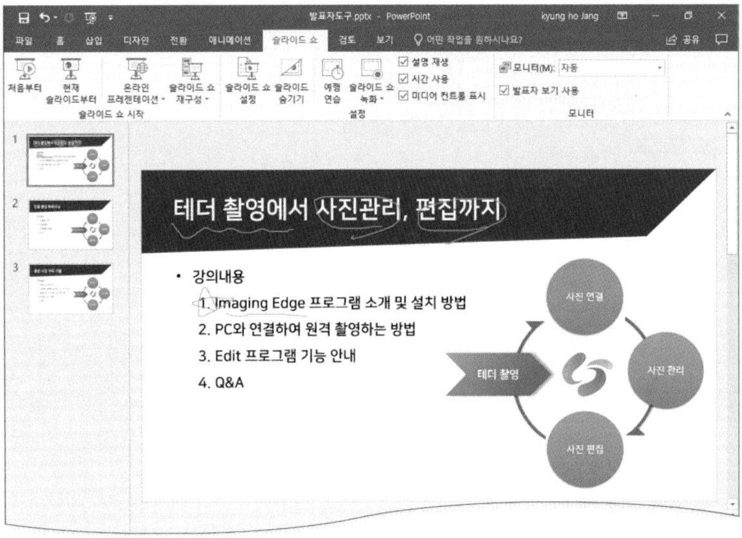

TIP

레이저 빔 없이도 레이저 빔 효과를 적용할 수 있습니다. 슬라이드 쇼를 진행하다 레이저 빔이 필요한 경우에는 Ctrl을 누른 채 마우스를 드래그하거나 왼쪽 하단의 아이콘 중 세 번째 아이콘을 클릭해서 레이저 포인터를 선택한 후 레이저 포인트를 표시할 수 있습니다.

- 펜 : Ctrl+P
- 지우개 : Ctrl+E
- 레이저 포인터 : Ctrl+L
- 형광펜 : Ctrl+I
- 모든 잉크 삭제 : E

사용한 기능 | 오디오 삽입, 파일에 연결

026 오디오 파일을 슬라이드에 넣지 않고 연결만 시키기

기본 기능

오디오 클립을 슬라이드에 삽입하면 자동으로 파워포인트 파일에 함께 저장되지만, 파워포인트 파일의 용량이 커져 공유할 때 문제가 발생할 수 있습니다. 이럴 때는 [파일에 연결]을 통해 따로 저장할 수 있습니다.

사용 가능 버전 2010 2013 2016 2019 365

예제 파일 Powerpoint\Chapter 03\광고.pptx, 오디오.m4a
완성 파일 Powerpoint\Chapter 03\광고_완성.pptx

01 기본적으로 오디오 파일은 파워포인트 파일에 자동으로 함께 저장되는데 이번에는 따로 저장해 보겠습니다. 먼저 오디오 파일을 슬라이드에 불러오겠습니다. [삽입] 탭–[미디어] 그룹에서 [미디어]–[오디오]–[내 PC의 오디오]를 클릭합니다.

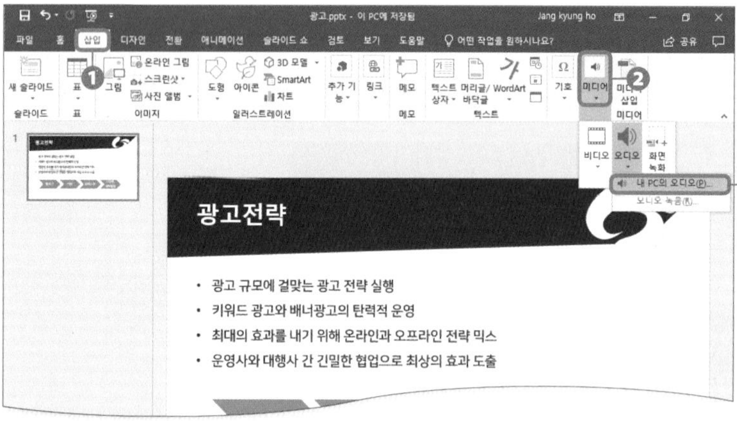

02 [오디오 삽입] 대화상자가 나타나면 파워포인트에 불러올 오디오 파일을 선택한 후 [삽입] 화살표를 클릭해 [파일에 연결]을 선택합니다.

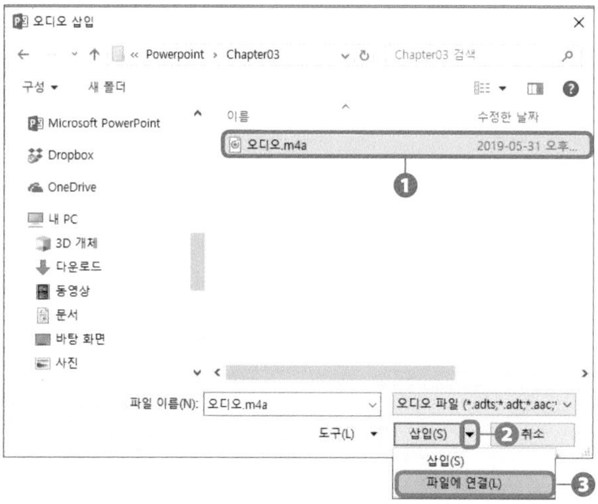

TIP 오디오 파일을 파워포인트 파일에 ① 삽입하는 것이 편리하지만 파워포인트 파일의 크기가 늘어납니다. ② 파일에 연결의 경우 프레젠테이션 파일의 크기가 작게 유지됩니다. 다만, 처음에 연결했던 같은 폴더에 항상 오디오 파일이 있어야 재생이 됩니다.

027

★★★☆☆
필수 기능

사용한 기능 | 오디오 도구, 소리 아이콘, 책갈피, 오디오 재생바

오디오 파일에 특정 지점을 빠르게 찾는 책갈피 추가하기

책갈피 추가 기능은 오디오 클립의 특정 지점을 빠르게 찾기 위해 사용됩니다. 오디오 재생 시간이 길 경우 책갈피를 추가하여 원하는 지점에 빠르게 접근할 수 있습니다.

사용 가능 버전 2010 2013 2016 2019 365

예제 파일 Powerpoint\Chapter 03\광고전략.pptx
완성 파일 Powerpoint\Chapter 03\광고전략_완성.pptx

01 [소리 아이콘]( )을 클릭하면 제어판이 나타납니다. 책갈피를 넣을 부분을 드래그하여 위치를 조정합니다. [오디오 도구]–[재생] 탭–[책갈피] 그룹에서 [책갈피 추가]를 클릭합니다.

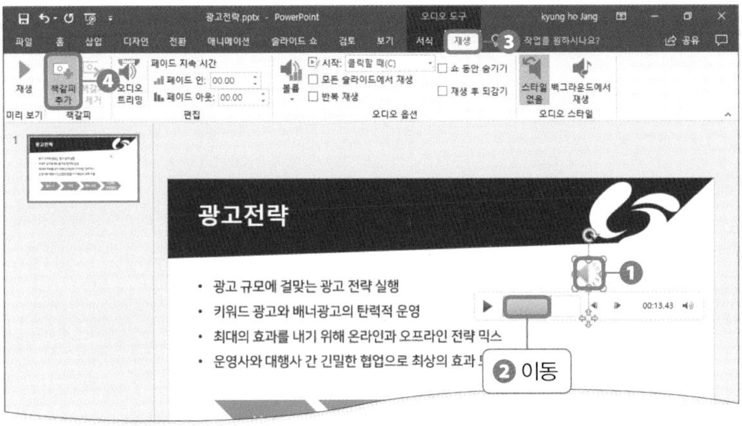
광고전략.pptx - PowerPoint
오디오 도구
재생
책갈피 추가
광고전략
광고 규모에 걸맞는 광고 전략 실행
키워드 광고와 배너광고의 탄력적 운영
최대의 효과를 내기 위해 온라인과 오프라인 전략 믹스
운영사와 대행사 간 긴밀한 협업으로 최상의 효과
00:13.43
② 이동

자주하는 질문

Q 파워포인트 2010을 사용하고 있습니다. 파워포인트에서 mp4 파일은 재생할 수 없나요?

A 아래 형식은 파워포인트 2013 이상에서만 사용 가능합니다. 32비트 버전의 파워포인트 2010에서는 컴퓨터에 QuickTime Player가 설치되어 있어야만 .mp4 또는, .mov 파일을 재생할 수 있습니다.

파일 형식	확장명
AIFF 오디오 파일	.aiff
AU 오디오 파일	.au
MIDI 파일	.mid 또는 .midi
MP3 오디오 파일	.mp3
MPEG-4 오디오 파일	.m4a, .mp4
Windows 오디오 파일	.wav
Windows Media 오디오 파일	.wma

02 클릭한 지점에 책갈피가 추가되어 나타납니다. 책갈피는 여러 개 추가할 수 있습니다. F5를 눌러 슬라이드 쇼를 진행한 다음 추가한 책갈피 지점을 클릭하여 원하는 지점부터 오디오를 재생할 수 있습니다.

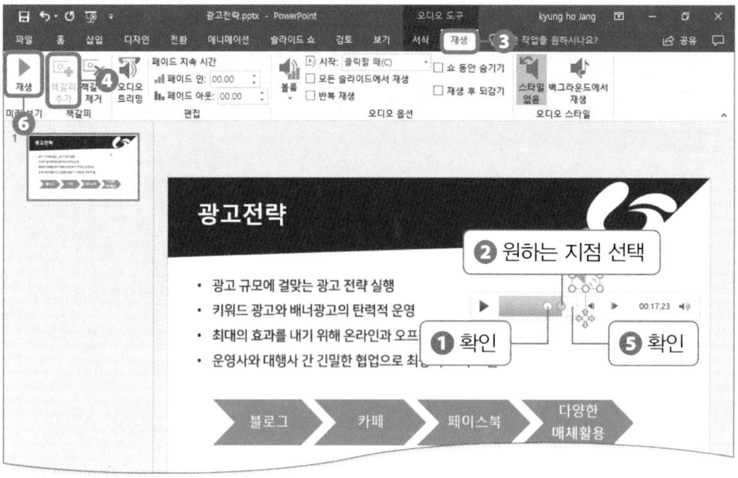

TIP

책갈피 추가 기능은 오디오 클립의 특정 지점을 빠르게 찾기 위해 사용됩니다. 파워포인트 이전 버전에서는 오디오 클립은 한 개만 추가할 수 있습니다.

TIP PLUS

오디오 재생바

오디오 파일을 삽입하면 슬라이드 편집 창에 소리 아이콘이 생성됩니다. 슬라이드에 삽입된 오디오는 소리 아이콘을 컨트롤하여 조정할 수 있습니다.

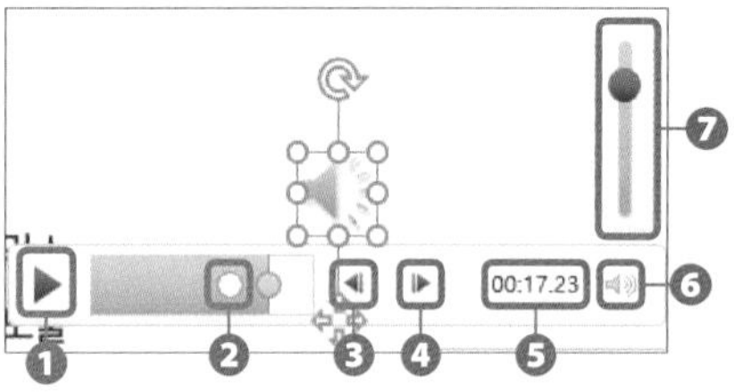

❶ **재생/일시 중지** : 오디오 파일을 실행하거나 일시 중지할 수 있습니다.
❷ **책갈피** : 책갈피를 추가하면 책갈피 아이콘이 표시됩니다.
❸ **빠르게 되돌리기** : 오디오 파일을 이전 부분으로 빠르게 되돌릴 수 있습니다.
❹ **빠르게 진행하기** : 오디오 파일을 이후 부분으로 빠르게 진행할 수 있습니다.
❺ **재생 시간** : 오디오 파일의 재생 시간을 확인할 수 있습니다.
❻ **음소거** : 오디오 파일의 음소거를 할 수 있습니다.
❼ **볼륨 조정 핸들** : 볼륨 조정 핸들을 이용해 볼륨을 조정할 수 있습니다.

소리 재생 단축키 살펴보기

소리 재생 시 단축키를 이용하면 보다 편하게 소리 파일을 컨트롤할 수 있습니다.

재생/일시 중지	Alt+P
0.25초 이전으로	Alt+Shift+←
0.25초 이후로	Alt+Shift+→
음소거/음소거 해제	Alt+U

028

★★★★☆
필수 기능

사용한 기능 | 동영상 삽입, 재생, 비디오 트리밍, 미디어 저장

동영상 파일을 삽입하고 내 마음대로 편집하기

동영상 파일을 삽입하면 [비디오 도구]-[재생] 탭이 생성됩니다. 외부 프로그램의 힘을 빌릴 필요 없이 [재생] 탭을 통해 동영상 파일을 다양한 방법으로 편집할 수 있습니다.

사용 가능 버전 2010 2013 2016 2019 365

예제 파일 Powerpoint\Chapter 03\세미나.pptx, 세미나.mp4
완성 파일 Powerpoint\Chapter 03\세미나_완성.pptx

01 동영상 파일을 삽입하기 위해 [삽입] 탭-[미디어] 그룹에서 [비디오]-[내 PC의 비디오]를 클릭합니다. [동영상 삽입] 대화상자가 나타나면 '세미나.mp4' 파일을 선택한 후 [삽입]을 클릭합니다.

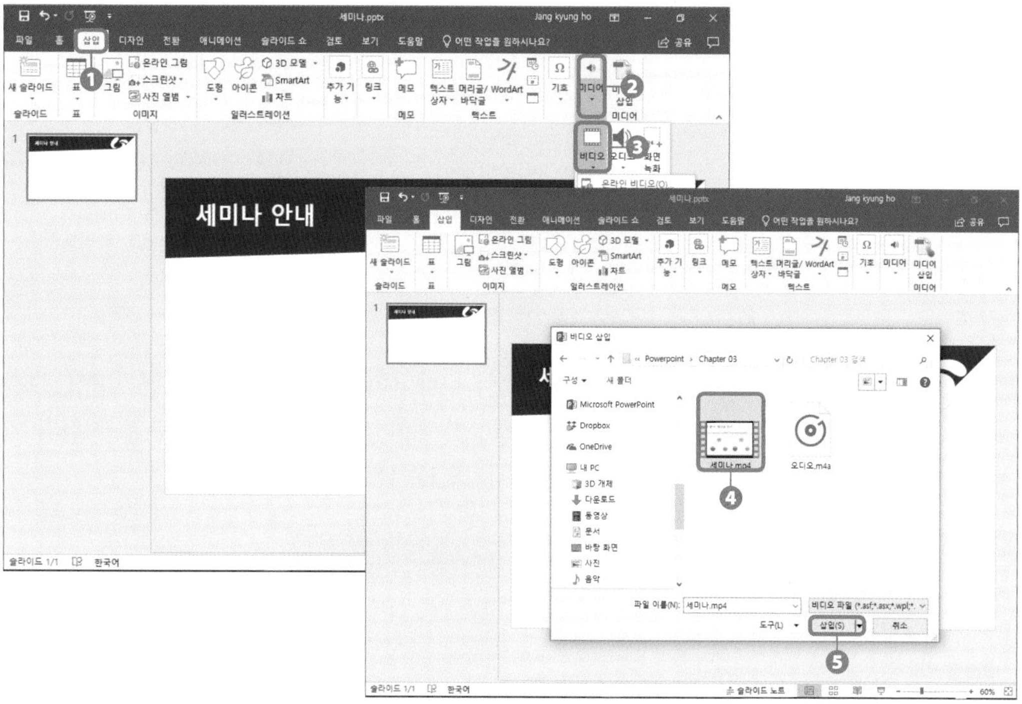

TIP

- **온라인 비디오** : YouTube 서비스를 통해 동영상을 가져오거나 Embed 태그를 통해 홈페이지의 동영상을 파워포인트로 가져올 수 있습니다.
- **내 PC의 비디오** : 내 컴퓨터에 있는 동영상을 파워포인트에 삽입합니다.

02 슬라이드에 동영상이 삽입됩니다. 크기 및 위치를 조정합니다. 동영상도 사진이나 이미지처럼 스타일을 지정할 수 있습니다. 삽입한 동영상을 선택한 상태에서 [비디오 도구]–[서식] 탭–[비디오 스타일] 그룹의 [자세히]를 클릭한 후 원하는 스타일을 선택합니다. 여기서는 [바깥쪽 그림자 사각형]을 선택했습니다.

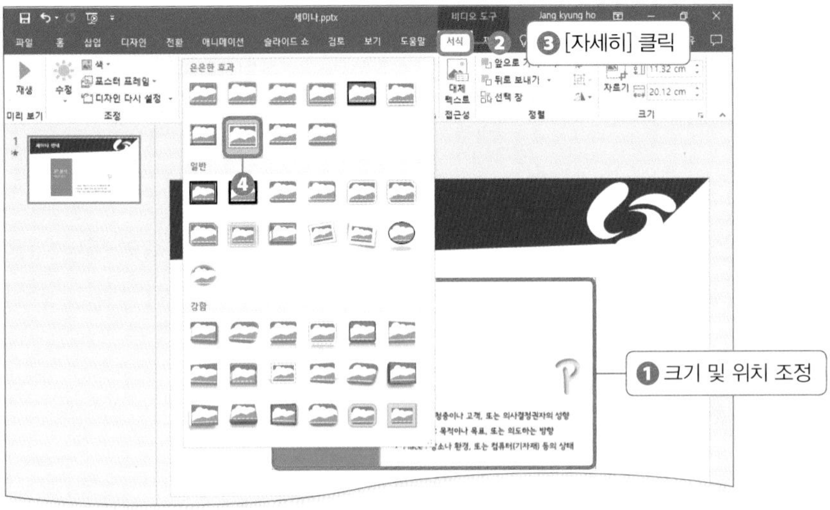

TIP

동영상 파일을 파워포인트 파일에 함께 포함하는 방법은 파워포인트 2010 버전 이상에서만 가능합니다. 파워포인트 2007 버전 이하일 경우 동영상을 파워포인트 파일과 함께 저장할 수 없습니다.

03 비디오 트리밍을 통해 동영상을 편집해 보겠습니다. [비디오 도구]–[재생] 탭–[편집] 그룹에서 [비디오 트리밍]을 클릭합니다. [비디오 트리밍] 대화상자가 나타나면 녹색( ) 지점의 위치를 조절하고 빨간( ) 지점의 위치를 조절한 후 [확인]을 클릭합니다.

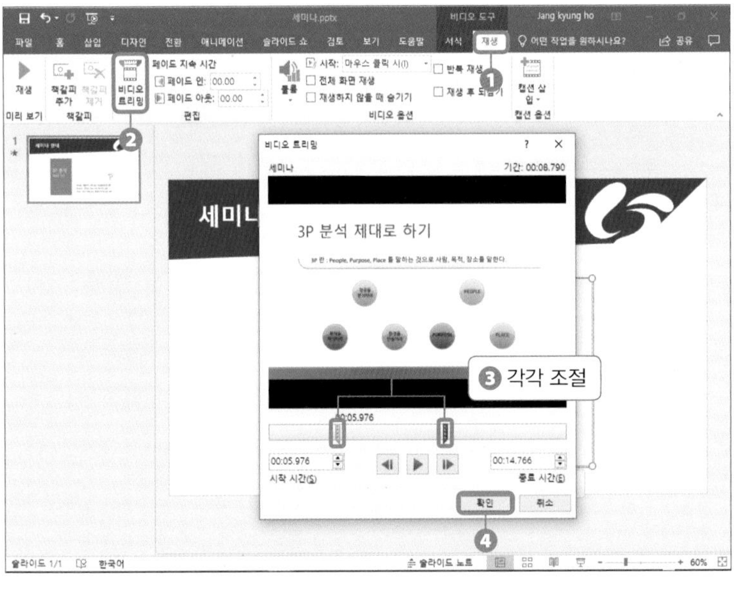

04 F5를 눌러 슬라이드 쇼를 실행하거나 [재생] 탭–[미리 보기] 그룹에서 [재생]을 클릭해 편집한 부분만 재생되는지 확인합니다.

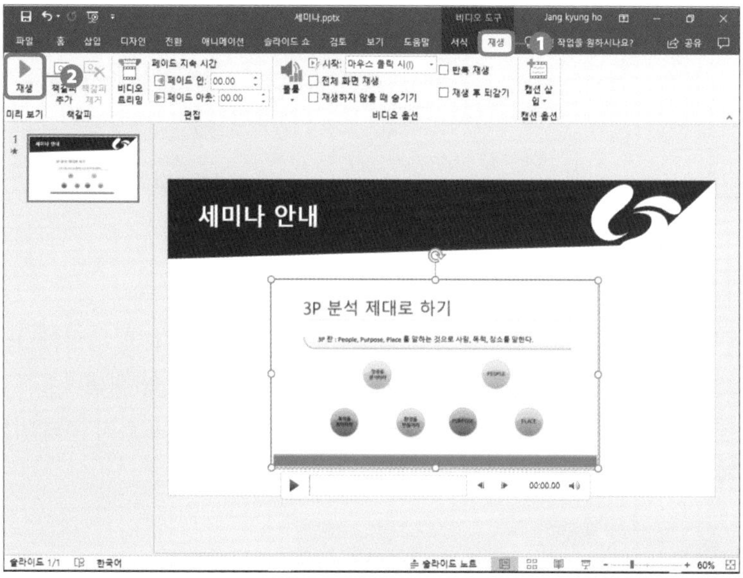

TIP PLUS

편집한 동영상을 파일로 저장하기

다른 동영상 편집 프로그램의 힘을 빌리지 않아도 파워포인트로 동영상을 쉽게 편집하고 파일로 저장할 수 있습니다. 파워포인트로 편집한 동영상을 마우스 오른쪽 버튼으로 클릭하고 [다른 이름으로 미디어 저장]을 선택합니다.

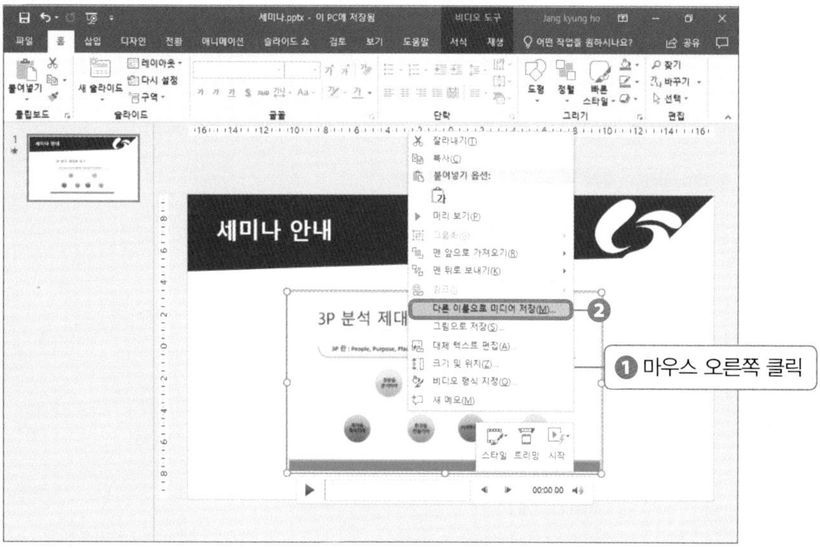

사용한 기능 | 비디오 도구, 포스터 프레임

029 동영상에 표지를 만들어 주는 포스터 프레임

★★★☆☆ 활용 기능

슬라이드 편집 화면이나 슬라이드 쇼를 진행하면 검은색의 화면이 나오면서 동영상이 재생됩니다. 검은색 화면이 보기 싫다면 동영상 표지를 삽입할 수 있습니다.

사용 가능 버전	
2010 2013 2016 2019 365	**예제 파일** Powerpoint\Chapter 03\세미나2.pptx, 세미나.mp4, silmu.png **완성 파일** Powerpoint\Chapter 03\세미나2_완성.pptx

01 예제 파일을 열어 다시 한번 '세미나.mp4' 파일을 파워포인트에 삽입합니다. 동영상에 표지를 만들어 주는 포스터 프레임 기능을 통해 표지를 만들어 보겠습니다. 동영상의 재생바를 드래그하여 표지로 사용하고 싶은 부분을 선택합니다. [비디오 도구]–[서식] 탭–[포스터 프레임]을 클릭한 후 [현재 프레임]을 선택합니다.

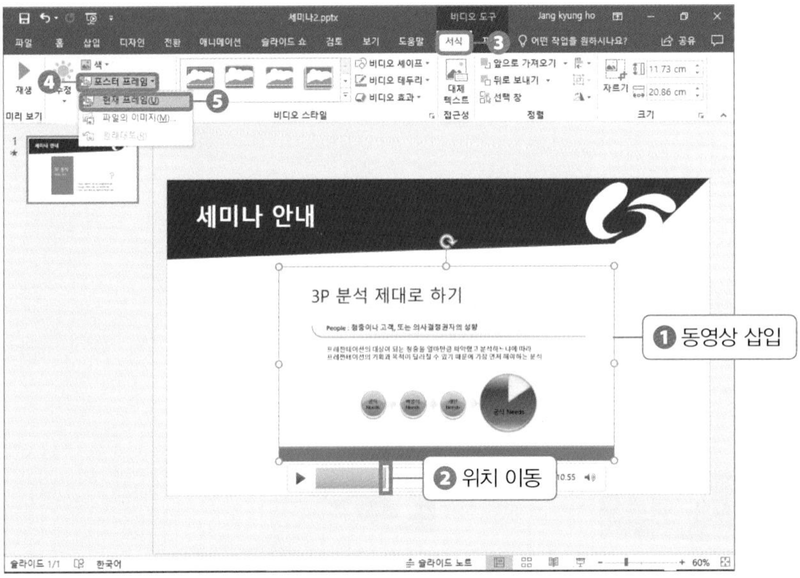

02 재생바에 포스터 틀이 설정되었다는 문구가 나타납니다. 이제 해당 슬라이드를 열면 설정한 포스터 프레임이 표지로 나타납니다.

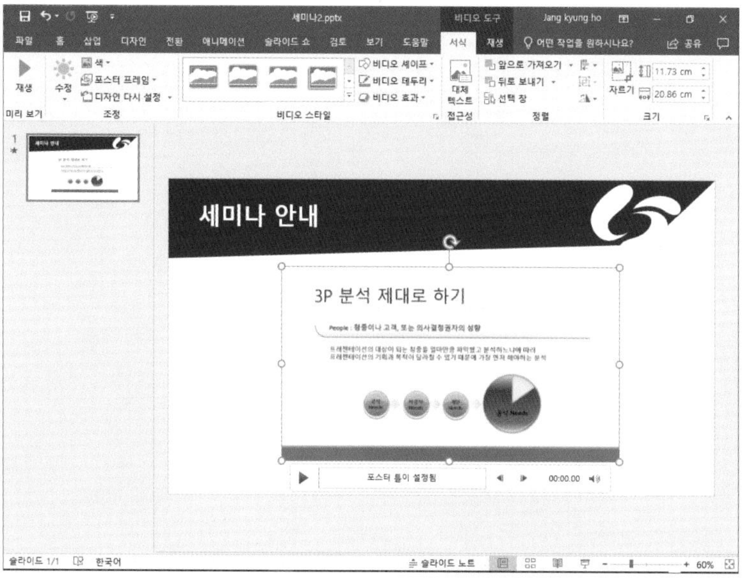

03 이번엔 이미지를 표지로 만들어 보겠습니다. 표지로 사용하고 싶은 이미지가 있다면 [비디오 도구]-[서식] 탭-[포스터 프레임]을 클릭한 후 [파일의 이미지]를 선택합니다.

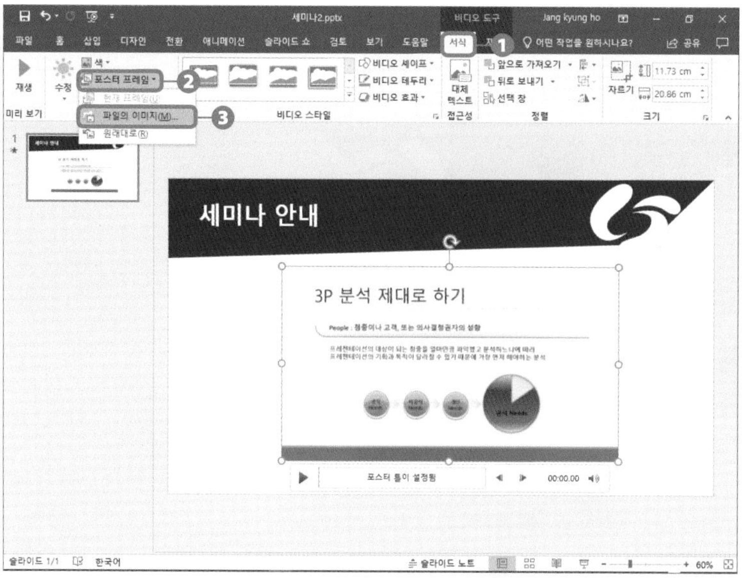

04 [그림 삽입] 대화상자가 나타나면 [파일에서]를 클릭합니다. [그림 삽입] 대화상자가 나타나면 'silmu.png' 파일을 선택하고 [삽입]을 클릭합니다.

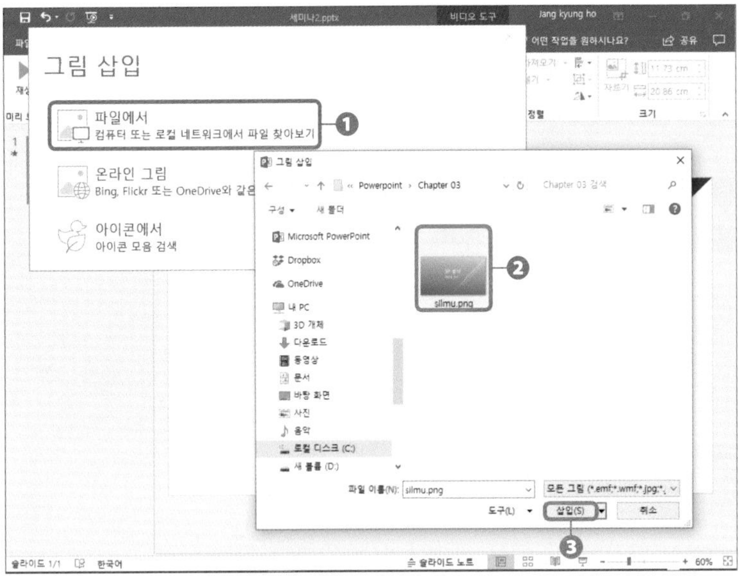

05 이미지가 동영상의 표지로 지정됩니다.

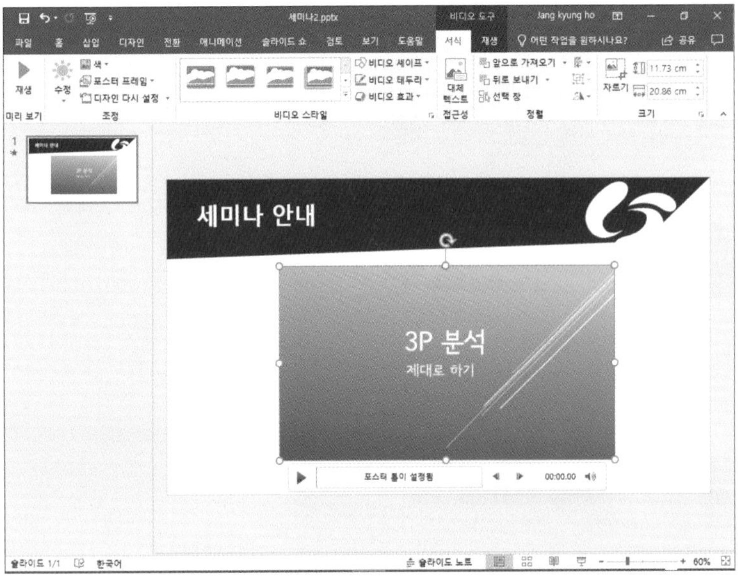

030

기본 기능

사용한 기능 | 내보내기, 비디오 만들기

정적인 슬라이드 파일을 동적인 동영상 파일로 만들기

파워포인트로 만든 슬라이드 파일도 AVI 혹은, MP4와 같은 동영상 파일로 만들 수 있습니다. 또한, 동영상의 해상도를 비롯하여 각 슬라이드의 화면 전환 속도도 조정할 수 있습니다.

사용 가능 버전 2010 2013 2016 2019 365

예제 파일 Powerpoint\Chapter 03\사진모음.pptx
완성 파일 Powerpoint\Chapter 03\사진모음.mp4

01 [파일] 탭–[내보내기]–[비디오 만들기]를 클릭합니다. [컴퓨터 및 HD 디스플레이]를 클릭합니다. 원하는 해상도를 선택합니다. 여기서는 [Full HD]를 선택합니다. [각 슬라이드에 걸리는 시간(초)]에 원하는 시간을 입력한 후 [비디오 만들기]를 클릭합니다.

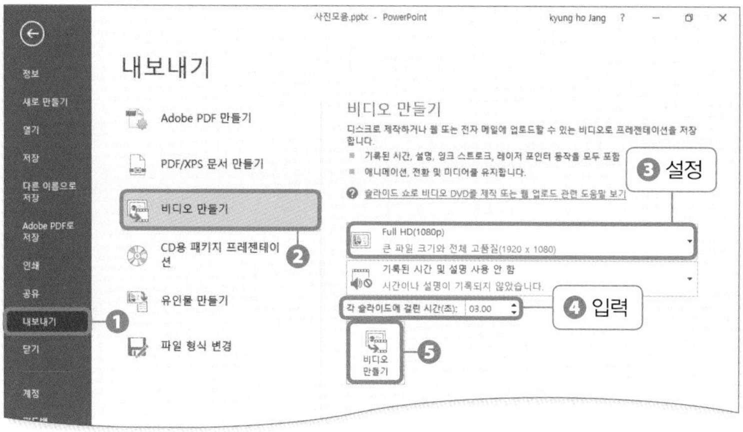

TIP
파워포인트 2016부터 1920 * 1080 해상도의 고품질 비디오도 만들 수 있습니다.

02 [다른 이름으로 저장] 대화상자가 나타나면 [저장 위치]를 선택하고 [파일 이름]을 입력한 후 [저장]을 클릭합니다. 슬라이드가 동영상 파일로 변환됩니다. 저장한 파일을 실행하면 슬라이드가 아닌 동영상 파일이 열립니다.

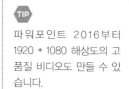

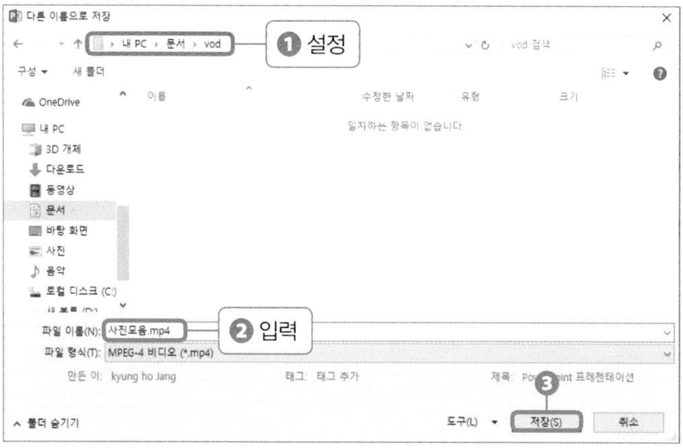

031

기본 기능

사용한 기능 | 미디어 압축, 동영상 용량

파워포인트에 사용하기 적합한 비디오 호환성 적용하기

동영상 파일의 용량이 크다면 호환성 최적화를 비롯한 미디어 압축을 선택하는 것이 좋습니다. 같은 동영상이 삽입된 슬라이드 파일임에도 용량에서 많은 차이가 나는 것을 확인할 수 있습니다.

사용 가능 버전	예제 파일 Powerpoint\Chapter 03\할로윈데이.pptx
2010 2013 2016 2019 365	완성 파일 Powerpoint\Chapter 03\할로윈데이_완성.pptx

01 예제 파일을 열면 동영상이 포함된 슬라이드 파일이 열립니다. 동영상이 포함된 슬라이드 파일의 용량을 최적화해보겠습니다. [파일] 탭–[정보]를 클릭합니다. [미디어 압축]을 클릭한 후 원하는 품질을 선택합니다. 여기서는 [표준(480p)]를 클릭합니다.

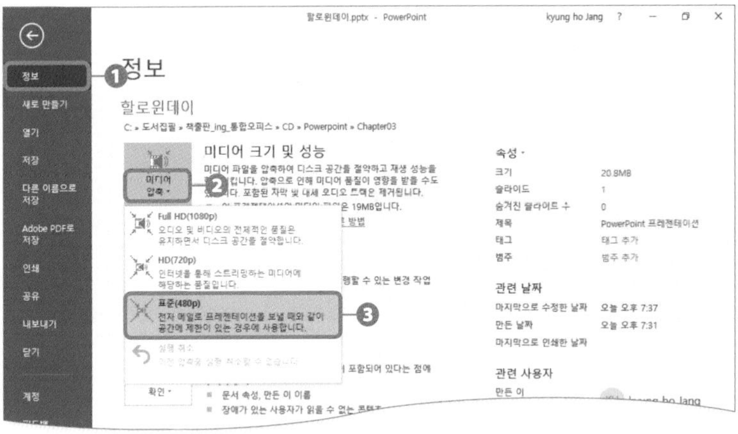

02 [미디어 압축] 대화상자가 나타나면서 미디어가 압축됩니다. 압축이 완료되면 [닫기]를 클릭합니다.

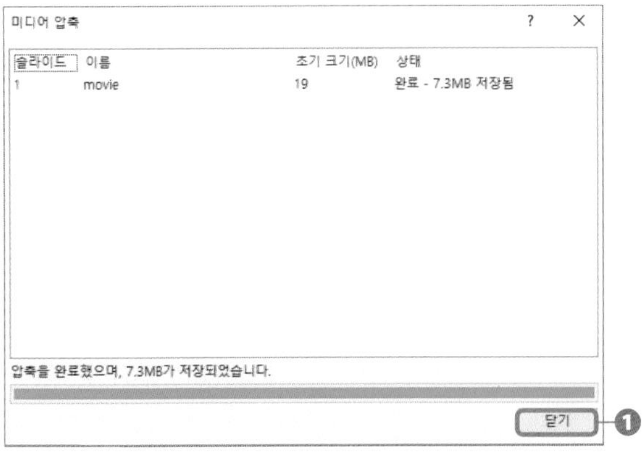

TIP

[파일] 탭–[정보]를 클릭하면 삽입된 동영상의 용량을 확인할 수 있습니다. 본 예제에서의 최초의 동영상 파일의 용량은 21MB 였지만 압축 후에는 12MB로 약 1/2 정도가 줄여든 것을 확인할 수 있습니다.

사용한 기능 | 온라인 비디오, YouTube

032

기본 기능

인기 있는 유튜브 영상을 파워포인트에 연결하기

유튜브 동영상을 슬라이드에 쉽게 삽입할 수 있습니다. 파워포인트 2010에서는 Embed 태그를 통해서만 파워포인트에 삽입할 수 있었지만, 파워포인트 2013부터는 Embed 태그 없이 파워포인트에 바로 삽입할 수 있습니다.

사용 가능 버전	예제 파일 없음
2010 2013 2016 2019 365	완성 파일 없음

01 새 프레젠테이션을 실행하고 [홈] 탭–[슬라이드] 그룹에서 [레이아웃]–[빈 화면]을 클릭합니다. [삽입] 탭–[미디어] 그룹에서 [비디오]–[온라인 비디오]를 클릭합니다.

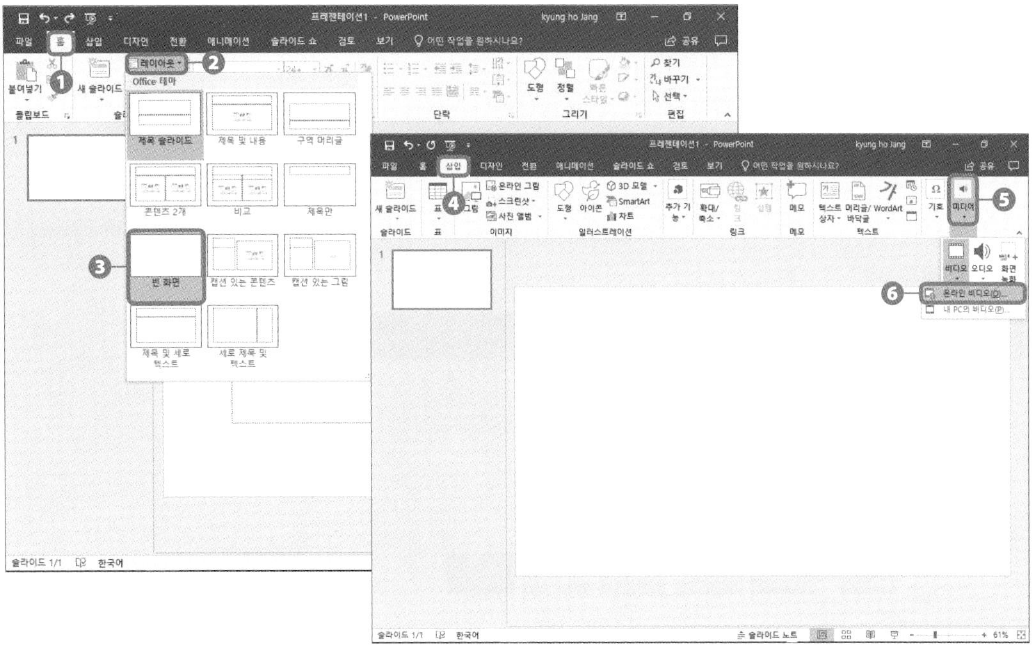

TIP

동영상을 추가하기 위해 제목이나 내용을 입력할 수 있는 개체 틀이 없는 '빈 화면' 슬라이드를 선택합니다.

02 [비디오 삽입] 대화상자가 나타납니다. [YouTube 검색] 입력란에 『office 2019』를 입력하고 [찾기]를 클릭합니다.

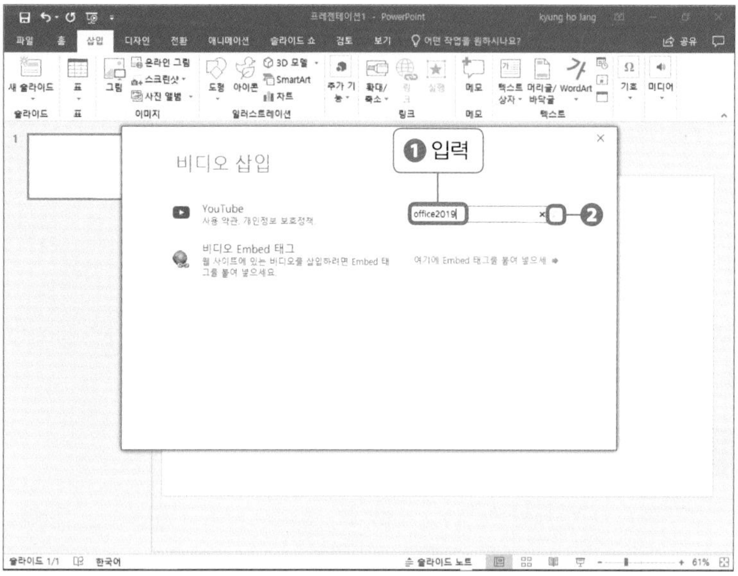

03 'office2019'와 관련된 다양한 동영상이 검색됩니다. 원하는 동영상을 선택하고 [삽입]을 클릭합니다.

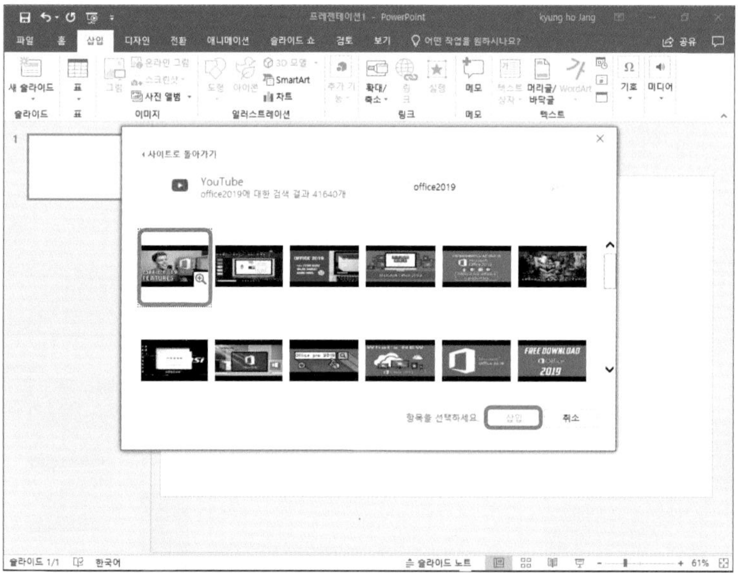

TIP

파워포인트 2010에서는 유튜브 동영상을 바로 가져올 수 없습니다. [삽입] 탭의 [미디어] 그룹에서 [비디오]-[웹 사이트의 비디오]를 선택한 후 가져올 동영상의 Embed 태그를 붙여넣습니다.

033
★★★★☆
활용 기능

사용한 기능 | 화면 녹화, 기록

화면 녹화 기능으로 슬라이드 화면 녹화하기

파워포인트 2016에 새롭게 등장했던 기능 중 가장 눈에 띄는 기능이 '화면 녹화' 기능이었습니다. 화면 녹화 기능을 통해 사용자가 직접 화면을 녹화하여 동영상 파일로 생성하거나 파워포인트 슬라이드에 삽입할 수 있습니다.

사용 가능 버전	예제 파일 Powerpoint\Chapter 03\3P분석.pptx
2010 2013 2016 2019 365	완성 파일 Powerpoint\Chapter 03\3P분석_완성.pptx

01 파워포인트를 실행하고 [삽입] 탭-[미디어] 그룹에서 [화면 녹화]를 클릭합니다.

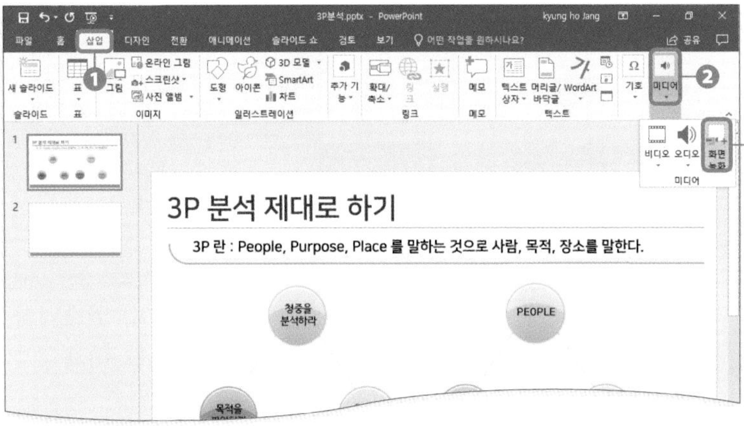
3P 분석 제대로 하기
3P 란 : People, Purpose, Place 를 말하는 것으로 사람, 목적, 장소를 말한다.
청중을 분석하라
PEOPLE

02 상단 중앙에 작은 옵션 창이 표시됩니다. 동영상으로 만들 범위를 지정하기 위해 [영역 선택]을 클릭합니다. 마우스 커서가 영역 선택 커서로 변경되면 동영상으로 만들 범위를 드래그하여 지정합니다. 빨간색의 테두리가 그려지면 [기록]을 클릭합니다.

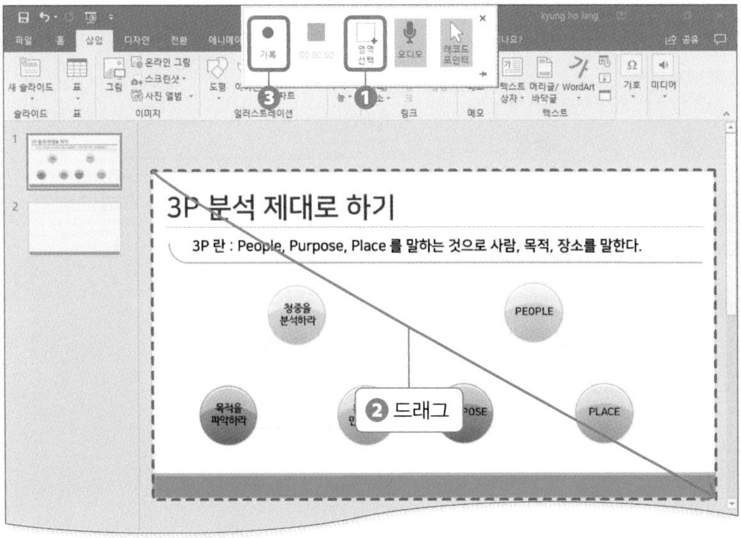
기록
영역 선택
오디오
레코드 포인터
3P 분석 제대로 하기
3P 란 : People, Purpose, Place 를 말하는 것으로 사람, 목적, 장소를 말한다.
청중을 분석하라
PEOPLE
목적을 파악하라
PLACE
2 드래그

TIP
영역 선택이 중요한 이유는 선택된 범위 내에서 동영상이 만들어지기 때문입니다. 영역을 벗어난 부분은 동영상에 포함되지 않습니다.

03 잠시 후 동영상 녹화가 진행됩니다. 이제 동영상으로 만들 내용을 작업합니다. 작업이 완료되었다면 [Windows]+[Shift]+[Q]를 클릭하거나 상단 중앙에 마우스 포인터를 올려 옵션 창을 불러온 다음 [멈춤]을 클릭합니다.

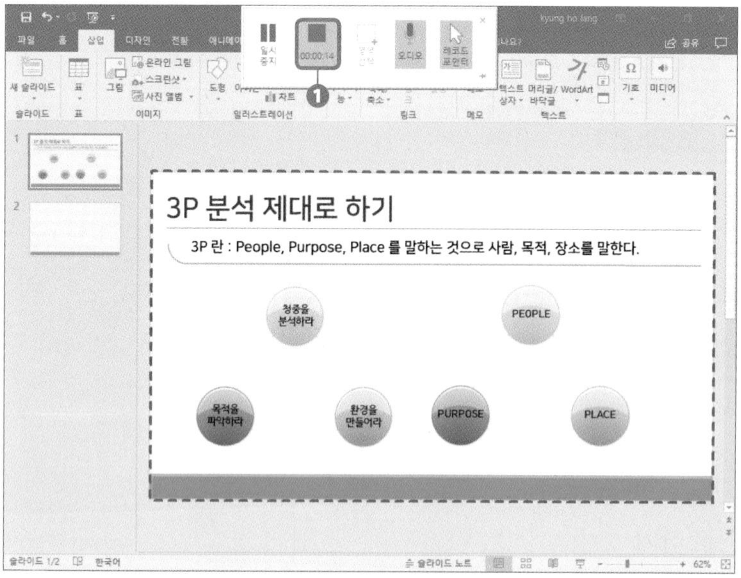

일시 중지
00:00:14
오디오
레코드 포인터
1
3P 분석 제대로 하기
3P 란 : People, Purpose, Place 를 말하는 것으로 사람, 목적, 장소를 말한다.
청중을 분석하라
PEOPLE
목적을 파악하라
환경을 만들어라
PURPOSE
PLACE

TIP

만일, 오디오를 음소거하고 싶다면 [오디오] 아이콘을 클릭해 비활성화합니다. 또한, 마우스 포인터를 표시하고 싶지 않다면 [레코드 포인터] 아이콘을 클릭해 비활성화합니다.

04 동영상이 만들어집니다. 재생을 클릭하면 동영상으로 만든 내용을 확인할 수 있습니다. 필자는 동영상을 선택하고 [홈] 탭–[클립보드] 그룹에서 [잘라내기]를 클릭한 후 두 번째 슬라이드에서 [Ctrl]+[V]를 눌러 붙여넣었습니다.

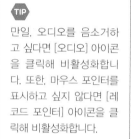

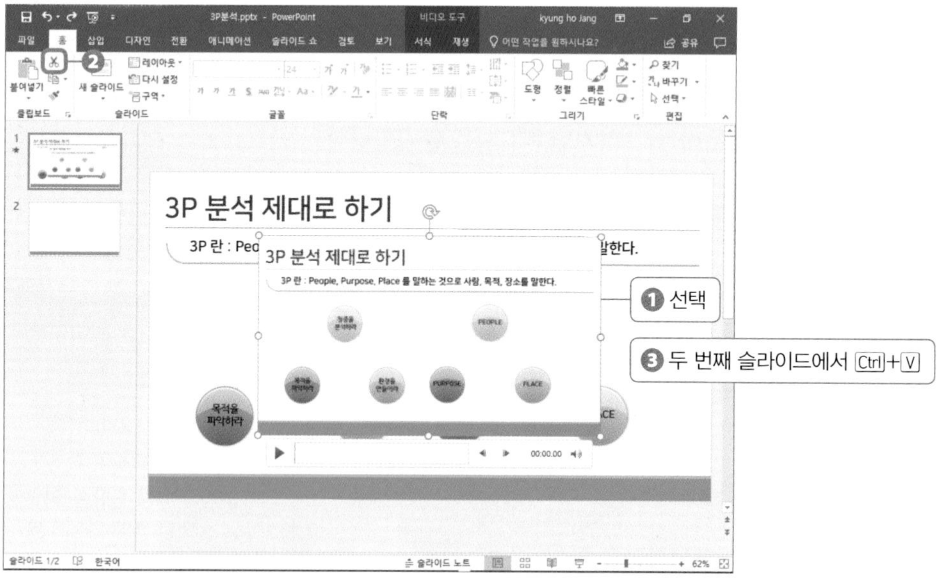

2
3P 분석 제대로 하기
3P 분석 제대로 하기
3P 란 : People, Purpose, Place 를 말하는 것으로 사람, 목적, 장소를 말한다.
1 선택
3 두 번째 슬라이드에서 Ctrl+V

05 파워포인트 슬라이드에 동영상이 포함되었지만 이를 파일로 만들고 싶다면 동영상을 마우스 오른쪽 버튼으로 클릭한 후 [다른 이름으로 미디어 저장]을 클릭합니다.

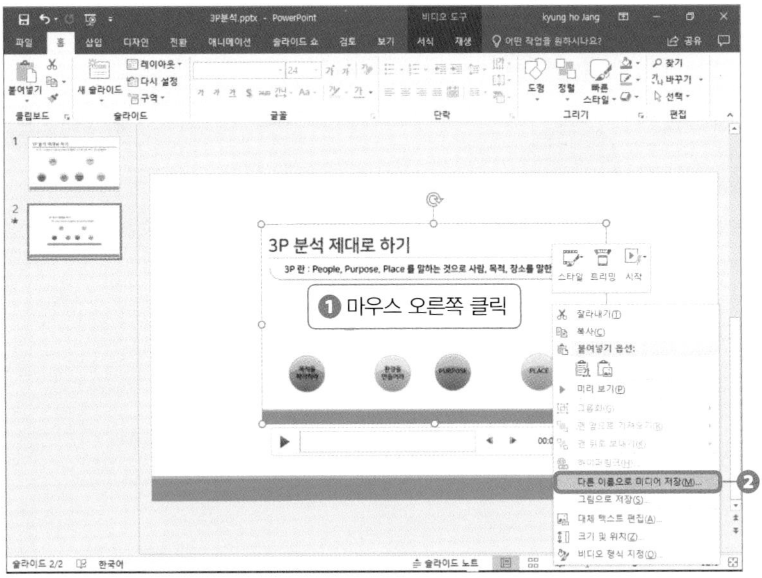

06 [다른 이름으로 미디어 저장] 대화상자가 나타나면 원하는 파일 이름과 파일 형식을 지정한 후 [저장]을 클릭합니다.

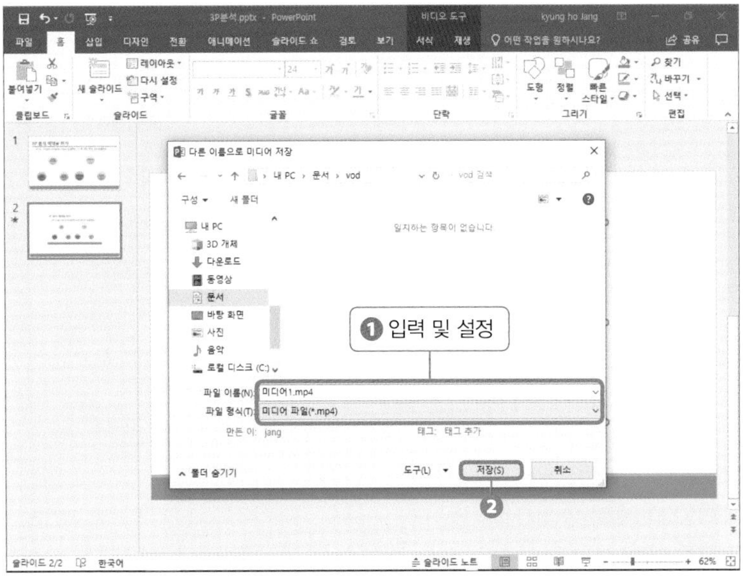

CHAPTER

4

기타 업무 기술

지금까지 파워포인트의 텍스트 기능을 비롯해 편집 기능, 멀티미디어 등 다양한 기술에 대해서 다루어보았습니다. 이번 Chapter에서는 파워포인트의 인쇄 기능에 대해서 자세히 다루어 보겠습니다. 인쇄 기능뿐 아니라 다양한 기타 기능에 대해서도 살펴보겠습니다.

배워 볼 내용

[이미지 출처]	034	저작권에 자유로운 이미지 출처 알아내기
[이미지 출처]	035	구글을 이용하여 사용한 이미지 출처 알아내기
[그림 압축]	036	용량 큰 그림을 압축해서 파워포인트 파일 용량 줄이기
[슬라이드 크기]	037	파워포인트를 워드프로세스 대용으로 활용하기 활용 기능 ★★★☆☆
[파일 형식 변경]	038	슬라이드 파일을 이미지 파일로 변환하기 활용 기능 ★★★★☆
[디자인 아이디어]	039	디자인 아이디어로 슬라이드 디자인 완성하기
[3D 모델]	040	3D 모델을 통해 독창적인 슬라이드 만들기

034

기본 기능

사용한 기능 | 구글, 이미지 복사, 붙여넣기

저작권에 자유로운 이미지 출처 알아내기

슬라이드 작업을 위해 인터넷의 이미지를 활용하는 경우가 있습니다. 붙여넣기 옵션을 활용하면 이미지나 이미지의 출처가 기록되어 있는 이미지의 하이퍼링크 주소를 쉽게 가져올 수 있습니다.

사용 가능 버전	예제 파일 Powerpoint\Chapter 04\표지.pptx
2010 2013 2016 2019 365	완성 파일 Powerpoint\Chapter 04\표지_완성.pptx

01 인터넷 창에서 'http://www.google.com' 사이트를 연 다음 검색 창에 『powerpoint』를 입력하고 [이미지]를 클릭합니다.

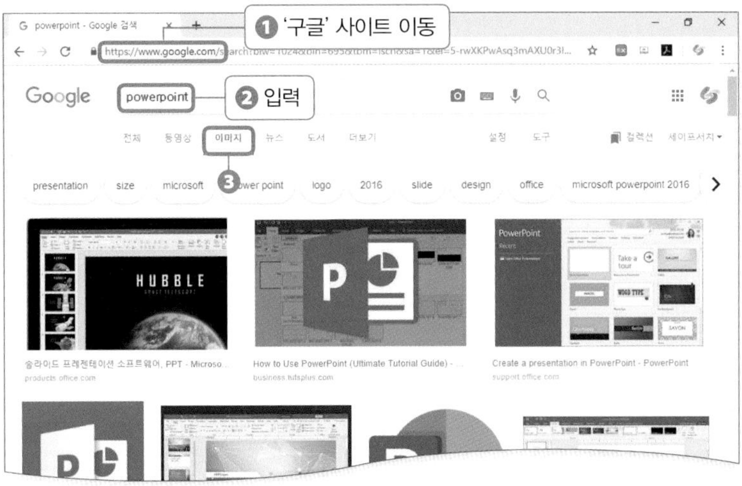

02 파워포인트로 가져오고 싶은 이미지를 선택하고 마우스 오른쪽 버튼을 클릭한 후 [이미지 복사]나 [복사]를 선택합니다.

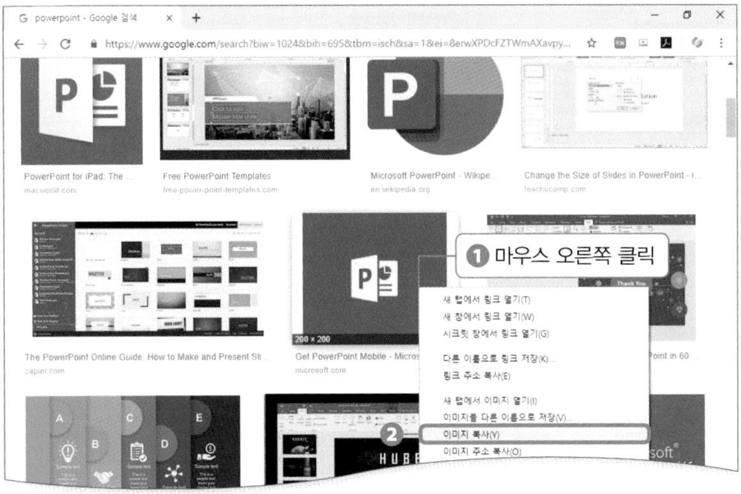

TIP

구글 크롬 브라우저의 경우 [이미지 복사], 인터넷 익스플로러의 경우 [복사]를 선택합니다.

03 예제 파일을 불러온 후 [홈] 탭-[붙여넣기] 그룹에서 [붙여넣기]-[그림]을 클릭합니다. 구글에서 검색한 이미지가 파워포인트에 붙여넣기 됩니다.

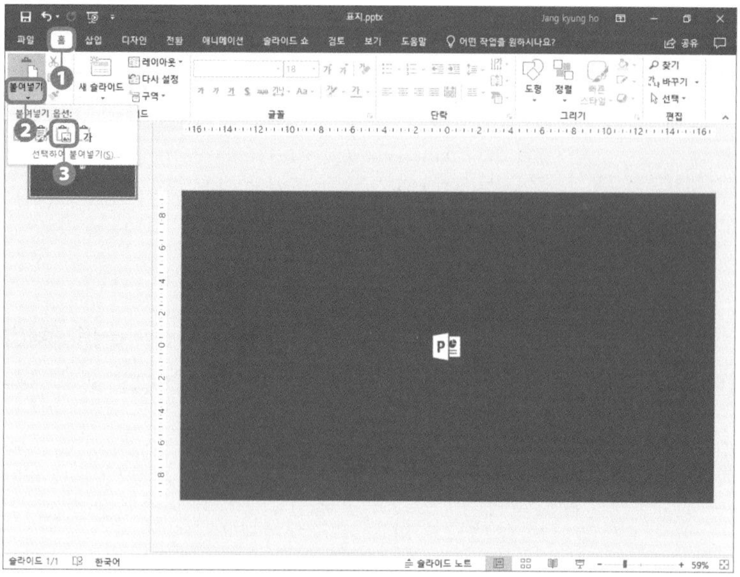

> **TIP**
> 이처럼 인터넷상의 이미지를 별도 저장 없이 파워포인트에서 바로 활용할 수 있습니다.

04 붙여넣은 이미지는 출처를 파악하고 있는 것이 좋습니다. 이미지 출처를 가져오고 싶다면 인터넷 창의 이미지 위에서 마우스 오른쪽 버튼을 클릭하고 [이미지 주소 복사]를 선택하거나 [바로 가기 복사]를 선택합니다.

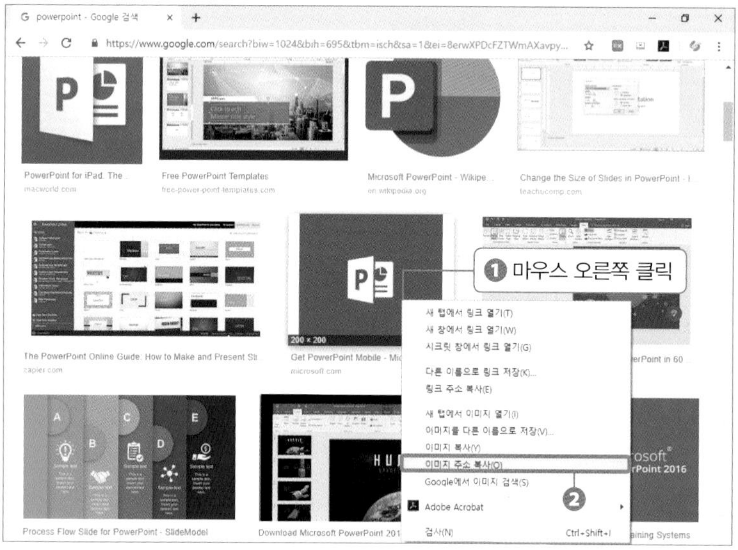

> **TIP**
> [링크 주소 복사]는 구글 크롬이나 파이어폭스에서의 명령어이며, [바로가기 복사]는 인터넷 익스플로러에서의 명령어입니다.

05 파워포인트에서 [슬라이드 노트]를 클릭한 후 Ctrl+V를 눌러 출처를 붙여넣습니다. 이미지의 출처가 표시됩니다.

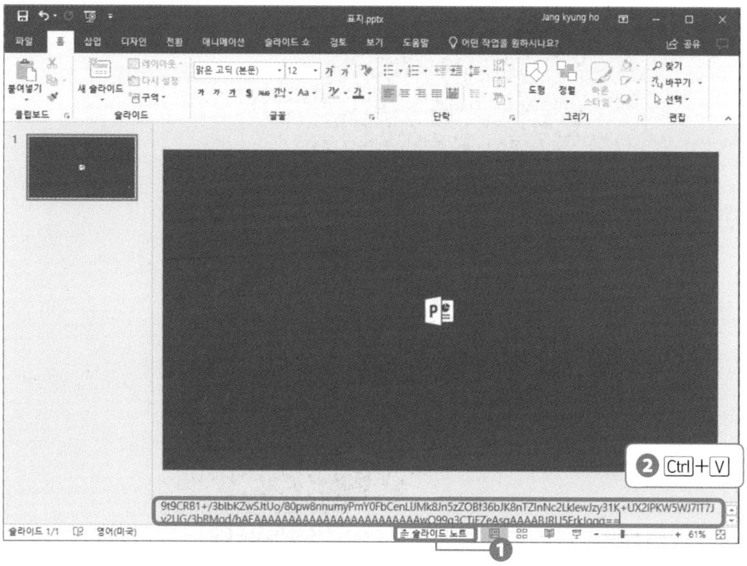

TIP

슬라이드 노트에 붙여넣은 이유는 본 이미지를 실제 사용할 경우 출처를 확인하기 위함입니다. 이미지의 출처는 파워포인트 문서를 배포할 때 중요한 부분이 될 수 있습니다. 출처 표시는 슬라이드의 성격에 따라 혹은, 이미지의 저작권 범위를 확인한 후 표시하는 것이 좋습니다.

035

기본 기능

사용한 기능 | 구글, 이미지 복사, 붙여넣기

구글을 이용하여 이미지 출처 알아내기

최근 저작권이 강화되어 외부로 배포되는 이미지의 경우에는 저작권 등에 문제가 없도록 출처를 표시하거나 저작권에 문제가 없는 이미지를 사용하는 것이 중요합니다. 만일, 이미지의 출처를 알지 못한다면 어떨까요? 구글을 이용하면 이미지 출처를 파악하는 일도 쉽게 할 수 있습니다.

사용 가능 버전 2010 2013 2016 2019 365

예제 파일 Powerpoint\Chapter 04\logo.png

완성 파일 없음

01 먼저 'http://images.google.com'에 접속한 후 [이미지로 검색]을 클릭합니다.

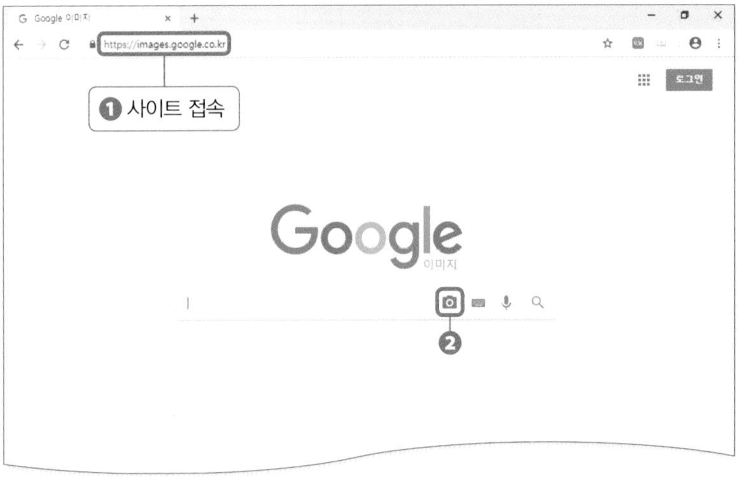

TIP 인터넷에서 다운로드 받은 이미지나 내 컴퓨터에 저장된 이미지가 어떤 경로를 가지고 저장되었는지 알고 싶거나, 이미지를 가져온 인터넷 주소를 표시하고 싶을 때 이미지를 검색하는 것만으로도 확인할 수 있습니다.

02 [이미지 업로드]–[파일 선택]을 클릭한 후 이미지 출처를 알고 싶은 이미지를 추가합니다. 여기서는 'logo.png' 파일을 선택하고 [열기]를 클릭합니다.

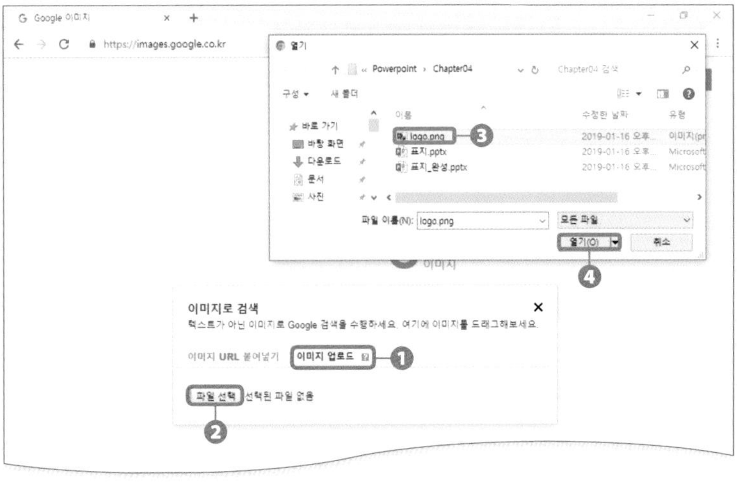

03 잠시 후 관련된 이미지가 출처와 함께 표시됩니다. 출처가 확인되지 않는다면 하단 부분에 있는 [유사한 이미지]에서 출처를 확인할 수 있습니다. [유사한 이미지]를 클릭합니다.

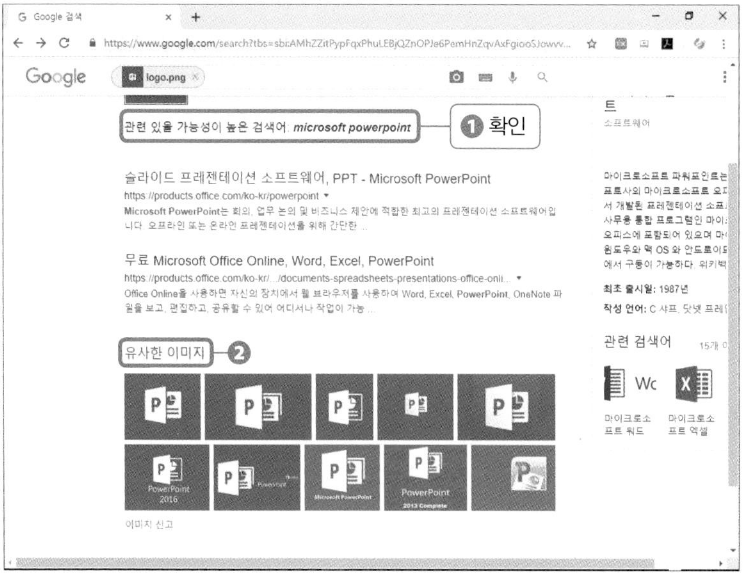

TIP
프레젠테이션 슬라이드 작업 시 이미지 출처를 알지 못할 때 구글의 이미지 서비스를 이용하면 간단하게 이미지의 출처나 링크 주소를 알 수 있습니다.

04 찾고 싶었던 이미지와 유사한 이미지가 검색됩니다. 이를 파워포인트에서 활용하려면 저작권이 자유로운 이미지가 좋겠죠? [사용 권한]을 클릭해 [수정 후 재사용 가능]이나 [재사용 가능]에 체크 표시를 해서 이미지를 사용합니다.

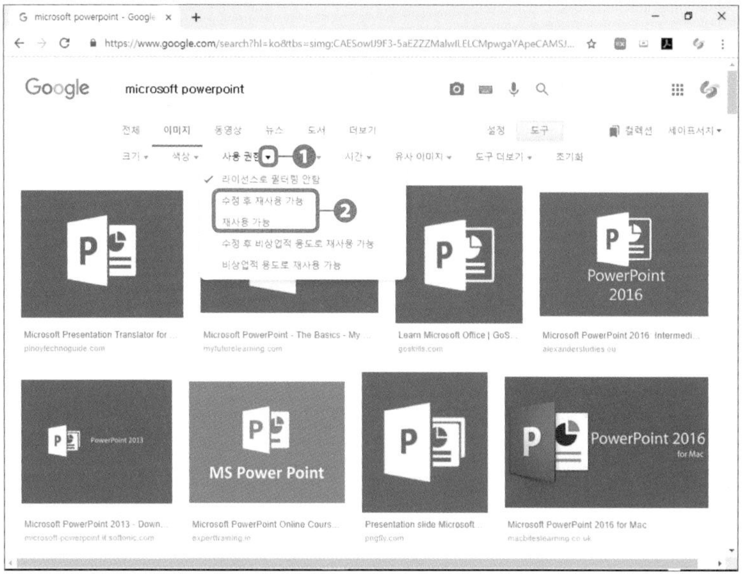

TIP PLUS

이미지 저작권

인터넷상에서 쉽게 구할 수 있는 이미지라고 하더라도 저작권자의 허락 없이 배포가 가능한 프레젠테이션 파일에 사용하거나 상업적인 용도로는 활용할 수 없습니다. 그렇기에 저작권법에 따라 인터넷에서 무료로 제공되는 저작물의 저작재산권자를 확인하고, 이용 방법이나 조건의 범위를 준수하는 것이 좋습니다.

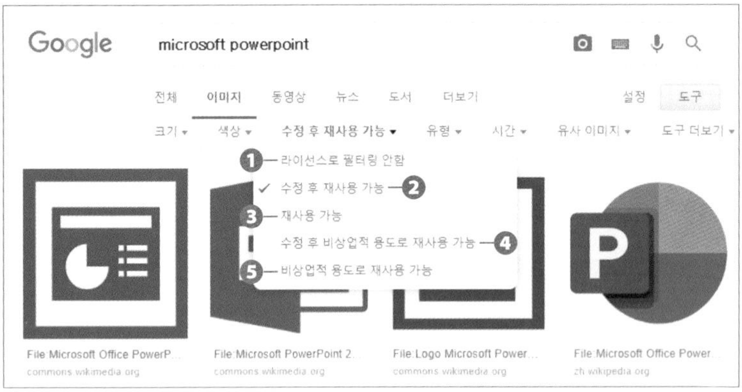

❶ **라이선스로 필터링 안 함** : 모든 이미지가 검색됩니다.
❷ **수정 후 재사용 가능** : 상업적 이용이 가능한 이미지가 검색됩니다.
❸ **재사용 가능** : 수정은 불가능하지만, 상업적 이용이 가능한 이미지가 검색됩니다.
❹ **수정 후 비상업적 용도로 재사용 가능** : 수정이 가능하고, 비상업적 이용만 가능한 이미지가 검색됩니다.
❺ **비상업적 용도로 재사용 가능** : 수정이 불가능하고 비상업적 이용만 가능한 이미지가 검색됩니다.

보다 자세한 사항은 'http://www.flickr.com/creativecommons/'를 참조하기 바랍니다.

036

기본 기능

사용한 기능 | 그림 압축

용량 큰 그림을 압축해서 파워포인트 파일 용량 줄이기

그림 압축을 통해 잘려진 그림 영역을 삭제하거나 인쇄 용도, 화면 용도, 혹은 이메일 용도 등의 원하는 용도로 사용하기 위해 압축할 수 있습니다. 이번 섹션에서는 삽입한 그림을 압축하는 방법에 대해서 살펴보겠습니다.

사용 가능 버전 2010 2013 2016 2019 365

예제 파일 Powerpoint\Chapter 04\사진편집.pptx
완성 파일 Powerpoint\Chapter 04\사진편집_완성.pptx

01 그림을 선택하고 [그림 도구]–[서식] 탭–[조정] 그룹에서 [그림 압축]을 클릭합니다. [그림 압축] 대화상자가 나타나면 [압축 옵션]–[이 그림에만 적용]에 체크 표시를 해제합니다. [대상 출력]에서 [전자 메일(96ppi) : 공유할 문서 크기를 최소화합니다]를 선택하고 [확인]을 클릭합니다.

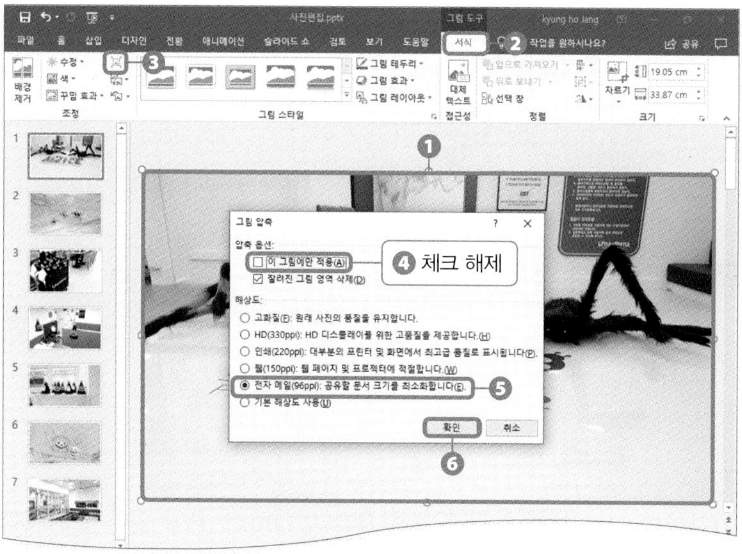

TIP [그림 압축] 대화상자에서 [이 그림에만 적용]에 체크 표시를 해제하면 전체 슬라이드의 그림을 압축할 수 있어 프레젠테이션 전체 문서 용량을 많이 줄일 수 있습니다.

02 다른 이름으로 저장하고, 그림 압축 전과 압축 후의 용량을 비교하면 용량이 줄어든 것을 확인할 수 있습니다.

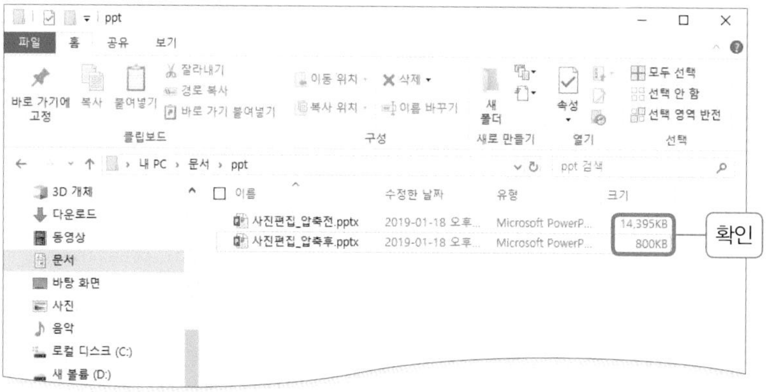

037

★★★☆☆
활용 기능

사용한 기능 | 슬라이드 크기, 사용자 지정 슬라이드 크기

파워포인트를 워드프로세서 대용으로 활용하기

가끔 파워포인트를 워드나 한글처럼 사용하고 싶은 경우가 있습니다. 특히, 각종 도형이나 이미지가 많이 포함되는 문서의 경우 마우스로 편하게 위치 조정이 가능한 파워포인트가 아무래도 편집이 쉽기 때문이지요. 여기서는 슬라이드를 A4 용지 크기로 설정하여 워드프로세서로 활용하는 방법에 대해서 살펴보겠습니다.

사용 가능 버전	예제 파일 없음
2010 2013 2016 2019 365	완성 파일 없음

01 [디자인] 탭–[사용자 지정] 그룹에서 [슬라이드 크기]를 클릭한 후 [사용자 지정 슬라이드 크기]를 클릭합니다.

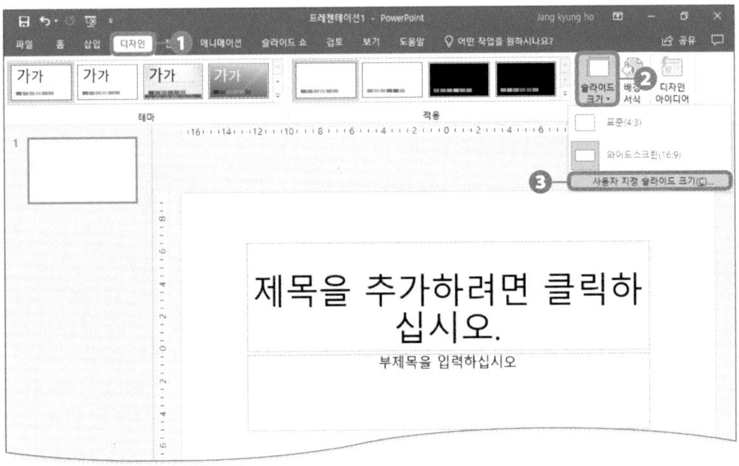

02 [슬라이드 크기] 대화상자에서 가로 방향을 세로 방향으로 변경하기 위해 슬라이드 방향을 [세로]로 설정합니다. [슬라이드 크기]를 'A4 용지(210*297mm)'로 선택하고 [확인]을 클릭합니다.

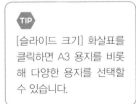

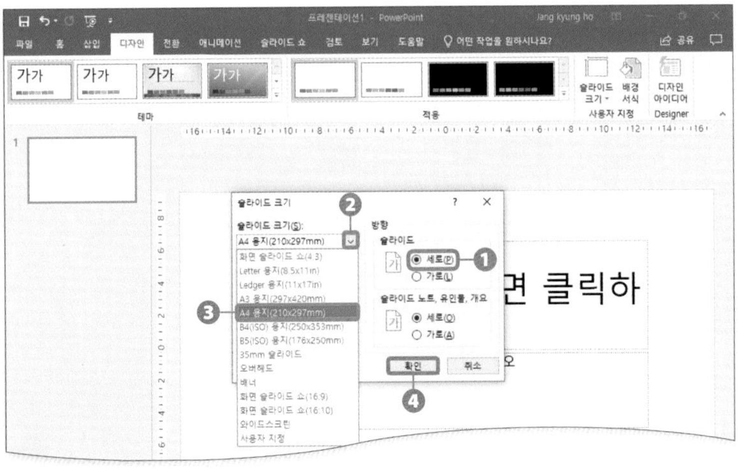

> **TIP**
> [슬라이드 크기] 화살표를 클릭하면 A3 용지를 비롯해 다양한 용지를 선택할 수 있습니다.

03 슬라이드 크기 조정을 묻는 [Microsoft PowerPoint] 대화상자가 나타나면 [맞춤 확인]을 클릭합니다.

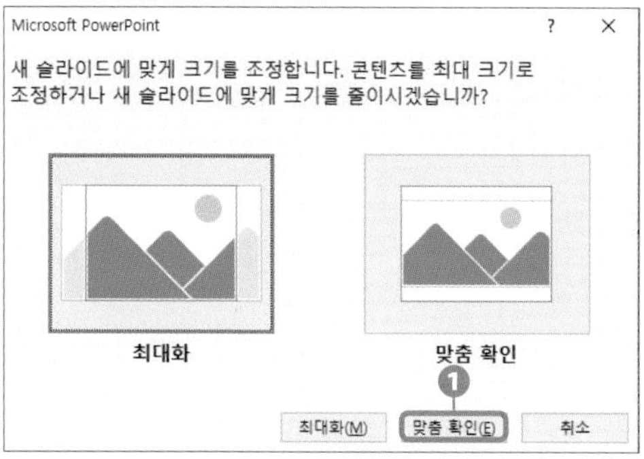

TIP

슬라이드의 크기를 자동으로 조정할 수 없을 때 두 가지 옵션 중에서 선택할 수 있습니다.

- **최대화** : 슬라이드 크기를 확대할 때 새 슬라이드 크기에 맞게 최대 크기로 조정합니다. 이 옵션을 선택하면 콘텐츠가 슬라이드에 모두 표시되지 않을 수 있습니다.
- **맞춤 확인**: 슬라이드 크기를 축소할 때 새 슬라이드 크기에 맞게 크기를 축소해서 조정합니다. 이 옵션을 선택하면 콘텐츠가 작게 표시되지만, 슬라이드에 전체 콘텐츠가 표시됩니다.

04 슬라이드 크기가 A4 용지 크기로 변경됩니다. 슬라이드를 A4 용지 크기로 설정하고 가로가 아닌 세로로 방향을 변경하면 워드프로세서와 동일하게 활용할 수 있습니다.

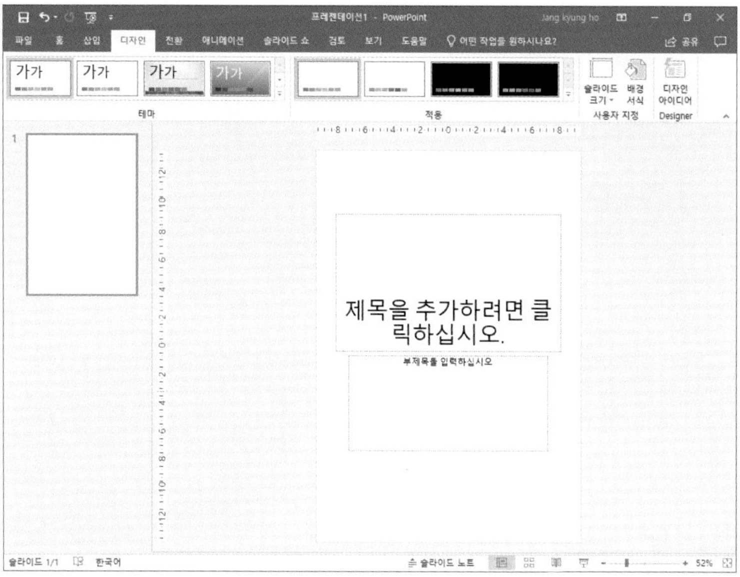

038

★★★★☆
활용 기능

사용한 기능 | 파일 형식 변경, 이미지로 저장

슬라이드 파일을 이미지 파일로 변환하기

슬라이드를 그림 파일로 저장하면 파워포인트가 없어도 내용을 확인하고 간편하게 공유할 수 있습니다. 한 장씩, 원하는 페이지만 이미지 파일로 저장하거나 전체 슬라이드를 한 번에 이미지 파일로 저장할 수 있습니다.

사용 가능 버전 2010 2013 2016 2019 365

예제 파일 Powerpoint\Chapter 04\이미지저장.pptx
완성 파일 Powerpoint\Chapter 04\'이미지저장' 폴더

01 [파일] 탭–[내보내기]를 클릭하여 [파일 형식 변경]을 선택합니다. [PNG(이동식 네트워크 그래픽) (*.png)]를 선택한 후 [다른 이름으로 저장]을 클릭합니다.

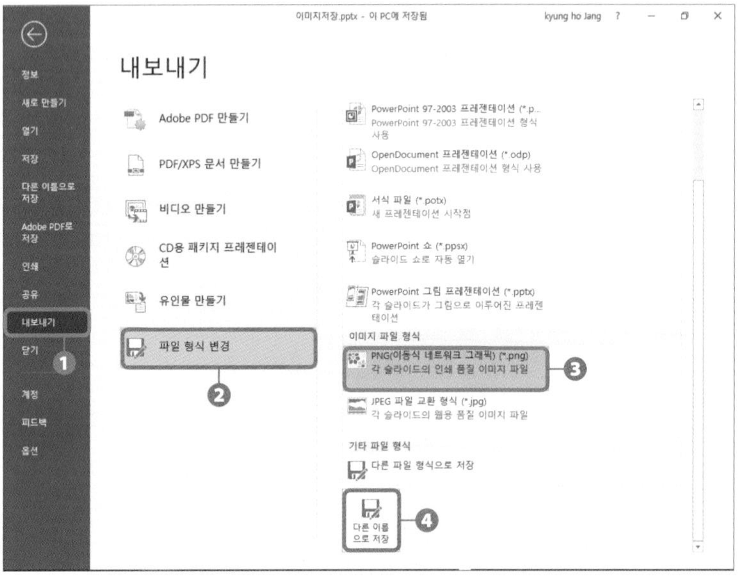

TIP

[파일] 탭–[다른 이름으로 저장]–[컴퓨터]–[찾아보기]를 클릭한 후 [다른 이름으로 저장] 대화상자에서 [파일 형식]–[PNG 형식(*.png)]을 선택해도 됩니다.

02 [다른 이름으로 저장] 대화상자가 나타나면 저장할 폴더를 지정하고 파일 이름을 입력한 후 [저장]을 클릭합니다.

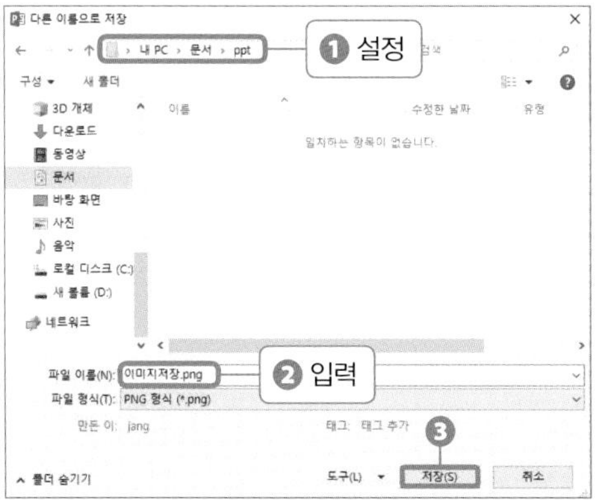

03 [모든 슬라이드]를 저장할 것인지 [현재 슬라이드만]을 저장할 것인지를 묻는 창이 나타나면 [모든 슬라이드]를 클릭합니다.

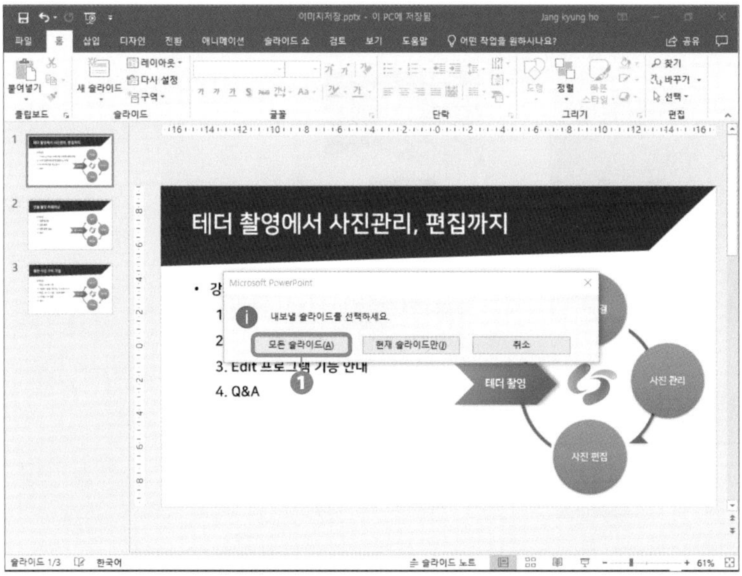

TIP

파워포인트 이전 버전의 경우 경고 창이 나타날 수 있습니다. 경고 창이 나타나면 [확인]을 클릭합니다.

사용한 기능 | 디자인 아이디어

039 디자인 아이디어로 슬라이드 디자인 완성하기

기본 기능

사용자가 슬라이드에 콘텐츠를 추가하게 되면 콘텐츠에 어울리는 전문가 수준의 슬라이드 레이아웃이나 디자인 레이아웃을 찾을 수 있습니다.

사용 가능 버전 2010 2013 2016 2019 365

예제 파일 없음
완성 파일 없음

01 빈 슬라이드에 이미지 한 장을 추가합니다. 자동으로 오른쪽에 [디자인 아이디어] 옵션 창이 나타나면서 슬라이드에 어울리는 슬라이드 레이아웃을 표시해 줍니다.

TIP
본 기능은 오피스 365에서만 사용할 수 있습니다. 디자인 아이디어가 표시되지 않는다면 [디자인] 탭 – [Designer] 그룹에서 [디자인 아이디어]를 클릭해서 열 수 있습니다.

02 [디자인 아이디어] 옵션 창을 통해서 원하는 슬라이드 레이아웃을 선택할 수 있는데 여기서는 이미지 한 장을 더 추가해 보겠습니다.

03 두 장의 이미지에 어울리는 레이아웃이 [디자인 아이디어] 옵션 창에 표시됩니다. 원하는 슬라이드 레이아웃을 선택합니다.

04 슬라이드 디자인을 직접 하지 않아도 디자인 아이디어를 통해 슬라이드 레이아웃이 완성됩니다.

TIP PLUS

디자인 아이디어 표시하지 않기

[디자인 아이디어] 옵션 창을 표시하고 싶지 않다면 [파일] 탭–[옵션]을 클릭합니다. [PowerPoint 옵션] 대화상자에서 [일반] 탭–[디자인 아이디어를 자동으로 표시]에서 체크 표시를 해제합니다.

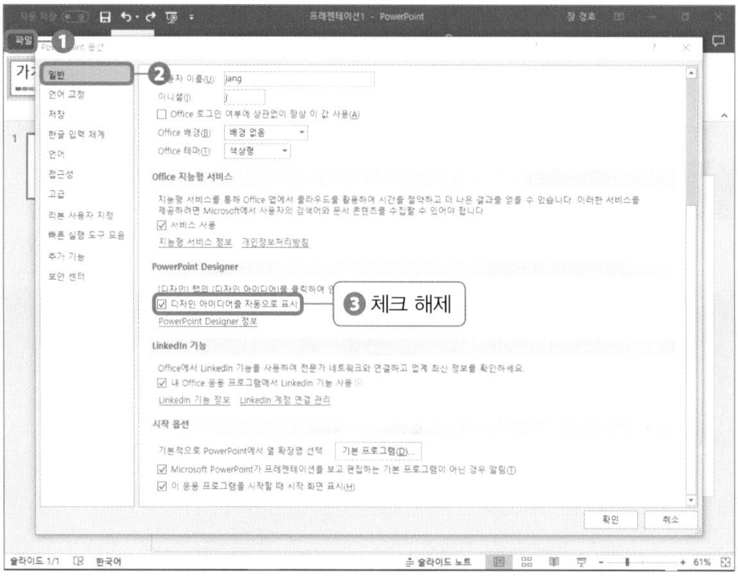

사용한 기능 | 3D 모델

040 3D 모델을 통해 독창적인 슬라이드 만들기

기본 기능

3D 모델을 사용하여 슬라이드를 만들 때 시각적이면서 창의적인 효과를 줄 수 있습니다. 모델을 360도 회전하거나 위아래로 기울여 개체의 특정 기능을 보여줄 수 있습니다.

사용 가능 버전 2010 2013 2016 2019 365

예제 파일 없음
완성 파일 없음

01 [삽입] 탭–[일러스트레이션] 그룹에서 [3D 모델]–[온라인 원본에서]를 클릭합니다.

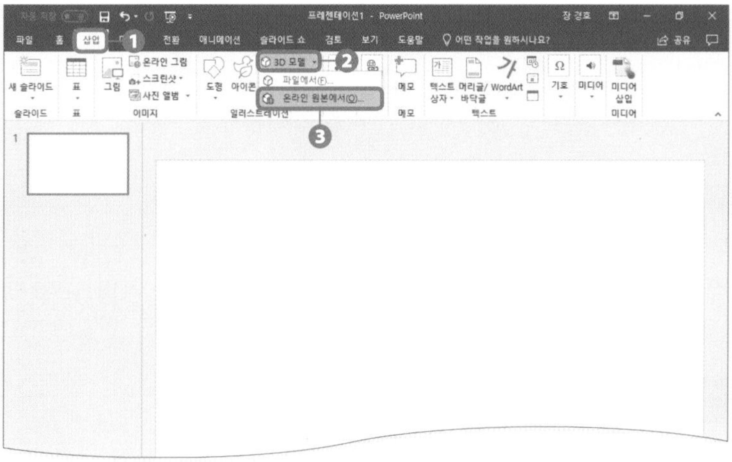

TIP
[온라인 원본에서]를 통해 Remix 3D 카탈로그의 3D 이미지를 찾아보거나 검색할 수 있습니다.

02 [온라인 3D 모델] 대화상자가 나타나면 원하는 3D 모델을 선택합니다. 여기서는 [Avatars]를 선택합니다.

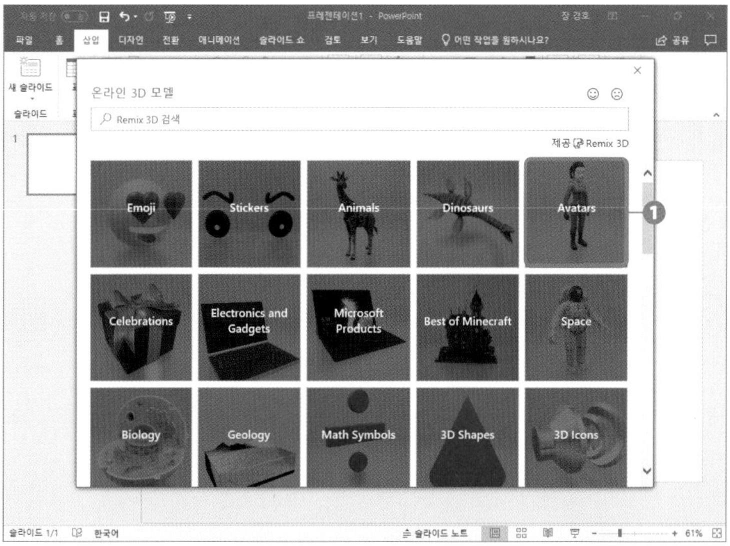

03 3D 모델은 여러 개 선택이 가능합니다. 원하는 3D 모델을 선택한 다음 [삽입]을 클릭합니다.

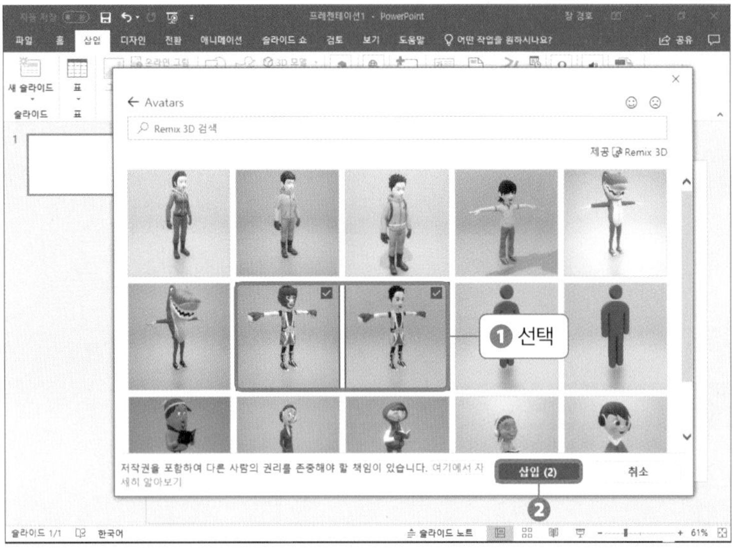

04 3D 모델이 슬라이드에 삽입되면 위치 및 크기를 적절히 변경합니다. 3D 모델의 중앙을 드래그하면 3D 모델을 제어할 수 있습니다. [3D 모델 도구]–[서식] 탭–[3D 모델 보기] 그룹의 [자세히]를 클릭한 후 원하는 형식을 선택합니다.

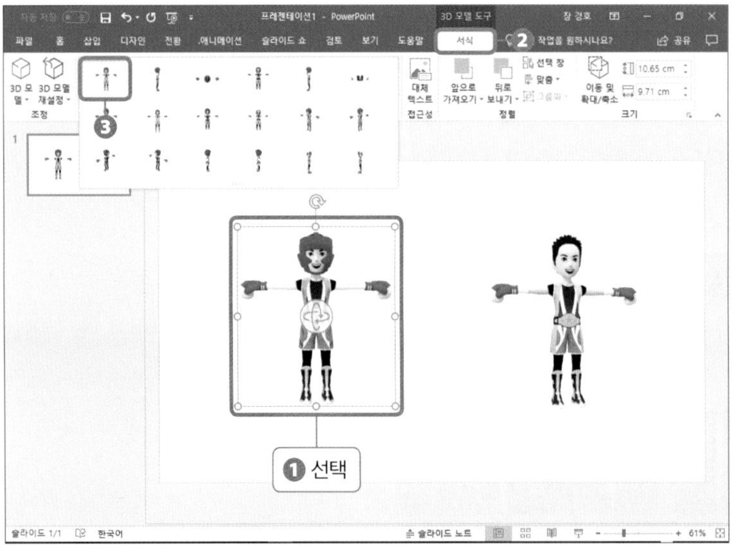

05 3D 모델의 경우 확대/축소를 통해 프레임 내에서 개체를 확대하거나 축소할 수 있습니다. [3D 모델 도구]–[서식] 탭–[크기] 그룹의 [이동 및 확대/축소]를 클릭합니다. 프레임 내에서 개체를 클릭하고 아이콘을 위/아래로 끌어서 이동합니다.

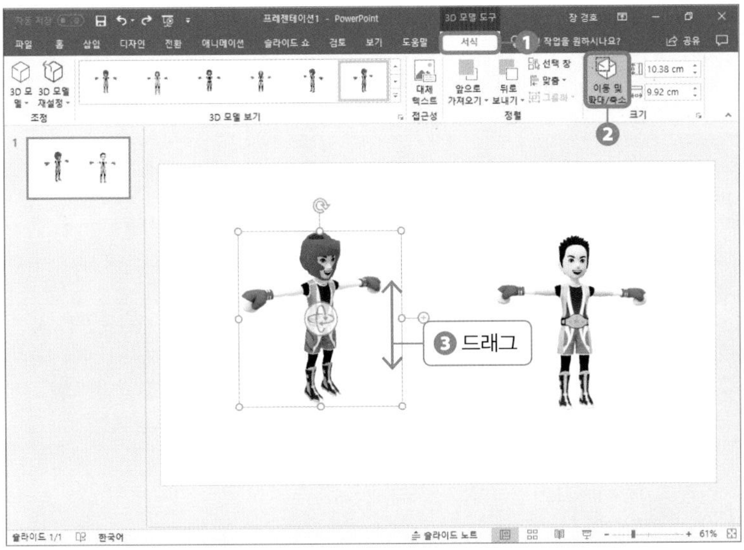

TIP PLUS

일러스트레이션 아이콘

오피스 365를 비롯해 오피스 2019에서는 새로운 종류의 일러스트레이션 아이콘을 삽입할 수 있습니다. 아이콘을 삽입하면 작고 검게 표시되지만, 파워포인트의 다양한 기능을 통해 아이콘 모양을 사용자가 직접 지정할 수 있습니다.

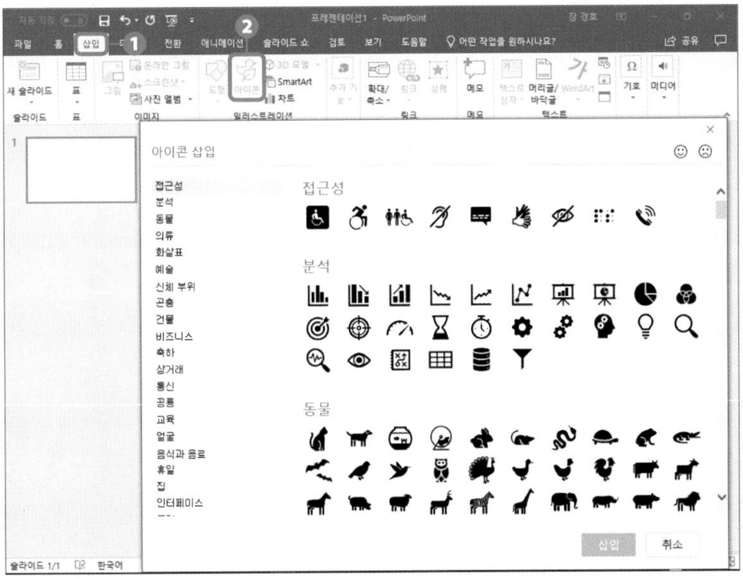

초보 직장인이라면
반드시
알아야 할

워드편

PART 3

CHAPTER 01 문서 편집 기술
CHAPTER 02 문서 완성 기술

CHAPTER

1

문서 편집 기술

워드는 전문화된 문서 편집 프로그램입니다. 지속적인 업데이트로 완성도도 높으며, 전 세계에서 가장 많은 인구가 사용하는 문서 편집 프로그램으로서 서식 또한 다양합니다. 여기서는 워드를 사용하기 위해 반드시 숙지하고 있어야 하는 기능에서부터 다양한 스타일과 편집 기술에 대해서 살펴보겠습니다.

배워 볼 내용

[워드 소개]	**001**	문서 편집 프로그램, 워드(Word) 소개
[문서 스타일]	**002**	원하는 형식의 문서 스타일 선택하기 필수 기능 ★★★★☆
[페이지 추가]	**003**	새 페이지와 페이지 나누기 필수 기능 ★★★★★
[구역 나누기]	**004**	하나의 문서에서 가로, 세로가 다른 문서 만들기 활용 기능 ★★★★☆
[텍스트 스타일]	**005**	스타일 목록으로 글자 스타일 지정하기 필수 기능 ★★★★☆
[자동 목차]	**006**	자동 목차 기능으로 목차 만들기 필수 기능 ★★★★☆
[목차 업데이트]	**007**	수정된 목차를 자동으로 업데이트하기 활용 기능 ★★★★☆
[다단]	**008**	신문이나 잡지처럼 다단으로 문단 설정하기
[글머리 기호]	**009**	다단계 편집으로 목록 설정하기
[글꼴 서식]	**010**	첨자, 원 문자, 강조점 입력하기
[탐색 창]	**011**	탐색 창을 통해 문서 검색하고 메모 찾기
[찾기 및 바꾸기]	**012**	텍스트 찾기 및 바꾸기를 통해 오류 수정하기
[PDF 파일]	**013**	PDF 파일을 워드로 변환하기, PDF 파일로 저장하기
[수식 기능]	**014**	수식 기능을 이용하여 수학 공식 생성하기
[도움말]	**015**	업그레이드된 도움말, 더 편하게 기능 실행하기

001 문서 편집 프로그램, 워드(Word) 소개

워드는 엑셀과 파워포인트와 함께 마이크로소프트 오피스에서 가장 인기 있는 프로그램입니다. 워드를 문서 편집 프로그램이라고 부르기도 하고, 워드프로세서라고 부르기도 합니다. 워드는 시중에 나와 있는 다양한 문서 편집 프로그램 중에서 가장 많은 사용자를 보유하고 있는 프로그램이기도 합니다.

■ 워드프로세서 종류

전 세계에서 가장 많은 사용자를 보유한 워드프로세서는 마이크로소프트의 워드입니다. 국내에서는 한글과컴퓨터의 '한글'이 가장 많이 보급된 워드프로세서입니다. 국내에서 개발된 프로그램이다 보니 정부 기관을 비롯해 공공기관 등에서 표준으로 쓰고 있다는 점이 가장 많이 보급된 이유이기도 합니다.

워드이든 한글이든 특정 한가지 프로그램만 사용하기보다는 두 프로그램을 적절히 활용해 본다면 어떨까요? 본 도서의 워드편에서는 워드 기능을 설명하면서 한글에서도 동일하게 사용할 수 있는 기능을 설명하고 있습니다.

워드와 한글과 같은 워드프로세서뿐 아니라 웹 오피스가 보급되면서 다양한 문서 편집 서비스도 등장했습니다. 가장 대표적인 서비스가 바로 구글 독스(https://docs.google.com)입니다. 구글 드라이브를 통해 15GB까지 스토리지를 추가해 다양한 문서 편집을 온라인으로 할 수 있습니다. 국내에서는 네이버가 네이버 워드를 통해 문서 편집 서비스를 제공하고 있습니다. 네이버 오피스(https://office.naver.com)에 접속하면 N드라이브에 한글이나 워드 문서까지 저장해 두고 뷰어뿐 아니라 문서 편집까지 가능합니다.

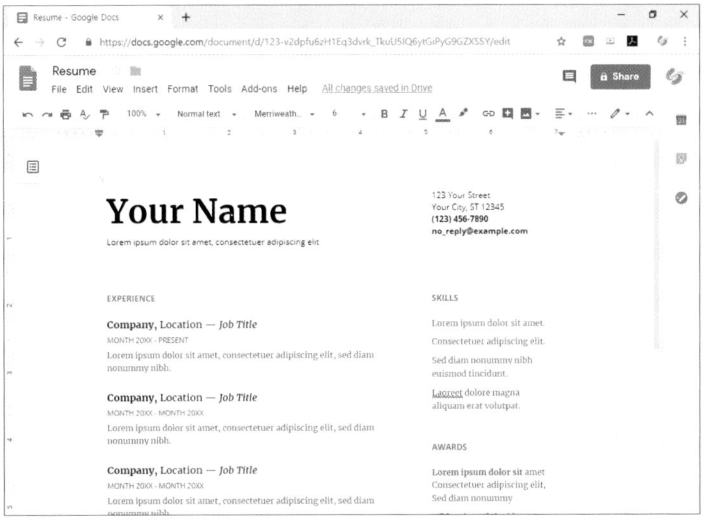

▲ 구글 독스(https://docs.google.com)

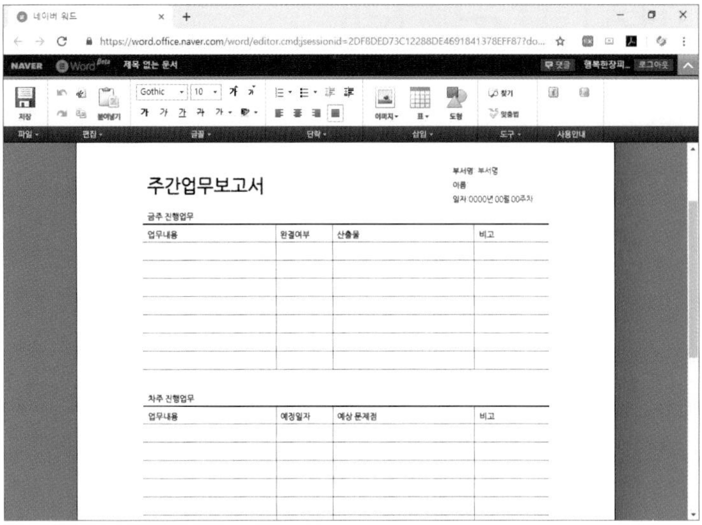

▲ 네이버 워드(https://office.naver.com)

> **TIP**
>
> 구글 독스나 네이버 워드 모두 다양한 템플릿을 무료로 제공하고 있습니다. 이를 활용해 워드나 한글에서 사용해 보세요.

■ 워드 화면 구성

여기서는 워드의 화면 구성에 대해서 잠시 살펴보겠습니다. 워드 역시 엑셀이나 파워포인트와 비슷한 화면 구성을 지니고 있습니다. 하나의 프로그램 화면 구성만 제대로 파악하고 있어도 나머지 프로그램을 수월하게 사용할 수 있다는 점이 마이크로소프트 오피스의 장점입니다.

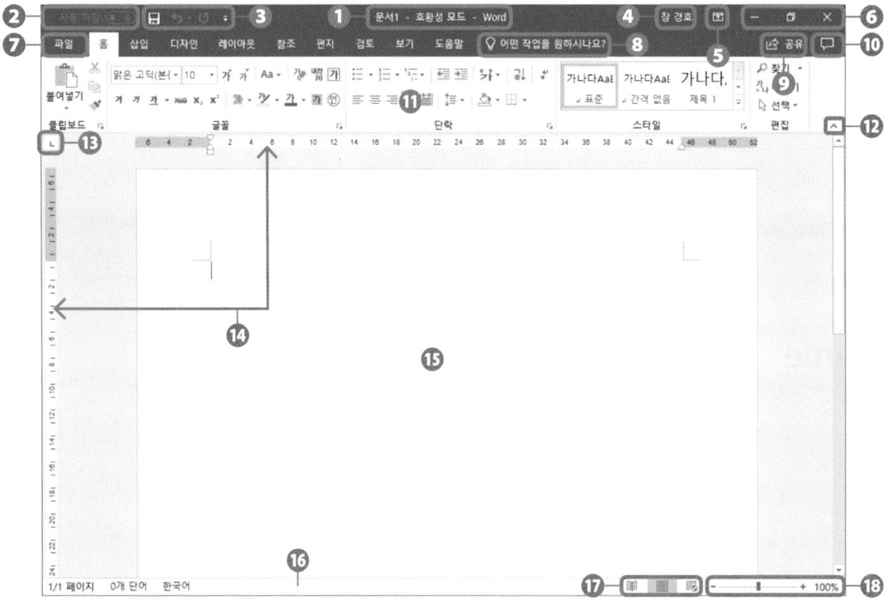

▲ 워드 화면 구성

❶ **제목 표시줄** : 현재 작업 중인 문서의 파일명이 표시됩니다.

❷ **자동 저장** : 오피스 365에 특화된 기능으로, 원드라이브와 같은 클라우드 서비스에 파일을 자동 저장할 수 있습니다.

❸ **빠른 실행 도구 모음** : 자주 사용하는 명령을 모아 놓은 도구 모음으로, 원하는 명령을 추가하거나 삭제할 수 있습니다.

❹ **로그인 정보** : 사용자의 로그인 정보를 확인할 수 있습니다.

❺ **리본 메뉴 표시 옵션** : 리본 메뉴를 숨기거나 탭, 명령 표시 옵션을 설정할 수 있습니다.

❻ **창 조절 단추** : 현재 문서의 창을 최소화, 최대화, 복원할 수 있으며, 워드 창을 닫을 수 있습니다.

❼ **[파일] 탭** : [새로 만들기], [열기], [인쇄], [공유] 등의 기본적인 메뉴와 다양한 옵션을 지정할 수 있습니다.

❽ **어떤 작업을 원하시나요?** : 원하는 키워드를 입력하여 기능 바로 가기를 비롯해 도움말 정보를 얻을 수 있습니다.

❾ **공유** : 원드라이브라는 인터넷 클라우드에 문서를 공유할 수 있습니다.

❿ **메모** : 이 문서에 대한 메모를 확인하거나 새로 입력할 수 있습니다.

⓫ **리본 메뉴** : [탭]과 [그룹]으로 구성되어 있으며, 워드의 다양한 메뉴를 쉽게 찾아서 실행할 수 있습니다.

⓬ **리본 메뉴 축소 단추** : 화면 확대 및 축소하거나 현재 창 크기로 맞출 수 있습니다.

⓭ **탭 설정 단추** : 왼쪽 탭, 가운데 탭, 오른쪽 탭, 소수점 탭, 줄 탭 등 클릭할 때마다 탭 설정이 전환됩니다.

⓮ **눈금자** : 가로, 세로 눈금자를 통해 문서의 위치를 확인하거나 문서 편집 시에 규칙적인 배열을 할 수 있습니다.

⓯ **문서 편집 창** : 문서를 편집하는 공간입니다.

⓰ **상태 표시줄** : 페이지 위치를 비롯해 단어 수, 입력 언어 등을 표시합니다.

⓱ **문서 보기 방식** : 읽기 모드, 인쇄 모양, 웹 모양 등으로 구성되어 있습니다.

⓲ **화면 확대/축소 단추** : 화면을 원하는 배율로 조절할 수 있습니다.

■ **온라인 서식**

워드를 통해 문서를 만들 경우 온라인 서식을 활용하면 더 빠르고 멋진 문서를 만들 수 있습니다. 이 기능은 워드뿐 아니라 엑셀, 파워포인트 등에서도 공통으로 사용되는 기능으로 원하는 문서를 쉽게 다운로드 받아 사용할 수 있습니다.

회사의 브로슈어를 만든다면 [파일] 탭-[새로 만들기]를 클릭해 검색 창에 『브로슈어』를 입력한 후 [검색 시작]을 클릭합니다. 다양한 브로슈어 관련 서식이 검색되면 원하는 서식을 클릭해 사용할 수 있습니다.

더욱 다양한 서식 파일을 확인하고 싶다면 'https://templates.office.com' 사이트에 접속해 보세요. 다양한 서식 파일을 받을 수 있습니다.

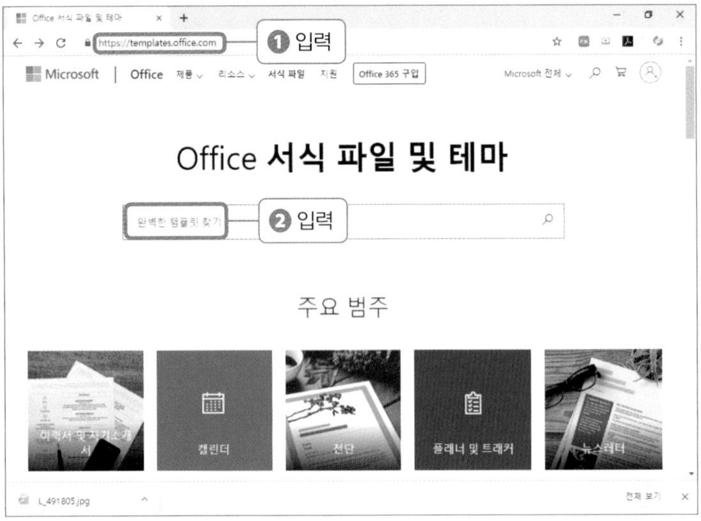

TIP PLUS

Word 도움말 센터

'https://support.office.com'에 접속하면 온라인으로 Word 도움말을 받을 수 있습니다. 본 도서로 공부하다가 부족한 부분이나 더 알고 싶은 기능이 있다면 이 사이트를 기억하세요. 축적된 다양한 도움말을 받을 수 있답니다.

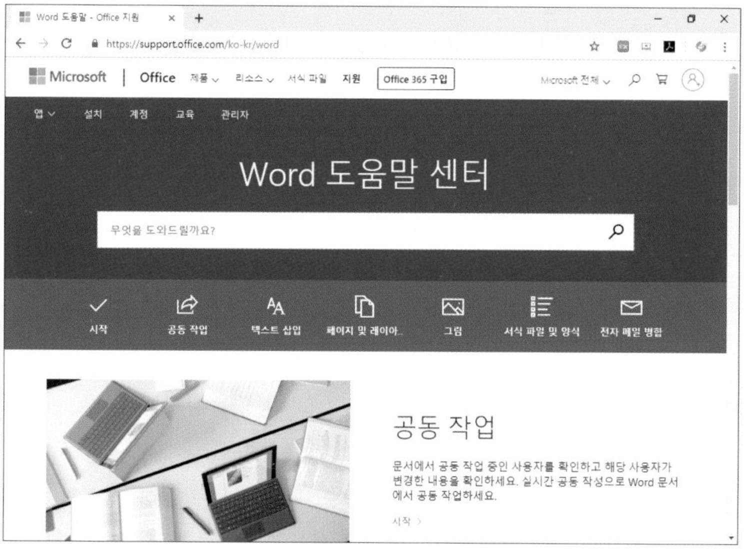

TIP PLUS

구글 독스와 네이버 워드를 워드에서 사용하기

구글 독스와 네이버 워드에는 워드에 없는 템플릿과 서식을 제공합니다. 이를 워드에서 사용하려면 다른 이름으로 저장할 때 워드 파일로 저장한 후 워드에서 불러오면 됩니다.

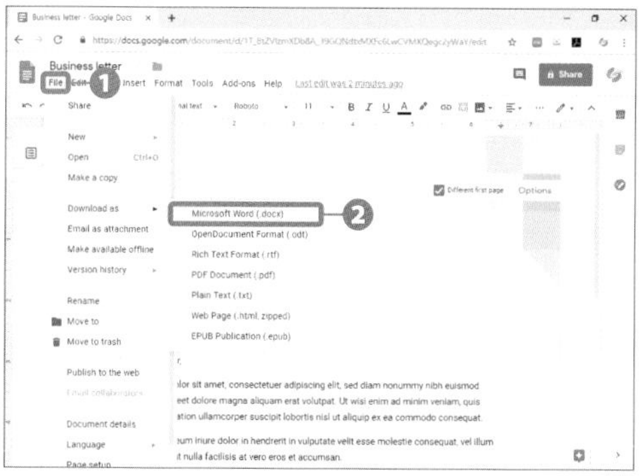

▲ 구글 독스 : [File]-[Download as]-[Microsoft Word] 클릭

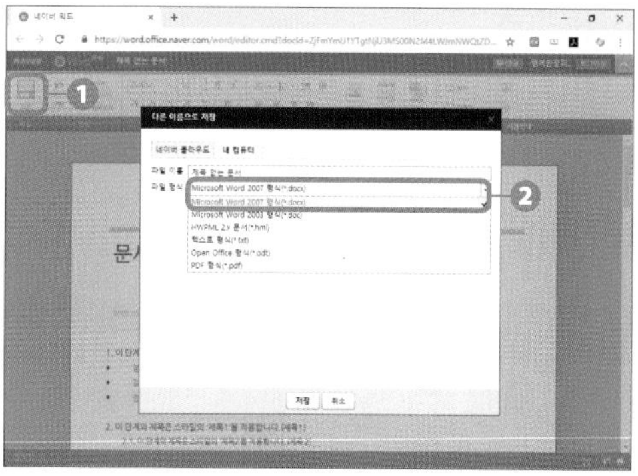

▲ 네이버 워드 : [저장]-[파일 형식]에서 [Microsoft Word] 클릭

■ 새로운 기능

이전 워드와는 달라진 최신 워드의 새로운 기능에 대해서 살펴보겠습니다. 디지털 펜을 비롯해 공동 작업 기능이 업그레이드되었으며, 글쓰기를 위한 기능과 모양 페이지 탐색, 디지털 펜으로 그리기 및 쓰기 등의 기능이 추가되었습니다.

1. 공동 작업

• 실시간 표시 기능

다른 사용자와 함께 공동 작업을 했을 경우 누가 함께하고 있는지를 실시간으로 표시합니다. 또한, 다른 이가 편집하는 사항을 실시간으로 볼 수 있습니다. 사용자가 많다면 문서에서 작업 중인 위치가 사용자별로 다른 색상으로 정확하게 표시해 줍니다.

• 변경 내용 추적

공동 작업한 내용 중에서 변경 내용이 있다면 이를 추적할 수 있습니다.

2. 글쓰기를 위한 도구

• Microsoft Translator

Microsoft Translator를 통해 다른 언어로 손쉽게 번역을 할 수 있습니다. 번역 기능은 현재 워드를 비롯해 엑셀, 파워포인트, 원노트에서 사용할 수 있습니다.

• 학습 도구

학습 도구를 통해 줄 길이를 변경하여 집중력과 이해도를 높이거나 텍스트의 색을 변경하여 눈의 피로를 줄일 수 있습니다. 또한, 선 포커스를 통해 한 번에 한 줄, 세 줄 또는 다섯 줄 등으로 조정할 수 있습니다. 참고로 이 기능은 현재 오피스 365 구독자만 사용할 수 있습니다.

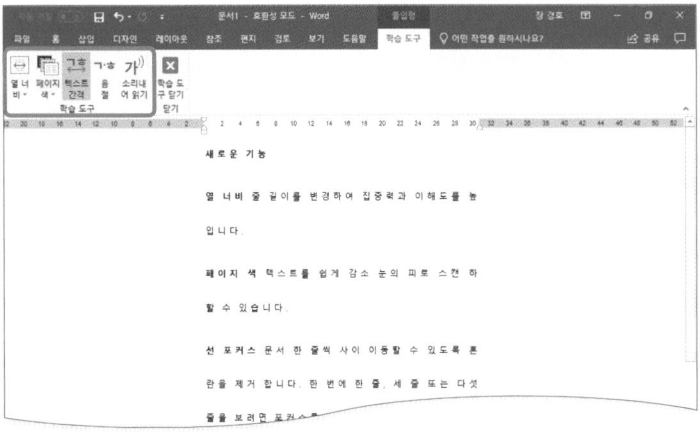

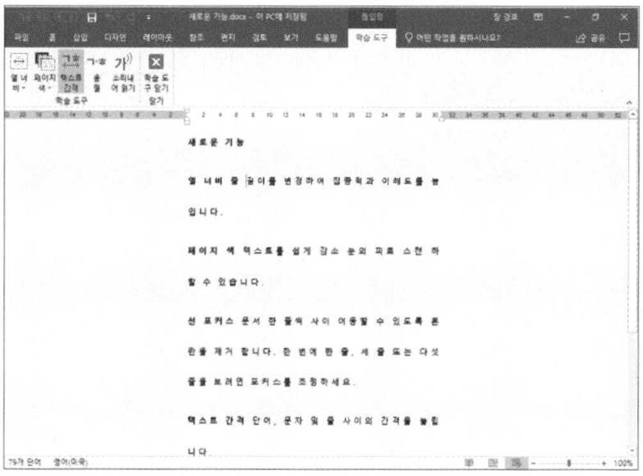

▲ 페이지 색 – 세피아

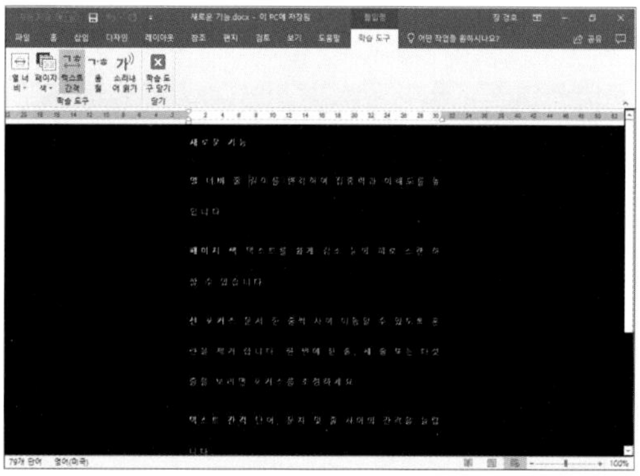

▲ 페이지 색 – 반전

▲ 텍스트 간격 – 좁게

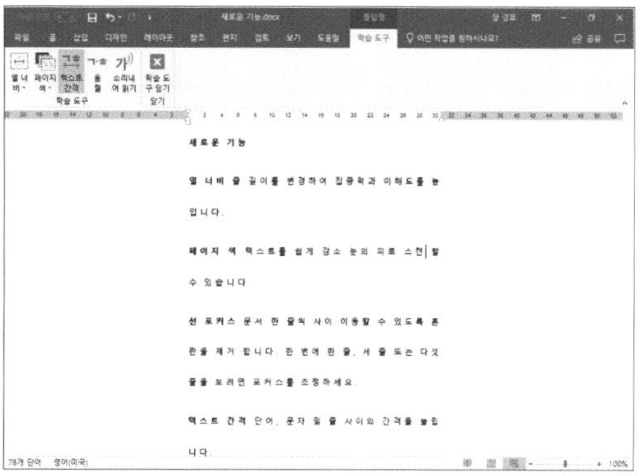

▲ 텍스트 간격 – 넓게

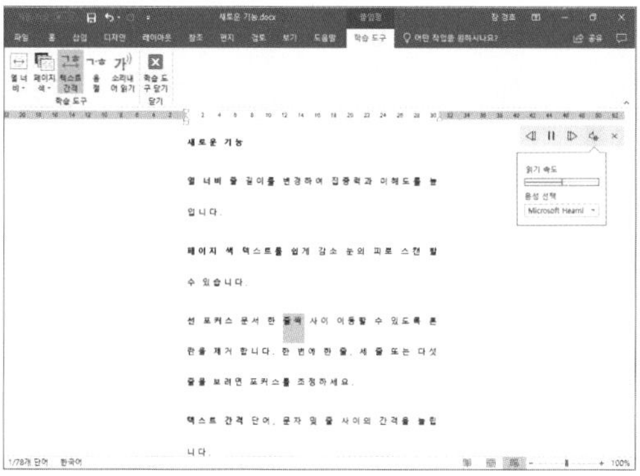

▲ 소리내어 읽기

• LaTeX 구문 사용

수식을 만들고 편집할 수 있는 LaTeX 수학 구문을 지원합니다. [수식] 탭에서 LaTeX 형식을 선택하여 수식을 작성합니다.

3. 기타

• 페이지를 나란히 한 번에 보기

나란히 보기를 사용하여 책처럼 페이지를 넘길 수 있습니다. 특히, 터치 화면에서는 문서의 손

가락을 사용하여 페이지를 이동할 수 있습니다.

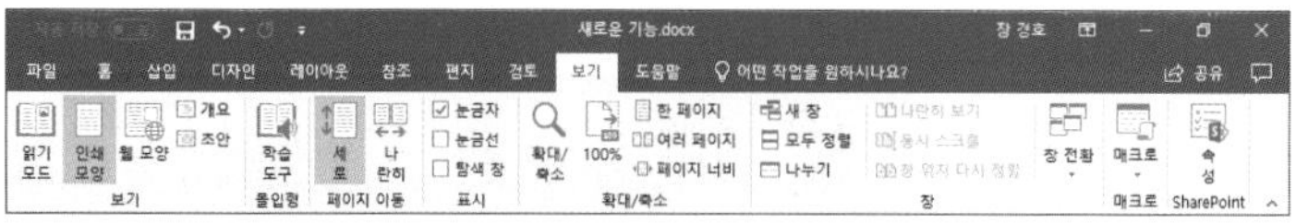

• **접근성 문제 해결**

접근성 검사기는 국제 표준에 대한 업데이트된 지원과 장애인이 문서에 더 쉽게 접근할 수 있는 편리한 권장 사항으로 이 기능을 통해 해결 방법 권장 사항과 함께 오류, 경고 및 팁 목록이 표시됩니다.

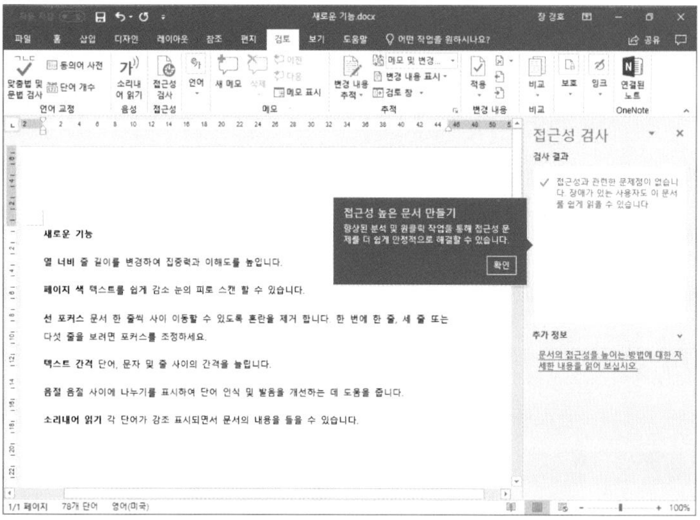
새로운 기능.docx
접근성 검사
검사 결과
접근성과 관련한 문제점이 없습니다. 장애가 있는 사용자도 이 문서를 쉽게 읽을 수 있습니다.
접근성 높은 문서 만들기
향상된 분석 및 원클릭 작업을 통해 접근성 문제를 더 쉽게 안정적으로 해결할 수 있습니다.
확인
새로운 기능
열 너비 줄 길이를 변경하여 집중력과 이해도를 높입니다.
페이지 색 텍스트를 쉽게 감소 눈의 피로 스캔 할 수 있습니다.
선 포커스 문서 한 줄씩 사이 이동할 수 있도록 혼란을 제거 합니다. 한 번에 한 줄, 세 줄 또는 다섯 줄을 보려면 포커스를 조정하세요.
텍스트 간격 단어, 문자 및 줄 사이의 간격을 늘립니다.
음절 음절 사이에 나누기를 표시하여 단어 인식 및 발음을 개선하는 데 도움을 줍니다.
소리내어 읽기 각 단어가 강조 표시되면서 문서의 내용을 들을 수 있습니다.
추가 정보
문서의 접근성을 높이는 방법에 대한 자세한 내용을 읽어 보십시오.

이 외에도 다양한 기능이 새롭게 등장했는데 워드의 새로운 기능 도움말을 통해 더욱 자세히 살펴볼 수 있습니다.

새로운 기능 : http://blog21.kr/221576042323

002

★★★★☆
필수 기능

사용한 기능 | 문서 서식, 스타일

원하는 형식의 문서 스타일 선택하기

워드는 버전이 변경될 때마다 미세하게 스타일 차이가 발생합니다. 예를 들어, 버전별로 줄 간격이나 단락 서식에서 차이가 발생합니다. 하지만 [문서 서식] 기능을 통해 스타일을 선택한 후 문서를 작성한다면 이런 문제점을 보완할 수 있습니다.

사용 가능 버전 2010 2013 2016 2019 365

예제 파일 Word\Chapter 01\환상의콤비.docx
완성 파일 Word\Chapter 01\환상의콤비_완성.docx

01 예제 파일을 엽니다. 이전 버전의 워드를 활용해 작성한 문서가 열립니다. [디자인] 탭–[문서 서식] 그룹의 [문서 서식]에서 사용할 버전 스타일을 선택합니다.

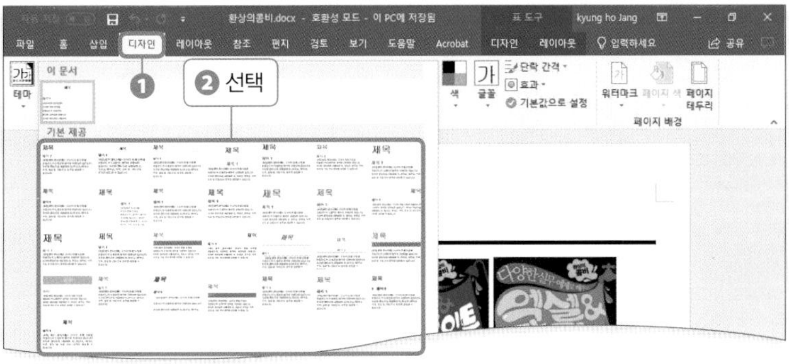

> **TIP**
> 이전 버전에서 만든 문서를 열면 제목 표시줄에 '호환성 모드'라는 글귀가 표시됩니다.

02 스타일을 단락별로 문장별로 변경할 필요 없이 해당 버전에 맞는 문서 스타일로 한 번에 형식이 변경됩니다.

> **TIP**
> 워드 2013에서는 [홈] 탭–[스타일 변경]에서 사용할 버전을 선택합니다.

한글에서는

스타일

자주 사용하는 글자 모양이나 문단 모양을 미리 정해 놓고 해당 문단의 글자 모양이나 문단 모양을 한꺼번에 바꿀 수 있습니다. 일관성 있는 문단 모양을 유지하면서 편집 작업을 하는 데 꼭 필요한 기능으로 한글에서는 [서식] 탭에서 [스타일]을 선택하거나 단축키 F6을 눌러 지정할 수 있습니다.

003

★★★★★
필수 기능

새 페이지와 페이지 나누기

문서 작업을 하다 보면 새 페이지를 만들거나 임의의 단락에서 페이지를 나누어야 할 경우도 발생합니다. 워드의 경우 [새 페이지]와 [페이지 나누기] 기능을 통해 새 페이지를 만들거나 페이지를 나눌 수 있습니다.

사용 가능 버전 2010 2013 2016 2019 365

예제 파일 Word\Chapter 01\편의점.docx
완성 파일 Word\Chapter 01\편의점_완성.docx

01 먼저, 문서의 페이지를 나눠 보겠습니다. 페이지를 나눌 위치에 커서를 위치시킨 다음 [삽입] 탭–[페이지] 그룹에서 [페이지 나누기]를 클릭합니다.

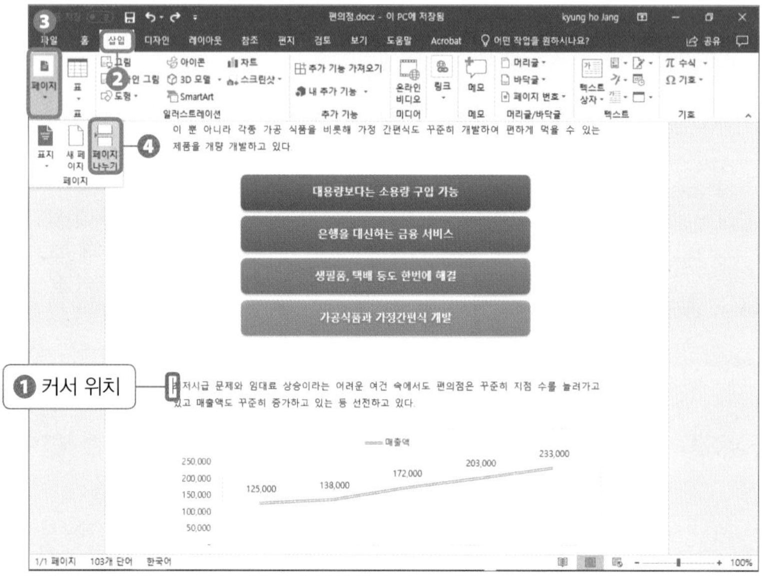

TIP

Ctrl+Enter를 눌러도 페이지 나누기를 할 수 있습니다.

02 커서가 위치했던 부분부터 한 장의 페이지가 두 장으로 나누어 나타납니다. 이번에는 페이지를 나누기가 아닌 새 페이지를 만들어 보겠습니다. 커서를 새 페이지로 나눌 위치에 놓은 다음 [삽입] 탭–[페이지] 그룹에서 [새 페이지]를 클릭합니다.

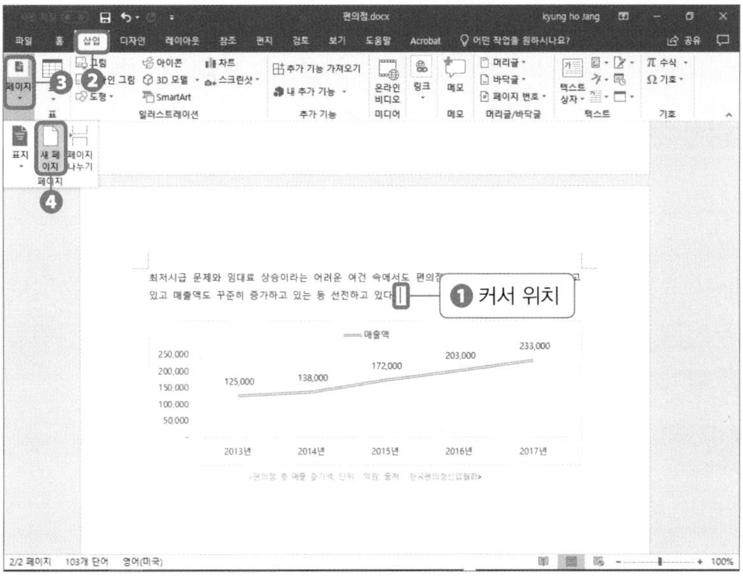

> **TIP**
>
> [홈] 탭–[단락] 그룹에서 [편집 기호 표시/숨기기( )]를 클릭하면 편집한 워드 문서의 편집 기호를 표시할 수 있습니다.

자주하는 질문

Q 새 페이지 기능과 페이지 나누기 기능의 차이점은 무엇인가요?

A [새 페이지] 기능은 새로운 페이지(빈 페이지)를 한 장 추가하는 기능이며, [페이지 나누기]는 한 장의 페이지를 커서가 있는 곳을 중심으로 두 장으로 분리시켜주는 기능입니다.

한글에서는

쪽 나누기(페이지 나누기)

한글에서는 페이지 나누기를 쪽 나누기라고 합니다. [쪽] 탭을 클릭한 후 [쪽 나누기]를 클릭합니다. 단축키는 워드와 마찬가지로 Ctrl+Enter를 눌러 쪽 나누기(페이지 나누기)를 할 수 있습니다.

사용한 기능 | 레이아웃, 페이지 나누기, 구역 나누기, 용지 방향, 확대/축소, 여러 페이지

004 하나의 문서에서 가로, 세로가 다른 문서 만들기

★★★★☆
활용 기능

하나의 문서이지만 다른 문서가 포함된 것처럼 문서 모양을 편집할 수 있습니다. 이를 [구역 나누기]라고 하는데 구역별로 가로 문서, 세로 문서를 다르게 지정하거나 머리글, 바닥글 등도 다르게 표시할 수 있습니다.

사용 가능 버전	
2010 2013 2016 2019 365	**예제 파일** Word\Chapter 01\불면증.docx **완성 파일** Word\Chapter 01\불면증_완성.docx

01 구역을 나눌 단락 앞에 커서를 위치시킵니다. [레이아웃] 탭–[페이지 설정] 그룹에서 [나누기]를 클릭한 후 [구역 나누기]에서 원하는 방식을 선택합니다. 여기서는 [이어서]를 클릭합니다. [이어서]를 클릭하면 한 페이지에서 다른 구역을 나눌 수 있습니다.

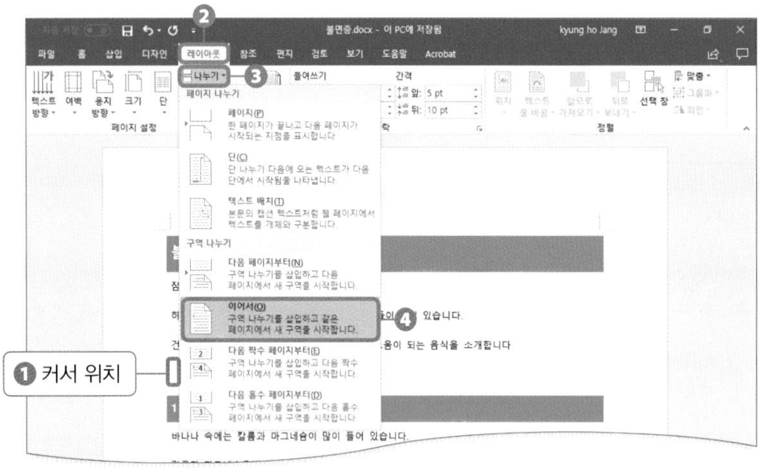

02 구역이 나누어지면 다른 방식으로 페이지를 설정할 수 있습니다. 여기서는 '세로'로 되어 있는 문서를 나눠진 구역부터 '가로'로 변경해 보겠습니다. [레이아웃] 탭–[페이지 설정] 그룹에서 [용지 방향]–[가로]를 클릭합니다.

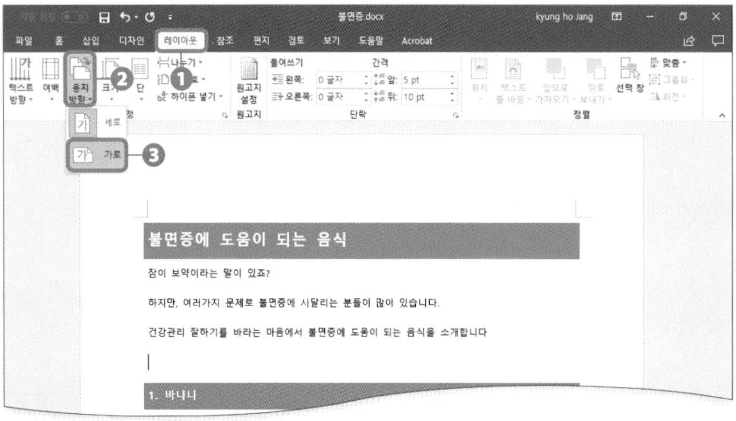

03 하나의 문서에서 페이지 방향이 '세로', '가로' 다르게 설정됩니다. 이번에는 [레이아웃] 탭–[페이지 설정] 그룹에서 [나누기]–[다음 페이지부터]를 클릭합니다.

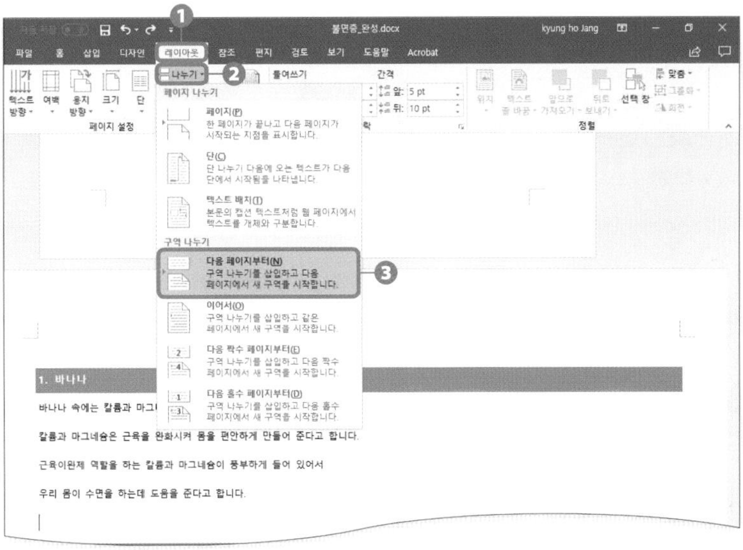

TIP

- **다음 페이지부터 :** 커서가 위치한 곳에서부터 페이지를 나눈 다음 구역을 설정합니다.
- **이어서** : 커서가 위치한 곳에서 구역을 나눕니다. 즉, 하나의 페이지에서 두 종류의 구역을 설정합니다.
- **다음 짝수 페이지부터/다음 홀수 페이지부터** : 커서가 위치한 곳에서 다음 짝수 페이지 혹은, 홀수 페이지부터 구역을 설정합니다. 짝수, 홀수 페이지를 구분할 때 유용합니다.

04 커서가 있는 부분부터 다음 페이지로 넘어가면서 페이지가 구분되어 집니다. 이번에는 용지의 크기를 다르게 변경해 보겠습니다. [레이아웃] 탭–[페이지 설정] 그룹에서 [크기]–[A5]를 클릭합니다.

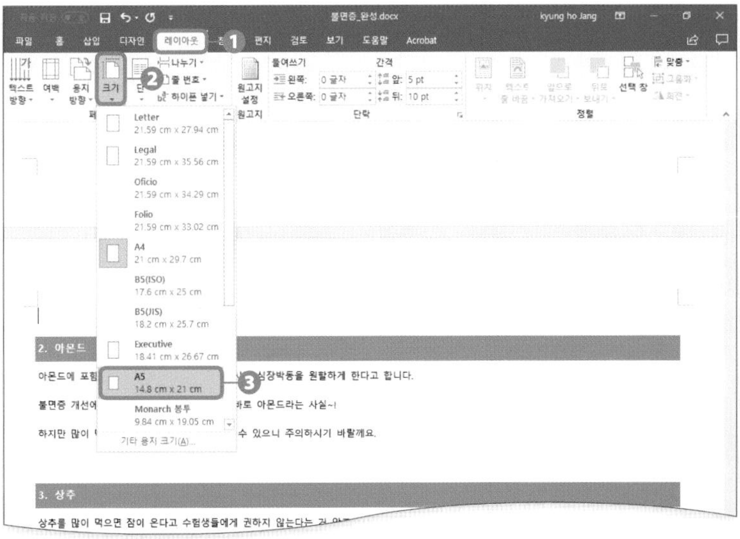

05 제대로 나뉘었는지 확인해 보겠습니다. [보기] 탭–[확대/축소] 그룹에서 [여러 페이지]를 클릭합니다. [확대/축소]에서 [축소] 단추를 여러 번 클릭합니다. 하나의 문서에서 '가로', '세로'를 비롯해 '용지'도 다르게 변경되는 것을 확인할 수 있습니다.

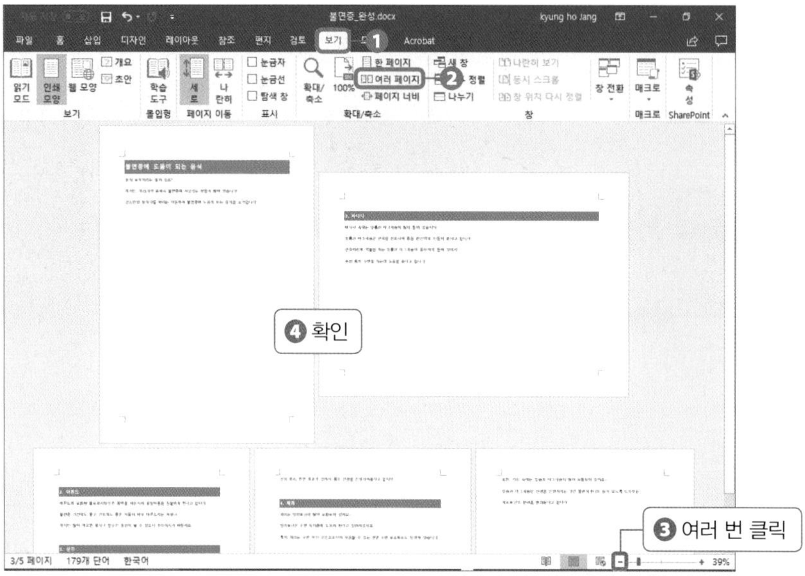

한글에서는

구역 나누기

하나의 문서를 여러 개의 구역으로 나누어 구역마다 편집 용지를 다르게 설정하거나 새 개요 번호 모양을 만들 수 있습니다. 한글은 [쪽] 탭에서 [구역 설정], [구역 나누기]를 통해 구역을 나눌 수 있으며, 커서 위치부터 새로운 구역이 나누어집니다. [구역 설정] 대화상자의 [종류]에서 '이어서, 홀수, 짝수, 사용자' 중 원하는 구역을 선택합니다.

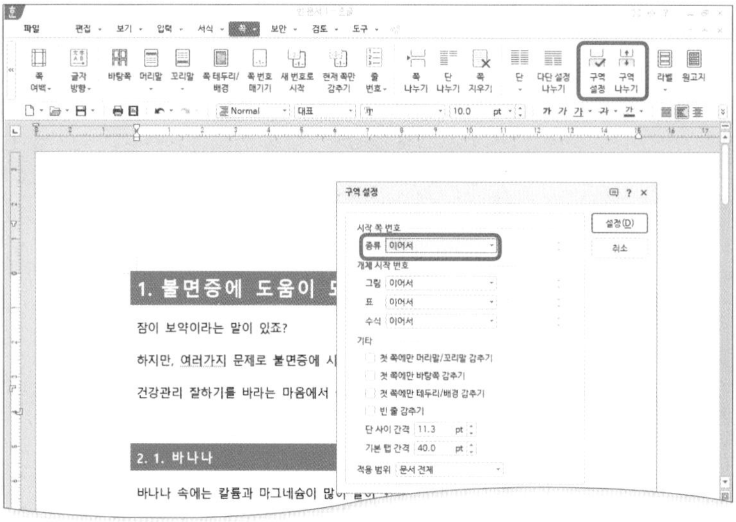

005

★★★★☆
필수 기능

사용한 기능 | 스타일, 스타일 목록

스타일 목록으로 글자 스타일 지정하기

워드에는 자동으로 목차를 만들어주는 기능이 있습니다. 자동으로 목차를 지정하기 위해서는 먼저 글자 스타일을 지정해야 합니다.

사용 가능 버전 2010 2013 2016 2019 365

예제 파일 Word\Chapter 01\이용약관.docx
완성 파일 Word\Chapter 01\이용약관_완성.docx

01 1페이지 상단의 '제 1 장 총칙'을 드래그하여 선택합니다. [홈] 탭–[스타일] 그룹에서 [자세히](⊟)를 클릭한 후 스타일 목록 중 [제목]을 선택합니다. '제 1 장 총칙'에 제목 스타일이 적용됩니다.

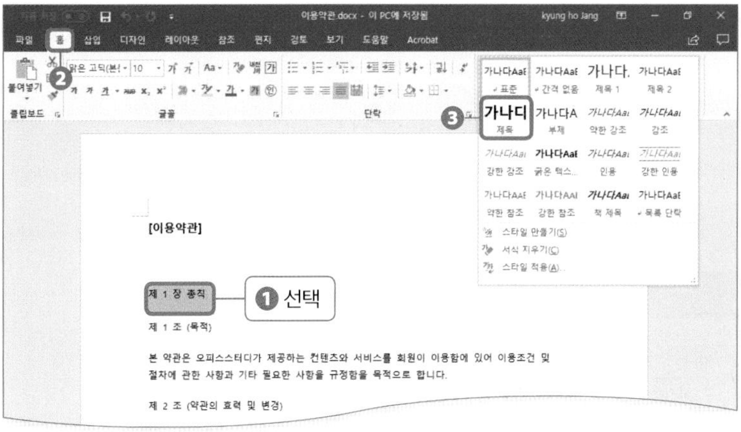

TIP
여기서는 마우스로 단락을 드래그하여 선택했습니다. 하지만 스타일을 선택할 때 굳이 단락을 드래그하여 선택할 필요는 없습니다. 스타일을 적용하고 싶은 단락에 커서만 위치시켜도 스타일을 변경할 수 있습니다.

02 '제 2 장 서비스 이용계약'을 마우스로 드래그하여 선택합니다. [홈] 탭–[스타일] 그룹에서 [자세히](⊟)를 클릭한 후 스타일 목록 중 [제목]을 선택합니다. '제 2 장 서비스 이용계약'에 제목 스타일이 적용됩니다. 같은 방법으로 '제 5 장 기타'까지 '제목' 스타일을 적용합니다.

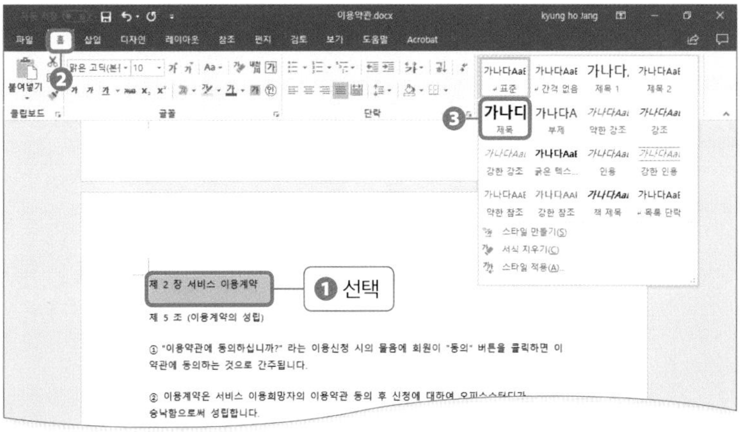

03 이번에는 첫 페이지의 '제 1 조 (목적)'을 드래그하여 선택한 다음 [홈] 탭–[스타일] 그룹에서 [자세히]–[부제]를 클릭합니다.

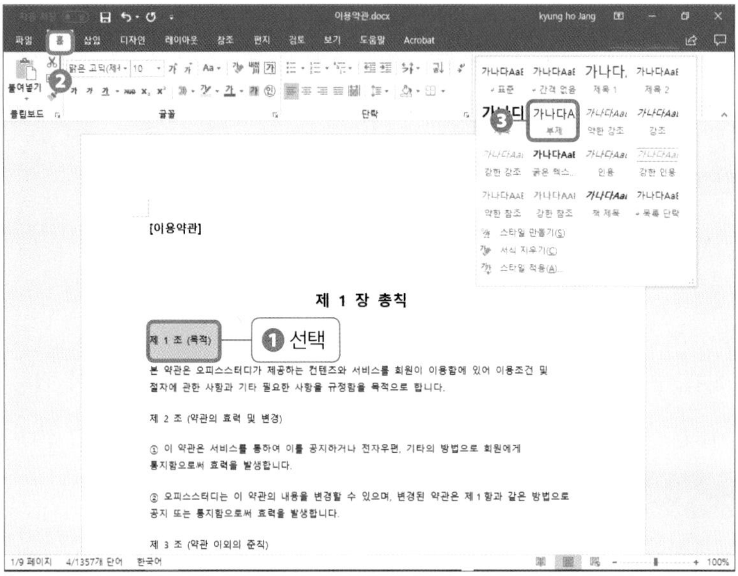

04 '제 2 조 (약관의 효력 및 변경)'을 드래그하여 선택한 다음 [홈] 탭–[스타일] 그룹에서 [자세히]–[부제]를 클릭합니다.

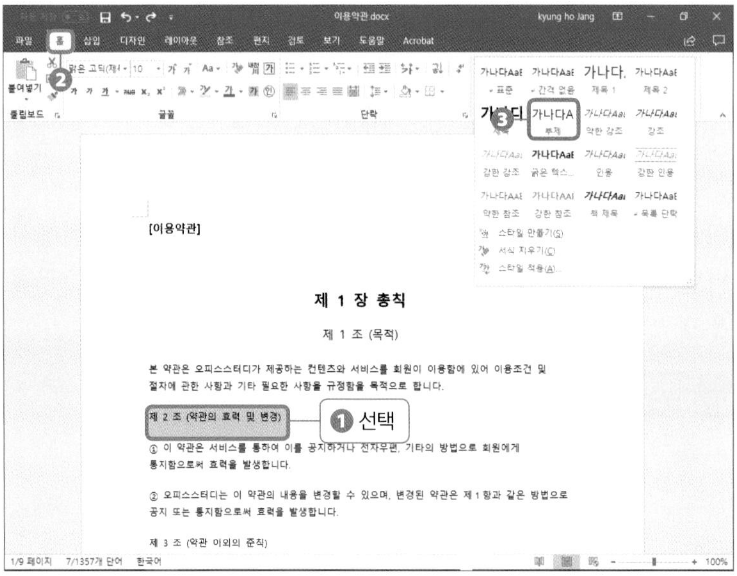

05 '제 23 조 (관할법원)'까지 '부제' 스타일을 적용합니다.

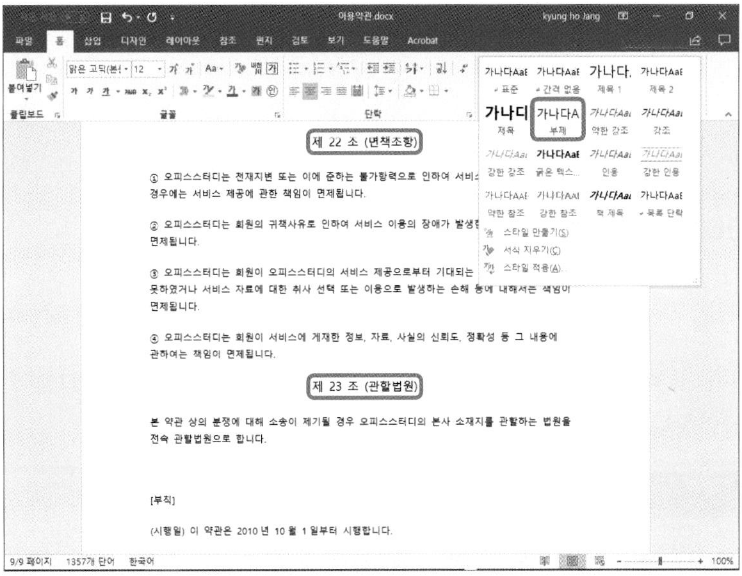
이용약관.docx
제 22 조 (면책조항)
① 오피스스터디는 천재지변 또는 이에 준하는 불가항력으로 인하여 서비스
경우에는 서비스 제공에 관한 책임이 면제됩니다.
② 오피스스터디는 회원의 귀책사유로 인하여 서비스 이용의 장애가 발생
면제됩니다.
③ 오피스스터디는 회원이 오피스스터디의 서비스 제공으로부터 기대되는
못하였거나 서비스 자료에 대한 취사 선택 또는 이용으로 발생하는 손해 등에 대해서는 책임이
면제됩니다.
④ 오피스스터디는 회원이 서비스에 게재한 정보, 자료, 사실의 신뢰도, 정확성 등 그 내용에
관하여는 책임이 면제됩니다.
제 23 조 (관할법원)
본 약관 상의 분쟁에 대해 소송이 제기될 경우 오피스스터디의 본사 소재지를 관할하는 법원을
전속 관할법원으로 합니다.
[부칙]
(시행일) 이 약관은 2010 년 10 월 1 일부터 시행합니다.
가나다A
부제
스타일 만들기(S)
서식 지우기(C)
스타일 적용(A)...

한글에서는

스타일

[편집] 탭에서 [스타일] 화살표를 클릭해 원하는 스타일을 선택할 수 있습니다. [스타일] 대화상자를 열어 보다 세부적으로 스타일을 지정하거나 추가하여 활용할 수 있습니다.

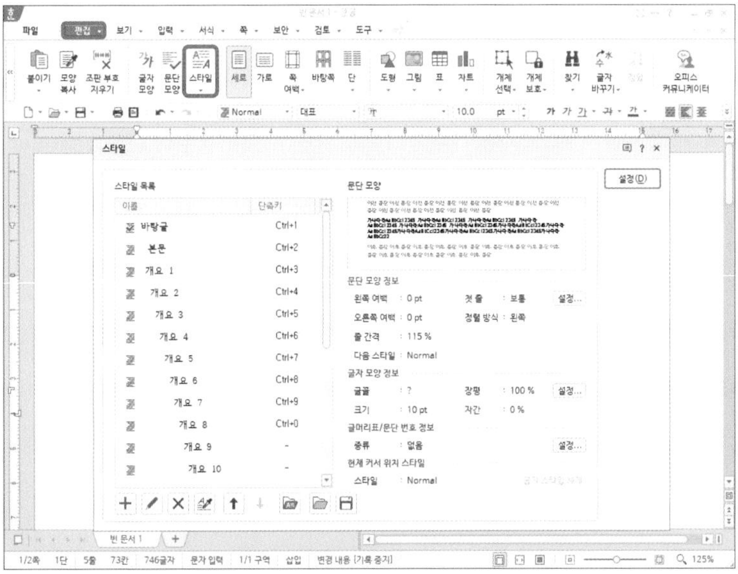
스타일
스타일 목록
바탕글
본문
개요 1
개요 2
개요 3
문단 모양
문단 모양 정보
글자 모양 정보
글머리표/문단 번호 정보
현재 커서 위치 스타일
설정(D)

사용한 기능 | 목차, 자동 목차, 페이지 나누기

006

★★★★☆
필수 기능

자동 목차 기능으로 목차 만들기

글자 스타일을 지정했다면 자동 목차를 만들 수 있습니다. 많은 분량의 보고서를 만들거나 리포트를 작성한다면 글자 스타일을 지정하여 자동 목차 기능을 실행해 보세요.

사용 가능 버전 2010 2013 2016 2019 365

예제 파일 Word\Chapter 01\이용약관2.docx
완성 파일 Word\Chapter 01\이용약관2_완성.docx

01 자동 목차를 만들기 위해 첫 페이지의 최상단에 커서를 둔 다음 [참조] 탭–[목차] 그룹에서 [목차]–[자동 목차 2]를 클릭합니다.

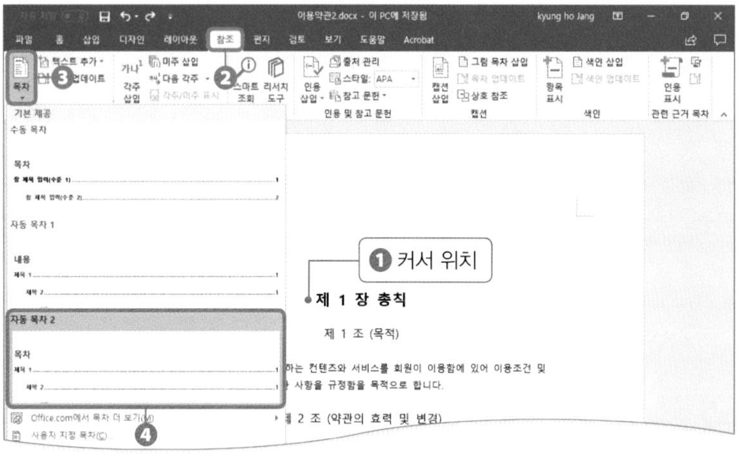

TIP
자동 목차를 적용하면 각 제목 및 부제 스타일에 따라 목차와 페이지 번호가 자동으로 만들어집니다.

02 스타일로 지정한 '제목'과 '부제' 스타일에 해당하는 목차가 만들어집니다. '[이용약관]' 앞에 커서를 위치한 다음 [삽입] 탭–[페이지] 그룹에서 [페이지 나누기]를 클릭해 목차 페이지와 내용 페이지를 나눠 문서를 완성합니다.

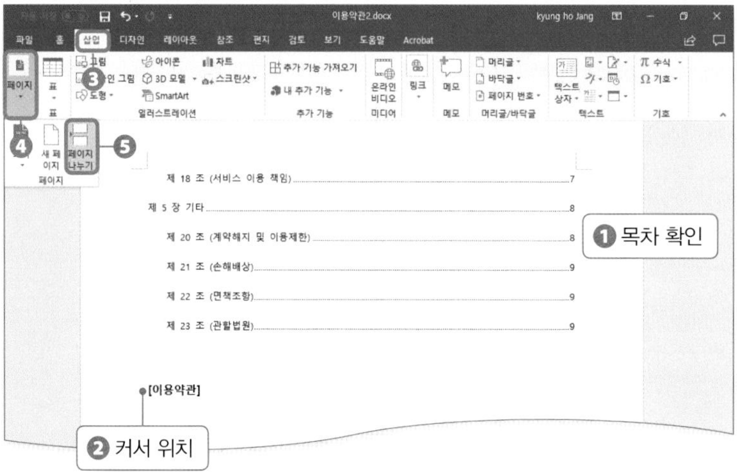

자주하는 질문

Q 그림이나 차트에도 자동 목차를 만들 수 있을까요?

A 그림이나 차트에도 자동 목차를 만들 수 있습니다. 여기서는 그림으로 자동 목차를 만들어 보겠습니다. 먼저 목차로 인식할 수 있도록 그림을 마우스 오른쪽 버튼으로 클릭한 후 [캡션 삽입]을 선택해 캡션을 넣어줍니다. 그런 다음 [참조] 탭-[캡션] 그룹에서 [그림 목차 삽입]을 클릭합니다. [그림 목차] 대화상자가 나타나면 [일반]-[서식]에서 원하는 형식을 선택한 후 [캡션 레이블]-[그림]을 선택하고 [확인]을 클릭합니다. 이런 방법으로 표나 차트, 수식, 그림 등에도 캡션 기능을 활용해 목차를 만들 수 있습니다.

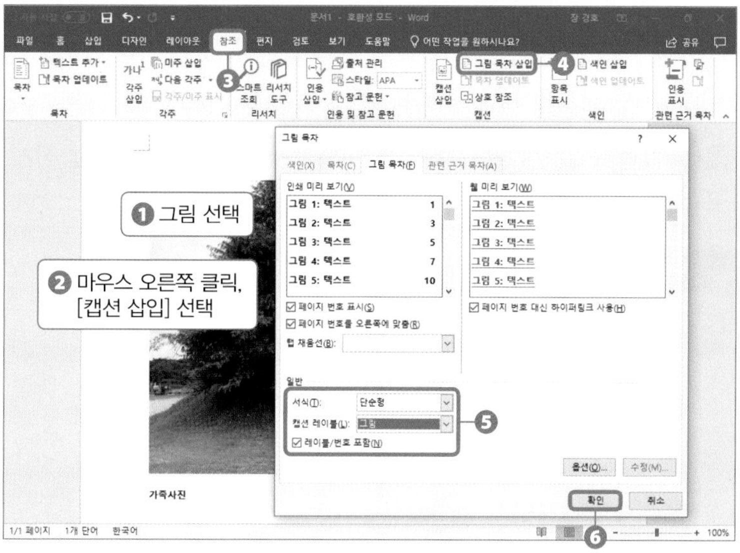

한글에서는

제목 차례

[도구] 탭에서 [제목 차례] 화살표를 클릭해 제목 차례(자동 목차)를 만들 수 있습니다. [도구] 탭에서 [제목 차례]-[차례 만들기]를 클릭하면 차례 형식을 비롯해 차례 스타일을 지정할 수 있습니다. [제목 차례]에서 [스타일로 모으기]에 체크를 한 후 목차로 만들고 싶은 스타일을 체크 표시합니다. 예를 들어, [스타일] 기능으로 [개요 1]을 활용해 제목을 만들었다면 [개요 1]에만 체크 표시를 합니다. 한글은 표나 그림, 수식도 목차로 만들 수 있는데 필요 없다면 체크 표시를 모두 해제합니다.

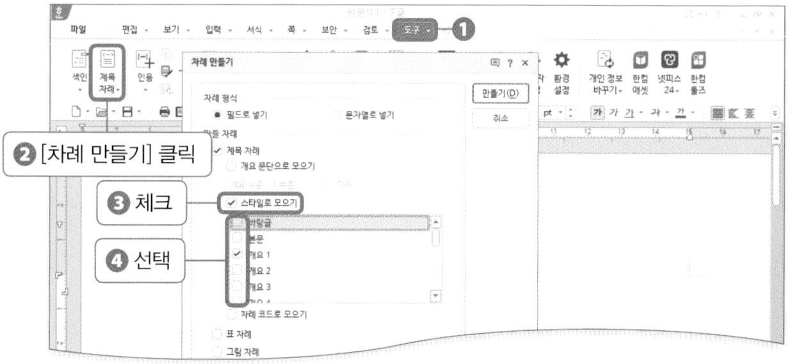

사용한 기능 | 목차, 목차 업데이트

007

★★★★☆
활용 기능

수정된 목차를 자동으로 업데이트하기

자동 목차를 통해 완성한 목차의 경우 목차 제목이 변경되거나 페이지 위치가 변경될 경우 자동으로 업데이트를 할 수 있습니다.

사용 가능 버전 2010 2013 2016 2019 365

예제 파일 Word\Chapter 01\이용약관3.docx
완성 파일 Word\Chapter 01\이용약관3_완성.docx

01 '제 1 장 총칙'을 '제 1 장 서비스 총칙'으로 목차 제목을 변경합니다. [참조] 탭-[목차] 그룹에서 [목차 업데이트]를 클릭합니다. [목차 업데이트] 대화상자가 나타나면 [목차 전체 업데이트]에 체크 표시를 하고 [확인]을 클릭합니다.

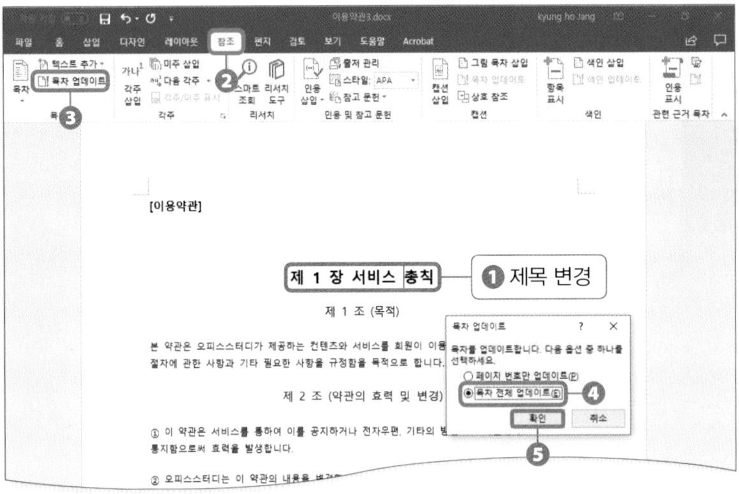

02 목차를 확인해 봅니다. 목차의 제목이 자동으로 업데이트되어 있는 것을 확인할 수 있습니다.

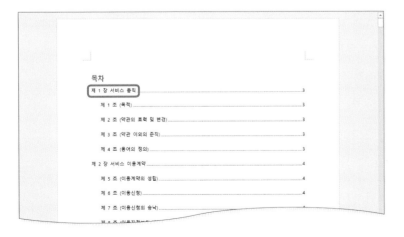

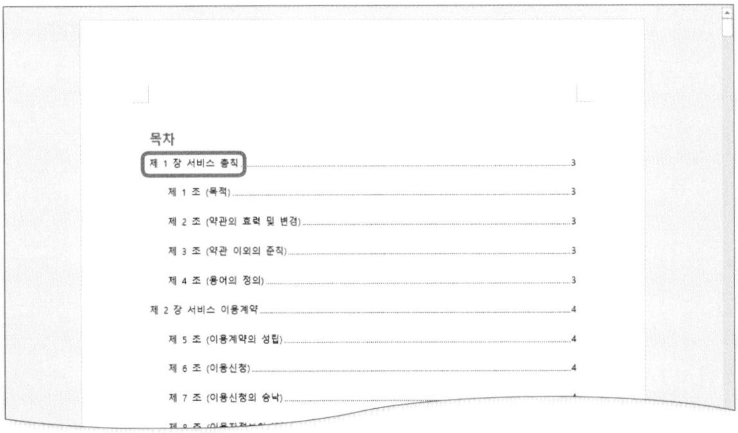

TIP PLUS

페이지 번호만 업데이트와 목차 전체 업데이트

[목차 업데이트]를 클릭하면 [목차 업데이트] 대화상자에서 페이지 번호 혹은, 목차 전체를 업데이트할 수 있습니다.

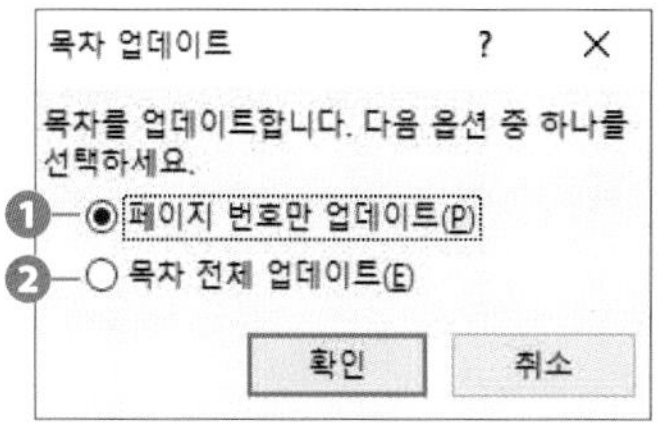

❶ **페이지 번호만 업데이트** : 본문 내용에 페이지가 추가되어 페이지 번호가 변경되었을 때, 페이지 번호만 업데이트할 때 사용합니다.

❷ **목차 전체 업데이트** : 본문 페이지 번호뿐 아니라 제목까지 모두 업데이트할 때 사용합니다.

한글에서는

차례 새로 고침

[도구] 탭에서 [제목 차례] 화살표를 클릭해 [차례 새로 고침]을 클릭합니다. 차례만 새로 고침하거나 모든 차례를 새로 고침할 수 있습니다.

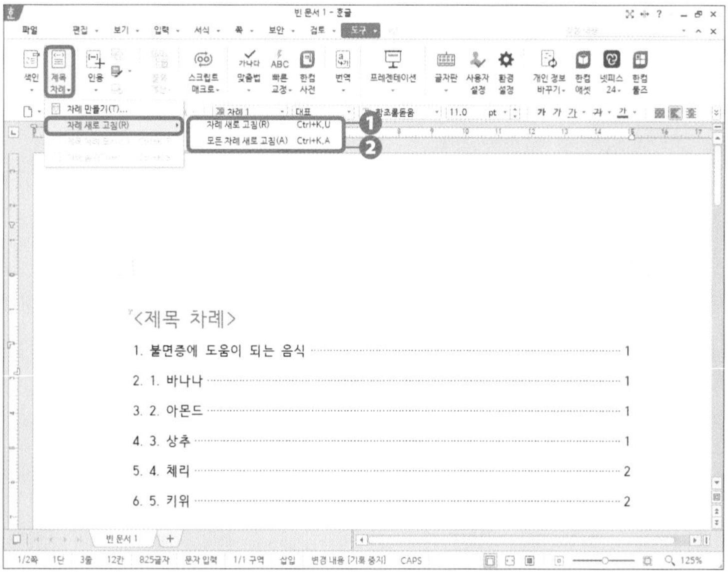

❶ **차례 새로 고침** : 선택된 차례 필드를 업데이트합니다.

❷ **모든 차례 새로 고침** : 문서에 포함된 모든 차례 필드를 업데이트합니다.

008

기본 기능

사용한 기능 | 페이지 설정, 단, 다단

신문이나 잡지처럼 다단으로 문단 설정하기

많은 내용을 입력해야 하거나 더욱 읽기가 편하게 만들기 위해서는 텍스트를 둘 이상의 열로 변경할 수 있습니다. 또한, 지정한 문서 일부만을 활용해 다단으로 나눌 수도 있습니다.

사용 가능 버전	예제 파일 Word\Chapter 01\미세먼지.docx
2010 2013 2016 2019 365	완성 파일 Word\Chapter 01\미세먼지_완성.docx

01 다단은 영역을 지정하여 원하는 부분만 단을 나눌 수도 있고, 아니면 전체를 한 번에 나눌 수도 있습니다. 여기서는 원하는 부분만 다단으로 설정해 보겠습니다. 원하는 부분을 드래그하여 선택하고 [레이아웃] 탭–[페이지 설정] 그룹에서 [단]–[셋]을 클릭합니다. 단이 나뉘면 단을 설정하기 위해 [레이아웃] 탭–[페이지 설정] 그룹에서 [기타 단]을 클릭합니다.

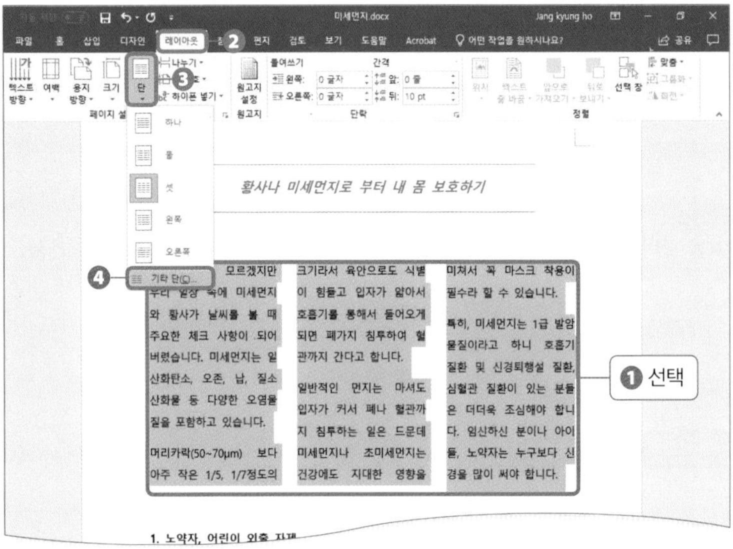

02 [단] 대화상자에서 경계선을 삽입하거나 너비 및 간격을 조정할 수 있습니다. [단] 대화상자가 나타나면 [경계선 삽입]에 체크 표시를 한 다음 단의 너비나 간격을 설정하고 [확인]을 클릭합니다.

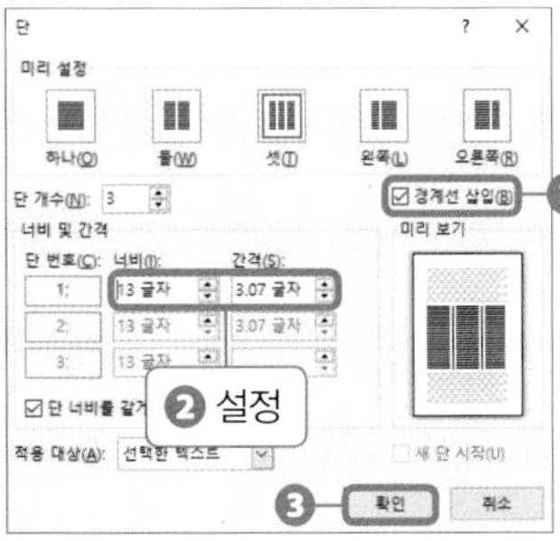

한글에서는

다단 나누기

새로운 단 모양으로 시작하고 싶은 곳에 커서를 놓고 [쪽] 탭-[단] 화살표를 눌러 다단을 지정합니다. [다단 설정 나누기]를 이용하면 앞단과 관계없이 독립적인 새로운 단 모양을 정의할 수 있으며, 한쪽(페이지) 안에서 단수를 몇 번이고 다르게 지정할 수 있습니다.

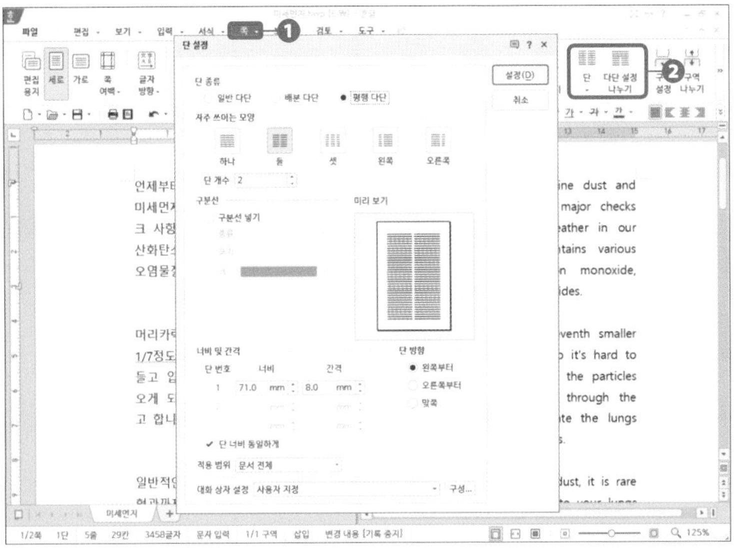

참고로, 워드에는 없지만 한글에 있는 좋은 기능 중 하나가 바로 [평행 다단]입니다. [평행 다단]은 하나의 단에서 내용이 채워지지 않더라도 다음 단에 내용을 입력할 수 있는 기능입니다. 아래 예시처럼, 한국어와 영어처럼 번역본을 평행 다단으로 설정하거나 문제집의 문제와 정답을 평행 다단으로 보통 설정합니다.

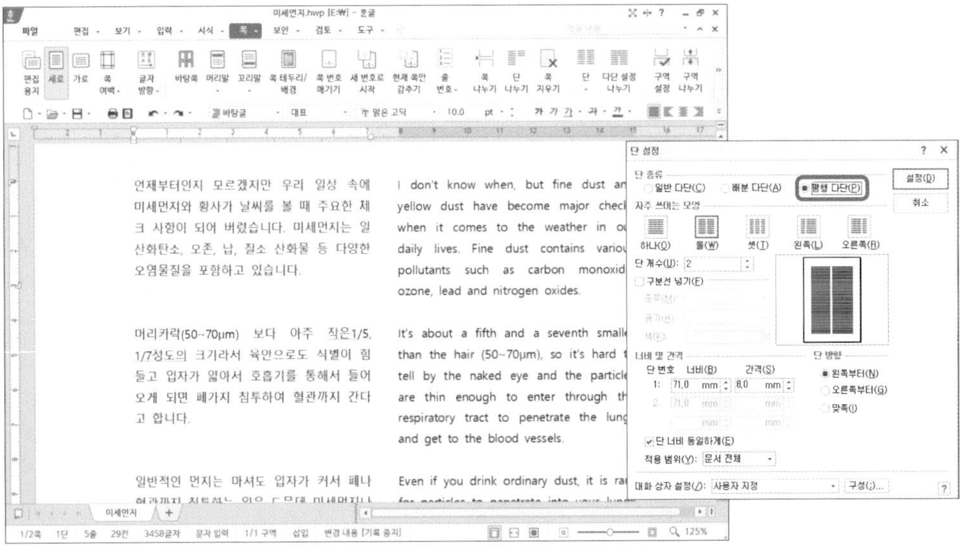

▲ 한글의 '평행 다단'

사용한 기능 | 글머리 기호, 번호 매기기, 문자 코드

009

기본 기능

다단계 편집으로 목록 설정하기

다단계 편집은 일명 글머리 기호 또는 번호 매기기라고 합니다. 글머리 기호나 번호를 가져와서 원하는 스타일대로 적용할 수 있습니다. 단계에 따라 들여쓰기, 내어쓰기도 이용해 보세요.

사용 가능 버전 2010 2013 2016 2019 365

예제 파일 Word\Chapter 01\미세먼지2.docx, 글머리기호.png
완성 파일 Word\Chapter 01\미세먼지2_완성.docx

01 글머리 기호를 삽입하기 위해 다음과 같이 내용을 드래그하여 선택합니다. [홈] 탭–[단락] 그룹에서 [글머리 기호]의 화살표를 클릭한 후 [글머리 기호 라이브러리]에서 원하는 기호를 선택합니다. 원하는 기호가 없다면 [새 글머리 기호 정의]를 클릭합니다.

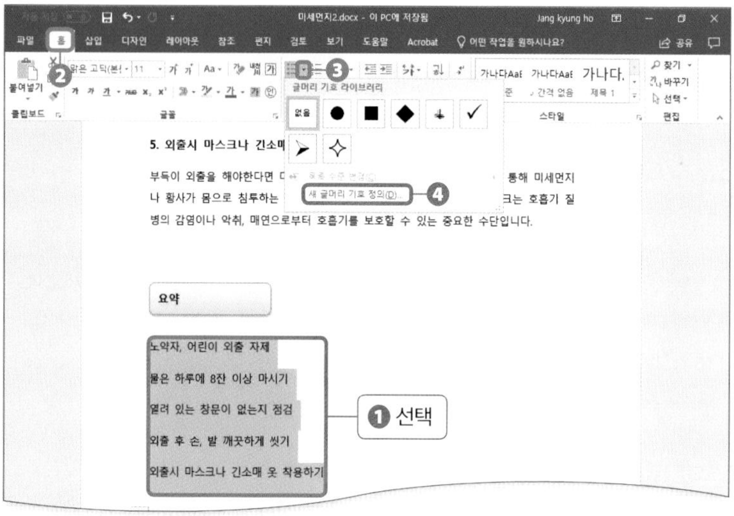

02 [새 글머리 기호 정의] 대화상자가 나타나면 [기호]를 클릭해 원하는 글머리 기호를 선택할 수 있습니다. 여기서는 그림으로 글머리 기호를 선택해 보겠습니다. [그림]을 클릭한 후 [파일에서]–[찾아보기]를 클릭합니다.

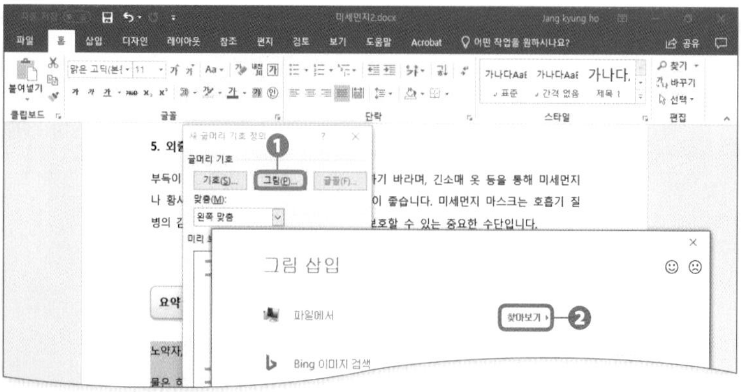

03 [그림 삽입] 대화상자가 나타나면 '글머리기호.png' 파일을 선택하고 [삽입]을 클릭합니다. [새 글머리 기호 정의] 대화상자에서 [확인]을 클릭합니다.

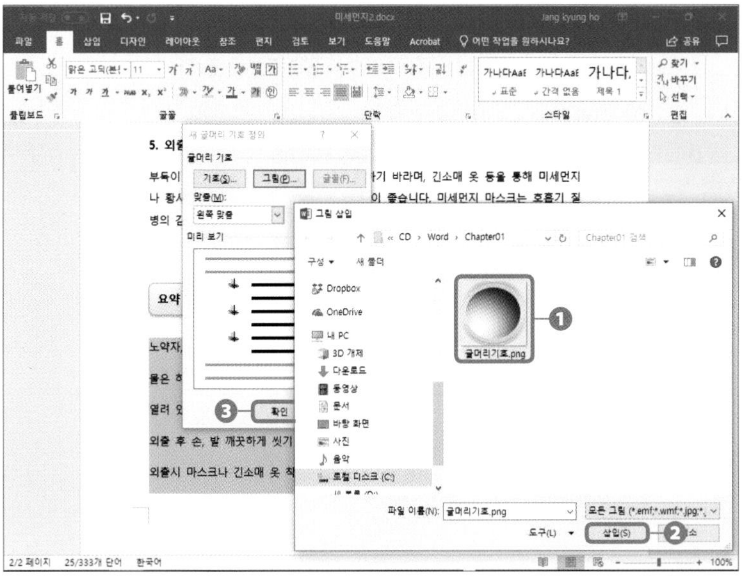

04 글머리 기호가 삽입됩니다. 단락에 번호를 매기는 방법도 동일합니다. 번호를 매길 범위를 드래그하여 선택한 다음 [홈] 탭–[단락] 그룹에서 [번호 매기기]의 화살표를 클릭한 후 원하는 번호 형식을 선택합니다.

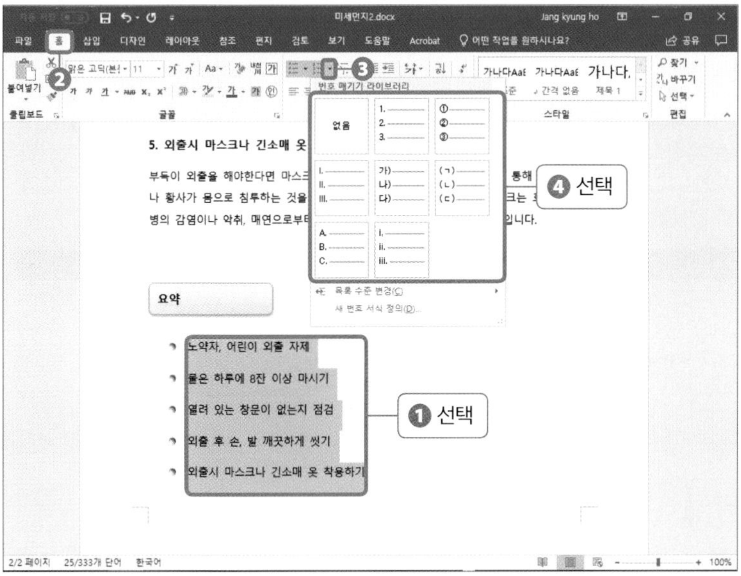

TIP PLUS

문자 코드로 기호 불러오기

[새 글머리 기호 정의] 대화상자의 [글머리 기호]-[기호]를 클릭하면 다양한 기호가 표시됩니다. 이 중 원하는 글머리 기호를 선택할 수 있지만, 글머리 기호의 문자 코드를 알고 있으면 빠르게 글머리 기호를 선택할 수 있습니다. [기호] 대화상자의 [문자 코드]에서 문자 코드를 입력하세요.

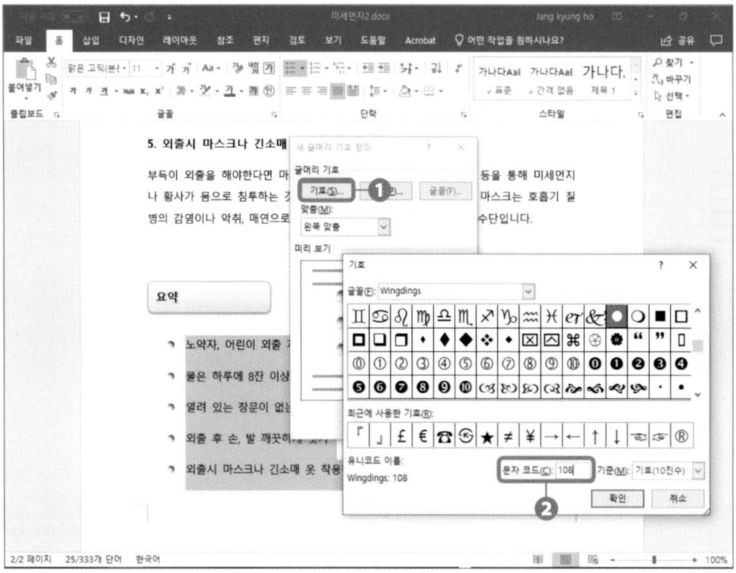

TIP PLUS

번호 매기기 스타일 변경하기

[홈] 탭-[단락] 그룹에서 [번호 매기기]의 화살표를 선택한 다음 [새 번호 서식 정의]를 클릭합니다. [새 번호 서식 정의] 대화상자가 나타나면 [번호 스타일]의 화살표를 클릭하여 원하는 스타일을 선택할 수 있습니다. 번호는 '1'부터 시작되지만 시작되는 번호를 변경할 수 있습니다. [번호 서식] 입력란에서 음영으로 설정된 부분이 변경되는 번호의 단위로써 1단위, 100단위 등 시작되는 번호를 자유롭게 변경할 수 있습니다.

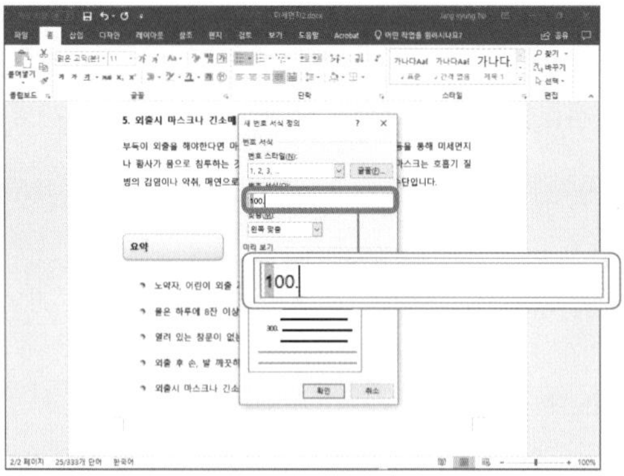

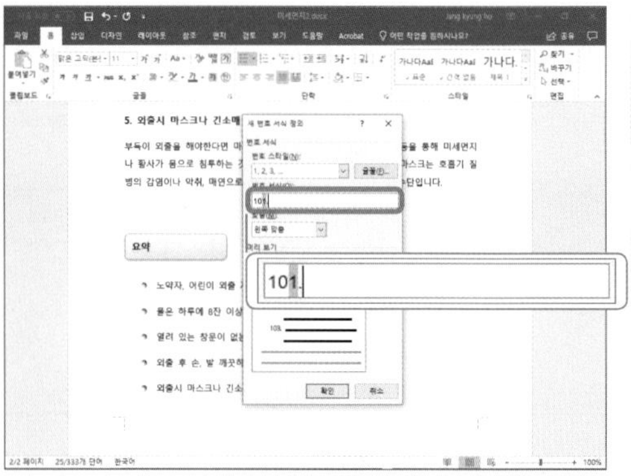

한글에서는

글머리표 및 문단 번호

각각 문단 앞에 글머리표(글머리 기호)나 문단 번호(번호 매기기)를 지정할 수 있습니다. [서식] 탭에서 [글머리표]를 클릭하거나 [그림 글머리표], [문단 번호]를 통해 지정할 수 있습니다. 또한, [문단 번호 새 번호로 시작]은 선택한 문단부터 새로운 번호로 다시 문단 번호를 시작할 수 있습니다.

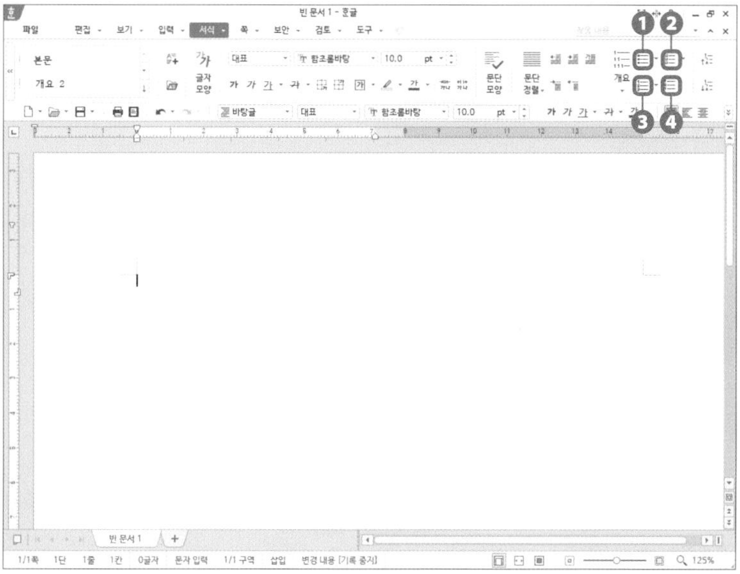

❶ **글머리표**
❷ **그림 글머리표**
❸ **문단 번호**
❹ **문단 번호 새 번호로 시작**

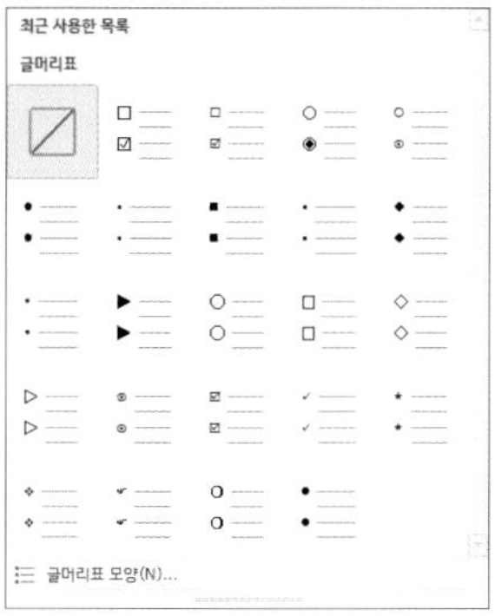

▲ 글머리표

▲ 그림 글머리표

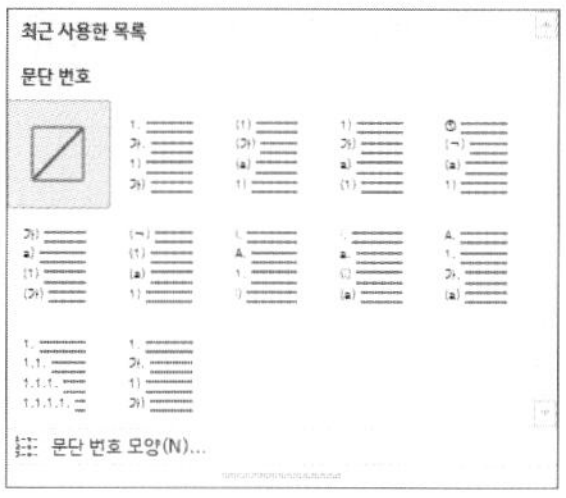

▲ 문단 번호

참고로, [글머리표 모양]을 클릭하면 나타나는 [글머리표 및 문단 번호] 대화상자의 [그림 글머리표] 탭에서는 그림 글머리표 모양을 선택할 수 있으며, [사용자 정의]를 클릭하면 그림 글머리표 모양을 직접 지정할 수 있습니다.

사용한 기능 | 위 첨자, 아래 첨자, 원 문자, 강조점, 글자 테두리

010

기본 기능

첨자, 원 문자, 강조점 입력하기

텍스트를 위 첨자나 아래 첨자로 변환할 수 있습니다. 참고로, 위 첨자나 아래 첨자를 통해 독음이나 성조 기호, 강조점 등도 입력할 수 있습니다.

사용 가능 버전	예제 파일 / 완성 파일
2010 2013 2016 2019 365	예제 파일 Word\Chapter 01\업무일지.docx 완성 파일 Word\Chapter 01\업무일지_완성.docx

01 먼저 텍스트를 위 첨자나 아래 첨자로 변환해 보겠습니다. 텍스트를 드래그하여 선택하고 [홈] 탭-[글꼴] 그룹에서 [글꼴] 대화상자 표시 아이콘을 클릭합니다. [글꼴] 대화상자가 나타나면 [효과]에서 [위 첨자] 혹은, [아래 첨자]에 체크 표시를 합니다.

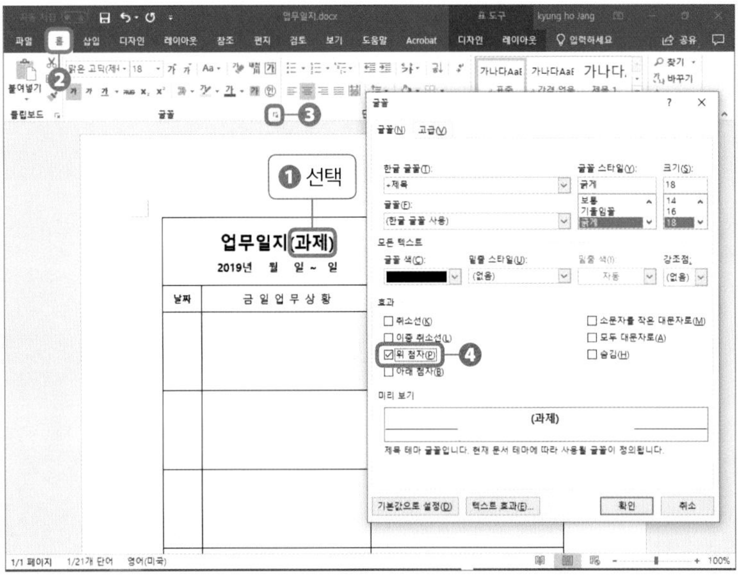

02 위 첨자 혹은, 아래 첨자에도 다양한 텍스트 효과를 지정할 수 있습니다. [텍스트 효과]를 클릭하고 [텍스트 채우기]에서 원하는 효과를 지정한 후 [확인]을 클릭합니다. 여기서는 [그라데이션 채우기] 통해 텍스트 효과를 지정했습니다. [글꼴] 대화상자에서도 [확인]을 클릭합니다.

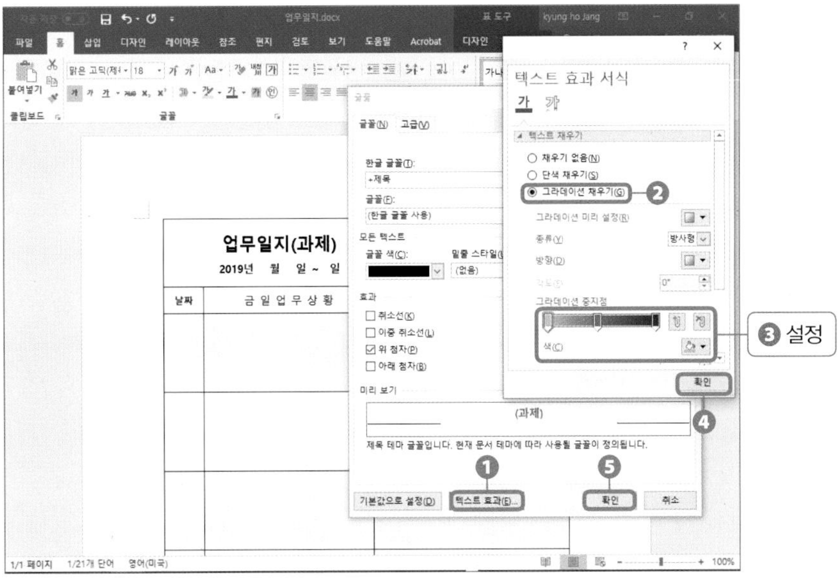

03 이번에는 원 문자를 추가해 보겠습니다. 원 문자를 만들고 싶은 단어를 선택하고 [홈] 탭–[글꼴] 그룹에서 [원 문자]를 클릭합니다. [원 문자] 대화상자가 나타나면 원하는 스타일과 모양을 선택한 후 [확인]을 클릭합니다.

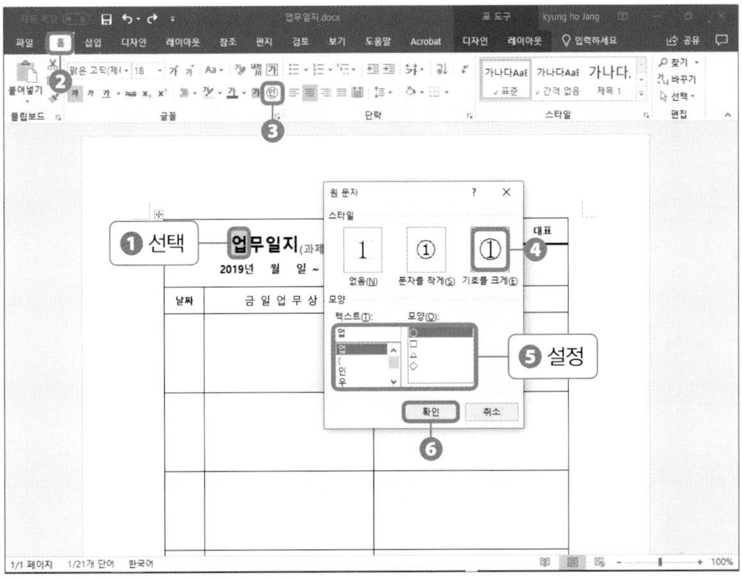

> **TIP**
> 여기서는 한글에 원 문자를 지정했지만 숫자나 기호 등에도 원 문자를 지정할 수 있습니다.

04 '무' 단어에는 네모 모양의 원 문자를 지정해 보았습니다. 이번에는 '일' 단어에 강조점을 지정해 보겠습니다. '일' 단어를 선택하고 [홈] 탭–[글꼴] 그룹에서 [글꼴] 대화상자 표시 아이콘을 클릭합니다. [글꼴] 대화상자가 나타나면 [강조점]의 화살표를 클릭한 후 원하는 강조점을 선택합니다. [확인]을 클릭합니다.

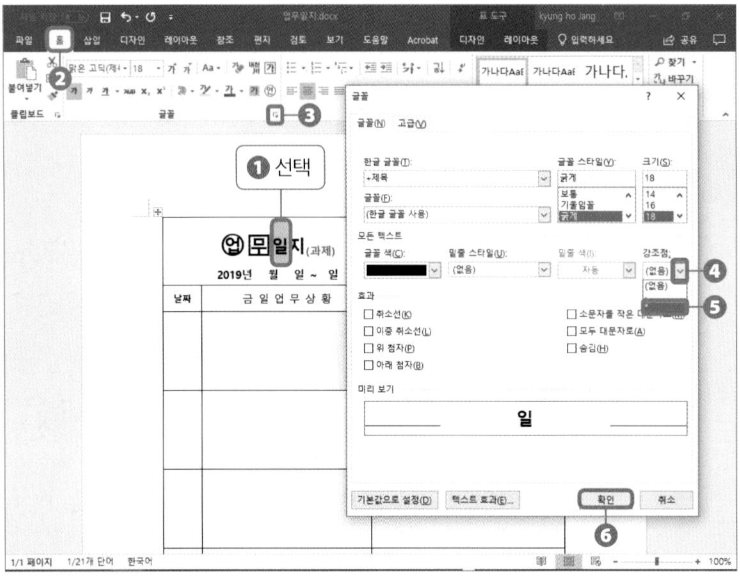

05 같은 방법으로 '지'를 선택하고 [홈] 탭–[글꼴] 그룹에서 [글자 테두리]를 클릭해 글자 테두리를 지정합니다.

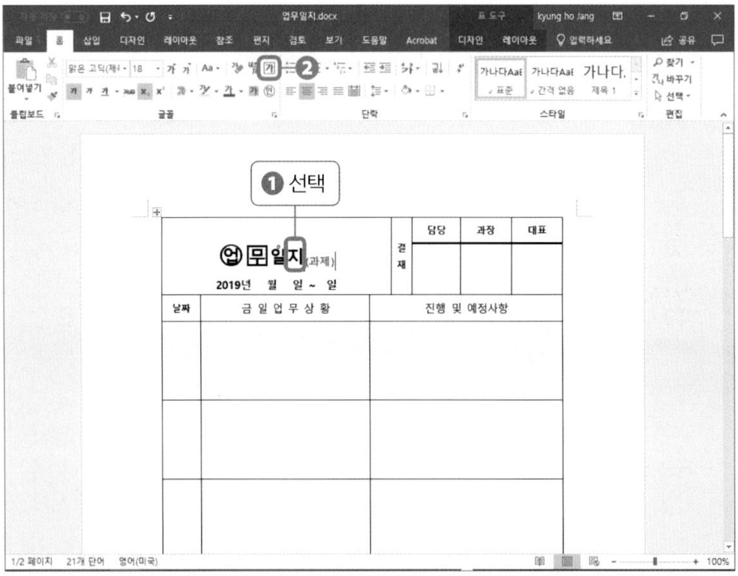

한글에서는

원 문자 겹치기 위 첨자나 아래 첨자, 강조점

• 원 문자, 사각형 문자 겹치기

일반 글자판으로 입력할 수 없는 원 문자나 사각형 문자는 [입력] 탭에서 [입력 도우미]-[글자 겹치기]를 통해 실행할 수 있습니다.

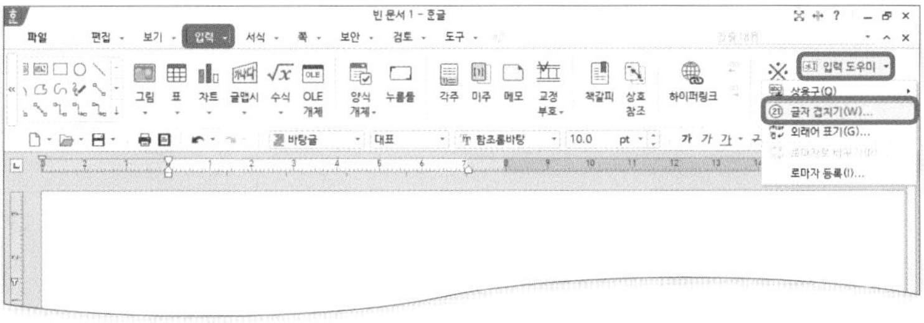

• 위 첨자나 아래 첨자

[편집] 탭의 [글자 모양]에서 실행할 수 있습니다. [글자 모양] 대화상자의 [기본] 탭에서는 오른쪽으로 기운 글씨(기울임꼴), 두꺼운 글씨(진하게), 밑줄, 취소선, 외곽선, 그림자, 양각, 음각, 첨자 등 다양한 글자 속성을 적용할 수 있습니다.

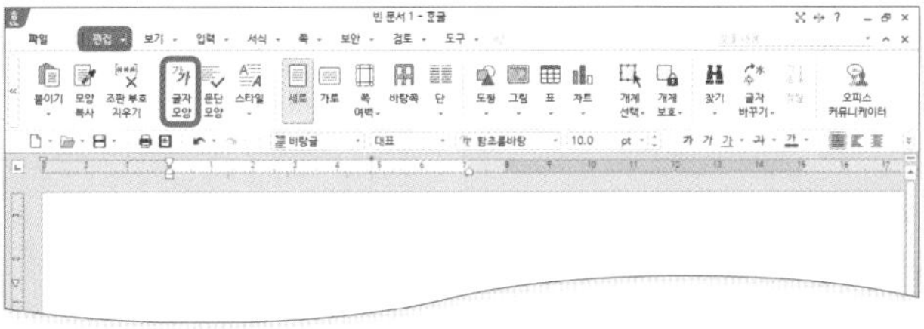

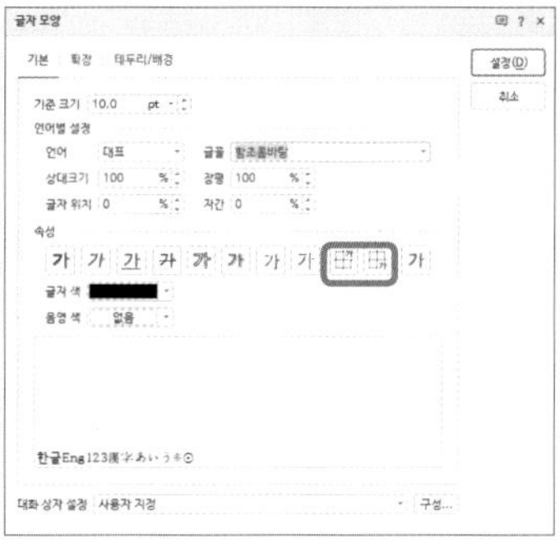

• 강조점

현재 글자의 위쪽 중앙 또는, 글자 사이에 점을 찍어 문자열을 강조할 수 있습니다. 강조점을 지정할 텍스트를 드래그하여 선택하고 [서식] 탭-[글자 모양]을 클릭합니다. [글자 모양] 대화상자에서 [확장] 탭의 [강조점] 화살표를 클릭해 강조점을 선택합니다.

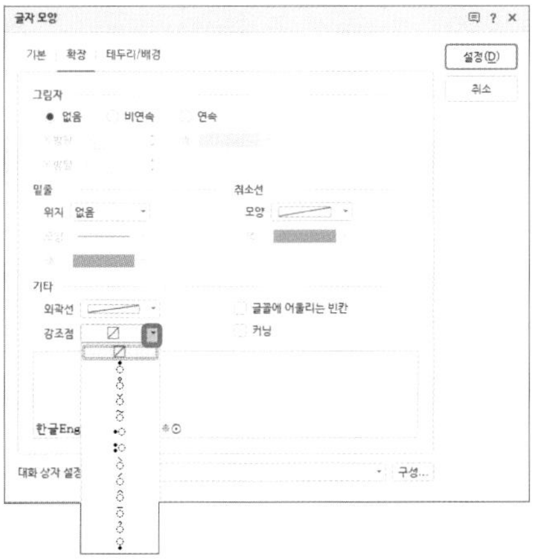

사용한 기능 | 탐색 창, 문서 검색, 메모

011 탐색 창을 통해 문서 검색하고 메모 찾기

기본 기능

탐색 창이란, 편집 화면의 왼쪽에 열리는 창으로써 스타일이나 개요 등을 알려주고 변경할 수 있는 옵션 창입니다. 탐색 창을 통해 문서를 다시 구성할 수 있으며 간단한 검색을 통해 문서 내용을 쉽게 찾을 수 있습니다.

사용 가능 버전 2010 2013 2016 2019 365

예제 파일 Word\Chapter 01\인증서.docx
완성 파일 없음

01 [보기] 탭–[표시] 그룹에서 [탐색 창]에 체크 표시를 합니다. [탐색] 창이 나타납니다. 문서 검색 입력란에 원하는 키워드를 입력해 문서에서 내용을 검색할 수 있습니다. 문서 검색 입력란에 『디자인애드』를 입력하고 Enter를 누릅니다.

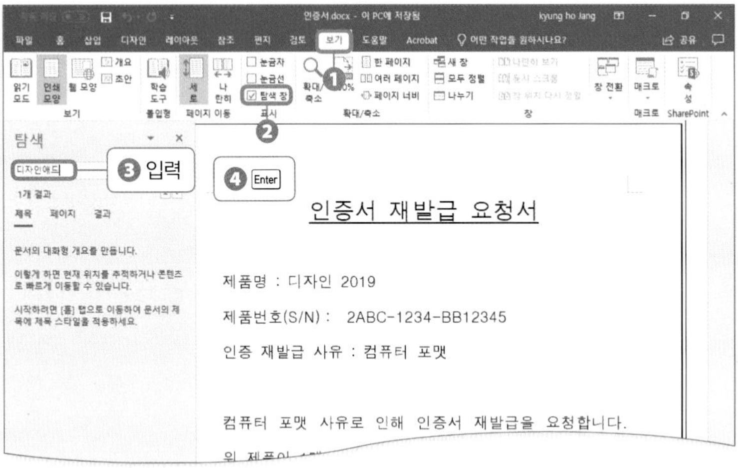

TIP

- 제목 : 개요 수준이 포함되어 있는 제목 스타일과 개요 수준을 적용한 단락을 표시합니다.
- 페이지 : 페이지 모양을 인쇄될 모양대로 확인할 수 있으며, 클릭하여 해당 페이지로 이동할 수 있습니다.
- 결과 : 탐색 창 상단의 문서 검색 입력란에 검색한 내용을 찾아 결과 값을 표시합니다.

02 '디자인애드'라는 키워드가 있는 부분이 검색되어 노란색 형광색으로 표기됩니다. [결과] 탭을 클릭하면 검색한 키워드의 문서 내용을 확인할 수 있습니다. 내용 검색을 완료했다면 키워드를 삭제하거나 [취소] 단추를 클릭합니다.

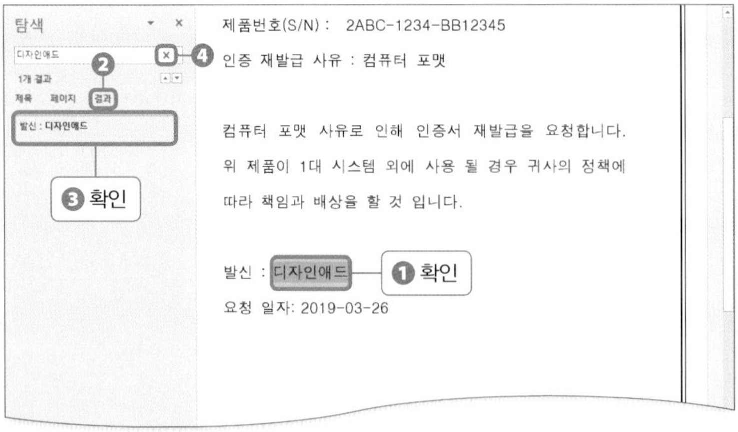

TIP

키워드 검색 후 [취소] 단추를 클릭하지 않으면 탐색 창의 제목 및 페이지, 결과 탭의 내용이 검색한 키워드가 계속 표시됩니다.

03 [탐색] 창에서는 [제목, 페이지, 결과] 탭을 통해 문서를 열람하고 확인할 수 있습니다. [탐색] 창을 이용하여 그래픽이나 표 등 특정 콘텐츠를 찾을 수도 있습니다. 여기서는 문서에 포함된 메모를 한 번 찾아보겠습니다. 탐색 창의 [다른 내용 검색] 단추를 클릭한 후 [메모]-[모든 검토자]를 선택합니다.

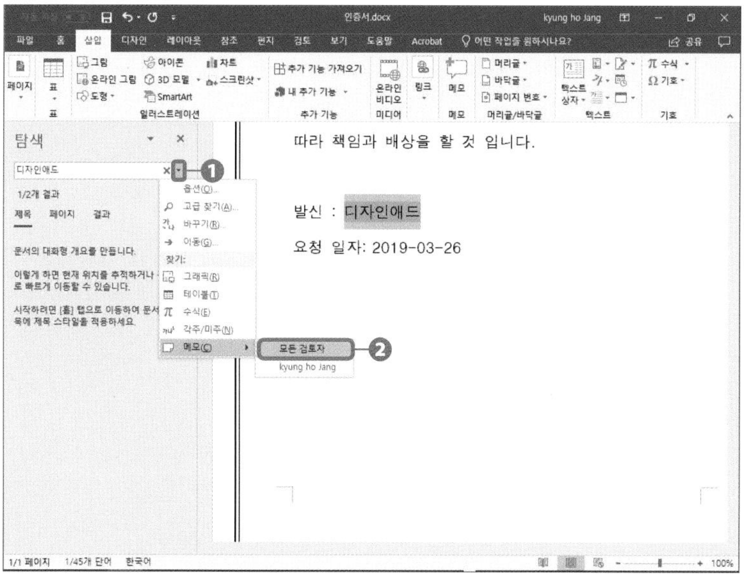

04 메모가 포함되어 있는 페이지가 열리며 메모 내용을 확인할 수 있습니다. 확인이 되었다면 [메모] 창의 [닫기]를 클릭합니다. [탐색] 창을 종료하기 위해 [닫기]를 클릭하거나 [보기] 탭-[표시] 그룹에서 [탐색 창]의 체크 표시를 해제합니다.

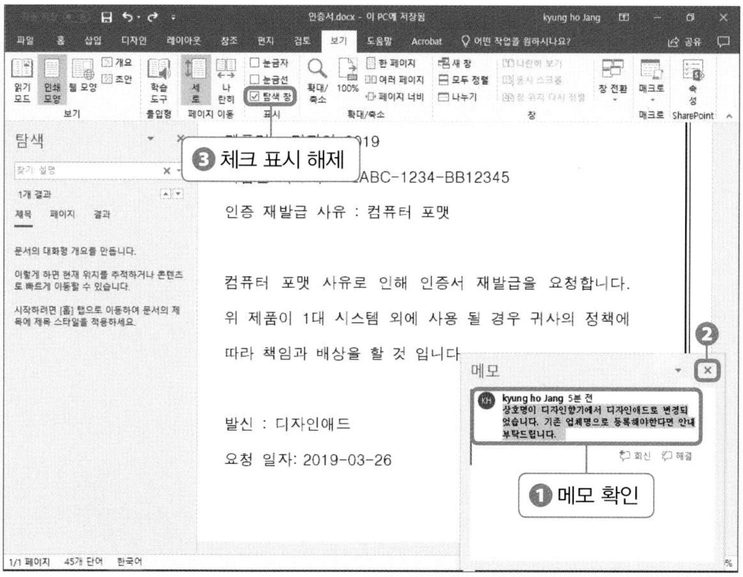

한글에서는

새 메모와 메모 모양

현재 입력 중인 문서에서 특정 단어나 문자열에서 간단히 메모를 넣을 수 있습니다. [입력] 탭에서 [메모]를 클릭한 후 [새 메모]와 [메모 모양]을 통해 지정할 수 있습니다.

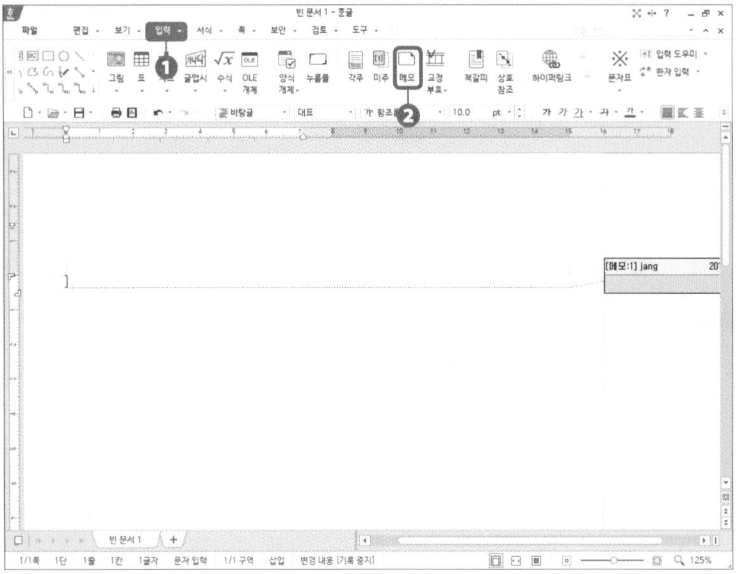

[메모 모양]은 메모 글상자의 크기나 색상, 테두리 모양, 테두리 굵기, 테두리 색상을 설정할 수 있습니다.

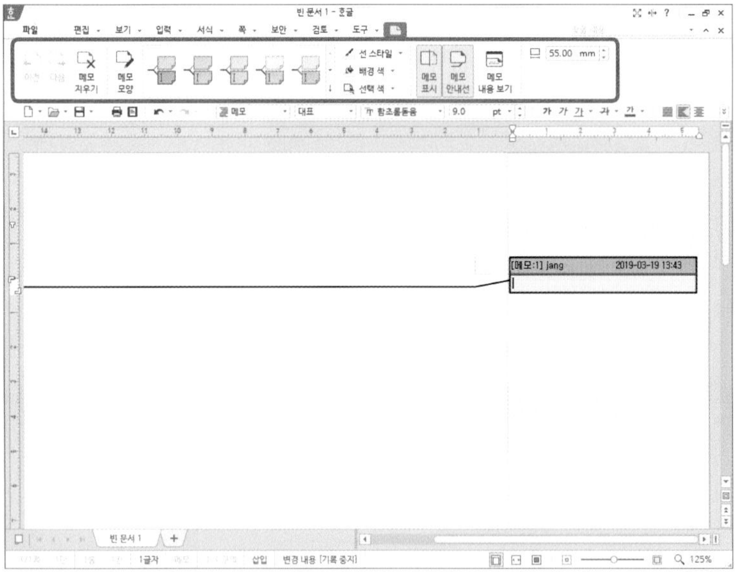

참고로, [보기] 탭에서 [메모]-[메모 내용 보기]를 실행하면 편집 문서 아래에 메모 내용 창이 나타나 메모 내용을 확인할 수 있습니다.

012

기본 기능

사용한 기능 | 탐색 창, 찾기 및 바꾸기

텍스트 찾기 및 바꾸기를 통해 오류 수정하기

[탐색] 창과 [찾기 및 바꾸기] 대화상자를 통해 텍스트를 찾고 다른 텍스트로 변경할 수 있습니다.

사용 가능 버전 2010 2013 2016 2019 365

예제 파일 Word\Chapter 01\인증서.docx
완성 파일 Word\Chapter 01\인증서_완성.docx

01 앞에서 언급한 [탐색] 창은 Ctrl+F를 눌러도 불러올 수 있습니다. Ctrl+F를 눌러 [탐색] 창을 불러옵니다. 다시 한번『디자인애드』를 입력합니다. '디자인애드'와 연관된 모든 텍스트가 검색되면 [다른 내용 검색] 단추를 클릭한 후 [바꾸기]를 선택합니다.

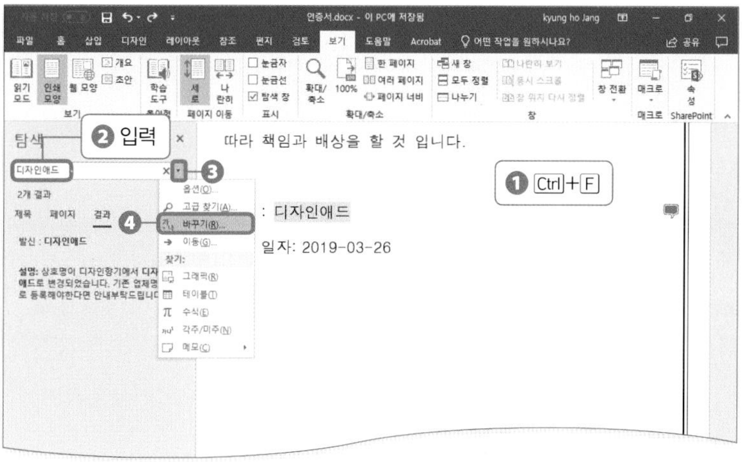

> **TIP**
> [탐색] 창 입력란에 단어를 입력하지 않고 [바꾸기]를 바로 클릭해도 됩니다.

02 [찾기 및 바꾸기] 대화상자가 나타나면 [바꾸기] 탭–[찾을 내용]에『디자인애드』가 입력된 것을 확인한 후 [바꿀 내용]에『디자인향기』를 입력한 다음 [바꾸기]를 클릭합니다.

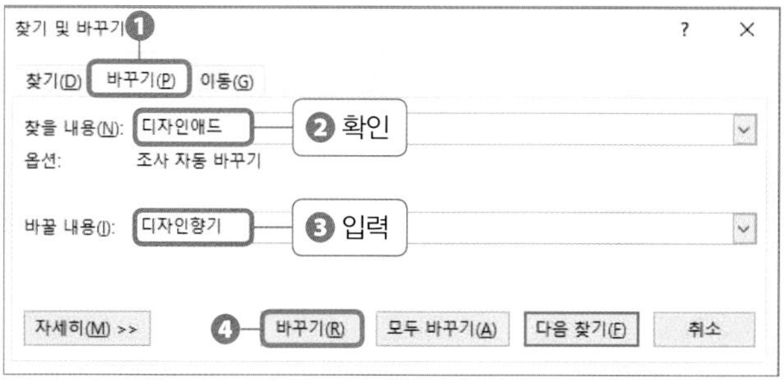

> **TIP**
> [홈] 탭–[편집] 그룹에서 [바꾸기]를 클릭하여 [찾기 및 바꾸기] 대화상자를 불러올 수도 있습니다.

> **TIP**
> [모두 바꾸기]를 클릭하면 한 번에 모든 단어를 변경할 수 있습니다. [바꾸기]를 클릭하면 하나하나 확인해가면서 단어를 변경할 수 있습니다.

한글에서는

찾기

[편집] 탭에서 [찾기] 화살표를 클릭합니다. [찾기]를 비롯해 [찾아 바꾸기], [다시 찾기], [찾아가기]를 선택할 수 있습니다.

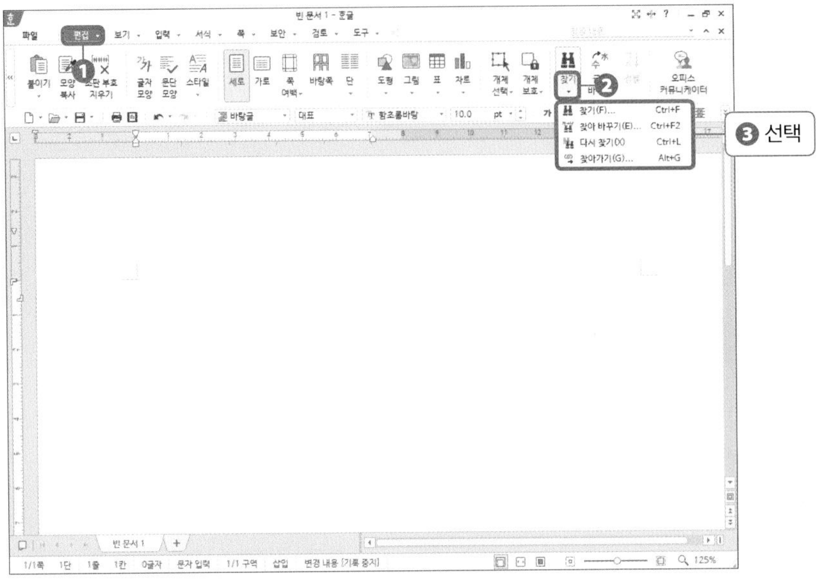

[찾기] 대화상자의 [찾기]를 클릭하면 글자 모양이나 문단 모양, 스타일도 찾을 수 있습니다. 예를 들어 [찾을 스타일]의 경우 현재 편집하는 문서에 저장해 둔 전체 스타일 목록을 보여 주고, 원하는 스타일이 적용된 위치로 쉽게 이동할 수 있습니다.

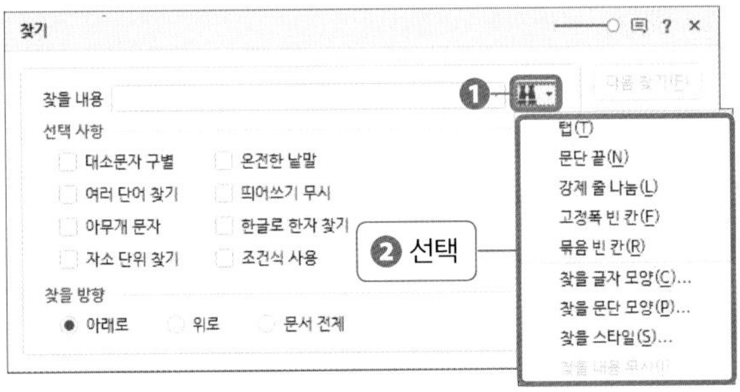

013
기본 기능

사용한 기능 | 불러오기, 내보내기, PDF/XPS 만들기

PDF 파일을 워드로 변환하기, PDF 파일로 저장하기

워드는 PDF 파일을 불러와서 워드 파일로 변환할 수 있습니다. 워드 파일로 변환한 후 문서를 편집한 후 다시 PDF 파일로 저장할 수 있습니다.

사용 가능 버전	
2010 2013 2016 2019 365	예제 파일 Word\Chapter 01\슬라임.pdf 완성 파일 Word\Chapter 01\슬라임_완성.pdf

01 PDF 파일로 작성된 문서도 워드로 불러와 편집한 후 다시 PDF 파일로 저장할 수 있습니다. 여기서는 '슬라임.pdf' 파일을 워드로 불러와 보겠습니다.

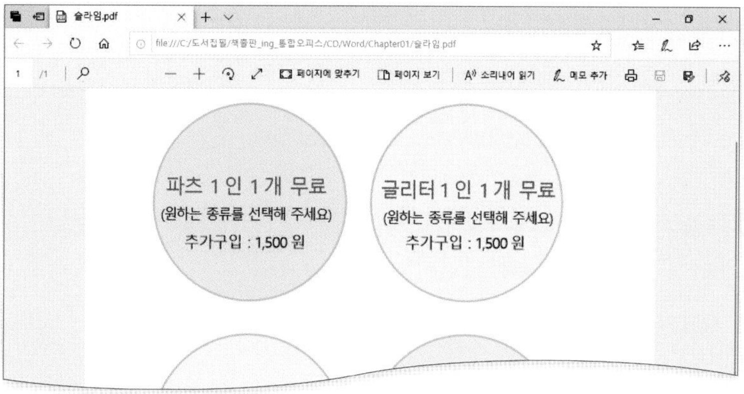

02 워드를 실행한 후 [파일] 탭-[열기]를 클릭하고 [이 PC]에서 [찾아보기]를 클릭합니다. [열기] 대화상자가 나타나면 PDF 파일을 선택하고 [열기]를 클릭합니다. 경고 창이 나타나면 [확인]을 클릭합니다.

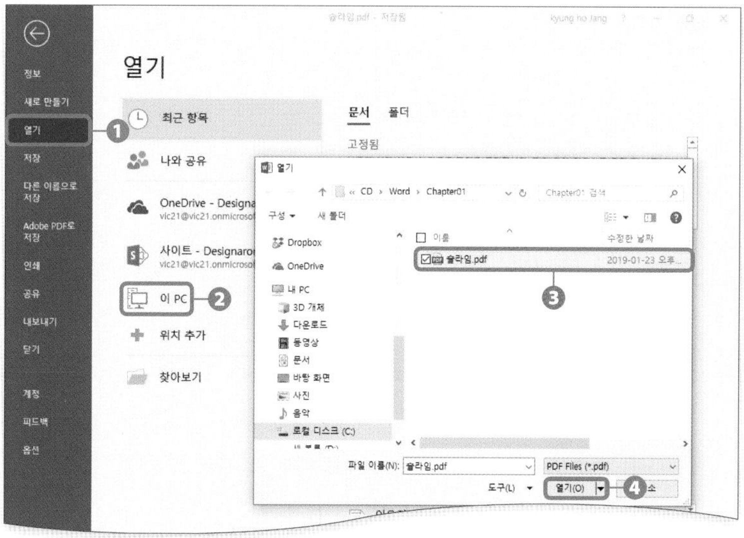

03 PDF 파일이 워드 파일로 변환되어 열립니다. 이처럼 워드 프로그램만 있으면 PDF 파일도 수정할 수 있습니다. 내용을 수정해 보세요.

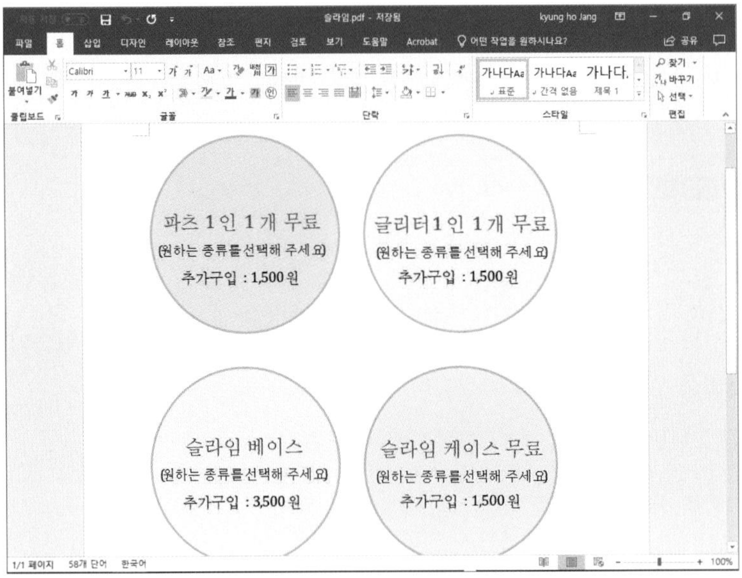

TIP

PDF 파일과 워드 파일은 제작 환경이 달라서 100% 동일하게 변환되지는 않습니다. PDF 파일은 원본 파일을 통해 수정하는 것이 가장 바람직하며, 원본 파일이 없으면 사용하는 것이 좋습니다.

04 편집을 마쳤으면 다시 PDF 파일로 저장해 보겠습니다. [파일] 탭–[내보내기]를 클릭하고 [PDF/XPS 문서 만들기]–[PDF/XPS 만들기]를 클릭합니다.

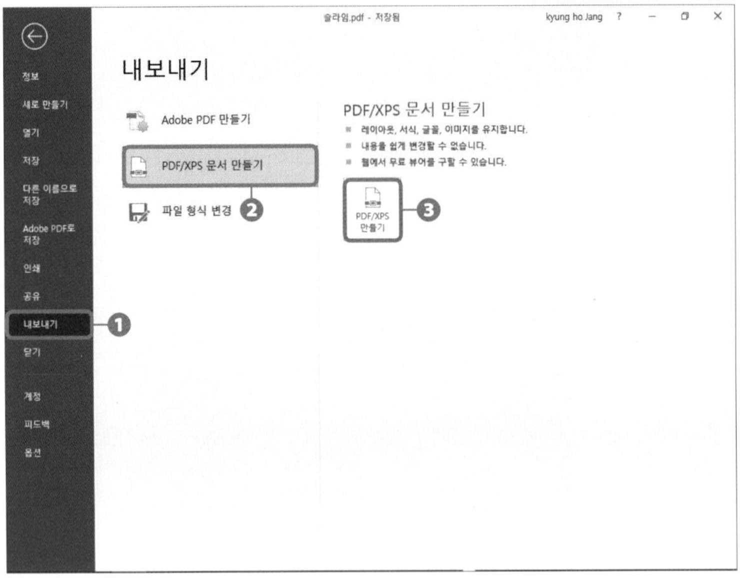

05 [PDF 또는 XPS로 게시] 대화상자가 나타나면 저장 위치 및 파일 이름을 입력하고 [게시]를 클릭합니다.

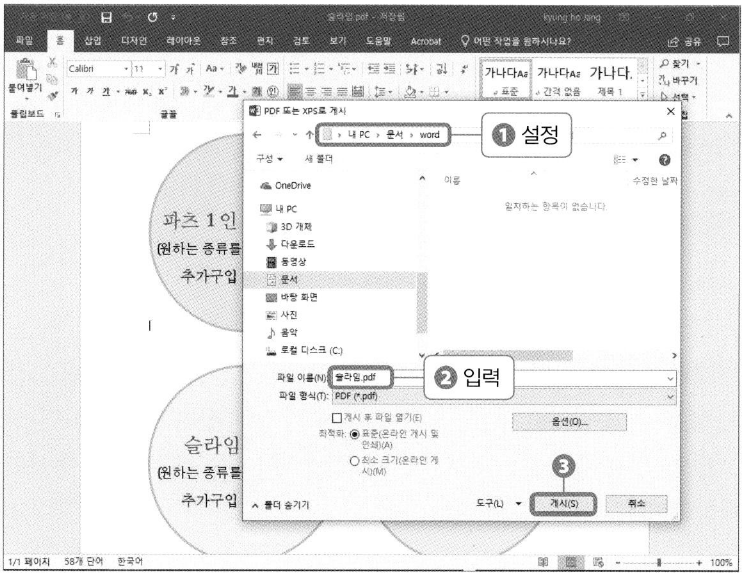

TIP PLUS

PDF 프로그램으로 문서 변환하기

워드 프로그램 없이도 PDF 문서를 워드로 변환할 수 있습니다. 알PDF라는 프로그램을 활용해 보세요. 워드뿐 아니라 파워포인트나 엑셀로도 변환할 수 있으며, 국산 워드프로세서인 한글 프로그램으로도 변환이 가능합니다.

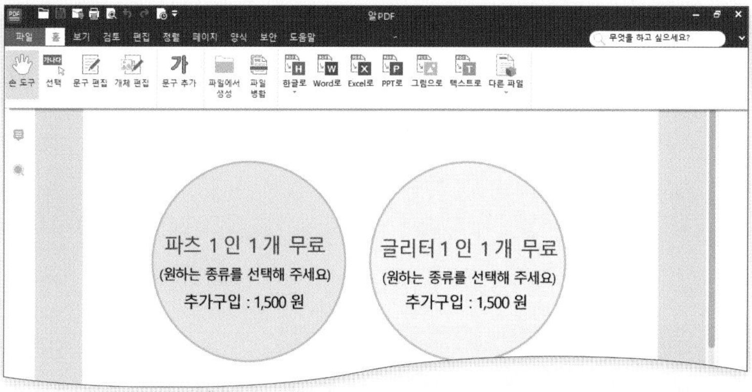

한글에서는

PDF를 한글 문서로 변환하기

[파일] 탭-[PDF를 오피스 문서로 변환하기]를 실행합니다. [PDF를 오피스 문서로 변환하기] 대화상자가 나타나면 [찾는 위치]에서 원하는 파일을 선택하고 [열기]를 클릭합니다.

한글 문서를 PDF로 변환하기

PDF 파일로 저장할 문서를 불러옵니다. [파일] 탭-[PDF로 저장하기]를 클릭합니다. [PDF로 저장하기] 대화상자가 나타나면 PDF 파일을 저장할 위치와 파일 이름을 지정한 다음 [저장]을 클릭합니다.

사용한 기능 | 수식, 새 수식 삽입, 수식 도구

014

기본 기능

수식 기능을 이용하여 수학 공식 생성하기

워드 2007 이하에서는 Microsoft Equation 3.0 추가 기능 또는, Math Type 추가 기능을 설치해야만 수식을 사용할 수 있었지만, 워드 2010부터는 수식 기능이 기본으로 제공됩니다. 또한, 워드 2016부터는 잉크 수식을 통해 다소 편하게 수식을 작성할 수 있습니다.

사용 가능 버전	
2010 2013 2016 2019 365	**예제 파일** Excel\Chapter 01\수식.docx **완성 파일** Excel\Chapter 01\수식_완성.docx

01 여기서는 피타고라스의 정리에 관한 수식을 입력해 보려고 합니다. [삽입] 탭–[기호] 그룹에서 [수식]을 클릭합니다. 다양한 수식 갤러리가 나타나면 '피타고라스의 정리'를 선택하면 쉽게 수식을 입력할 수 있습니다. 근의 공식, 삼각 함수, 테일러 전개식을 비롯해 다양한 수식이 포함되어 있기에 편하게 선택할 수 있습니다.

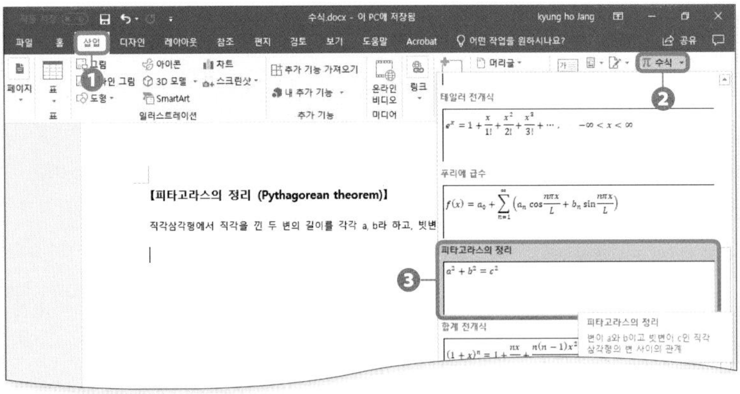

> **TIP**
> [삽입] 탭–[기호] 그룹에서 [수식]의 화살표를 클릭하면 미리 정의된 일반 수학 수식을 손쉽게 삽입할 수 있습니다.

02 만약, 직접 수식을 만들고 싶다면 [삽입] 탭–[기호] 그룹에서 [수식]–[새 수식 삽입]을 클릭합니다.

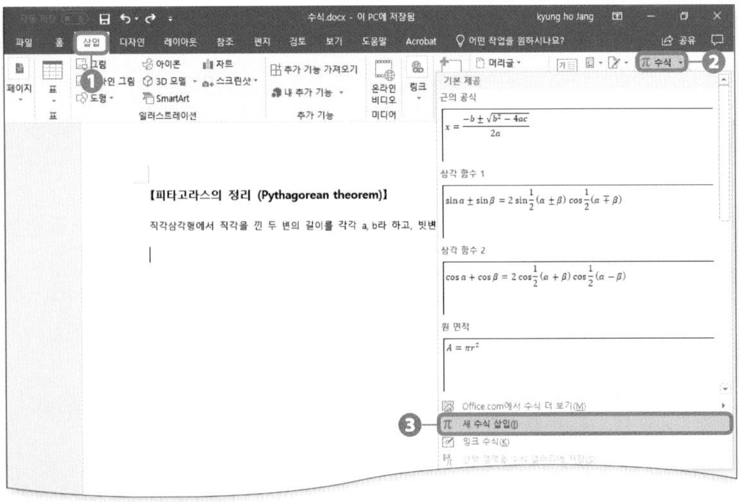

03 수식 입력 틀이 화면에 표시됩니다. [수식 도구]–[디자인] 탭–[구조] 그룹에서 [첨자]–[첨자]를 클릭합니다.

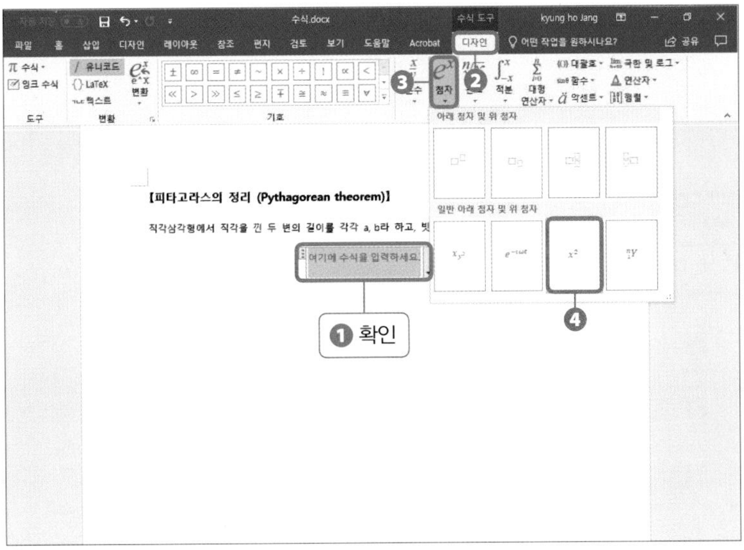

04 수식이 입력되면 'x'를 'a'로 수정합니다. '+'를 입력한 다음 다시 [수식 도구]–[디자인] 탭–[구조] 그룹에서 [첨자]–[첨자]를 클릭합니다. 같은 방법으로 수식을 완성합니다.

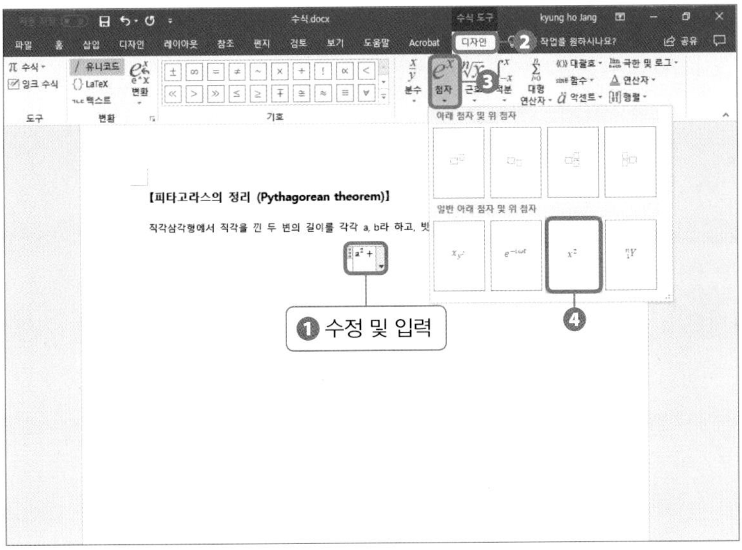

05 완성한 수식을 드래그하여 선택한 후 Ctrl+Shift+>를 여러 번 눌러 수식을 크게 확대합니다.

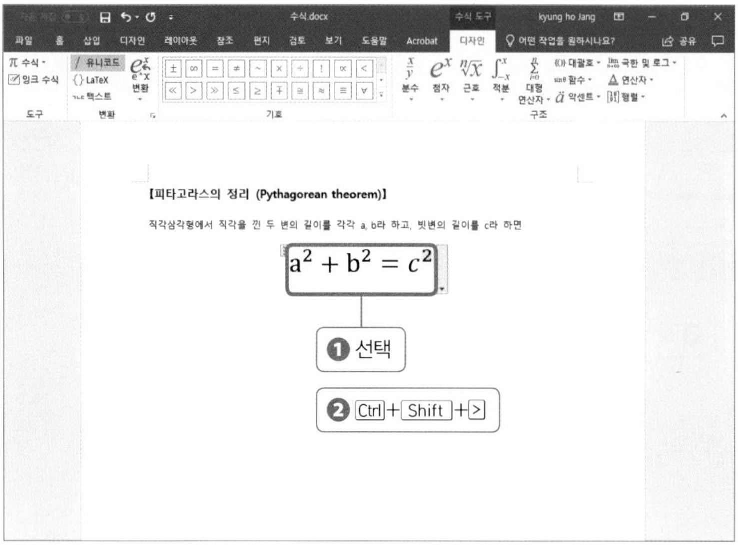

TIP

Ctrl+Shift+>을 누르면 텍스트의 크기를 확대할 수 있으며, Ctrl+Shift+<을 누르면 텍스트의 크기를 축소할 수 있습니다.

TIP PLUS

새 수식으로 저장

자주 사용하는 수식의 경우 삽입한 수식의 화살표를 클릭한 다음 [새 수식으로 저장]을 클릭하여 자주 사용하는 수식 목록에 추가하면 계속 사용할 수 있습니다.

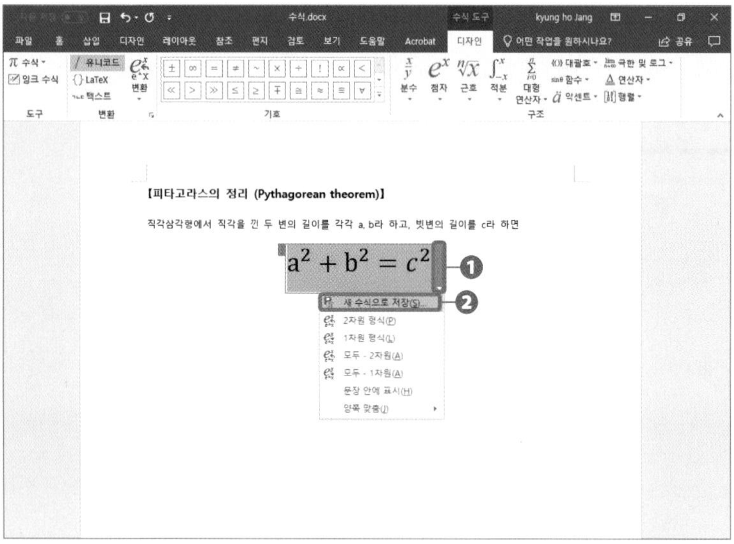

한글에서는

수식 편집기(Equation Editor)

한글에서 지원하는 [수식 편집기]는 비주얼 에디팅(Visual Editing) 수식 입력 방식과 스크립트 수식 입력 방식을 모두 지원합니다. [수식 편집기]를 이용하면 간단한 산술식을 비롯해 복잡한 수식까지 손쉽게 작성할 수 있습니다. [입력] 탭에서 [수식]을 클릭합니다.

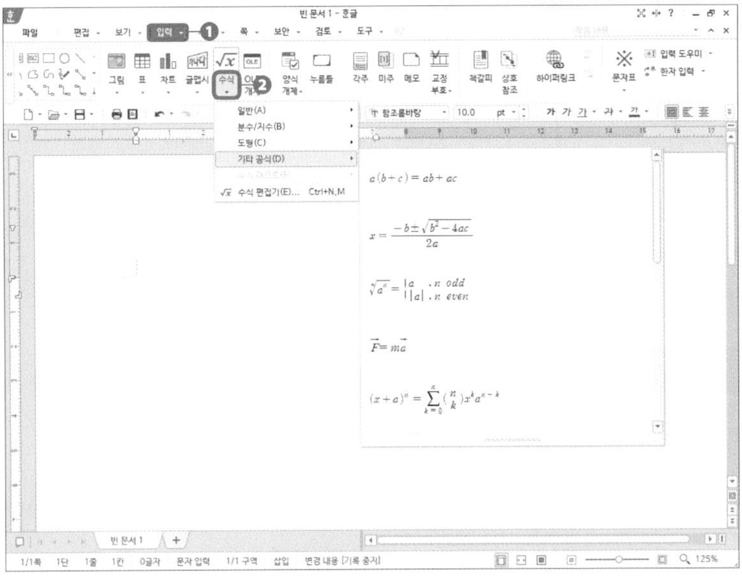

[수식 편집기]를 클릭하면 수식 도구 상자와 수식 편집 창, 스크립트 입력 창이 표시됩니다. ❶ 수식 도구 상자를 통해 다양한 함수 기호와 수식 템플릿, 수식 기호 및 수식용 명령어를 지정할 수 있으며, ❷ 수식 편집 창을 통해 필요한 값을 입력해 간편하게 수식을 작성할 수 있습니다. 또한, ❸ 스크립트 입력 창에서는 수식 명령어를 직접 입력하여 수식을 만들 수 있습니다.

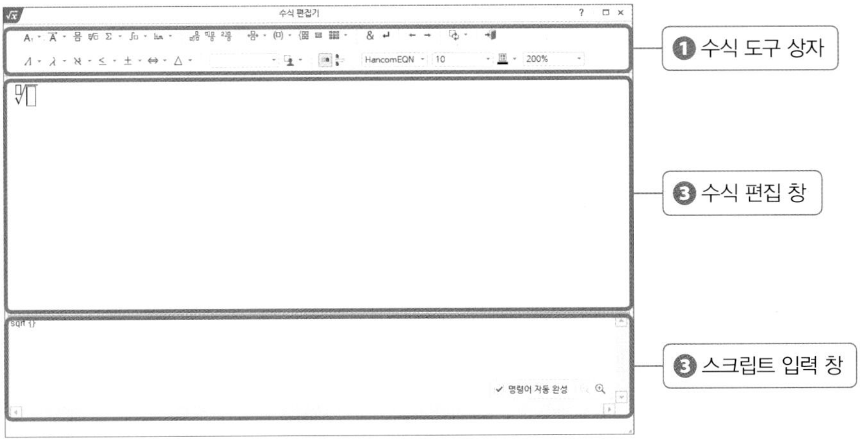

015

기본 기능

사용한 기능 | 도움말, 명령어

업그레이드된 도움말, 더 편하게 기능 실행하기

워드의 버전이 업데이트되면서 편리한 기능이 많아졌습니다. 예전에는 '도움말' 기능을 통해 하나하나씩 원하는 내용이나 기능을 찾았다면 이제는 원하는 단어를 입력하는 것만으로도 기능을 바로 실행하거나 원하는 항목을 바로 찾을 수 있습니다.

사용 가능 버전	예제 파일 Word\Chapter 01\수식2.docx
2010 2013 2016 2019 365	완성 파일 Word\Chapter 01\수식2_완성.docx

01 문서의 특정 부분을 클릭합니다. 리본 메뉴에서 [어떤 작업을 원하시나요?]에 『잉크』를 입력합니다. '잉크'에 관련된 다양한 기능과 도움말이 나타나면 여기서는 [잉크를 수학식으로 변환]을 클릭합니다.

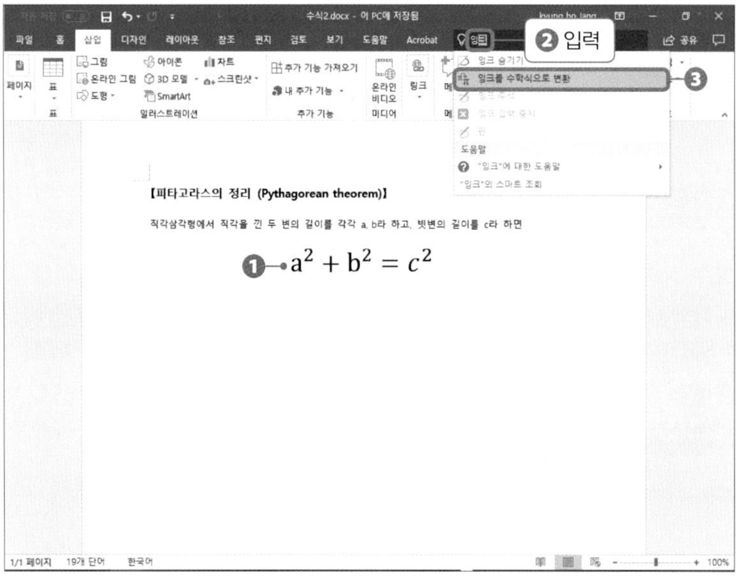

TIP

본 기능은 워드 2016에 새롭게 등장한 기능입니다. 버전에 따라서 '수행할 작업을 알려주세요' 등 다른 이름으로 표기될 수 있습니다.

TIP

버전에 따라서 『잉크』를 입력한 후 Spacebar 를 눌러 [잉크 수식] 명령어를 클릭해야 할 수도 있습니다.

02 [수학식 입력 컨트롤] 창이 나타나면 원하는 수식을 손글씨로 씁니다. 손글씨가 변환되어 나타나면 [삽입]을 클릭합니다.

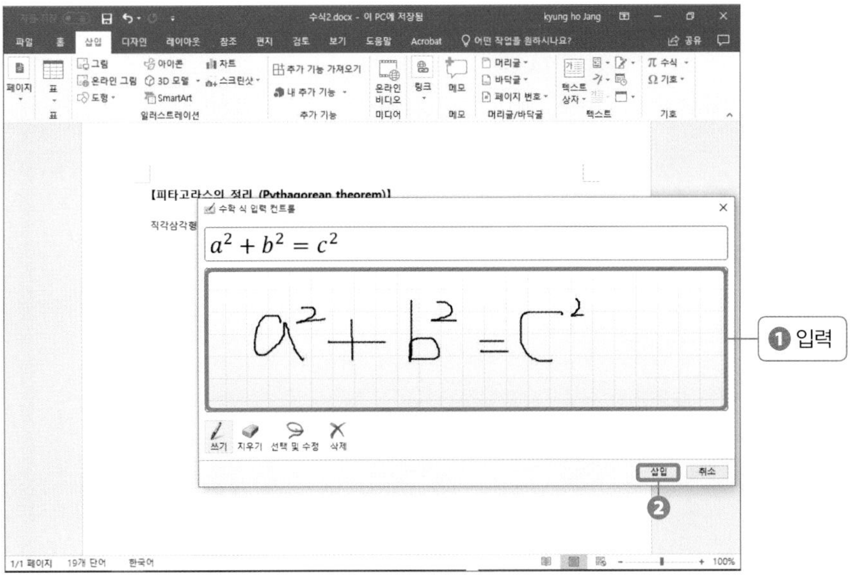

한글에서는

도움말

F1을 누르거나 [도움말] 아이콘(?)을 클릭하면 도움말을 활용할 수 있습니다. 보다 다양한 한글 도움말을 원한다면 아래 링크를 통해 확인해 보세요.

http://blog21.kr/221581364794

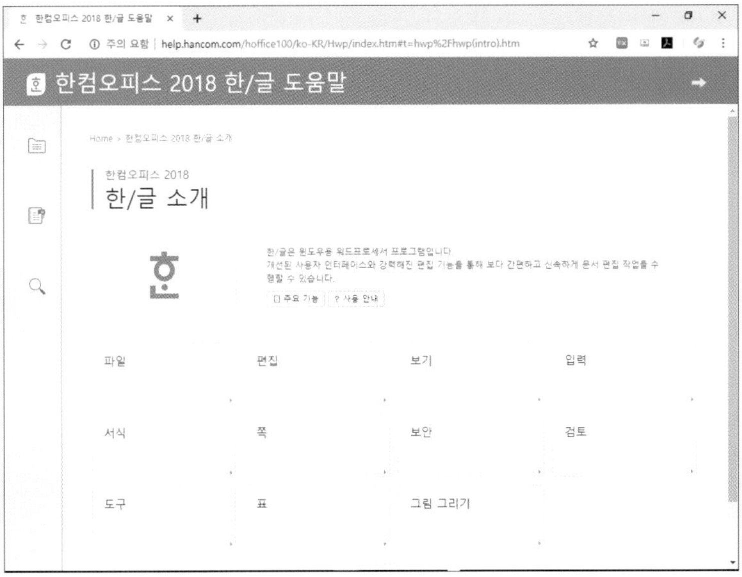

CHAPTER

2

문서 완성 기술

문서를 편집할 때 사용자의 작업 환경에 맞추어 원하는 서식이나 양식을 설정할 수 있습니다. 여기서는 다양한 작업 환경을 직접 설정해 보는 등 워드의 문서 완성 기술에 대해서 배워보겠습니다.

배워 볼 내용

[기본 서식]	016	자주 사용하는 글꼴을 기본 서식으로 설정하기 필수 기능 ★★★☆☆
[표지 양식]	017	자주 사용하는 표지 양식을 갤러리에 추가하기 필수 기능 ★★★★☆
[빠른 문서 요소]	018	자주 사용하는 내용을 빠른 문서 요소로 설정하기 필수 기능 ★★★★☆
[새 스타일]	019	자주 사용하는 서식을 새 스타일로 설정하고 문서 업데이트하기 활용 기능 ★★★★☆
[문서 호환]	020	워드에서 한글과컴퓨터의 한글(HWP) 문서 편집하기
[인쇄하기]	021	용지 한 면에 두 페이지 인쇄하기 필수 기능 ★★★★★
[머리글/바닥글]	022	홀수, 짝수 페이지별로 머리글 지정하기 필수 기능 ★★★★☆
[워터마크]	023	워터마크 삽입하여 대외비 문서 표시하기 활용 기능 ★★★☆☆
[제본용 여백]	024	제본용 여백 설정하기 활용 기능 ★★★☆☆
[원고지]	025	워드를 원고지로 활용하기
[텍스트로 변환]	026	웹에서 가져온 문서를 텍스트로 변환하기

사용한 기능 | 기본 서식, 기본값으로 설정

016 자주 사용하는 글꼴을 기본 서식으로 설정하기

★★★☆☆
필수 기능

자주 사용하는 서식을 기본 서식으로 저장해 놓으면 새로운 문서를 작성할 때마다 서식을 변경해야 하는 번거로운 과정을 생략할 수 있습니다.

사용 가능 버전 2010 2013 2016 2019 365

예제 파일 없음
완성 파일 없음

01 먼저 서식을 설정해 보겠습니다. [홈] 탭–[글꼴] 그룹에서 [글꼴] 표시 아이콘을 클릭합니다. [글꼴] 대화상자가 나타나면 [한글 글꼴]의 화살표를 클릭한 후 원하는 글꼴을 선택합니다. [크기] 입력란에는 원하는 글꼴 크기를 지정합니다. [글꼴] 대화상자의 하단에 있는 [기본값으로 설정]을 클릭합니다. 경고 창이 나타나면 [이 문서만]에 체크 표시를 한 후 [확인]을 클릭합니다.

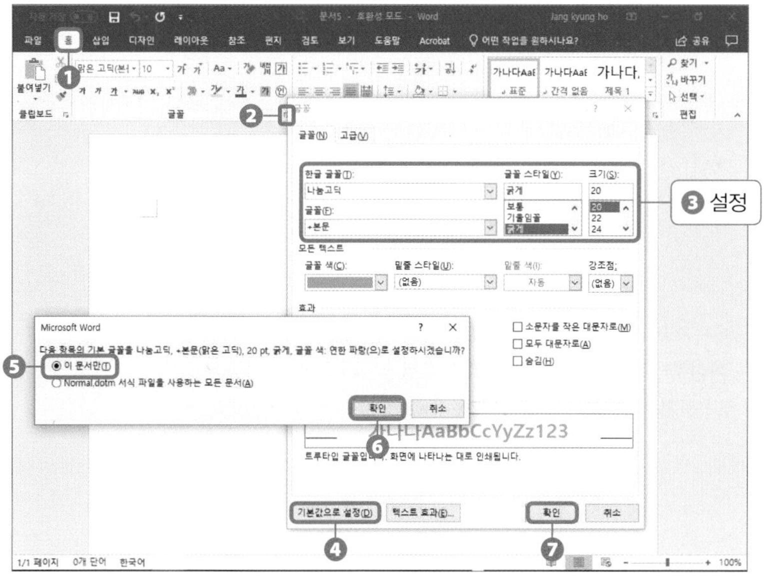

TIP PLUS

기본값 설정을 원래대로 되돌리기

기본값은 normal.dotm 파일에 저장됩니다. 변경된 기본값 설정을 원래대로 되돌리고 싶다면 윈도우 탐색기를 열어 "AppData₩Roaming₩Microsoft₩Templates" 폴더에서 normal.dotm 파일을 찾아 삭제합니다. 참고로, normal.dotm 파일에는 매크로나 서식, 상용구 등도 함께 저장되어 있을 수 있기 때문에 신중하게 삭제하도록 하세요.

02 텍스트를 입력해 봅니다. [글꼴] 대화상자에서 기본값으로 설정한 서식이 적용됩니다. 동일한 방법으로 [홈] 탭–[단락] 그룹에서 [단락 설정] 표시 아이콘을 클릭한 후 맞춤이나 들여쓰기 등 원하는 설정으로 변경하고 [기본값으로 설정]을 클릭합니다. 경고 창이 나타나면 [이 문서만]에 체크 표시를 한 후 [확인]을 클릭합니다.

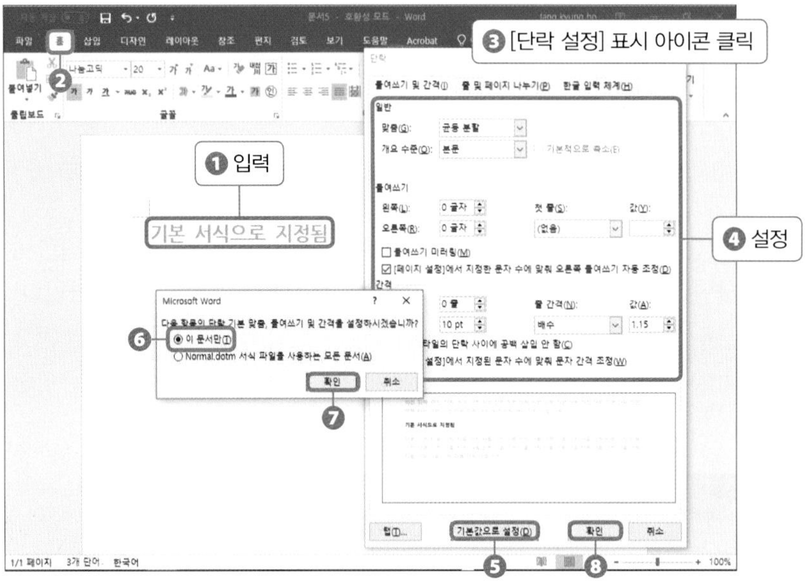

한글에서는

자주 사용하는 글꼴

[도구] 탭–[환경 설정]의 [글꼴] 탭에서 [최근에 사용한 글꼴 보이기] 항목을 선택한 다음 글꼴 개수를 설정하면 [글꼴] 목록에 최근에 사용한 글꼴이 항상 맨 위쪽에 나타나게 됩니다. 또한, [글꼴] 탭에서 [글꼴 목록]–[글꼴 목록 설정] 단추를 클릭한 후 [글꼴 목록 추가하기]를 클릭해 자주 사용하는 글꼴을 설정할 수 있습니다.

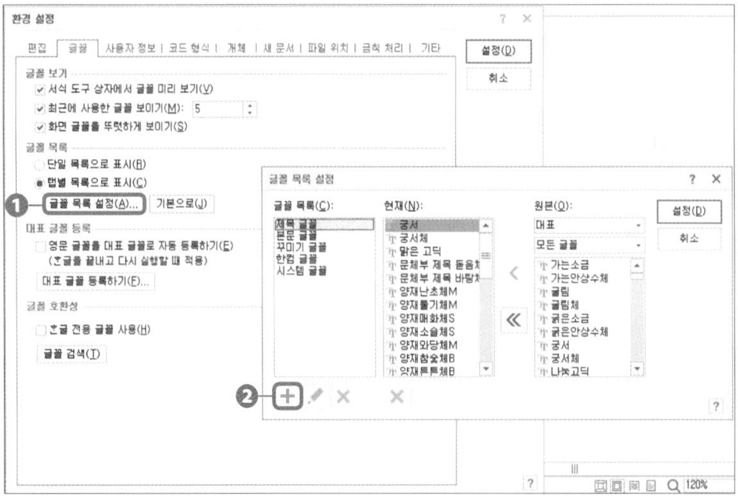

017
★★★★☆
필수 기능

사용한 기능 | 표지, 표지 갤러리

자주 사용하는 표지 양식을 갤러리에 추가하기

자주 사용하는 표지 양식이 있다면 표지 갤러리에 추가하여 필요할 때마다 편하게 추가할 수 있습니다.

사용 가능 버전	
2010 2013 2016 2019 365	**예제 파일** Word\Chapter 02\표지.docx **완성 파일** Word\Chapter 02\표지_완성.docx

01 [삽입] 탭–[페이지] 그룹에서 [표지]를 클릭한 후 갤러리에서 원하는 표지를 선택합니다.

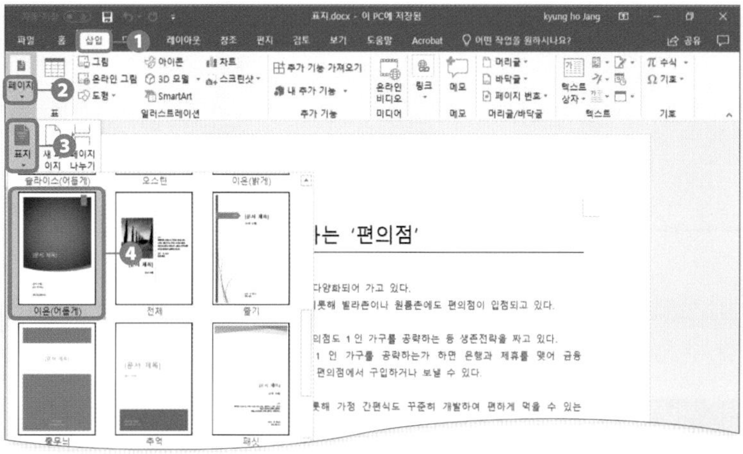

> **TIP**
> 표지는 어느 위치에서 삽입해도 문서의 첫 번째 페이지에 삽입됩니다. '표지' 갤러리에서 고르지 않고 본인이 직접 표지를 만들어도 됩니다.

02 표지에 제목을 비롯해 내용을 입력하여 표지를 완성합니다. 이번에는 표지를 갤러리에 추가해 보겠습니다. 표지로 사용할 내용을 선택하고 [삽입] 탭–[페이지] 그룹에서 [표지]–[선택 영역을 표지 갤러리에 저장]을 클릭합니다.

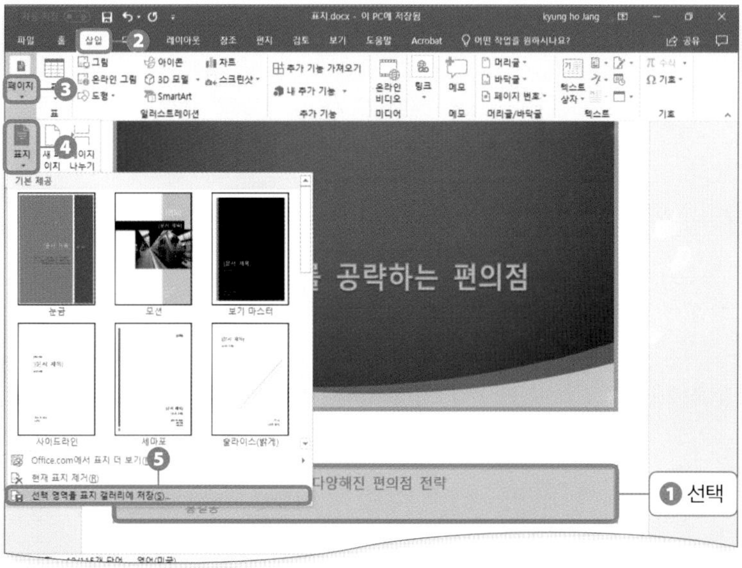

> **TIP**
> 표지로 사용하고 싶은 부분을 드래그하여 모두 선택해야 [선택 영역을 표지 갤러리에 저장] 항목이 활성화됩니다.

03 [새 문서 블록 만들기] 대화상자에서 [이름]에 표지 이름을 입력합니다. [갤러리] 화살표를 클릭하고 '표지'를 선택한 후 [확인]을 클릭합니다.

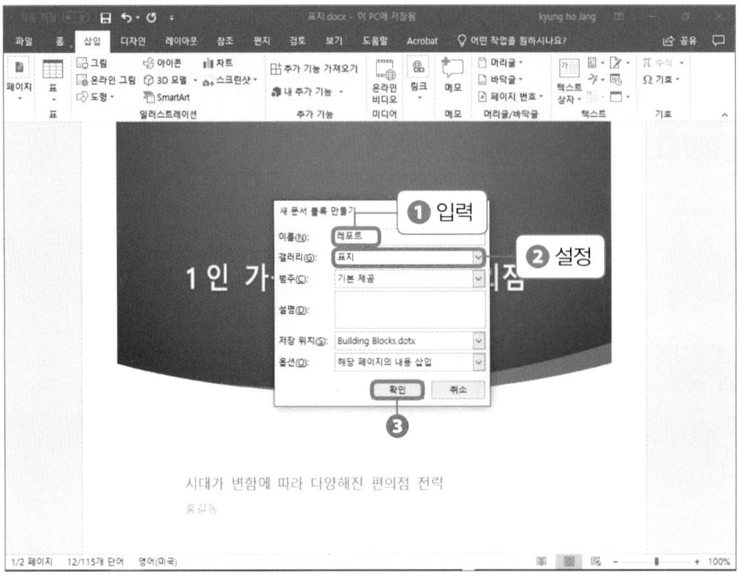

TIP

이름, 갤러리 이외에 범주와 설명, 저장 위치 등을 별도로 지정할 수 있습니다.

04 새 문서를 연 다음 [삽입] 탭–[페이지] 그룹에서 [표지]를 클릭합니다. [표지] 갤러리에 표지 양식이 추가된 것을 확인할 수 있습니다. 표지를 선택합니다.

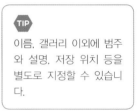

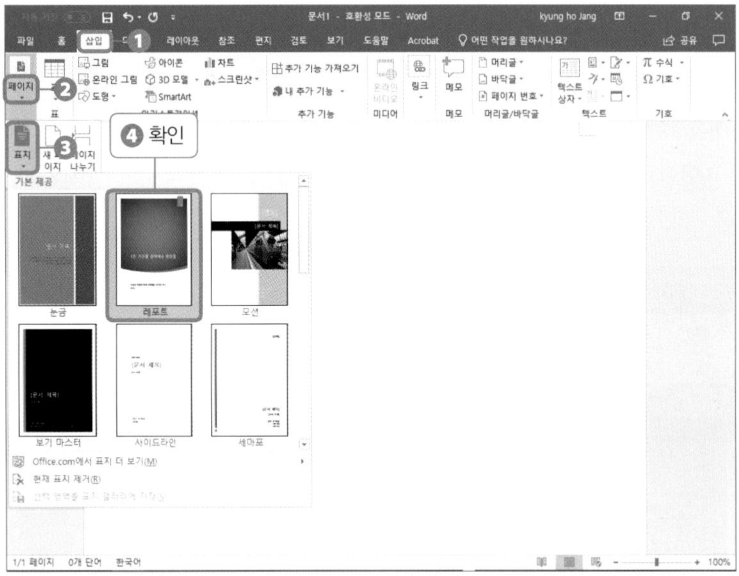

05 제목을 비롯해 내용을 입력하면 본인이 만든 서식 등이 그대로 적용된 표지를 재사용할 수 있습니다.

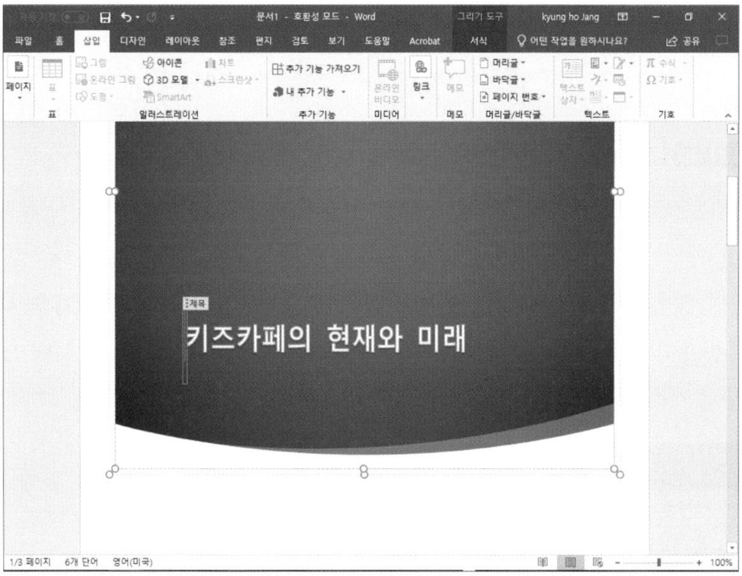

TIP

표지를 제거하고 싶다면 [삽입] 탭-[페이지] 그룹에서 [표지]-[현재 표지 제거]를 클릭합니다.

한글에서는

문서 마당에서 표지 가져오기

한글에서는 표지 설정보다 더 강력한 문서 마당이 존재합니다. [파일] 탭-[문서 마당]을 클릭합니다. 따로 표지 형식으로 편집하고 싶다면 [쪽] 탭-[쪽 테두리/배경]을 클릭하고 [배경] 탭에서 문서의 배경이나 색상, 무늬 등을 지정할 수 있습니다.

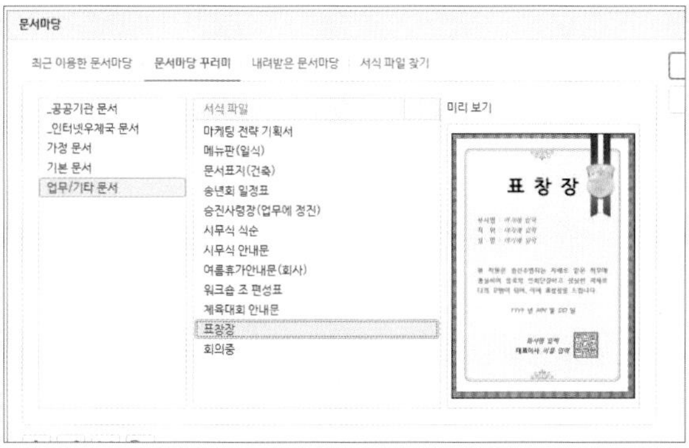

018

★★★★☆

필수 기능

사용한 기능 | 빠른 문서 요소, 빠른 문서 요소 갤러리

자주 사용하는 내용을 빠른 문서 요소로 설정하기

자주 사용하는 내용이나 이미지 등을 빠른 문서 요소에 저장하여 언제든지 편하게 불러올 수 있습니다.

사용 가능 버전 2010 2013 2016 2019 365

예제 파일 Word\Chapter 02\오피스.docx

완성 파일 Word\Chapter 02\오피스_완성.docx

01 자주 사용하는 내용을 드래그하여 선택합니다. 여기서는 텍스트가 아닌 이미지를 자주 사용하는 내용으로 저장해 보겠습니다. [삽입] 탭–[텍스트] 그룹에서 [빠른 문서 요소]–[선택 영역을 빠른 문서 요소 갤러리에 저장]을 클릭합니다.

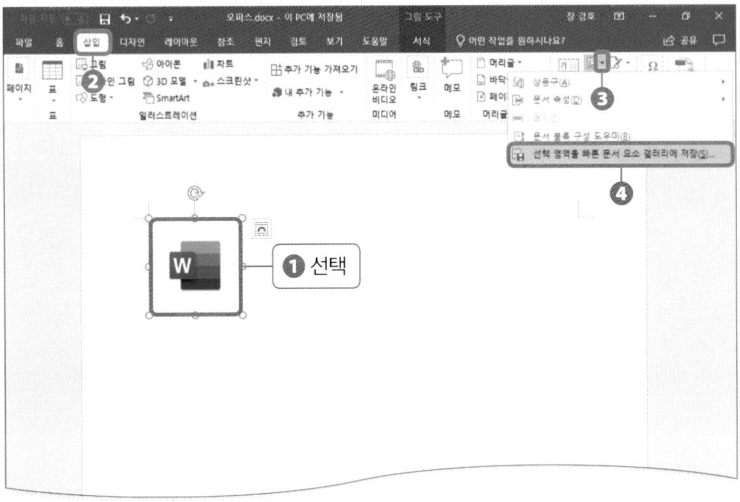

TIP

자주 사용하는 내용이 텍스트라면 [상용구]를 클릭해 자주 사용하는 텍스트로 저장할 수 있습니다.

02 [새 문서 블록 만들기] 대화상자가 나타나면 '이름'을 입력하고 [확인]을 클릭합니다.

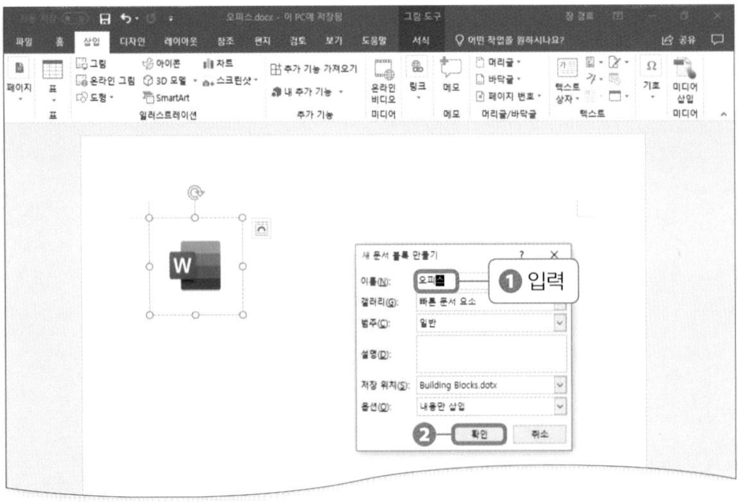

03 [빠른 문서 요소] 갤러리에 해당 내용이 추가된 것을 확인합니다. 이를 클릭하면 언제든지 편하게 자주 사용하는 내용을 불러올 수 있습니다.

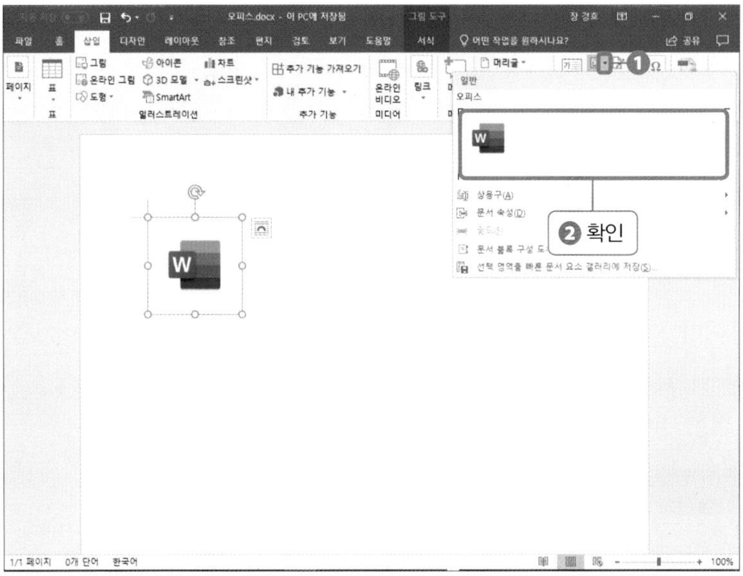

한글에서는

상용구 등록하기

원하는 문서의 내용을 드래그하여 선택한 후 [입력] 탭-[입력 도우미]-[상용구]-[상용구 등록]을 클릭합니다. [상용구 등록] 대화상자가 나타나면 글자 속성을 그대로 유지하거나 글자 속성을 제거하고 문자만 상용구에 등록할 수 있습니다.

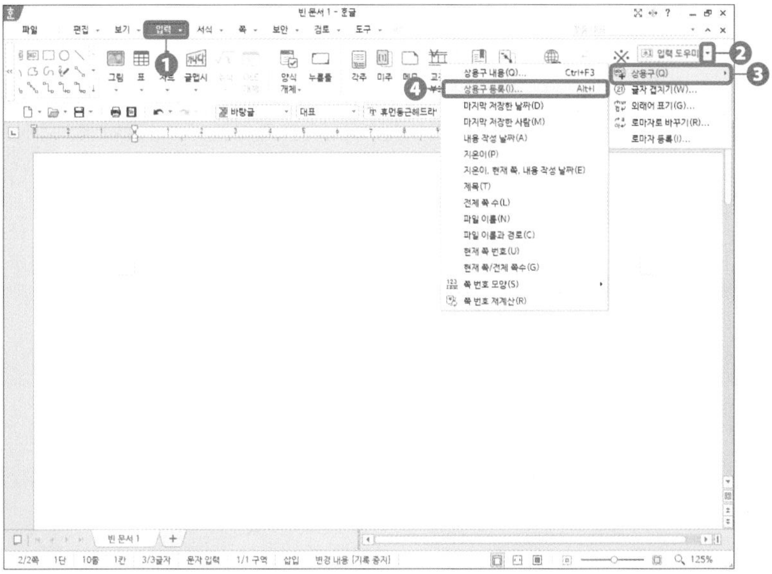

019

★★★★☆

활용 기능

사용한 기능 | 스타일, 새 스타일, 스타일 업데이트

자주 사용하는 서식을 새 스타일로 설정하고 업데이트하기

워드에서 제공하는 스타일뿐 아니라 자주 사용하는 서식을 스타일 갤러리에 저장하여 원할 때마다 사용할 수 있습니다.

사용 가능 버전	예제 파일 Word\Chapter 02\주유.docx
2010 2013 2016 2019 365	완성 파일 Word\Chapter 02\주유_완성.docx

01 문서에 서식을 지정합니다. 여기서는 밑줄과 워드아트를 활용해서 스타일을 만들어 보았습니다. 스타일을 만든 곳에 커서를 위치시킨 후 [홈] 탭–[스타일] 그룹에서 [스타일] 표시 아이콘을 클릭합니다. [스타일] 작업 창이 나타나면 [새 스타일]을 클릭합니다.

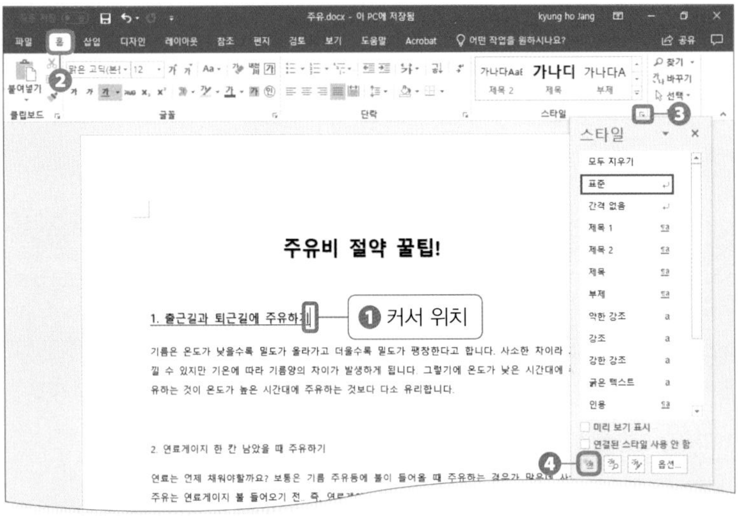

02 [서식에서 새 스타일 만들기] 대화상자가 나타나면 적용된 서식을 확인합니다. [이름]에 스타일 이름을 입력합니다. 여기서는『밑줄 스타일』이라고 지정했습니다. [확인]을 클릭합니다.

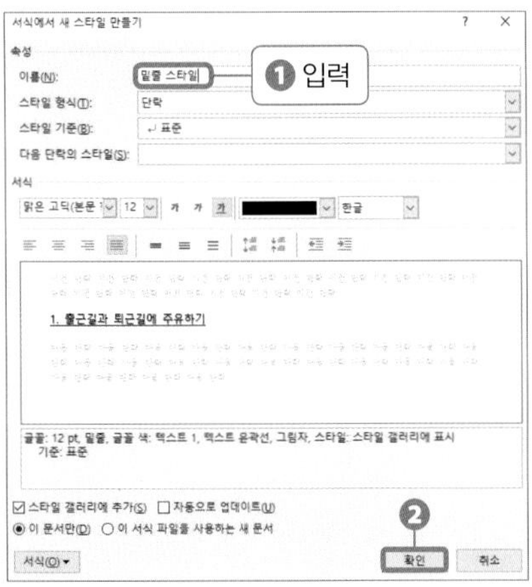

03 스타일을 다른 단락에 적용하기 위해 '2. 연료게이지 한 칸 남았을 때 주유하기'에 커서를 위치시킨 후 [홈] 탭–[스타일] 그룹에서 [스타일]–[자세히]를 클릭합니다. 그리고 [밑줄 스타일]을 선택합니다.

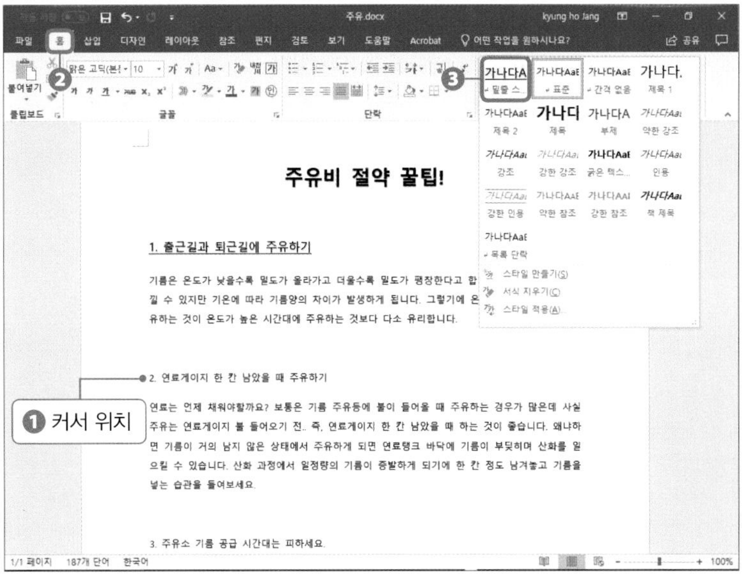

04 나머지 단락에도 동일하게 새롭게 생성한 스타일을 지정합니다. 스타일로 지정하면 스타일을 변경할 경우 한 번에 변경할 수 있다는 장점이 있습니다. '1. 출근길과 퇴근길에 주유하기' 부분에 다른 스타일을 지정해 봅니다. 여기서는 색상을 변경해 보았습니다. [홈] 탭–[스타일] 그룹에서 [스타일] 표시 아이콘을 클릭합니다. [스타일] 작업 창이 나타나면 [선택 영역과 일치하도록 밑줄 스타일 업데이트]를 클릭합니다.

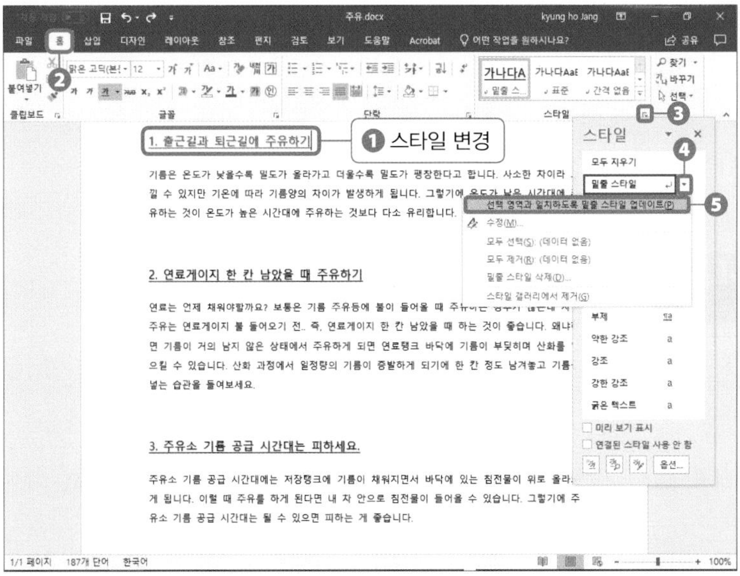

> **TIP**
> 이미 적용된 스타일도 [수정]을 클릭해 스타일을 수정할 수 있습니다.

05 '밑줄 스타일'로 지정했던 모든 영역이 한번에 업데이트됩니다.

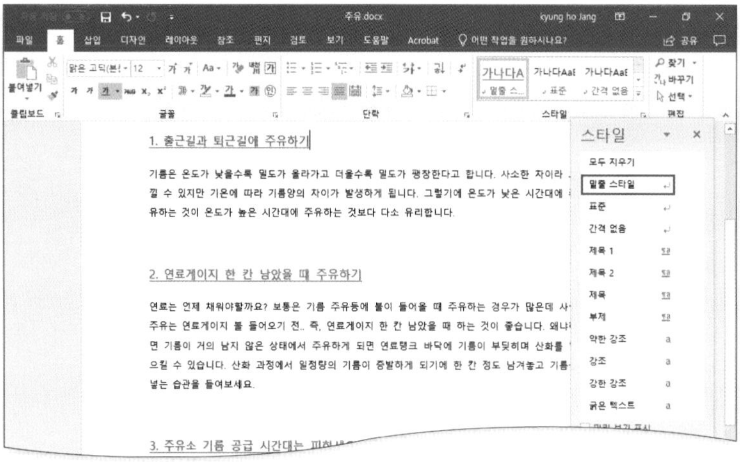

한글에서는

스타일 추가하고 업데이트하기

스타일은 단순히 글자 모양이나 문단 모양을 간단히 변경하기 위한 기능이라기보다는 일관성 있는 문단 모양을 유지하면서 편집 작업을 하는 데 꼭 필요한 기능이라고 할 수 있습니다. 우선, 문서에서 주로 사용할 서식을 텍스트에 지정한 후 텍스트를 드래그하여 선택합니다. [서식] 탭에서 [자세히]-[스타일 작업 창]을 클릭합니다. [스타일] 창이 나타나면 [스타일 추가]를 클릭해 스타일을 추가합니다.

위에서 다룬 워드 예제처럼 스타일 모양을 수정한 후 스타일이 지정된 모든 문서를 업데이트하고 싶다면 텍스트의 스타일을 변경한 후 드래그하여 선택합니다. [스타일] 창에서 해당 스타일을 마우스 오른쪽 버튼으로 클릭하여 [스타일 현재 모양으로 바꾸기]를 선택합니다.

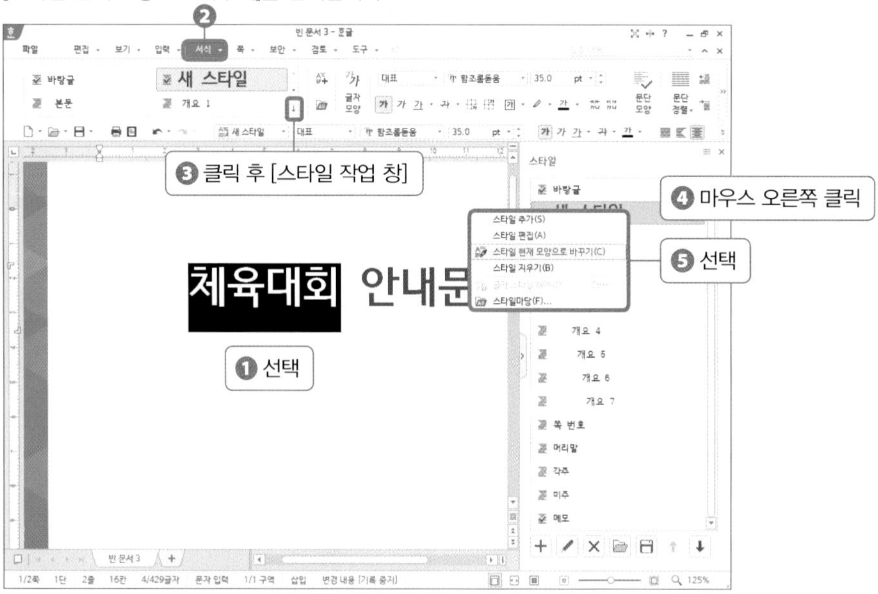

020

기본 기능

사용한 기능 | 아래아 한글, 텍스트 변환기

워드에서 한글과컴퓨터의 한글(HWP) 문서 편집하기

국내에서 워드만큼 많이 사용하는 문서 편집 프로그램은 한글과 컴퓨터의 한글입니다. 워드에서는 한글과 컴퓨터의 한글 문서를 자유롭게 열고 편집할 수 있습니다.

사용 가능 버전	예제 파일 Word\Chapter 02\견적서.hwp
2010 2013 2016 2019 365	완성 파일 없음

01 [파일] 탭–[열기]를 클릭한 후 [이 PC]–[찾아보기]를 클릭합니다. [열기] 대화상자가 나타나면 [파일 형식]을 클릭한 후 [아래아 한글 2.0-97 (*.hwp)]를 선택합니다. 한글 파일을 선택하고 [열기]를 클릭합니다.

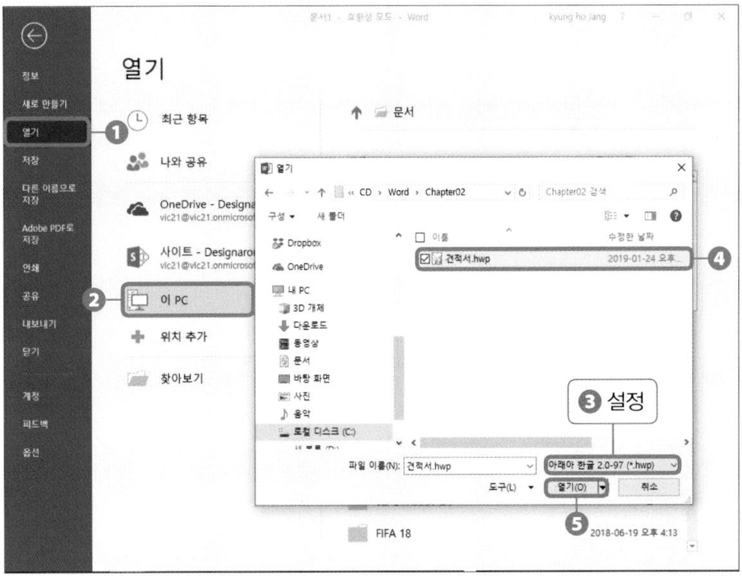

TIP 한글 문서가 97 버전 이상일 경우 열리지 않을 수 있습니다. 이럴 경우 한글 프로그램에서 버전을 조정한 후 가져올 수 있습니다.

02 경고 창이 나타나면 [예]를 클릭합니다. 한글 문서가 워드에서 열리며 편집할 수 있습니다.

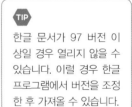

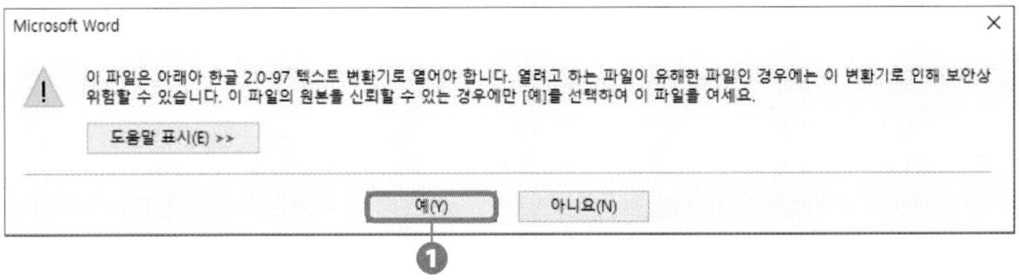

사용한 기능 | 인쇄, 용지 크기

021 용지 한 면에 두 페이지 인쇄하기

★★★★★ 필수 기능

용지 한 장에 한 장을 인쇄하는 것이 일반적이지만 참조용 페이지나 배포용 문서의 경우 용지 한 장에 여러 페이지를 모아서 인쇄할 수 있습니다.

사용 가능 버전 2010 2013 2016 2019 365

예제 파일 Word\Chapter 02\인쇄.docx
완성 파일 Word\Chapter 02\인쇄_완성.docx

01 [파일] 탭–[인쇄]를 클릭한 다음 [용지 한 면에 한 페이지]를 클릭하고 [용지 한 면에 두 페이지]를 선택합니다.

02 용지 한 면에 두 페이지가 인쇄됩니다. 용지 한 면에 총 16페이지까지 인쇄할 수 있으며, [인쇄할 용지 크기]를 선택해 원하는 용지 크기를 선택할 수도 있습니다.

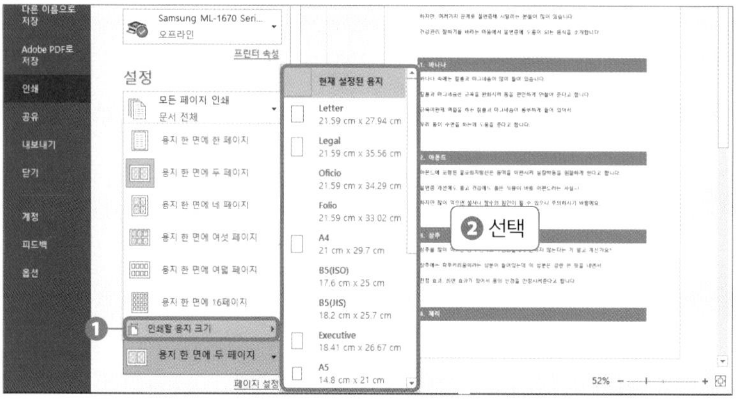

TIP PLUS

용지 양면에 모두 인쇄하기

이 기능을 실행하기에 앞서 프린터가 양면 인쇄를 지원하는지 확인이 필요합니다. [파일] 탭-[인쇄]에서 [단면 인쇄]를 클릭한 후 [양면 인쇄]를 클릭합니다.

만일, 본인의 프린터가 자동 양면 인쇄를 지원하지 않는다면 모든 용지 한 면에 인쇄한 다음 용지를 뒤집어 인쇄하는 방법을 취할 수도 있습니다. [파일] 탭-[인쇄]에서 [단면 인쇄]를 클릭한 후 [수동으로 양면 인쇄]를 클릭합니다. 수동으로 양면 인쇄를 할 경우 반드시 테스트를 진행한 후 실행하세요.

한글에서는

페이지 모아 찍기(인쇄하기)

[파일] 탭-[인쇄]를 클릭해 [인쇄] 대화상자가 나타나면 [인쇄 방식]-[모아 찍기]를 클릭해 원하는 형식을 선택합니다. '2쪽씩'부터 '16쪽씩'까지 모아 한 장에 인쇄할 수 있습니다.

사용한 기능 | 머리글, 바닥글, 짝수 페이지, 홀수 페이지

022 홀수, 짝수 페이지별로 머리글 지정하기

★★★★☆
필수 기능

머리글이나 바닥글을 문서에 삽입할 때 홀수 페이지와 짝수 페이지에 각기 다른 머리글이나 바닥글을 넣고 싶은 경우가 있습니다. 여기서는 홀수, 짝수 페이지별로 머리글을 지정하는 방법에 대해서 살펴보겠습니다.

사용 가능 버전
2010 2013 2016 2019 365

예제 파일 Word\Chapter 02\머리글바닥글.docx
완성 파일 Word\Chapter 02\머리글바닥글_완성.docx

01 [삽입] 탭–[머리글/바닥글] 그룹의 [머리글]–[머리글 편집]을 클릭합니다.

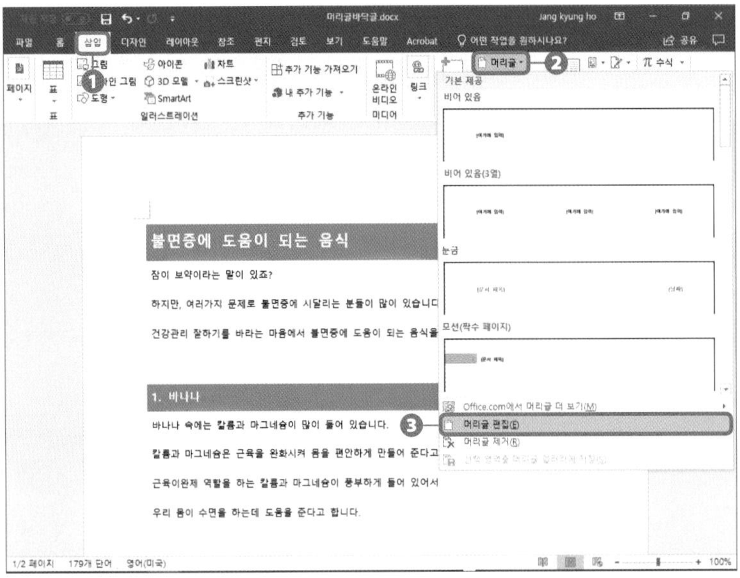

TIP

머리글이나 바닥글을 삭제하려면 [삽입] 탭–[머리글/바닥글] 그룹의 [머리글]–[머리글 제거] 또는, [바닥글]–[바닥글 제거]를 클릭합니다.

02 머리글이 활성화됩니다. [디자인] 탭–[옵션] 그룹의 [짝수와 홀수 페이지를 다르게 지정]에 체크 표시를 합니다. 그러면 홀수 페이지에는 '홀수 페이지 머리글'이라는 문구가 표시되며, 짝수 페이지에는 '짝수 페이지 머리글'이라는 문구가 표시됩니다. 각기 다른 단어를 입력한 후 [머리글/바닥글 닫기]를 클릭합니다.

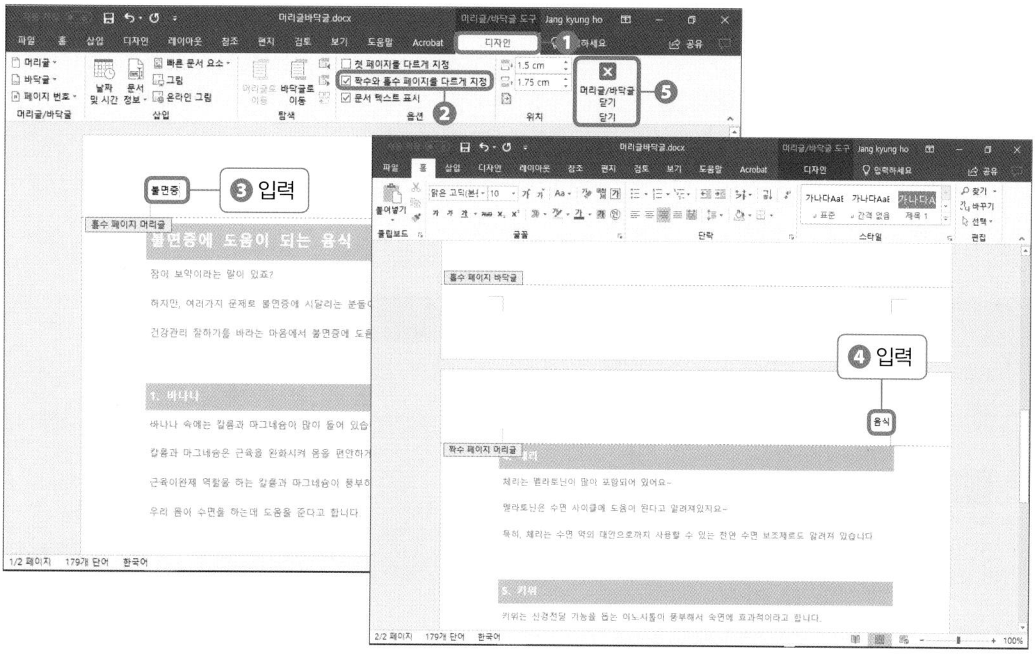

한글에서는

홀수 쪽과 짝수 쪽에 각기 다른 모양 적용하기

책이 펼쳐진 모양에 따라 홀수 쪽과 짝수 쪽에 각각 다른 모양의 테두리와 배경을 적용할 수 있습니다. [쪽] 탭–[쪽 테두리/배경]을 클릭합니다. [쪽 테두리/배경] 대화상자에서 [테두리] 탭–[테두리/배경 종류]에서 [짝수 쪽], [홀수 쪽]을 선택하여, 테두리나 배경을 각기 다르게 만듭니다.

머리말과 꼬리말에서 홀수 쪽과 짝수 쪽에 각기 다른 모양 적용하기

[쪽] 탭–[머리말/꼬리말]을 실행한 후 [머리말/꼬리말] 대화상자가 나타나면 [종류]–[머리말] 혹은 [꼬리말]을 선택하고, [위치]–[홀수 쪽], 혹은 [짝수 쪽]을 선택해 각기 다른 모양을 적용합니다.

사용한 기능 | 페이지 배경, 워터마크

023

★★★☆☆
활용 기능

워터마크 삽입하여 대외비 문서 표시하기

문서의 텍스트나 개체 뒤에 들어가는 장식으로 회사 로고나 학교 마크, 또는 대외비 등의 보안 등급 등을 삽입하여 문서의 성격을 나타낼 수 있습니다.

사용 가능 버전 2010 2013 2016 2019 365

예제 파일 Word\Chapter 02\대외비.docx
완성 파일 Word\Chapter 02\대외비_완성.docx

01 [디자인] 탭–[페이지 배경] 그룹에서 [워터마크]–[사용자 지정 워터마크]를 클릭합니다.

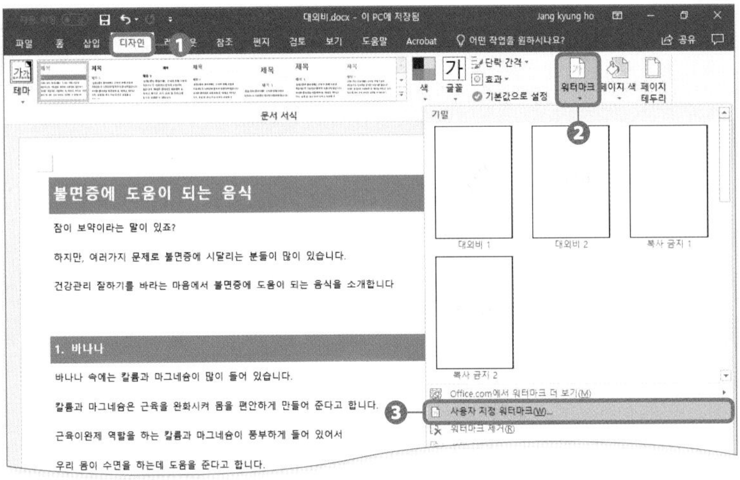

TIP 워터마크는 문서의 뒤에 위치하는 텍스트 또는 그림으로, 일반적으로 희미하게 표시하거나 흐리게 표시하여 내용에는 지장을 주지 않고 표시됩니다. 일반적으로 문서의 표지나 첫 번째 페이지를 제외하고 모든 페이지에 표시됩니다.

02 [워터마크] 대화상자가 나타나면 [텍스트 워터마크]를 선택한 다음 [언어]는 [한국어], [텍스트]는 [초안], [글꼴]은 [나눔스퀘어]를 선택합니다. [색]은 [주황]을 선택한 후 [반투명]에 체크 표시를 합니다. [확인], [닫기]를 클릭합니다.

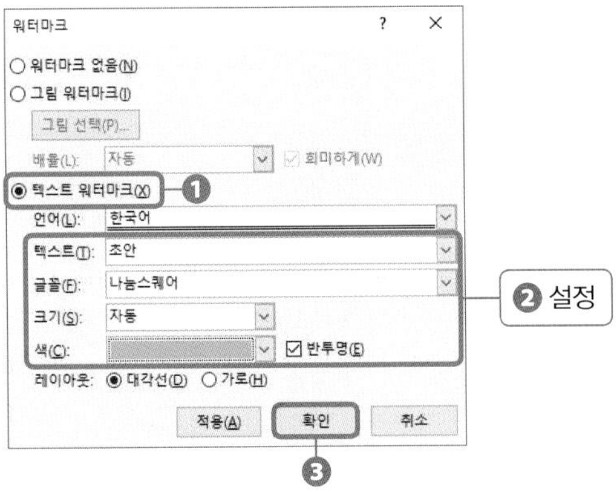

TIP 워터마크를 삭제하려면 [디자인] 탭–[페이지 배경] 그룹에서 [워터마크]에서 [워터마크 제거]를 선택합니다.

TIP PLUS

워터마크 위치 조정하기

워터마크를 삽입하면 따로 지정하지 않아도 페이지 가운데에 위치하게 됩니다. 워터마크의 위치를 변경하고 싶다면 머리글을 열어 조정할 수 있습니다. 워터마크를 삽입한 후 페이지 상단을 두 번 클릭해 머리글을 열어 워터마크 위치를 조정합니다.

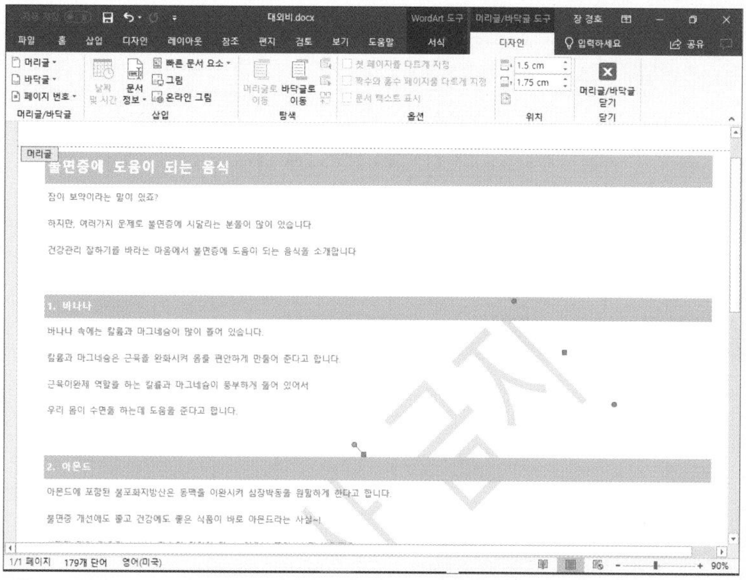

자주하는 질문

Q 워터마크를 한 페이지에만 삽입할 수도 있나요?

A 원하는 워터마크를 마우스 오른쪽 버튼으로 클릭한 후 [현재 문서 위치에 삽입]을 선택합니다.

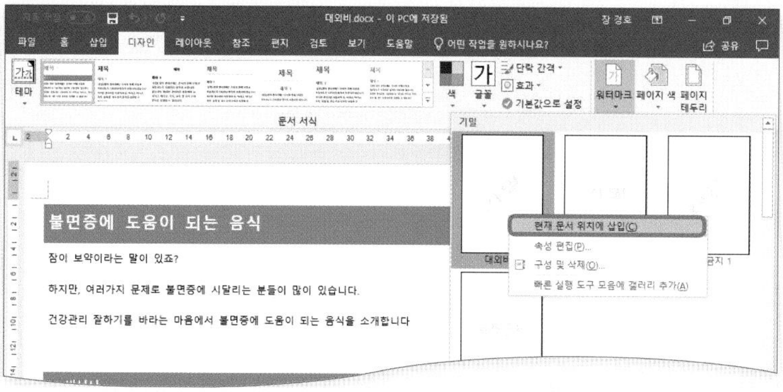

한글에서는

그림 워터마크 및 글자 워터마크 적용하기

[파일] 탭-[인쇄]를 클릭합니다. [인쇄] 대화상자의 [워터마크] 탭에서 그림 워터마크 및 글자 워터마크를 설정할 수 있습니다. [미리 보기] 단추를 클릭하여 미리 보기 화면에서 워터마크가 바르게 표기되었는지 확인합니다.

사용한 기능 | 페이지 설정, 여백, 사용자 지정 여백, 제본용 여백

024

★★★☆☆
활용 기능

제본용 여백 설정하기

워드는 문서 편집 프로그램이다 보니 인쇄를 위해 여백을 조절해야 하는 경우가 있습니다. 제본용 여백은 말 그대로 인쇄할 경우 제본을 설정하는 부분입니다.

사용 가능 버전 2010 2013 2016 2019 365

예제 파일 Word\Chapter 02\스트레스.docx
완성 파일 Word\Chapter 02\스트레스_완성.docx

01 [레이아웃] 탭–[페이지 설정] 그룹에서 [여백]을 클릭하면 다양한 여백을 설정할 수 있습니다. 지금 필요한 것은 인쇄를 위한 제본 여백이기에 [사용자 지정 여백]을 클릭합니다.

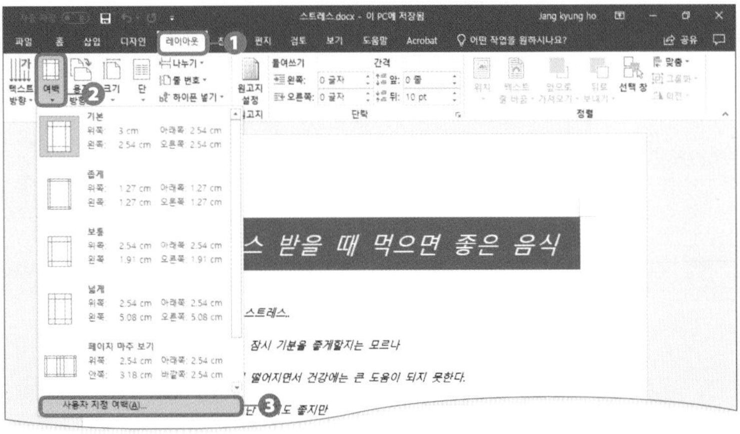

02 [페이지 설정] 대화상자가 나타나면 [여백] 탭–[여백]–[제본용 여백]을 통해 여백을 설정할 수 있습니다.

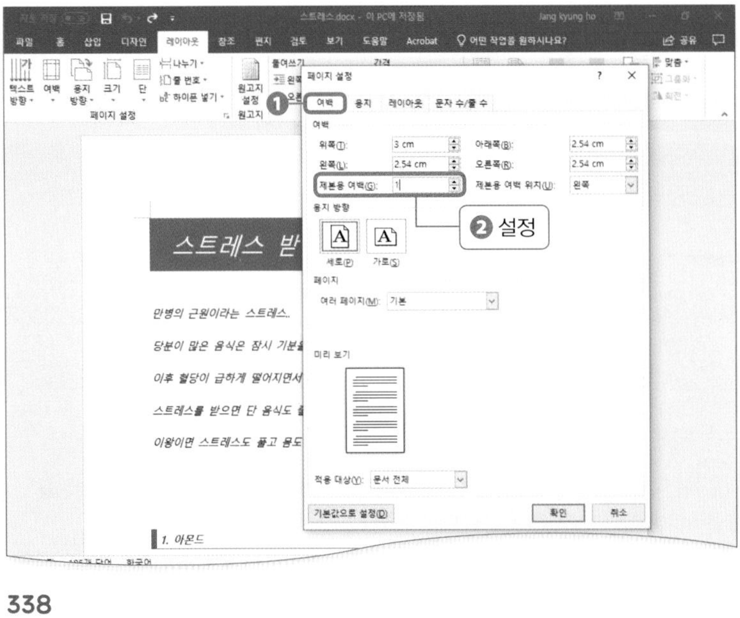

자주하는 질문

Q 일반 여백과 제본용 여백의 차이점은 무엇인가요?

A 일반 여백 조정과 제본 여백 조정의 차이점은 일반 여백의 경우 페이지 번호나 파일명 등 원하는 글을 입력할 수 있지만, 제본 여백에는 글을 입력할 수 없다는 점입니다. 제본해야 한다면 일반 여백을 늘려 조정하는 것이 아닌 제본 여백을 조정하는 것이 좋습니다.

TIP PLUS

소책자 또는, 책 만들기

워드는 책 접기 레이아웃을 통해 소책자나 책을 만들 수 있습니다. [레이아웃] 탭-[페이지 설정] 그룹에서 [페이지 설정] 단추를 클릭합니다. [여백] 탭의 [페이지]에서 [여러 페이지]의 '책 접기'를 선택합니다.

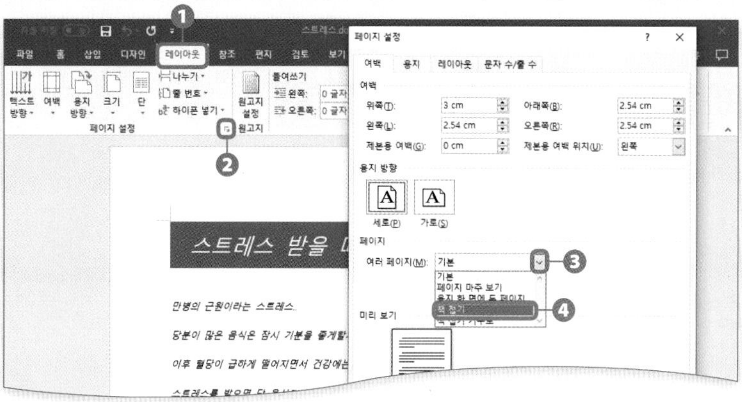

한글에서는

제본용 여백 설정하기

[쪽] 탭-[쪽 여백]-[쪽 여백 설정]을 클릭합니다. [편집 용지] 대화상자가 나타나면 [제본] 항목에서 [한쪽], [맞쪽], [위로] 중에서 해당하는 제본을 선택할 수 있습니다. [한쪽]을 지정한 경우에는 용지 끝에서 왼쪽 여백 시작 부분까지의 여백이고, [맞쪽]을 지정한 경우에는 용지 끝에서 안쪽 여백 시작 부분까지의 여백을 의미합니다.

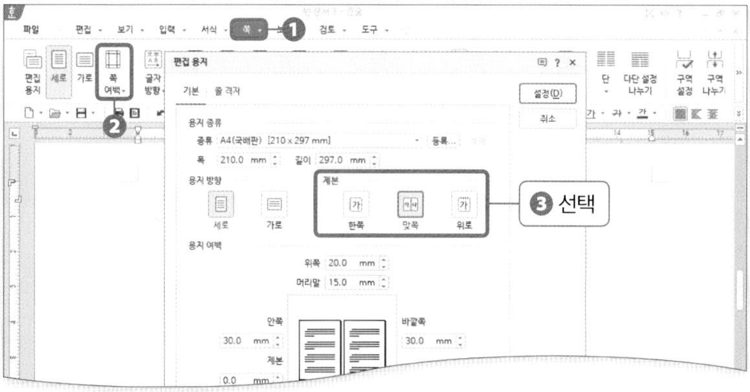

사용한 기능 | 레이아웃, 원고지

025 워드를 원고지로 활용하기

기본 기능

200자나, 400자, 혹은 1000자 원고지 중에서 작성할 원고지 종류를 선택하여 문서를 작성할 수 있고, 기존에 작성한 문서를 원고지 형식으로 변환할 수도 있습니다.

사용 가능 버전 2010 2013 2016 2019 365

예제 파일 Word\Chapter 02\슈퍼씨앗.docx
완성 파일 Word\Chapter 02\슈퍼씨앗_완성.docx

01 [레이아웃] 탭-[원고지] 그룹에서 [원고지 설정]을 클릭합니다. [원고지 설정] 대화상자가 나타나면 [스타일]-[눈금 원고지], [행 x 열]-[10 x 20]을 선택한 다음 [용지 방향]-[가로]를 선택합니다. [확인]을 클릭합니다.

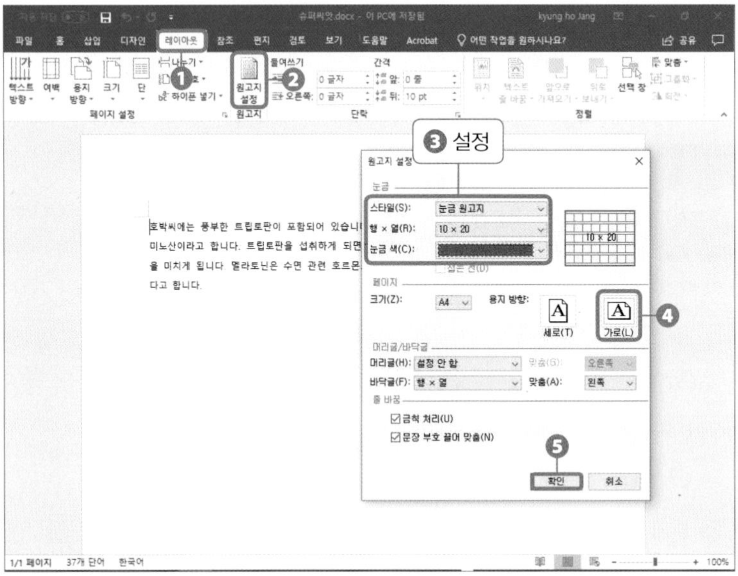

02 문서 내용이 원고지 형식으로 변환되어 나타납니다.

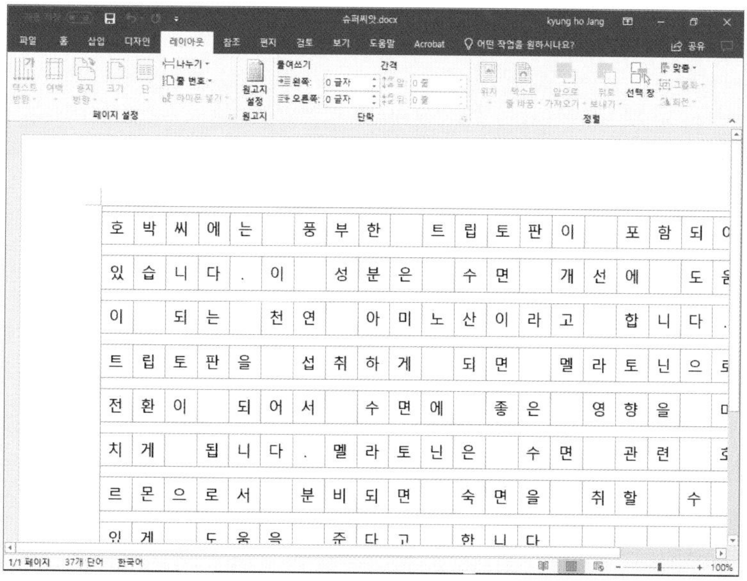

한글에서는

원고지 실행하기

[쪽] 탭-[원고지]를 클릭합니다. [원고지] 대화상자가 나타나면 [원고지 목록]에서 원하는 원고지를 선택합니다. 참고로, B5 용지 크기의 200자 원고지와 A4 용지 크기의 200자 원고지, A4 용지 크기의 400자 원고지, A3 용지 크기의 1000자 원고지 중에서 사용할 원고지 종류를 선택할 수 있습니다.

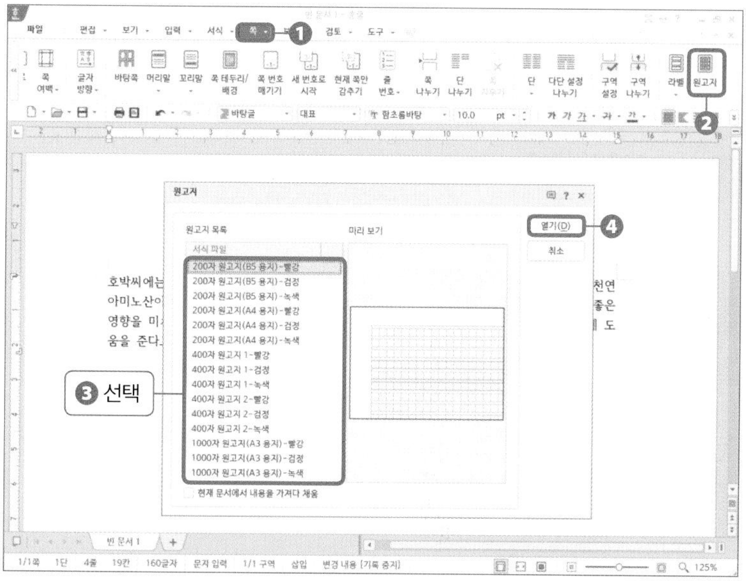

사용한 기능 | 레이아웃, 텍스트로 변환

026

기본 기능

웹에서 가져온 문서를 텍스트로 변환하기

웹에서 가져온 문서를 워드에 바로 붙여넣기 하면 웹의 다양한 태그가 워드에 함께 삽입됩니다. 특히, 웹상의 테이블이 표로 붙여넣기 되는 경우가 있는데 이럴 경우 문서 편집이 어려울 수 있습니다. 이를 텍스트로 쉽게 변환할 수 있습니다.

사용 가능 버전	예제 파일 없음
2010 2013 2016 2019 365	완성 파일 없음

01 인터넷에서 신문기사나 웹페이지를 드래그하여 복사한 후 워드에 붙여넣습니다. [표 도구]–[레이아웃] 탭–[데이터] 그룹에서 [텍스트로 변환]을 클릭합니다.

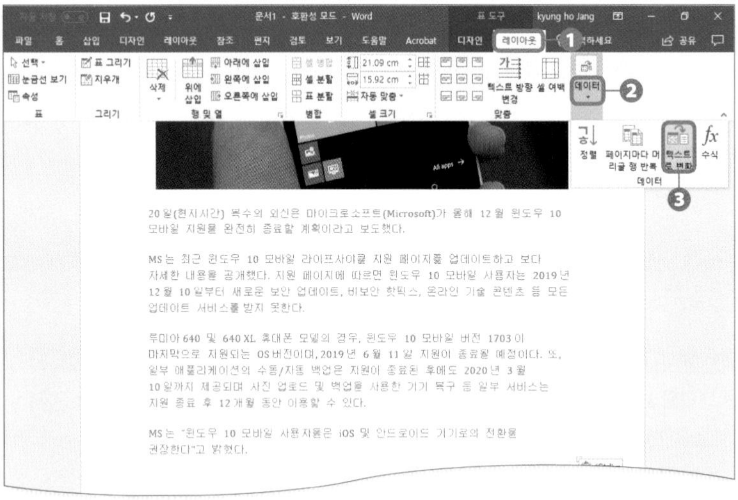

02 [표를 텍스트로 변환] 대화상자가 나타나면 [탭]을 선택하고 [확인]을 클릭합니다.

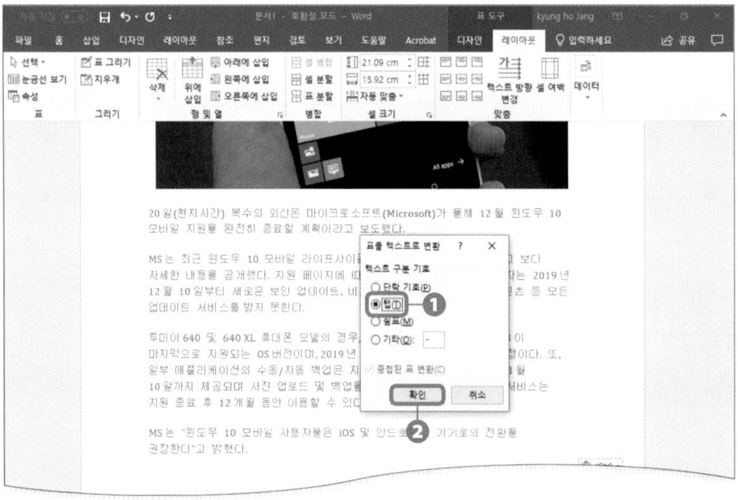

TIP 표가 여러 개 중첩되어 있을 경우 바깥쪽의 표를 선택한 후 [텍스트로 변환]을 클릭합니다.

MEMO

초보 직장인이라면
반드시
알아야 할

아웃룩편

PART 4

CHAPTER 01 이메일 작성 및 관리 기술
CHAPTER 02 아웃룩 활용 기술

CHAPTER

1

이메일 작성 및 관리 기술

아웃룩은 이메일을 주고받는 프로그램입니다. 네이버나 다음과 같은 포털 사이트의 이메일을 외부 메일 가져오기를 통해 아웃룩 한 곳에서 관리할 수 있고, 이메일뿐 아니라 일정이나 업무, 연락처 등도 한 번에 관리할 수 있습니다.

배워 볼 내용

[아웃룩 소개] 001 이메일, 일정, 연락처를 한 곳에! 아웃룩(Outlook) 소개
[네이버 계정] 002 네이버 계정을 아웃룩에 연결하기 필수 기능 ★★★★★
[계정 업데이트] 003 이메일 계정 업데이트하여 아웃룩에 가져오기
[메일 작성] 004 이메일 작성하고 보내기 필수 기능 ★★★★★
[배달/읽음] 005 이메일 전달하고 배달/읽음 확인 요청하기
[연락처/주소] 006 구성원의 연락처나 주소 추가하기 필수 기능 ★★★☆☆
[주소록 추가] 007 받은 메일에서 주소록 빠르게 추가하기 활용 기능 ★★★☆☆
[메일 전송] 008 주소록을 통해 개별 이메일 전송하기 활용 기능 ★★★★★
[그룹별 이메일 전송] 009 그룹별로 이메일 전송하기 활용 기능 ★★★★☆
[메일 분류] 010 받은 편지함 메일 분류하기
[서명] 011 이메일 보낼 때 서명 활용하기
[편지지] 012 HTML 편지지 사용하기
[도움말] 013 아웃룩에서 도움말 활용하기

001 이메일, 일정, 연락처를 한 곳에! 아웃룩(Outlook) 소개

아웃룩은 이메일, 일정, 연락처 등을 한곳에서 관리할 수 있는 〈개인 비서 프로그램〉입니다. 아웃룩을 통해 전자 메일을 보내거나 받고, 일정을 공유하고 계획을 세울 수 있습니다.

■ 이메일 및 일정 관리 앱

아웃룩은 이메일만 관리하는 단순한 프로그램이 아닙니다. 일정 관리를 비롯해 사용자들과 모임 시간을 공유하고, 알람도 설정할 수도 있습니다. 또한, 공동 작업을 하거나 파일을 공유할 수도 있습니다.

아웃룩은 이메일을 토대로 일정 및 연락처를 관리하고 메모를 작성하거나 내 작업도 함께 관리할 수 있습니다. 또한, 내 컴퓨터뿐만 아니라 스마트폰을 비롯해 각종 스마트 기기에서도 아웃룩을 사용할 수 있습니다. 아웃룩을 통해 네이버, 다음 등에 나누어져 있는 이메일을 통합 관리하고 일정이나 연락처도 한 곳에서 관리해 보세요.

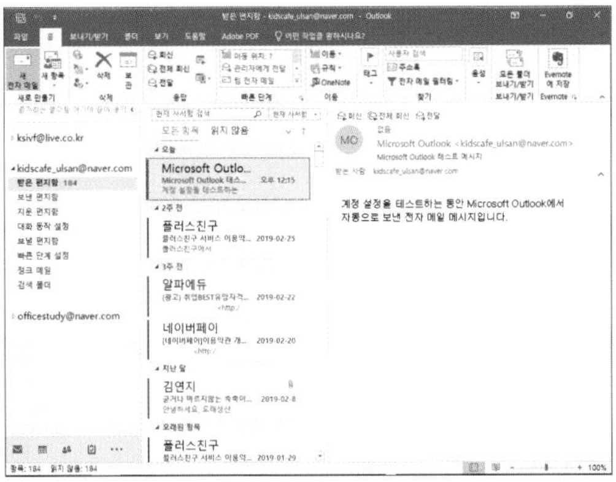

▲ 이메일 관리

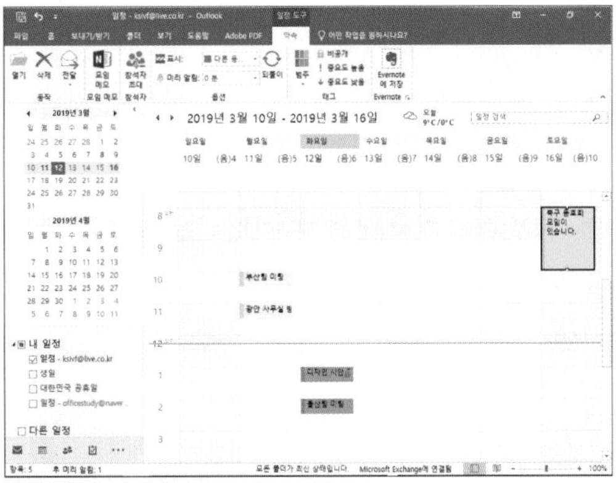

▲ 내 일정 관리

▲ 내 연락처 관리

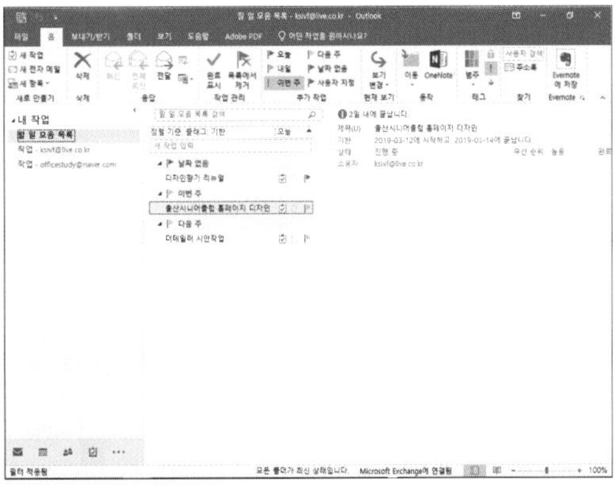

▲ 내 작업 관리

■ 아웃룩 화면 구성

여기서는 아웃룩의 화면 구성에 대해서 잠시 살펴보겠습니다.

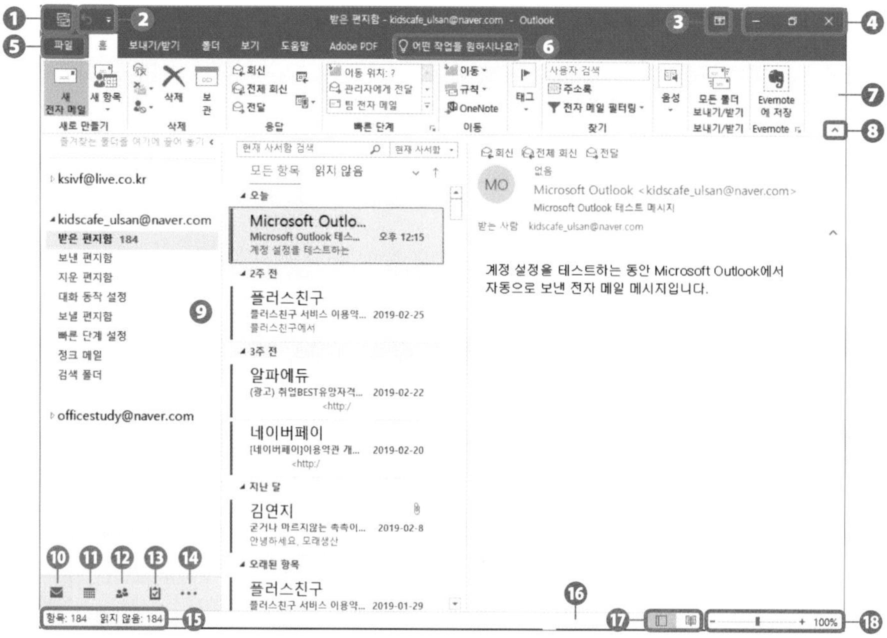

❶ **모든 폴더 보내기/받기** : 이메일을 비롯해 일정이나 작업 등을 최신 정보로 업데이트합니다.

❷ **빠른 실행 도구 모음** : 자주 사용하는 명령을 모아 놓은 도구 모음으로, 원하는 명령을 추가하거나 삭제할 수 있습니다.

❸ **리본 메뉴 표시 옵션** : 리본 메뉴를 숨기거나 탭, 명령 표시 옵션을 설정할 수 있습니다.

❹ **창 조절 단추** : 현재 문서의 창을 최소화, 최대화, 복원할 수 있으며, 아웃룩 창을 닫을 수 있습니다.

❺ **[파일] 탭** : 계정에 대한 설정을 변경하거나 계정 추가 등의 설정을 할 수 있습니다.

❻ **어떤 작업을 원하시나요?** : 원하는 키워드를 입력하여 기능 바로 가기를 비롯해 도움말 정보를 얻을 수 있습니다.

❼ **리본 메뉴** : [탭]과 [그룹]으로 구성되어 있으며, 아웃룩의 다양한 기능을 선택하거나 실행할 수 있습니다.

❽ **리본 메뉴 축소 단추** : 화면 확대 및 축소하거나 현재 창 크기로 맞출 수 있습니다.

❾ **폴더 창** : 사용자의 계정을 열어 메일함을 관리할 수 있습니다.

❿ **메일** : 내 메일함을 열어 이메일을 확인하거나 관리할 수 있습니다.

⓫ **일정** : 내 일정을 열어 일정을 관리하거나 공유할 수 있습니다.

⓬ **연락처** : 내 연락처를 열어 관리하거나 연락처를 전달 혹은, 공유할 수 있습니다.

⓭ **작업** : 내 작업을 열어 할 일 목록을 관리하거나 공유할 수 있습니다.

⓮ **더 보기** : 메모, 폴더를 비롯해 탐색 옵션 등을 선택할 수 있습니다.

⓯ **항목/읽지 않음** : 받은 메일함의 이메일 개수를 확인할 수 있습니다.

⓰ **상태 표시줄** : 동기화 상태를 확인하거나 서버의 연결 상태를 확인할 수 있습니다.

⓱ **기본 보기/읽기용 보기** : 고정된 창을 보거나 숨길 수 있습니다.

⓲ **화면 확대/축소 단추** : 화면을 원하는 배율로 조절할 수 있습니다.

TIP PLUS

급할 땐! 웹용 아웃룩

내 컴퓨터가 아닌 다른 공간에서 아웃룩을 사용해야 한다면 간단하게 웹용 아웃룩을 사용할 수 있습니다. 브라우저를 통해 웹용 아웃룩을 사용해 보세요.

주소 : http://www.outlook.com

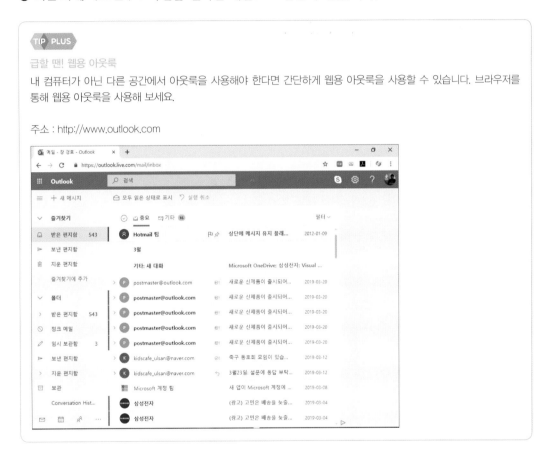

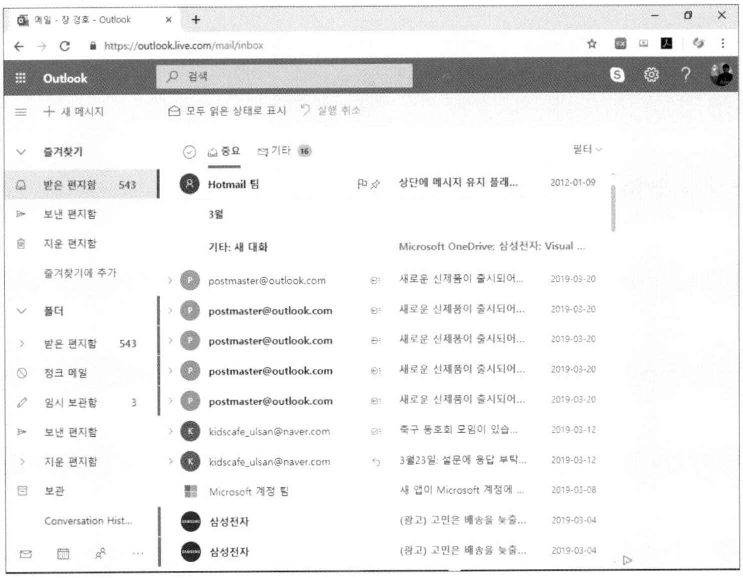

사용한 기능 | 외부 메일 가져오기, POP/SMTP, 계정 추가

002

★★★★★
필수 기능

네이버 계정을 아웃룩에 연결하기

국내에서 가장 많이 활용하는 이메일 서비스 중 하나인 네이버 메일 계정을 아웃룩에 연결하는 방법에 대해서 살펴보겠습니다.

사용 가능 버전 2010 2013 2016 2019 365

예제 파일 없음
완성 파일 없음

01 네이버 계정을 아웃룩에 연결하기 위해서는 먼저 네이버 계정의 환경 설정에서 POP3/IMAP 사용이 가능하도록 허용해야 합니다. 본인의 네이버 계정에 접속한 후 [외부 메일 가져오기]-[POP3/iMAP 설정]을 선택합니다. [POP/SMTP 사용]에서 [사용함]을 선택한 후 [확인]을 클릭합니다.

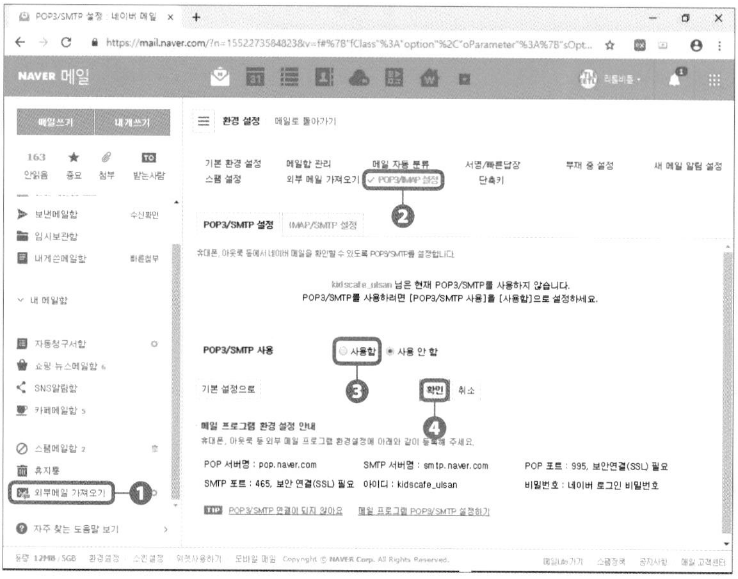

TIP

네이버, 다음, 네이트, 지메일, iCloud와 같이 타사 이메일 공급자의 이메일을 가져올 경우 약간의 방식에 차이점은 있을지라도 비슷한 단계를 거쳐 연결할 수 있습니다.

02 적용 범위와 읽음 표시, 원본 저장, 외부 메일 처리 등을 꼼꼼히 확인한 후 원하는 형식을 선택하고 [확인]을 클릭합니다.

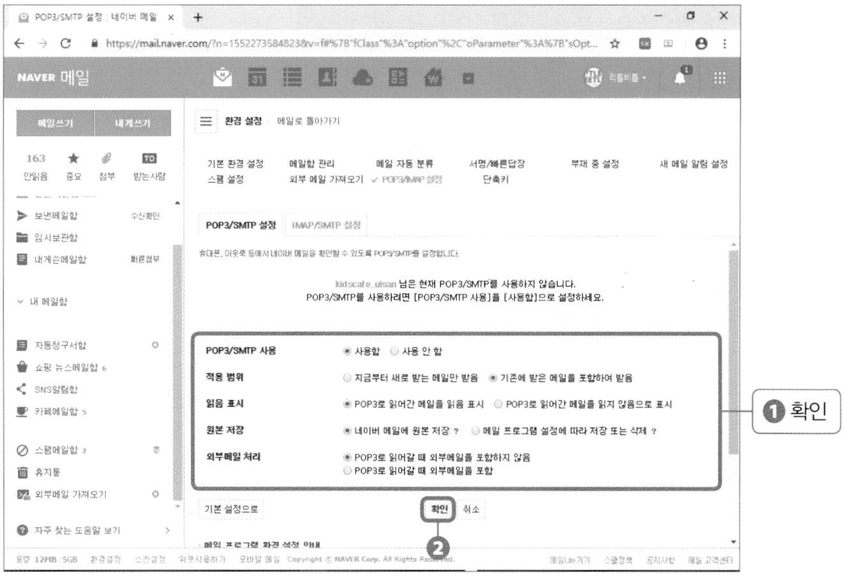

03 아웃룩의 [파일] 탭–[정보]에서 [계정 추가]를 클릭합니다.

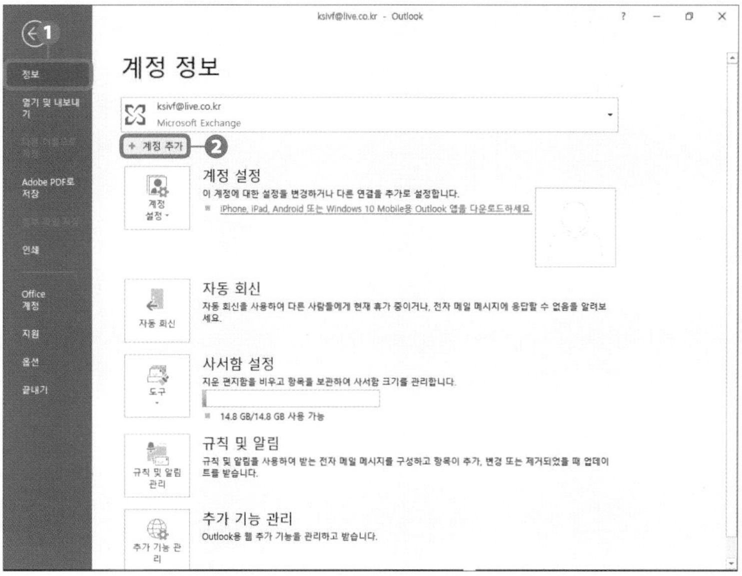

04 [Outlook 시작] 창이 나타나면 계정 주소를 입력합니다. [고급 옵션]을 클릭한 후 [내 계정을 수동으로 설정합니다]에 체크 표시를 하고 [연결]을 클릭합니다.

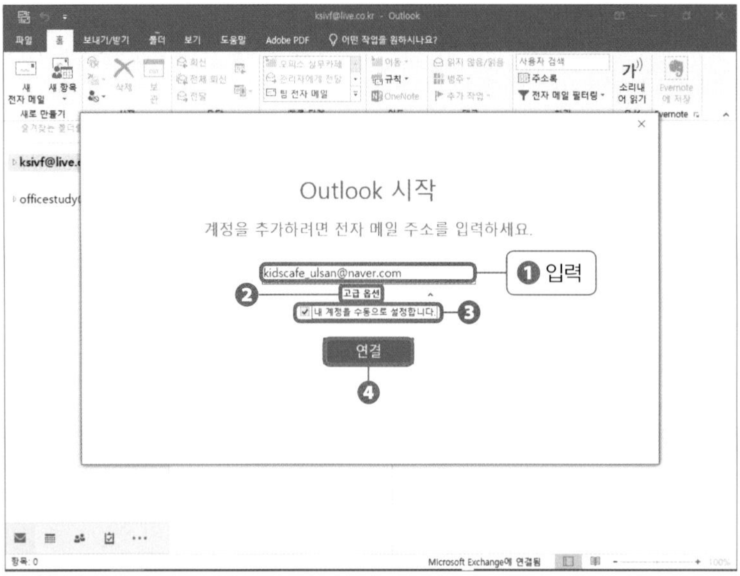

TIP

[내 계정을 수동으로 설정합니다]에 체크 표시를 하면 다양한 옵션을 통해 아웃룩과 쉽게 연결할 수 있습니다.

TIP PLUS

아웃룩 버전에 따른 방식의 차이

Outlook 버전에 따라 방식에 조금 차이가 있습니다. 하지만, 이름, 이메일 주소, 암호 등을 입력하는 방식에는 차이가 없습니다.

▲ Office 365용 Outlook 및 Outlook 2016의 경우

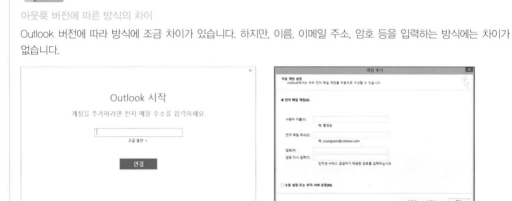

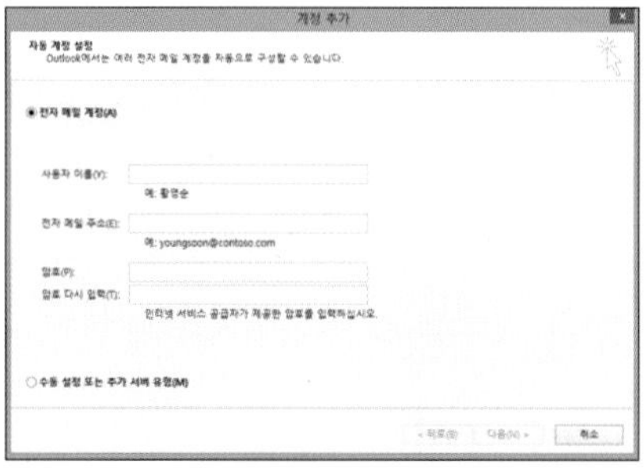

▲ Outlook 2013 및 Outlook 2010의 경우

05 [계정 유형 선택] 창이 나타나면 본인의 계정에 적합한 계정 유형을 선택합니다. 여기서는 [POP]를 선택합니다.

> **TIP**
> POP와 IMAP의 경우 비동기 방식인지 동기 방식인지에 따라 차이가 있습니다. 참고로 POP은 비동기 방식으로 아웃룩에서 이메일을 삭제해도 원본 서버에서는 이메일이 삭제되지 않으며, IMAP의 경우 아웃룩에서 이메일을 삭제하면 원본 서버에서도 이메일이 삭제되는 방식입니다.

06 받는 메일 서버와 보내는 메일 서버 정보가 이상 없는지 확인한 후 [다음]을 클릭합니다.

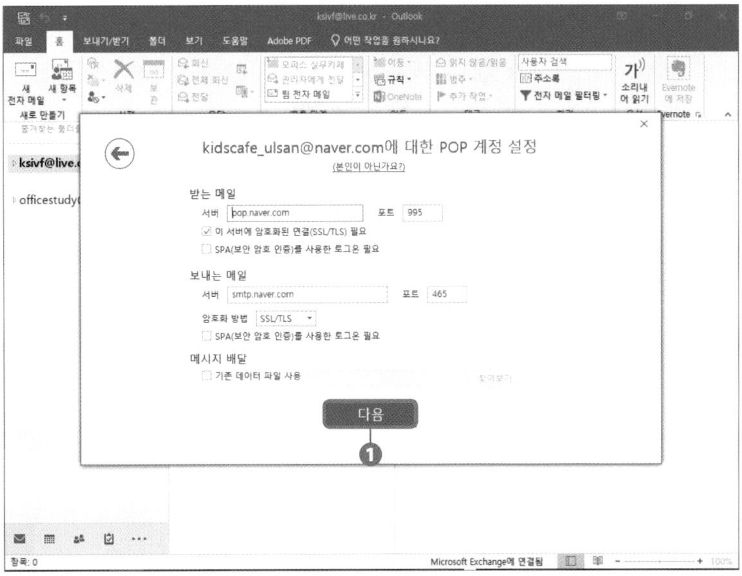

> **TIP**
> 네이버 메일을 아웃룩에 연결하기 위해서는 아래와 같이 외부 메일 프로그램 환경 설정을 알고 있어야 합니다.
> - **POP 서버명** : pop.naver.com
> - **SMTP 서버명** : smtp.naver.com
> - **POP 포트** : 995, 보안 연결(SSL) 필요
> - **SMTP 포트** : 465, 보안 연결(SSL) 필요

07 암호를 입력한 후 [연결]을 클릭합니다.

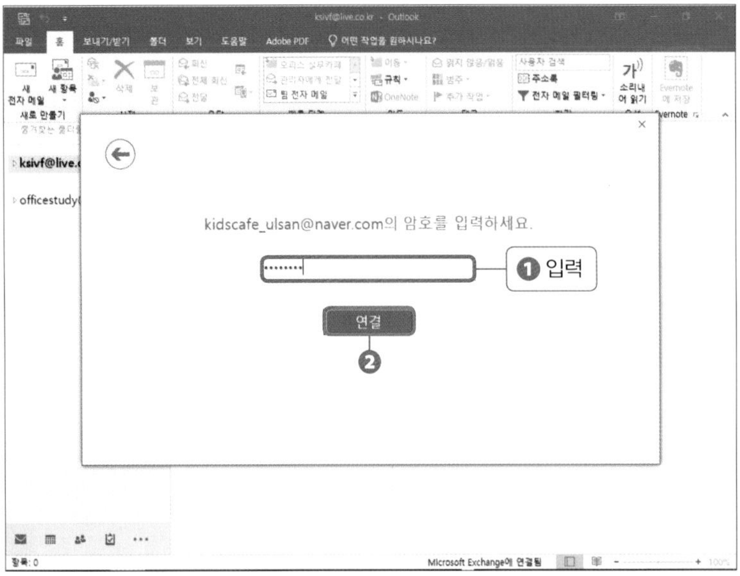

08 계정 설정이 완료되었다는 메시지가 나타나면 성공적으로 계정이 연결된 것입니다. [확인]을 클릭합니다.

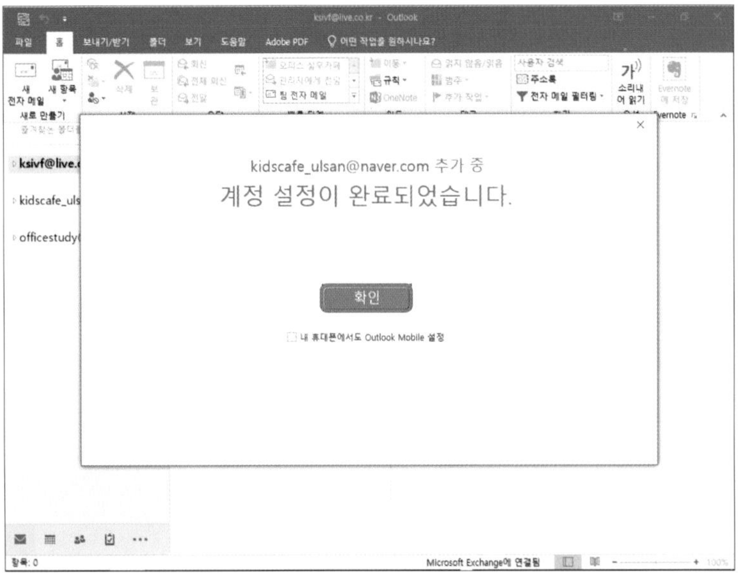

자주하는 질문

Q 그래도 연결되지 않아요.

A 메일이 연동되지 않는 경우는 여러 원인이 있을 수 있습니다. 네이버의 경우 아래 사항을 숙지한 후 다시 시도해 보세요.
http://blog21.kr/221581375634

003

기본 기능

사용한 기능 | 보내기/받기, 폴더 업데이트

이메일 계정 업데이트하여 아웃룩에 가져오기

네이버 메일이나 새로운 계정을 아웃룩에 연결하면 이메일 계정을 업데이트하여 아웃룩에 저장할 수 있습니다.

사용 가능 버전 2010 2013 2016 2019 365

예제 파일 없음
완성 파일 없음

01 앞선 예제를 통해 이메일을 아웃룩에 연결했다면 이제는 이메일 계정을 업데이트하여 해당 이메일을 아웃룩으로 가져오도록 하겠습니다. 해당 계정을 선택한 상태에서 [보내기/받기] 탭-[모든 폴더 보내기/받기]를 클릭합니다.

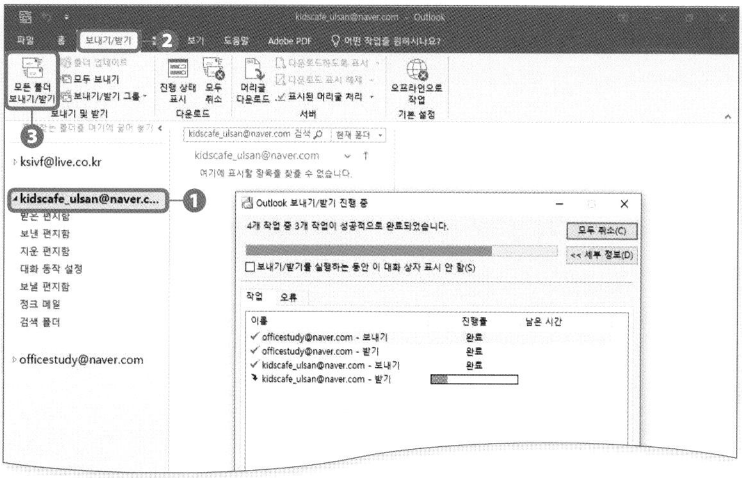

02 새 창이 나타나면서 이메일 계정이 업데이트됩니다. 업데이트 이후에는 [폴더 업데이트]를 통해 원하는 폴더만 업데이트할 수 있습니다.

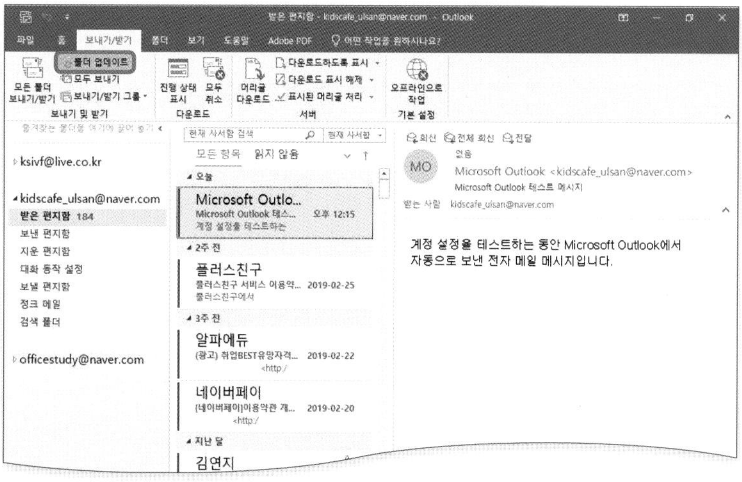

> **TIP**
> 제목 표시줄의 왼쪽에 있는 [모든 폴더 보내기/받기]를 클릭해 이메일을 업데이트할 수 있습니다.

004

★★★★★
필수 기능

사용한 기능 | 새 이메일 보내기

이메일 작성하고 보내기

아웃룩의 좋은 점은 여러 계정의 이메일을 한 곳에서 확인하고 관리할 수 있다는 점입니다. 이메일을 작성하고 보낼 때 역시 원하는 계정을 선택하여 이메일을 작성하고 보낼 수 있습니다.

사용 가능 버전	
2010 2013 2016 2019 365	예제 파일 없음 완성 파일 없음

01 앞 단계를 통해 계정을 생성했다면 이제 해당 계정을 아웃룩에서 활용할 수 있습니다. 이메일을 작성하고 싶은 계정을 선택한 다음 [홈] 탭–[새로 만들기] 그룹에서 [새 전자 메일]을 클릭합니다.

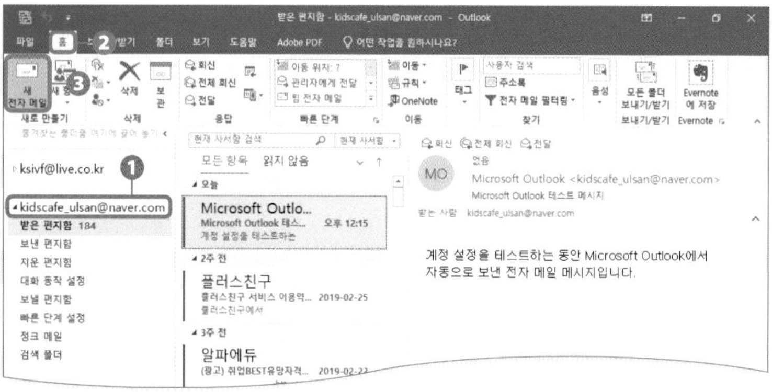

02 새 창이 나타나면 받는 사람과 제목, 내용 등을 입력한 다음 [보내기]를 클릭합니다.

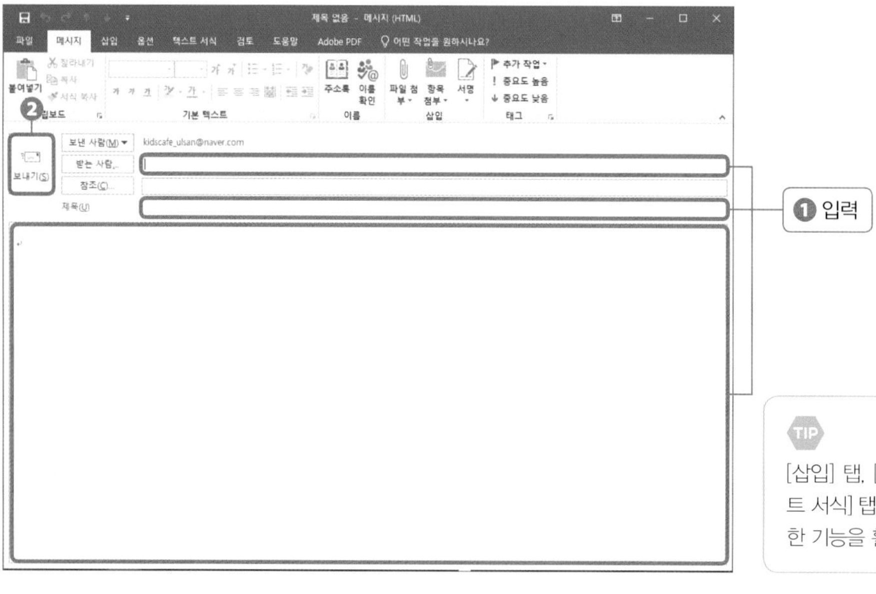

TIP
[삽입] 탭, [옵션] 탭, [텍스트 서식] 탭 등을 통해 다양한 기능을 활용해 보세요.

TIP PLUS

받는 사람, 참조, 숨은 참조

받는 사람, 참조 또는 숨은 참조 필드에 이름 또는, 이메일 주소를 입력할 수 있습니다. 참고로, 숨은 참조 상자에 받는 사람의 이름을 추가하는 경우 지정된 사람에게 메시지의 사본이 전송됩니다. 숨은 참조 상자에 추가된 사람은 메시지를 받는 다른 사람에게는 표시되지 않습니다. 숨은 참조는 [받는 사람], 혹은 [참조]를 클릭하면 표시됩니다.

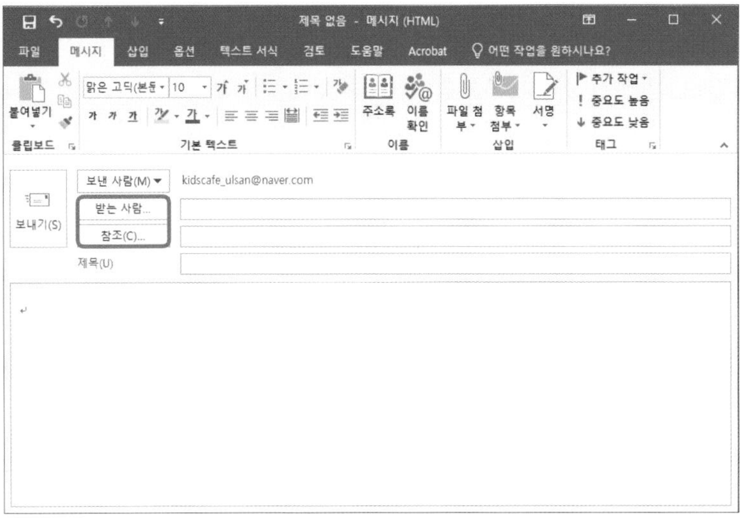

TIP PLUS

이메일에 파일 첨부하기

[삽입] 탭–[파일 첨부]를 클릭해 이메일에 파일을 첨부하거나 내 컴퓨터에서 이메일 본문으로 파일을 드래그하여 첨부할 수도 있습니다. 또한, 내 컴퓨터에서 Ctrl+C를 눌러 파일을 복사한 후 아웃룩의 메시지 보내기 새 창에서 Ctrl+V를 눌러 첨부할 수도 있습니다.

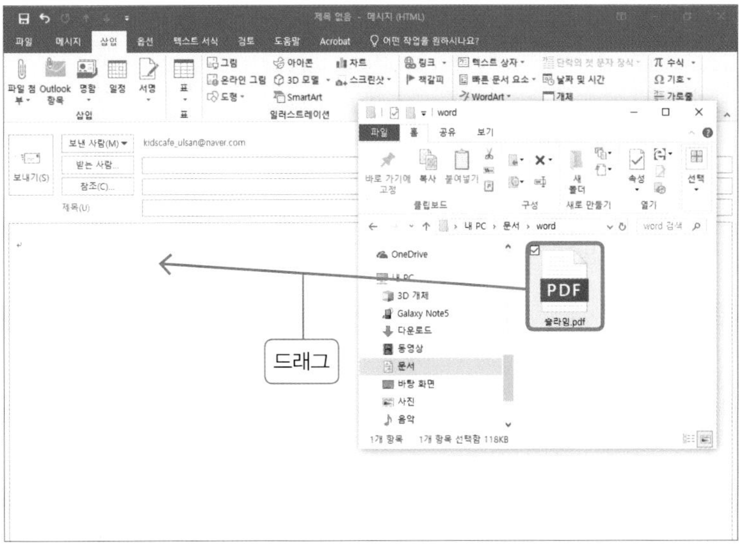

005

기본 기능

사용한 기능 | 이메일 전송, 배달/읽음 요청

이메일 전달하고 배달/읽음 확인 요청하기

이메일을 상대방에게 전달한 후 상대방이 읽었는지 읽지 않았는지를 확인할 수 있습니다.

사용 가능 버전 2010 2013 2016 2019 365

예제 파일 없음
완성 파일 없음

01 [홈] 탭–[새로 만들기] 그룹에서 [새 전자 메일]을 클릭합니다. 새 이메일 작성 창이 나타나면 [옵션] 탭–[추적] 그룹에서 [배달 확인 요청]에 체크 표시를 한 다음 [보내기]를 클릭하여 이메일을 발송합니다.

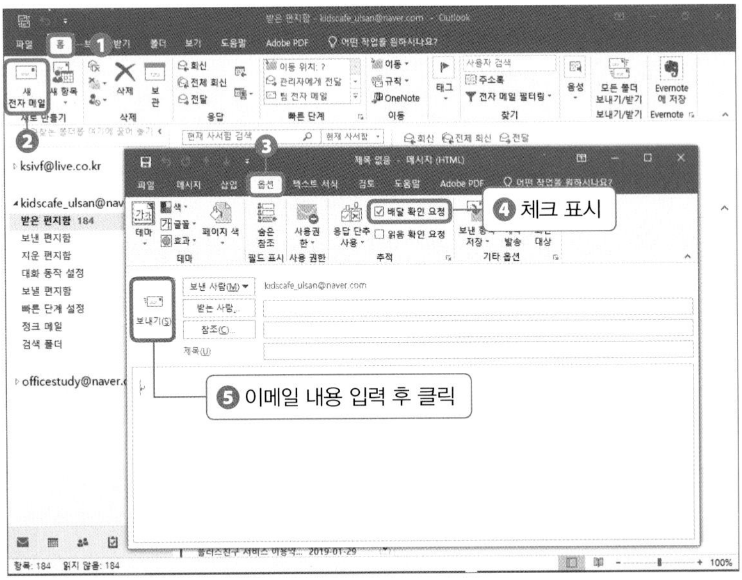

TIP

- **배달 확인 요청** : 이메일이 전달되면 알림을 요청합니다.
- **읽음 확인 요청** : 상대방이 이메일을 읽으면 알림을 요청합니다.

02 상대방의 경우 이메일을 읽을 시 배달 확인 요청이나 읽음 확인 요청에 응할 수 있습니다.

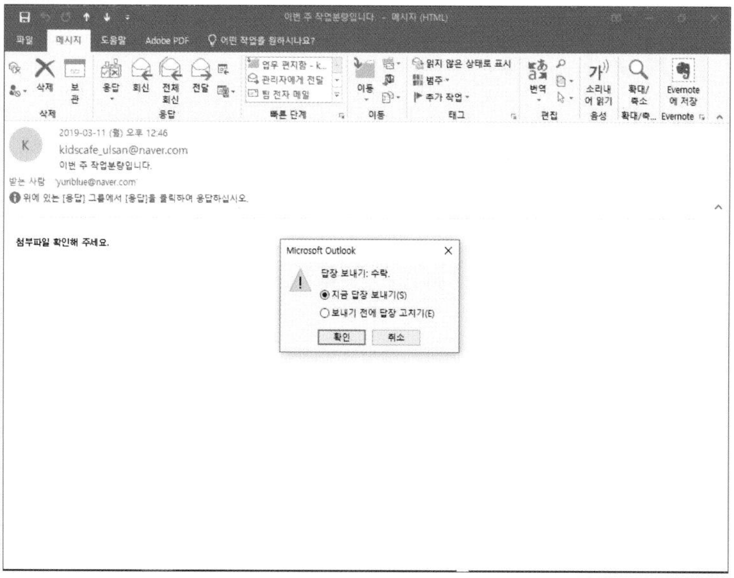

TIP PLUS

이메일 추적하기

[파일] 탭-[옵션]을 클릭한 후 [메일]-[추적]에서 [받는 사람의 전자 메일 서버로 메시지를 배달했는지 확인] 혹은, [받는 사람이 메시지를 읽었는지 확인]에 체크 표시를 하면 메시지가 제대로 수신되었는지 확인할 수 있습니다.

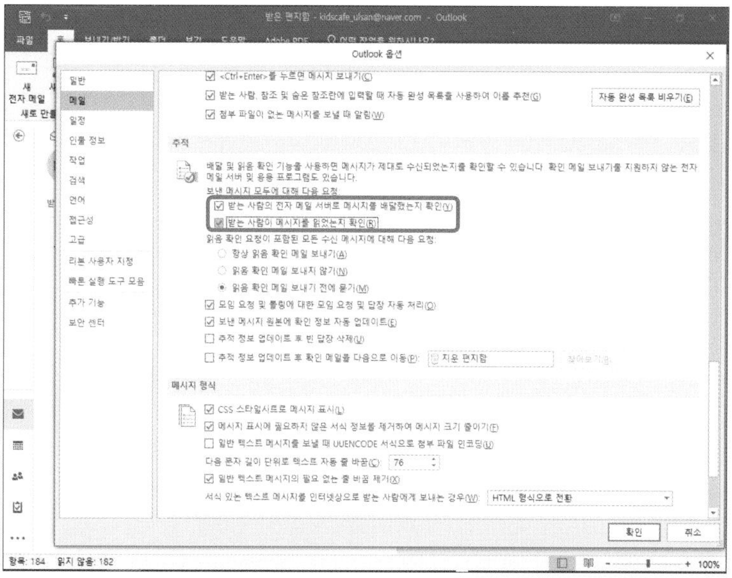

사용한 기능 | 새 항목, 연락처 추가

006

★★★☆☆
필수 기능

구성원의 연락처나 주소 추가하기

아웃룩을 통해 구성원의 연락처나 주소 등을 입력할 수 있습니다. 추가된 구성원은 그룹으로 묶거나 일정을 공유할 때 참조할 수 있어 편리하며, 오피스 공통으로 주소록을 활용할 수 있습니다.

사용 가능 버전	예제 파일 없음
2010 2013 2016 2019 365	완성 파일 없음

01 먼저 새 연락처를 등록해 보겠습니다. [홈] 탭–[새로 만들기] 그룹에서 [새 항목]–[연락처]를 클릭합니다.

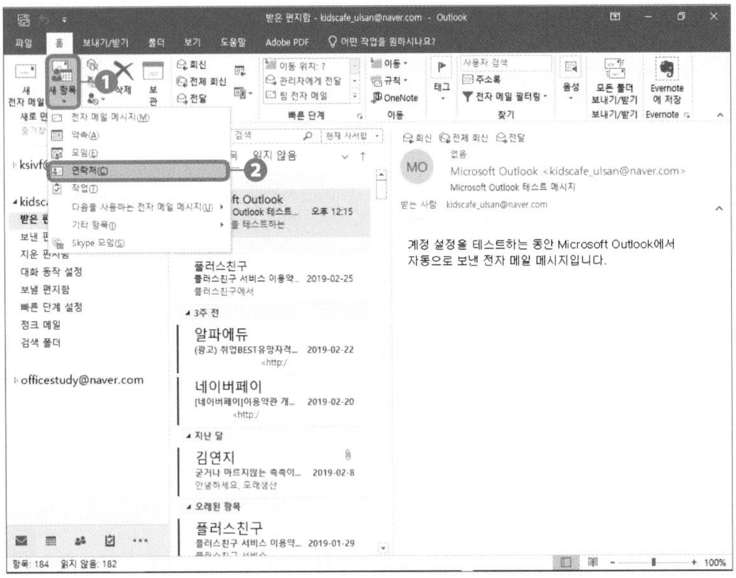

TIP PLUS

다른 방법으로 연락처 추가

이번 따라하기처럼 하나하나 연락처를 입력할 수 있지만 *.csv 혹은, *.pst 와 같은 확장자를 지닌 연락처 파일을 통해서도 연락처를 추가할 수 있습니다. 외부 프로그램이나 아웃룩에서 생성한 연락처를 *.csv 혹은 *.pst로 다운로드받아 다시 불러올 수 있습니다.

- *.csv 파일에는 텍스트 파일로 내보낸 연락처가 포함되어 있습니다. 연락처 정보에 해당하는 각 항목이 쉼표로 구분되어 있습니다.
- *.pst 파일은 아웃룩에서 내보낸 파일입니다. 다른 아웃룩에서 연락처를 추가하거나 다른 컴퓨터에서 읽을 수 있는 형식으로 되어 있습니다
- 엑셀의 [가져오기/내보내기] 마법사를 통해 *.xlsx 또는 *.xls 등 엑셀 파일로 저장된 연락처 정보를 가져올 수 있습니다.

02 새 연락처 창이 열리면 각각의 항목에 내용을 입력한 다음 [연락처] 탭–[동작] 그룹에서 [저장 후 닫기]를 클릭합니다.

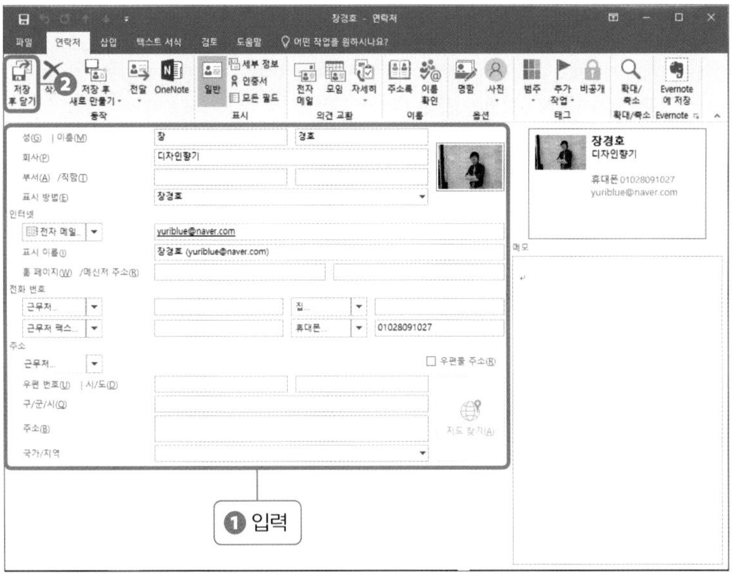

같은 방법으로 여러 구성원의 연락처 및 이메일 주소를 등록해 보세요. 주소록을 통해 개별 이메일 전송할 때나 그룹별로 이메일을 전송할 때에도 유용하게 활용할 수 있습니다.

03 이미 저장된 연락처라면 다음과 같은 [중복된 연락처 검색] 창이 나타납니다. 내용을 확인한 후 [새 연락처 추가]를 선택하거나 [선택한 연락처의 정보를 업데이트합니다.]를 선택한 후 [업데이트]를 선택합니다.

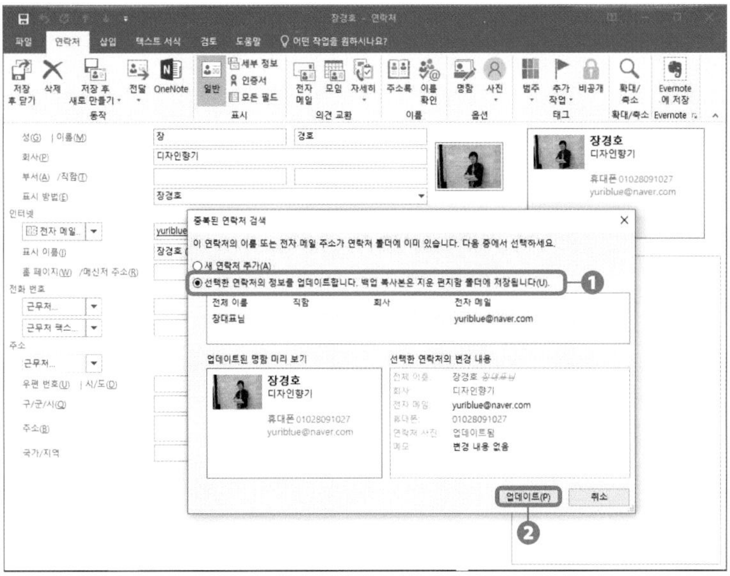

007

★★★☆☆
활용 기능

사용한 기능 I 주소록, Outlook, 연락처에 추가

받은 이메일에서 주소록 빠르게 추가하기

주소록을 활용하면 여러 사람에게 동시에 이메일을 보내거나 그룹별로 이메일 주소를 관리하거나 보낼 수 있습니다. 여기서는 아웃룩에서 주소록에 등록할 구성원을 빠르게 추가하는 방법에 대해서 살펴보겠습니다.

사용 가능 버전	예제 파일 없음
2010 2013 2016 2019 365	완성 파일 없음

01 받은 편지함에서 원하는 이메일을 선택합니다. 보낸 사람의 이메일 주소를 마우스 오른쪽 버튼으로 클릭한 후 [Outlook 연락처에 추가]를 선택합니다.

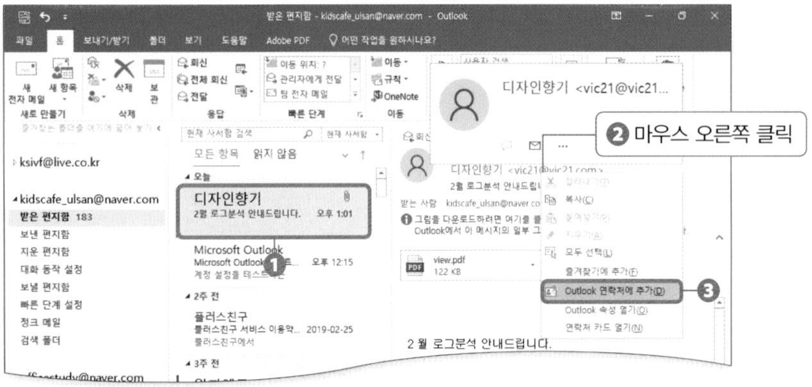

02 팝업 창이 나타나면 이름과 연락처 등에 해당 인적사항을 입력하거나 확인한 후 [저장 후 닫기]를 클릭합니다.

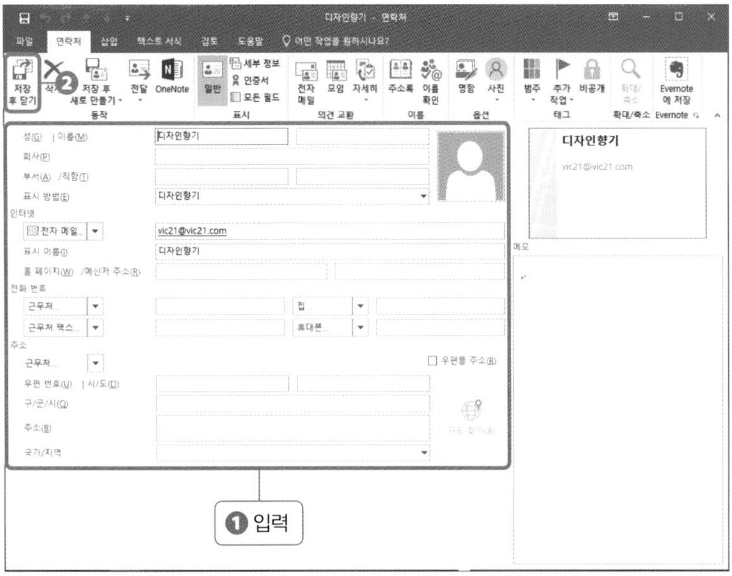

008

★★★★★
활용 기능

사용한 기능 | 주소록, 연락처, 새 전자 메일

주소록을 통해 개별 이메일 전송하기

주소록에 거래처나 담당자 정보가 포함되어 있다면 이메일 주소를 일일이 입력하지 않더라도 편하게 이메일을 전송할 수 있습니다.

사용 가능 버전	예제 파일 없음
2010 2013 2016 2019 365	완성 파일 없음

01 [홈] 탭에서 [새 전자 메일]을 클릭해 [메시지] 창을 엽니다. [받는 사람]을 클릭합니다.

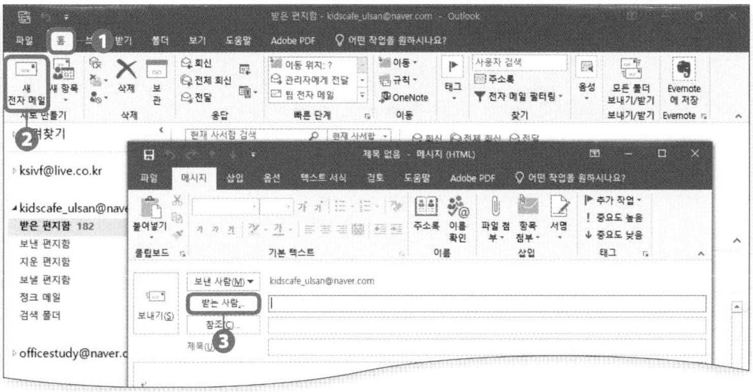

TIP PLUS

파일 첨부 시 나타나는 3가지 요소

[메시지] 창에서 [메시지] 탭–[삽입] 그룹의 [파일 첨부]를 클릭하면 3가지 요소 중에서 파일 첨부를 선택할 수 있습니다.

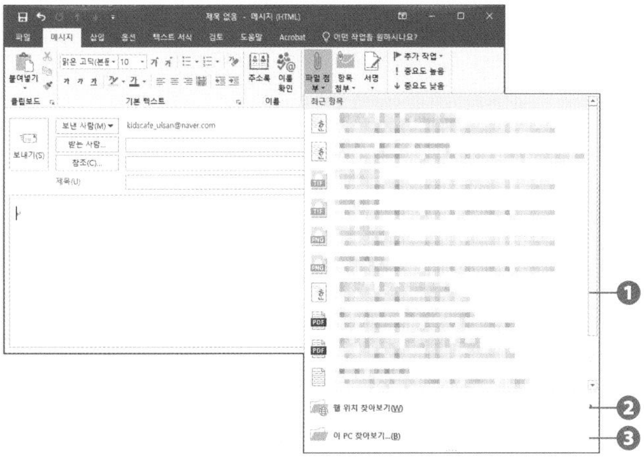

❶ **최근 항목** : 가장 최근에 작업한 12개의 파일이 여기에 표시됩니다. 파일을 선택하여 이메일에 첨부할 수 있습니다.
❷ **웹 위치 찾아보기** : 원드라이브나 SharePoint 사이트 또는, 이전에 액세스한 그룹 문서 라이브러리 등의 다른 위치에서 파일을 선택하여 이메일에 첨부할 수 있습니다.
❸ **이 PC 찾아보기** : 내 컴퓨터에서 파일을 선택하여 이메일에 첨부할 수 있습니다.

02 [이름 선택: 연락처] 대화상자가 표시됩니다. 원하는 구성원을 Ctrl을 누른 채 선택한 후 [받는 사람]을 클릭합니다. [확인]을 클릭합니다.

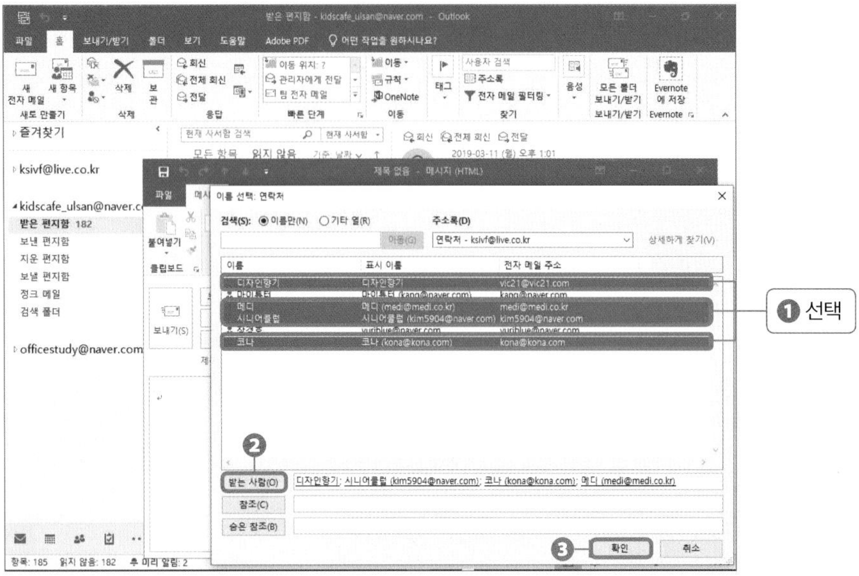

03 [메시지] 창에서 [받는 사람]에 주소록에서 선택한 이메일이 입력됩니다. [보내기]를 클릭하면 여러 사람에게 한 번에 메시지를 전송할 수 있습니다.

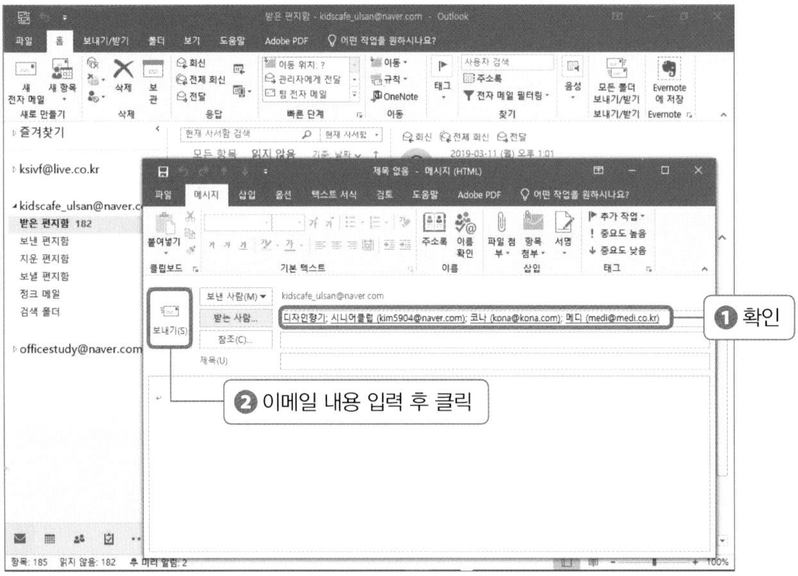

사용한 기능 | 주소록, 연락처, 새 연락처 그룹, 구성원 추가

009

★★★★☆
활용 기능

그룹별로 이메일 전송하기

여러 사람에게 동일한 이메일을 보내는 경우를 그룹 메일, 단체 메일이라고 합니다. 수십 명에게 자주, 혹은 동시에 동일한 이메일을 전송한다면 그룹 주소록을 만들어 관리하는 것이 편리합니다.

사용 가능 버전	예제 파일 없음
2010 2013 2016 2019 365	완성 파일 없음

01 그룹별로 쉽게 이메일을 전송하는 방법에 대해서 살펴보겠습니다. 그룹별로 이메일을 전송하려면 우선 그룹을 생성해야 합니다. [홈] 탭–[찾기] 그룹에서 [주소록]을 클릭합니다.

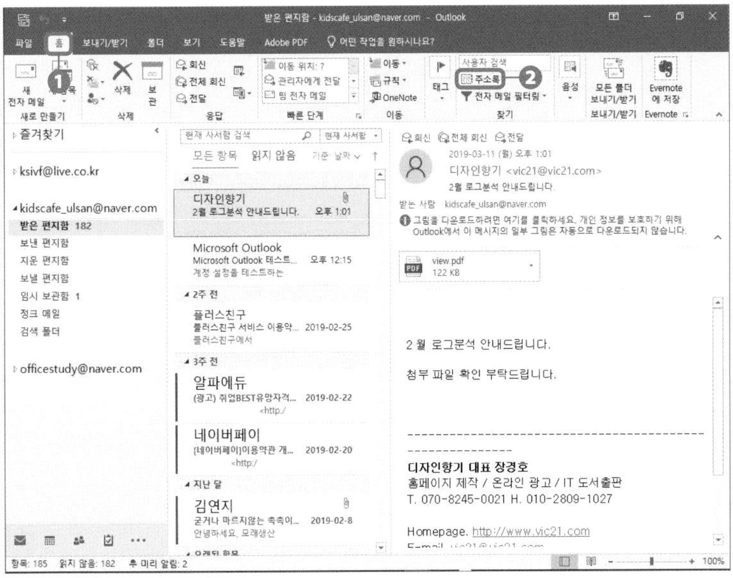

TIP

[홈] 탭–[새로 만들기] 그룹에서 [새 항목]–[연락처]를 선택한 후 [연락처] 탭–[이름] 그룹에서 [주소록]을 클릭해도 됩니다.

02 [주소록: 연락처] 대화상자가 표시되면 [파일]–[새 항목]을 클릭합니다. [새 항목] 대화상자에서 [새 연락처 그룹]을 선택하고 [확인]을 클릭합니다.

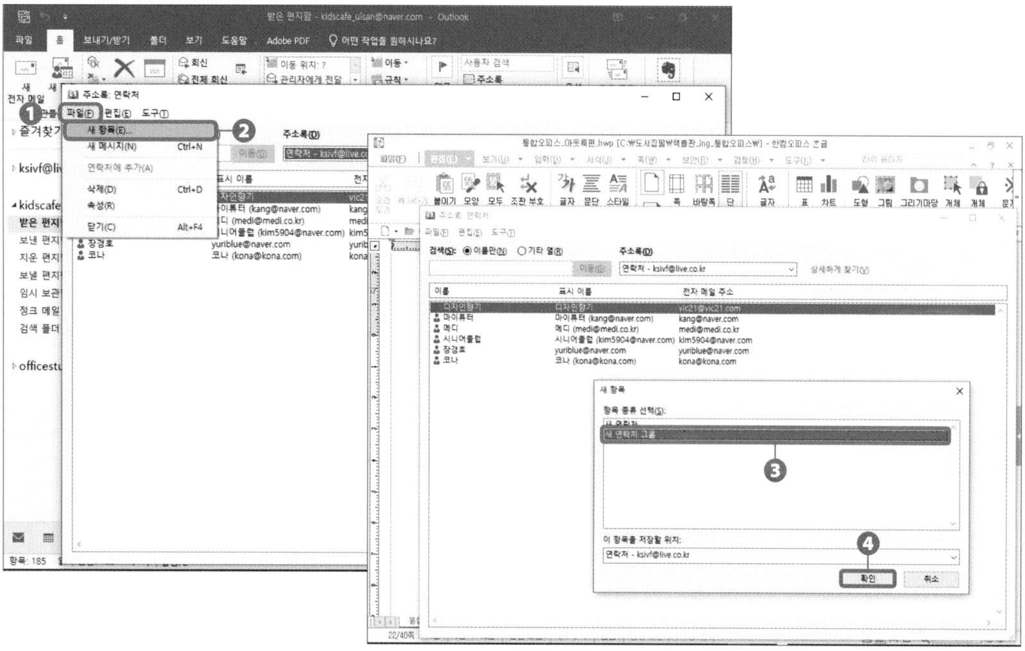

TIP

[주소록 연락처] 대화상자에서 [주소록] 화살표를 클릭하면 주소록을 생성할 계정을 선택할 수 있습니다.

03 [메일 그룹] 탭–[구성원] 그룹에서 [구성원 추가]–[주소록에서 선택]을 클릭합니다.

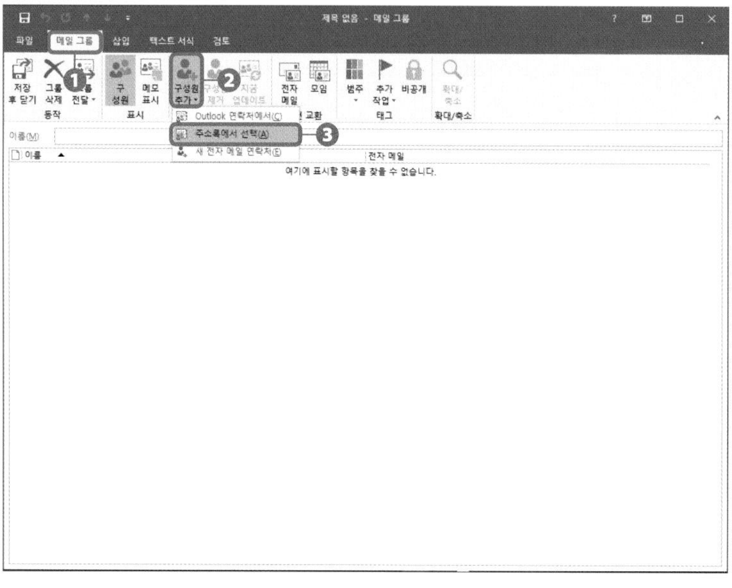

04 [구성원 선택: 연락처] 대화상자가 표시되면 Ctrl을 누른 채 원하는 구성원을 선택한 다음 [추가]를 클릭한 후 [확인]을 클릭합니다.

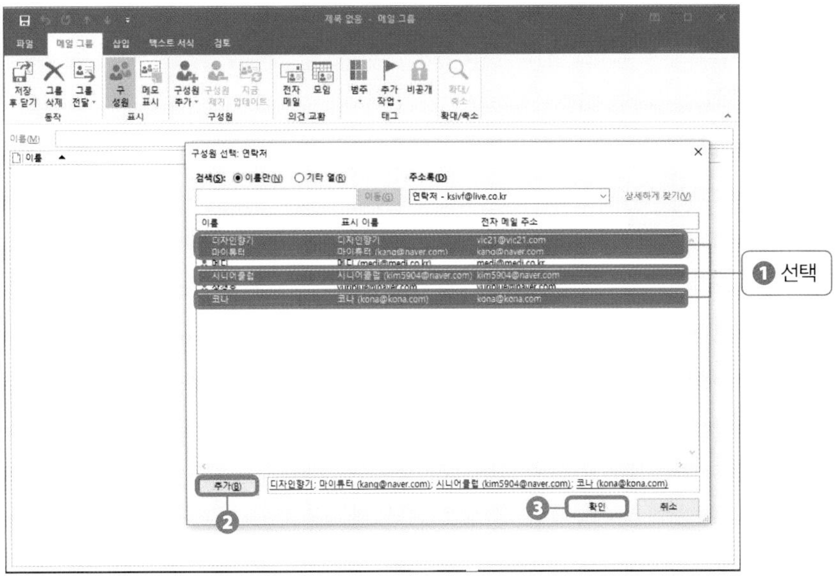

05 [이름] 항목에 그룹 이름을 입력한 후 [저장 및 닫기]를 클릭합니다.

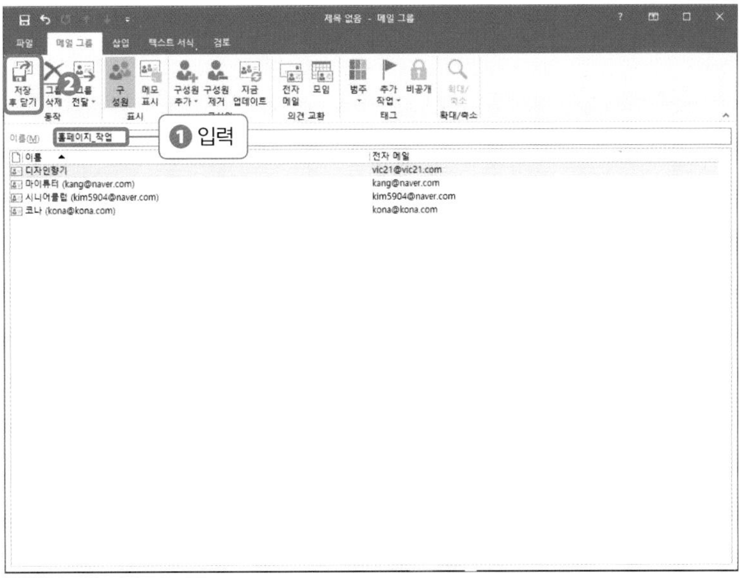

06 [주소록: 연락처] 대화상자에 그룹이 지정된 것을 확인할 수 있습니다.

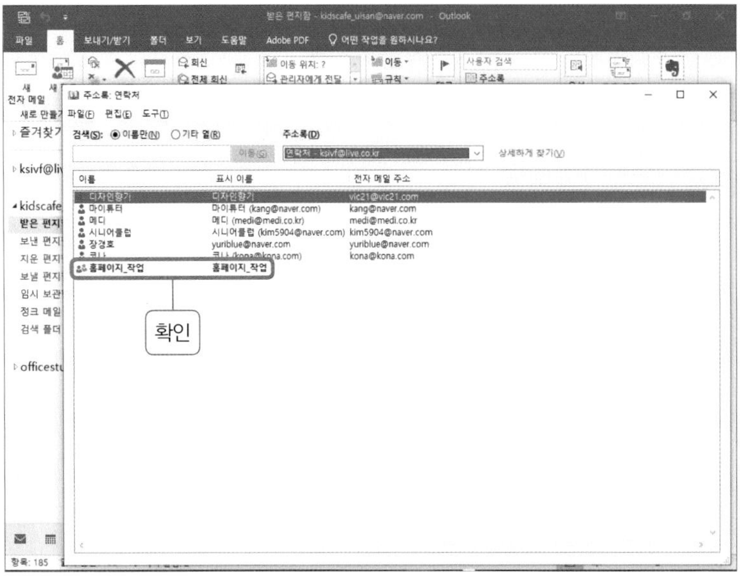

07 [홈] 탭–[새로 만들기] 그룹에서 [새 전자 메일]을 클릭합니다. [받는 사람]을 클릭하고 원하는 그룹을 선택한 후 [받는 사람]을 클릭합니다. [확인]을 클릭합니다.

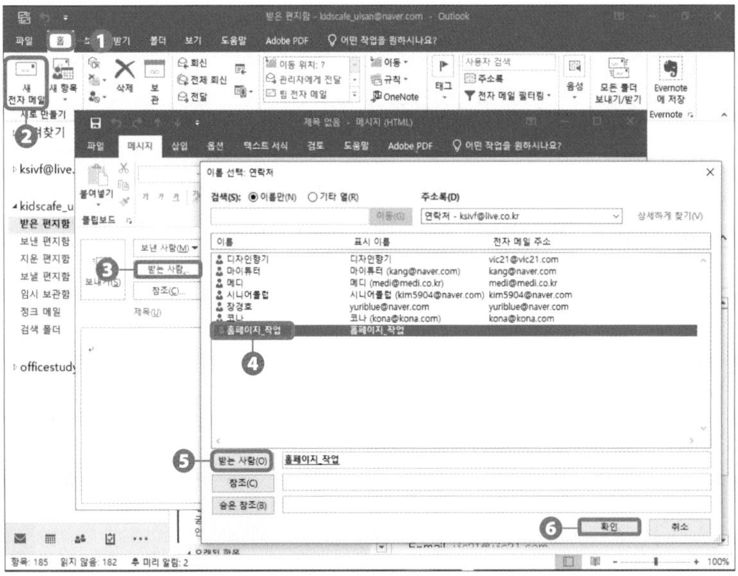

사용한 기능 | 메일 분류, 대화 자동 분류

010

기본 기능

받은 편지함 이메일 분류하기

이메일을 분류하면 중요한 이메일과 자주 주고받는 사람과의 이메일, 광고 등의 스팸 메일 등을 분류할 수 있습니다.

사용 가능 버전	예제 파일 없음
2010 2013 2016 2019 365	완성 파일 없음

01 분류하고 싶은 이메일을 선택하고 마우스 오른쪽 버튼을 클릭한 후 [이동]–[이 대화의 메시지는 항상 이동]을 선택합니다.

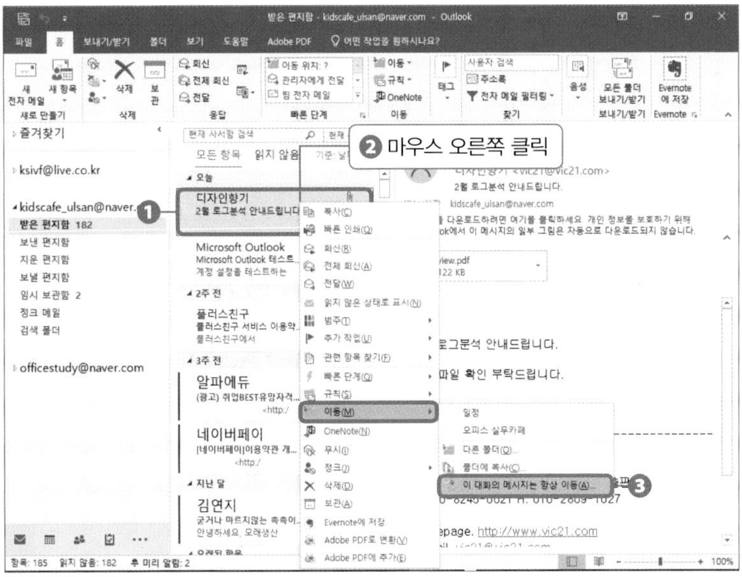

TIP

규칙을 사용하여 이메일 메시지를 이동시키고, 플래그를 지정하고, 자동으로 응답할 수 있습니다. 분류하고 싶은 이메일을 마우스 오른쪽 버튼으로 클릭한 후 [규칙]을 선택합니다. 다양한 옵션이 표시되면 원하는 옵션을 하나 선택합니다. 더욱 **자세한 사항은 380페이지 〈015. 필터링을 통해 이메일 자동 분류하기〉**에서 확인하세요.

02 [대화 자동 분류] 대화상자가 나타나면 [새로 만들기]를 클릭합니다. [새 폴더 만들기] 대화상자가 나타나면 폴더 위치를 지정한 다음 폴더 이름을 입력하고 [확인]을 클릭합니다. [대화 자동 분류] 대화상자에서 [확인]을 클릭합니다.

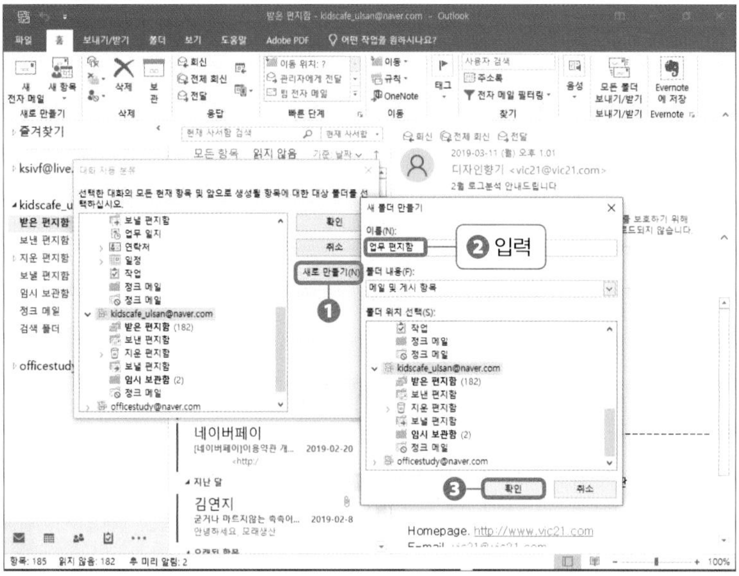

03 편지함에 [업무 편지함]이 생성되며, 선택했던 이메일이 [업무 편지함]으로 이동된 것을 확인할 수 있습니다.

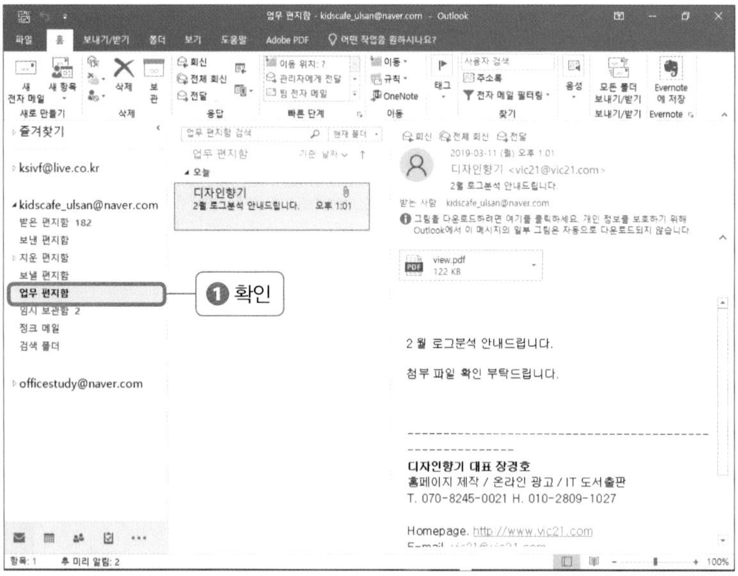

사용한 기능 | Outlook 옵션, 서명, 명함

011

이메일 보낼 때 서명 활용하기

기본 기능

상대방에서 전달되는 이메일에 프로필과 같은 서명을 함께 전송할 수 있습니다. 서명에는 이름이나 전화번호, 혹은 회사 로고를 비롯해 명함 등을 포함할 수 있습니다.

사용 가능 버전 2010 2013 2016 2019 365

예제 파일 없음
완성 파일 없음

01 [파일] 탭–[옵션]을 클릭합니다. [Outlook 옵션] 대화상자가 나타나면 [메일]을 클릭한 후 [메시지 작성]–[서명]을 클릭합니다.

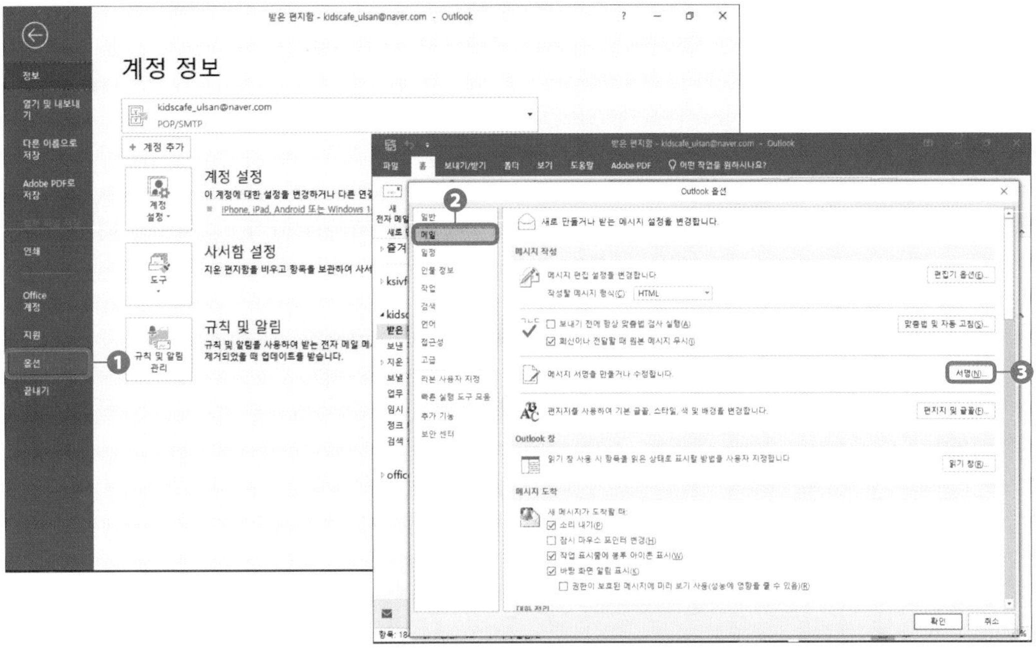

02 [서명 및 편지지] 대화상자가 나타나면 [전자 메일 서명] 탭-[새로 만들기]를 클릭합니다. [새 서명] 대화상자가 나타나면 이름을 입력한 다음 [확인]을 클릭합니다.

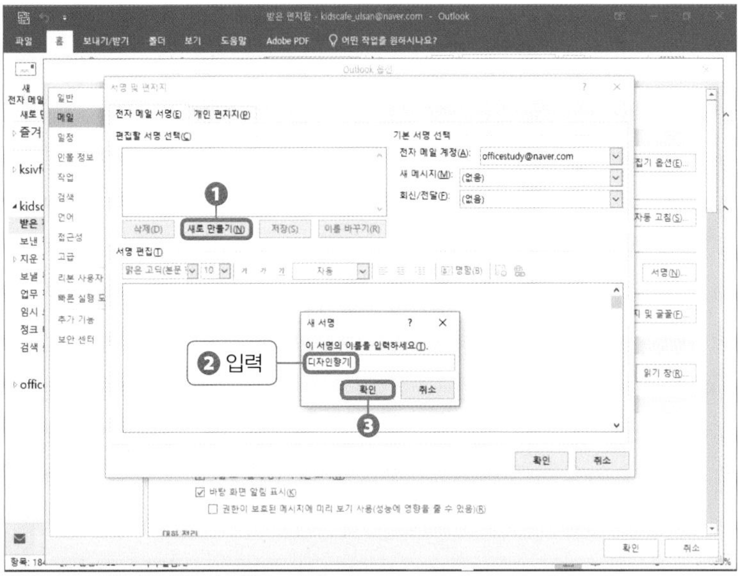

03 서명은 여러 개 만들어 활용할 수 있습니다. [편집할 서명 선택]의 [서명 편집] 입력란에 원하는 서명을 입력한 다음 [저장]을 클릭합니다.

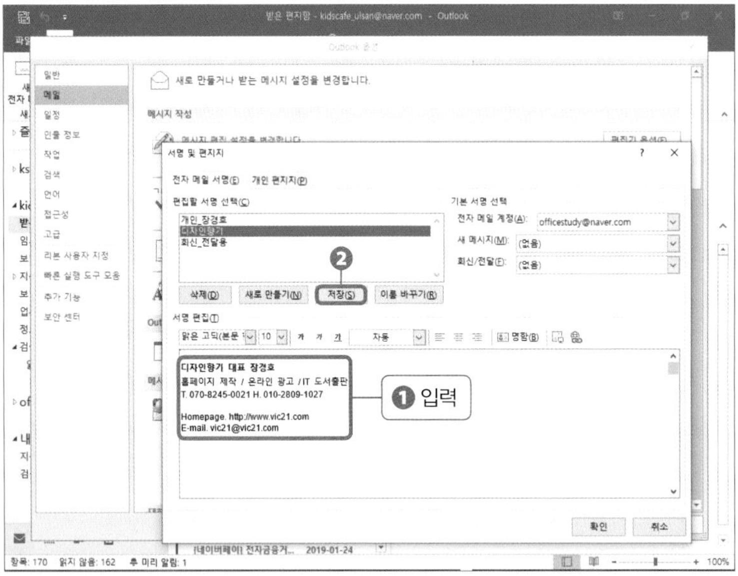

04 [기본 서명 선택]에서 [전자 메일 계정]을 비롯해 [새 메시지], [회신/전달]에서 적용할 항목을 선택하고 [확인]을 클릭합니다.

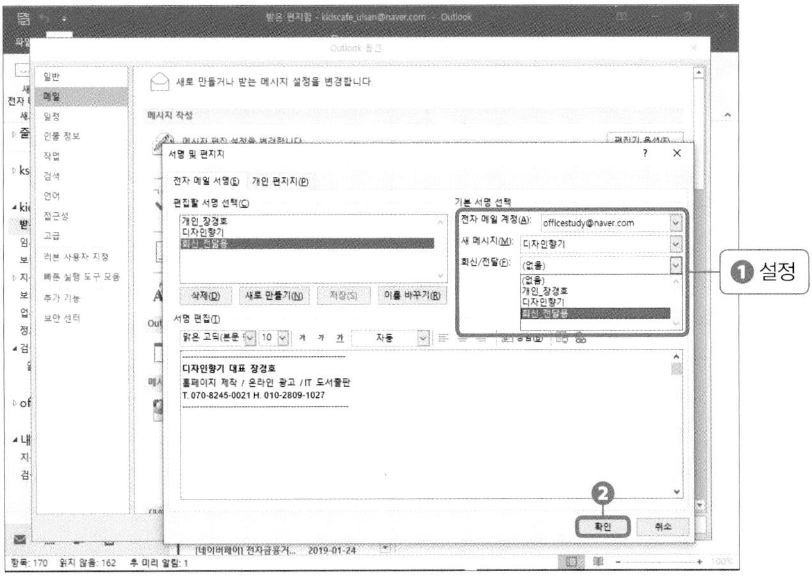

05 이제 [새 메시지] 창을 열면 본문 하단에 서명이 표시되는 것을 확인할 수 있습니다.

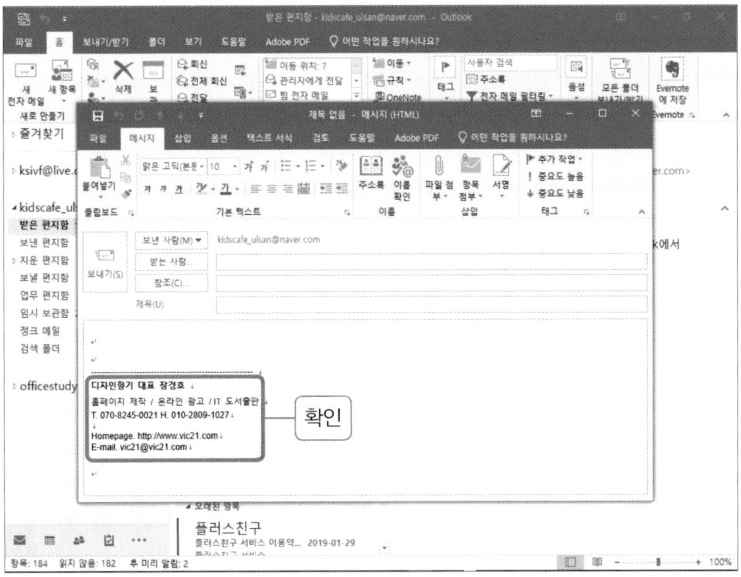

TIP PLUS

이메일 보낼 때 명함 포함하기

[서명 및 편지지] 대화상자에서 [명함]을 클릭하면 [명함 삽입] 대화상자가 나타납니다. 여기에 연락처를 비롯해 인적사항을 입력하면 이메일을 보낼 때 명함을 서명으로 활용할 수 있습니다.

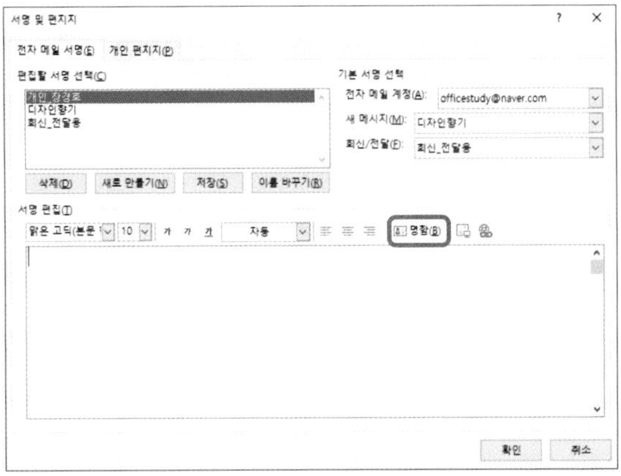

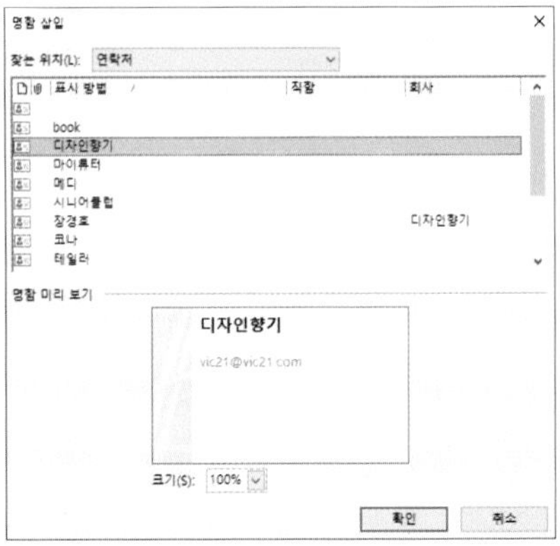

자주하는 질문

Q 이메일 보낼 때 서명을 변경하고 싶어요.

A 앞에서 언급했지만 서명은 여러 개 만들 수 있습니다. 보내는 사람에 따라 다른 서명으로 보낼 수 있습니다. [메시지] 탭-[삽입] 그룹의 [서명]을 클릭해 원하는 서명을 선택하세요.

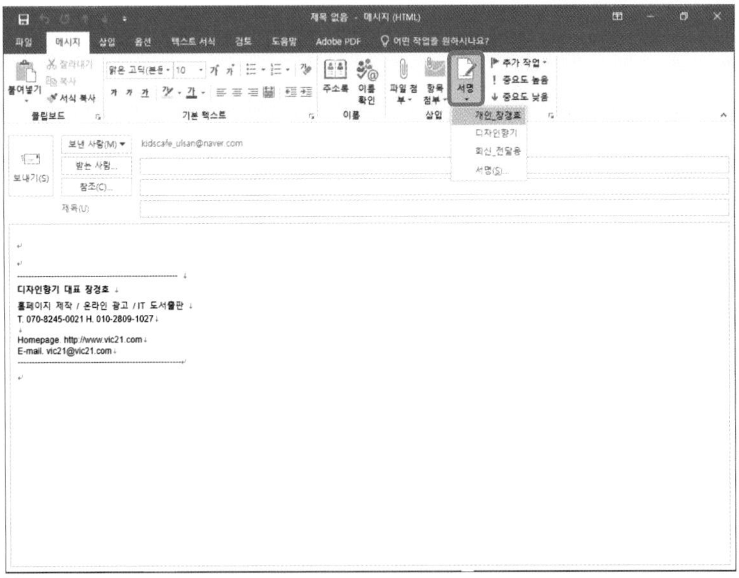

012

기본 기능

사용한 기능 | 다른 편지지, 테마 또는 편지지

HTML 편지지 사용하기

테마 또는, 편지지를 활용하면 이메일에 다양한 배경과 색상을 지정하여 꾸밀 수 있습니다.

사용 가능 버전 2010 2013 2016 2019 365

예제 파일 없음
완성 파일 없음

01 [홈] 탭–[새로 만들기] 그룹에서 [새 항목]을 클릭한 다음 [다음을 사용하는 전자 메일 메시지]–[다른 편지지]를 선택합니다.

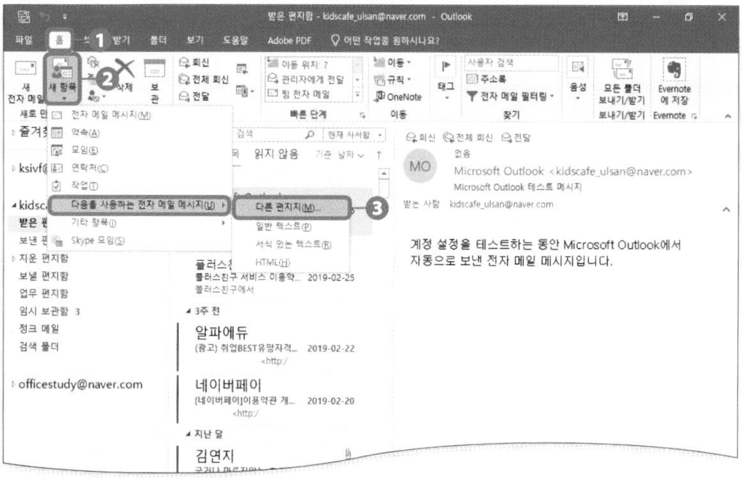

02 [테마 또는 편지지] 대화상자가 나타나면 [테마 선택]에서 원하는 테마를 선택합니다. [확인]을 클릭합니다.

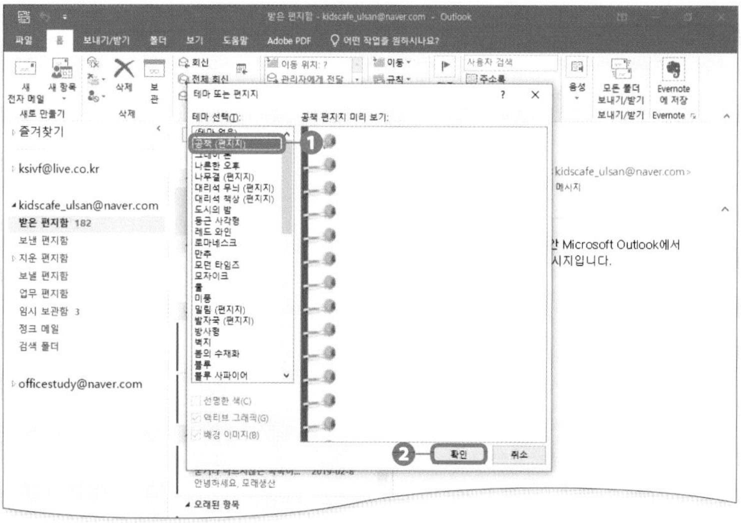

TIP 편지지가 제대로 전송되지 않는다면 작성할 메시지 형식을 'HTML'로 지정해야 합니다. [파일] 탭–[옵션]에서 [Outlook 옵션] 대화상자가 표시되면 [메일]–[메시지 작성]에서 [작성할 메시지 형식]을 [HTML]로 설정합니다.

사용한 기능 | 도움말

013 기본 기능

아웃룩에서 도움말 활용하기

아웃룩을 비롯해 엑셀, 파워포인트, 워드 등의 오피스에는 도움말 기능을 통해 기능 설명이나 도움말을 친절히 확인할 수 있습니다. 여기서는 '서명'에 대해서 더욱 자세한 도움말을 요청해 보겠습니다.

사용 가능 버전	예제 파일 없음
2010 2013 2016 2019 365	완성 파일 없음

01 '어떤 작업을 원하시나요?' 입력란에 서명을 입력합니다. 『서명』을 입력하면 서명에 관한 기능 및 도움말 항목이 표시됩니다. ["서명"에 대한 도움말]-[서명 만들기 및 메시지에 서명 추가]를 클릭합니다.

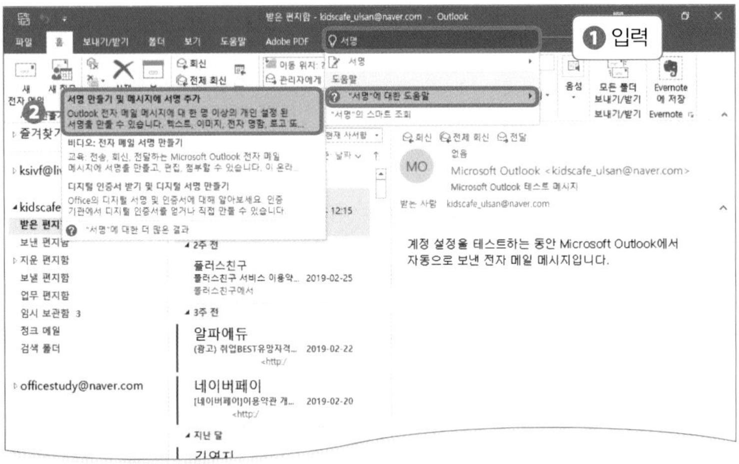

> **TIP**
> 만일, 제일 상단에 위치하고 있는 '서명'을 선택하면 '서명' 기능이 바로 실행됩니다.

02 [도움말] 창이 나타나면 서명에 대한 자세한 설명이 표시됩니다.

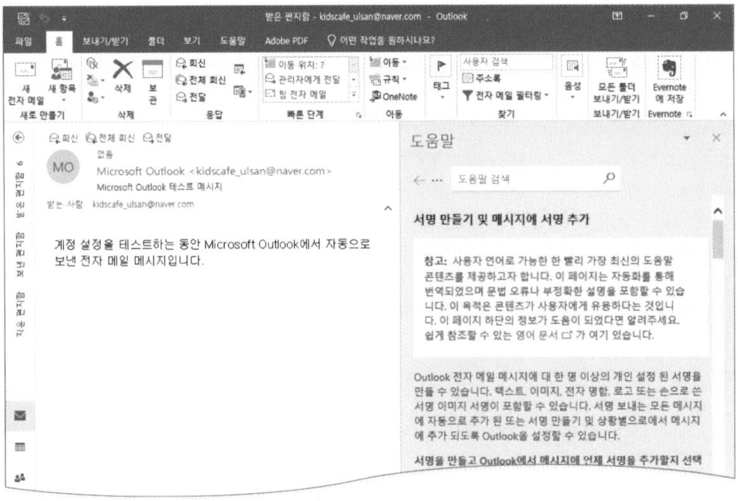

MEMO

CHAPTER

2

아웃룩 활용 기술

아웃룩에서 제공하는 기능은 이외에도 참 많습니다. 응답 단추를 이용해 설문지를 작성하거나 RSS 피드를 추가하여 다양한 정보를 구독할 수 있습니다. 그뿐만 아니라 행사나 모임을 추가하여 상대방에게 알려주거나 개개인이나 업무 일정도 저장하고 알림을 받거나 이메일로 전송할 수도 있습니다.

배워 볼 내용

[정보 저장] 014 데이터 파일(.pst)을 만들어 정보 저장하기

[메일 자동 분류] 015 필터링을 통해 이메일 자동 분류하기 필수 기능 ★★★★☆

[정크 메일] 016 광고성 이메일 등 정크 메일을 따로 분류하기 필수 기능 ★★★☆☆

[RSS 피드] 017 RSS 피드 추가하여 정보 구독하기 활용 기능 ★★★☆☆

[응답 단추] 018 응답 단추를 이용해 간단한 설문지 작성하기

[검색 폴더] 019 검색 폴더를 통해 이메일 관리하기 활용 기능 ★★★☆☆

[행사/모임 추가] 020 행사 및 모임 추가하기

[일정 관리] 021 아웃룩으로 일정 관리하기

[일정 추가] 022 메일함을 이용하여 일정 추가하기 활용 기능 ★★★★☆

[업무 확인] 023 업무 진행 상황과 작업 확인하기

[작업 등록] 024 기한, 상태, 우선순위를 지정하여 작업 등록하기

[휴일/공휴일 확인] 025 다른 나라의 휴일이나 공휴일 확인하기

사용한 기능 | Outlook 데이터 파일, 암호

014 데이터 파일(.pst)을 만들어 정보 저장하기

기본 기능

아웃룩을 처음 실행하면 필요한 데이터 파일이 자동으로 만들어집니다. 하지만 정기적으로 사용하지 않는 이전 메시지 혹은, 백업이 필요할 경우에는 데이터 파일(.pst)에 보관할 수 있습니다.

사용 가능 버전	예제 파일 없음
2010 2013 2016 2019 365	완성 파일 없음

01 데이터 파일(.pst)은 사용자 컴퓨터의 '문서\Outlook 파일' 폴더에 자동으로 저장됩니다. 받은 편지함에서 [홈] 탭–[새 항목]–[기타 항목]–[Outlook 데이터 파일]을 클릭합니다.

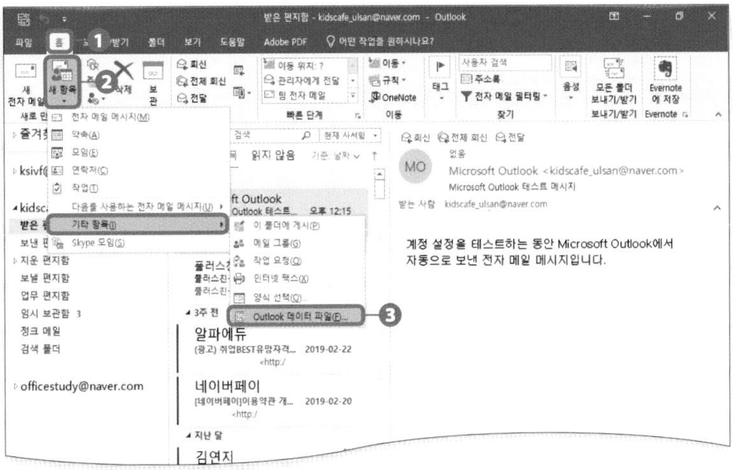

02 파일 이름을 입력하여 데이터 파일을 저장합니다.

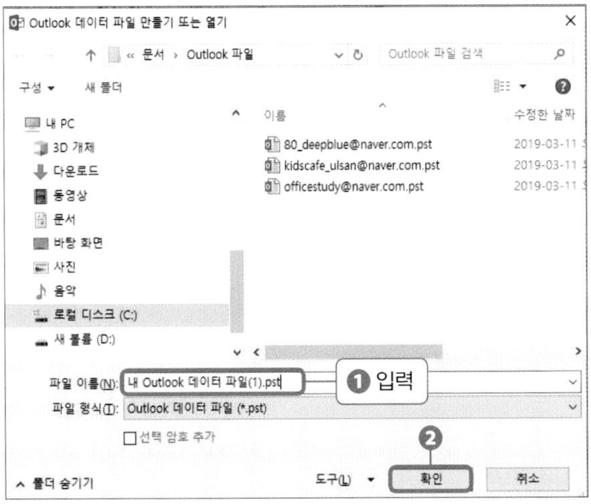

TIP [선택 암호 추가]를 클릭해 암호를 지정할 수도 있습니다.

TIP 데이터 파일(.pst)을 만드는 경우 선택적 암호를 사용하여 파일을 보호할 수 있습니다. 암호를 설정하게 되면, 아웃룩을 시작할 때나 아웃룩에서 데이터 파일을 열 때와 같이 데이터 파일을 열 때마다 암호를 입력해야 합니다.

015

★★★★☆ 필수 기능

사용한 기능 | 규칙 만들기, 고급 옵션, 메일 자동 분류

필터링을 통해 이메일 자동 분류하기

아웃룩에는 이메일을 분류하여 관리할 수 있는 필터링 기능이 있습니다. 예를 들어, '업무', '제휴', '광고'라는 글자가 포함된 이메일을 각각의 폴더에 따로 저장되도록 할 수 있습니다.

사용 가능 버전	예제 파일 없음
2010 2013 2016 2019 365	완성 파일 없음

01 여기서는 '광고'라고 적힌 이메일을 자동 분류해 보겠습니다. [홈] 탭–[이동] 그룹에서 [규칙]–[규칙 만들기]를 클릭합니다.

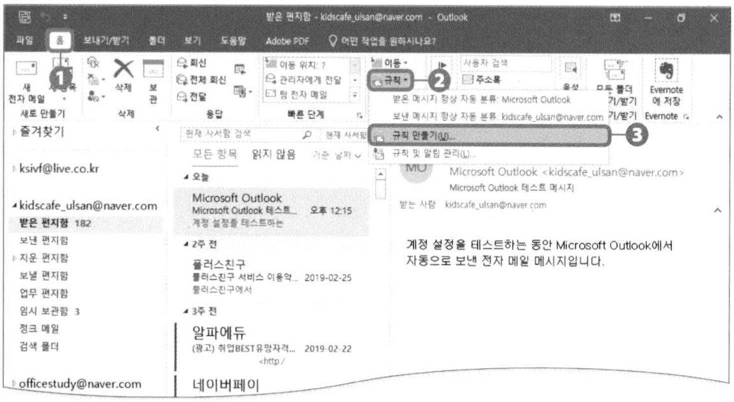

02 [규칙 만들기] 대화상자가 나타나면 [제목에 다음이 포함된 경우]에 『광고』를 입력합니다. [다음 작업 실행]에서 [항목을 이동할 폴더]에 체크 표시를 한 후 [폴더 선택]을 클릭하고 원하는 폴더를 선택합니다. [확인]을 클릭합니다.

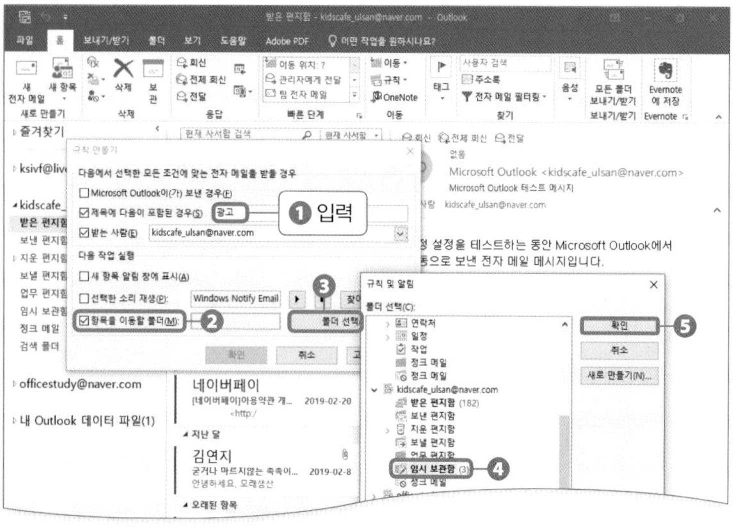

> **TIP**
> [고급 옵션]을 클릭하면 보다 세밀하게 이메일을 필터링할 수 있습니다.

TIP

[규칙 및 알림] 대화상자에서 [새로 만들기]를 클릭해 '광고' 폴더를 만들어 별도 관리할 수도 있습니다.

03 [성공] 창이 나타납니다. [현재 폴더에 있는 메시지에 이 규칙 지금 실행]에 체크 표시를 한 후 [확인]을 클릭합니다.

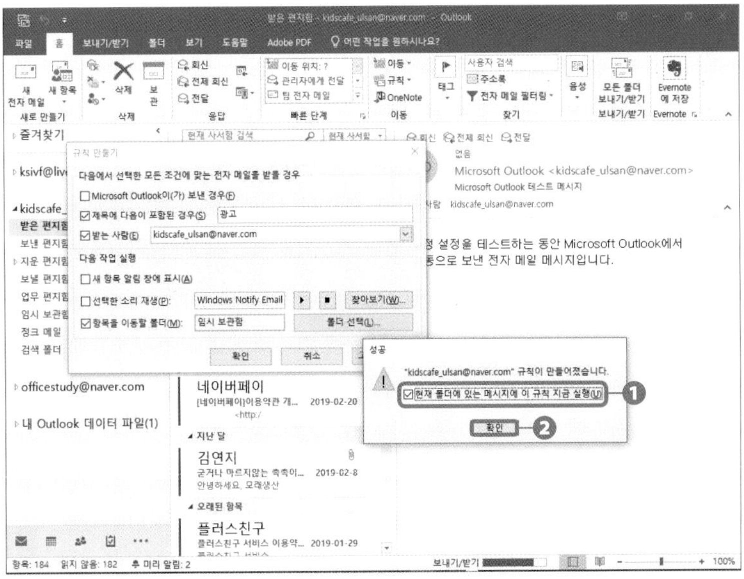

04 [임시 보관함] 폴더를 클릭하면 '광고'라고 입력된 이메일이 분류됨을 확인할 수 있습니다.

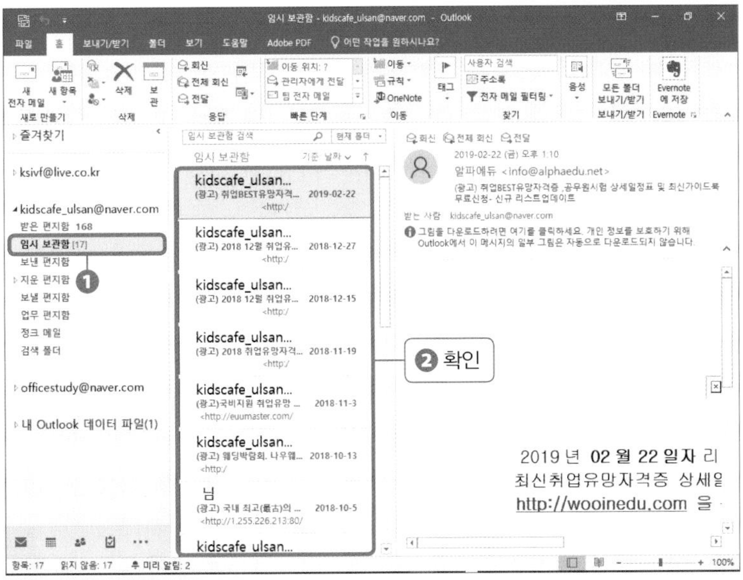

016

★★★☆☆
필수 기능

사용한 기능 | 정크 메일, 메일 자동 분류

광고성 이메일 등 정크 메일을 따로 분류하기

정크 메일은 불특정 다수의 사람에게 일방적으로 전달되는 대량의 광고성 이메일, 즉 스팸 메일을 말합니다. 정크 메일을 자동으로 확인하여 정크 메일 필터 목록을 통해 스팸 메일로 분류할 수 있습니다.

사용 가능 버전 2010 2013 2016 2019 365

예제 파일 없음
완성 파일 없음

01 먼저 정크 메일을 설정해 보겠습니다. [받은 편지함] 폴더에서 정크 메일로 규정할 메시지를 선택한 다음 [홈] 탭-[삭제] 그룹에서 [정크]-[보낸 사람을 기준으로 차단]을 클릭합니다. 경고 창이 나타나면 [확인]을 클릭합니다.

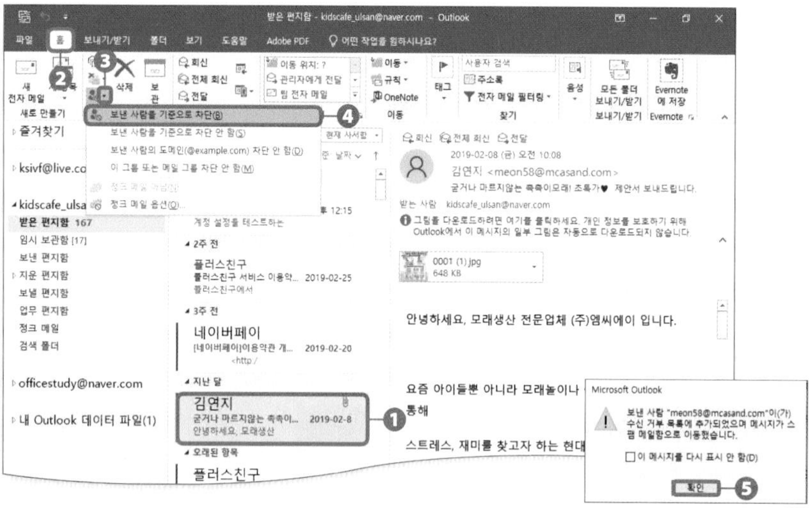

02 정크 메일로 설정한 메시지가 [정크 메일] 폴더로 이동되며, 향후 같은 계정으로 들어오는 이메일은 [정크 메일] 폴더로 자동 이동됩니다.

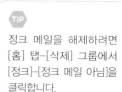

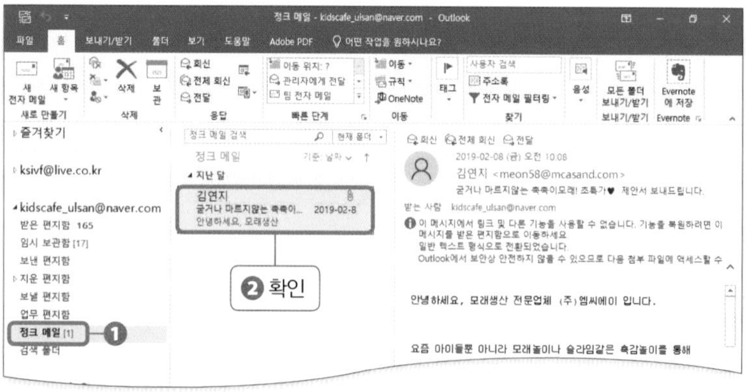

TIP
정크 메일을 해제하려면 [홈] 탭-[삭제] 그룹에서 [정크]-[정크 메일 아님]을 클릭합니다.

017

★★★★☆
활용 기능

사용한 기능 | RSS 피드, 새 RSS 피드 추가, RSS 피드 구독

RSS 피드 추가하여 정보 구독하기

RSS는 'Really Simple Syndication' 또는, 'Rich Site Summary'의 약자로, 사용자가 관심 있는 웹사이트 정보를 더욱더 쉽게 제공하기 위하여 만들어진 XML 기반의 포맷을 말합니다. 이를 아웃룩에 연결해 놓으면 관심 있는 최신 웹사이트 정보를 편하게 구독할 수 있습니다.

사용 가능 버전	예제 파일 없음
2010 2013 2016 2019 365	완성 파일 없음

01 여기서는 'https://blog.aboutamazon.com/day-one-rss-feeds' 사이트로 이동한 다음 원하는 RSS 피드를 드래그하고 Ctrl+C를 누릅니다.

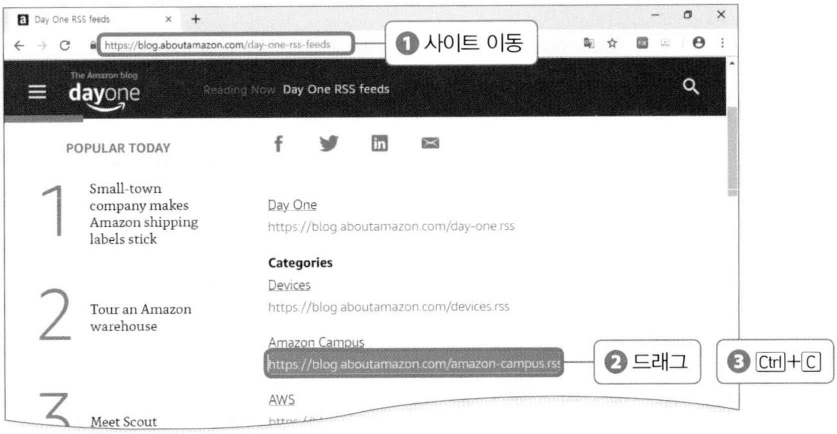

TIP PLUS

RSS(Really Simple Syndication) 피드 찾기

RSS 피드에 사용되는 웹 URL을 알고 있는 경우 아웃룩에서 RSS 피드의 URL을 입력할 수 있습니다. RSS를 처음 사용한다면 웹 사이트에서 아이콘 혹은 RSS와 같은 표시를 클릭해 RSS 피드의 URL을 확인할 수 있습니다. 또한, 이미 RSS를 사용하고 있는 동료가 있을 경우 .opml 파일로 내보내기를 통해 사용자가 RSS 피드 모음을 쉽고 빠르게 구축할 수 있습니다. 만일 .opml 파일이 있다면 [파일] 탭에서 [열기 및 내보내기]-[가져오기/내보내기]를 클릭한 후 [가져오기 – OPML 파일의 RSS 피드]를 선택해 RSS 피드를 가져올 수 있습니다.

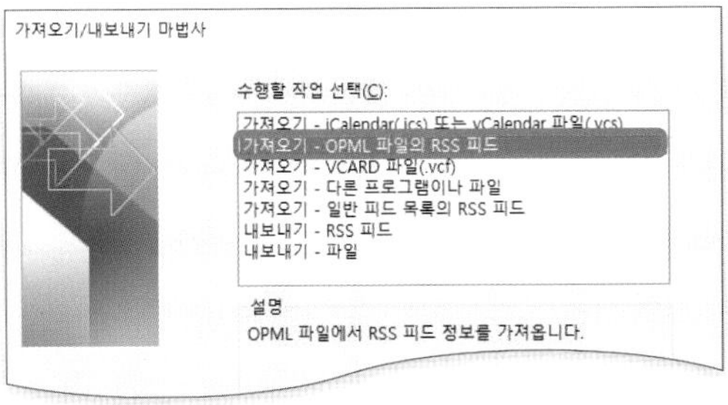

02 [RSS 피드] 폴더를 마우스 오른쪽 버튼으로 클릭한 후 [새 RSS 피드 추가]를 선택합니다. [새 RSS 피드] 대화상자가 나타나면 Ctrl+V를 눌러 주소를 입력한 후 [추가]를 클릭합니다.

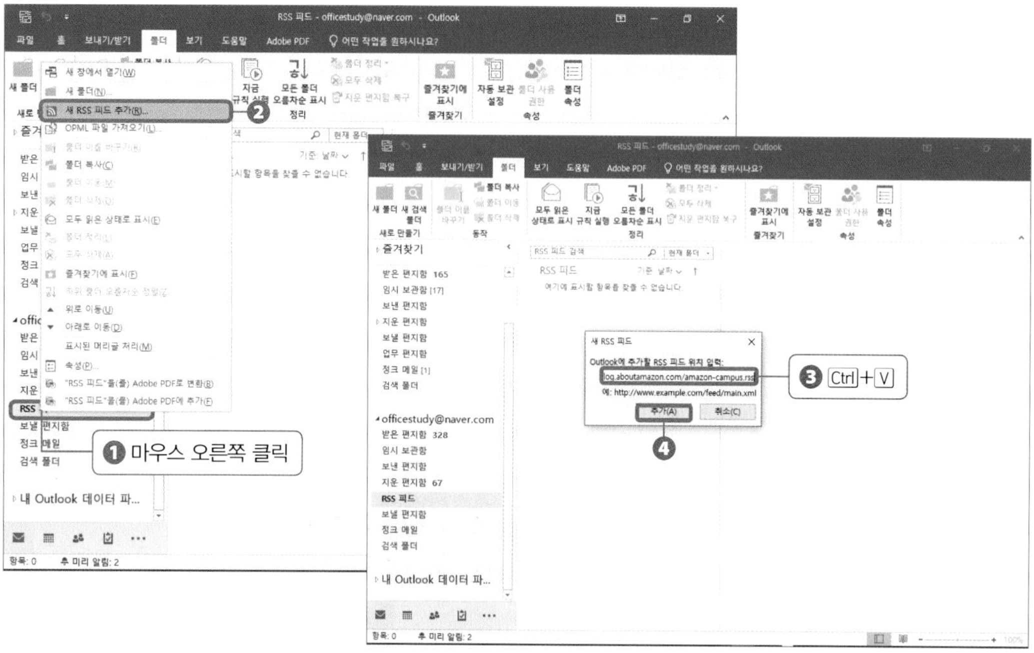

03 경고 창이 나타나면 [예]를 클릭합니다. RSS 피드에 추가한 RSS 피드가 구독됩니다.

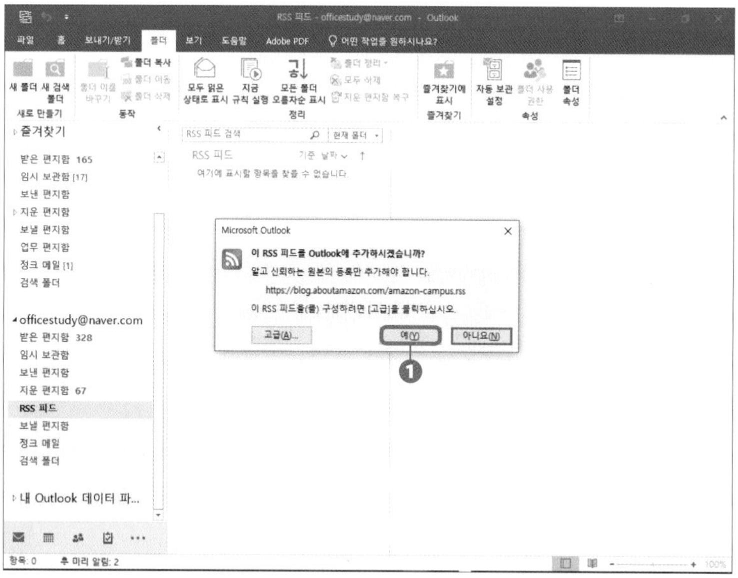

> **TIP**
> 더 이상 구독하기 싫다면 RSS 피드를 마우스 오른쪽 버튼으로 클릭한 후 [폴더 삭제]를 선택합니다.

사용한 기능 | 새 전자 메일, 응답 단추, 설문지 작성

018

기본 기능

응답 단추를 이용해 간단한 설문지 작성하기

아웃룩의 독특한 기능 중에 [응답 단추 사용]이라는 기능이 있습니다. 이는 여러 사람의 의견을 취합해야 할 때 간단하게 설문을 할 수 있는 기능입니다.

사용 가능 버전 2010 2013 2016 2019 365

예제 파일 없음
완성 파일 없음

01 [홈] 탭–[새로 만들기] 그룹에서 [새 전자 메일]을 클릭합니다. [옵션] 탭–[추적] 그룹에서 [응답 단추 사용]–[사용자 지정]을 클릭합니다.

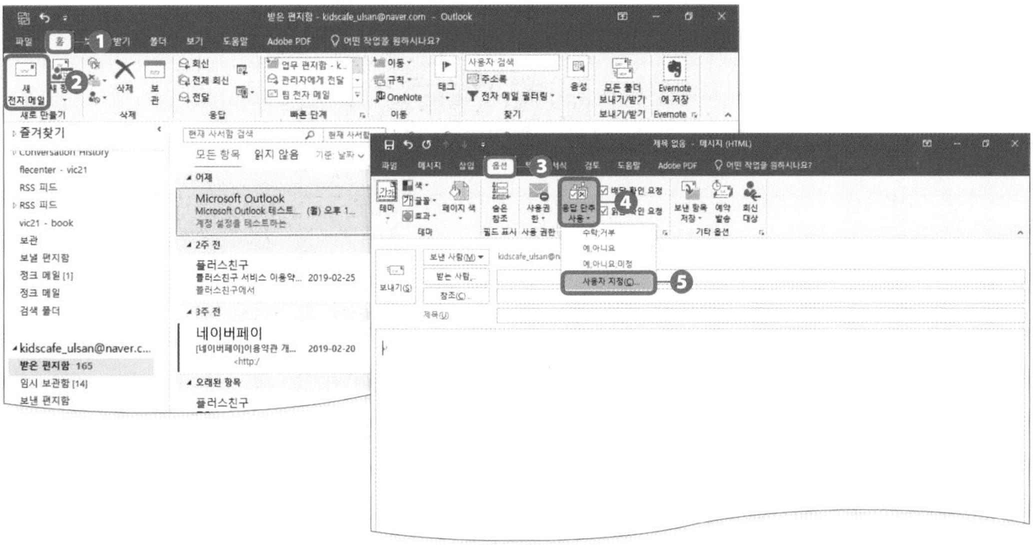

TIP PLUS

응답 단추 사용

빠른 설문을 위해 응답 단추를 활용할 수 있습니다. 원하는 응답 옵션을 선택해 보세요.

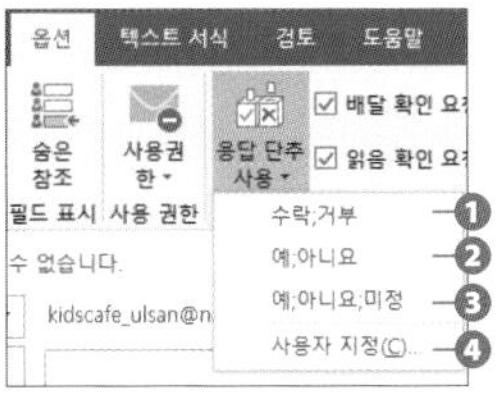

❶ **수락;거부** : 작업에 대한 권한을 부여해야 하는 경우 사용합니다. 예를 들어, 프로젝트 제안 등에 대한 수락이나 거부를 받을 수 있습니다.
❷ **예;아니요** : 예 또는, 아니요로 응답을 받을 수 있습니다. 빠른 설문을 위해 좋은 방법이 될 수 있습니다.
❸ **예;아니요;미정** : 예 또는, 아니요에 더해서 응답 보류를 받을 수 있습니다.
❹ **사용자 지정** : 본인이 희망하는 형식으로 사용자가 직접 설문을 지정할 수 있습니다.

02 [속성] 대화상자가 나타나면 [응답 및 추적 옵션]의 [응답 단추 사용]에 체크 표시를 한 후 응답 항목에 원하는 항목을 입력합니다. 항목 간의 구분은 세미콜론(;)으로 구분합니다. [닫기]를 클릭합니다.

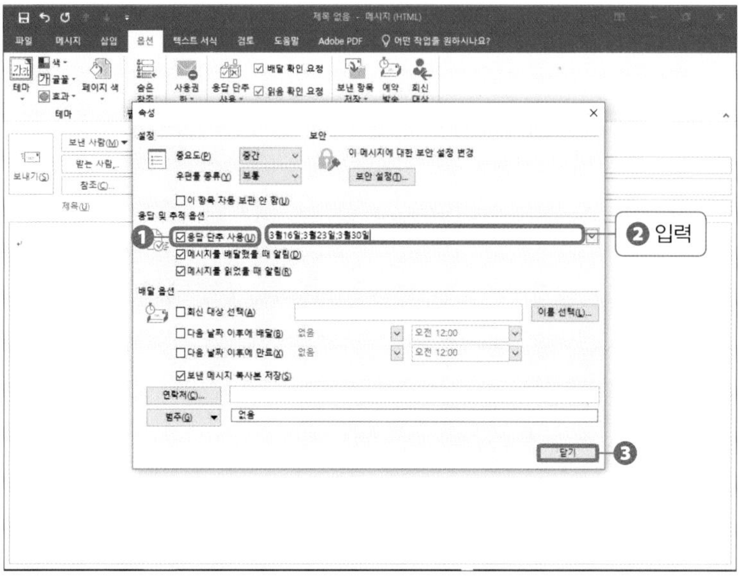

> **TIP**
>
> [속성] 대화상자의 [응답 및 추적 옵션]에서 [메시지를 배달했을 때 알림], [메시지를 읽었을 때 알림]을 지정할 수 있습니다.

03 설문에 응답을 원하는 사용자에게 이메일을 지정한 후 [보내기]를 클릭합니다.

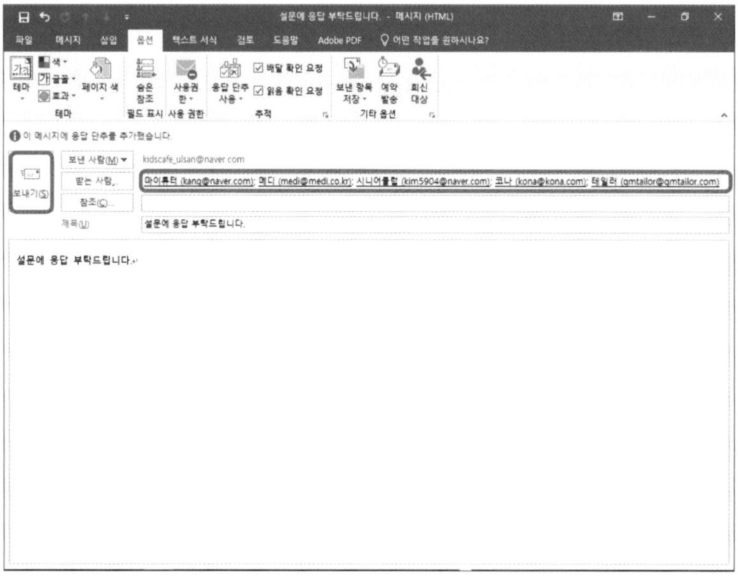

04 이메일을 받은 사용자는 [메시지] 탭–[응답] 그룹의 [응답]에서 설문에 응답할 수 있습니다.

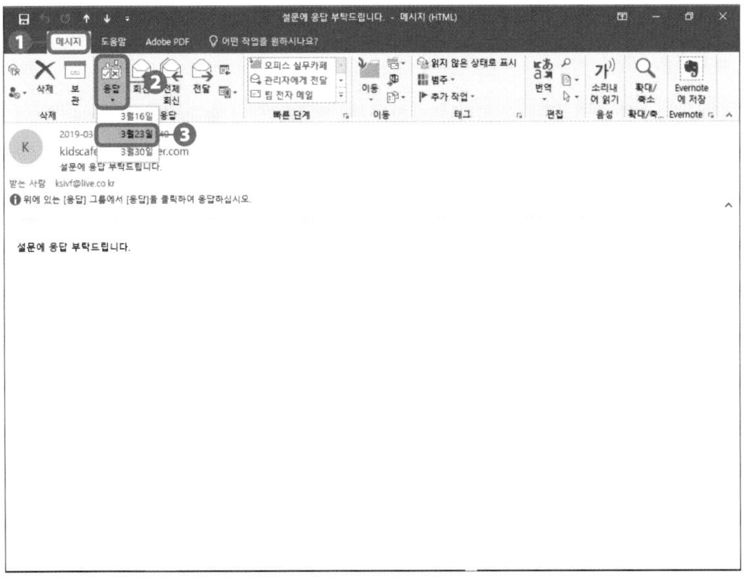

05 응답에 응하게 되면 받은 편지함에서 응답 결과를 확인할 수 있습니다.

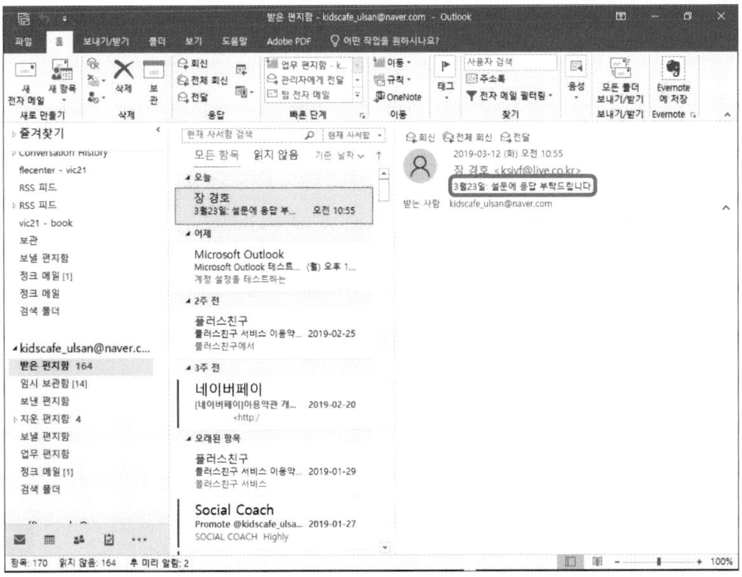

019

★★★☆☆
활용 기능

사용한 기능 | 검색 폴더, 새 검색 폴더, 이메일 관리

검색 폴더를 통해 이메일 관리하기

검색 폴더는 특정 검색 조건과 일치하는 모든 이메일 항목 보기를 제공하는 가상 폴더입니다. 읽지 않은 이메일을 확인하려면 각각의 폴더를 열어서 내용을 확인해야 합니다. 하지만 [검색 폴더]를 통해 편하게 이메일을 관리할 수 있습니다.

사용 가능 버전	예제 파일 없음
2010 2013 2016 2019 365	완성 파일 없음

01 [검색 폴더]에서 마우스 오른쪽 버튼을 클릭한 후 [새 검색 폴더]를 선택합니다.

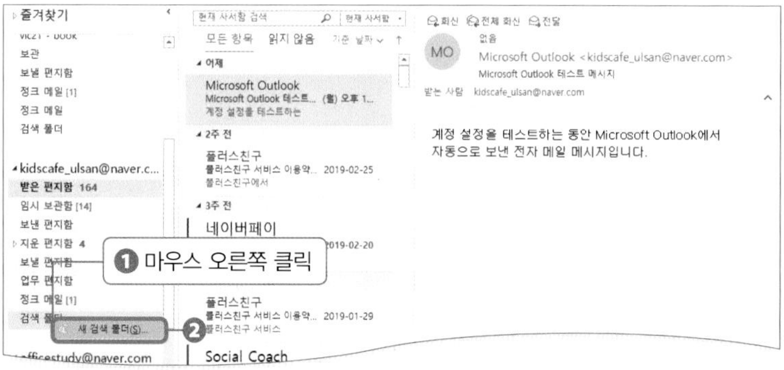

02 [새 검색 폴더] 대화상자에서 [검색 폴더 선택]–[메일 읽기]–[읽지 않은 메일]을 선택한 후 [확인]을 클릭합니다. [읽지 않은 메일] 폴더가 생성되면 읽지 않은 메일을 한 번에 모아서 확인할 수 있습니다.

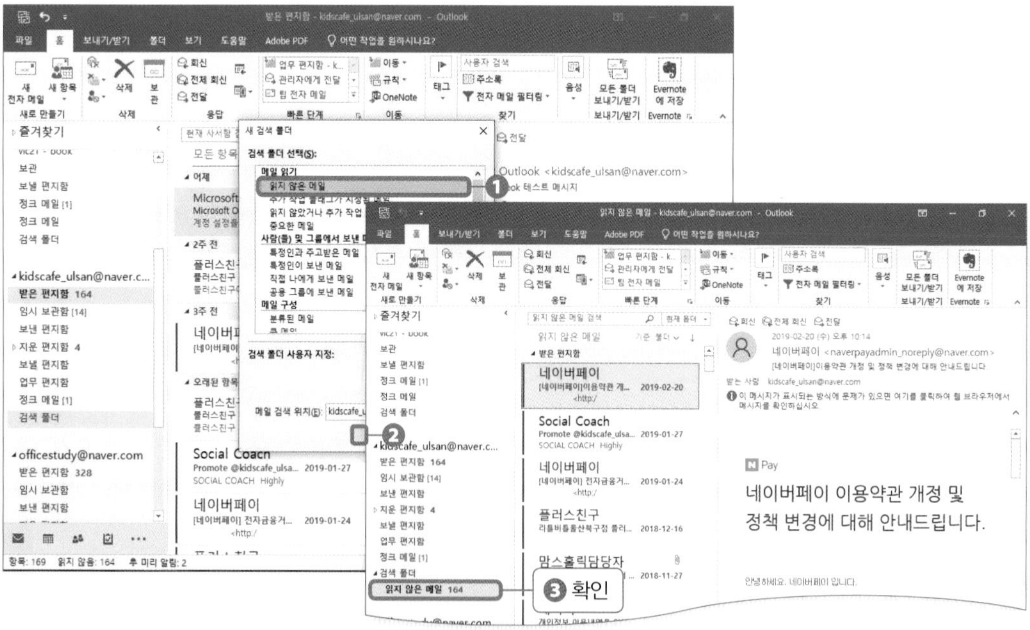

사용한 기능 | 일정, 참석자 초대, 비공개

020

기본 기능

행사 및 모임 추가하기

약속이나 모임, 행사가 있을 경우 아웃룩에 일정을 등록한 후 관리할 수 있습니다.

사용 가능 버전 2010 2013 2016 2019 365

예제 파일 없음
완성 파일 없음

01 왼쪽 하단에 [일정] 아이콘을 클릭합니다. 일정은 일, 작업 주, 주, 월별로 관리할 수 있습니다. [홈] 탭–[정렬] 그룹에서 [주]를 클릭합니다. 일정을 추가하고 싶은 날짜와 시간대를 두 번 클릭합니다.

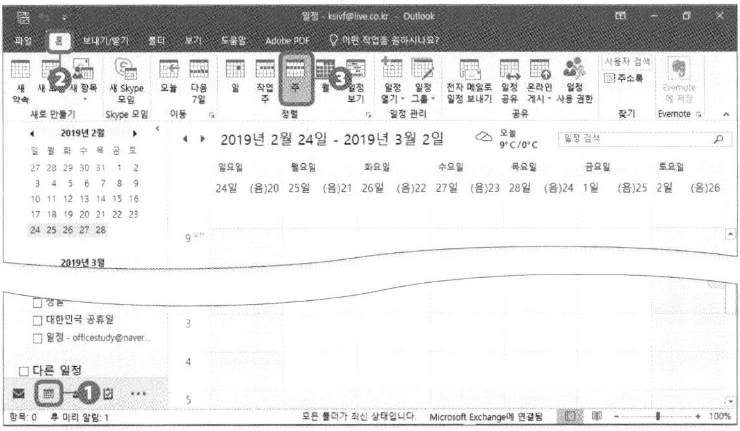

TIP PLUS

일정 보기 조정하기

일정 보기는 일, 작업 주, 주, 월 단위로 조정할 수 있는데 작업 주나 시작 요일 등을 변경할 수 있습니다. [정렬] 그룹의 옵션(⧉) 단추를 클릭한 후 [일정]–[작업 시간]에서 변경합니다.

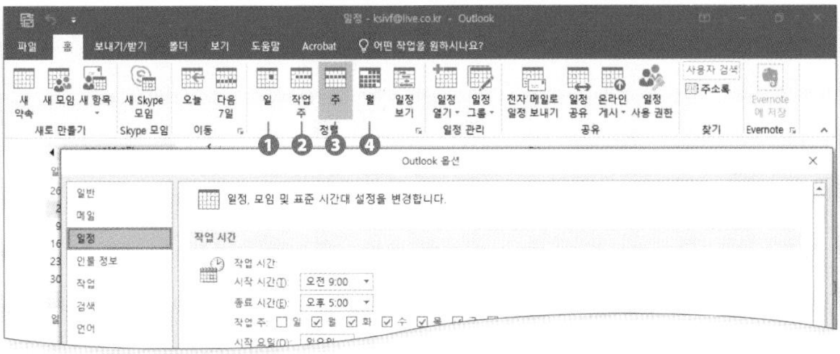

❶ **일** : 현재 날짜를 봅니다.
❷ **작업 주** : 월요일에서 금요일까지의 작업 주를 봅니다.
❸ **주** : 일요일에서 토요일까지의 주를 봅니다.
❹ **월** : 월 단위로 일정을 봅니다.

02 새 창이 나타나면 제목과 위치, 시작 시간과 종료 시간 등 내용을 입력합니다. [약속] 탭–[태그] 그룹의 [범주]를 클릭해 일정을 구분할 수 있습니다.

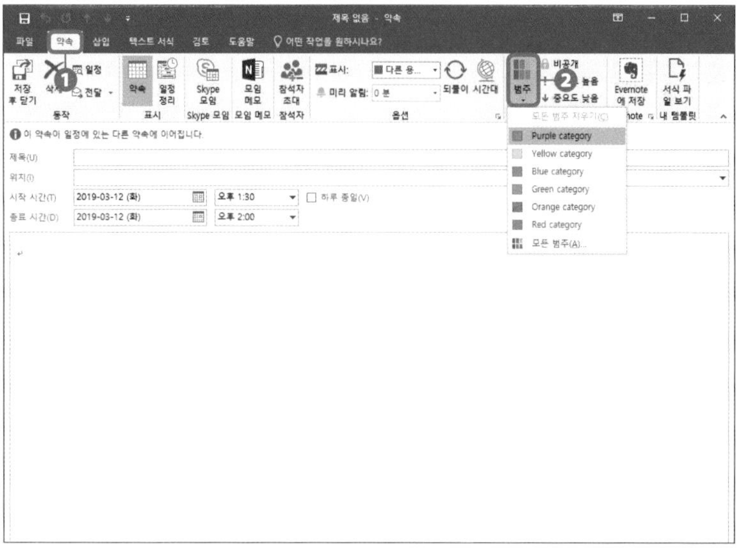

03 [참석자] 그룹에서 [참석자 초대]를 클릭해 참석자를 불러오거나 [옵션], [태그] 그룹 등을 활용해 나만의 일정을 지정해 보세요. 완료 후에는 반드시 [저장 후 닫기]를 클릭합니다.

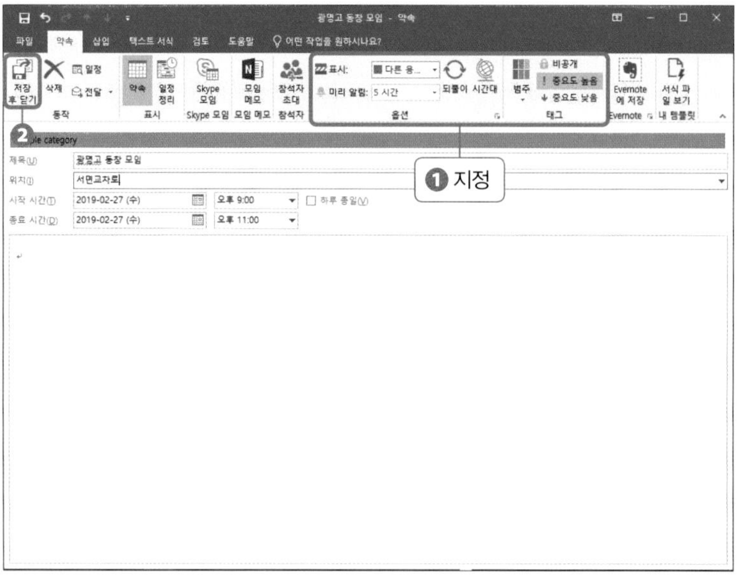

사용한 기능 | 일정, 참석자 초대, 비공개

021 아웃룩으로 일정 관리하기

기본 기능

아웃룩의 일정 공유 기능은 업무 일정과 개인 일정을 상대방과 공유할 수 있습니다. 일정 공유를 통해 상대방의 일정을 확인할 수 있어 여러모로 편리합니다.

사용 가능 버전	예제 파일 없음
2010 2013 2016 2019 365	완성 파일 없음

01 왼쪽 하단에 [일정] 아이콘을 클릭합니다. [홈] 탭-[공유] 그룹에서 [전자 메일로 일정 보내기]를 클릭합니다.

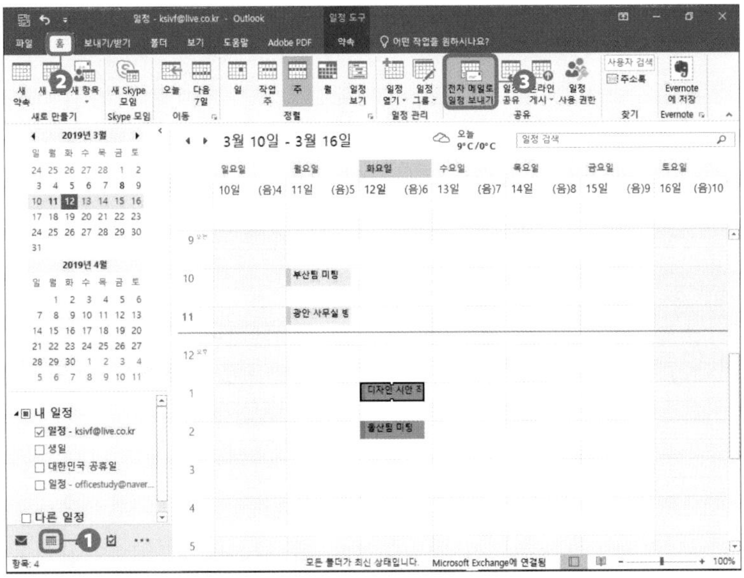

02 [전자 메일로 일정 보내기] 대화상자에서 [일정], [날짜 범위] 화살표를 클릭해 보낼 일정과 날짜 범위를 선택합니다. [세부 정보] 화살표를 클릭하면 공유할 일정의 대략적인 항목을 선택할 수 있습니다.

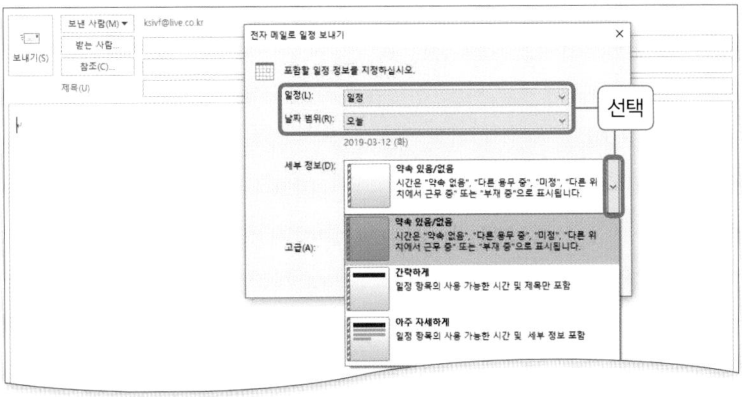

03 여기서는 [약속 있음/없음]을 선택한 후 [확인]을 클릭합니다.

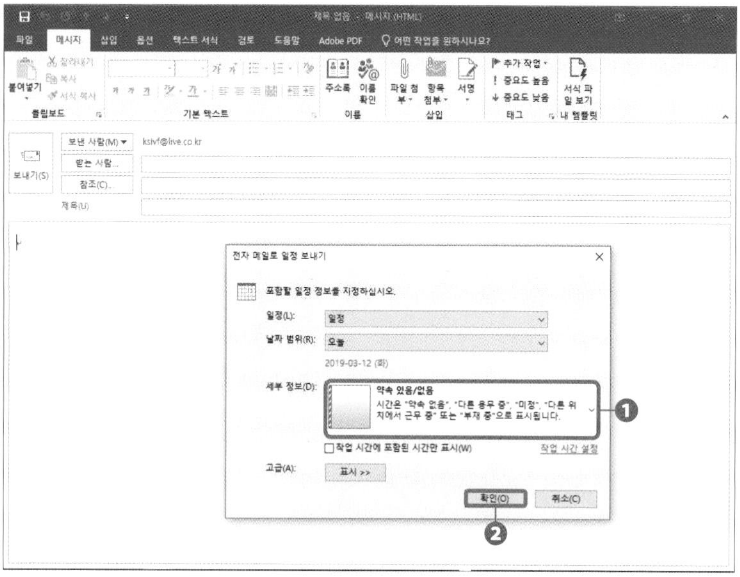

04 일정표가 이메일에 첨부됩니다. [보내기]를 클릭하면 개인 일정표를 이메일로 상대방에게 전달할 수 있습니다.

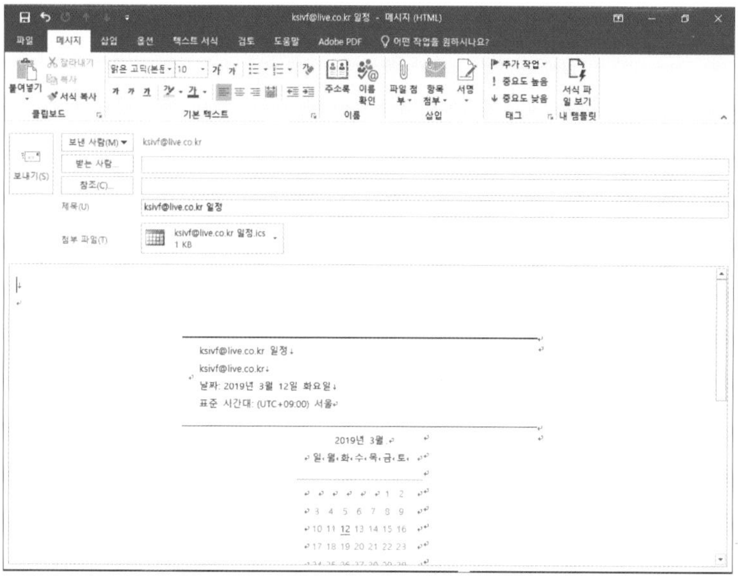

TIP PLUS

일정 비공개로 전달하기

본인의 일정을 비공개로 하고 싶다면 [일정 도구]-[약속] 탭-[태그] 그룹에서 [비공개]를 클릭합니다. 비공개를 선택하면 일정의 내용이 공개되지 않고 일정 유무만 표시됩니다.

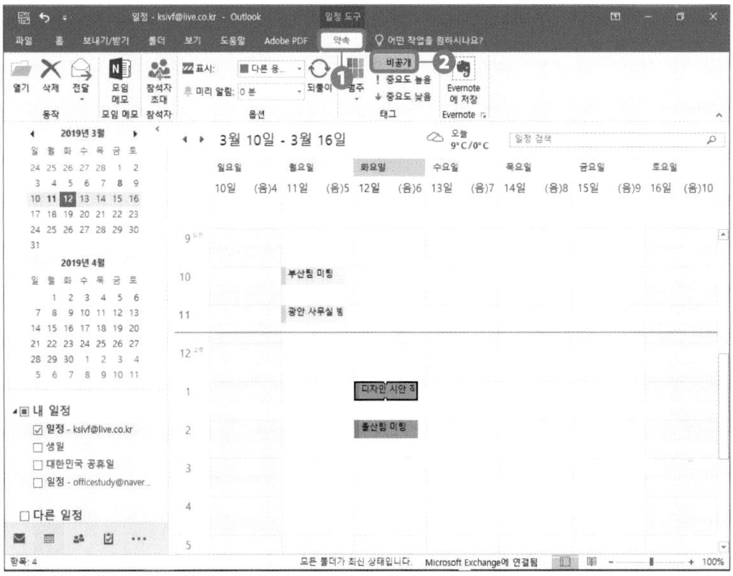

사용한 기능 | 받은 메일함, 일정, 우선순위 목록, 할 일 목록

022

★★★★☆
활용 기능

메일함을 이용하여 일정 추가하기

받은 메일함의 이메일을 활용하여 일정에 간단하게 추가할 수 있습니다. 약속이 포함된 이메일이 있다면 [일정] 아이콘에 드래그하여 일정을 추가해 보세요.

사용 가능 버전	예제 파일 없음
2010 2013 2016 2019 365	완성 파일 없음

01 [받은 편지함] 폴더에서 일정에 추가할 이메일을 선택한 후 [일정] 아이콘으로 드래그합니다.

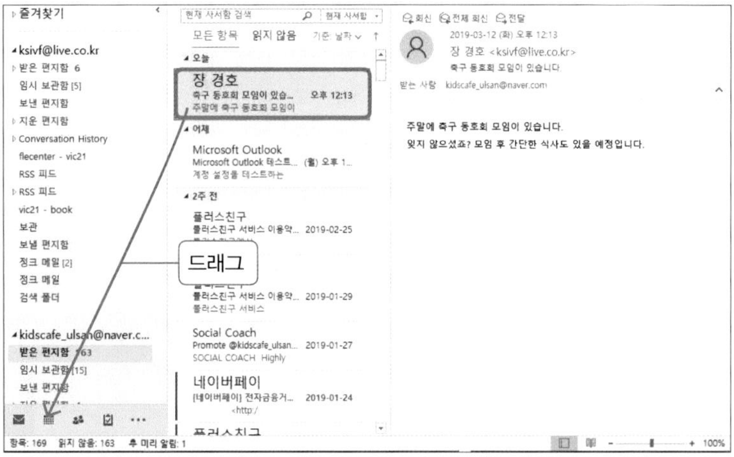

02 새 창이 나타나면 시작 시간과 종료 시간 등을 확인하고 내용 등을 수정합니다. [약속] 탭–[동작] 그룹에서 [저장 후 닫기]를 클릭합니다. [일정] 아이콘을 클릭하면 추가된 일정을 확인할 수 있습니다.

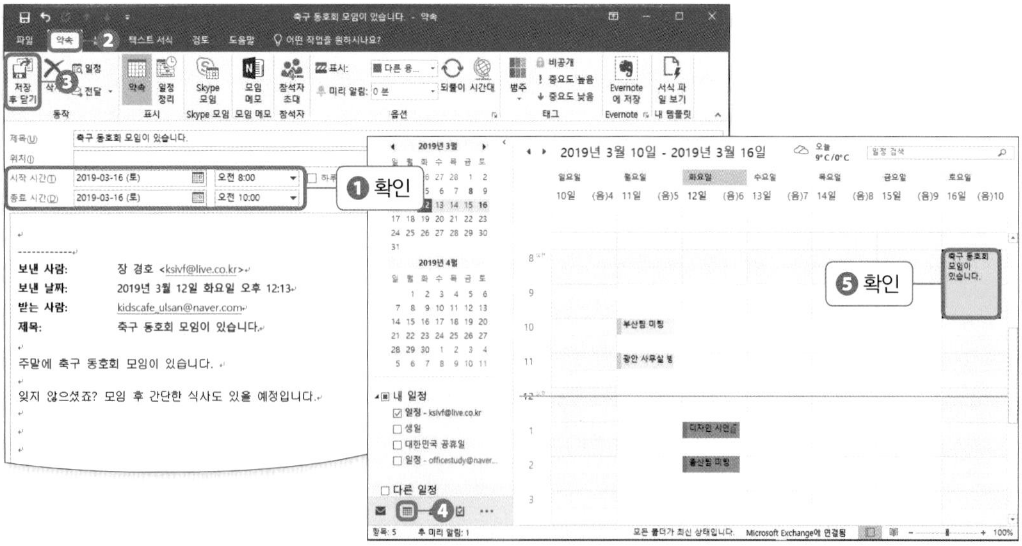

사용한 기능 | 일정, 우선순위 목록, 작업

023

업무 진행 상황과 작업 확인하기

기본 기능

아웃룩의 [작업] 기능을 통해 업무 진행 상황과 작업을 확인할 수 있습니다.

사용 가능 버전 2010 2013 2016 2019 365

예제 파일 없음
완성 파일 없음

01 먼저 업무를 추가해 보겠습니다. 왼쪽 하단에 [작업] 아이콘을 클릭합니다. [홈] 탭–[새 작업]을 클릭합니다. [작업] 탭에서 업무의 시작 날짜를 비롯해 기한, 상태, 우선순위, 완료율을 기재할 수 있습니다. 또한, 알림 기능을 통해 미리 알림을 받을 수도 있습니다. 제목과 시작 날짜, 기한 등을 입력한 후 [저장 후 닫기]를 클릭합니다.

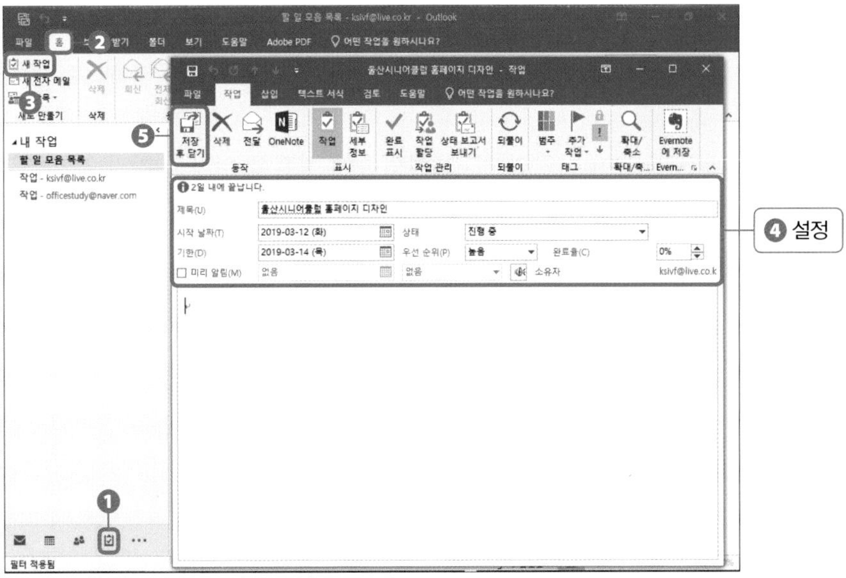

02 동일한 방법으로 다양한 일정을 추가해 보세요. [홈] 탭–[현재 보기] 그룹의 [보기 변경]을 클릭해 세부 목록이나 일반 목록, 우선순위 목록 등 원하는 형식으로 일정을 확인할 수 있습니다.

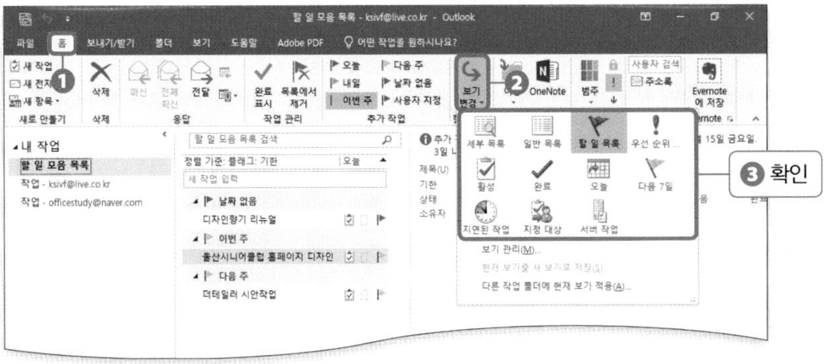

03 추가한 작업은 [보기] 탭–[레이아웃] 그룹에서 [할 일 모음]–[작업]을 체크하여 확인할 수 있습니다.

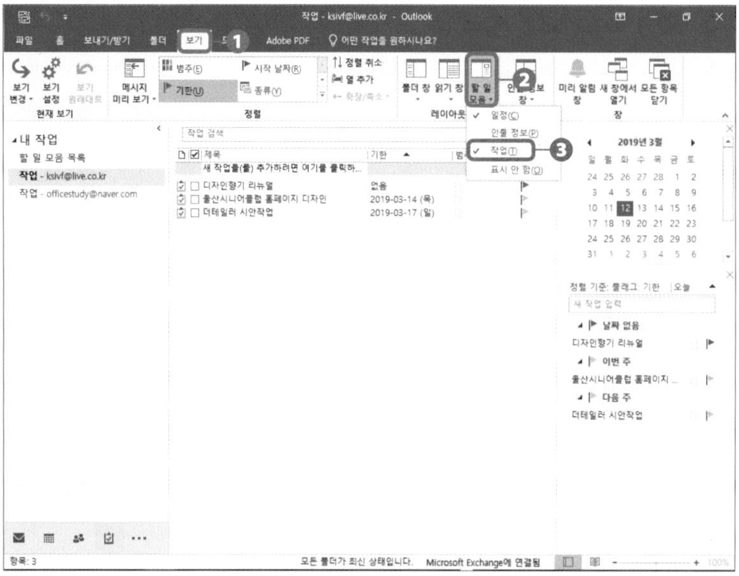

04 또한, [보기] 탭–[창] 그룹에서 [미리 알림 창]을 클릭하면 설정한 일정을 미리 체크하고 대비할 수 있습니다.

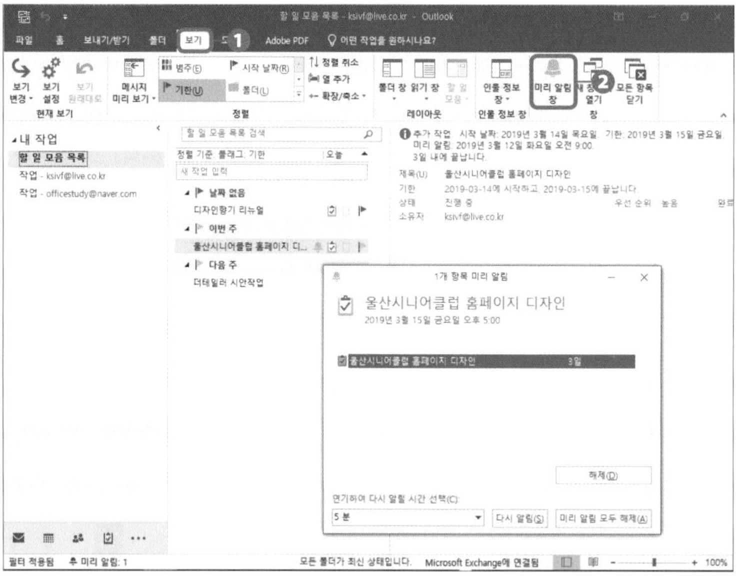

> **TIP**
> 받은 메일이나 보낼 메일에도 작업 일정을 추가할 수 있습니다. [홈] 탭–[태그] 그룹에서 [추가 작업]을 클릭하고 작업 일정을 선택합니다.

024
기본 기능

사용한 기능 | 작업 관리, 우선순위, 완료율

기한, 상태, 우선순위를 지정하여 작업 등록하기

아웃룩을 통해 우선순위 작업이나 업무일지를 기록할 수 있습니다. 작업의 진행 상황을 기록하거나 완료율을 표시하여 현재 작업 상태도 쉽게 파악할 수 있습니다.

사용 가능 버전 2010 2013 2016 2019 365

예제 파일 없음
완성 파일 없음

01 [작업] 아이콘을 클릭합니다. 이미 등록한 작업 일정을 확인할 수 있습니다. 등록한 작업은 [할 일 모음 목록]과 [작업] 폴더에 표시됩니다. 완료한 작업에 완료 표시를 해보겠습니다. 완료할 작업을 선택합니다. [홈] 탭–[작업 관리] 그룹에서 [완료 표시]를 클릭합니다.

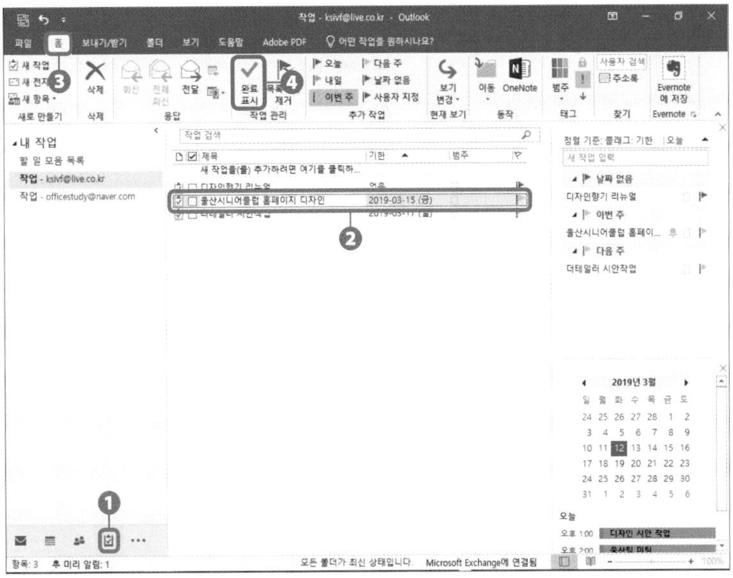

02 또는, 작업 일정을 두 번 클릭하고 작업 창이 나타나면 [상태]를 [완료]로 변경한 후 [저장 후 닫기]를 클릭합니다.

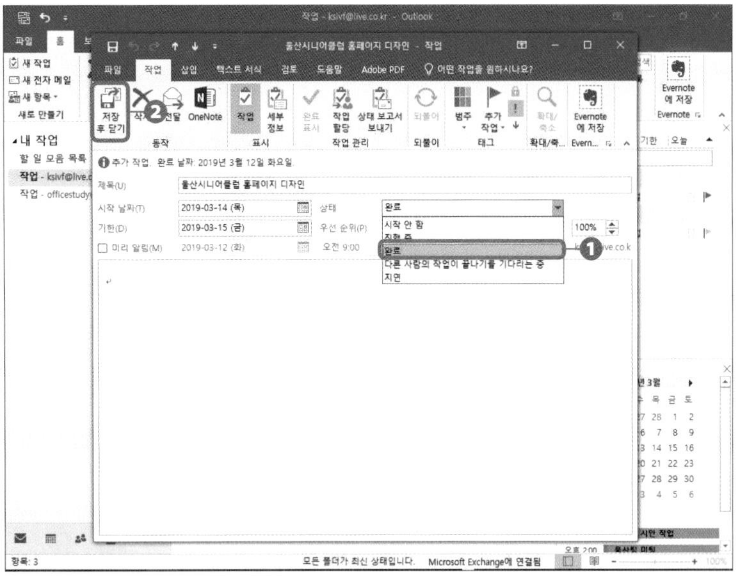

> **TIP**
> [상태] 화살표를 클릭하면 다양한 옵션을 선택할 수 있습니다. 또한, [완료율]에 퍼센트를 입력해 진행 상황을 표시할 수도 있습니다.

03 작업의 진행 상황을 기록하거나 완료율을 표시하여 현재 작업 상태도 쉽게 파악할 수 있습니다.

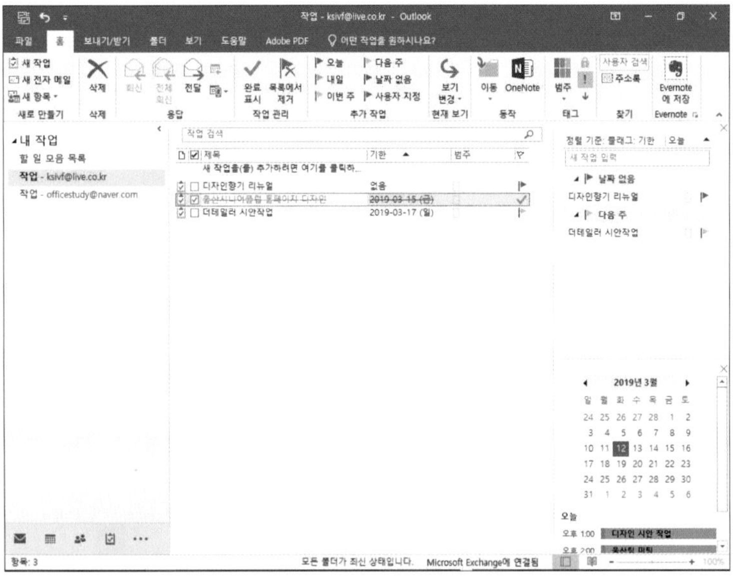

사용한 기능 | 표준 시간대, 일정, 공휴일 추가

025

기본 기능

다른 나라의 휴일이나 공휴일 확인하기

다른 나라와 이메일을 주고받거나 업무 협조가 필요할 경우 다른 나라의 휴일이나 공휴일 등을 확인해야 합니다.

사용 가능 버전 2010 2013 2016 2019 365

예제 파일 없음
완성 파일 없음

01 다른 나라의 표준 시간대를 추가해 보겠습니다. [파일] 탭–[옵션]–[일정]을 클릭합니다. [추가 표준 시간대 표시]에 체크 표시를 한 다음 레이블을 입력합니다. [표준 시간대] 화살표를 클릭하여 시간대를 추가합니다.

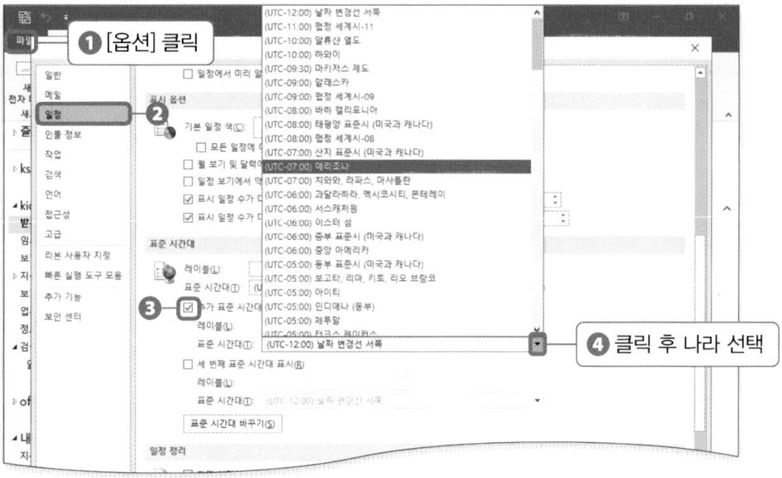

02 공휴일을 추가해 보겠습니다. [파일] 탭–[옵션]–[일정]을 클릭합니다. [일정 옵션]–[공휴일 추가]를 클릭합니다. [일정에 공휴일 추가] 대화상자에서 공휴일을 추가할 국가를 선택합니다.

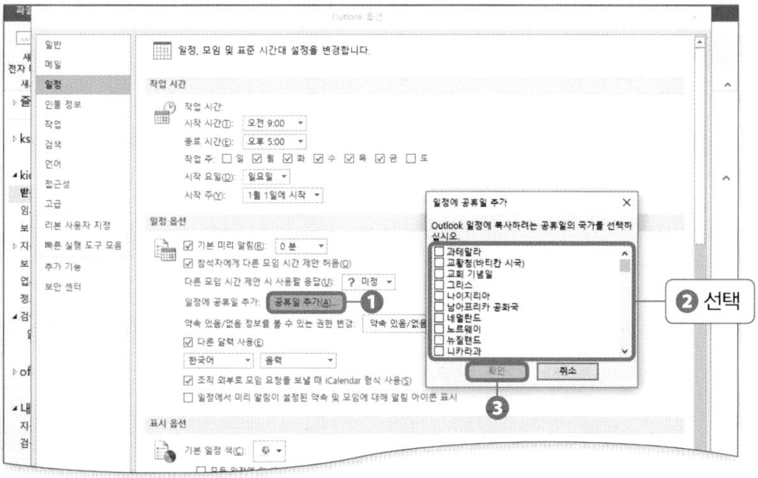

초보 직장인이라면

반드시

알아야 할

원노트편

PART 5

CHAPTER 01 필기장 관리 기술

CHAPTER 02 원노트 공유 및 응용 기술

CHAPTER

1

필기장 관리 기술

원노트는 2003년 출시 이후 2007년에 MS 오피스 제품군에도 포함되었습니다. 15년이 넘는 시간 동안 디지털 전자 필기장으로 진화되어 왔는데 텍스트뿐 아니라 오디오, 비디오 등도 녹음, 녹화할 수 있고, 엑셀, 파워포인트, 워드 등의 자료나 각종 웹 관련 자료들도 하나로 관리할 수 있습니다. 무엇보다 원노트가 설치된 모든 기기에 공유되기에 언제 어디서든지 내용을 확인하고 수정할 수 있다는 점이 가장 큰 장점입니다.

배워 볼 내용

[원노트 소개]	**001**	아이디어 저장 및 노트 정리, 원노트(OneNote) 소개
[내용 입력]	**002**	페이지 생성하고 내용 입력하기 필수 기능 ★★★★★
[페이지 생성]	**003**	페이지 안에 또 다른 페이지 만들기 필수 기능 ★★★★☆
[이동/정렬]	**004**	섹션이나 페이지 이동하거나 정렬하기 필수 기능 ★★★★☆
[배경색 변경]	**005**	페이지 배경색과 노트 선 변경하기
[동기화]	**006**	새 전자 필기장을 클라우드에 동기화하기 활용 기능 ★★★★☆
[공유]	**007**	원노트 내용을 다른 사용자와 공유하기 활용 기능 ★★★☆☆
[가져오기]	**008**	엑셀 스프레드시트 삽입하기
[프레젠테이션]	**009**	원노트로 프레젠테이션하기
[태그]	**010**	태그를 이용하여 데이터 분류하기

001 아이디어 저장 및 노트 정리, 원노트(OneNote) 소개

원노트는 아이디어를 저장하거나 나만의 노트를 정리할 수 있는 〈메모장 프로그램〉입니다. 섹션과 페이지를 사용하여 학교, 가정, 직장에서 주제별로 손쉽게 생각을 정리할 수 있으며, 태그를 사용해서 해야 할 일에 라벨을 붙이고, 항목을 추적하고, 중요한 항목을 표시할 수 있습니다.

■ 어떤 기기에서도 사용 가능한 메모 프로그램

원노트는 다른 메모 프로그램과 다르게 직관적이면서도 기본적인 기능에 충실한 메모 프로그램이라 할 수 있습니다.

타이핑하거나 손글씨를 사용할 수도 있고 웹에서 내용을 클리핑해서 정리할 수도 있습니다. 많은 메모 프로그램이 있지만 원노트는 직관적이면서도 사용하기 쉬운 프로그램입니다. 유연한 캔버스에 원하는 콘텐츠를 놓기만 하면 저장되기 때문이죠.

원노트는 개인 컴퓨터뿐 아니라 갤럭시나 아이폰과 같은 휴대전화, 아이패드와 같은 스마트 장치에도 설치할 수 있습니다. 개인이 사용하는 모든 장치에 동일하게 내용을 동기화할 수 있으며, 여러 사람과 함께 콘텐츠 작업을 할 수도 있습니다. 원노트를 노트나 일기장, 또는 메모장처럼 사용해 보세요. 손으로 필기한 노트나 페이지도 저장할 수 있고, 원노트에 스캔한 후 검색할 수도 있습니다.

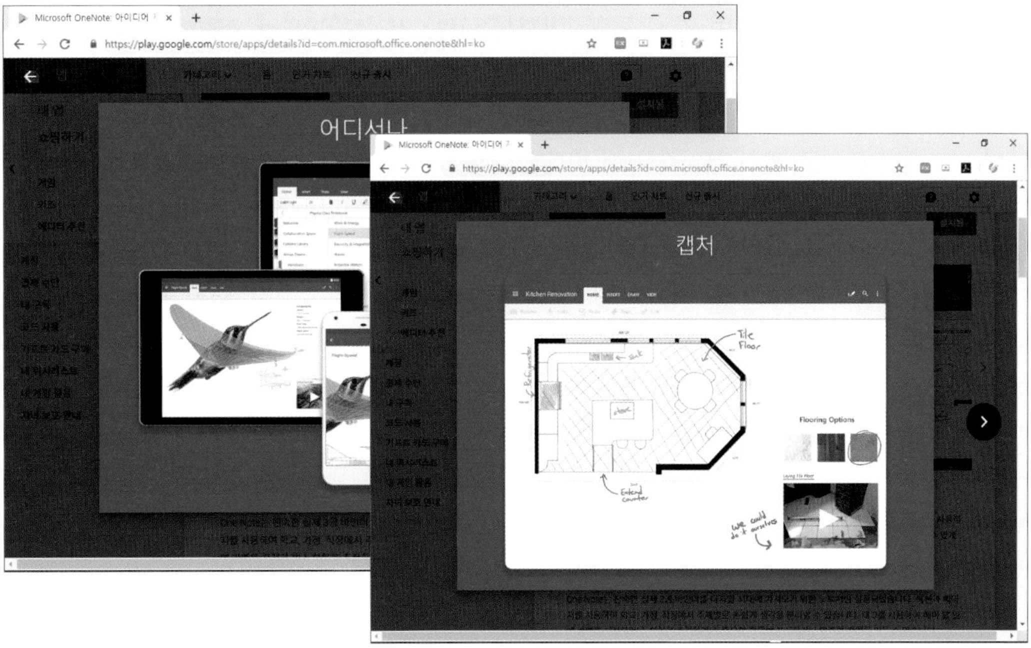

■ 기존 원노트의 단종 그리고 새로운 제품의 출시

오랜만에 원노트를 다시 접한 분이라면 달라진 모양에 사뭇 놀랄 수도 있습니다. 원노트는 2016 버전까지 출시되었다가 더 이상 업그레이드 버전은 출시되지 않고, Microsoft 스토어에서 다운받을 수 있는 윈도우 스토어 버전이 따로 출시되었습니다.

본 도서에서는 원노트 2016과 같은 설치형 원노트는 〈기존 원노트〉라 부르며, 새로 출시된 원노트는 〈스토어 버전〉으로 부릅니다.

❶ 기존 원노트

❷ 스토어 버전

윈도우 10에는 스토어 버전이 기본 탑재되어 있습니다. 기존 원노트와 스토어 버전은 비슷해 보이지만 차이점이 있습니다. 기존 원노트는 더 이상 업데이트가 제공되지 않지만 스토어 버전은 계속 업데이트됩니다. 기존 원노트는 내 컴퓨터에 저장할 수 있지만 스토어 버전은 원드라이브에 저장됩니다. 기존 원노트는 기능이 방대합니다. 스토어 버전은 기능이 다소 적습니다. 하지만, 스토어 버전은 원드라이브와 병행해서 향후 지속적인 개발과 업데이트가 진행될 것으로 보이며, 기존 원노트와 다르게 차별화된 기능이 존재합니다.

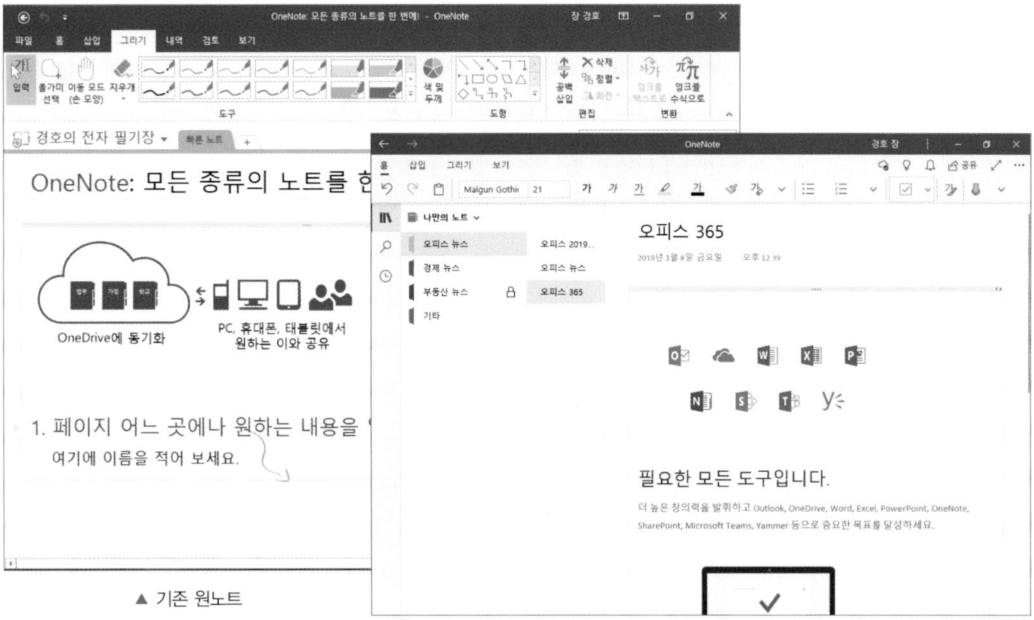

▲ 기존 원노트

▲ 스토어 버전

본 도서는 기존 원노트가 아닌 스토어 버전으로 설명하며, 간간히 기존 원노트의 기능도 설명합니다. 기존 원노트와 스토어 버전은 비슷한 듯하지만 다른 점이 많이 존재합니다. 스토어 버전의 기능이 업데이트되면 간격이 좁아지겠지만 당분간은 두 개의 원노트를 병행해가며 사용하는 것이 좋습니다. 그 이유는 스토어 버전의 기능이 아직은 기존 원노트에 비해 부족한 점도 있지만 두 버전의 장단점이 명확하기 때문입니다.

■ 스토어 버전 설치하기

오피스 2013이나 오피스 2016 등 오피스 제품을 설치하면 원노트도 함께 설치됩니다. 하지만, 오피스 2019부터 원노트는 포함되지 않습니다. 최신 버전의 오피스를 사용하지만 내 컴퓨터에 원노트가 설치되어 있지 않다면 Microsoft 스토어나 'www.onenote.com'에서 스토어 버전을 다운로드 받아 사용할 수 있습니다.

01 [Microsoft Store]를 열어 검색 창에 『onenote』를 입력합니다.

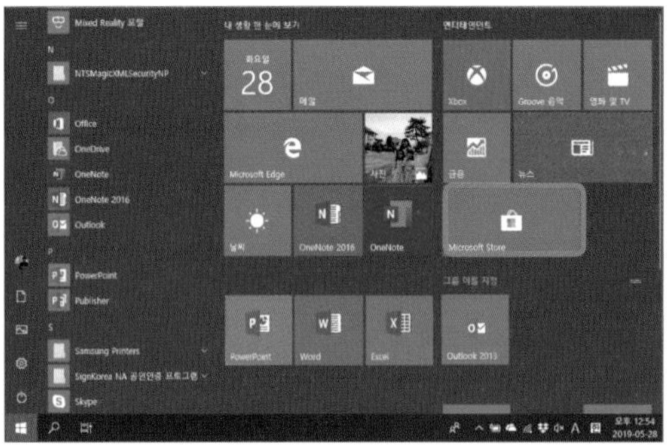

02 [설치] 혹은, [무료]를 클릭해 스토어 버전을 설치합니다.

■ 원노트 화면 구성

스토어 버전이 출시되면서 원노트의 화면이 다소 시원해졌습니다. 아이패드와 같은 스마트 기기에서도 쉽게 컨트롤할 수 있도록 아이콘이 커지고 기능이 간소화되었습니다.

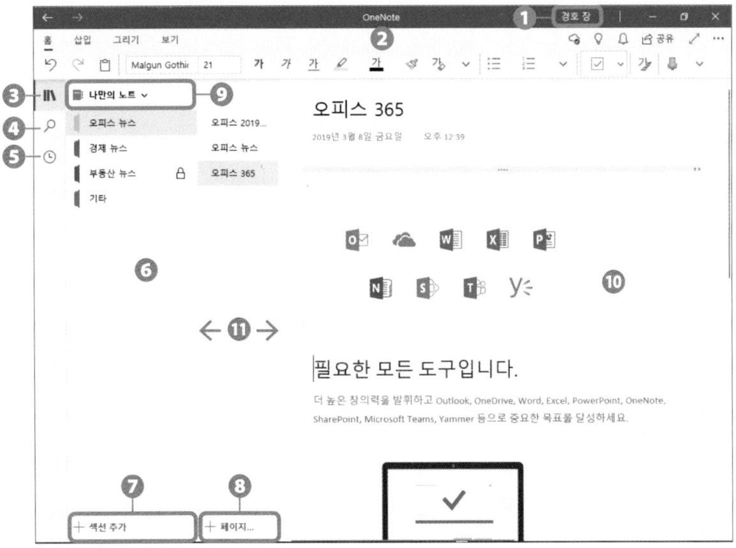

❶ **계정** : 원노트를 사용하는 계정을 확인하거나 다른 계정을 불러올 수 있습니다.

❷ **메뉴** : 원노트의 다양한 메뉴를 선택하고 기능을 실행할 수 있습니다.

❸ **탐색** : 현재 전자 필기장의 계층 구조를 표시하고 페이지, 섹션 및 전자 필기장을 확인하고 작업할 수 있습니다.

❹ **검색** : 키워드 및 노트의 텍스트를 검색하거나 다양한 태그를 검색할 수 있습니다.

❺ **최근 노트** : 최근에 보거나 편집한 페이지의 시간순 목록과 발견된 섹션 및 노트를 표시합니다.

❻ **섹션과 페이지** : 현재 전자 필기장의 섹션과 페이지가 표시됩니다. 다른 섹션 또는, 페이지로 전환하려면 해당 제목을 클릭합니다.

❼ **섹션 추가** : 클릭하여 섹션을 추가합니다.

❽ **페이지 추가** : 클릭하여 페이지를 추가합니다.

❾ **전자 필기장 더 보기** : 다른 전자 필기장으로 전환하려면 섹션 및 페이지 목록 위에 나타나는 전자 필기장 화살표를 클릭합니다.

❿ **작업 창** : 각종 데이터나 메모를 입력하는 공간입니다.

⓫ **탐색 창 조절** : 탐색 창을 더 넓히거나 좁게 조정할 수 있습니다.

002

★★★★★ 필수 기능

사용한 기능 | 전자 필기장 목록 표시, 전자 필기장 만들기, 섹션 이름 바꾸기, 페이지 이름 바꾸기

원노트 페이지 생성하고 내용 입력하기

원노트는 모든 장치에서 전자 필기장에 액세스하고, 다른 사람과 공동 작업하고, 지능형 서비스를 사용하는 등 다양한 작업을 수행할 수 있습니다. 원노트를 통해 페이지를 생성하고 내용을 입력해 보겠습니다.

사용 가능 버전	
원노트 스토어 버전	예제 파일 없음 완성 파일 없음

01 원노트를 최초 실행하면 빠른 노트가 기본으로 만들어집니다. [비디오 보기(2분)]를 클릭해 대략적인 원노트 활용법을 확인해 보세요. 대략적인 원노트 활용법을 알 수 있습니다. 이제 원노트 구성을 자세히 살펴보기 위해 [탐색 표시]를 클릭합니다.

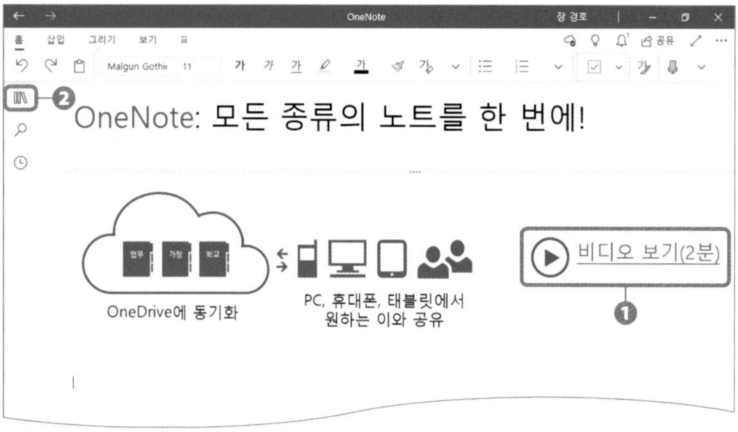

TIP

원노트를 설치하면 아이폰, 아이패드뿐 아니라 갤럭시와 같은 안드로이드폰이나 여러 컴퓨터 등과 연계해서 사용하거나 가족이나 직장 동료, 학교 친구들과 동시에 업무나 과제를 동시에 진행할 수 있습니다. 또한, 원노트에는 태그, 검색 기능이 있기에 축적된 자료를 편리하게 검색하고 쉽게 공유할 수 있습니다.

TIP

원노트 2016 vs. 원노트 윈도우 10(원노트 앱)

원노트를 다루기에 앞서 알아두어야 할 것을 먼저 다루고자 합니다. 마이크로소프트는 기존 원노트 프로그램은 원노트 2016이 마지막이 될 것이라고 발표했습니다. 향후에는 MS 스토어에서 다운받을 수 있는 윈도우 10용 원노트 UWP 앱(스토어 버전)을 통해 이루어진다고도 밝혔습니다. 본 도서에서 소개하는 원노트도 더 이상 업데이트가 되지 않는 이전 버전이 아닌 원노트 윈도우 10(원노트 앱)을 기준으로 소개합니다. 이전 버전을 사용하는 분들을 위해 섹션마다 이전 버전에서 사용하는 방법도 함께 소개합니다.

02 원노트는 전자 필기장, 섹션, 페이지로 구분됩니다. 전자 필기장은 한 권의 책과 같은 개념으로 전자 필기장 안에 다양한 섹션과 페이지를 구성할 수 있습니다. 01번 따라하기에서 따라했던 [탐색 표시]를 클릭하면 지금까지 사용한 전자 필기장과 섹션, 페이지 목록이 표시됩니다. 여기서는 [전자 필기장]을 클릭해 나만의 책 한 권을 생성해 보겠습니다. 상단에 있는 [전자 필기장]을 클릭합니다.

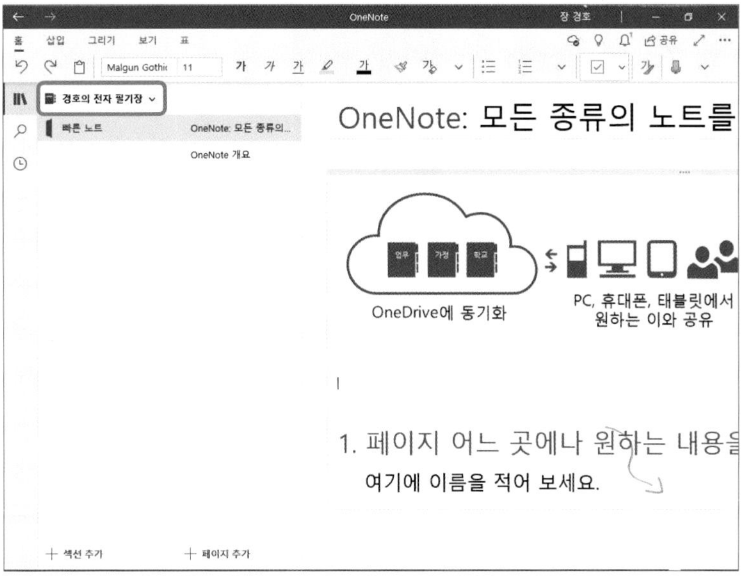

03 하단에 있는 [+ 전자 필기장 추가]를 클릭합니다.

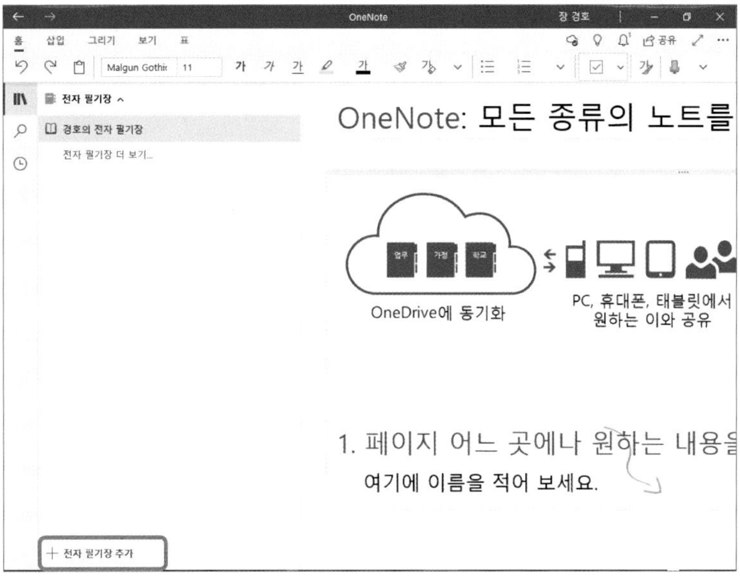

> **TIP**
> 스토어 버전은 업데이트에 따라 화면이 다르게 표시될 수 있습니다. 사용 방법은 비슷하니 여기서 설명하는 기능을 찾아 따라해 보기 바랍니다.

04 [전자 필기장 만들기] 창이 나타나면 [전자 필기장 유형 선택]에서 유형을 선택합니다. [전자 필기장 이름]에 원하는 이름을 입력합니다. [전자 필기장 만들기]를 클릭합니다.

05 [+ 섹션 추가]와 [+ 페이지 추가]를 클릭해 원노트가 어떤 개념으로 운영되는지 확인해 보세요. 하나의 섹션 안에는 여러 개의 페이지가 추가될 수 있습니다.

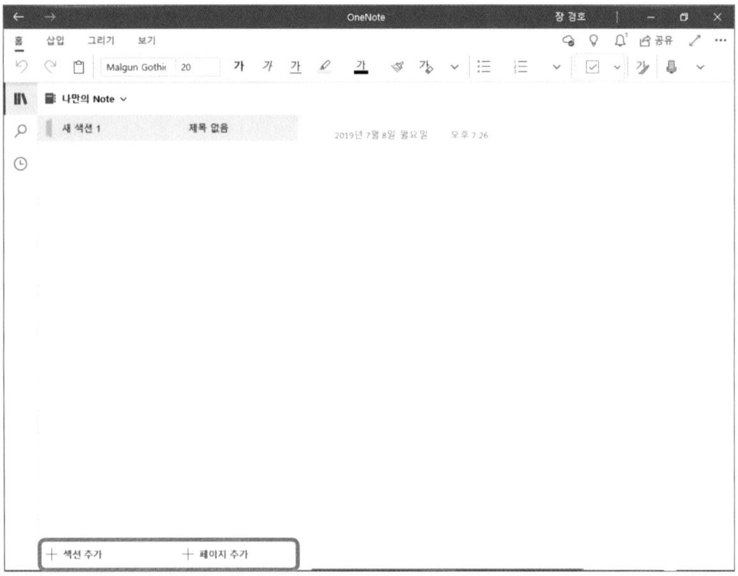

TIP

원노트는 '전자 필기장'이라는 큰 폴더 안에 여러 개의 '섹션'이 존재할 수 있으며, '섹션' 안에는 다양한 '페이지'가 존재할 수 있습니다.

TIP

섹션은 페이지의 상위 개념으로 섹션 안에 여러 개의 페이지를 만들 수 있습니다.

06 섹션과 페이지가 추가되면 제목을 변경하고 내용을 입력할 수 있습니다. 원하는 섹션이나 페이지를 마우스 오른쪽 버튼으로 클릭해 [섹션 이름 바꾸기] 혹은, [페이지 이름 바꾸기]를 선택해 이름을 변경합니다.

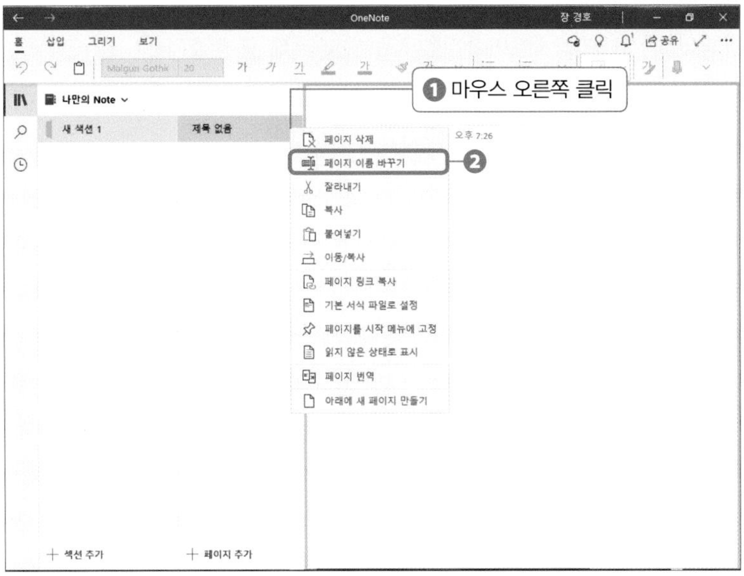

07 필자는 아래와 같이 섹션과 페이지를 구성했습니다. 원노트를 활용하기 전에 먼저 섹션과 페이지를 구성해 놓으면 나만의 전자 필기장으로써 체계적으로 정보와 자료를 관리할 수 있을 겁니다.

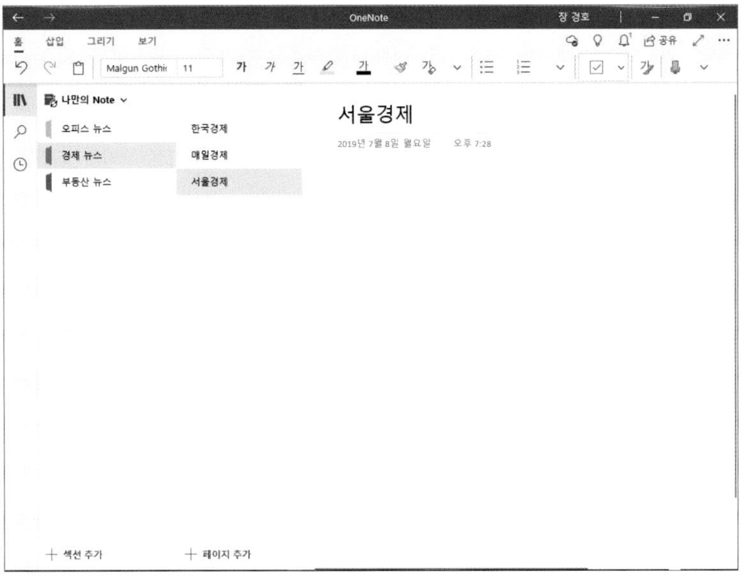

이전 버전의 원노트에서는

전자 필기장 추가하기

[전자 필기장] 화살표를 클릭하면 원노트에서 생성했던 다양한 전자 필기장을 확인할 수 있습니다. [고정] 단추를 클릭하면 왼쪽에 필기장과 섹션, 페이지가 고정되어 사용이 편리합니다. 섹션이나 페이지를 추가하고 싶다면 [섹션 추가](+)를 클릭하거나 [페이지 추가](⊕ 페이지 추가)를 클릭합니다.

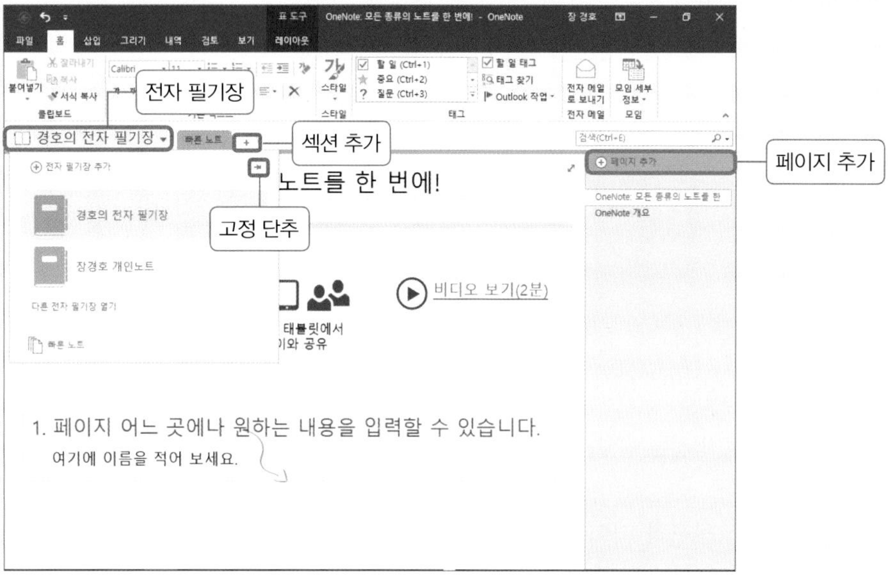

이전 버전의 원노트에서는

⊞+N과 퀵 노트

이전 버전의 원노트가 설치되어 있으면 원노트를 실행하지 않더라도 ⊞+N을 함께 누르면 새 노트가 바로 생성됩니다. 이를 퀵 노트라고 하는데 포스트잇처럼 생겨 그때그때 떠오르는 아이디어나 내용을 메모할 수 있어 편리합니다. 기록 후 창을 닫으면 저절로 원노트의 디폴트 노트북인 '퀵 노트'에 저장됩니다.

사용한 기능 | 아래에 새 페이지 만들기, 하위 페이지 만들기

003 페이지 안에 또 다른 페이지 만들기

★★★★☆
필수 기능

섹션 안에 포함된 다양한 페이지 중에서 하위 페이지를 만들 수 있습니다. 페이지 안에 또 다른 페이지를 만들고 싶을 때 사용합니다.

사용 가능 버전
원노트 스토어 버전

예제 파일 없음
완성 파일 없음

01 하위 페이지를 만들 페이지를 마우스 오른쪽 버튼으로 클릭합니다. 목록 중에서 [아래에 새 페이지 만들기]를 선택합니다.

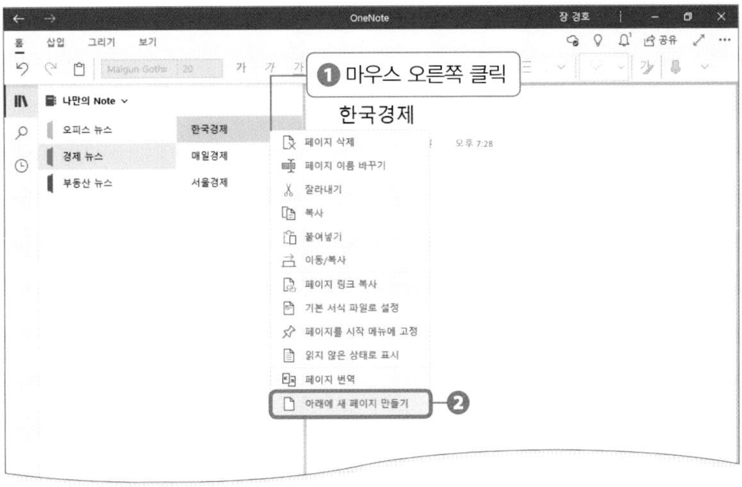

02 페이지 제목을 입력합니다. 페이지 아래에 있는 하위 페이지를 만들기 위해 마우스 오른쪽 버튼으로 클릭한 후 [하위 페이지 만들기]를 선택합니다.

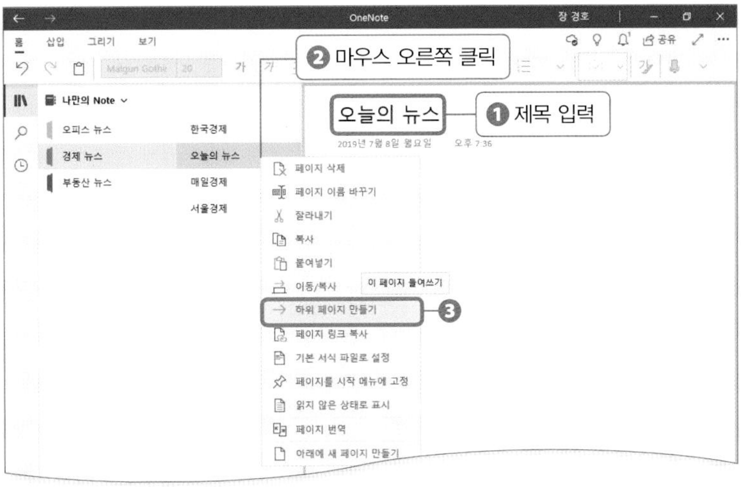

03 이 페이지가 들여쓰기되면서 하위 페이지가 완성됩니다.

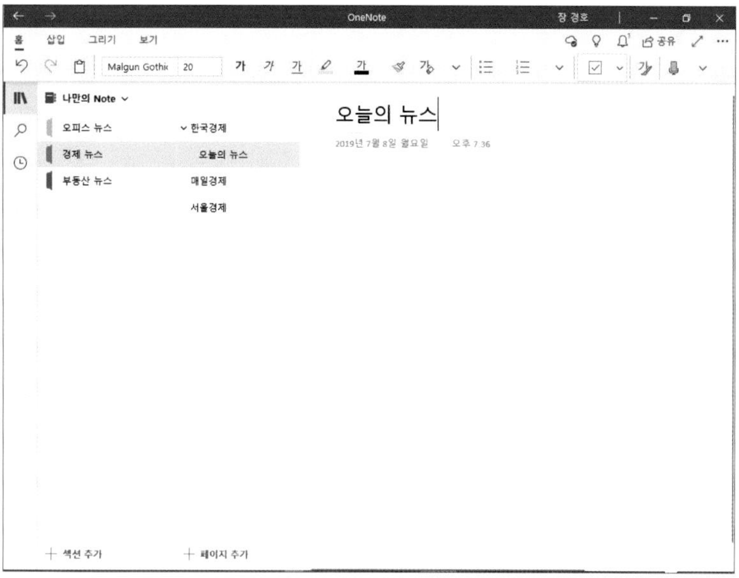

04 이번에는 마우스 오른쪽 버튼으로 클릭한 후 [하위 페이지 축소]를 선택하면 하위 페이지를 페이지 안에 감출 수 있습니다.

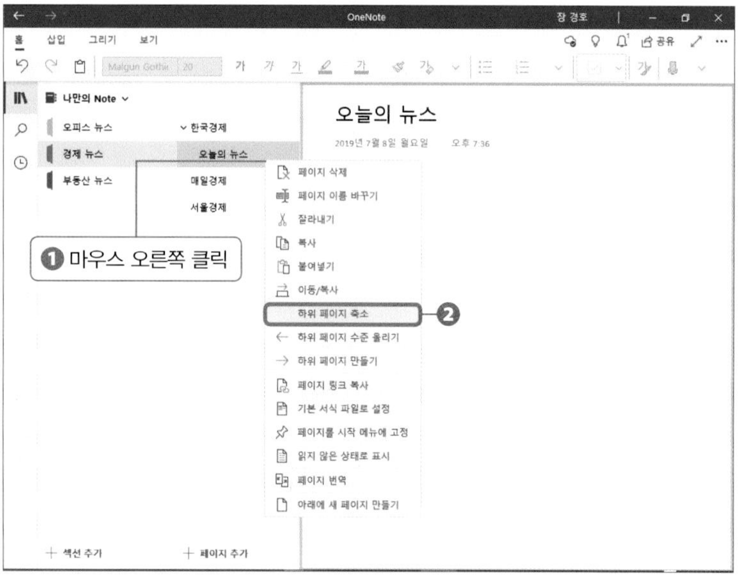

05 이번에는 다시 페이지를 열어 마우스 오른쪽 버튼으로 클릭하고 [하위 페이지 수준 올리기]를 선택합니다. 참고로, 하위 페이지는 두 단계까지 만들 수 있습니다.

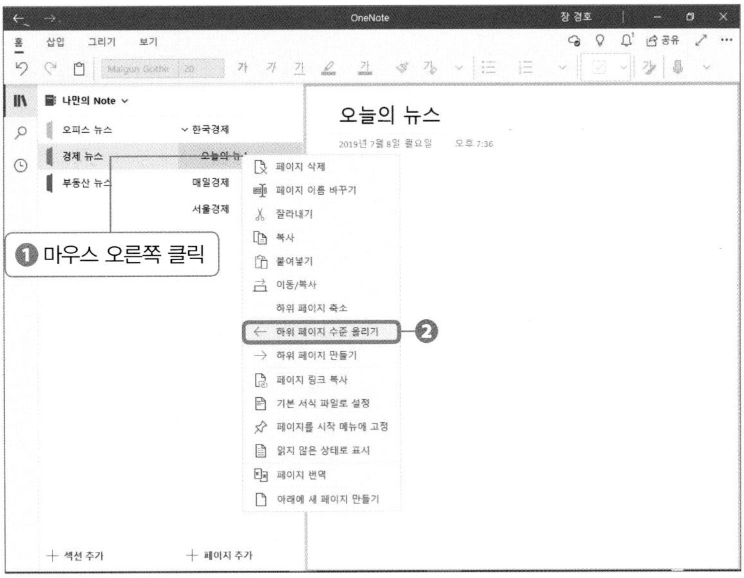

이전 버전의 원노트에서는

하위 페이지 만들기

[페이지 추가](페이지 추가)를 클릭하면 페이지를 추가할 수 있는데 하위 페이지를 만들고 싶다면 페이지를 마우스 오른쪽 버튼으로 클릭한 후 [하위 페이지 만들기]를 선택합니다. 하위 페이지 이름을 오른쪽으로 드래그해도 하위 페이지로 만들 수 있습니다.

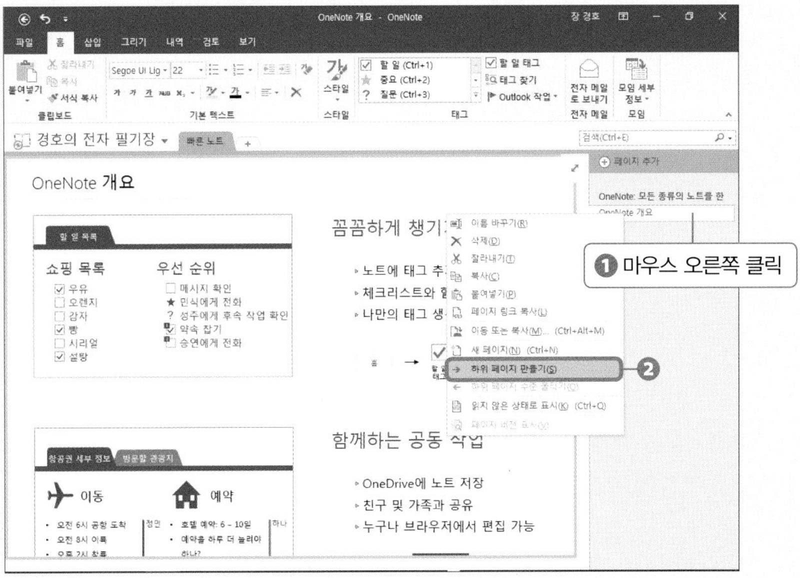

004

필수 기능 ★★★★☆

사용한 기능 | 이동/복사, 하위 페이지 축소, 하위 페이지 수준 올리기

섹션이나 페이지 이동하거나 정렬하기

섹션이나 페이지가 쌓이게 되면 섹션이나 페이지를 이동하거나 정렬이 필요하게 됩니다. 여기서는 섹션이나 페이지를 이동하거나 정렬하는 방법에 대해서 살펴보겠습니다.

사용 가능 버전	
원노트 스토어 버전	예제 파일 없음
	완성 파일 없음

01 원하는 섹션이나 페이지를 마우스 오른쪽 버튼으로 클릭한 후 [이동/복사]를 선택합니다.

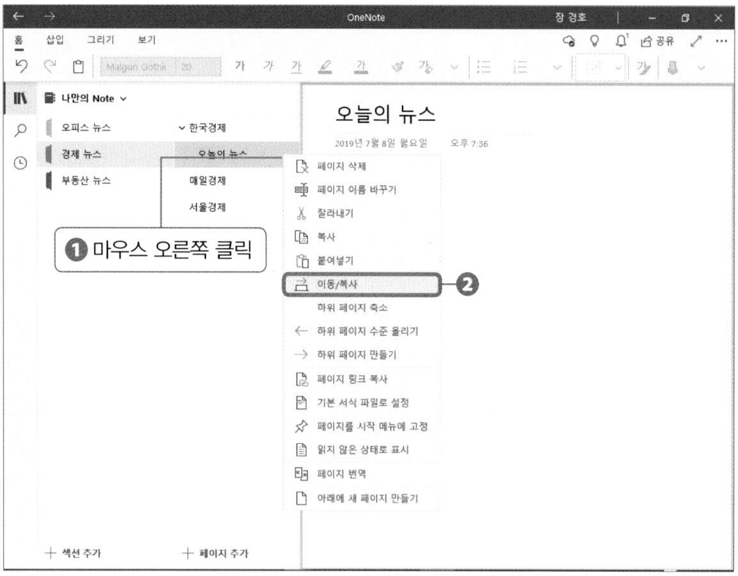

02 [페이지 이동/복사] 창이 나타나면 원하는 위치를 선택하고 [이동]이나 [복사]를 클릭합니다.

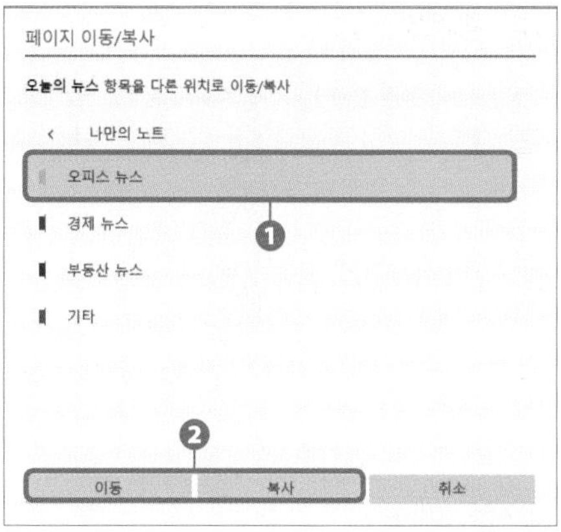

이전 버전의 원노트에서는

빠른 노트, 섹션, 페이지 이동 또는, 복사

스토어 버전과 마찬가지로 빠른 노트나 섹션, 페이지를 마우스 오른쪽 버튼으로 클릭한 후 [이동/복사]를 선택합니다. [섹션 이동 또는 복사] 대화상자가 표시되면 스토어 버전과 동일한 방법으로 이동이나 복사를 합니다.

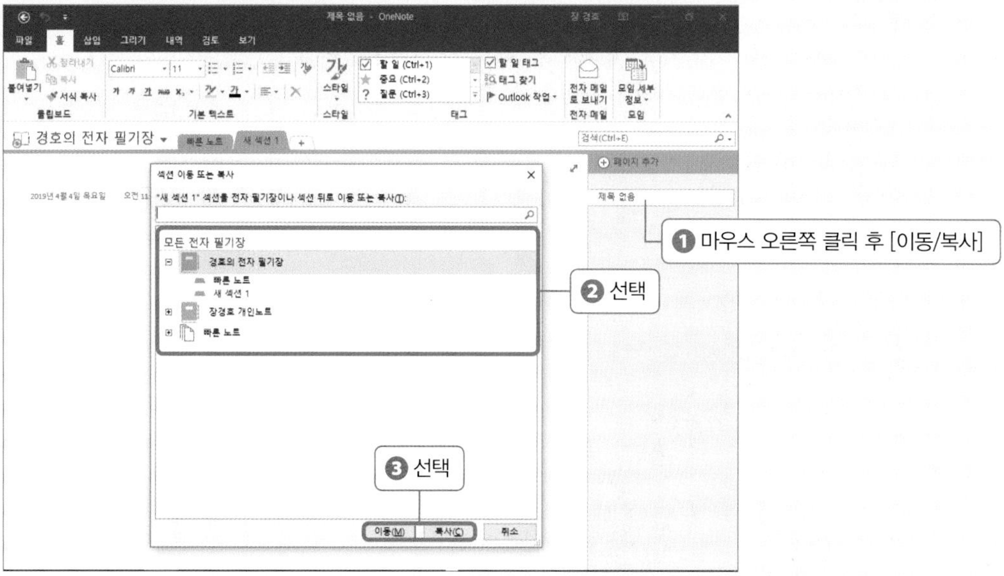

사용한 기능 | 섹션 색, 페이지 색, 노트 선

005

기본 기능

페이지 배경색과 노트 선 변경하기

원노트는 다양한 페이지 배경색이나 노트 선을 지정할 수 있습니다. 이를 통해 색다른 노트를 만들 수 있습니다.

사용 가능 버전	예제 파일 없음
원노트 스토어 버전	완성 파일 없음

01 먼저 페이지 배경색을 지정해 보겠습니다. 섹션 제목을 마우스 오른쪽 버튼으로 클릭한 후 [섹션 색]을 선택합니다.

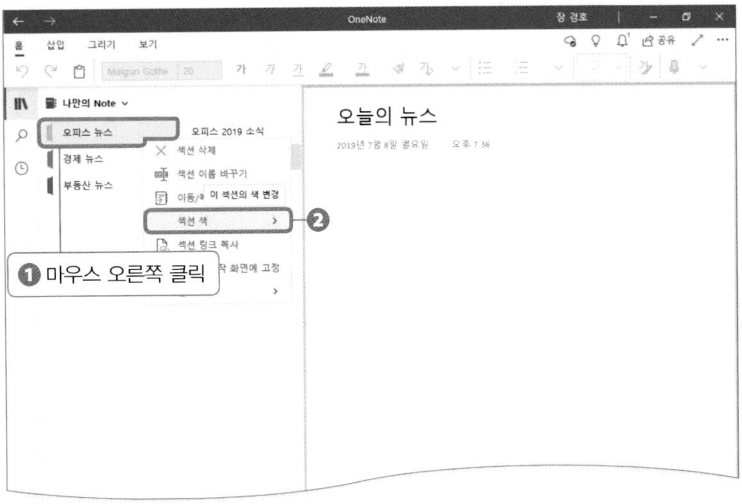

02 색상이 표시되면 원하는 색상을 선택합니다.

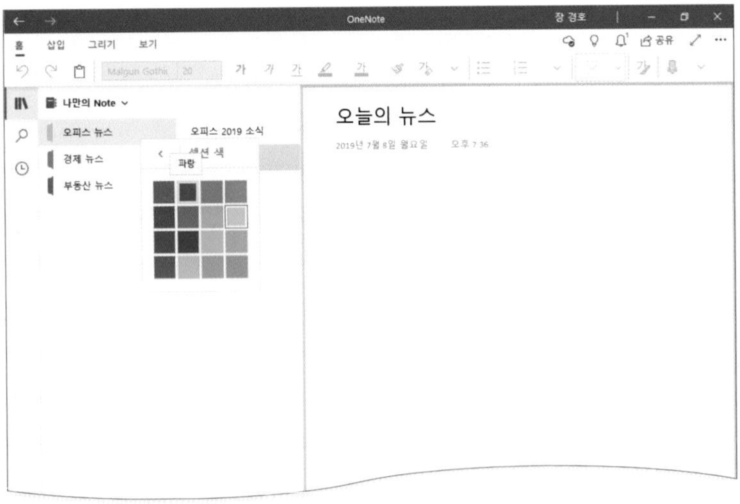

03 이번에는 페이지의 배경 색상을 변경해 보겠습니다. [보기]–[페이지 색]을 클릭한 후 원하는 배경 색상을 선택합니다.

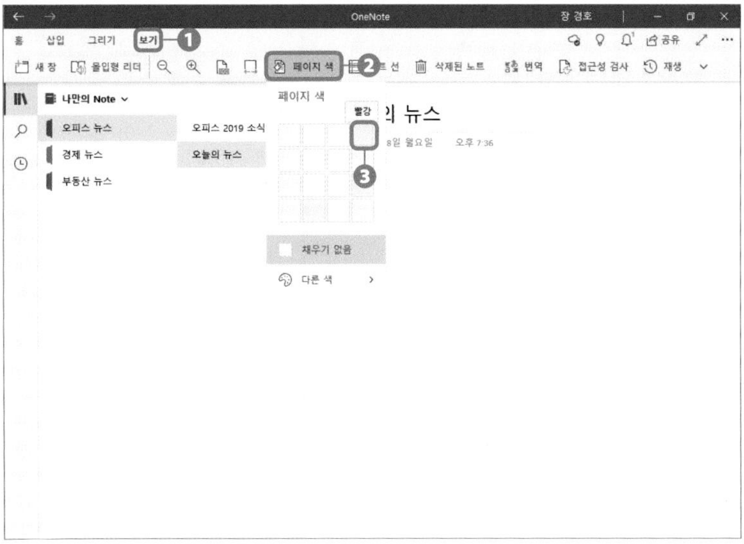

04 페이지의 배경 색상이 변경됩니다. 페이지에는 노트 선이나 눈금선도 넣을 수 있습니다. [보기]–[노트 선]을 클릭합니다. [노트 선]과 [눈금선]이 표시되면 원하는 선을 선택합니다.

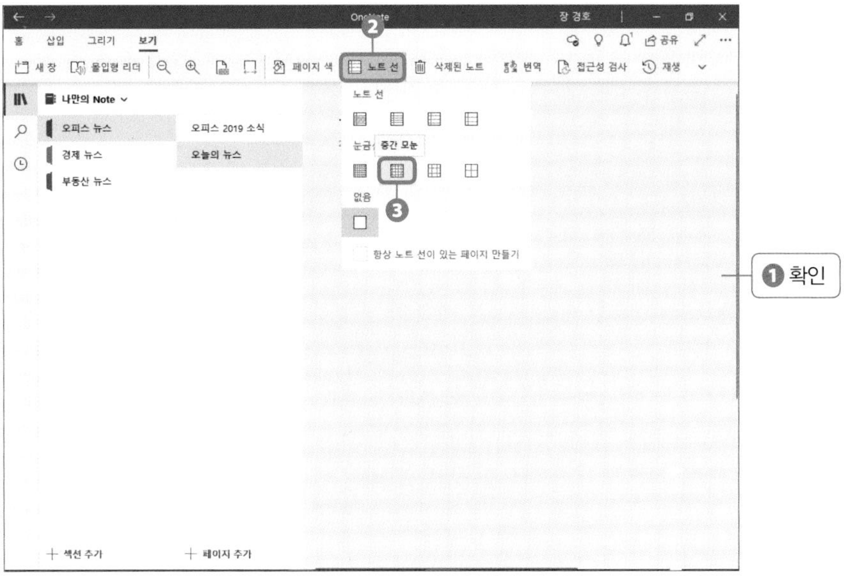

05 좁은 줄 간격, 대학 노트 줄 간격, 표준 줄 간격 등 다양한 줄 간격을 비롯해 작은 모눈 눈금선, 중간 모눈 눈금선, 표준 모눈 눈금선 등도 지정할 수 있습니다.

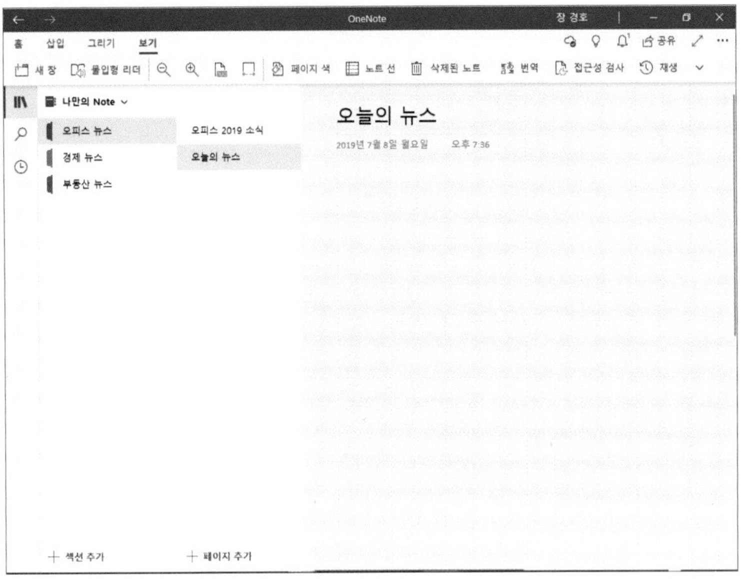

> **TIP**
>
> [항상 노트 선이 있는 페이지 만들기]를 클릭하면 페이지를 추가할 때 노트 선이 있는 페이지가 추가됩니다.
>
> 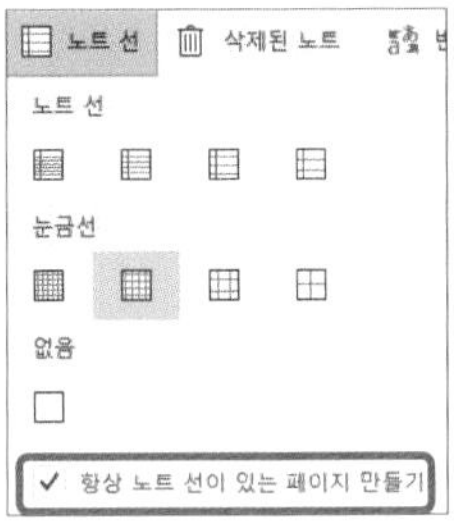
>

이전 버전의 원노트에서는

페이지 배경 변경하기

기존 원노트에서는 서식 파일로 페이지 배경을 만들 수 있습니다. 윈도우 스토어 버전과 같이 배경색이나 노트 선을 만들 수도 있습니다. [삽입] 탭–[페이지] 그룹에서 [페이지 서식 파일]을 클릭해 원하는 페이지 배경을 선택합니다. [보기] 탭–[페이지 설정] 그룹에서 [페이지 색], [노트 선]을 클릭해 페이지 색이나 노트 선을 지정합니다.

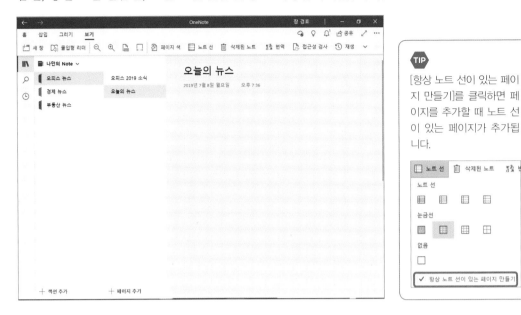

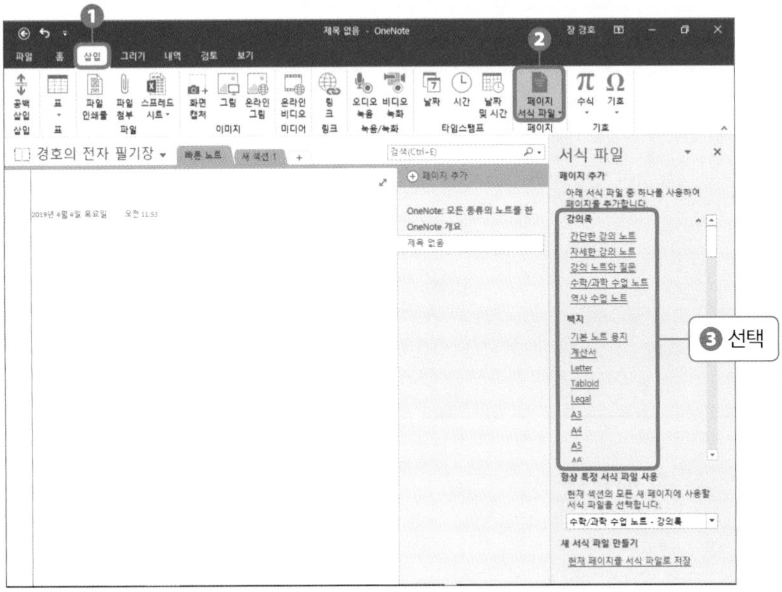

사용한 기능 | 동기화, 전자 필기장

006

★★★★☆
활용 기능

새 전자 필기장을 클라우드에 동기화하기

새 전자 필기장은 내 컴퓨터에 저장하거나 원드라이브와 같은 클라우드에 저장할 수 있습니다.

사용 가능 버전
원노트 스토어 버전

예제 파일 없음
완성 파일 없음

01 전자 필기장은 별도의 저장하기 없이도 자동으로 원드라이브에 저장됩니다. 이를 통해 다양한 스마트기기에서 공동으로 사용할 수 있습니다. 하지만, 동기화가 필요할 경우 수동으로 동기화를 실행할 수 있습니다. [전자 필기장] 제목을 마우스 오른쪽 버튼으로 클릭한 후 [동기화]를 선택합니다.

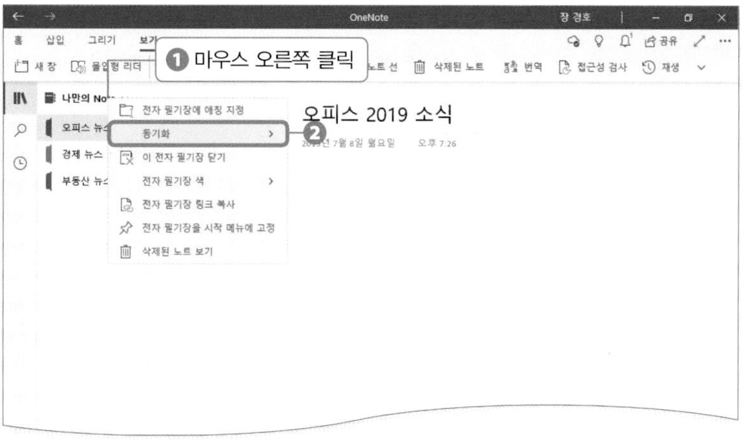

02 [이 전자 필기장 동기화]와 [전자 필기장] 중에서 선택합니다. [이 전자 필기장 동기화]는 선택한 전자 필기장만 동기화를 하게 되며, [전자 필기장]을 선택하면 전체 필기장이 동기화됩니다.

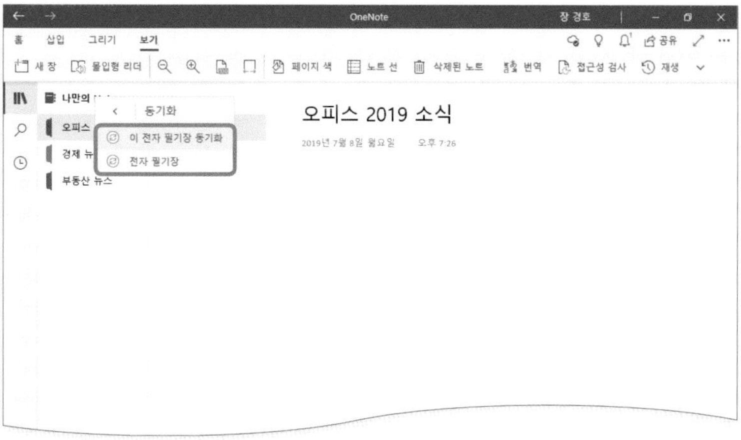

TIP 이전 버전의 경우 [파일] 탭–[새로 만들기]–[OneDrive]를 클릭합니다. [이 PC]를 클릭하면 내 컴퓨터에 내용이 저장되지만 [OneDrive]를 클릭하면 내 컴퓨터뿐만 아니라 다양한 스마트기기에서도 동시에 내용을 공유하고 사용할 수 있습니다.

사용한 기능 | 공유, 편집 가능, 보기 가능, 복사본 보내기

007

★★★☆☆
활용 기능

원노트 내용을 다른 사용자와 공유하기

원노트 문서는 다른 사용자와 손쉽게 내용을 공유할 수 함께 작업하거나 수정할 수 있습니다. 다른 사용자와 공유하는 문서는 보는 것만 가능하게 하거나 편집까지 가능하게 할 수 있습니다. 또한, 언제든지 공유하기를 중단할 수 있습니다.

사용 가능 버전	
원노트 스토어 버전	예제 파일 없음 완성 파일 없음

01 원노트 필기장을 다른 사용자와 공유하기 위해 [공유]를 클릭합니다. [공유] 창이 나타나면 [전자 메일 초대] 입력란에 메일 주소를 입력하고, [편집 가능], [보기 가능] 중에서 선택한 후 [공유]를 클릭합니다.

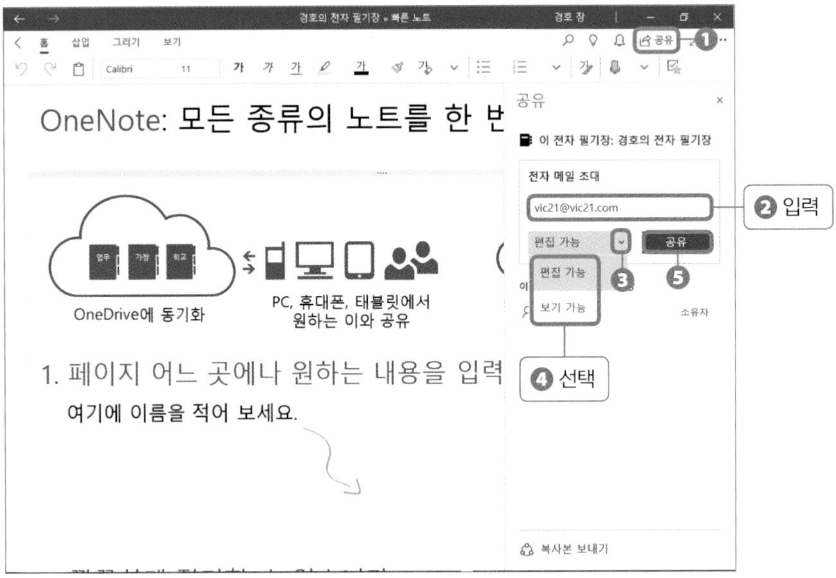

TIP
이전 버전의 경우 [파일] 탭–[공유]에서 [다른 사용자와 공유]를 클릭하거나, [공유 링크 가져오기]를 클릭합니다.

02 여기서는 [편집 가능]을 선택했습니다. [편집 가능]은 공유한 사용자와 함께 전자 필기장을 공유하고 편집도 함께 할 수 있습니다. 전자 필기장의 공유 대상이 표시됩니다.

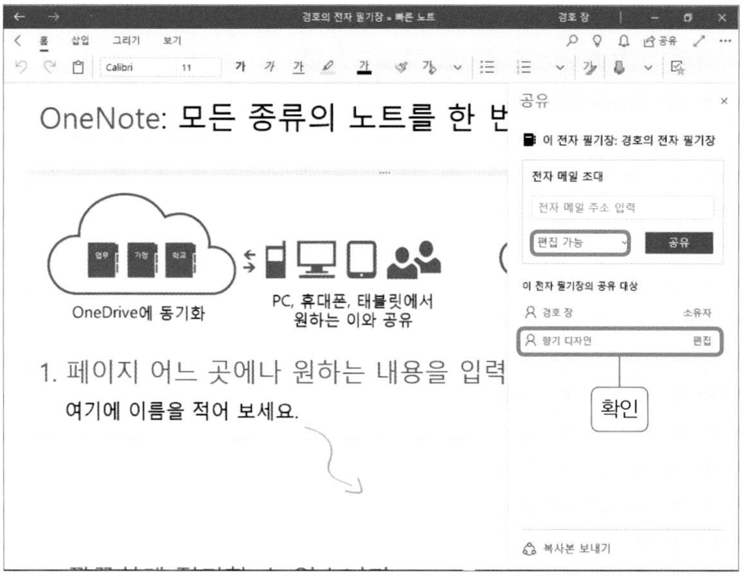

03 만일, 더 이상 공유할 필요가 없다면 공유하기를 중단하거나 [보기 가능], [편집 가능]의 권한을 변경할 수 있습니다. 사용자의 이름을 클릭한 후 [공유 중지]를 클릭해 공유를 중단하거나 [다음으로 사용 권한 변경 : 보기], [다시 초대]를 클릭해 공유 방법을 변경합니다.

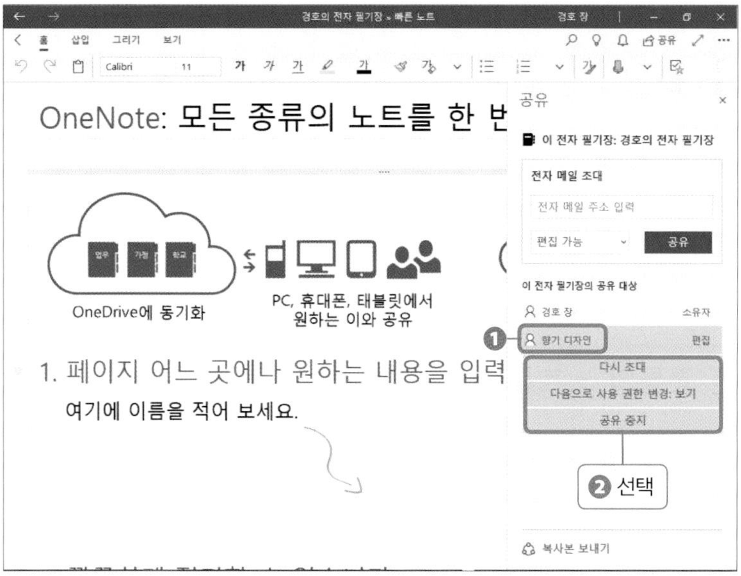

TIP

이전 버전의 경우 사용자의 이름 위에서 마우스 오른쪽 버튼을 클릭한 후 [사용자 제거]를 클릭해 공유를 중단하거나 [다음으로 사용자 권한 변경 : 표시 가능], [다음으로 사용자 권한 변경 : 편집 가능]을 선택하여 공유 권한을 변경합니다.

04 [복사본 보내기]를 클릭하면 더 많은 사용자에게 전자 필기장을 공유하거나 내용만 추려서 전달할 수 있습니다. [복사본 보내기]를 클릭합니다. [공유] 창이 나타나면 원하는 사용자를 선택합니다. [메일]이나 [Skype]를 클릭해 사용자를 지정할 수도 있습니다.

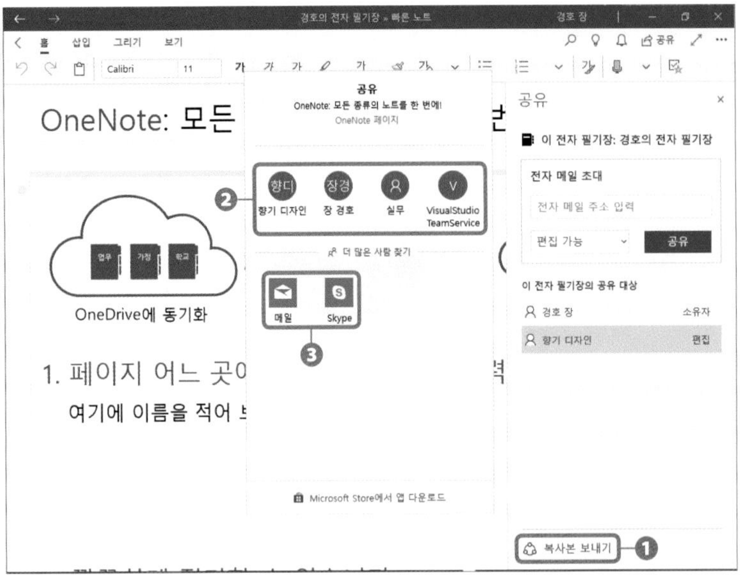

05 새 창이 나타나면 내용을 수정하거나 필요한 부분만 추린 후 [보내기]를 클릭해 이메일로 복사본을 보낼 수 있습니다.

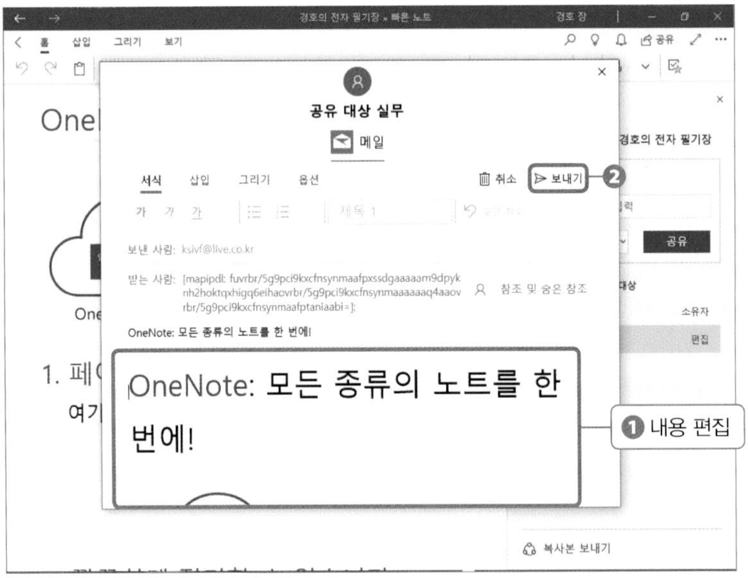

사용한 기능 | 엑셀 데이터 가져오기

008

기본 기능

엑셀 스프레드시트 삽입하기

원노트에서는 기존 엑셀 시트를 삽입하거나 원노트 자체적으로 시트를 만들어 삽입할 수 있습니다.

사용 가능 버전	
원노트 스토어 버전	**예제 파일** Onenote\Chapter 01\시세변동.xlsx **완성 파일** 없음

01 예제 파일인 엑셀 파일을 연 다음 원노트로 가져올 시트를 드래그하여 선택하고 Ctrl+C 를 눌러 복사합니다.

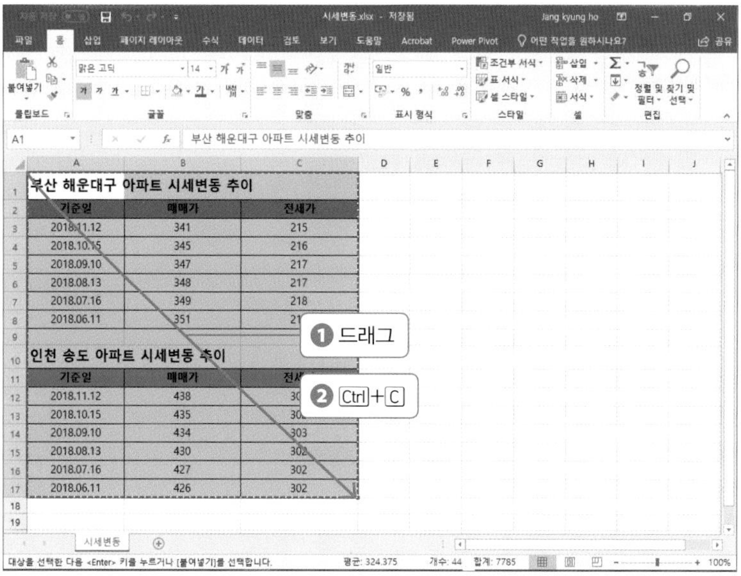

02 원노트에서 Ctrl+V를 눌러 붙여넣기 합니다. 엑셀 시트가 그대로 복사됩니다.

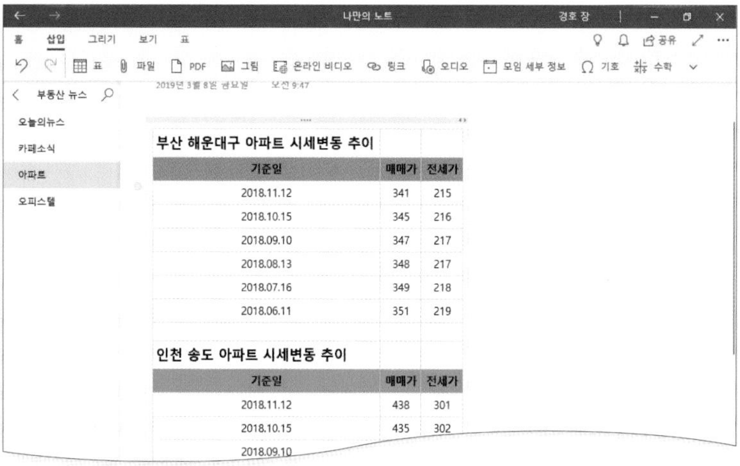

03 원노트에서는 아이콘으로 파일을 첨부하거나 스프레드시트를 통해 엑셀 시트를 삽입할 수 있으며, 차트 또는, 표도 삽입할 수 있습니다. 파일을 원노트에 삽입해 보겠습니다. [삽입]–[파일]을 클릭합니다. [열기] 대화상자가 나타나면 원하는 파일을 선택한 후 [열기]를 클릭합니다.

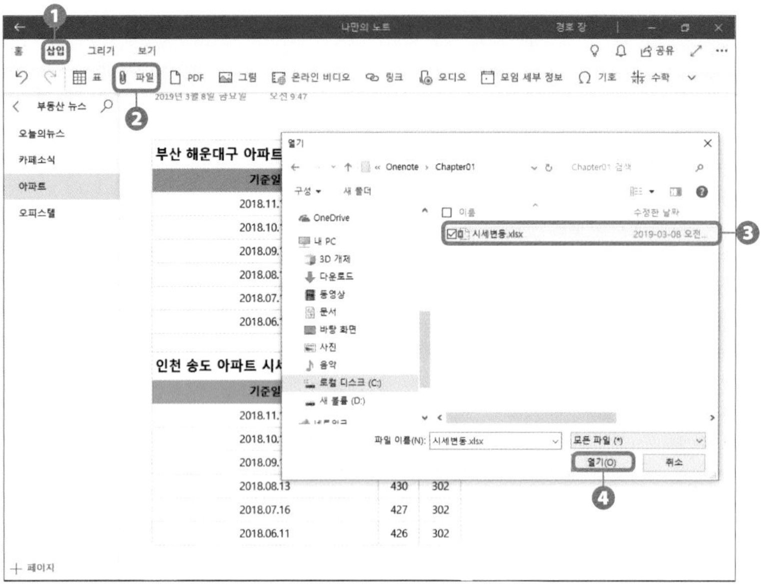

04 예제 파일이 원노트에 파일 형식으로 삽입됩니다. 파일 아이콘을 더블클릭하면 해당 파일이 열립니다.

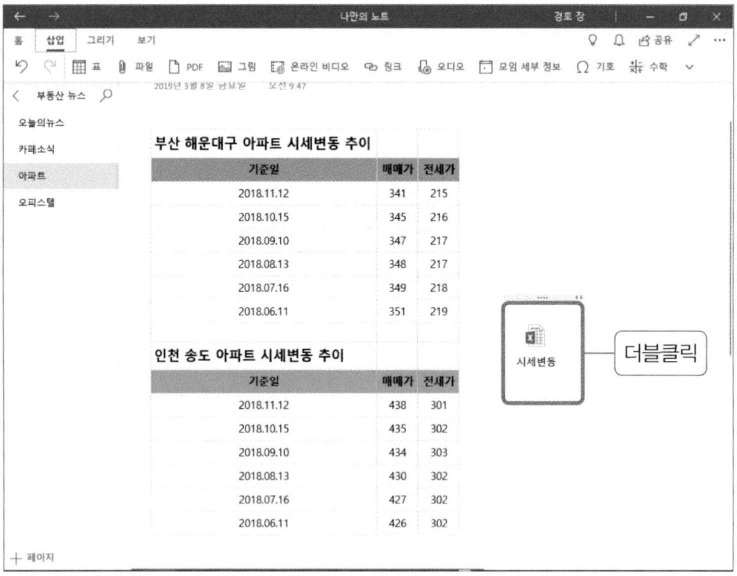

이전 버전의 원노트에서는

스프레드시트 작업하기

이전 버전에서도 따라하기 1~2처럼 복사, 붙여넣기를 통해 워크시트를 원노트에 편하게 붙여넣기 할 수 있습니다. [삽입] 탭-[파일] 그룹에서 [스프레드시트]-[새 Excel 스프레드시트]를 클릭하면 스프레드시트가 원노트에 삽입됩니다. 엑셀 문서를 파일 첨부 등 활용하고 싶다면 [삽입] 탭-[파일] 그룹에서 [스프레드시트]-[기존 Excel 스프레드시트]를 클릭한 후 [삽입할 문서 선택] 대화상자에서 삽입할 스프레드시트를 선택하고 [삽입]을 클릭합니다. 참고로 [파일 첨부], [스프레드시트 삽입], [차트 또는 표 삽입] 등 다양한 파일을 원노트에 삽입할 수 있습니다.

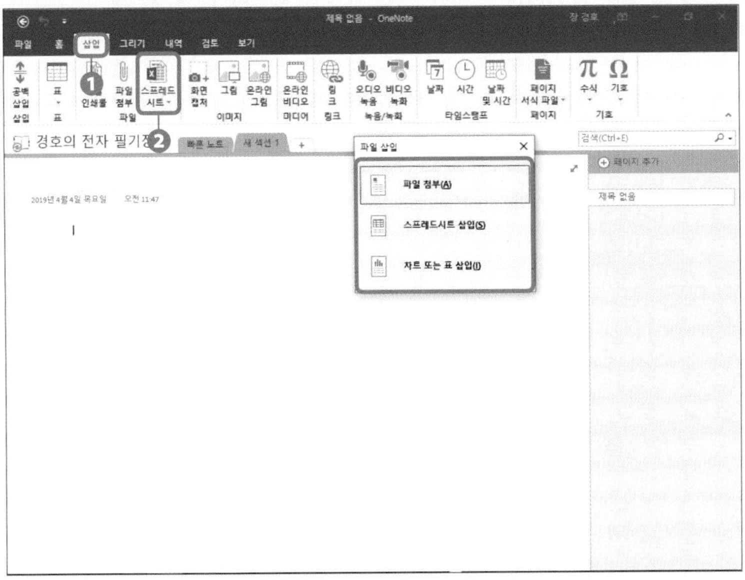

사용한 기능 | 전체 화면 모드, 공유

009

원노트로 프레젠테이션하기

기본 기능

가벼운 미팅이나 소규모 그룹 모임을 진행할 때 시각 자료가 필요할 때가 있습니다. 파워포인트 슬라이드를 만들어 띄우기가 부담스럽다면 원노트의 프레젠테이션 기능을 활용할 수 있습니다.

사용 가능 버전	예제 파일 없음
원노트 스토어 버전	완성 파일 없음

01 [전체 화면 모드로 전환]을 클릭하면 원노트 화면이 프레젠테이션 모드로 변경됩니다.

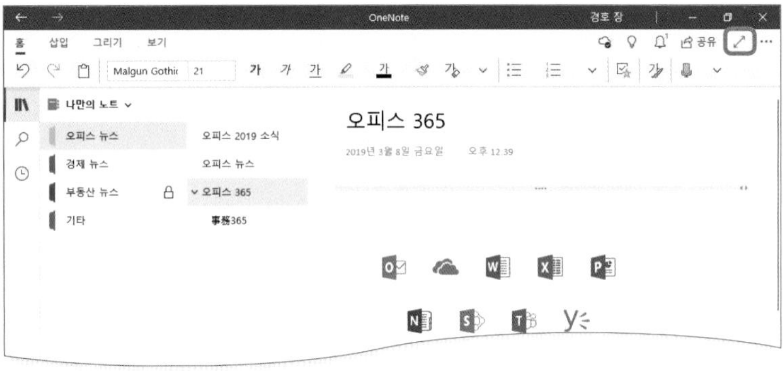

02 [공유]를 클릭해 페이지를 공유할 경우 미팅 중에 모든 참여자가 자신의 아이디어를 입력할 수 있습니다. 참여자마다 다른 색상으로 글씨가 표기되고 입력한 사람의 이니셜도 표시되기에 누구의 아이디어인지를 쉽게 구분할 수 있습니다. 또한, 프레젠테이션 모드에서는 상단에 [그리기] 탭이 나타나서 다양한 아이디어를 페이지에 표시할 수 있습니다.

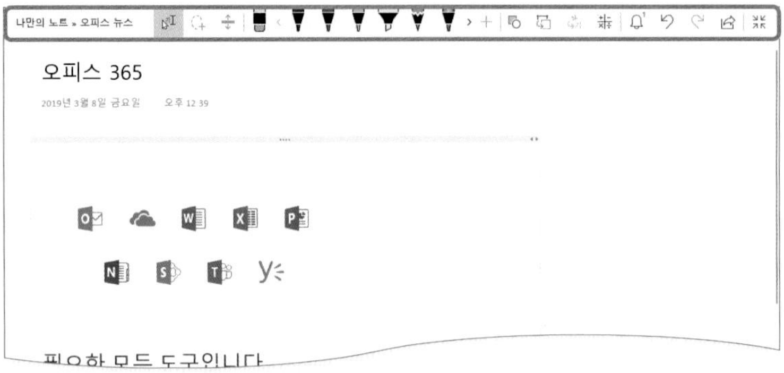

이전 버전의 원노트에서는

전체 페이지 보기

[보기] 탭-[보기] 그룹-[전체 페이지 보기]를 클릭합니다.

010

기본 기능

사용한 기능 | 태그, 새 태그 만들기

태그를 이용하여 데이터 분류하기

필기장이나 노트에 태그를 삽입할 수 있습니다. 태그를 삽입하면 태그 찾기를 통해 문서 내용을 쉽게 찾거나 내용을 필터링하기에 용이합니다.

사용 가능 버전 **원노트 스토어 버전**

예제 파일 없음
완성 파일 없음

01 태그를 지정하고 싶은 부분을 선택합니다. [홈]-[이 메모에 태그 지정]을 클릭합니다. [새 태그 만들기]를 선택합니다.

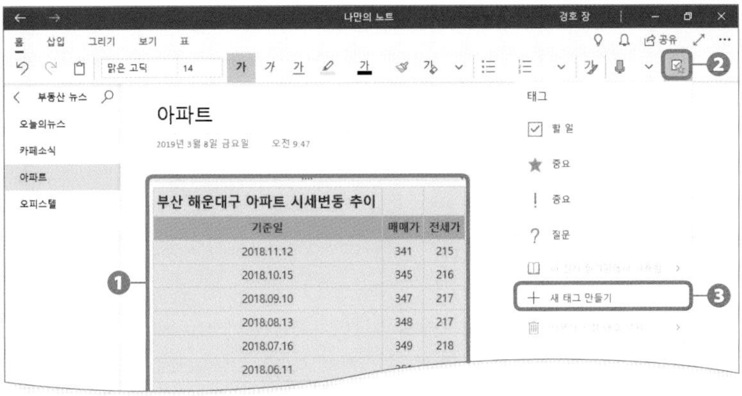

02 [이 태그에 이름 지정] 입력란에 원하는 태그명을 입력한 후 아이콘을 선택합니다. [만들기]를 클릭합니다.

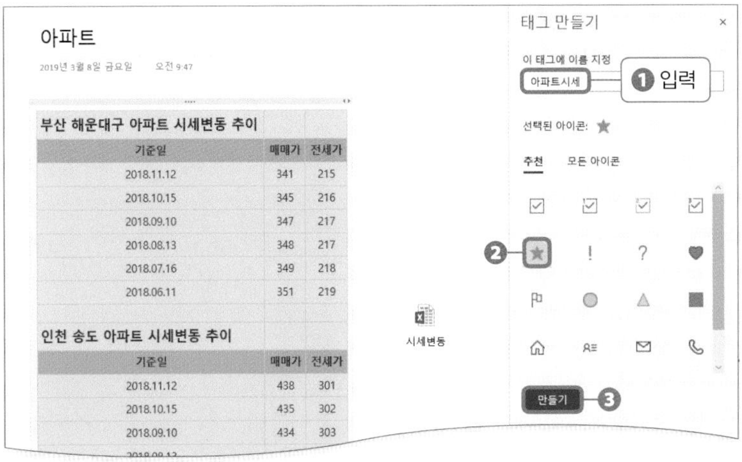

> **TIP**
> 입력한 태그가 표시됩니다. 태그를 삭제하고 싶다면 [홈]-[이 메모에 태그 지정]에서 [사용자 지정 태그 삭제]를 클릭합니다.

> **TIP**
> 이전 버전에서는 [홈] 탭-[태그]를 선택한 다음 적용할 태그 아이콘을 클릭합니다.

CHAPTER

2

원노트 공유 및 응용 기술

원노트를 활용하면 생각보다 많은 일을 처리할 수 있습니다. 회의를 진행할 때 원노트를 실행해 놓고 회의를 녹음하면서 메모할 수도 있고, 웹 사이트의 주요한 내용을 스크랩하여 별도로 관리하고, 필요한 사람들에게 공유할 수도 있습니다. 이번 챕터에서는 원노트의 다양한 공유 및 응용 기술에 대해서 살펴보겠습니다.

배워 볼 내용

[암호]	011	암호로 섹션 보안 설정하기 필수 기능 ★★★★☆
[오디오 녹음]	012	오디오나 비디오 녹음/녹화하여 회의록 작성하기 필수 기능 ★★★★☆
[계산기]	013	계산기보다 빠른 수식 계산하기
[웹 문서]	014	웹 문서 빠르게 수집하기 활용 기능 ★★★★☆
[번역]	015	웹 문서를 가져와 문장 번역하기
[에버노트]	016	에버노트를 원노트로 가져오기
[디지털 펜]	017	디지털 펜을 통해 손필기하기 활용 기능 ★★★★★
[동기화 정지]	018	자동으로 동기화 정지하기
[받아쓰기]	019	대화 내용을 음성으로 받아쓰기
[일정표]	020	각종 모임을 원노트에 기록하기
[원타스틱 앱]	021	원타스틱 앱으로 다양하게 원노트 활용하기
[원노트 OCR]	022	원노트 OCR 이용하여 이미지 텍스트 추출하기

011
★★★★☆
필수 기능

사용한 기능 | 암호 보호, 암호 추가

암호로 섹션 보안 설정하기

원노트에 저장하는 문서는 때로는 보안 설정을 하는 것이 좋습니다. 단, 암호를 분실할 경우 복구가 불가능하니 참고 바랍니다.

사용 가능 버전 원노트 스토어 버전

예제 파일 없음
완성 파일 없음

01 섹션을 선택한 다음 마우스 오른쪽 버튼을 클릭한 후 [암호 보호]를 선택합니다.

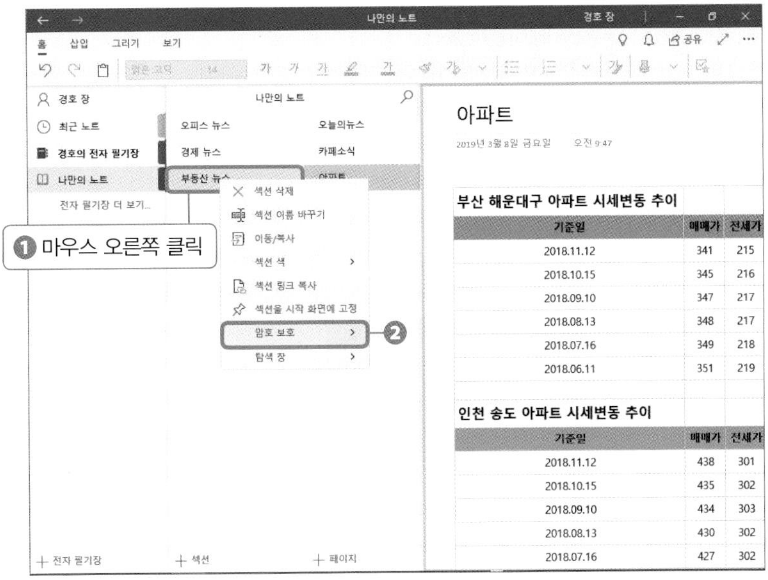

TIP

이전 버전의 경우 섹션을 선택한 다음 마우스 오른쪽 버튼을 클릭한 후 [이 섹션을 암호로 보호]를 선택합니다.

02 [암호 추가]를 클릭합니다. 만일 한 번이라도 암호를 입력한 적이 있다면 [암호 변경], [암호 제거], [섹션 잠금], [보호된 모든 섹션 잠금] 등도 활성화됩니다.

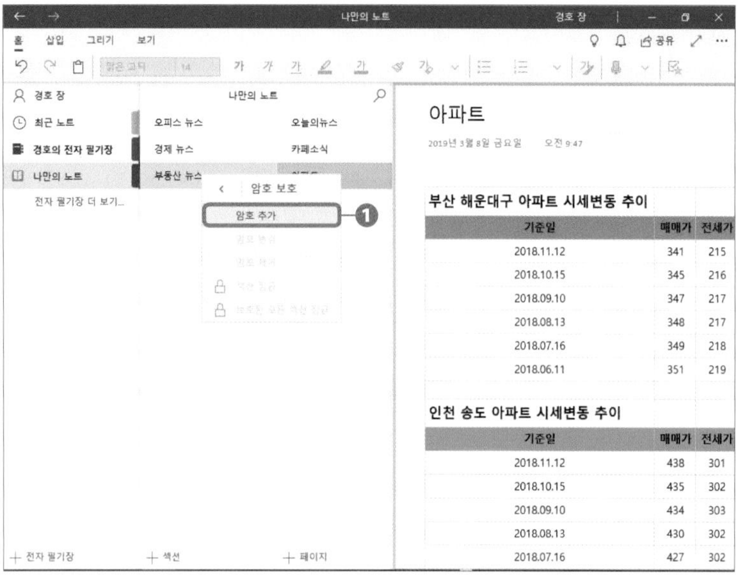

03 암호가 지정되면 암호를 입력해야만 섹션 내용을 확인할 수 있습니다.

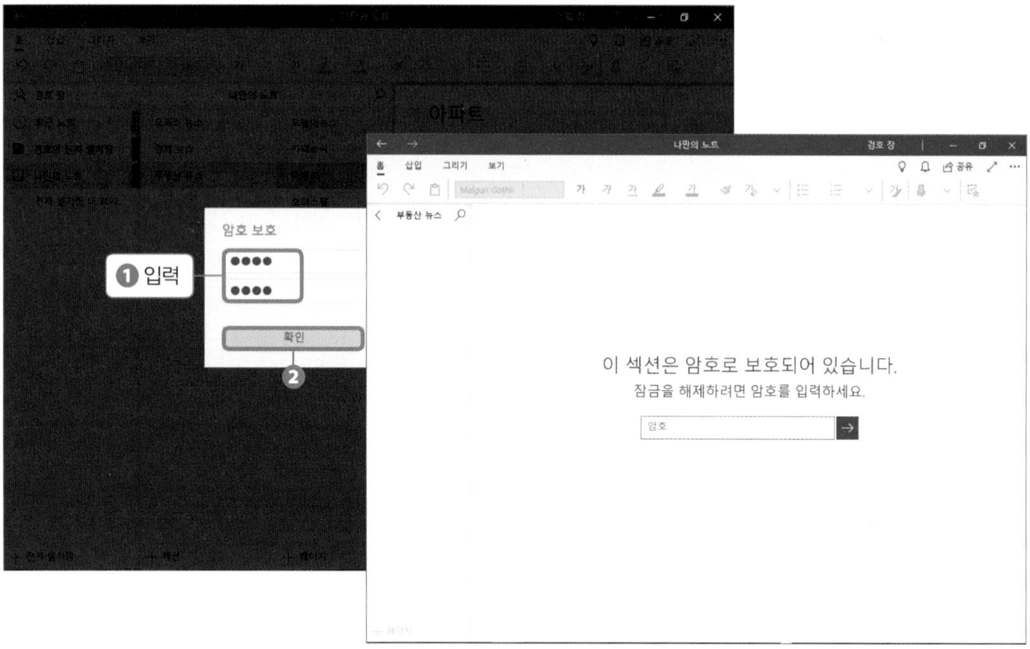

▲ 암호가 지정된 섹션 선택 화면

04 암호를 제거하고 싶다면 섹션을 마우스 오른쪽 버튼으로 클릭한 후 [암호 보호]–[암호 제거]를 선택합니다. 현재 암호를 입력하여 암호를 제거합니다.

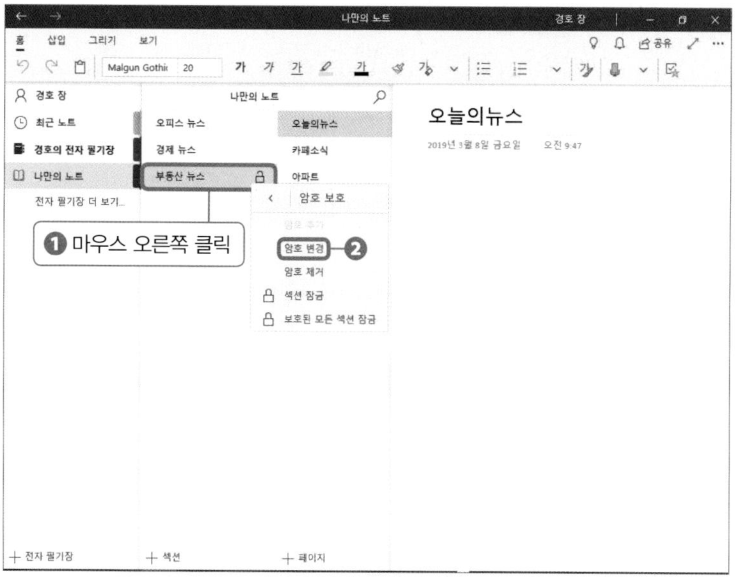

이전 버전의 원노트에서는

암호로 보호하기, 제거하기

섹션을 선택한 다음 마우스 오른쪽 버튼으로 클릭해 [이 섹션을 암호로 보호]를 선택합니다. 암호를 제거할 때에도 동일하게 섹션을 마우스 오른쪽 버튼으로 클릭한 후 [이 섹션을 암호로 보호]–[암호 제거]를 클릭합니다. 또는, [검토] 탭–[섹션] 그룹–[암호]를 클릭해 암호를 지정합니다.

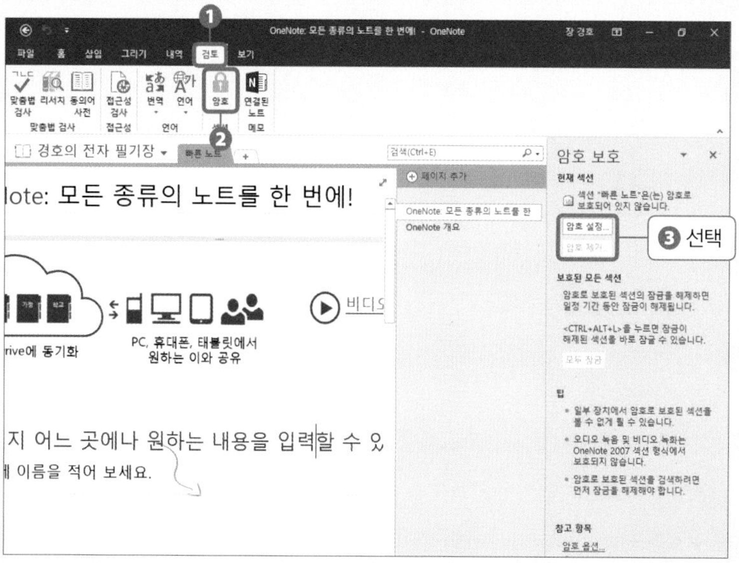

사용한 기능 | 오디오, 재생

012 오디오나 비디오 녹음/녹화하여 회의록 작성하기

★★★★☆
필수 기능

원노트의 유용한 기능 중 하나가 바로 강의장 등에서 내용을 녹음하여 저장하거나 활용할 수 있다는 점입니다.

사용 가능 버전
원노트 스토어 버전

예제 파일 없음
완성 파일 없음

01 먼저 오디오를 녹음해 보겠습니다. [삽입]–[오디오]를 클릭합니다.

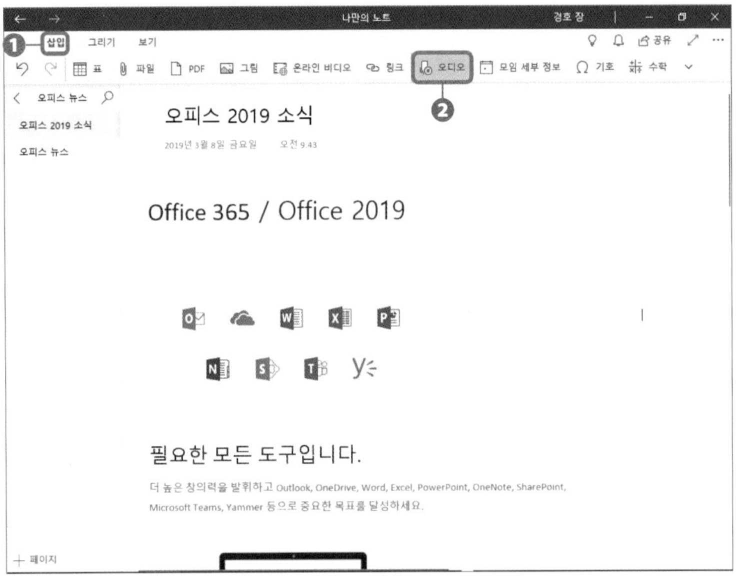

TIP
이전 버전의 경우 [삽입] 탭–[녹음/녹화] 그룹에서 [오디오 녹음]을 클릭합니다.

자주하는 질문

Q 비디오 녹화도 가능한가요?

A 이전 버전의 경우 비디오 녹화가 가능합니다. 본 도서를 집필하고 있는 2019년 현재, 아쉽게도 스토어 버전에서는 비디오 녹화가 되지 않습니다. 하지만 조만간 업데이트가 진행되면 스토어 버전에서도 설치형 원노트처럼 비디오 녹화 기능이 제공될 것으로 예상됩니다.

02 녹음이 진행되는 중간에 내용을 타이핑하는 것은 가능합니다. 타이핑한 내용은 오디오 파일의 위치까지 함께 저장됩니다. 녹음이 끝나면 [중지]를 클릭합니다.

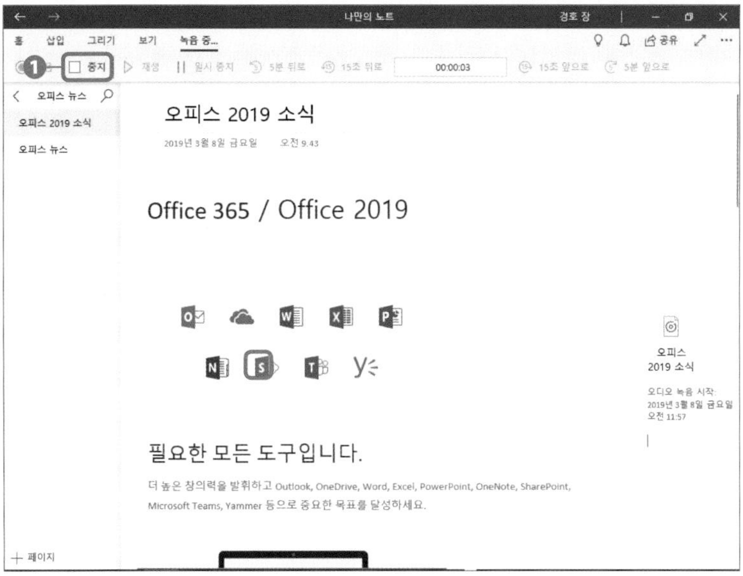

> **TIP**
> 녹음 중간에 텍스트를 입력하거나 이미지 삽입, 디지털 펜 등을 통해 문서 작업을 진행할 수 있습니다.

> **TIP**
> 녹음을 진행할 때 원노트 페이지에 텍스트를 타이핑했다면 자동으로 녹음 내용과 연계됩니다. 즉, 타이핑한 텍스트와 녹음한 시간이 자동으로 동기화가 됩니다. 타이핑한 텍스트를 선택하면 타이핑할 시점의 녹음된 음성을 들을 수 있어 편리합니다.

03 녹음이 제대로 되었는지 확인해 보겠습니다. [오디오]-[재생]을 클릭합니다. 녹음 중간마다 텍스트를 입력했거나 모션을 취했다면 오디오가 재생되면서 재생되는 시점에 입력한 텍스트나 모션으로 위치가 자동으로 이동됩니다.

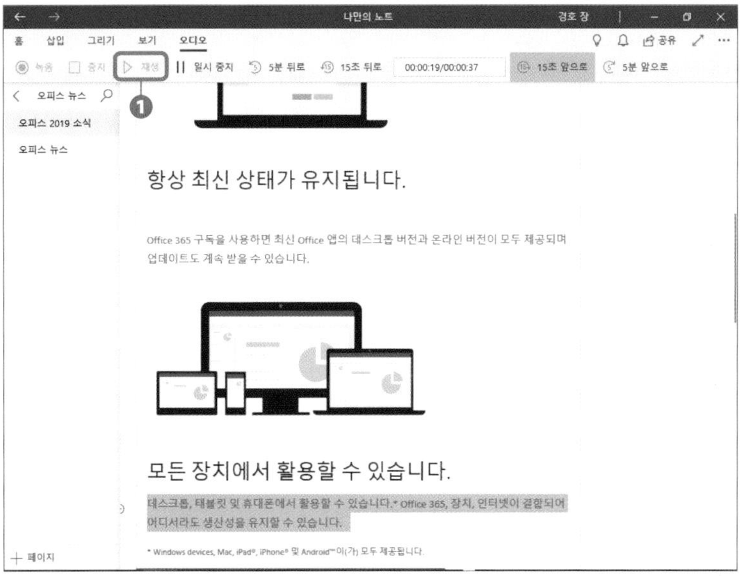

이전 버전의 원노트에서는

오디오 녹음하기, 비디오 녹화하기

1. 기존 원노트의 경우 비디오 녹화도 가능합니다. 녹화가 시작되면 카메라가 켜지면서 원노트에 자동으로 비디오 파일을 생성합니다. 녹화하고 싶다면 [삽입] 탭-[녹음/녹화] 그룹에서 [비디오 녹화]를 클릭합니다. 오디오 녹음을 하고 싶다면 [삽입] 탭-[녹음/녹화] 그룹에서 [오디오 녹음]을 클릭합니다. 윈도우 미디어 오디오(WMA) 파일 포맷으로 저장되며, 녹음 시간도 페이지에 함께 기록됩니다.

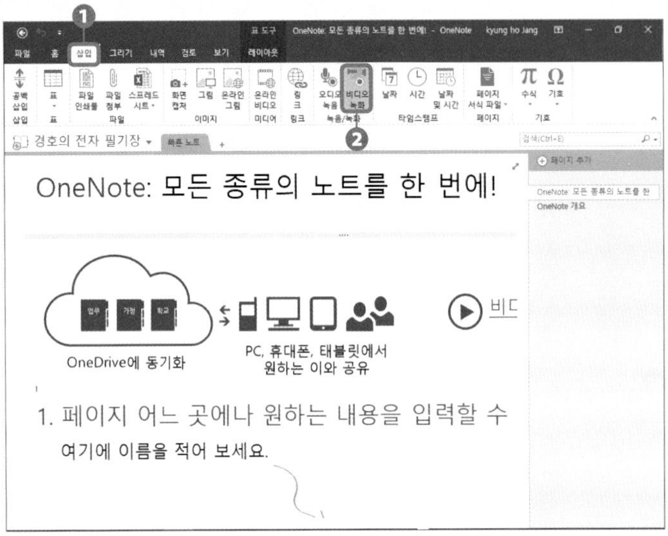

2. [비디오] 창이 나타나면서 녹화되고 있는 내용을 확인할 수 있습니다. 녹화가 끝나면 [중지]를 클릭합니다. 녹음이나 녹화된 파일을 마우스 오른쪽 버튼으로 클릭한 후 [다른 이름으로 저장]을 선택하면 내 컴퓨터에 저장할 수 있습니다.

013

기본 기능

사용한 기능 | 수식

계산기보다 빠른 수식 계산하기

원노트에는 계산기 기능이 포함되어 있습니다. 간단한 수식은 계산기 필요 없이 원노트에서 간단히 계산할 수 있습니다.

사용 가능 버전	예제 파일 없음
원노트 스토어 버전	완성 파일 없음

01 간단한 수식을 입력한 후 『=』을 입력합니다.

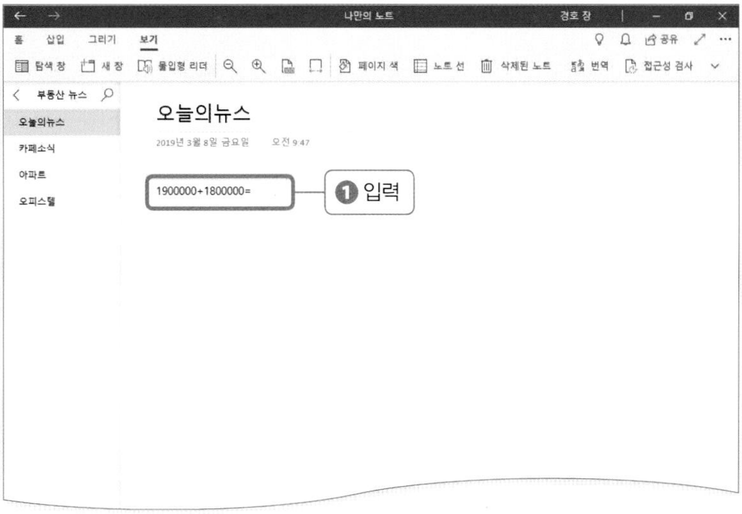

02 Enter를 누르거나 Spacebar를 누르면 결과값이 표시됩니다.

TIP

이전 버전에서도 동일한 방법으로 수식을 계산할 수 있습니다.

사용한 기능 | 웹 문서, 복사, 붙여넣기

014

★★★★☆
활용 기능

웹 문서 빠르게 수집하기

원노트는 다른 프로그램보다도 웹 문서를 빠르게 수집하고 관리할 수 있습니다. 복사한 웹 문서는 자동으로 웹 문서의 링크 경로가 함께 삽입되어 편리합니다.

사용 가능 버전	예제 파일 없음
원노트 스토어 버전	완성 파일 없음

01 웹 문서를 열어 내용을 드래그한 후 Ctrl+C를 눌러 복사합니다.

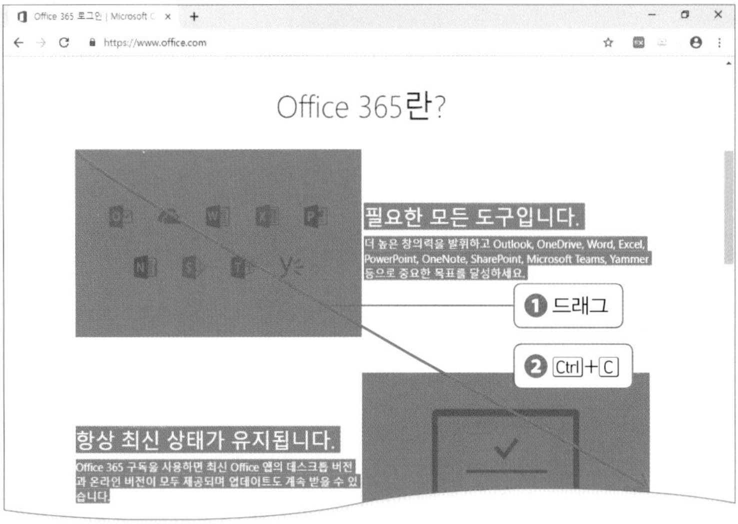
Office 365란?
필요한 모든 도구입니다.
더 높은 창의력을 발휘하고 Outlook, OneDrive, Word, Excel, PowerPoint, OneNote, SharePoint, Microsoft Teams, Yammer 등으로 중요한 목표를 달성하세요.
① 드래그
② Ctrl+C
항상 최신 상태가 유지됩니다.
Office 365 구독을 사용하면 최신 Office 앱의 데스크톱 버전과 온라인 버전이 모두 제공되며 업데이트도 계속 받을 수 있습니다.

02 원노트에서 Ctrl+V를 눌러 붙여넣기 합니다. 웹 문서 내용과 함께 웹 문서의 링크 경로가 동시에 삽입됩니다.

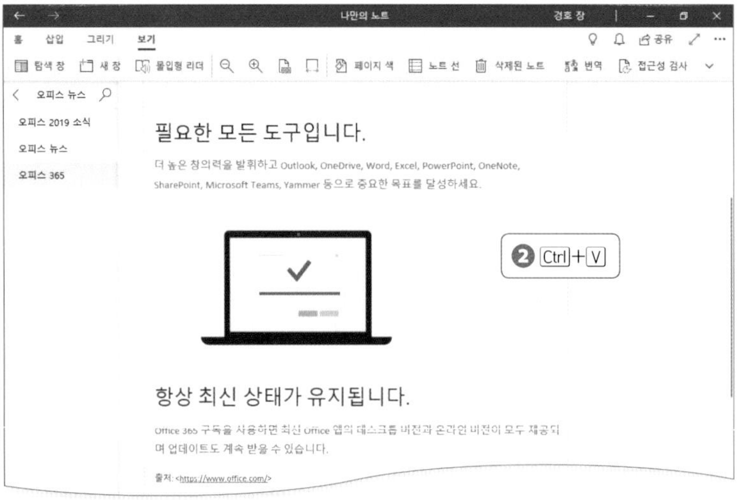
나만의 노트
오피스 뉴스
오피스 2019 소식
오피스 뉴스
오피스 365
필요한 모든 도구입니다.
더 높은 창의력을 발휘하고 Outlook, OneDrive, Word, Excel, PowerPoint, OneNote, SharePoint, Microsoft Teams, Yammer 등으로 중요한 목표를 달성하세요.
② Ctrl+V
항상 최신 상태가 유지됩니다.
Office 365 구독을 사용하면 최신 Office 앱의 데스크톱 버전과 온라인 버전이 모두 제공되며 업데이트도 계속 받을 수 있습니다.
출처: <https://www.office.com/>

자주하는 질문

Q 특정 웹 문서의 경우 복사 자체가 되지 않습니다.

A 특정 웹 문서의 경우 보안상의 이유로 드래그앤 드롭이 막혀있는 경우가 있습니다. 이럴 경우 웹 문서를 복사할 수 없어서 원노트로 내용을 가져올 수 없습니다. 이럴 때는 화면 캡처 기능을 활용할 수 있습니다.

이전 버전의 원노트에서는

화면 캡쳐하기

1. 원노트를 실행하면 윈도우 작업 표시줄에 원노트 아이콘이 생성됩니다. 이를 마우스 오른쪽 버튼으로 클릭한 후 [화면 캡처]를 선택합니다. 캡쳐하고 싶은 화면을 드래그하여 선택합니다.

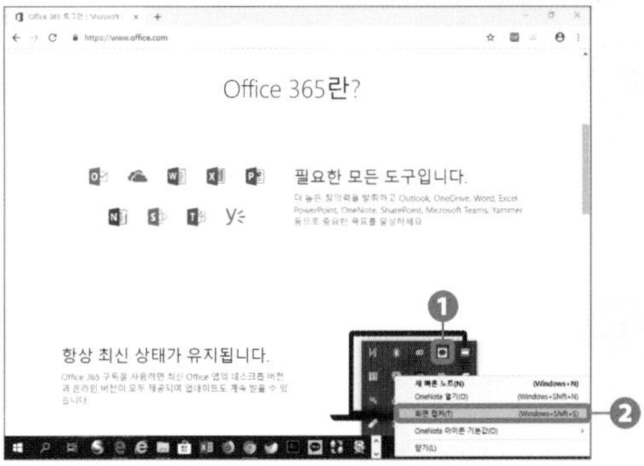

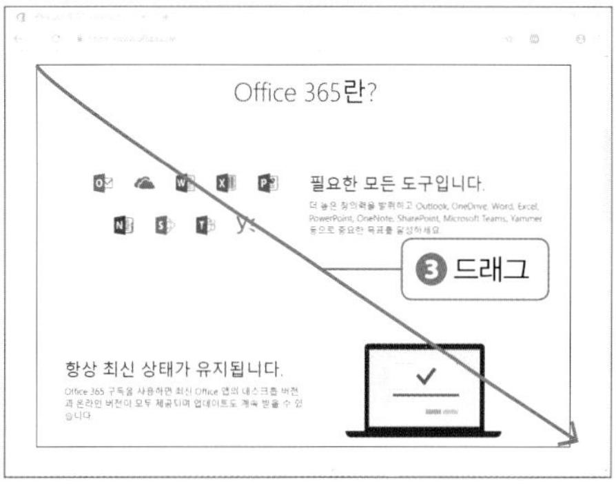

2. [OneNote에서 위치 선택] 대화상자가 나타납니다. 저장할 필기장이나 노트를 선택한 다음 [선택한 위치로 보내기]를 클릭합니다. 참고로, [클립보드로 복사]를 클릭하면 내 컴퓨터의 클립보드에 복사가 되어 원노트뿐 아니라 엑셀, 파워포인트 등에도 편하게 붙여넣기할 수 있습니다.

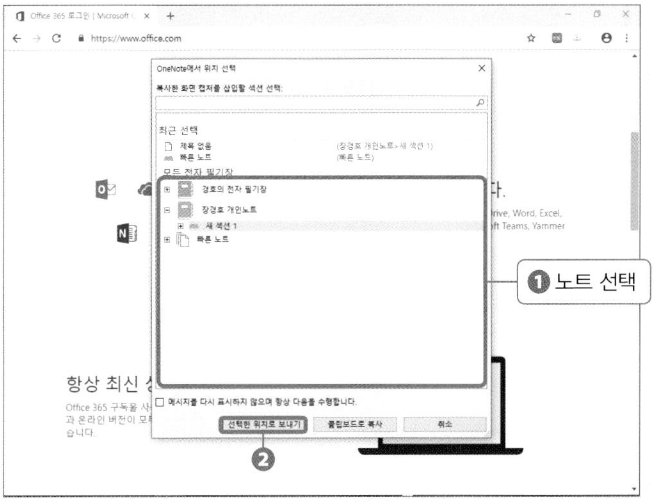

015

기본 기능

사용한 기능 | 번역, 언어 설정

웹 문서를 가져와 문장 번역하기

원노트에는 사전 기능이 포함되어 있습니다. 영어나 일본어 등의 외국어를 선택한 후 검색하고 싶은 단어나 문장을 선택하면 한글로 해석할 수 있으며, 반대로도 가능합니다.

사용 가능 버전	예제 파일 없음
원노트 스토어 버전	완성 파일 없음

01 웹 문서를 원노트로 가져온 후 [보기]–[번역]–[언어 설정]을 클릭합니다.

TIP

[언어 설정] 이외에 [선택 영역]이나 [페이지]를 선택해 원하는 부분만 번역할 수도 있습니다.

02 [번역기] 창이 나타나면 [확인]을 클릭합니다.

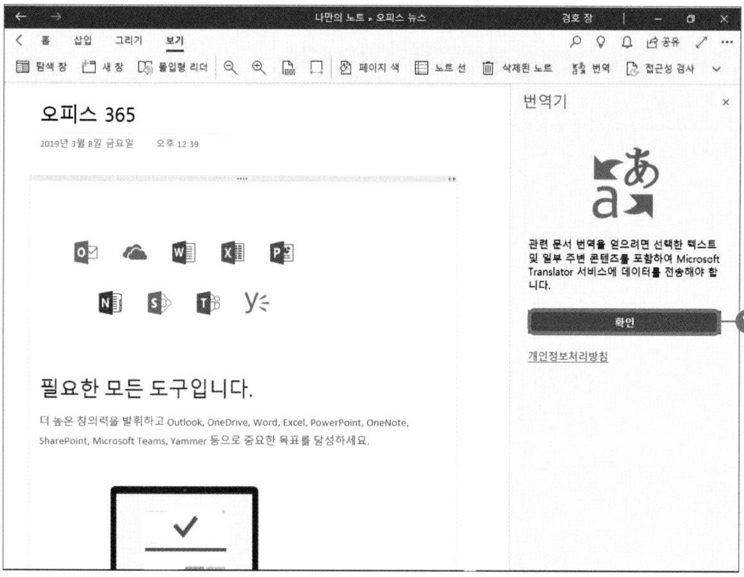

03 [대상]에서 번역하고 싶은 언어를 선택합니다. 여기서는 [일본어]를 선택하고, [번역]을 클릭합니다.

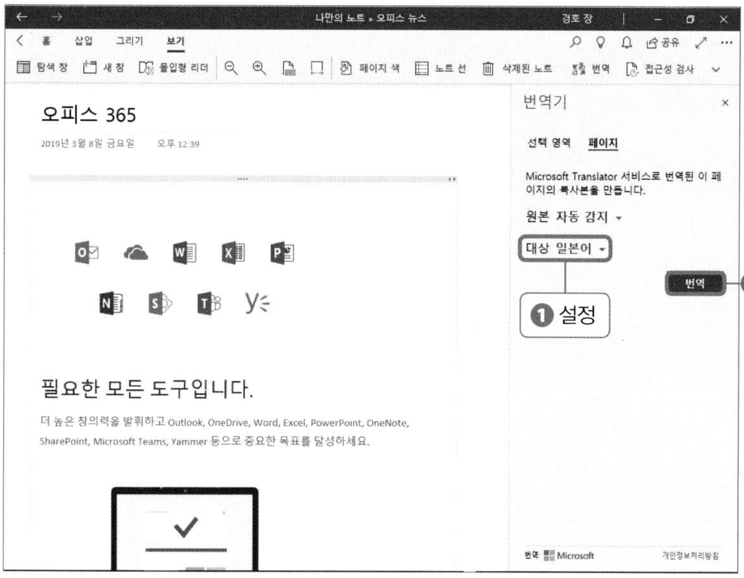

04 원노트로 불러온 텍스트가 일본어로 번역되어 표시됩니다. 참고로, 원본은 별로도 보관되며 번역본은 별로의 페이지로 생성됩니다.

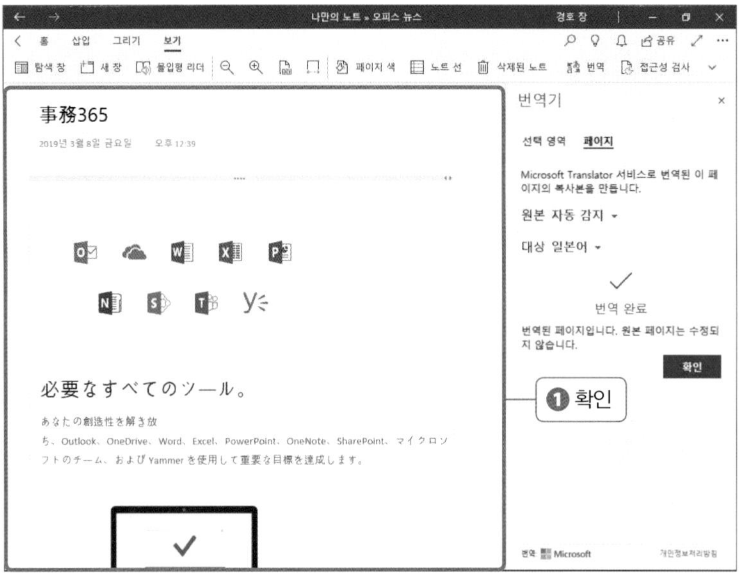

이전 버전의 원노트에서는

선택한 텍스트 번역하기

번역하고 싶은 텍스트를 드래그하여 선택한 후 [검토] 탭–[언어] 그룹–[선택한 텍스트 번역]을 클릭하거나 텍스트를 마우스 오른쪽 버튼으로 클릭한 후 [번역]을 선택합니다.

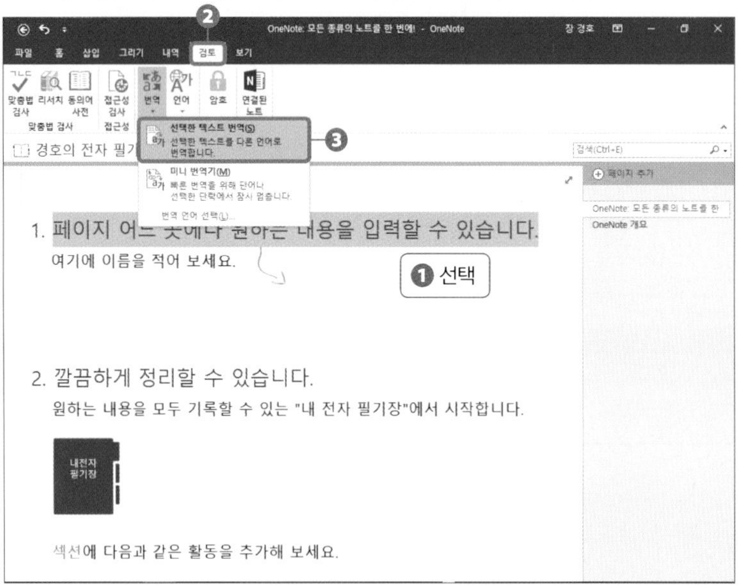

016

기본 기능

사용한 기능 | 가져오기 도구 다운로드, 에버노트

에버노트를 원노트로 가져오기

필기장 프로그램으로서 원노트만큼이나 인기를 끄는 프로그램이 바로 에버노트입니다. 에버노트를 제대로 활용하려면 비용이 발생하는데 오랜 기간 메모 프로그램을 사용하는 분들은 에버노트에서 원노트로 이동하는 경우가 많습니다. 왜냐하면, 원노트는 무료이기 때문이죠. 여기서는 에버노트를 원노트로 이전하는 방법을 살펴보겠습니다.

사용 가능 버전
원노트 스토어 버전

예제 파일 없음
완성 파일 없음

01 'https://www.onenote.com/import-evernote-to-onenote?omkt=ko-KR'에 접속한 후 [가져오기 도구 다운로드]를 클릭합니다.

Evernote에서 OneNote로 전환
https://www.onenote.com/import-evernote-to-onenote?omkt=ko-KR
① 사이트 접속
OneNote
도움말 및 FAQ
Evernote에서
OneNote로 전환
노트는 자동으로 가져오므로 안심해도 됩니다.
OneNote로의 전환을 고려해 주셔서 감사합니다. OneNote는 Office 제품군 중 하나이므로 처음 사용해도 친숙하게 느껴질 것입니다.
가져오기 도구 다운로드
②
미리 보기 버전(영문)
Windows 7 이상 및 OS X El Capitan 10.11 이상을 탑재한 PC
나만의 방식대로 만들기
어디에서든 쓰거나 입력할 수 있고 웹에서 클리핑하거나 Office 문서의 콘텐츠를 확인할 수 있습니다.
협업
팀과 아이디어를 짜거나 가족과 식사 일정을 계획해 보세요. 노트를 동기화하여 동일한 정보로 대화를 나누어 보세요.
잉크로 생각 표현
노트를 직접 끄적여 보고 모양과 색으로 생각을 표현해 보세요.

TIP

링크 주소가 길다면 저자의 블로그 글(http://blog21.kr/221580326926)에서 내용을 확인하세요.

02 프로그램을 다운로드받아 실행하면 자료 전환 페이지가 뜹니다. 이전을 원하는 자료에 체크 표시를 한 다음 [Next]를 클릭합니다.

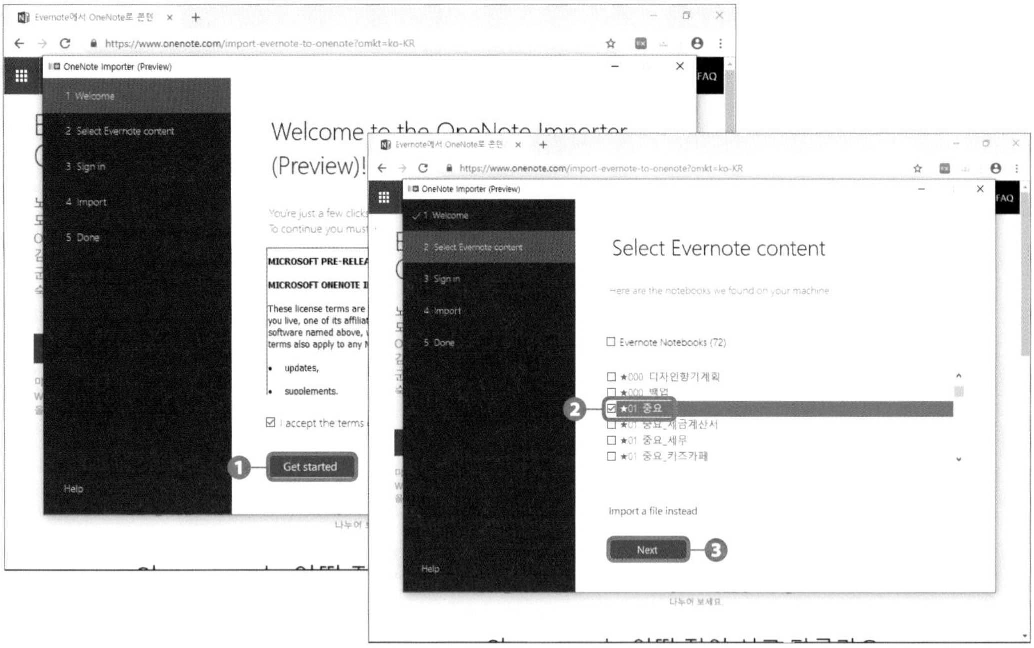

03 원노트 계정에 로그인합니다.

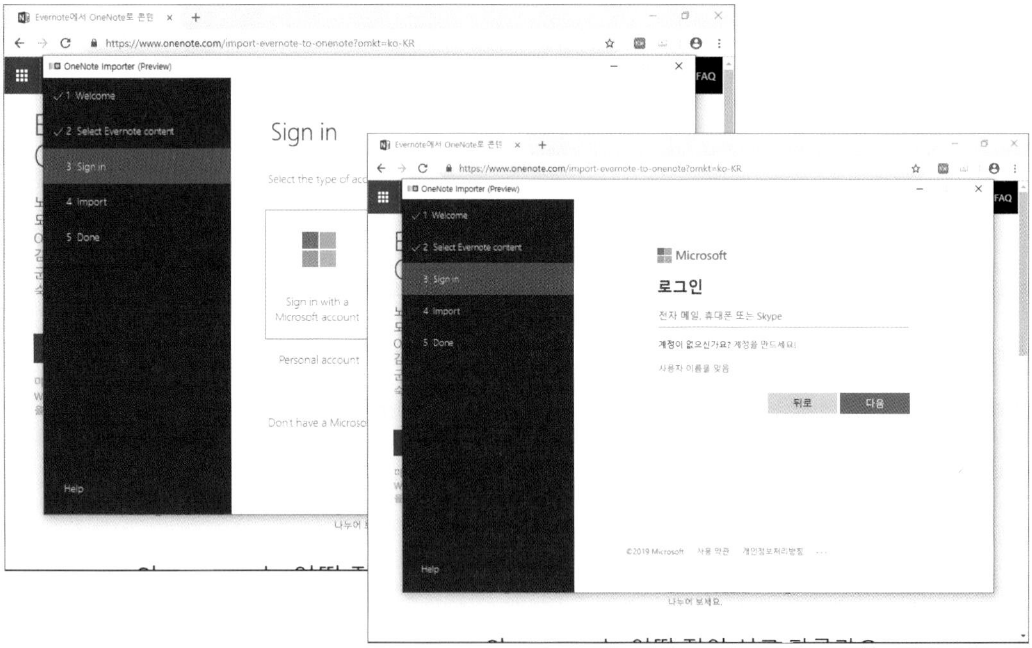

TIP

로그인하면 에버노트에서 자료를 가져올 것인지를 다시 묻습니다.

04 에버노트의 노트북은 원노트의 노트북에, 에버노트의 페이지는 원노트의 페이지로 이동이 됩니다. [Import]를 클릭합니다.

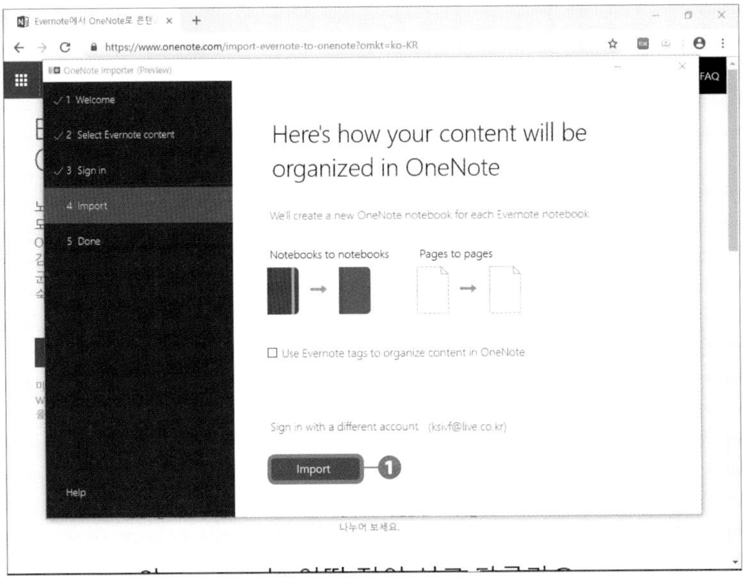

TIP

[Use Evernote tages to organize content in OneNote]에 체크 표시를 하면 에버노트에서 사용하고 있는 태그도 함께 이전됩니다.

05 전환이 끝나면 [View notes in OneNote]를 클릭하여 제대로 이전이 되었는지 확인합니다.

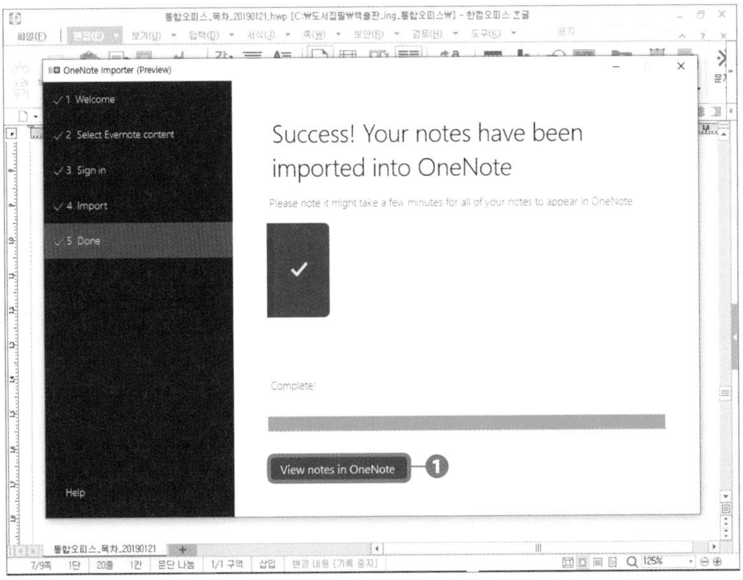

사용한 기능 | 그리기, 손필기

017

★★★★★
활용 기능

디지털 펜을 통해 손필기하기

원노트의 [그리기]를 선택하면 키보드가 아닌 마우스 혹은 와콤과 같은 필기도구를 활용해 수첩에 필기하는 것처럼 원노트를 사용할 수 있습니다.

사용 가능 버전	예제 파일 없음
원노트 스토어 버전	완성 파일 없음

01 [그리기]에서 원하는 펜 종류를 선택합니다. 여기서는 형광펜을 선택한 후 페이지에 직접 그려봅니다.

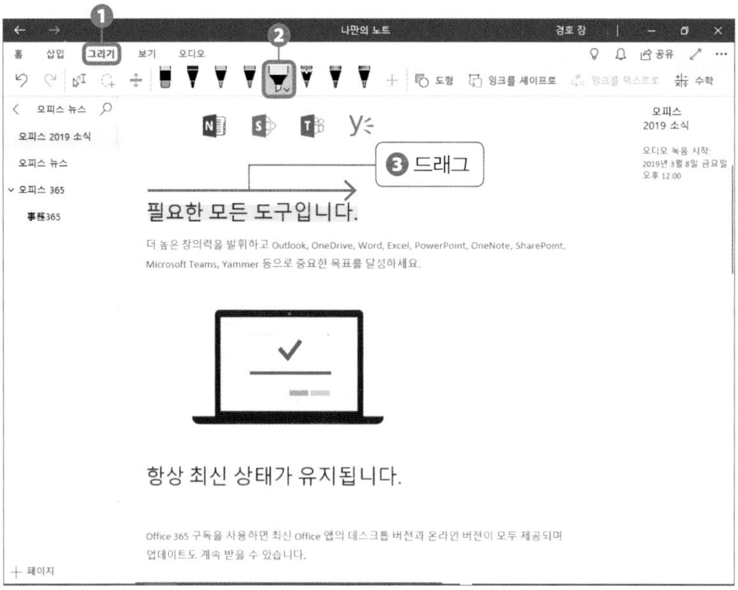

02 색상이나 두께도 변경이 가능합니다. 원하는 펜을 두 번 클릭하면 두께를 비롯해 색상을 선택할 수 있습니다.

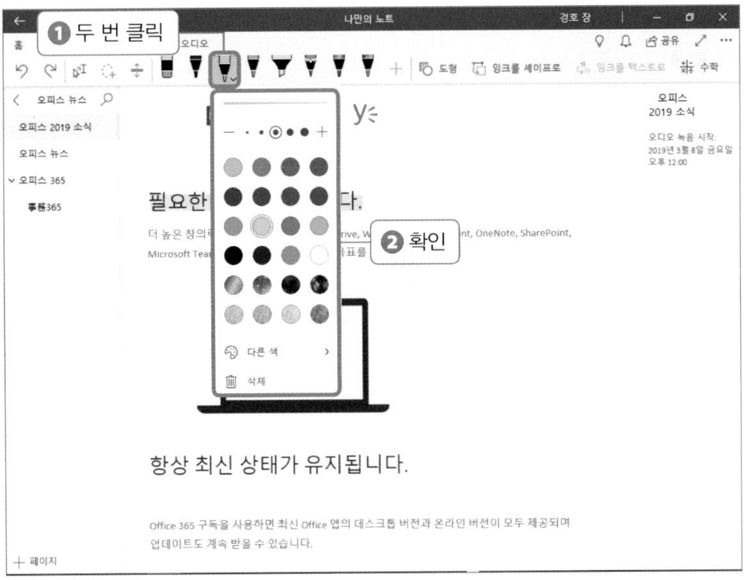

03 마우스로 필기장에 그려봅니다. 수첩에 필기하는 것처럼 그림이 그려집니다. 와콤과 같은 도구가 있다면 이를 활용해 원노트를 사용해 보세요.

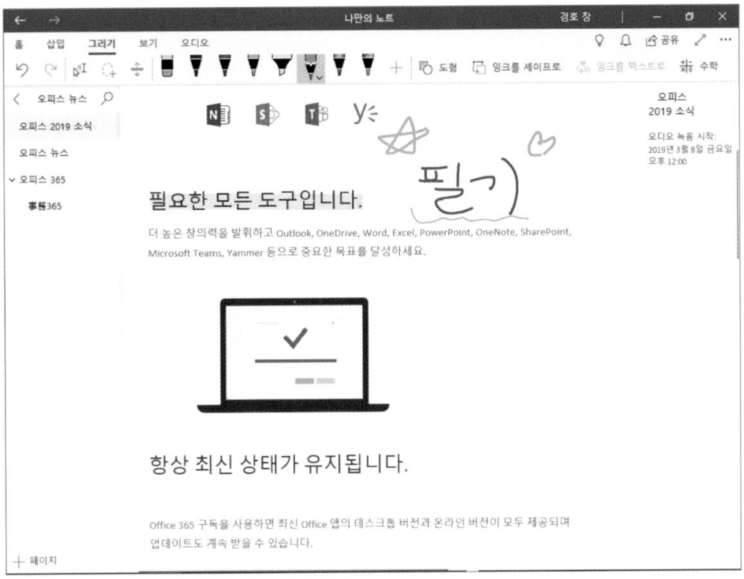

04 [그리기]-[도형]을 클릭해 직접 그리기 어려운 도형을 페이지에 넣을 수 있습니다. 원하는 도형을 선택합니다. 그리고 페이지에 드래그하여 원하는 도형을 삽입해 보세요.

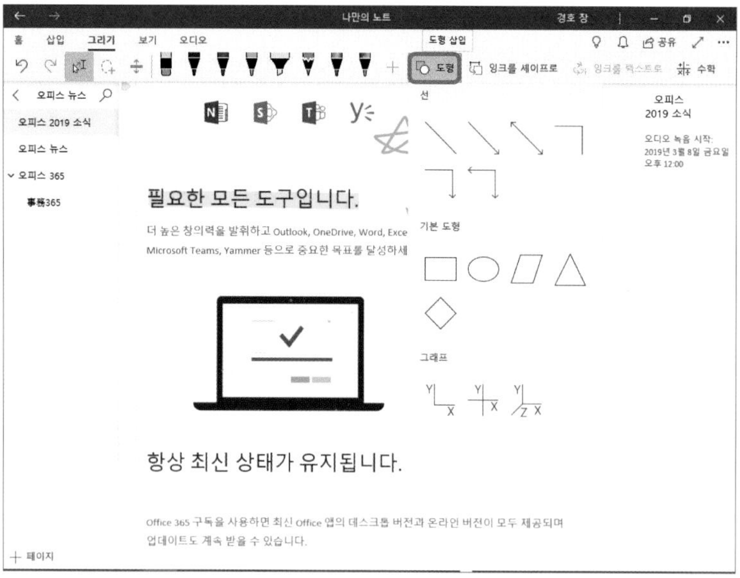

이전 버전의 원노트에서는

그리기 도구로 손필기하기

이전 버전에서는 더욱 디테일하게 그리기 도구를 활용할 수 있습니다. 스토어 버전과 동일한 방법으로 [그리기] 탭을 클릭해 활용합니다.

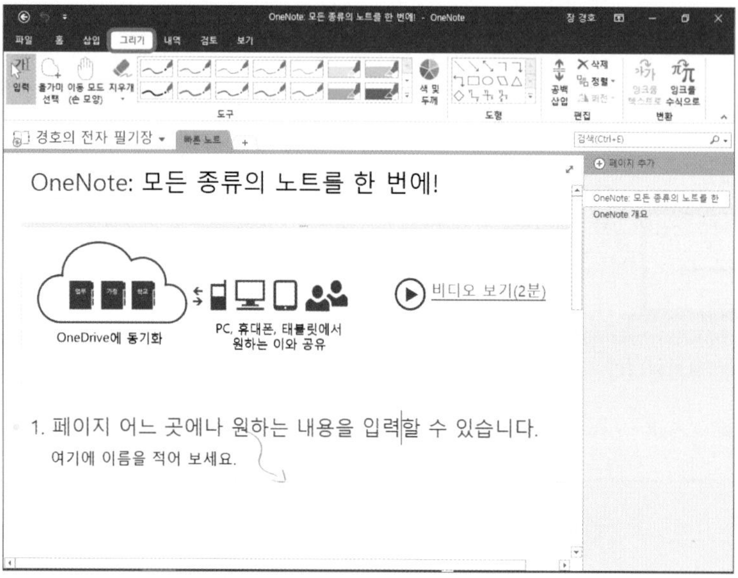

사용한 기능 | 설정 및 기타 항목, 자동으로 전자 필기장 동기화

018
기본 기능

자동으로 동기화 정지하기

원노트는 페이지에 내용을 입력하는 순간 자동으로 동기화가 진행됩니다. 때로는 동기화를 하지 않고 싶을 경우가 발생할 수 있습니다.

사용 가능 버전 **원노트 스토어 버전**

예제 파일 없음
완성 파일 없음

01 [설정 및 기타 항목]을 클릭한 후 [설정]을 선택합니다.

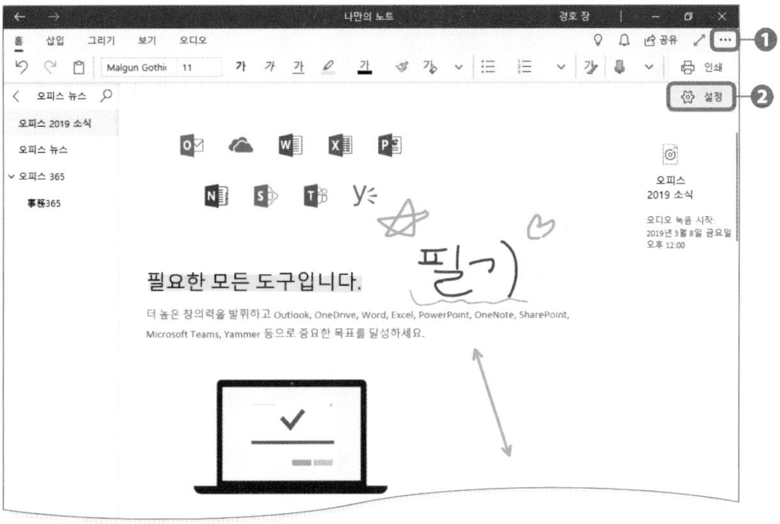

02 [설정] 창이 나타나면 [옵션]을 클릭합니다.

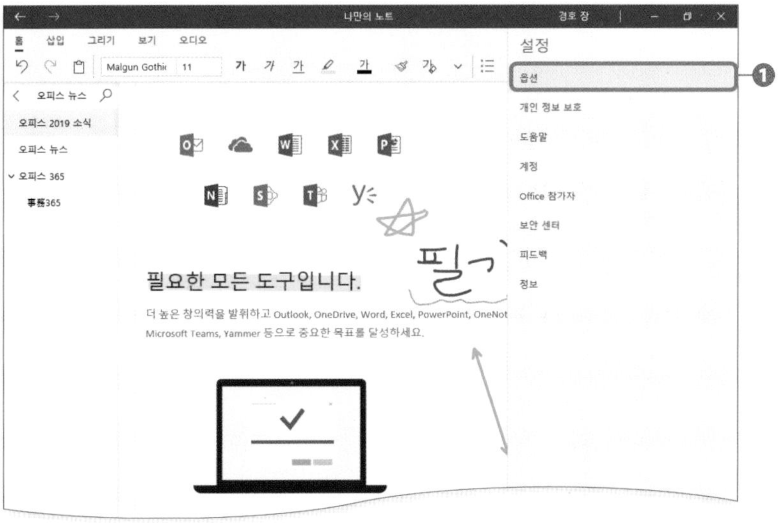

03 [전자 필기장 동기화]에서 [자동으로 전자 필기장 동기화]를 클릭해 끄기를 합니다.

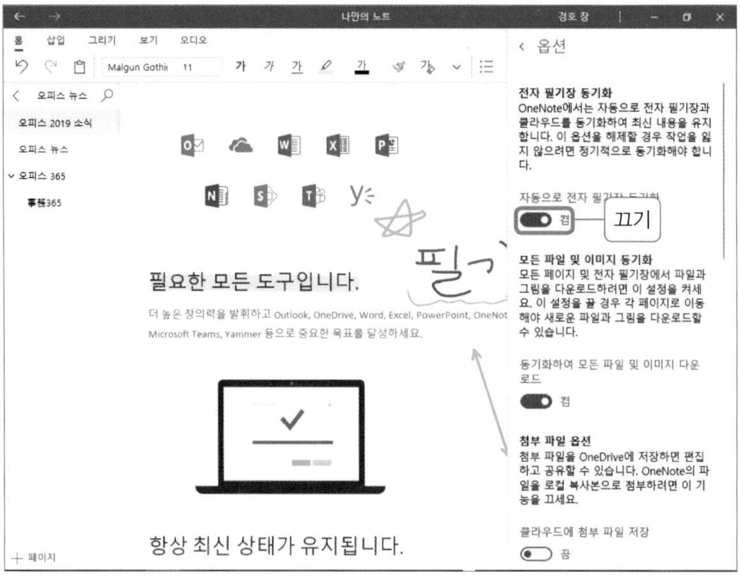

TIP PLUS

원노트 기본 글꼴과 글꼴 크기 변경하기

[옵션] 창에서는 동기화 정지 외에도 글꼴과 글꼴 크기도 조정할 수 있습니다.
[설정 및 기타 항목]을 클릭한 후 [설정]을 선택합니다. [기본 글꼴]에서 원하는 글꼴과 글꼴 크기를 지정합니다.

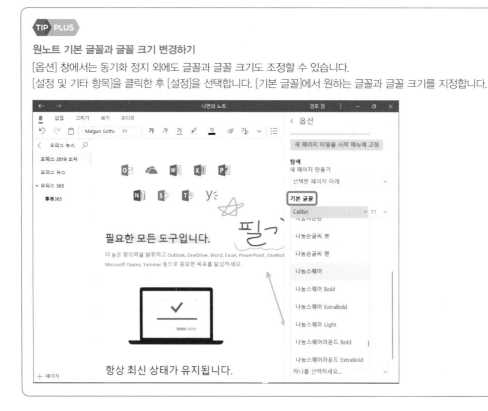

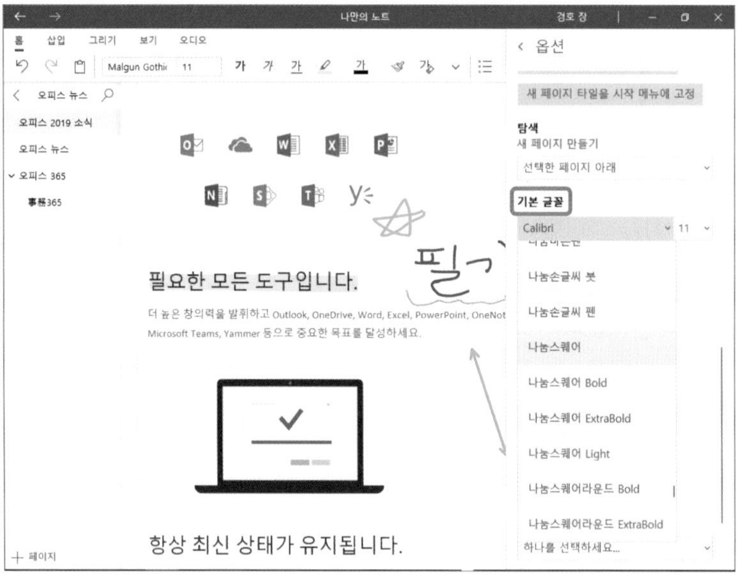

이전 버전의 원노트에서는

동기화 중지하기

1. 이전 버전의 경우 [파일] 탭-[정보]를 클릭한 후 [동기화 상태 보기]를 클릭합니다.

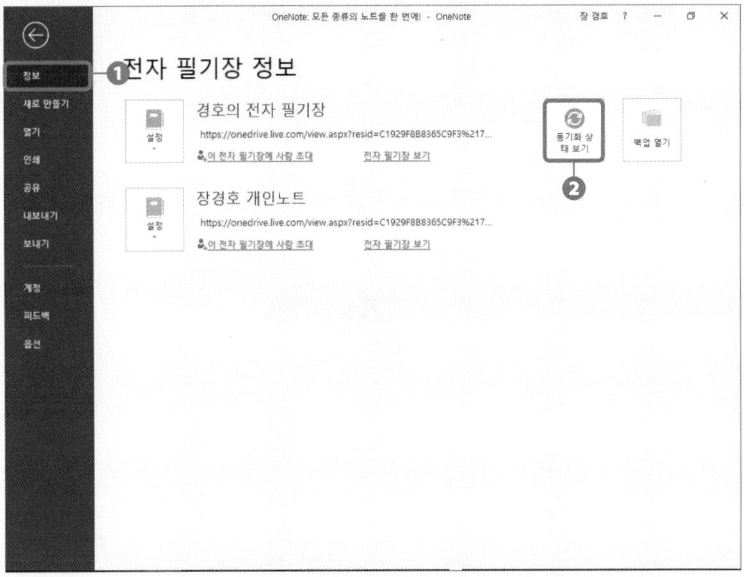

2. [공유 전자 필기장 동기화] 대화상자가 나타나면 [전자 필기장 동기화 방법 선택]-[수동으로 동기화]를 선택하고 [닫기]를 클릭합니다.

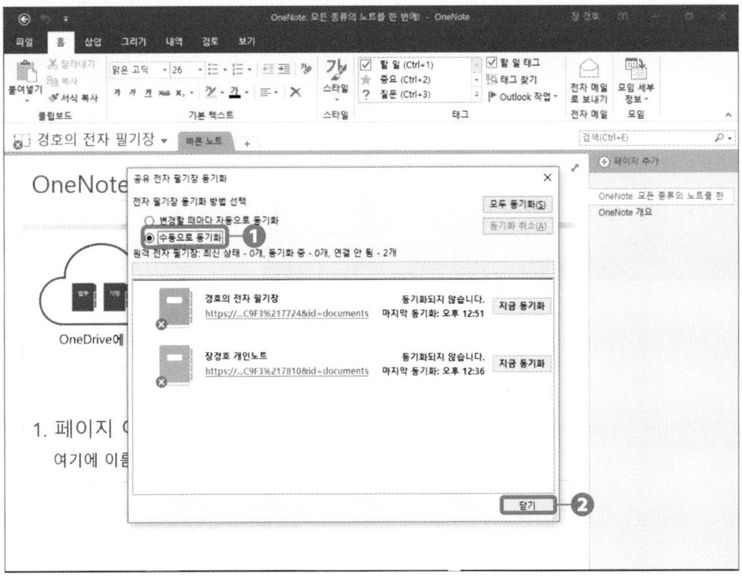

019
기본 기능

사용한 기능 | Office 받아쓰기, 받아쓰기 언어 설정

대화 내용을 음성으로 받아쓰기

내 컴퓨터나 스마트 기기에서 내가 직접 말하는 내용을 음성으로 받아쓸 수 있는 기능이 바로 음성으로 받아쓰기입니다.

사용 가능 버전
원노트 스토어 버전

예제 파일 없음
완성 파일 없음

01 [홈]–[Office 받아쓰기]를 클릭합니다. 마이크를 켜고 대화를 시작합니다.

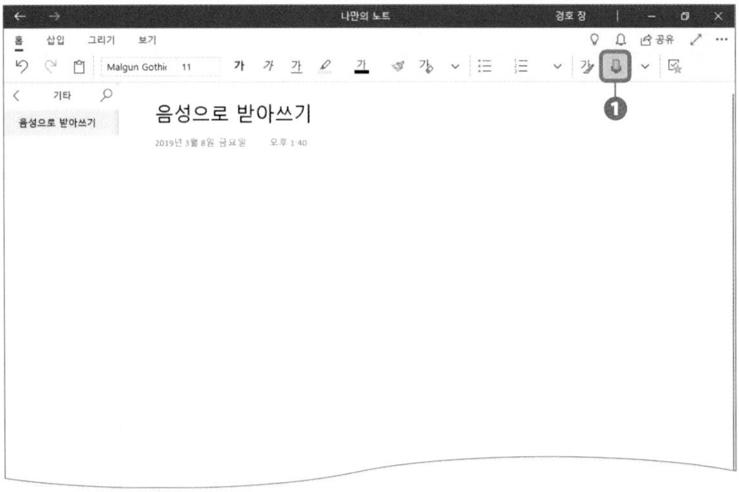

02 말하는 동안 텍스트가 화면에 표시됩니다. 받아쓰는 동안 실수를 하면 커서를 실수 위치로 이동하여 키보드로 수정합니다. 완료되면 [Office 받아쓰기]를 클릭합니다.

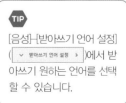

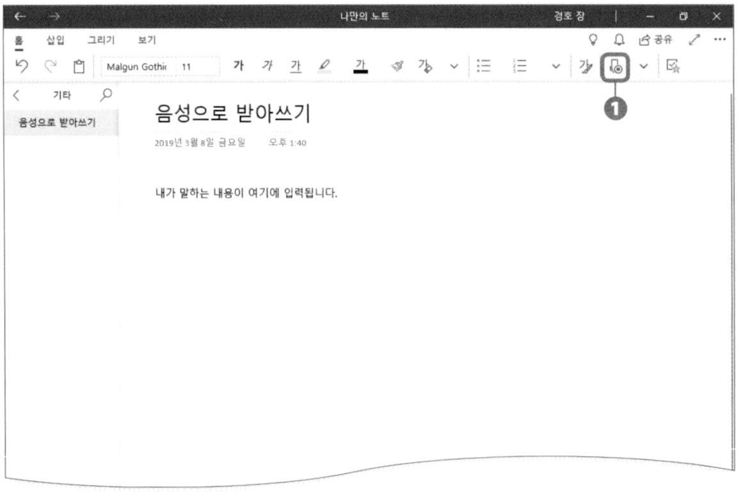

TIP
[음성]–받아쓰기 언어 설정에서 받아쓰기 원하는 언어를 선택할 수 있습니다.

사용한 기능 | 모임 세부 정보, 오늘의 모임

020

기본 기능

각종 모임을 원노트에 기록하기

원노트의 독특한 기능 중 하나가 바로 모임이나 약속의 세부 정보를 저장하고 공유하는 기능입니다. 본 기능은 아웃룩과 함께 활용하면 더욱더 좋습니다.

사용 가능 버전	예제 파일 없음
원노트 스토어 버전	완성 파일 없음

01 [삽입]–[모임 세부 정보]를 클릭합니다. [모임 세부 정보] 창이 나타나면 [Microsoft 계정으로 로그인] 혹은, [회사 또는 학교 계정으로 로그인]을 클릭합니다.

02 금일 예정되어 있는 약속이나 모임이 시간대별로 표시됩니다. 원하는 스케줄을 선택하면 원노트 페이지에 표시됩니다. [새로 고침]을 통해 실시간으로 업데이트할 수 있으며, [오늘의 모임]을 클릭해 달력으로 다른 스케줄도 확인할 수 있습니다.

(이전 버전의 원노트에서는)

모임 확인하고 기록하기

이전 버전에서는 [홈] 탭–[모임] 그룹–[모임 세부 정보]를 클릭해 아웃룩에 저장된 모임 정보를 불러올 수 있습니다. 원노트에 기록하기 위해서는 [세부 정보 삽입]을 클릭합니다.

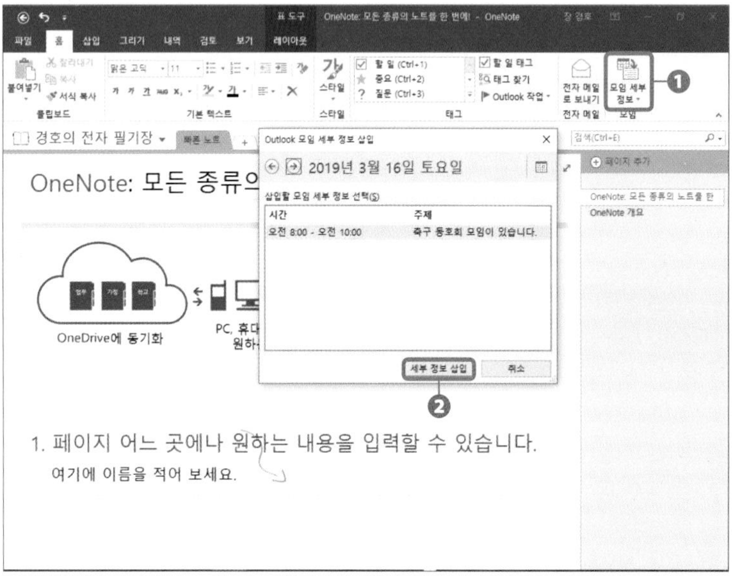

사용한 기능 I 원타스틱 앱, 플러그인

021 원타스틱 앱으로 다양하게 원노트 활용하기

기본 기능

원타스틱 앱은 원노트에서 사용할 수 있는 플러그인으로 원노트를 더욱 쉽고, 효율적으로 사용하게 도와주는 앱입니다. 유용한 원노트 플러그인이지만 현재는 아쉽게도 원노트 2016과 같은 기존 원노트에서만 사용할 수 있습니다. 이번 섹션은 원노트 2016을 기준으로 소개합니다.

사용 가능 버전 2010 2013 2016 2019 365
예제 파일 없음
완성 파일 없음

01 'https://getonetastic.com'에 접속한 후 [Download]를 클릭해 본인의 컴퓨터에 해당하는 프로그램을 설치합니다.

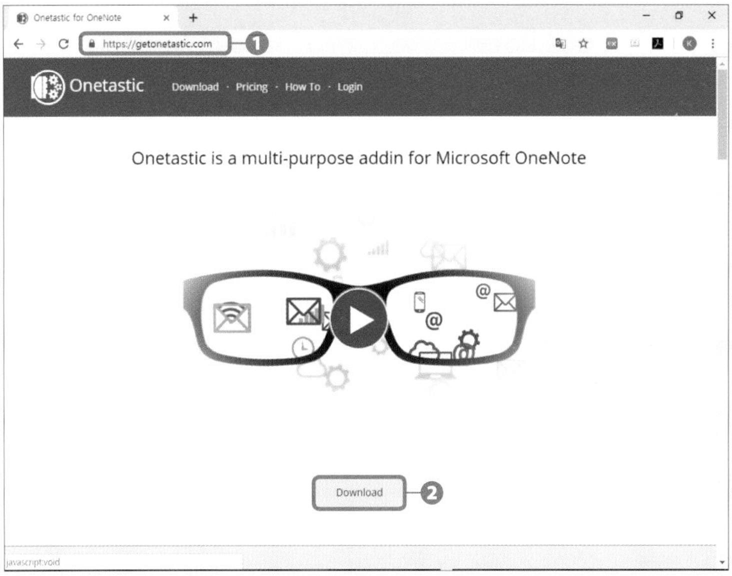

02 설치가 완료되면 원노트 2016을 실행합니다. [홈] 탭에 [Tools], [Onetastic], [Macros] 그룹이 추가된 것을 확인할 수 있습니다. 원타스틱 기능 중에서 가장 유용한 것이 바로 캘린더 뷰인데 [Tools] 그룹의 [Launch OneCalendar]를 클릭합니다. 원노트에 저장한 각종 자료들이 일자별로 표시되는 것을 확인할 수 있습니다. 지금까지 원노트를 사용한 기록들이 날짜별로 표시되기에 편리합니다.

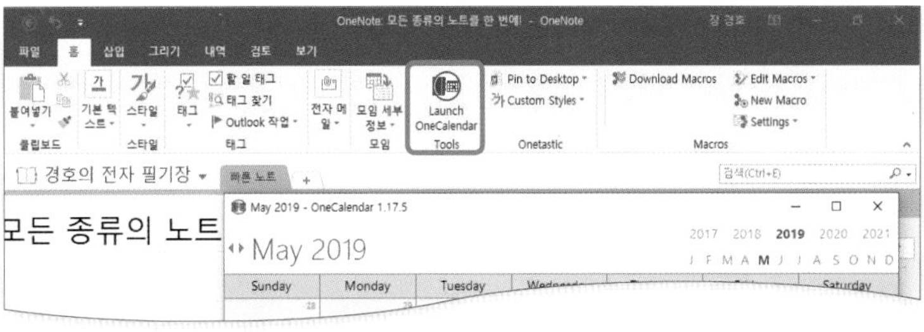

03 이외에도 [Macros] 그룹의 [Download Macros]를 클릭하면 각종 플러그인을 설치할 수 있습니다. [Download Macros] 창이 뜨면 검색 창에 원하는 플러그인 키워드를 입력합니다. 여기서는 『Daily』를 입력해 플러그인을 설치 후 실행해 보았습니다.

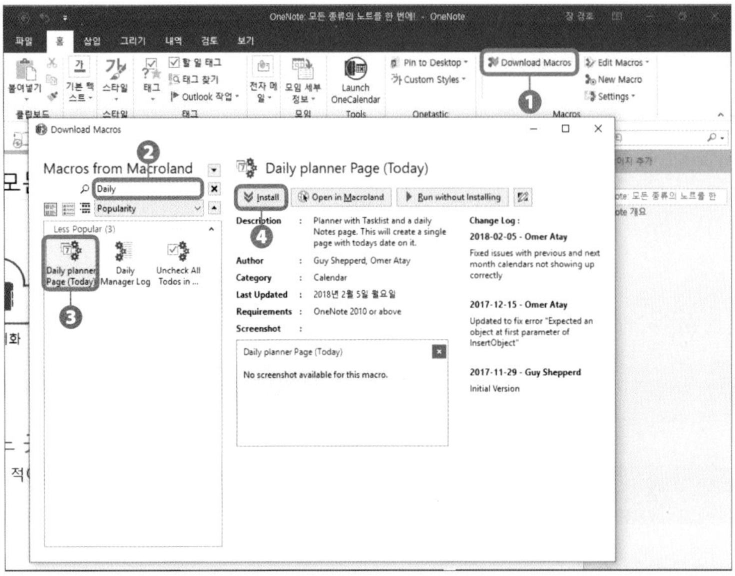

04 [Macros] 그룹에 [Calendar]가 추가된 것을 확인할 수 있습니다. 이를 클릭하면 추가된 플러그인을 원노트에서 활용할 수 있습니다.

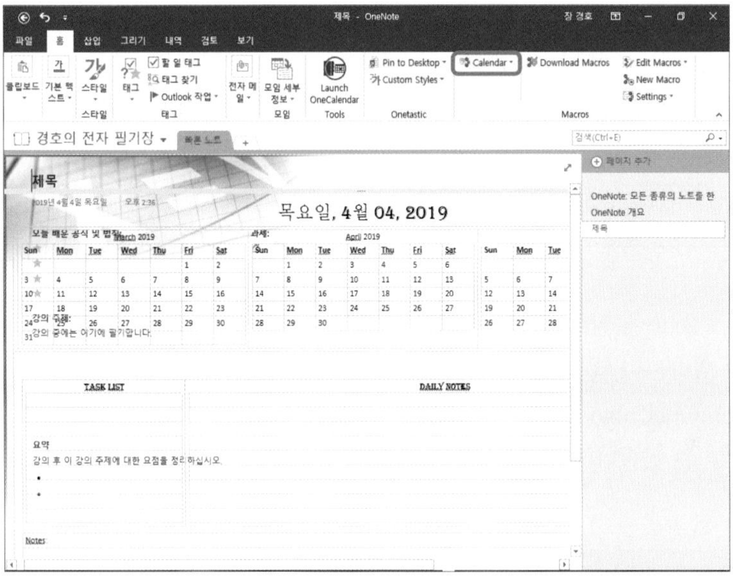

05 원타스틱 앱을 설치하면 다양한 기능이 추가되는데 이 중 유용한 기능이 바로 '자르기'입니다. 네이버 사이트의 로고 부분 이미지를 캡처하여 원노트에 불러왔다고 가정해 보겠습니다. 여기서 필요한 것은 네이버 로고이기에 나머지 부분은 불필요합니다. 이럴 경우 이미지를 마우스 오른쪽 버튼으로 클릭한 후 [Crop]을 선택합니다.

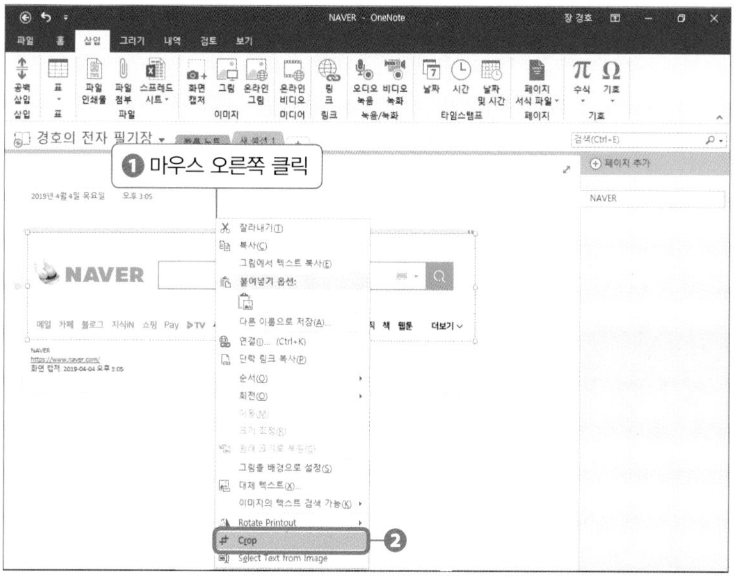

> **TIP**
> 자르기뿐 아니라 이미지의 각도나 텍스트를 추출할 수 있습니다. 텍스트를 추출하는 방법은 다음 섹션에서 다룹니다.

06 [Crop Image] 창이 나타나면 원하는 부분을 드래그하여 선택한 후 [Accept]를 클릭합니다.

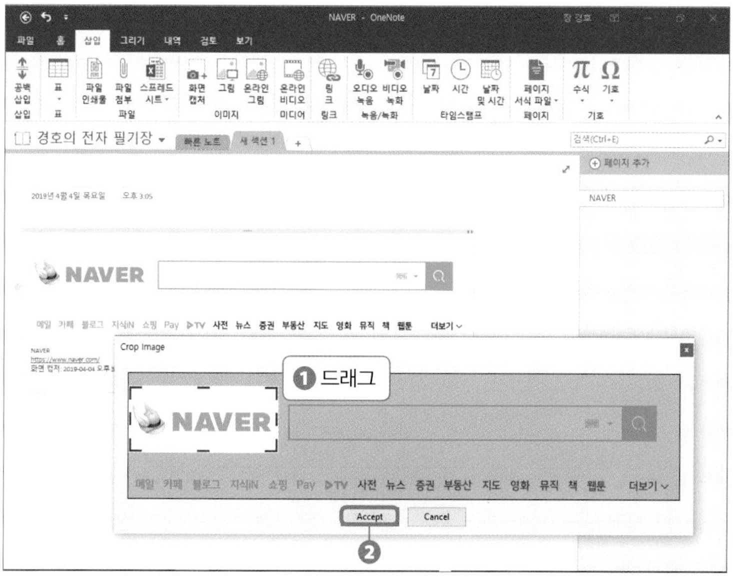

022

기본 기능

사용한 기능 | 화면 캡처, 검색

원노트 OCR 이용하여 이미지 텍스트 추출하기

원노트 OCR(Optical character recognition) 기능을 통해 이미지에서 텍스트를 추출할 수 있습니다. 이를 광학 문자 인식 기능이라고도 부르는데 이미지 속의 문자를 스캐닝해서 문자로 변환하는 기술입니다. 아쉽게도 원노트 앱에서는 아직 지원되지 않아서 설치형 원노트를 기준으로 설명합니다.

사용 가능 버전 2010 2013 2016 2019 365

예제 파일 없음
완성 파일 없음

01 [삽입] 탭–[이미지] 그룹에서 [화면 캡처]를 클릭합니다.

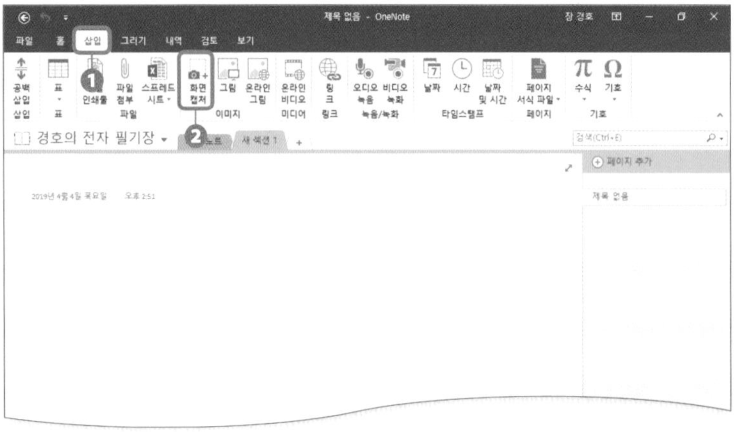

02 텍스트로 변환하고 싶은 이미지를 캡처하여 원노트 페이지에 삽입합니다.

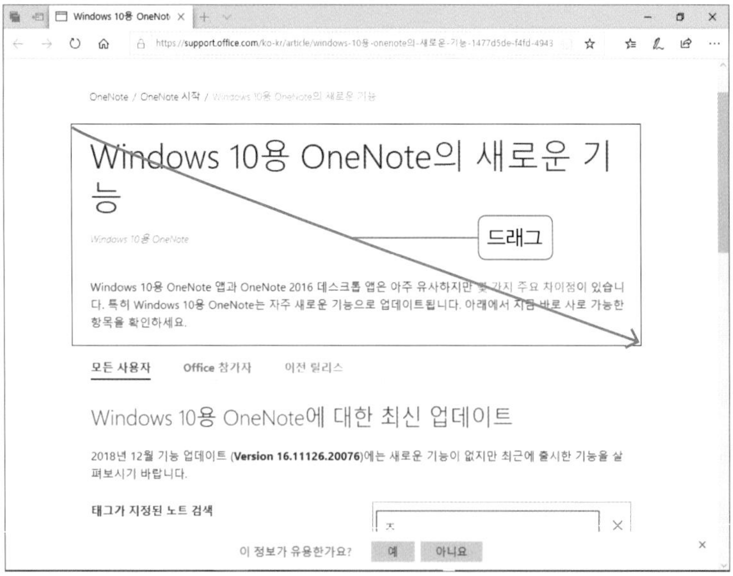

03 이미지가 원노트에 삽입되면 이미지를 마우스 오른쪽 버튼으로 클릭한 후 [그림에서 텍스트 복사]를 선택합니다.

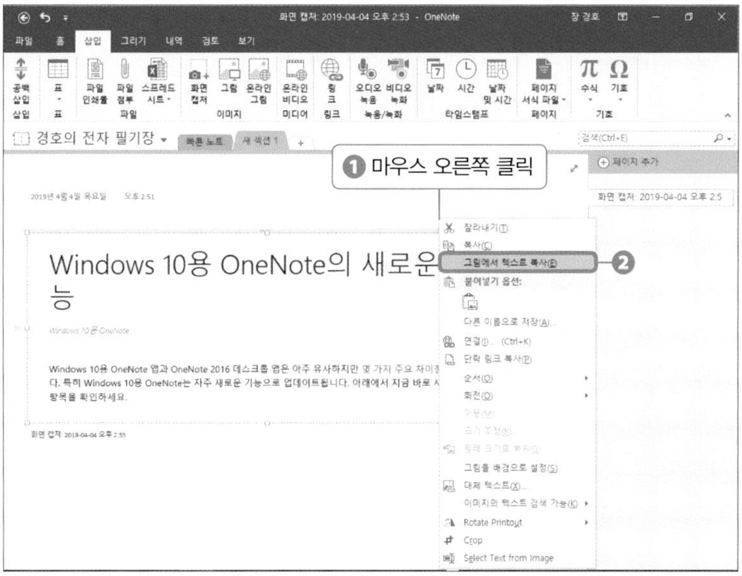

04 Ctrl+V를 눌러 붙여넣기를 하면 이미지에서 텍스트가 추출됩니다.

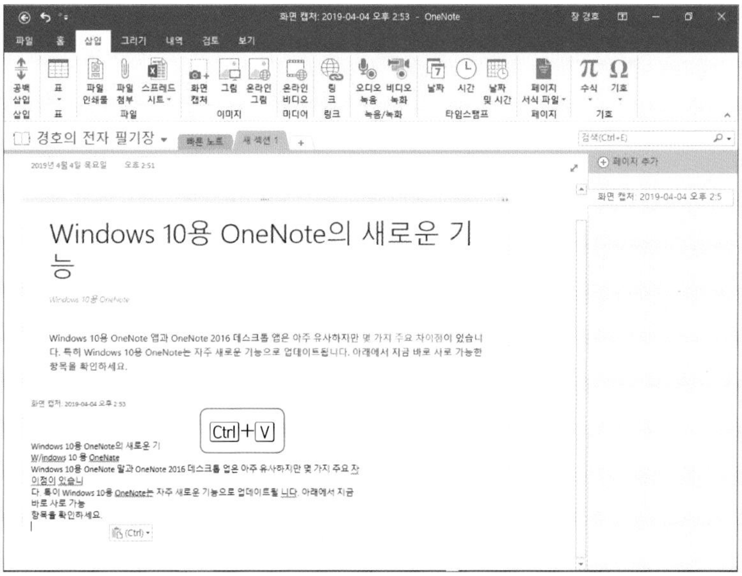

05 이외에도 이미지의 문자도 검색할 수 있습니다. 먼저, 이미지를 마우스 오른쪽 버튼으로 클릭한 후 [이미지의 텍스트 검색 가능]에서 원하는 언어를 선택합니다.

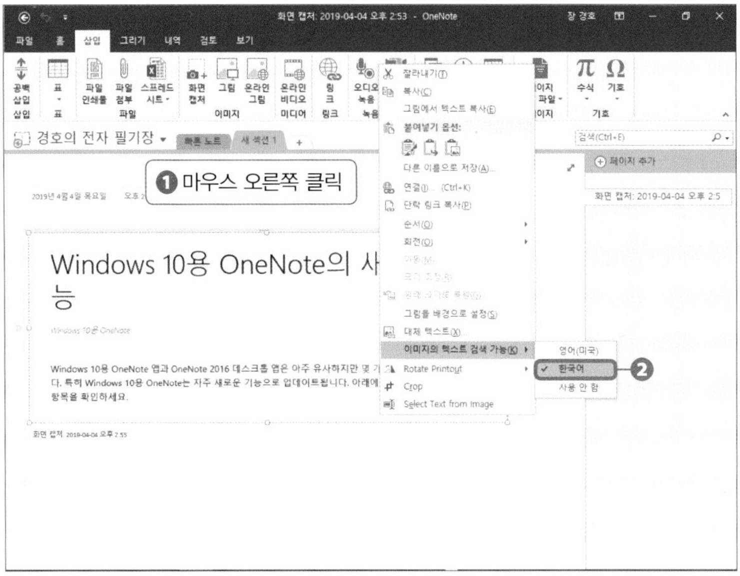

06 오른쪽 상단에 단어를 입력합니다. 이미지에서 단어가 검색됩니다.

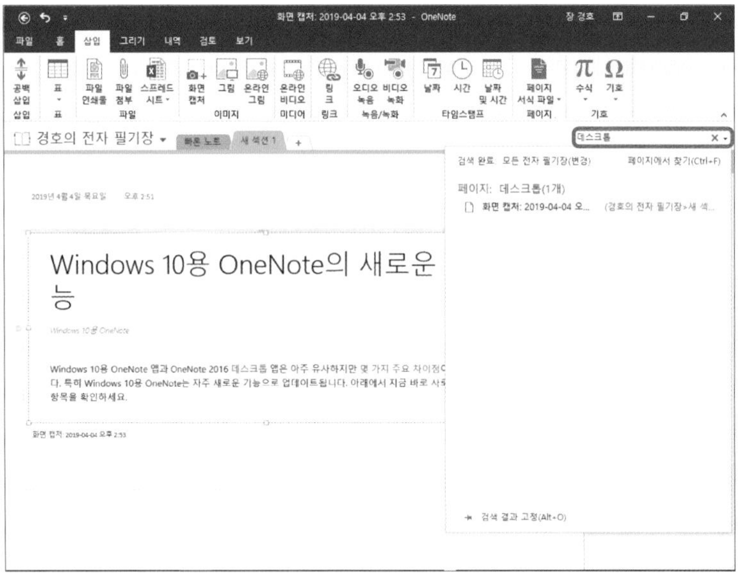

TIP PLUS

원타스틱 앱으로 텍스트 추출하기

1. 앞에서는 원노트의 기능으로 텍스트를 추출해 보았지만 원타스틱 앱을 통해서도 텍스트를 추출할 수 있습니다. 원타스틱 앱이 설치되어 있다면 이미지를 마우스 오른쪽 버튼으로 클릭한 후 [Select Text from Image]를 선택합니다.

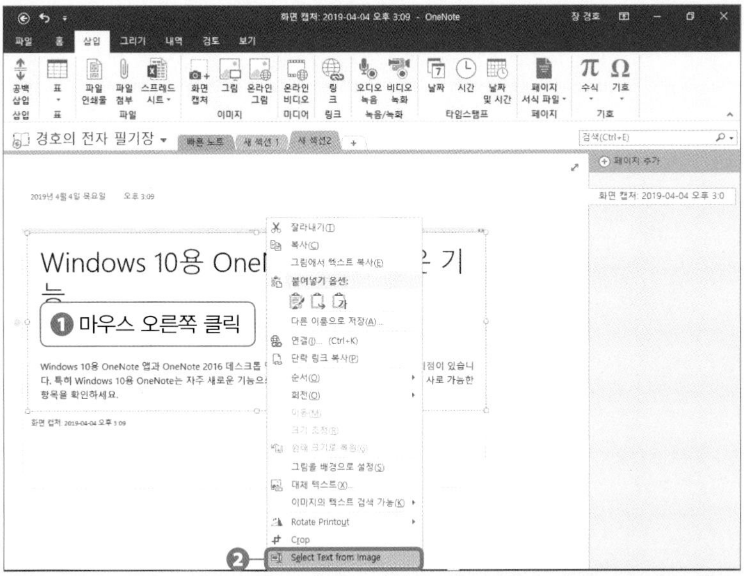

2. [Select Text from Image] 창이 나타나면 [Copy All Text and Close]를 클릭한 후 원노트 페이지에서 Ctrl+V를 눌러 텍스트를 추출합니다.

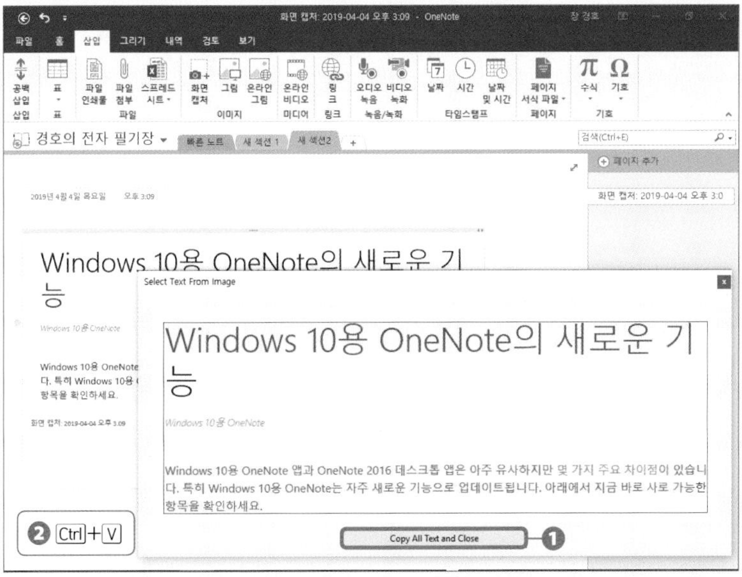

초보 직장인이라면

반드시

알아야 할

공동 기능과 연동편

PART 6

CHAPTER 01 오피스 공동 기술
CHAPTER 02 오피스 연동 기술

CHAPTER

1

오피스 공동 기술

여기서는 앞에서 다루지 못한 내용 중에서 엑셀, 파워포인트, 워드 등의 오피스 프로그램 공동 기능에 대해서 살펴보겠습니다. 엑셀, 파워포인트, 워드 등 모두 마이크로소프트의 오피스 프로그램이다 보니 동일하게 사용할 수 있는 공동 기능이 많이 존재합니다.

배워 볼 내용

[작업 환경] 001 나만의 작업 환경으로 오피스를 편리하게 사용하기 필수 기능 ★★★★☆

[빠른 실행 도구 모음] 002 빠른 실행 도구 모음으로 최적의 작업 환경 만들기 필수 기능 ★★★☆☆

[한/영 자동 고침] 003 자꾸 바뀐다면 한/영 자동 고침 옵션 해제하기 활용 기능 ★★★★☆

[실행 취소 횟수] 004 누구나 실수하는 법, 실행 취소 횟수 늘기기 활용 기능 ★★★★☆

[메일 보내기] 005 오피스 문서를 이메일로 보내기

[문서 출판] 006 문서를 PDF 문서나 인터넷 문서로 출판하기

[오피스용 앱] 007 Office용 앱으로 다양한 앱 설치하기

[Backstage] 008 저장 위치 변경하고 Backstage 없애기

001

★★★★☆
필수 기능

사용한 기능 | 옵션, 리본 사용자 지정, 빠른 실행 도구 모음

나만의 작업 환경으로 오피스를 편리하게 사용하기

자주 사용하는 기능은 나만의 리본 메뉴를 추가하여 하나의 그룹으로 만들어 사용할 수 있습니다. 자주 사용하는 기능이 얼마 되지 않는다면 [빠른 실행 도구 모음]에 추가해서 사용하는 것이 편하지만 자주 사용하는 기능이 많다면 나만의 리본 메뉴를 만들어 사용하는 것이 훨씬 효율적입니다.

사용 가능 버전	예제 파일 없음
2010 2013 2016 2019 365	완성 파일 없음

01 [파일] 탭-[옵션]을 클릭하여 [PowerPoint 옵션] 대화상자를 불러옵니다. [리본 사용자 지정] 항목을 클릭하고 [새 탭]을 클릭합니다.

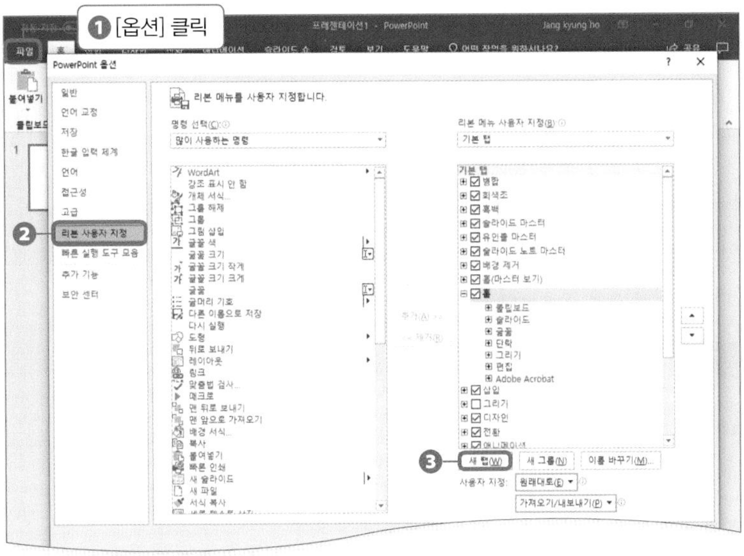

> **TIP**
> 이번 예제에서는 파워포인트를 활용해 설명하지만 공동 기능의 경우 엑셀이나 워드도 동일한 메뉴와 명령으로 실행할 수 있습니다.

02 [새 탭(사용자 지정)]과 [새 그룹(사용자 지정)]이 생성됩니다. [새 그룹(사용자 지정)]을 선택한 후 [명령 선택]-[모든 명령]을 클릭합니다.

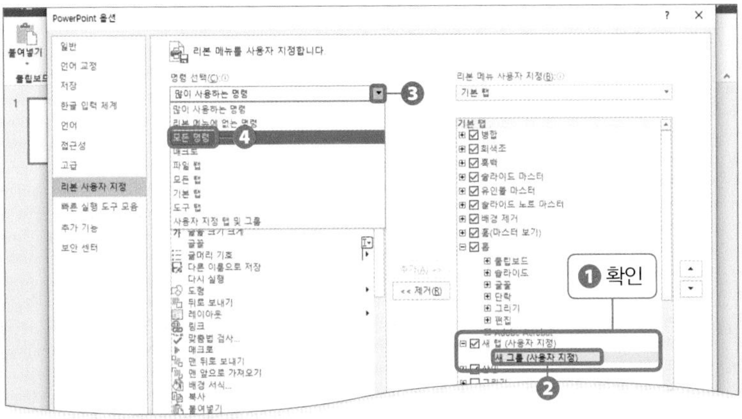

> **TIP**
> [모든 명령]을 선택하면 파워포인트에서 실행할 수 있는 모든 명령이 표시됩니다.

03 원하는 명령을 선택하고 [추가]를 클릭합니다. 명령이 [새 그룹(사용자 지정)]에 추가되면 여러 개의 명령을 계속 추가합니다. 여기서는 3D 관련 기능을 모두 추가합니다.

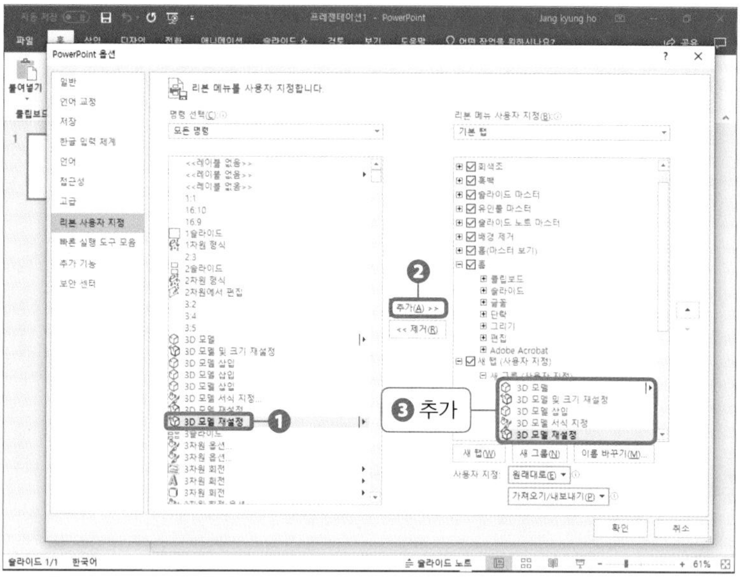

> **TIP**
> 3D 기능은 파워포인트 2019에서 새롭게 추가된 기능입니다. 3D 기능이 명령에 없다면 다른 명령을 추가합니다.

04 명령 추가를 마쳤다면 [새 그룹 (사용자 지정)]의 이름을 변경하기 위해 [이름 바꾸기]를 클릭합니다. [이름 바꾸기] 대화상자가 나타나면 [표시 이름]에 『3D 기능』을 입력하고 기호를 선택한 후 [확인]을 클릭합니다.

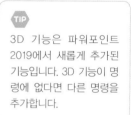

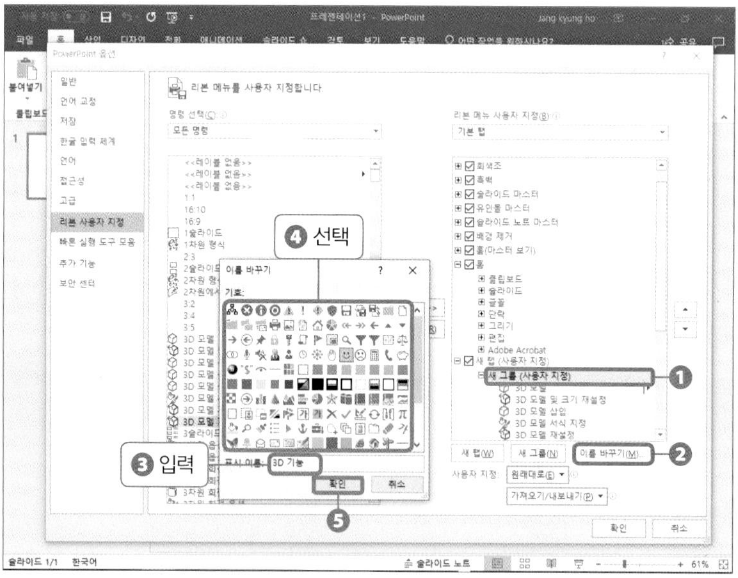

05 이번에는 [새 탭 (사용자 지정)]을 선택한 후 [이름 바꾸기]를 클릭합니다. [이름 바꾸기] 대화상자가 나타나면 이름을 입력한 후 [확인]을 클릭합니다. [PowerPoint 옵션] 대화상자의 [확인]을 클릭합니다.

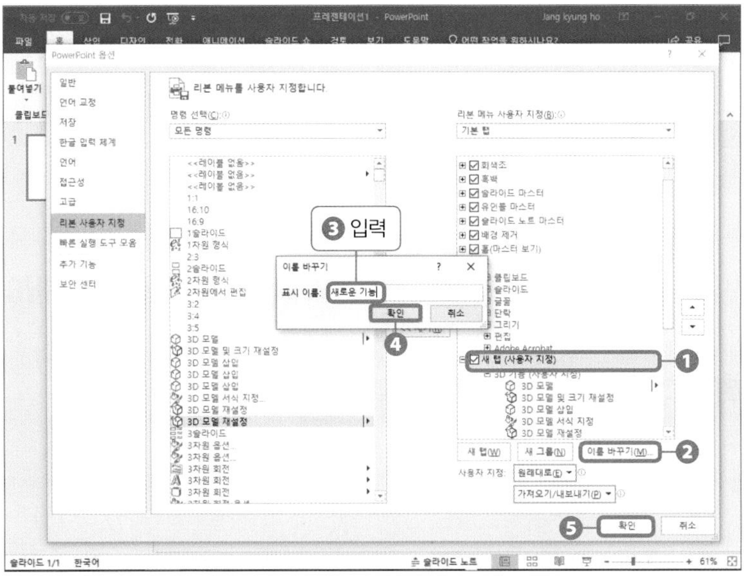

TIP
[새 탭(사용자 지정)]도 동일한 방법으로 추가하고 이름을 변경할 수 있습니다.

06 추가된 탭을 클릭하면 새롭게 추가한 그룹이 나타나는 것을 확인할 수 있습니다.

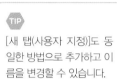

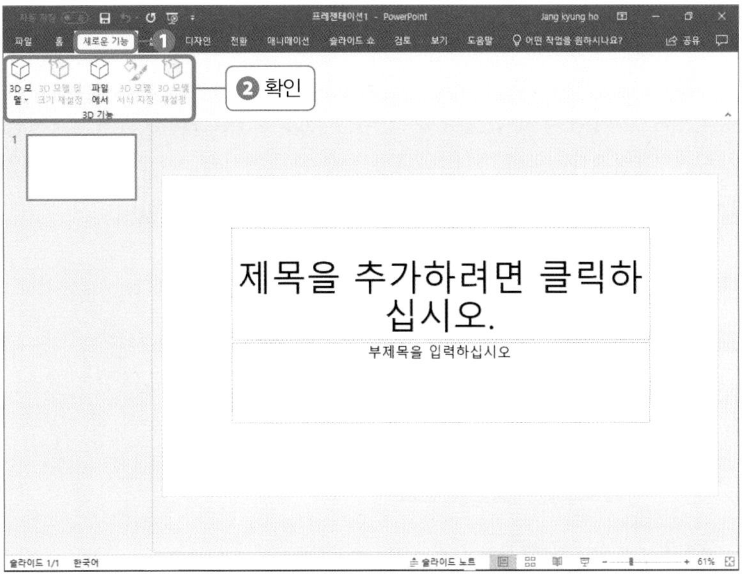

002

★★★★☆
필수 기능

사용한 기능 | 빠른 실행 도구 모음, 기타 명령

빠른 실행 도구 모음으로 최적의 작업 환경 만들기

자주 사용하는 명령이나 단추를 빠른 실행 도구 모음에 추가할 수 있습니다. 빠른 실행 도구 모음은 파워포인트의 기능 중 자주 사용하는 기능들을 한곳에 모아 놓고 활용할 수 있는 편리한 기능입니다.

사용 가능 버전	예제 파일 없음
2010 2013 2016 2019 365	완성 파일 없음

01 [빠른 실행 도구 모음 사용자 지정](▾) 단추를 클릭하면 나타나는 메뉴에서 [기타 명령]을 선택합니다.

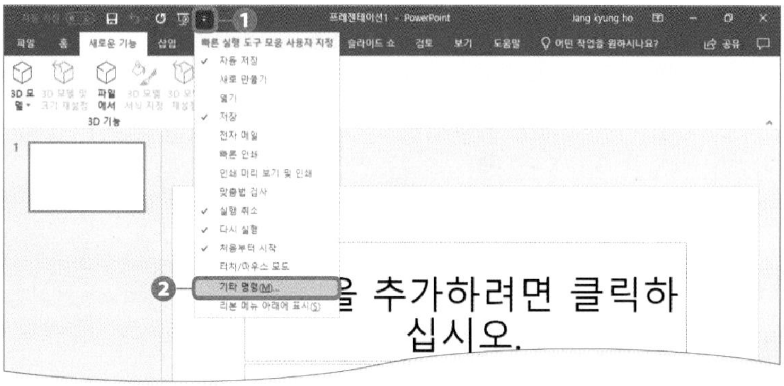

TIP [파일] 탭–[옵션]을 클릭한 후 [빠른 실행 도구 모음]을 선택해도 됩니다.

02 [PowerPoint 옵션] 대화상자가 나타납니다. [명령 선택]–[모든 명령]을 선택하고 [빠른 실행 도구 모음]에 추가하고 싶은 명령을 선택한 후 [추가]를 클릭합니다. 빠른 실행 도구 모음에 명령이 추가됩니다. 이런 방법으로 여러 명령을 추가해 보세요. [확인]을 클릭합니다.

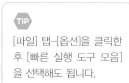

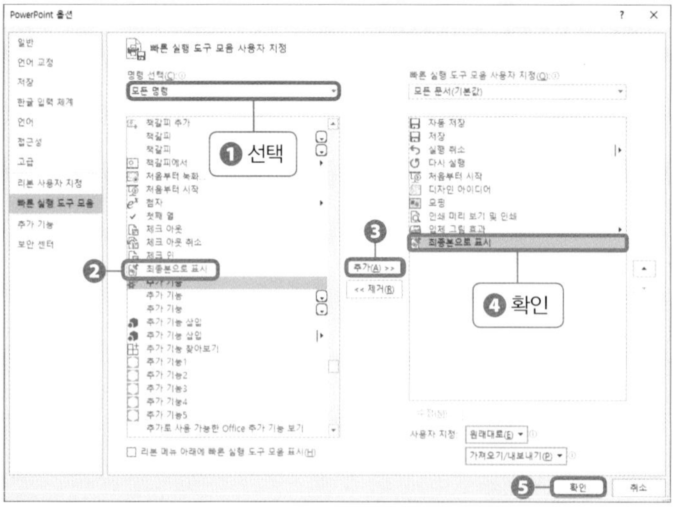

03 빠른 실행 도구 모음에 명령이 추가됩니다. 리본 메뉴에서도 바로 빠른 실행 도구 모음에 기능을 추가할 수 있습니다. 리본 메뉴에서 추가하고 싶은 기능을 선택하고 마우스 오른쪽 버튼으로 클릭한 후 [빠른 실행 도구 모음에 추가]를 선택합니다.

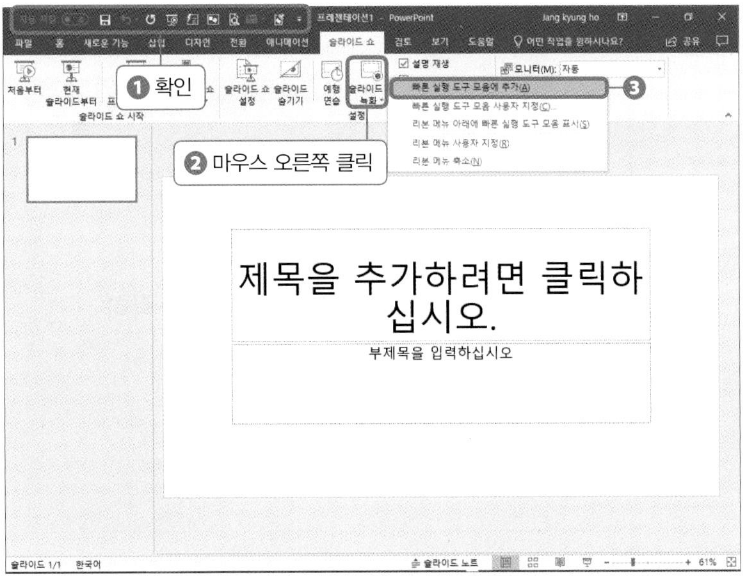

04 선택한 명령이 빠른 실행 도구 모음에 추가되는 것을 확인할 수 있습니다. 만일, 빠른 실행 도구 모음에 추가한 명령을 삭제하고 싶다면, 삭제하고 싶은 단추를 마우스 오른쪽 버튼으로 클릭한 후 [빠른 실행 도구 모음에서 제거]를 선택합니다.

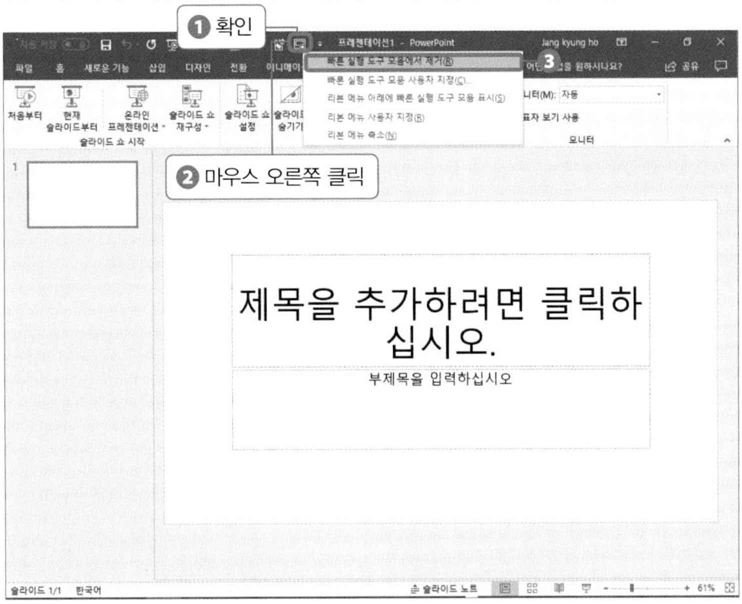

TIP PLUS

리본 메뉴 위에 표시하기와 아래에 표시하기

빠른 실행 도구 모음은 위치를 자유롭게 이동할 수 있습니다. [빠른 실행 도구 모음 사용자 지정]( ) 단추를 클릭한 후 [리본 메뉴 아래에 표시]를 선택합니다.

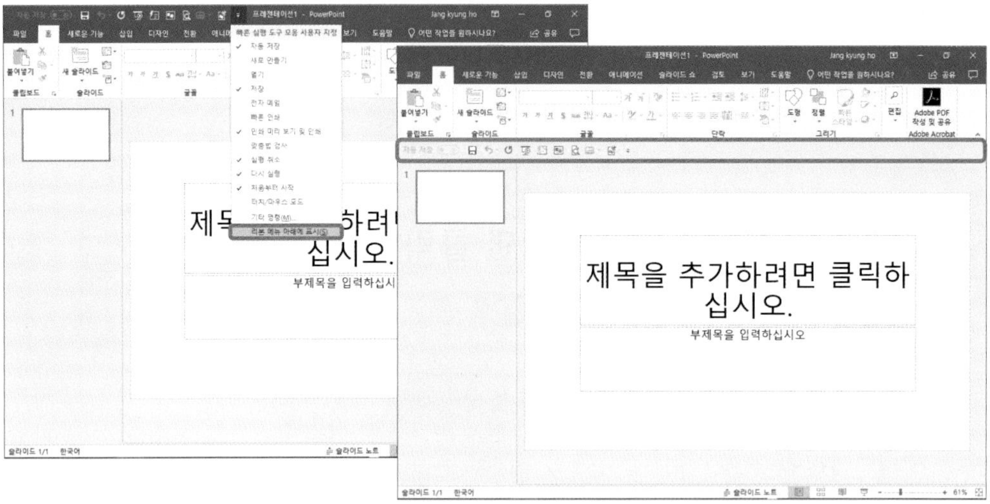

자주하는 질문

Q 리본 메뉴와 빠른 실행 도구 모음을 원래대로 되돌리고 싶어요.

A [PowerPoint 옵션] 대화상자의 [리본 사용자 지정]이나 [빠른 실행 도구 모음]에서 [사용자 지정]-[원래대로]-[모든 사용자 지정 다시 설정]을 클릭합니다. 리본 메뉴와 빠른 실행 도구 모음을 원래대로 되돌릴 수 있습니다.

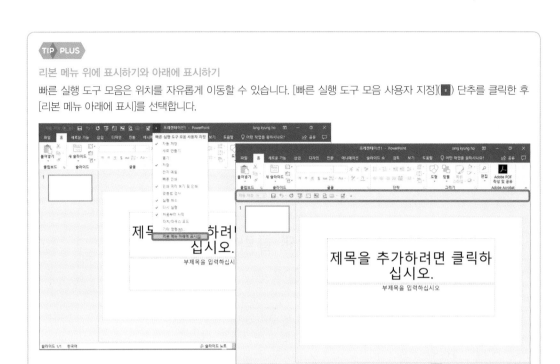

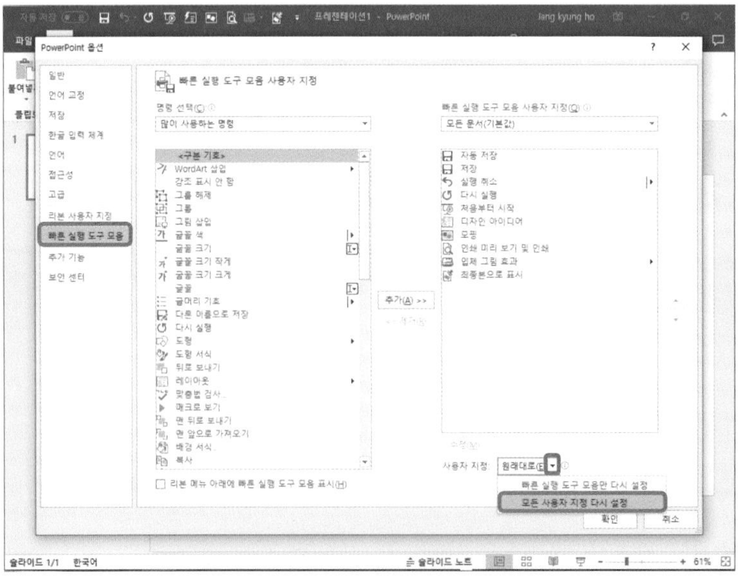

사용한 기능 | 옵션, 자동 고침 옵션, 한/영 자동 고침

003 ★★★★☆ 활용 기능

자꾸 바뀐다면 한/영 자동 고침 옵션 해제하기

텍스트를 입력하다 보면 자동으로 단어가 변경될 수가 있습니다. 특히, 영문으로 입력해야 하는데 자동으로 한글이 바뀌는 경험은 누구나 있을 겁니다. 편한 기능이기는 하지만 가끔 불편할 때가 있습니다.

사용 가능 버전 2010 2013 2016 2019 365

예제 파일 없음
완성 파일 없음

01 [파일] 탭-[옵션]을 클릭하여 [PowerPoint 옵션] 대화상자를 불러옵니다. [자동 고침 옵션]을 클릭한 후 [자동 고침] 대화상자에서 [자동 고침] 탭을 클릭합니다. [한/영 자동 고침]에 체크 표시를 해제합니다.

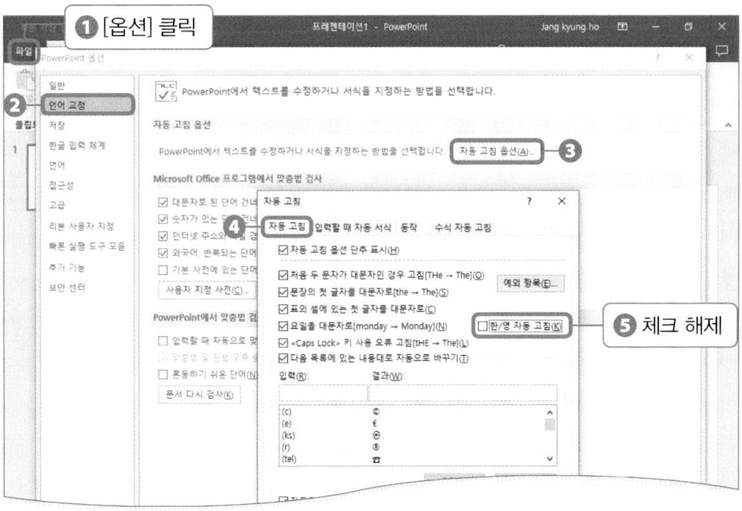

02 자동으로 글머리 기호나 번호가 넣어지는 것이 불편하거나 텍스트 자동 맞춤 등이 불편할 경우에는 [입력할 때 자동 서식] 탭을 클릭한 후 필요 없는 옵션에 체크 표시를 해제합니다.

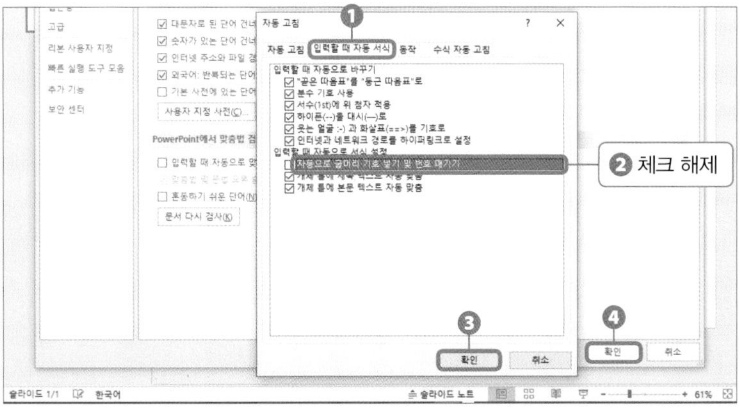

TIP
[자동으로 글머리 기호 넣기 및 번호 매기기]에 체크 표시를 해제하면 글머리 기호나 번호 매기기가 자동으로 적용되지 않습니다.

004

★★★★☆
활용 기능

사용한 기능 | 옵션, 실행 취소 최대 횟수, 문서의 수

누구나 실수하는 법, 실행 취소 횟수 늘기기

기본적으로 실행 취소 횟수는 20회입니다. 하지만, 실행 취소 횟수는 최대 150회까지 설정할 수 있습니다.

사용 가능 버전 2010 2013 2016 2019 365

예제 파일 없음
완성 파일 없음

01 [파일] 탭–[옵션]을 클릭하고 [고급] 항목으로 들어갑니다. [편집 옵션]에 있는 [실행 취소 최대 횟수]를 『150』으로 설정합니다.

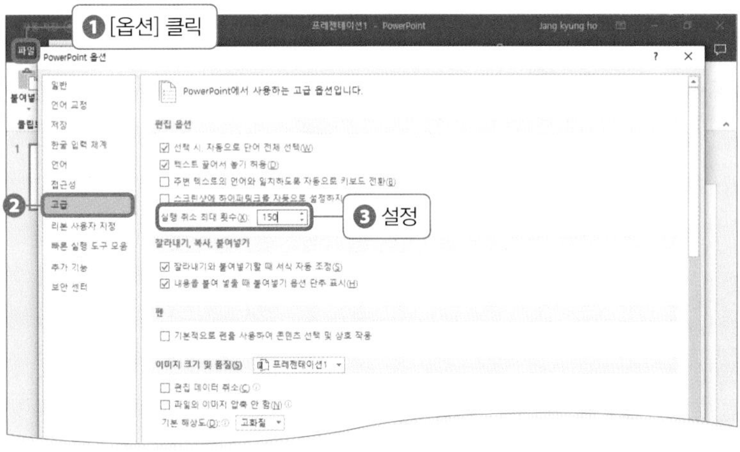

02 실행 취소 최대 횟수뿐 아니라 인트로 화면에 표시할 문서의 수도 조정할 수 있습니다. [고급]–[표시]에서 [표시할 최근 프레젠테이션 수]에 원하는 문서의 수를 지정합니다.

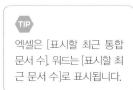

TIP 엑셀은 [표시할 최근 통합 문서 수], 워드는 [표시할 최근 문서 수]로 표시됩니다.

005
기본 기능

사용한 기능 | 공유, 전자 메일, PDF로 보내기

오피스 문서를 이메일로 보내기

오피스 문서를 이메일로 보내기 위해서는 첨부 파일로 보내기, 링크로 보내기, PDF로 보내기 등을 통해 전송할 수 있습니다. [첨부 파일로 보내기]를 선택하면 오피스 파일이 첨부 파일로 저장되어 이메일을 보낼 수 있으며, [PDF로 보내기]를 통하면 상대방은 오피스 프로그램이 없어도 윈도우에 기본 설치된 PDF 프로그램을 통해 오피스 문서를 받을 수 있습니다.

사용 가능 버전	예제 파일 Office\Chapter 01\문서.docx
2010 2013 2016 2019 365	완성 파일 없음

01 여기서는 오피스 문서를 PDF로 변환하여 이메일로 보내보겠습니다. [파일] 탭–[공유]–[전자 메일]–[PDF로 보내기]를 클릭합니다.

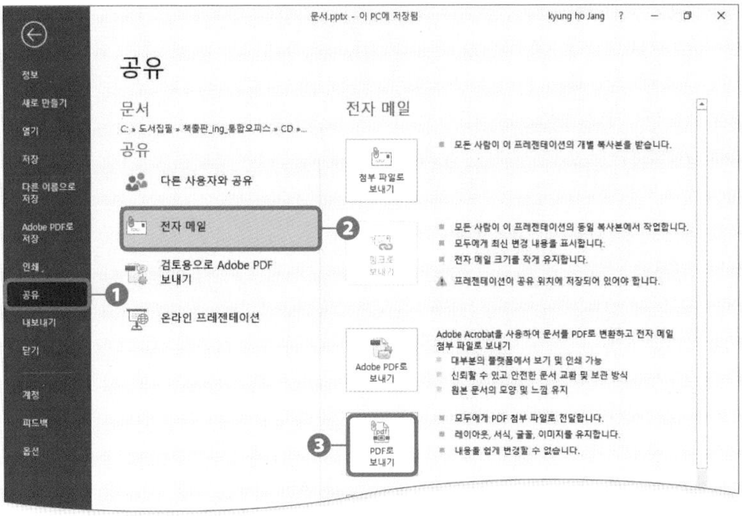

> **TIP**
> [링크로 보내기]는 원드라이브나 셰어포인트와 같은 공유 위치에 저장되어 있어서 활성화가 됩니다.

> **TIP**
> 오피스 2010에서는 [파일] 탭 [저장/보내기]에서 [전자 메일을 사용해서 보내기]–[PDF로 보내기]를 클릭합니다.

02 PDF로 변환된 파일은 아웃룩에 자동으로 첨부됩니다. 이메일을 작성한 후 상대방에서 전달합니다.

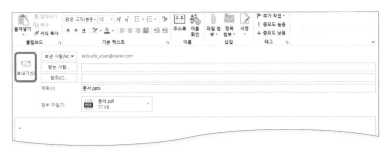

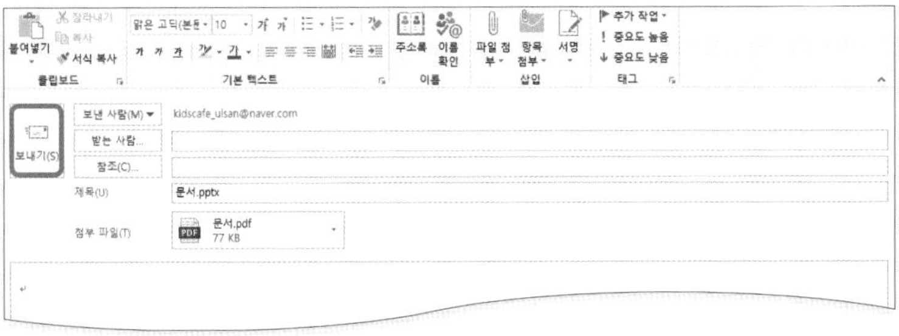

기본 기능

006

사용한 기능 | 내보내기, PDF 만들기

문서를 PDF 문서나 인터넷 문서로 출판하기

오피스 파일을 수정할 수 없게 배포하지만, 인쇄가 가능하도록 만들기 위해 PDF(Portable Document Format) 혹은 XPS(XML Paper Specification) 파일로 변환하여 공유할 수 있습니다. 다음과 같은 경우 PDF 파일이나 XPS 파일로 공유하는 것이 좋습니다.

사용 가능 버전 2010 2013 2016 2019 365

예제 파일 Office\Chapter 01\문서.pptx
완성 파일 Office\Chapter 01\문서.pdf

01 [파일] 탭–[내보내기]–[PDF/XPS 문서 만들기]를 클릭한 다음 [PDF/XPS 만들기]를 선택합니다.

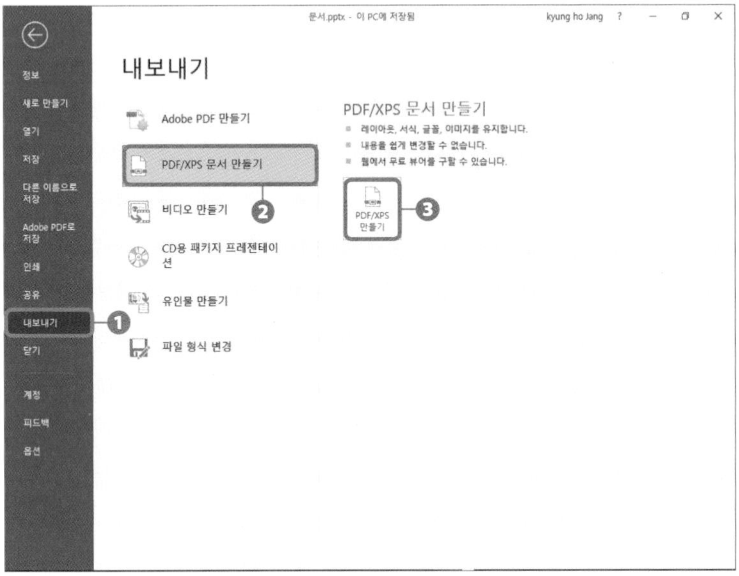

TIP

PDF(Portable Document Format)는 공유를 목적으로 하는 전자 문서 파일 형식을 말하는 것으로 리눅스, 윈도우, 매킨토시 등 어떤 운영체제에서도 전송과 읽기가 가능한 전자 문서 파일 형식이라고 볼 수 있습니다.

TIP

오피스 2010에서는 [파일] 탭–[저장/보내기]에서 [PDF/XPS 문서 만들기]를 클릭합니다.

02 [PDF 또는 XPS로 게시] 대화상자가 나타나면 [옵션]을 클릭합니다. [옵션] 대화상자에서 [게시 옵션]의 [게시 대상] 화살표를 클릭한 후 원하는 파일의 레이아웃을 선택합니다. [확인]을 클릭합니다.

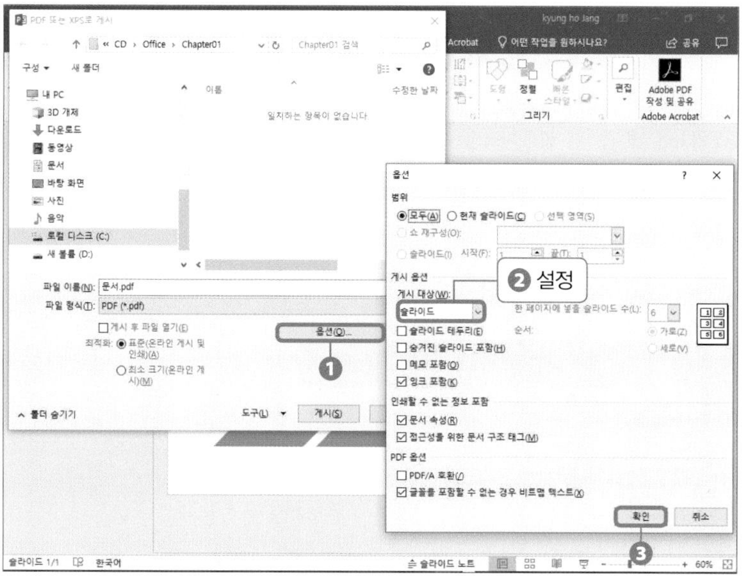

자주하는 질문

Q 오피스 문서를 PDF 파일로 저장하는 이유가 뭔가요?

A 오피스 문서를 PDF 파일로 변환하는 이유는 다양하겠지만, 대체적으로 아래와 같은 이유로 인해 PDF 파일로 변환을 하게 됩니다.

1) 다른 컴퓨터에서도 정상적으로 표시되게 하고 싶을 경우
2) 파일 크기를 압축하여 용량에 제한을 받고 싶지 않을 경우
3) 읽기 전용이나 인쇄 전용으로 수정이 불가한 파일로 배포하고 싶을 경우
4) 파워포인트가 설치되어 있지 않은 곳에도 배포하고 싶을 경우
5) 오피스 온라인 등 웹상에서 온라인 오피스를 사용할 수 없을 경우

사용한 기능 | 추가 기능, Office용 앱

007

기본 기능

Office용 앱으로 다양한 앱 설치하기

Office용 앱은 오피스 2013에서 새롭게 등장한 기능입니다. 그 이후 다양한 앱을 오피스 프로그램에서 활용할 수 있게 되었습니다. 다양한 앱을 다운로드받고 파워포인트나 엑셀 등 오피스 프로그램에서 실행해 보세요.

사용 가능 버전 2010 2013 2016 2019 365	**예제 파일** 없음 **완성 파일** 없음

01 [삽입] 탭-[추가 기능] 그룹에서 [추가 기능 가져오기]를 클릭합니다.

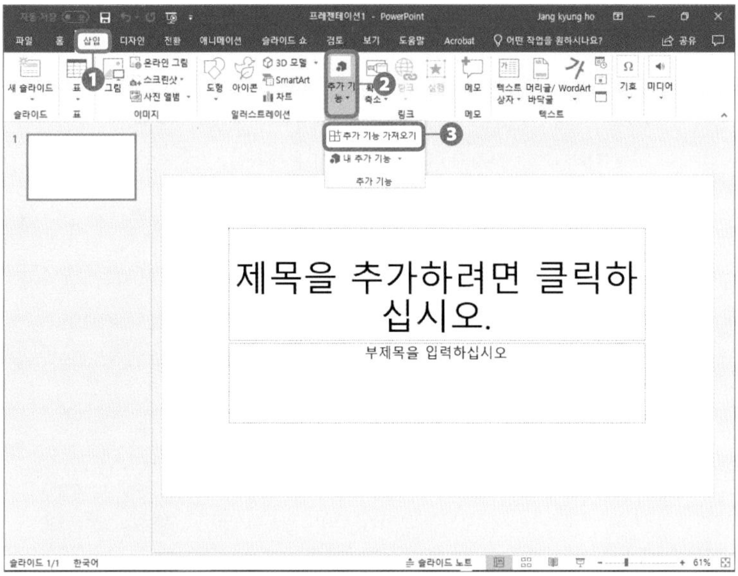

TIP

오피스 2013에서는 [삽입] 탭-[앱] 그룹에서 [Office용 앱]을 클릭합니다.

02 [Office 추가 기능] 창이 나타나면 지원하는 다양한 앱이 검색됩니다. 원하는 앱을 선택합니다.

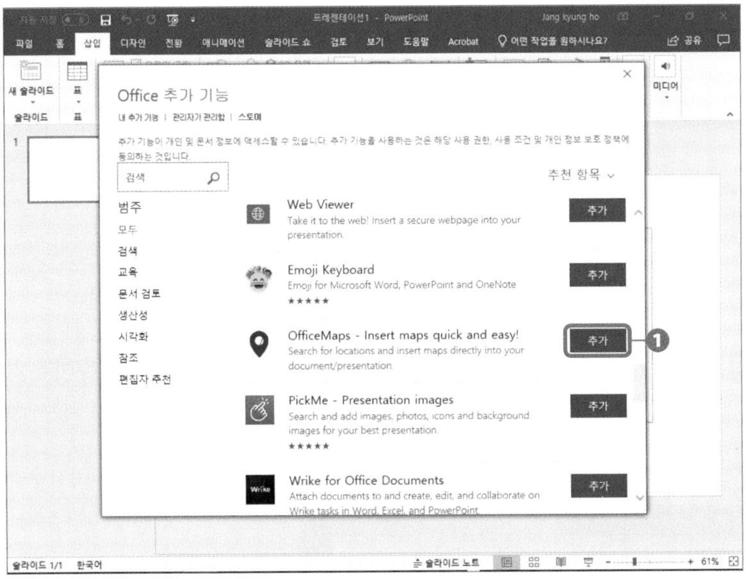

03 Office 앱이 설치되면 리본 메뉴에 표시됩니다. 이를 활용해 더욱 다양한 문서를 만들어 보세요.

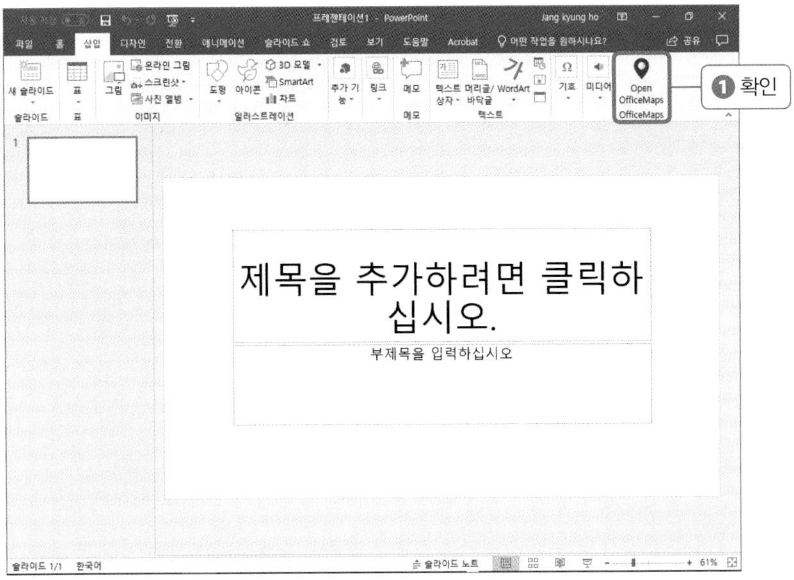

TIP
Office 앱은 아직 국내에서는 활성화되지 않는 경우가 많아 기능이 제대로 작동하지 않을 수 있습니다.

008

기본 기능

사용한 기능 | 옵션, 기본 로컬 파일 위치, Backstage 표시

저장 위치 변경하고 Backstage 없애기

사용자 로그인하면 기본 저장 위치는 OneDrive 혹은 내 문서입니다. 이를 내가 원하는 다른 폴더로 변경할 수 있습니다. 또한, 오피스 프로그램을 실행하면 제일 먼저 나타나는 Backstage를 없애는 방법에 대해서 살펴보겠습니다.

사용 가능 버전	예제 파일 없음
2010 2013 2016 2019 365	완성 파일 없음

01 먼저 저장 위치를 변경해 보겠습니다. [파일] 탭-[옵션]을 클릭합니다. [옵션] 대화상자가 나타나면 [저장] 항목에서 [기본적으로 컴퓨터에 저장]에 체크 표시를 합니다. [기본 로컬 파일 위치] 입력란에 원하는 파일 위치를 입력합니다.

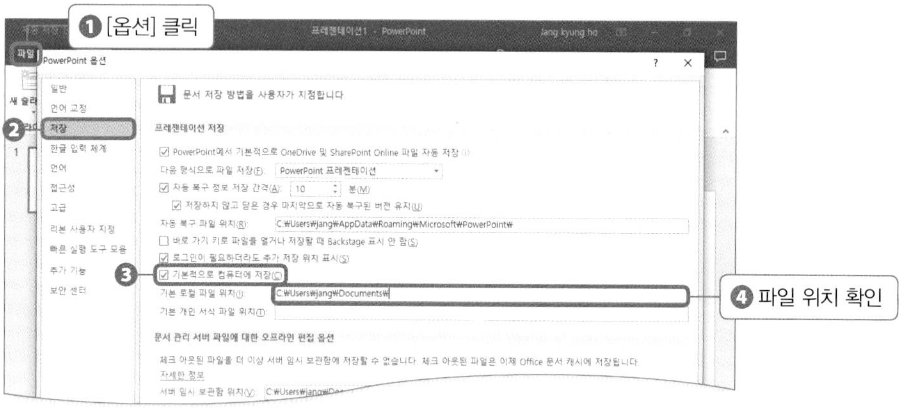

02 이번에는 Backstage를 없애보겠습니다. [바로 가기 키로 파일을 열거나 저장할 때 Back-stage 표시 안 함]에 체크 표시합니다.

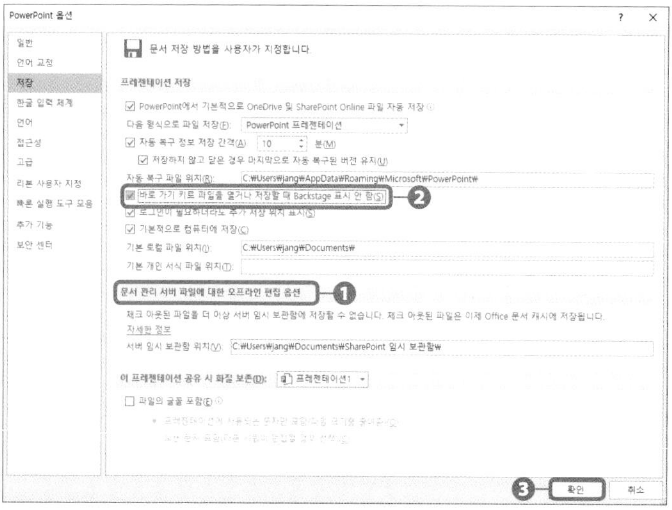

> **TIP**
> Backstage는 오피스 프로그램을 실행하면 제일 먼저 나타나는 인트로 페이지를 말합니다. 처음에는 편할지 몰라도 오피스 프로그램을 자주 다루는 사람들은 불필요한 경우가 있습니다.

MEMO

CHAPTER

2

오피스 연동 기술

엑셀, 파워포인트, 워드 등에서 공동으로 사용할 수 있는 기능도 많지만 엑셀과 파워포인트, 혹은 파워포인트와 워드, 워드와 원노트 등 각각의 오피스를 연동해서 사용할 수 있는 기능도 많이 존재합니다. 여기서는 두 가지 이상의 오피스 프로그램을 연동해서 사용하는 기능에 대해서 살펴보겠습니다.

배워 볼 내용

[엑셀+워드] 009 엑셀 차트를 워드에서 편집하기 필수 기능 ★★★★☆

[엑셀+워드] 010 엑셀 표를 워드 문서 너비에 맞춰 디자인하기

[엑셀+파워포인트] 011 엑셀 표를 파워포인트에서 디자인하기

[파워포인트+워드] 012 파워포인트 슬라이드를 워드 유인물로 보내기 필수 기능 ★★★★☆

[파워포인트+원노트] 013 파워포인트 슬라이드를 원노트로 프린트하기

[워드+파워포인트] 014 워드 문서를 파워포인트 슬라이드로 전환하기 필수 기능 ★★★☆☆

[워드+아웃룩] 015 워드에서 수신자를 다르게 아웃룩으로 이메일 보내기

[엑셀+아웃룩] 016 엑셀 연락처를 아웃룩 주소록으로 저장하기

[엑셀+아웃룩] 017 엑셀 주소록을 아웃룩 받는 사람으로 설정하기

009

★★★★☆
필수 기능

사용한 기능 | 붙여넣기, 선택하여 붙여넣기, Microsoft Excel 차트 개체

엑셀 차트를 워드에서 편집하기

'선택하여 붙여넣기'를 이용하여 엑셀에서 만든 차트를 워드 문서에 삽입하면 워드에서 차트를 손쉽게 수정할 수 있습니다. 워드에서 직접 차트를 만들기보다 엑셀을 이용해 차트를 만들고 워드에 삽입해 보기 바랍니다.

사용 가능 버전 2010 2013 2016 2019 365

예제 파일 Office\Chapter 02\차트.xlsx, 차트.docx
완성 파일 Office\Chapter 02\차트_완성.docx

01 먼저 엑셀을 실행하고 예제 파일(차트.xlsx)을 불러옵니다. 이미 완성되어 있는 차트를 Ctrl+C를 눌러 복사합니다.

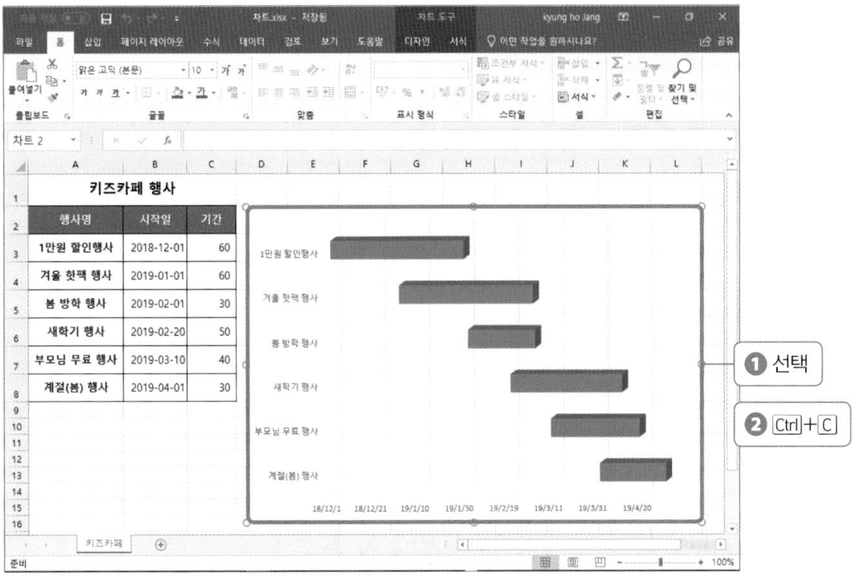

02 워드를 실행하고 예제 파일(차트.docx)을 엽니다. [홈] 탭–[클립보드] 그룹에서 [붙여넣기]–[선택하여 붙여넣기]를 클릭합니다.

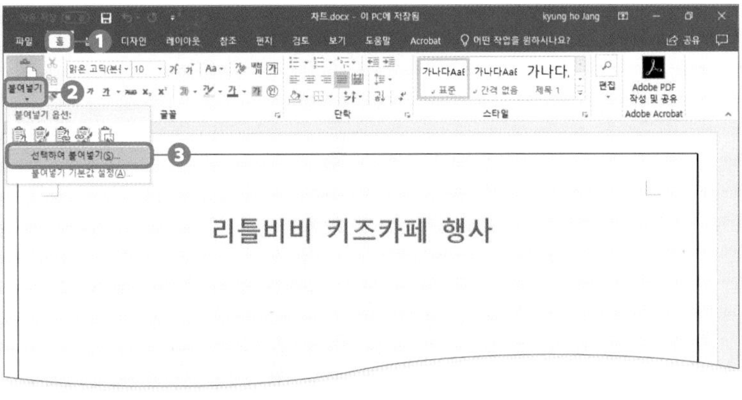

03 [선택하여 붙여넣기] 대화상자에서 [연결하여 붙여넣기]를 선택합니다. [형식]에서 [Microsoft Excel 차트 개체]를 선택하고 [확인]을 클릭합니다.

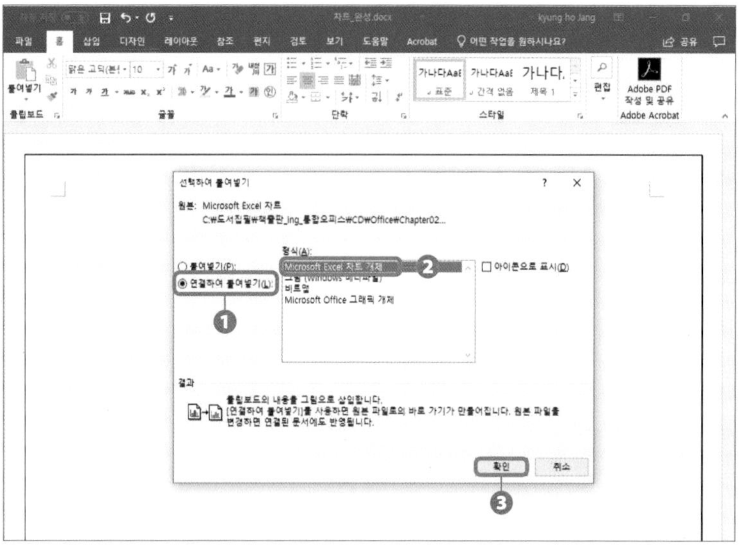

04 워드 문서에 엑셀 차트가 붙여넣기 됩니다. 차트는 엑셀 프로그램과 연동되어 있습니다. 차트 수치나 내용을 수정하고 싶다면 차트를 두 번 클릭합니다.

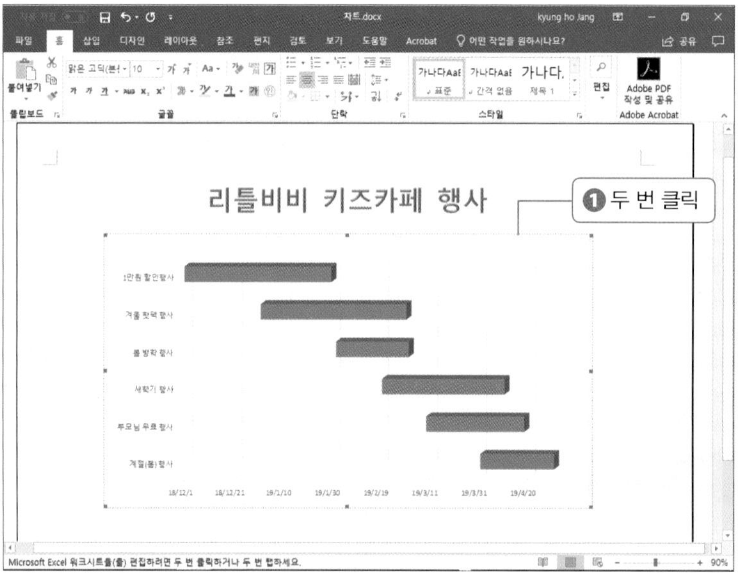

05 워드에서 엑셀이 실행됩니다. 원하는 작업을 완료 후 빈 곳을 클릭합니다.

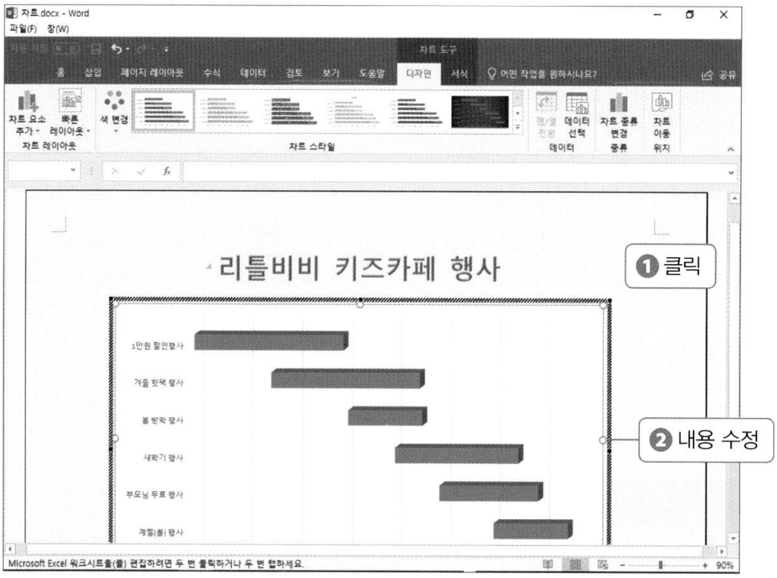

TIP PLUS

연결하여 붙여넣기

종종 엑셀 데이터가 변경되거나 방대한 데이터의 경우 오류를 바로잡는다는 것은 매우 불편한 일이지만 연동하여 사용하면 매우 간단한 일이 됩니다. 엑셀에서 표를 복사하여 [홈] 탭–[클립보드] 그룹에서 [붙여넣기]의 아랫부분을 클릭하여 [선택하여 붙여넣기]를 선택하면 엑셀의 워크시트와 워드나 파워포인트 편집 화면이 서로 연동됩니다.

[연결하여 붙여넣기]를 하게 되면 원본 파일로의 바로 가기가 만들어져 원본 파일을 변경하면 연결된 문서에도 그대로 반영됩니다.

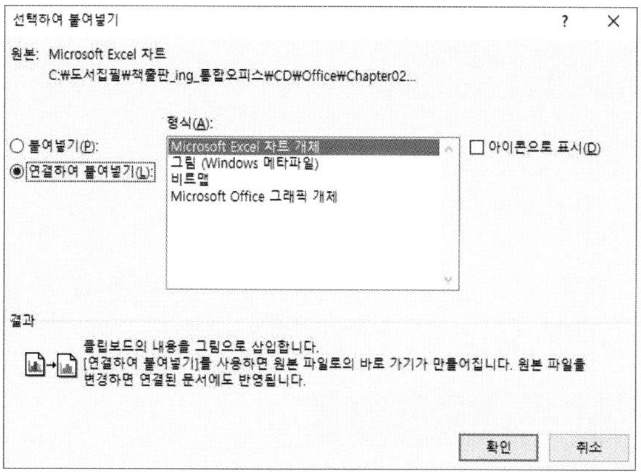

010

기본 기능

사용한 기능 | 자동 맞춤, 창에 자동으로 맞춤

엑셀 표를 워드의 문서 너비에 맞춰 디자인하기

엑셀 표를 워드로 붙여넣으면 표의 너비가 워드 문서의 너비에 맞지 않는 경우가 흔히 발생합니다. 이러면 워드의 [자동 맞춤] 기능을 통해 쉽게 해결할 수 있습니다.

사용 가능 버전 2010 2013 2016 2019 365

예제 파일 Office\Chapter 02\견적서.xlsx
완성 파일 Office\Chapter 02\견적서_완성.docx

01 엑셀 시트를 열어 워드로 가져올 표를 선택합니다. 여기서는 [B12:M20] 영역을 드래그하여 선택한 후 Ctrl+C를 눌러 복사합니다.

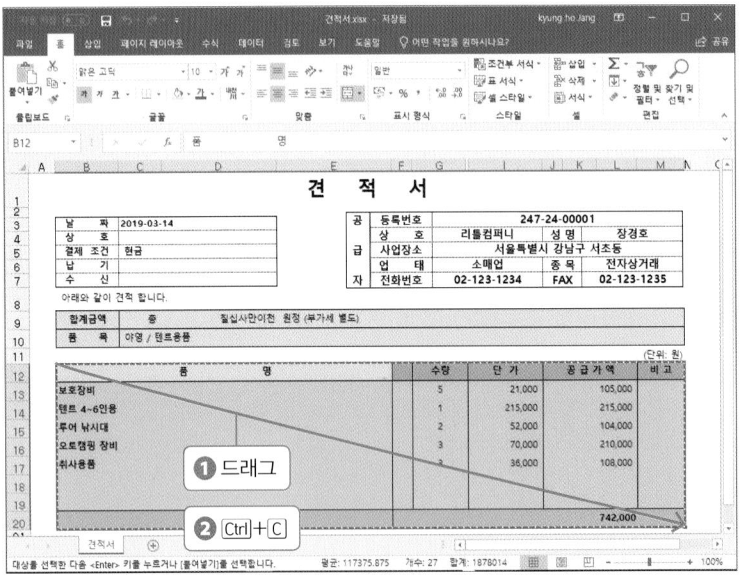

02 워드에서 Ctrl+V를 눌러 붙여넣기 합니다. 워드의 편집 영역을 벗어나서 붙여넣기가 된다면 [표 도구]–[레이아웃] 탭–[셀 크기] 그룹에서 [자동 맞춤]–[창에 자동으로 맞춤]을 클릭합니다.

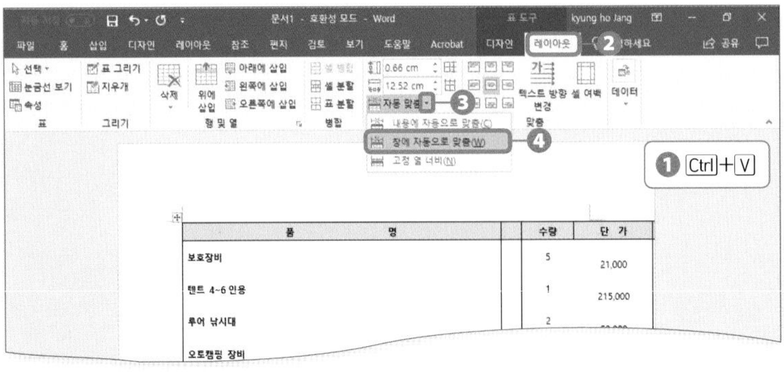

TIP 다른 프로그램을 통해 가져온 내용의 경우 종종 창에서 벗어나게 됩니다. 이럴 경우 [창에 자동으로 맞춤]을 클릭해 워드의 편집 영역에 맞출 수 있습니다.

011

기본 기능

사용한 기능 | 붙여넣기, 대상 스타일 사용, 표 스타일 옵션, 표 스타일

엑셀 표를 파워포인트에서 디자인하기

파워포인트의 표 기능을 이용해 텍스트나 숫자 등의 데이터를 체계적으로 정리하여 표현할 수 있고, 엑셀에 작업한 표를 그대로 가져와 활용하거나 수식이 들어간 엑셀의 데이터를 연동하여 파워포인트에서 그대로 사용할 수도 있습니다.

사용 가능 버전 2010 2013 2016 2019 365

예제 파일 Office\Chapter 02\성과.xlsx
완성 파일 Office\Chapter 02\성과_완성.pptx

01 엑셀 파일을 엽니다. 엑셀 파일이 열리면 파워포인트로 가져올 셀 영역을 마우스로 드래그한 다음 Ctrl+C를 눌러 복사합니다.

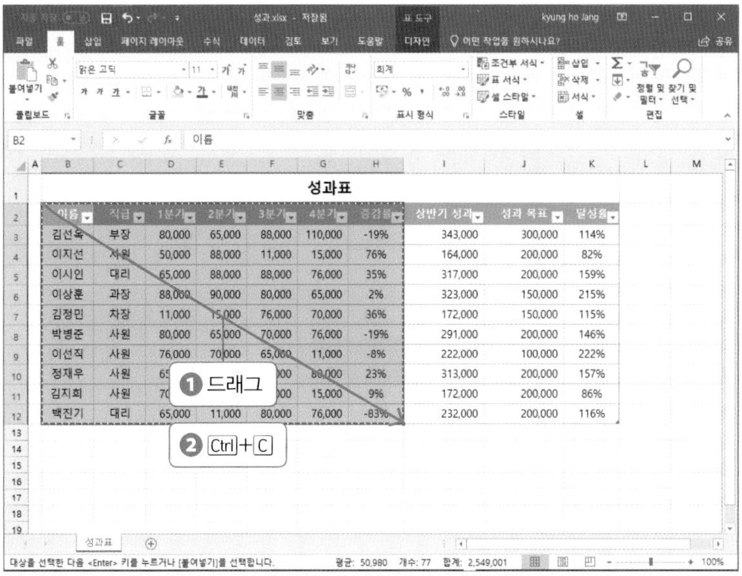

TIP

엑셀에서 작업한 표를 파워포인트에 그대로 붙여넣을 수가 있습니다. 엑셀의 장점이 수식 및 자동 산출이 가능하다는 점이고, 파워포인트의 장점이 개체를 효과적으로 꾸밀 수 있다는 점인데 이 둘의 장점을 잘 활용하도록 합니다.

02 새 프레젠테이션 파일에서 빈 화면 슬라이드를 엽니다. [홈] 탭–[클립보드] 그룹–[붙여넣기] 아랫부분을 클릭하여 [대상 스타일 사용]을 클릭합니다.

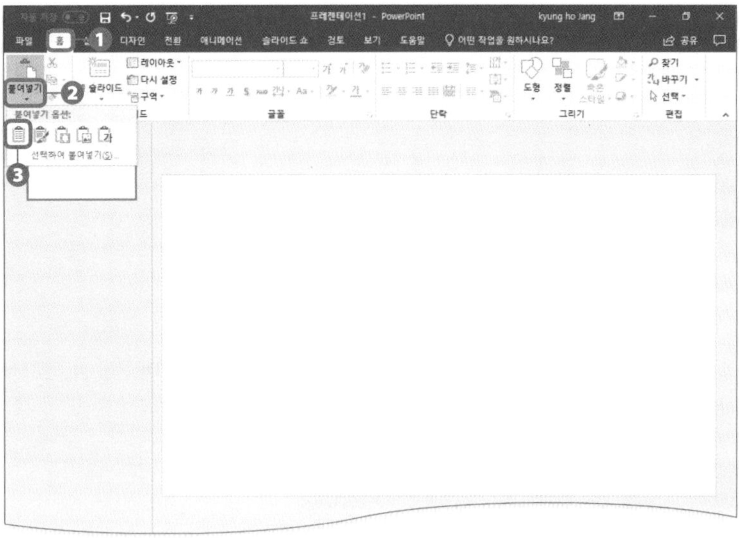

> **TIP**
> [대상 스타일 사용]은 대상 스타일과 일치하도록 데이터 서식을 업데이트합니다.

03 파워포인트에 표가 붙여넣기 됩니다. 표의 위치를 옮기고 테두리를 드래그하여 크기를 조절합니다. 텍스트 및 텍스트 크기, 서식 등을 수정합니다. 여기서는 [홈] 탭–[글꼴] 그룹에서 [글꼴]–[맑은 고딕]을 클릭합니다. [글꼴 크기]–[18]을 선택합니다. [단락] 그룹에서 [가운데 맞춤]을 클릭합니다.

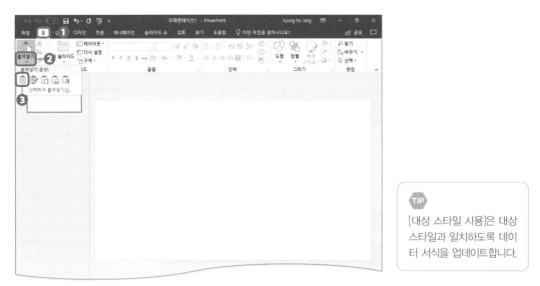

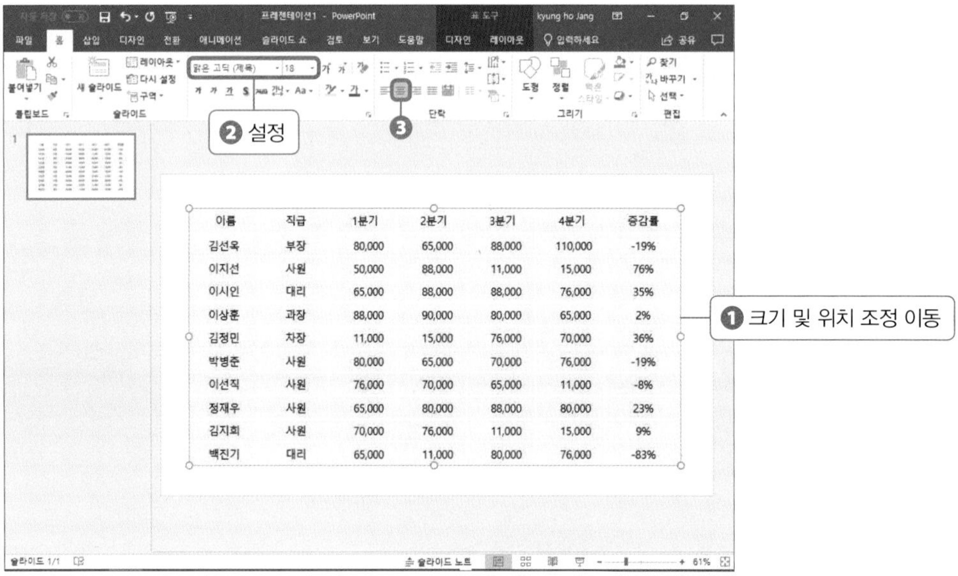

04 표를 선택한 상태에서 [표 도구]-[디자인] 탭-[표 스타일 옵션] 그룹에서 [머리글 행], [줄무늬 행], [마지막 열]에 체크 표시합니다.

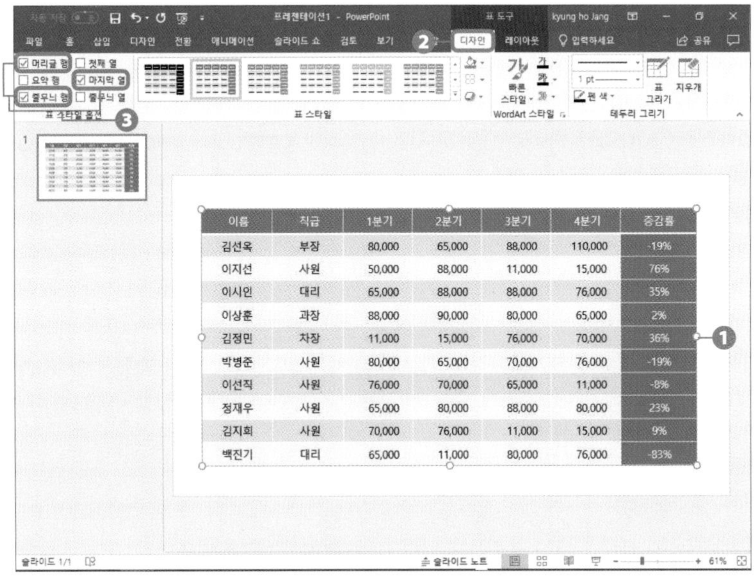

> **TIP**
>
> [표 스타일 옵션] 그룹을 통해 테두리 또는, 테이블의 색상 등을 변경할 수 있습니다. 본인이 붙여넣은 표에 가장 적합한 스타일을 지정합니다.

05 더 많은 스타일은 [표 도구]-[디자인] 탭-[표 스타일] 그룹에서 [자세히]를 클릭하여 선택할 수 있습니다.

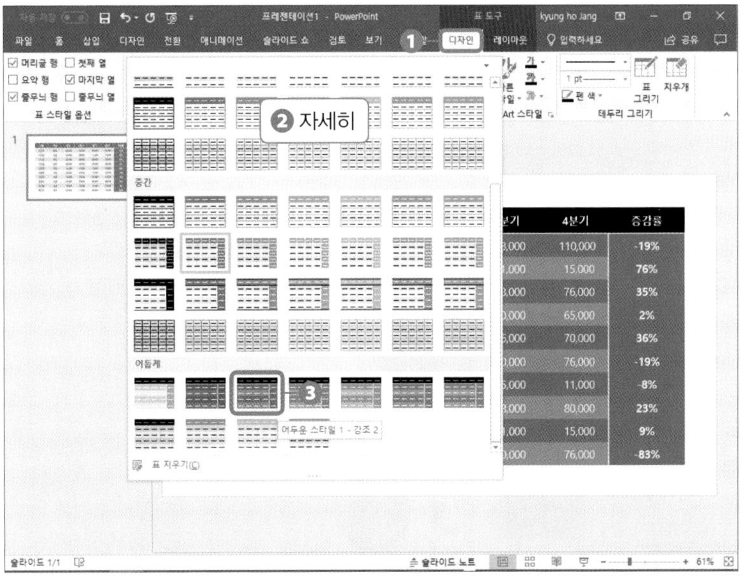

012

★★★★☆
필수 기능

사용한 기능 | 유인물 만들기, 슬라이드 옆에 설명문, 연결하여 붙여넣기

파워포인트 슬라이드를 워드 유인물로 보내기

파워포인트에서 만든 슬라이드 파일로 유인물을 만들 때 보통은 파워포인트의 유인물 인쇄를 통해 제작하게 됩니다. 하지만, 워드를 활용하면 보다 정교하게 유인물을 만들 수 있습니다. 워드에서 유인물을 편집할 경우 워드의 다양한 문서 편집 기능을 활용할 수 있어서 유용합니다.

사용 가능 버전
2010 2013 2016 2019 365

예제 파일 Office\Chapter 02\강의내용.pptx
완성 파일 Office\Chapter 02\강의내용_완성.docx

01 예제 파일을 엽니다. [파일] 탭-[내보내기]-[유인물 만들기]-[유인물 만들기]를 클릭합니다.

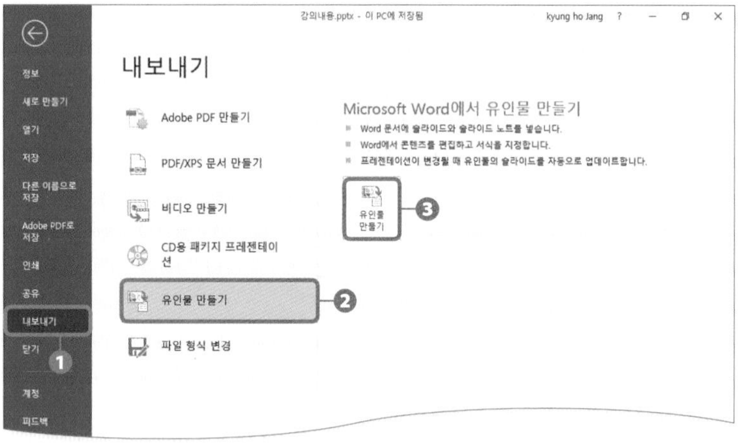

02 [Microsoft Word로 보내기] 창이 나타나면 [슬라이드 옆에 설명문]을 선택한 후 [연결하여 붙여넣기]를 선택합니다. [확인]을 클릭합니다.

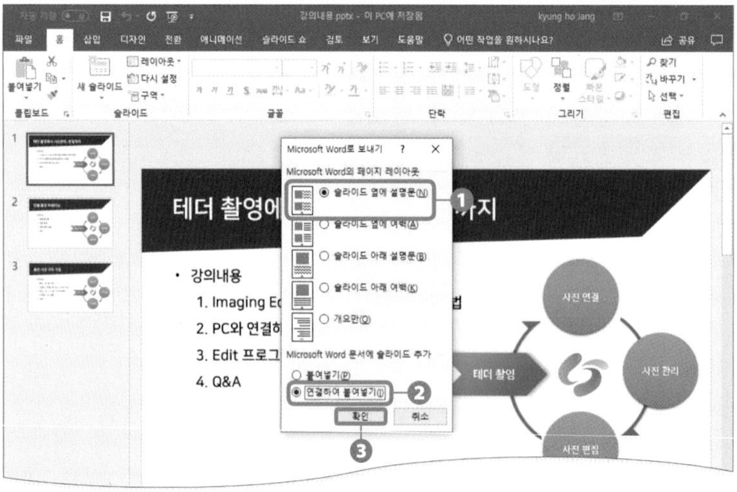

TIP

❶ **붙여넣기** : 이미지 형식으로 워드에 붙여넣기 됩니다.

❷ **연결하여 붙여넣기** : 이미지 형식으로 워드에 붙여넣기 되지만 원본 파일인 파워포인트 파일에 내용이 수정되면 [연결 업데이트]를 통해 최신 내용을 볼 수 있으며, 이미지를 클릭해 파워포인트에서 슬라이드를 수정할 수 있습니다.

03 워드가 자동으로 실행되며, 유인물 문서가 만들어집니다. 워드에서 슬라이드 파일을 자유롭게 편집하고 인쇄할 수 있습니다. 또한, [연결하여 붙여넣기]를 했기 때문에 슬라이드 이미지를 두 번 클릭하면 파워포인트가 실행되어 슬라이드도 수정할 수 있습니다.

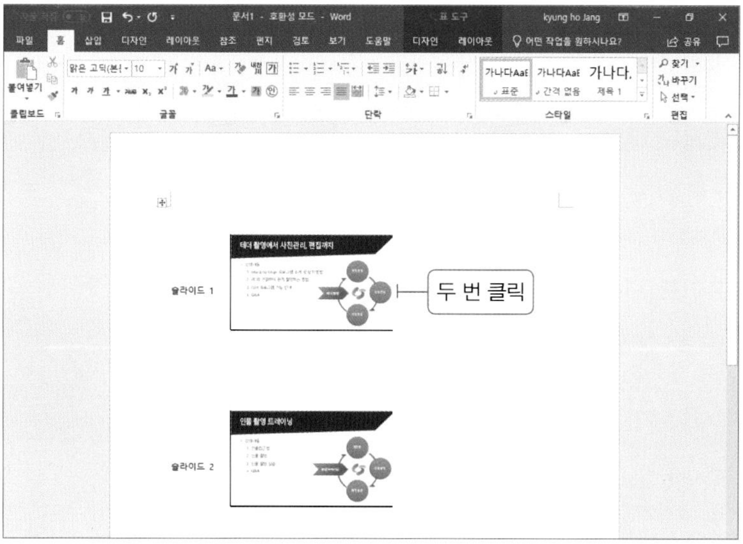

04 또한, 원본 파일인 파워포인트 파일에 내용이 수정되면 [연결 업데이트]를 통해 최신 내용으로 문서를 업데이트할 수 있습니다.

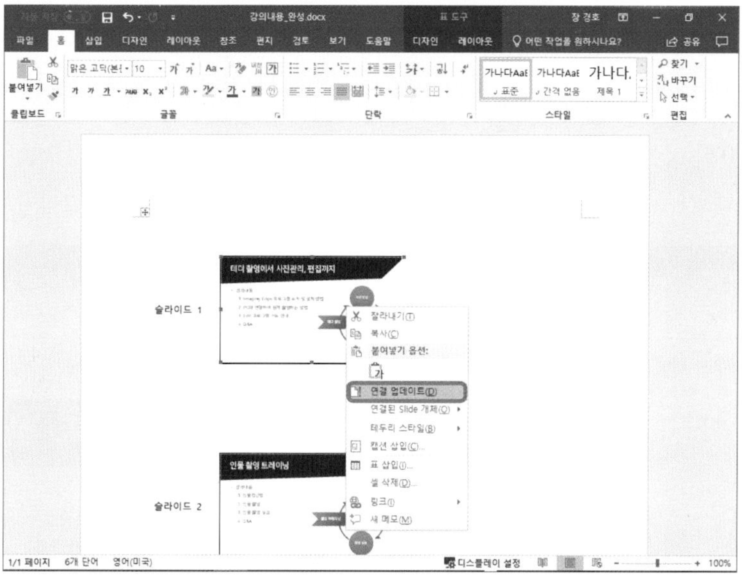

013

기본 기능

사용한 기능 | 프린트, OneNote에서 위치 선택

파워포인트 슬라이드를 원노트로 프린트하기

파일을 인쇄할 때 프린트뿐만 아니라 원노트로 프린트할 수 있습니다. 즉, 실제 종이에 인쇄되는 것이 아닌 원노트의 전자필기장에 가상의 인쇄물이 저장되는 기능입니다.

사용 가능 버전 2010 2013 2016 2019 365

예제 파일 Office\Chapter 02\강의내용.pptx
완성 파일 Office\Chapter 02\강의내용_완성.docx

01 [파일] 탭–[인쇄]에서 [프린트]–[OneNote]를 클릭합니다.

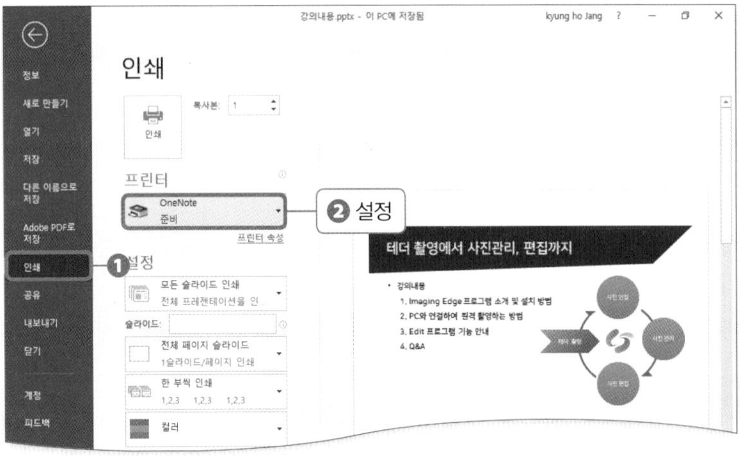

02 [OneNote에서 위치 선택] 창이 나타나면 파워포인트 슬라이드를 삽입할 페이지를 선택하고 [확인]을 클릭합니다. 원노트가 실행되며 선택한 페이지에 파워포인트 슬라이드가 저장됩니다.

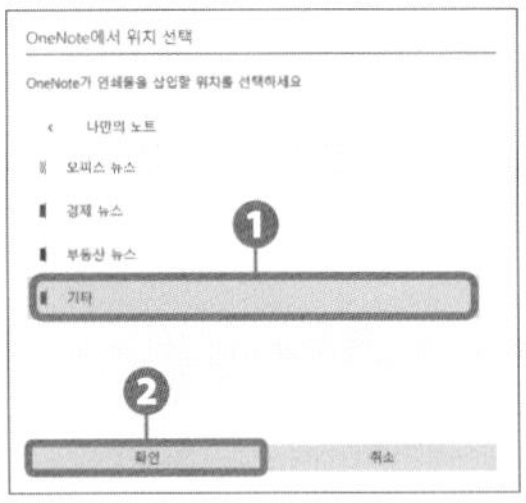

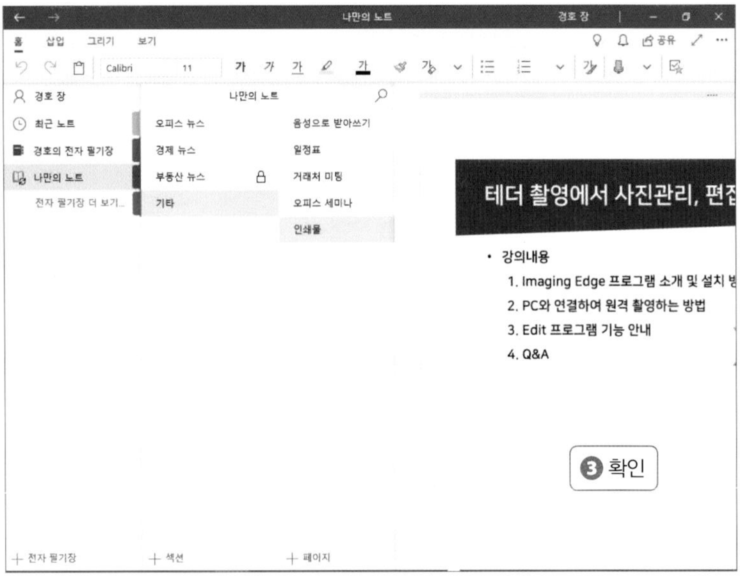

사용한 기능 | 개요 보기, Tab, Shift+Tab

014

★★★☆☆
필수 기능

워드 문서를 파워포인트 슬라이드로 전환하기

파워포인트 슬라이드를 만들 때 [개요] 창을 이용하면 시나리오 작업을 하거나 간단한 슬라이드를 쉽게 만들 수 있습니다. 이런 내용을 워드 문서에 작성한다면 관리도 편하고 쉽게 활용할 수 있습니다.

사용 가능 버전 2010 2013 2016 2019 365

예제 파일 Office\Chapter 02\개요.docx
완성 파일 Office\Chapter 02\개요_완성.pptx

01 워드에서 파워포인트 슬라이드로 보낼 문서를 드래그하여 선택하고 Ctrl+C를 눌러 복사합니다.

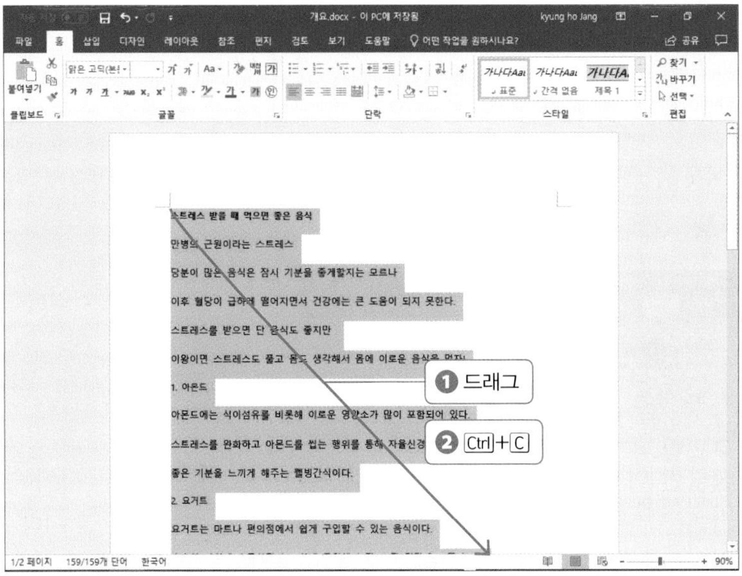

02 [보기] 탭-[프레젠테이션 보기] 그룹-[개요 보기]를 클릭합니다. [개요] 창이 나타나면 Ctrl+V를 눌러 워드 내용을 붙여넣기 합니다.

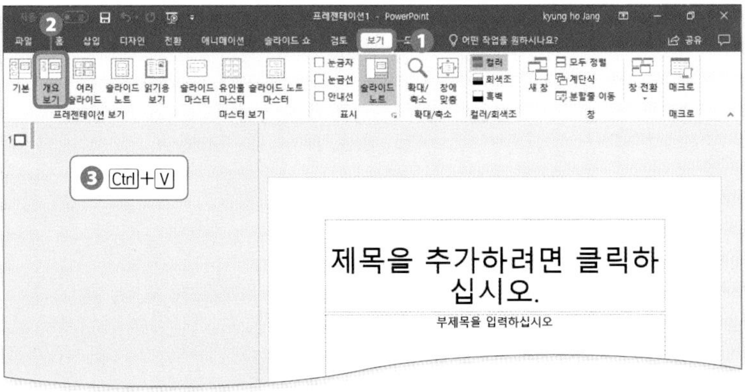

03 첫 번째 단락의 마지막 부분을 클릭한 후 Enter를 누릅니다.

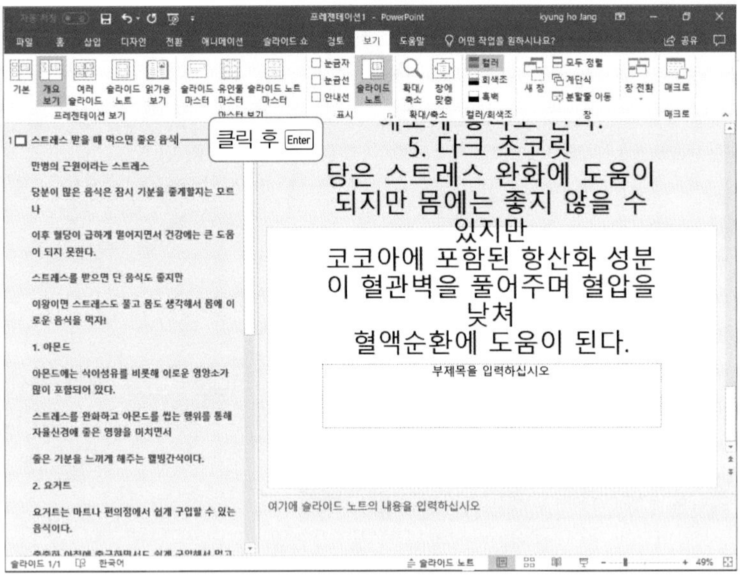
클릭 후 Enter
스트레스 받을 때 먹으면 좋은 음식
5. 다크 초코릿
당은 스트레스 완화에 도움이 되지만 몸에는 좋지 않을 수 있지만
코코아에 포함된 항산화 성분이 혈관벽을 풀어주며 혈압을 낮쳐
혈액순환에 도움이 된다.
부제목을 입력하십시오
여기에 슬라이드 노트의 내용을 입력하십시오

04 Tab과 Shift+Tab을 이용해 텍스트 내용을 분리해 보겠습니다. 다음 단락의 앞을 클릭한 후 Tab을 누릅니다.

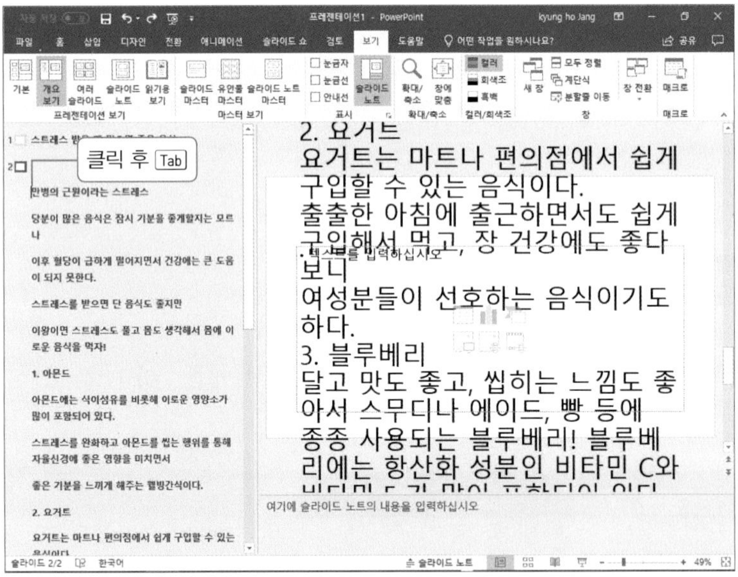
클릭 후 Tab
2. 요거트
요거트는 마트나 편의점에서 쉽게 구입할 수 있는 음식이다.
출출한 아침에 출근하면서도 쉽게 구입해서 먹고, 장 건강에도 좋다 보니
여성분들이 선호하는 음식이기도 하다.
3. 블루베리
달고 맛도 좋고, 씹히는 느낌도 좋아서 스무디나 에이드, 빵 등에 종종 사용되는 블루베리! 블루베리에는 항산화 성분인 비타민 C와
여기에 슬라이드 노트의 내용을 입력하십시오

05 레이아웃이 변경됩니다. 제목 레이아웃으로 변경하고 싶은 단락을 선택한 후 Shift+Tab을 누릅니다.

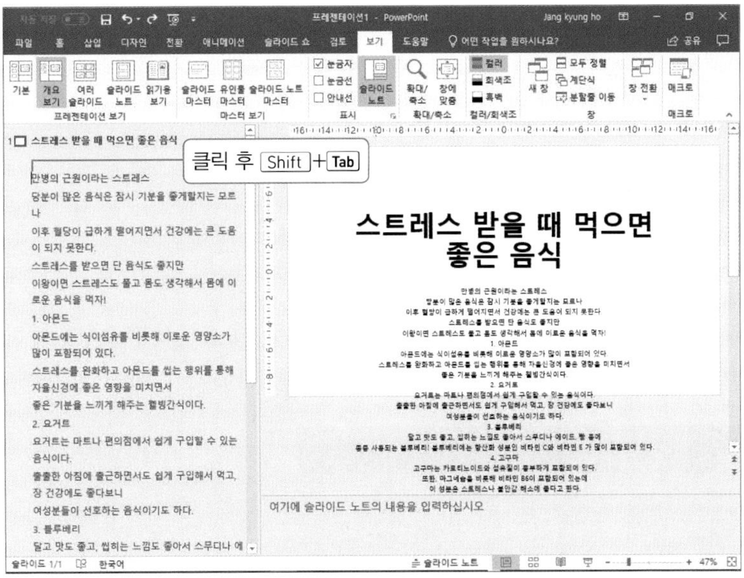

06 동일한 방법으로 다음 페이지에 넣고 싶은 단락을 선택한 후 Shift+Tab을 누릅니다. 이런 방법으로 나머지 부분까지 단락을 구분 지어 슬라이드를 완성합니다.

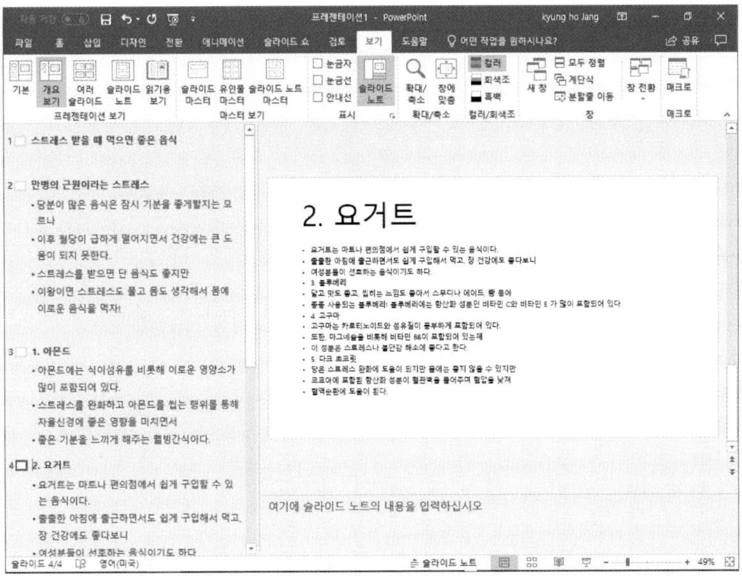

015

기본 기능

사용한 기능 | 편지 병합 시작, 편지 병합 마법사

워드에서 수신자를 다르게 아웃룩으로 이메일 보내기

워드에서 편집한 내용을 아웃룩을 활용해 이메일 보내기를 할 수 있습니다. 특히, 여러 사람에게 단체 이메일을 보낼 경우 받는 사람의 성함이나 연락처 등을 다르게 설정하여 보낼 수 있습니다.

사용 가능 버전 2010 2013 2016 2019 365

예제 파일 Office\Chapter 02\초대장.docx
완성 파일 Office\Chapter 02\초대장_완성.docx

01 먼저 이메일을 보낼 문서를 작성합니다. [편지] 탭–[편지 병합 시작] 그룹에서 [편지 병합 시작]–[단계별 편지 병합 마법사]를 클릭합니다.

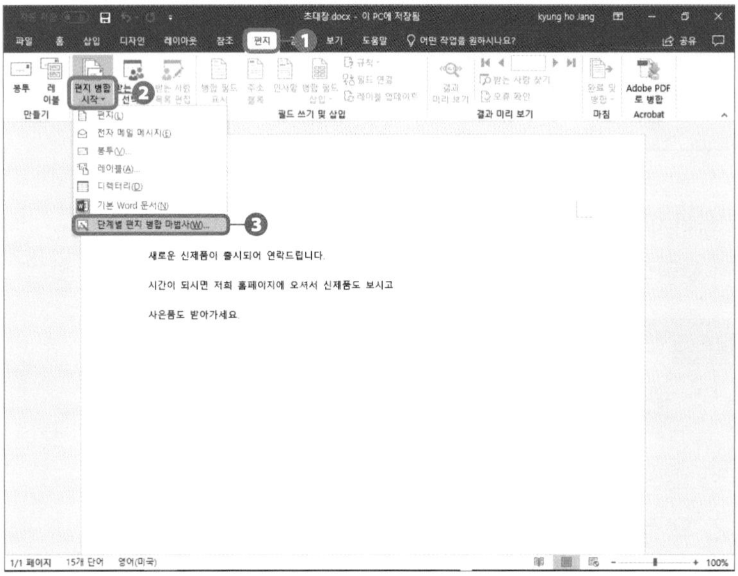
초대장.docx - 이 PC에 저장됨
편지
편지 병합 시작
단계별 편지 병합 마법사(W)...
새로운 신제품이 출시되어 연락드립니다.
시간이 되시면 저희 홈페이지에 오셔서 신제품도 보시고
사은품도 받아가세요.

02 [편지 병합] 옵션 창이 나타나면 [문서 종류 선택]에서 [전자 메일 메시지]를 선택합니다. [1단계/전체 6단계]에서 [다음 : 시작 문서]를 클릭합니다.

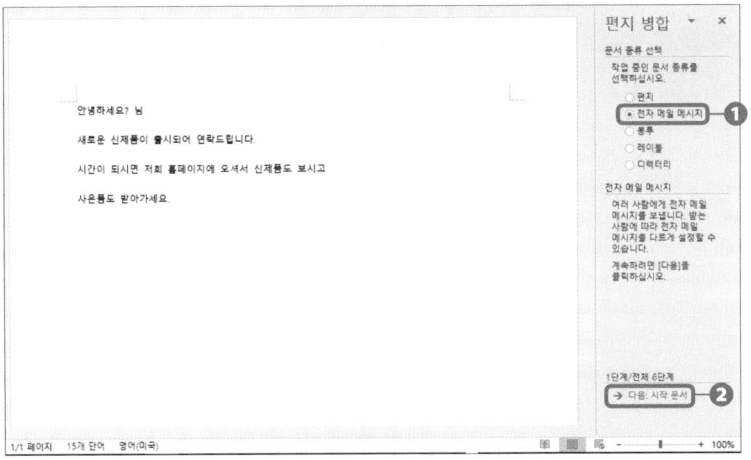

03 [편지 병합] 옵션 창에서 [시작 문서 선택]에서 [현재 문서 사용]을 선택합니다. [2단계/전체 6단계]에서 [다음 : 받는 사람 선택]을 클릭합니다.

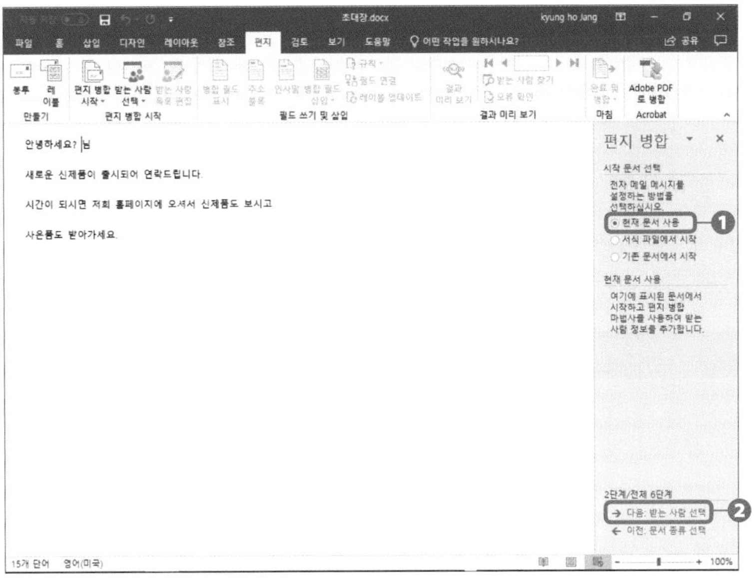

04 [편지 병합] 옵션 창의 [받는 사람 선택하기]에서 [Outlook 연락처에서 선택]을 선택합니다. [연락처 폴더 선택]을 클릭합니다. [프로필 선택] 대화상자가 나타나면 [확인]을 클릭합니다.

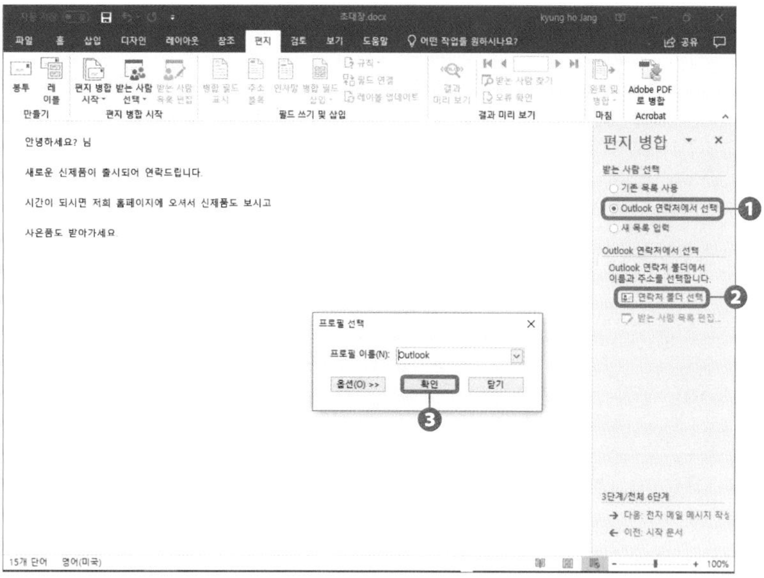

> **TIP**
> [기존 목록 사용]을 클릭해 이메일 주소가 포함된 데이터를 선택할 수도 있습니다. 기존 목록 사용뿐 아니라 주소록이 저장되어 있는 [Outlook 연락처에서 선택]을 선택하여 연락처 폴더를 선택하거나 [새 목록 입력]을 클릭해 새로운 주소록을 입력할 수도 있습니다.

05 [연락처 선택] 대화상자가 나타납니다. 아웃룩에 저장되어 있는 연락처 목록이 표시되면 연락처를 선택한 후 [확인]을 클릭합니다.

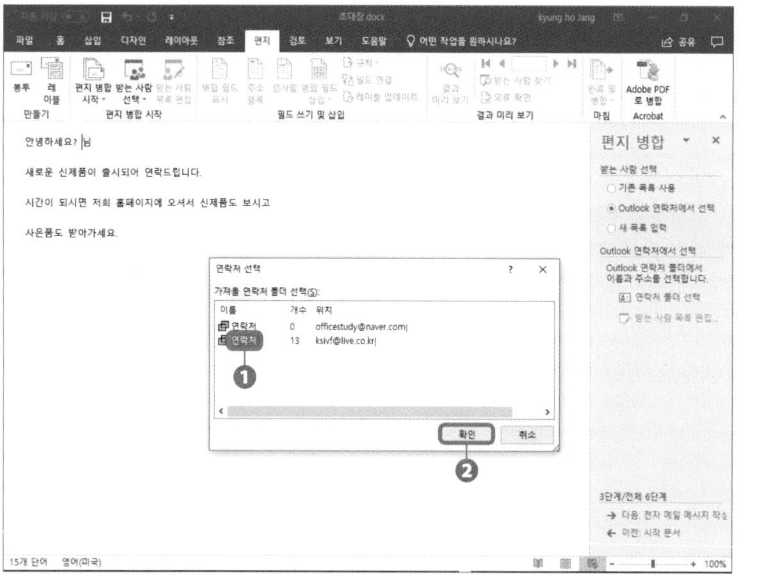

06 여기서는 개별 연락처를 선택하기 위해 [전체 선택]을 클릭해 전체 선택을 해제한 후 원하는 연락처만 체크 표시하고 [확인]을 클릭합니다. [다음: 전자 메일 메시지 미리 보기]를 클릭합니다.

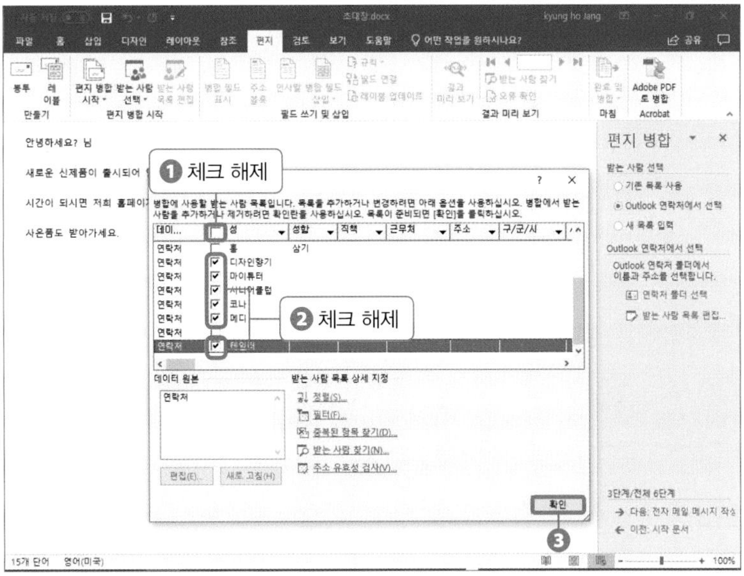

07 [전자 메일 메시지 작성]에서 [주소 블록]을 클릭합니다. [주소 블록 삽입] 대화상자가 나타나면 [확인]을 클릭합니다. [다음: 전자 메일 메시지 미리 보기]를 클릭합니다.

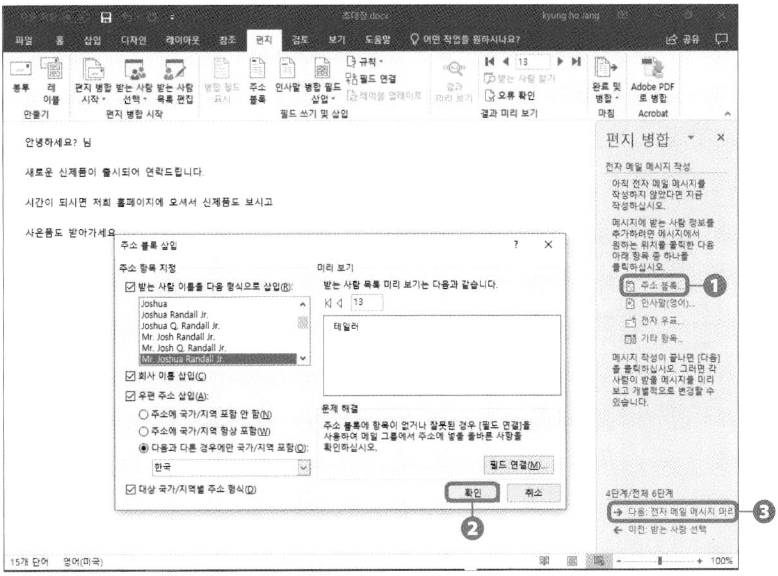

> **TIP**
>
> [주소 블록 삽입] 대화상자에서는 아웃룩의 주소 목록을 워드 편집 화면에 작성한 내용과 필드 연결을 할 수 있습니다. 원하는 항목을 지정해도 됩니다.

08 [전자 메일 메시지 미리 보기]에서 [받는 사람]을 선택하여 개개인이 선택되는지 확인합니다. [5단계/전체 6단계]에서 [다음: 병합 완료]를 클릭합니다.

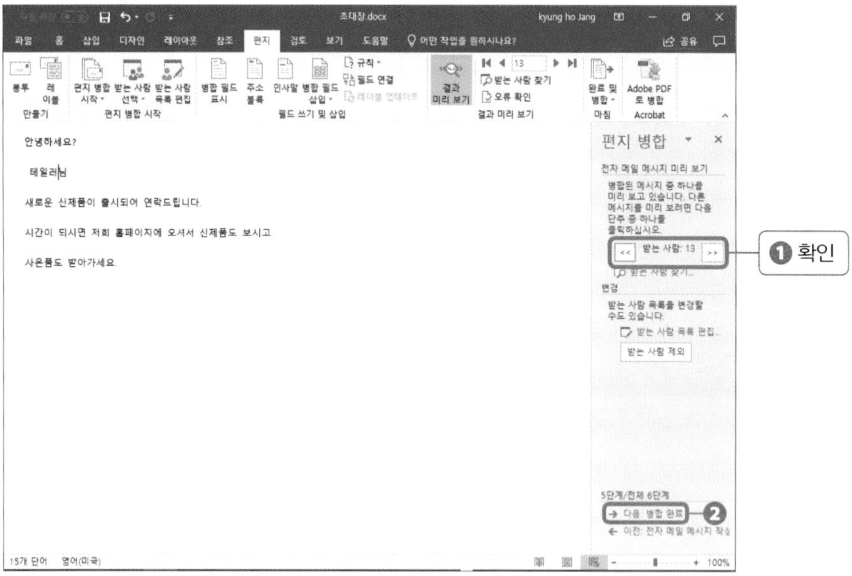

09 [편지 병합] 옵션 창에서 [병합 완료]가 나타납니다. [전자 메일]을 클릭합니다. [전자 메일로 병합] 대화상자가 나타나면 [받는 사람]에 메일 주소가 있는 필드를 선택합니다. [제목 줄]에는 이메일에서 전송할 제목을 입력합니다. [확인]을 클릭하면 이메일이 전송됩니다.

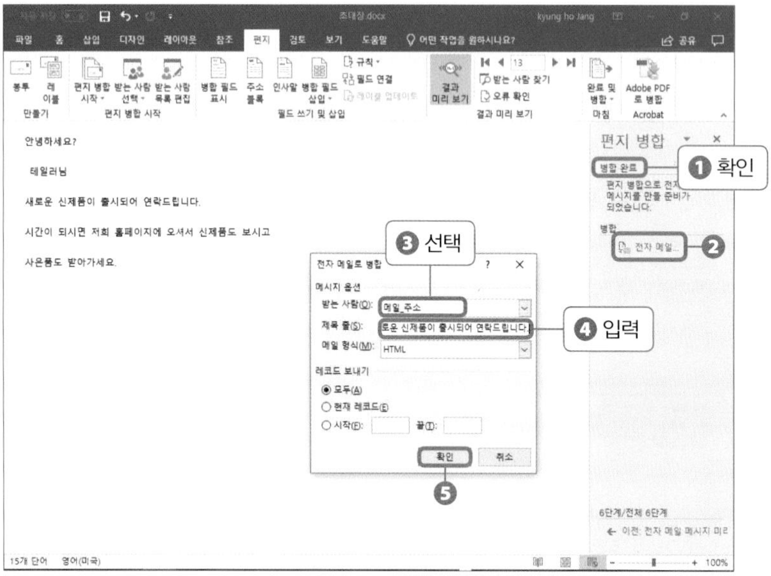

TIP

[메일 형식]에는 HTML, 첨부 파일, 일반 텍스트 중에서 원하는 형식을 선택할 수 있습니다.

016

기본 기능

사용한 기능 | 주소록, CSV, 가져오기/내보내기, 사용자 지정 필드 매핑

엑셀 연락처를 아웃룩 주소록으로 저장하기

엑셀에서 연락처를 입력하고 csv 파일로 저장하면 아웃룩의 '가져오기/내보내기'를 통해 아웃룩 주소록으로 활용할 수 있습니다.

사용 가능 버전 2010 2013 2016 2019 365

예제 파일 Office\Chapter 02\주소록.csv
완성 파일 없음

01 아웃룩에서 [파일] 탭–[열기 및 내보내기]의 [가져오기/내보내기]를 클릭합니다.

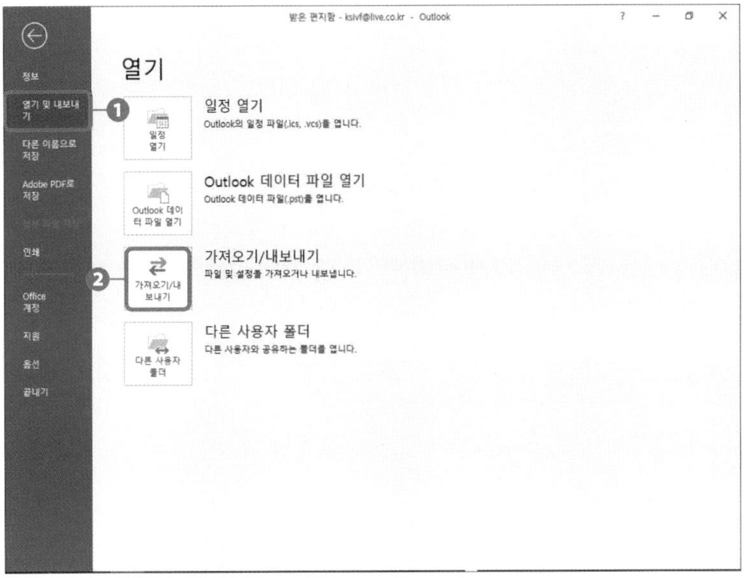

02 [가져오기/내보내기 마법사] 대화상자의 [수행할 작업 선택]에서 [가져오기–다른 프로그램이나 파일]을 선택한 후 [다음]을 클릭합니다.

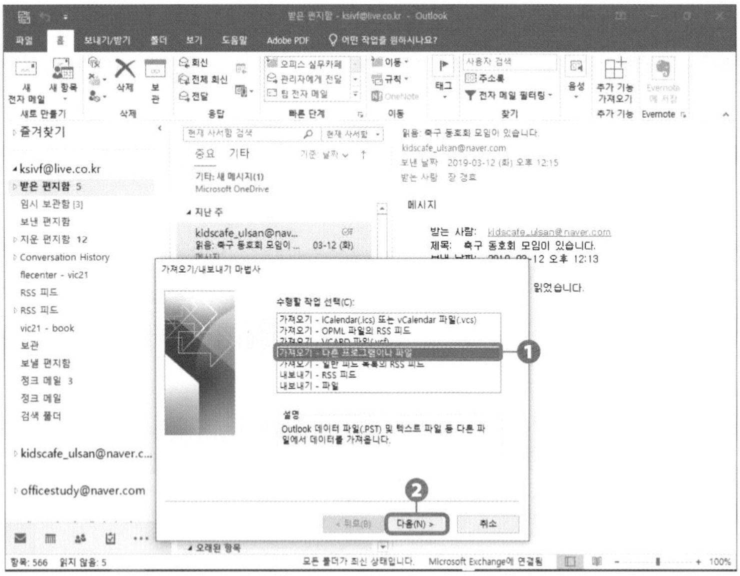

03 [파일 가져오기] 대화상자의 [가져올 파일 형식 선택]에서 [쉼표로 구분된 값]을 선택한 후 [다음]을 클릭합니다.

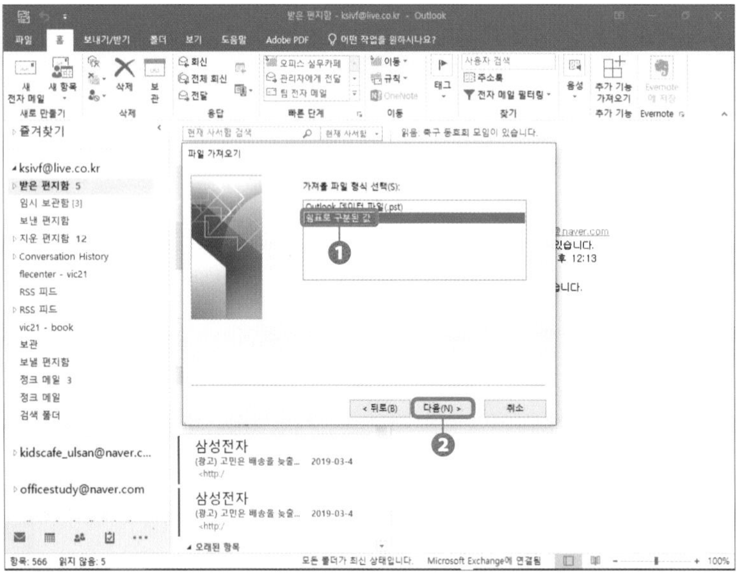

04 [파일 가져오기] 대화상자가 나타나면 [찾아보기]를 클릭하고, 'csv'로 저장된 엑셀 파일을 선택한 후 [확인]을 클릭합니다. [파일 가져오기] 대화상자에서 [다음]을 클릭합니다.

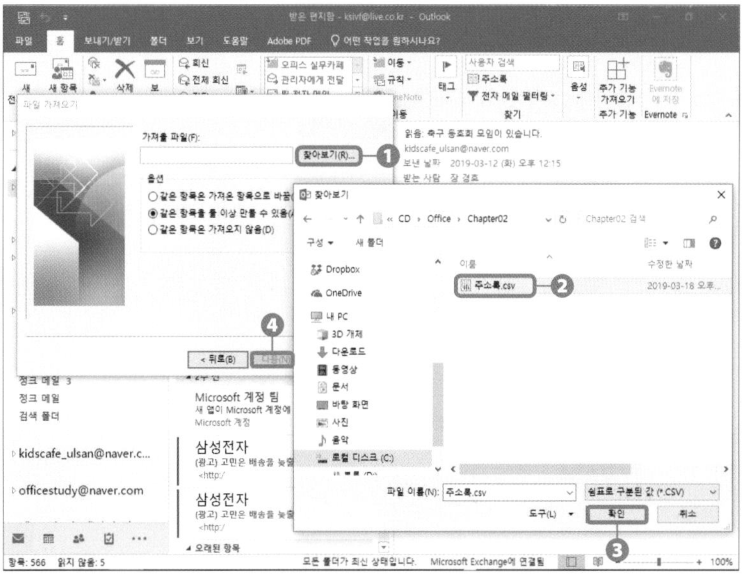

05 [파일 가져오기] 대화상자의 [대상 폴더 선택] 목록에서 [연락처]를 선택한 후 [다음]을 클릭합니다.

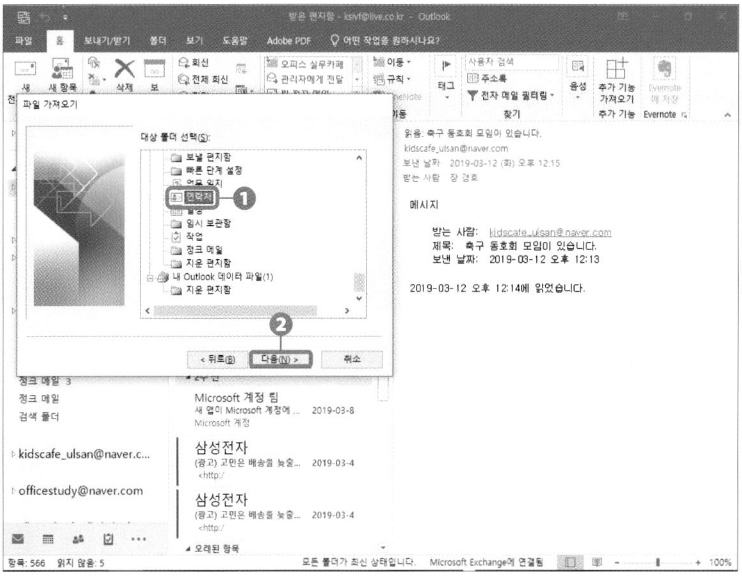

06 [파일 가져오기] 대화상자에 csv 파일이 표시됩니다. 파일을 선택한 후 [사용자 지정 필드 매핑]을 클릭합니다. [사용자 지정 필드 매핑] 대화상자가 나타나면 엑셀 주소록과 아웃룩 필드 값과 매핑이 필요합니다. 엑셀 값을 마우스로 드래그하여 아웃룩 필드 중 적당한 필드로 매핑을 합니다. [마침]을 클릭합니다.

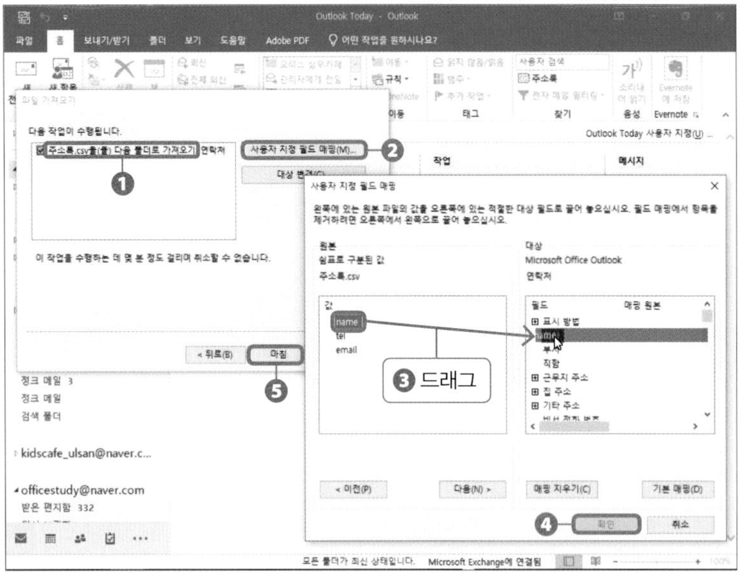

07 아웃룩의 [홈] 탭-[찾기] 그룹에서 [주소록]을 클릭해 엑셀 연락처가 제대로 저장되었는지 확인합니다.

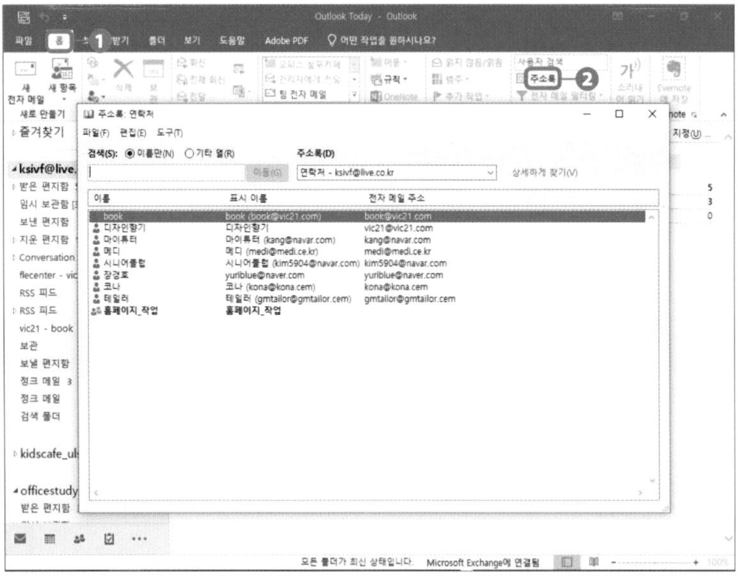

사용한 기능 | 엑셀 주소록, 아웃룩 메일 주소, 메일 보내기

017

기본 기능

엑셀 주소록을 아웃룩 받는 사람으로 설정하기

앞선 예제에서는 엑셀 주소록을 아웃룩으로 저장해 보았습니다. 하지만 아웃룩에 굳이 저장할 필요 없이 엑셀에서 주소록을 만든 후 필요에 따라 아웃룩에서 메일을 전송하는 경우도 많습니다. 여기서는 엑셀 주소록을 아웃룩에서 받는 사람으로 바로 설정하는 방법을 살펴보겠습니다.

사용 가능 버전 2010 2013 2016 2019 365

예제 파일 Office\Chapter 02\이메일.xlsx
완성 파일 없음

01 엑셀의 주소록을 마우스로 드래그하여 Ctrl+C를 눌러 복사합니다.

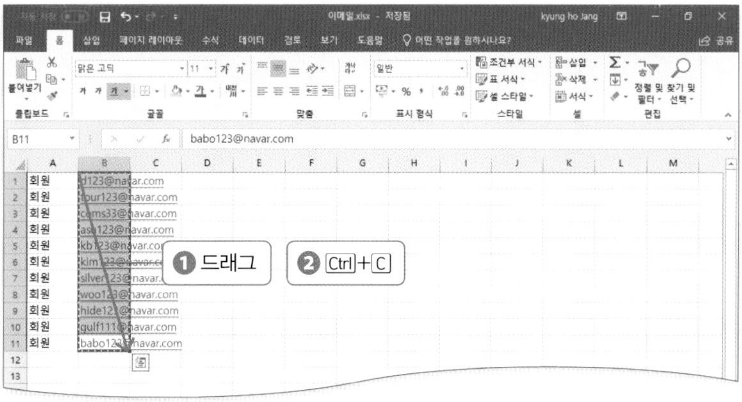

02 아웃룩의 새 메시지 작성 창에서 [받는 사람]에 복사한 목록을 Ctrl+V를 눌러 붙여넣기 합니다. [메시지] 탭–[이름] 그룹에서 [이름 확인]을 클릭합니다. [받는 사람]의 메일 주소가 ';'으로 구분된 것을 확인할 수 있습니다.

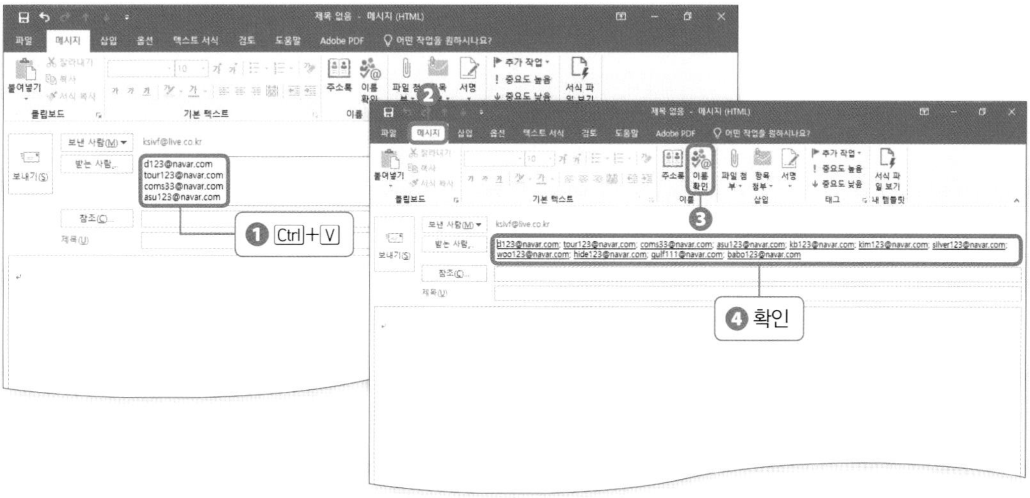

부록

원드라이브를 활용한 오피스 공유 기술

잘 따라오셨나요? 이 정도면 오피스 프로그램을 나름대로 활용할 수 있으리라 생각됩니다. 마이크로소프트의 오피스 프로그램은 모두 다루었지만 단 한 가지 프로그램! 원드라이브(OneDrive)는 따로 다루지 않았습니다. 왜냐하면, 워낙 자주 변경되는 프로그램이고, 엑셀이나 파워포인트 등 오피스 프로그램을 다루는 사람이라면 쉽게 활용할 수 있으리라 생각하기 때문입니다. 이번 편은 원드라이브 기능 중에서 오피스 부분만 떼내어 집필한 내용으로 편하게 읽어주면 고맙겠습니다.

배워 볼 내용

001 원드라이브로 온라인 오피스 작업 환경 구현하기

002 원드라이브에서 여러 사람과 공동 작업하기

001 원드라이브로 온라인 오피스 작업 환경 구현하기

부록 01

원드라이브는 마이크로소프트사에서 제공하는 온라인 오피스를 위한 클라우드 서비스입니다. 원드라이브에 다양한 이미지나 사진, 자료 등을 보관할 수 있고, 엑셀, 파워포인트, 워드와 같은 오피스 파일을 저장해 놓고 활용할 수도 있습니다.

01 여기서는 원드라이브를 활용해 오피스 파일을 만들어보고 원드라이브에 저장하거나 공유해 보겠습니다. 먼저, 'http://www.onedrive.com'에 접속한 후 [로그인]을 클릭해 본인의 계정에 접속합니다.

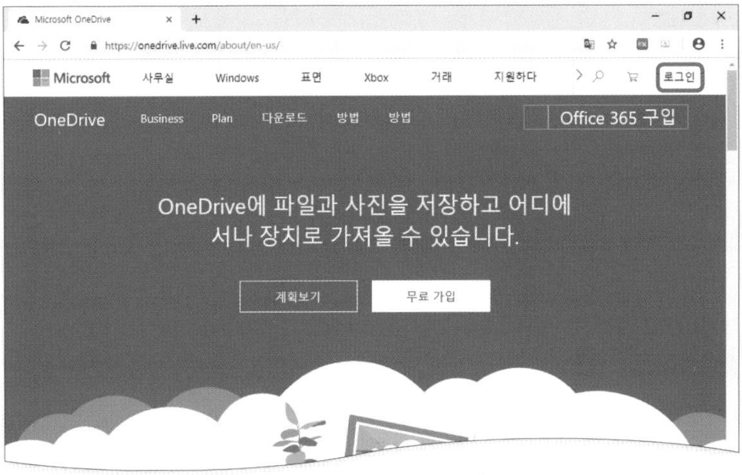

TIP
사용 환경에 따라 보이는 화면은 달라질 수 있습니다. 하지만, 사용하는 방법은 비슷하니 천천히 따라 해 보세요.

02 본인의 계정이 열리면 지금까지 저장한 엑셀이나 파워포인트 등 다양한 오피스 파일을 확인할 수 있습니다. 해당 파일을 클릭하면 온라인 오피스가 열립니다.

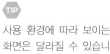

TIP
화면은 사용자 환경에 따라 다를 수 있습니다.

03 원드라이브에 저장되어 있는 오피스 파일을 선택하면 오피스 온라인이 실행되며, 내 컴퓨터에 설치된 오피스 프로그램과 거의 비슷한 화면의 리본 메뉴를 확인할 수 있습니다. [Open in Excel]이나 [엑셀에서 열기]를 클릭하면 내 컴퓨터에 설치된 오피스 프로그램이 실행되면서 해당 파일이 열리게 됩니다.

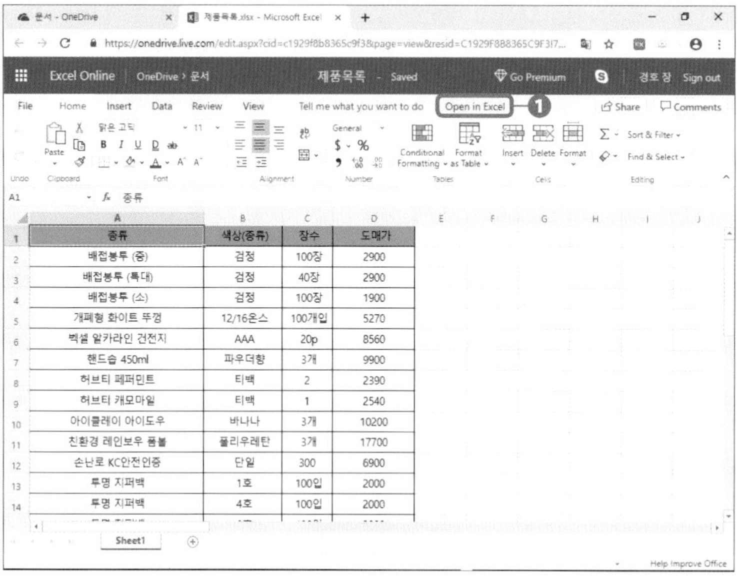

04 원드라이브에 저장되어 있는 파일이 엑셀 프로그램으로 자동 실행됩니다. 최신 버전의 오피스 프로그램을 사용 중이라면 왼쪽 상단에 [자동 저장] 아이콘을 통해 파일을 자동으로 저장하여 원드라이브에 저장할 수 있습니다.

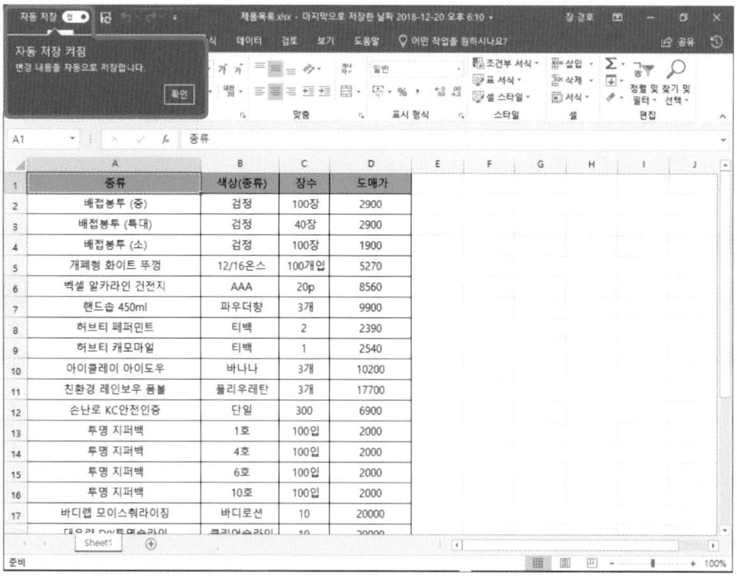

TIP

[자동 저장] 아이콘이 표시되지 않더라도 원드라이브와 연동된 파일은 저장 아이콘(💾) 모양이 다르게 표시됩니다.

05 웹브라우저를 열어 사용하는 온라인 원드라이브와는 달리 내 컴퓨터에 설치하여 사용할 수 있는 오프라인 원드라이브도 존재합니다. 원드라이브 데스크톱 앱을 설치하면 내 컴퓨터에 존재하는 모든 파일을 자동으로 동기화할 수 있습니다. 온라인 원드라이브에서 [PC]를 클릭하거나 [OneDrive 응용 프로그램 가져오기]를 클릭합니다. 응용 프로그램을 내 컴퓨터에 설치합니다.

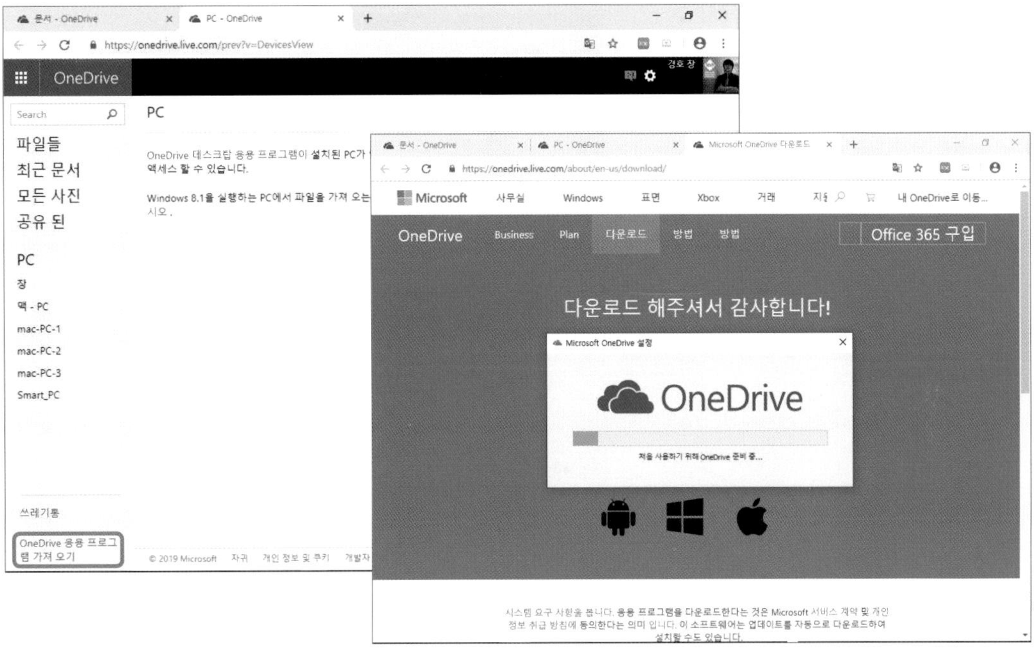

06 내 컴퓨터의 윈도우 탐색기를 열면 [OneDrive] 폴더가 생성되어 있는 것을 확인할 수 있습니다. 간략한 개인정보를 입력하면 내 컴퓨터의 윈도우 탐색기에서 편하게 원드라이브를 사용할 수 있습니다.

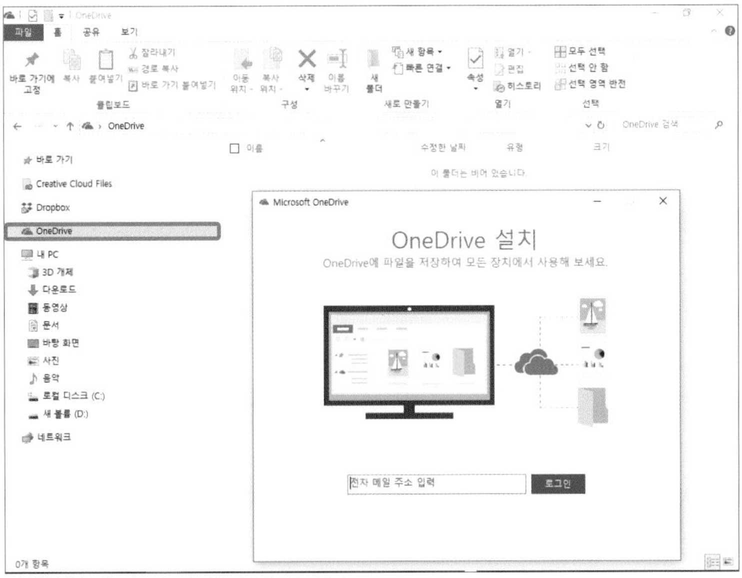

TIP PLUS

내 컴퓨터의 원드라이브 폴더

오프라인 원드라이브 설정은 작업 표시줄 제일 오른쪽의 알림 영역에서 변경할 수 있으며, 내 컴퓨터의 원드라이브 폴더를 열면 웹브라우저를 열 필요 없이 원드라이브를 활용할 수 있습니다.

자주하는 질문

Q 내 오피스 파일이 원드라이브에 업로드되었다는 것은 어떻게 알 수 있나요?

A 원드라이브에 업로드가 되면 [빠른 실행 도구 모음]의 [저장] 단추가 연동되고 있다는 표시와 함께 나타납니다.

▲ 원드라이브에 저장했을 경우(오피스 이전 버전)

▲ 내 컴퓨터에 저장했을 경우(오피스 이전 버전)

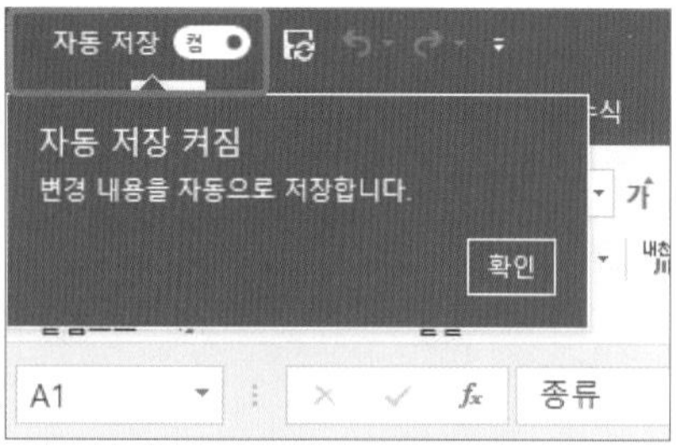

▲ 원드라이브에 저장했을 경우(오피스 최신 버전)

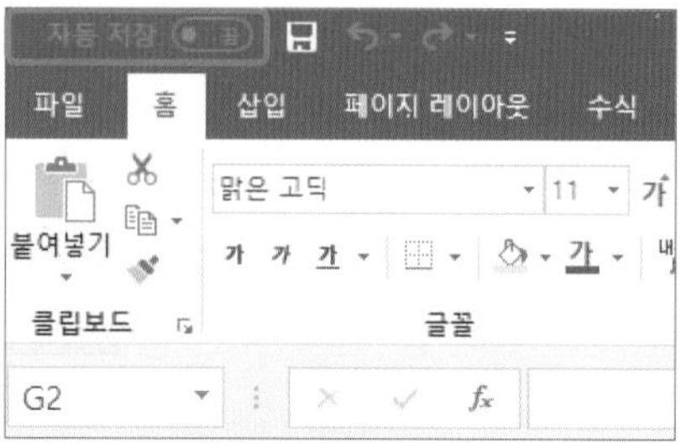

▲ 내 컴퓨터에 저장했을 경우(오피스 최신 버전)

002 원드라이브에서 여러 사람과 공동 작업하기

부록 02

오피스 온라인을 통해 협업을 원하는 사람과 엑셀이나 파워포인트와 같은 오피스 파일을 공유하고 함께 공동 작업을 할 수 있습니다.

01 방금 작업한 문서를 공유해 보겠습니다. [Share] 혹은, [공유]를 클릭합니다.

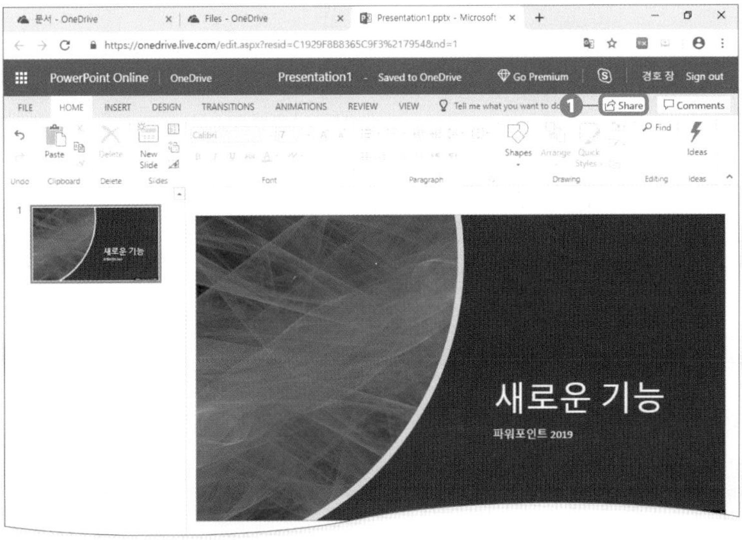

02 [초대]를 선택한 후 [받는 사람]의 입력란에 이메일 주소를 입력합니다. [초대 메시지 포함]에 내용을 입력한 후 [공유]를 클릭합니다.

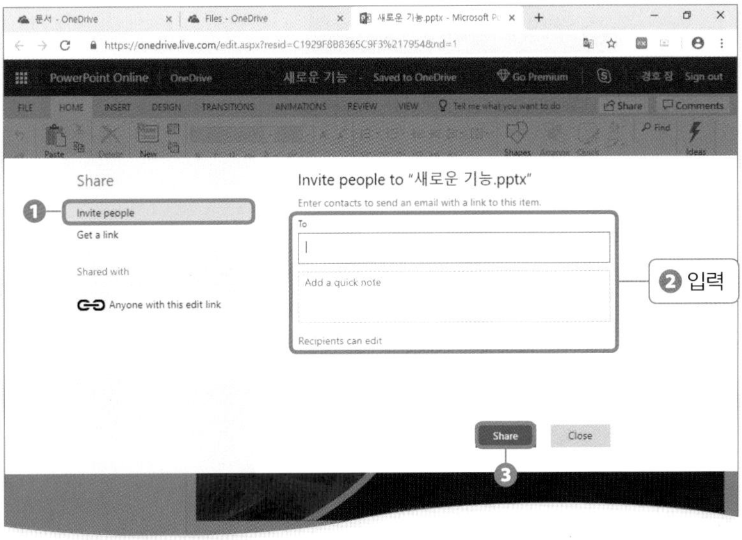

03 [링크 만들기]를 클릭하면 [보기 전용], [보기 및 편집], [제한 없음(공개)] 중에서 원하는 항목을 선택할 수 있습니다. 원하는 옵션을 선택하고 링크를 복사한 후 공유합니다.

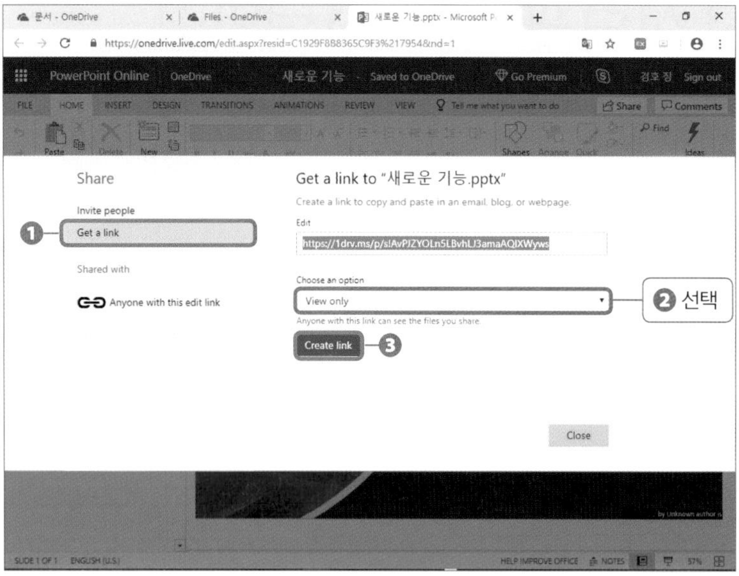

04 파일이 공유되면 현재 접속된 사용자가 슬라이드 미리 보기 화면에 표시됩니다.

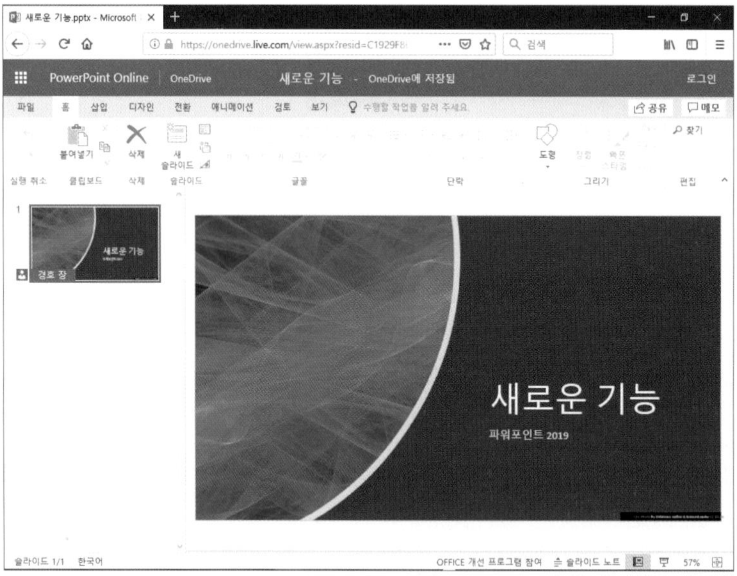

TIP PLUS

더 많은 기능이 궁금하시죠?

오피스 온라인은 수시로 변경되고, 기능 또한 자주 업데이트 됩니다. 여기서 설명을 모두 할 수 없기에 부족한 부분은 저자가 운영하는 오피스 블로그(www.blog21.kr)에서 다루겠습니다. 오피스 온라인의 업데이트되는 사항 등을 확인할 수 있습니다.

초보 직장인을 위한

엑셀 & 파워포인트 & 워드 & 아웃룩 & 원노트

1판 1쇄 발행 2019년 9월 6일
1판 2쇄 발행 2020년 4월 30일

저 자 | 장경호
발 행 인 | 김길수
발 행 처 | (주)영진닷컴
주 소 | (우)08505 서울 금천구 가산디지털2로 123
월드메르디앙벤처센터 2차 10층 1016호
등 록 | 2007. 4. 27. 제16-4189호

I S B N | 978-89-314-6124-4

YoungJin.com Y.
영진닷컴